西方传统 经典与解释
Classici et commentarii

HERMES

U0330179

HERMES

在古希腊神话中，赫耳墨斯是宙斯和迈亚
的儿子，奥林波斯神们的信使，道路与边
界之神，睡眠与梦想之神，亡灵的引导
者，演说者、商人、小偷、旅者和牧人的
保护神……

西方传统 经典与解释

Classici et commentarii

HERMES

伯纳德特集

张 辉●主编

发现存在者

——柏拉图的《法义》

Plato's "Laws":
The Discovery of Being

［美］伯纳德特（Seth Benardete）● 著

叶然●译

华东师范大学出版社

华东师范大学出版社六点分社　策划

古典教育基金·"资龙"资助项目

"伯纳德特集"出版说明

与许多伟大天才具有相同的命运,伯纳德特(Seth Benardete,1932–2002)的重要性,在他生后才格外彰显;而随着时间的推移,他在思想史上的意义也将长久不可磨灭。

正像哈佛大学教授、著名哲学家曼斯菲尔德(H. Mansfield)在"悼词"中所说,作为一个古典学者,特别是作为一个杰出的哲学家,伯纳德特生前并不为知识界所普遍了解,他本人似乎对获得某种赫赫声名也并不感兴趣。但是,他又无疑是我们时代最有学问的人,同时也是最深刻的思想家(the most learned man alive, and the deepest thinker as well)。或者如另一位学者伯格(Ronna Burger)所言,他的一生,便是哲学式生活的楷模。

从1965年起,伯纳德特就在纽约大学(NYU)任教。在教书和研究的40年中,他几乎将全部精力都放在了对古希腊哲学和文学的研究与翻译上。逝世前一周,他还在为大家讲授柏拉图的《欧蒂德谟》(Euthydemus)——而这篇对话录,据说是仅剩的、少数他所没有讲授过的柏拉图对话录了。像他的伟大老师施特劳斯一样,他试图用那些"伟大的书"作为一面镜子,为平庸的现代世界,寻找到真正的、不可回避的对照;为实用而虚无的人生,提供另外一种生活的可能性。

　　而这一切是建立在严格而持久的学术苦修上的。伯纳德特对古代语言和古代文本天才的把握，其至不得不使他的"宿敌"——美国形而上学学会会长罗森(Stanley Rosen)叹服。法国著名学者维达—那克(Pierre Vidal-Naquet)也认为，在这方面："他堪获得荷马的英雄般的荣耀。"而他涉足的广泛领域，更使当代学界少有人可以匹敌。1953年完成关于柏拉图的《忒阿格斯》(Theages)的硕士论文、1955年又完成关于荷马史诗的博士论文之后，他不仅翻译和疏解了埃斯库罗斯、索福克勒斯以及欧里庇德斯等人的戏剧；发表了关于赫西俄德、希罗多德的论文和专著；而且，还为几乎所有重要的柏拉图对话录——从《王制》、《会饮》到《法义》等等，在翻译基础上写了非常耐人寻味的评注。他对现有学科界限的超越，代表了一种学术和精神的高度，一种几乎难以企及的高度，历史、文学、哲学……诸多知识领域，在他的经典研究中精彩地融会贯通，而远非各自为政。

　　本系列从伯纳德特大量论文、专著和对话录中编选出11卷，向汉语知识界比较全面地介绍这位沉静而深刻的哲人的不朽思想。他对生活的悲剧与谐剧进行"情节论辩"的高超功力，他在体察"道德与哲学的修辞术"时所表现出的见微知著的惊人智慧，他与古代圣贤相遇并对话的奇特方式，以及他始终不渝的对美好生活的永恒追问，都将令拥有五千年文明的我们反躬自省。阅读伯纳德特，不仅会启发我们重新体认伟大的古代诗学传统，而且将对我们重新估量那些被现代学问与生活方式所遮蔽乃至毁坏的一切具有重要借鉴作用。

古典文明研究工作坊
西方典籍编译部戌组
2010年7月

肯宁顿

(Richard Kennington)

1921–1999

οὗτος μὲν πανάριστος ὃς αὐτὸς πάντα νοήσῃ

[独自理解万事万物的最最好的人]①

---

① [译按] 赫西俄德《劳作与时日》293。亚里士多德《尼各马可伦理学》1095b9引
用了此句。伯纳德特在本书第 [144] 页谈到了这句。方括号页码为英文版原书
页码，即中译本随文编码。如未注明，方括号译文皆为译者参照原文及权威译本
译出。如未注明，行文之中，用方括号补充的内容皆出自译者。

这曾经是一个老式柏拉图派人士(Old Platonic)的一个好幻想(Fancy)：诸神在众人之上，曾经拥有人曾经确实分有的某物，即一种理智，一种知识，而且诸神曾经静静保守他们的路子(kept on their course quietly)。野兽在人之下，曾经拥有人曾经确实分有的某物，即感觉和生长(Growth)，而且野兽曾经以它们的方式静静生活。但人曾经在自身内部拥有某物，不论是神还是野兽都确实不曾分有此物，此物曾经带给他所有麻烦，曾经制造出这个世界上的所有混乱(Confusion)；此物就是意见。

塞尔登(John Selden)[①]

---

① [译按] John Selden，"意见"(Opinion)，见氏著《塞尔登闲谈》(*The Table-Talk of John Selden*)，第三版，S. W. Singer编注并附一篇传记性前言，London：J. R. Smith，1860，页204。

目　　录

前　　言

[xi] 柏拉图每部对话都呈现了存在者①与灵魂之间的关系。"某物是什么"②与"有关它的一个意见或诸意见如何出现于具有特定性格的某人内部"之间存在分裂，这一直是任何柏拉图式论证(argument)的引擎。格劳孔(Glaucon)要求苏格拉底展示，正义和不义分别是什么，以及二者各自在灵魂中有什么功能(power)；这个要求可以说对每部对话都有示范意义(paradigmatic)，就算论题并非在每部对话中都陈述得如此清晰。格劳孔的问题最终采取的形式是存在者与善者③之间的关系，但最重要的是，格劳孔不曾知道，这个问题潜伏在他的诸善者列表与他关于正义和不义的描述之间的差异背后(参柏拉图《王制》[*Republic*]④504e7–

---

① ［译按］being，既可指存在，又可指存在者。但按下文，being指what is，伯纳德特用后者翻译柏拉图《米诺斯》315a的 τοῦ ὄντος［存在者］。故中译者在这种语境里把being和what is均译为"存在者"。

② ［译按］西方语文中"是"就是"存在"，因此"某物是什么"等于说"某个存在者"。

③ ［译按］the good，习译"善"，但为了与"存在者"对应，译为"善者"，指"善的事物"。与此类似，"美者"、"正义者"、"圣洁者"、"属神者"等等译法等于"美的事物"、"正义事物"、"圣洁事物"、"属神事物"等等。

④ ［译按］习译《理想国》，"王制"的译法是刘小枫教授的提议——以便与《礼记·王制》互参。另外，伯纳德特引用经典，往往省略作者名或书名，引用研究文献时，亦有时省略有关出版信息，凡此种种，中译者均直接补足。

505a4）。由于智术师（the sophist）与哲人相互分离，泰阿泰德（Theaetetus）本来可以发现苏格拉底——这位出身高贵的智术师——与智术师之间的区别，但泰阿泰德没有识别出这种区别；正因如此，爱利亚异邦人（the Eleatic Stranger）转向了"什么是存在者和非存在者"这个问题，这个问题与灵魂和心智（mind）的问题显得不可相互分离，尽管异邦人似乎意在把泰阿泰德引向存在者的问题，同时还不让他体验欺骗和启蒙（柏拉图《智术师》234d2–e6）。苏格拉底与游叙弗伦（Euthyphro）讨论了"什么是圣洁者（the holy）"这个问题，这个问题不可能与虔敬（piety）相互分离，从而也不可能与圣洁者具有的灵魂上①的功能相互分离，尽管"灵魂"从未出现于《游叙弗伦》②中：这位自以为正确的（self-righteous）、可笑的（funny）、神神秘秘的游叙弗伦弥补了"灵魂"的不在场。蒂迈欧（Timaeus）的乾坤学（cosmology）在其核心处包含了灵魂学，③正如《王制》的灵魂学［在其核心处］包含了存在者之学（ontology）。④初看起来，《法义》（Laws）似乎是这条通则的一个例外。在《米诺斯》（Minos）中，苏格拉底一开始就说，"礼法（Law）想要成为对存在者（what is）的发现"，而在结尾他羞于坦白他不能回答这个问题：

> 当好的立法者和牧羊人［分配者］⑤为灵魂分配某些东西时，这些东西使灵魂变得更好，这些东西到底是什么？（柏拉图《米诺斯》315a2–3；321d1–3）

---

① ［译按］按上文，正义和不义具有的功能在"灵魂中"（in the soul），而非"灵魂上"（on the soul）。

② ［译按］本书中凡不标作者的书名通常是柏拉图作品。

③ ［译按］柏拉图《蒂迈欧》41d–42a，69c–d。

④ ［译按］习译为"存在论"，但onto-这个词头本义为"存在者"。

⑤ ［译按］伯纳德特所补，表示"牧羊人"亦译为"分配者"。

　　《法义》似乎是在回答苏格拉底的问题,但既不同意也不解释苏格拉底的礼法定义。《法义》当然提出了一种灵魂学来解释礼法,但存在者之学明显不在场。[xii] 灵魂的自我运动处于[雅典]异邦人神学的核心处,独立于诸存在者之存在,且据说没有什么高于灵魂之生成的优先性(superior to the priority of the becoming of soul)。眼下这本关于《法义》的书的首要意图是,尝试发掘《法义》被隐藏起来的存在者之学的维度,并解释它为什么被隐藏起来,以及它如何显露出来。它在场的第一个迹象是,通过体验米诺斯的礼法,克利尼阿斯(Clinias)暗示,战争是万物的王者和父亲。

　　然而,《王制》似乎使《法义》成为多余,从而阻碍人们走向礼法在存在者之学上的任何入口(blocks the way to any ontologic import of law)。只要哲人-王在位,礼法就只可能妨碍他的统治,因为礼法令其自身的任意性(willfulness)——此任意性对理性充耳不闻——与智慧的自由锻炼(free exercise)相对立(柏拉图《治邦者》[Statesman] 294a10–c6)。尽管苏格拉底提议,哲人可以按照只有他才知晓的诸存在者来构建礼法,但苏格拉底从未暗示,如果一部单独的(single)礼法可以从有关诸存在者的知识中演绎出来,它看起来会像什么(柏拉图《王制》500e5–501c2),因为苏格拉底偷偷地(surreptitiously)把自知无知的哲人替换成了完全(simply)智慧之人,后者所具有的关于诸存在者及其相互关系的全面知识,被认为可以让他有办法把这种知识翻译成合法意见。若说言辞中的最佳城邦中存在礼法,那么,这礼法不过是一道安全网,意在弥补护卫者们的教育可能的失败。正如不论护卫者们的灵魂是否拥有适宜的秩序,对财产、女人、孩子实行共产主义制度确保了护卫者行动的透明,同样,礼法也可以通过习惯把灵魂的美德转化成"所谓的灵魂的美德",即那些宜于归给身体的东西(柏拉图《王制》518d9–e2)。意义的不透明总是与这样一种转化相伴,且为礼法赋予力量,使之[对什么都]无动于衷(indifferent)。任何东西发出的光芒都无法穿透礼法(Nothing shines through the law)。只要一个民族没有停止是他们曾经之所是,他们便无法远离他们的作风(way)。如果没有什么妨碍讨论正义,那么,克法洛斯(Cephalus)感到有义务出席的那些献祭,便代表礼法之中所有必须搁置(set aside)的东西。苏格拉底没有把对一位神的义务性献祭算作克法洛斯对正义的理解的一部分,故他对克法洛斯的离开已经有所准备(柏拉图《王制》331b2–c3);当神圣者(the sacred)再次出现在有关圣洁婚姻的论证中时,严格来讲,神圣者被等同于最有用的东西(柏拉图《王制》458e3–4)。

　　柏拉图温文地规定了政治哲学的条件,这种温文在一种暴力中有其对等者,这种暴力让希罗多德得以讨论诸政制(regimes)。颠覆那个假司美尔迪斯(Smerdis)的政变要想成功,就必须抛弃"讲真话"这条波斯礼法(希罗多德《原史》3.72.4–5;参118.2);①正是这场政变促使波斯人杀死了他们可以找到的所有祭司。[xiii]只有在这之后,密谋者们才商议了所有事宜(περὶ τῶν πάντων πρηγμάτων),而且"[他们]说了一些话,虽对于某些希腊人来说不可信,但毕竟说了这些话"(3.79.2–80.1;参6.43.3)。尽管柏拉图打发走了克法洛斯及其在《王制》开头所代表的一切——他的儿子珀勒马科斯(Polemarchus)刚接过话头就忽略了"讲真话"——但希罗多德一直没能分出精力来讨论《王制》在他这儿的小小对等者,直到他行文至[《原史》]卷三中间部分。他为波斯的这个成就做出种种[叙述上]安排,并非通过绕开礼法主题,而是通过首先迎头直面礼法主题(confronting it head on)。因此,他曾如何接近这个主题,又如何绕开这个主题,皆是值得审视的。他的体验式处理方法(experiential procedure)将使我们能够理解为何柏拉图在《法义》中不得不回到礼法,即便在《王制》中有他简单的解

────────────

① [译按]《原史》习译《历史》。伯纳德特引用经典时,以圆点隔开的阿拉伯数字依次代表卷、章、节(或段或行),尽管有时会有省略。

决办法: 克法洛斯笑着离开了。

　　希罗多德的开篇是希腊神话的一种波斯式理性化。古老的英雄们只是生意人或海盗, 女英雄们则心甘情愿地接受强奸(1.1-4)。希罗多德让我们疑心他是否接受这种波斯版本[的希腊神话], 由此他引入了如下原则来支配他的《原史》(Inquiries)的非离题部分: 属人幸福的必要条件在于帝国扩张的不义性, 在这种不义性之中, 一个城邦的自由和伟大要求奴役另一个城邦(1.5.3-6.3; 参9.122)。这个原则体现于卷一的两部分内容之中:一部分内容是, 在克洛伊索斯(Croesus)时代, 吕底亚(Lydia)进行扩张之后走向衰落(1.6-94), 另一部分内容是, 波斯随着居鲁士(Cyrus)登基而崛起(1.95-216)。当希罗多德采用波斯视角下的一种过分理性的(hyper-rational)版本[的希腊神话]时, 礼法只起到了很小的作用。正如他选择讲述的居鲁士出生的故事是去除了命定事物(the fateful)和圣洁事物的俄狄浦斯神话, 同样, 他关于波斯礼法的叙述也被明显表述成了一段离题话(1.140.3)。阻止他自己的原则一路向前推进的是埃及。

　　埃及迫使希罗多德反对他自己逻各斯(logos)①的趋势, 突然转向属神事物(2.3.2)。②这些在他看来人人都同样知晓的事物, 令人怀疑幸福和不义之间的必然关联背后的那个前提, 因为埃及人把正义者换成了圣洁者, 并追问了什么构成[xiv]属人事物。在埃及的海伦故事中, 圣洁者取代了正义者。尽管帕里斯众仆从谈论他的不义, 可埃及的州牧(governor)和王者都谈论他不圣洁的行

① ［译按］在希腊文中指"论证"。
② 修昔底德《伯罗奔半岛战争志》卷一的结构可资比较。他以如下论断结束"关于开端的叙述"(Archaeology): 这场战争的ἀληθεστάτη πρόφασις [最真实的原因]是斯巴达人畏惧雅典人日益增长的权力(1.23.6); 可由于这一点几乎从不为人所提及, 故他进而提出各方针对对方的指控(αἰτίαι)。科居拉(Corcyra)和波蒂岱亚(Potidaea)是两个首要争论焦点; 但斯巴达派往雅典的最后一个斯使节要求他们[雅典人]去除居隆(Cylon)占领[雅典]卫城时造成的诅咒(1.126)。这个顺序——雅典帝国主义、正义、圣洁者——符合希罗多德的作风。

事(2.113.3；114.2–3；115.3–4)。埃及人把不义者等同于不圣洁者
——希罗多德说他们过分虔敬(2.37.1)——这暗示着，在其他任
何地方，圣洁者虽只是正义者的一部分，却一直遮蔽(shaded)了正
义者，并阻碍人们以表面上不证自明的方式把不义者和帝国等同
起来(参柏拉图《游叙弗伦》12c10–d3)。另一方面，如果可以设
想非属人事物或属兽事物(the presumably inhuman or the bestial)上
升至属人事物之上，而且至少在某种程度上(for some of its range)
与属神事物巧合，那么，属人事物便同样不再不证自明。一旦埃
及使属人事物自身成问题，它便只能以影像①的形式重现：司铁西
科若斯(Stesichorus)说，海伦本人在十年战争期间一直待在埃及，
只有她的幻象(phantom)在特洛亚(Troy)，②甚至荷马也让特洛亚
长老们承认，海伦仅仅在她所有令人恐慌的方面(terribleness)看
起来像不死的女神(荷马《伊利亚特》3.158；参希罗多德《原史》
7.56.2)。

　　属兽事物以属人事物为代价而上升，并与属神事物有部分
巧合，这一点指向自杀作为属人善者之真实：当希罗多德转向
埃及人崇拜的野兽，并叙述猫的自杀时，他首次打破了他"不
谈论属神事物"的誓言(2.65.2，2.66.3；参7.46.3–4)。自杀最初
曾是阿德拉斯托斯(Adrastus)故事里的一个主题，希罗多德把这
个故事刚好放在了梭伦(Solon)访问克洛伊索斯之后，当作"神
的 νέμεσις③ [报复]"的例证，因为"正如人们能制作出它的一个
影像"(ὡς εἰκάσαι)，克洛伊索斯曾认为自己是所有人中最幸福
的(1.34.1)。阿德拉斯托斯曾无意中致两人死亡，一个是他的兄
弟，一个是阿杜斯(Atys)，即克洛伊索斯二子之一。克洛伊索斯

---

① [译按] image，亦指"比喻"。中译文中，有时译成"影像"明显不如译成"比
喻"通顺，但仍一律译成"影像"，因为影像对柏拉图哲学意义重大。

② [译按] 另一种译法是依从英语拼法译为"特洛伊"。

③ [译按] 全书多数时候引用希腊文时，伯纳德特均直接使用希腊文，但此处为拉丁
转写体，凡此类情况，中译者均还原为希腊文。

曾以既定礼法为他净化了第一桩行事(1.35.2)，并宽恕了他的第二桩命案，但阿德拉斯托斯仍在阿杜斯的坟前自杀了，因为"他认定(συγγινωσκόμενος)自己是他知道(ἤδεε)的所有人中厄运最多的那一个"(1.45.3)。阿德拉斯托斯的故事似乎证实了克列欧毕斯(Cleobis)和比顿(Biton)的故事中的道理(moral)。梭伦曾对克洛伊索斯讲述克列欧毕斯和比顿的故事，以便说明谁是梭伦认为第二幸福的人，至于第一幸福的人，梭伦认为是雅典人泰洛斯(Tellus)(1.30–33)。梭伦曾经离开自己的城邦，既"为了观光"(θεωρίη)，也为了不致被迫更改他为雅典所立的礼法; [梭伦来到吕底亚之后,] 克洛伊索斯曾问梭伦，在梭伦见过(εἶδες)的人们中，哪一个最幸福(ὀλβιώτατος)。雅典勃兴之时，泰洛斯拥有既美①且好的孩子，他们全都有自己的孩子，而且后者都存活了下来，故泰洛斯本人在一个雅典人看来有福(well off)，而且他生命的尽头最为荣耀(brilliant)，因为他在战场上大破敌军，[xv] 死得最美，而且公家出资把他葬在了他阵亡的地方。克洛伊索斯此刻问他，谁是他见过(ἴδοι)的第二幸福的人；梭伦说是克列欧毕斯和比顿：他们都是阿尔戈斯人(Argives)，拥有不错的生计，都在角力比赛中获过奖，而且人们还这样传颂(λέγεται)他们：有一次，他们的母亲不得不出席一个致敬赫拉(Hera)的节庆——她必定是女祭司②——可是没有 [为她拉车的] 牛，她的两个儿子便把她的牛车的轭套在他们自己身上，拉了她45斯塔迪翁(stades)③才抵达神坛，"于是，神通过他们的事迹揭示出，一个人死去比活着更好"(1.31.3)。阿尔戈斯的男人们求神保佑这两个小伙子拥有力量，阿尔戈斯的女人们则求神保佑这两个小伙子的母亲，她站在

① ［译按］希腊文中的"美"可指高贵，凡此类情况，中译者都直译为"美"，如随后出现的"死得最美"。

② 参经验论者塞克斯托斯(Sextus Empiricus)《皮浪学说概观》(*Pyrrhoniae hypoty-poses*)3.231。

③ ［译按］约合8.3公里。

赫拉塑像前,请求女神赋予她的两个儿子"凡人应得的最好的东西"。她的两个儿子在神庙里睡去,再也没起来;阿尔戈斯人制作了两尊塑像,并把它们献给了德尔斐(Delphi),"因为他们曾被证明是最好的人"。正如梭伦区分了基于亲眼所见的描述与传说,同样,他也区分了美者与善者;他把一个归给城邦,把另一个归给诸神,他还告诫克洛伊索斯不要混淆此二者,或妄想神会答应他的如下请求,即获得具有美者形式的善者。

梭伦的第一个回答完美地符合希罗多德自己的原则,因为它完全在政治视角之中,而且仅仅缺少不义的一个不可或缺的要素,此要素令希罗多德对大城邦和小城邦之间的差异无动于衷。可是,梭伦的第二个回答并未影响希罗多德自己的叙述;在极度诗化了的阿德拉斯托斯故事中,梭伦的第二个回答似乎渐渐消失了,而且无关于如下这一点,即克洛伊索斯突然认识到梭伦的话是真的。仅仅当克洛伊索斯丧失了其帝国时,他才记起梭伦的话;当初梭伦来访时,克洛伊索斯一直不重视他的聋哑儿子,后来他失去了阿杜斯[即他的聋哑儿子],他为之悲痛了两年之久,而不论当初还是后来,他都没把梭伦的话当回事(1.86.3)。

属神视角进入希罗多德的叙述,仅仅是在如下场合:属神视角体现于埃及,并迫使他质疑他是否有权利在诸事件上强加一个在人们自己的理解中并不明确的原则(参2.15.2)。可以设想,刚比西斯(Cambyses)征服埃及,会令希罗多德得以把刚比西斯用作他自己的工具,以便把埃及重新理性化并矫正埃及(3.3.3;参2.35.2):希罗多德提到神谕和神职人员(divines)的次数,在卷三远少于在其他任何一卷,而且刚比西斯——他的癫痫病(epilepsy)"有些人赋予其'神圣疾病'之名"(3.33)——[xvi]杀死了一位神,祭司们则被迫秘密埋葬了这位神(3.27.3–29)。然而,希罗多德克制住自己,没有做出刚比西斯的行径,而是把刚比西斯对神圣事物的嘲笑当作他疯狂的明证。由此,希罗多德从他最初具有的无动于衷的节制(the moderation of indifference)

转向了作为头脑清醒的节制(moderation as sanity)。他说，若有机会在所有礼法中进行挑选，任何人都会更喜欢他自己的礼法，以之为最美的礼法(3.38.1)。说到礼法，任何人都不会像坎道列斯(Candaules)那样需要一位巨吉斯(Gyges)向他证实他的爱欲(erotic)信念，因为礼法是人的赤裸状态的覆盖物，从来没有人抛弃过这个覆盖物。①希罗多德暗示，绝大多数人会以不乱伦为底线——刚比西斯却娶了自己的同胞姊妹们——而且所有人都会反对用他人的丧葬习俗来替换自己的丧葬习俗，尤其反对为了钱而这么做。金钱把并不相等的东西等同视之，却无法找到一个尺度来衡量神圣者。神圣者是不可替换的(not fungible)合法通货(νόμισμα)。因此，刚比西斯几乎代表了希罗多德自己的叙述原则的必然后果，但就连刚比西斯也不可能容忍人吃人(cannibalism)(3.25.7)。埃塞俄比亚人在真诚方面超过波斯人自己，而且他们的作风号称完全透明(3.20.2;24.3)；刚比西斯通过毫不奸诈的(guileless)埃塞俄比亚人发现，属人事物只要一直保持属人，便不可能逾越一些限度。由此，希罗多德以一种更改后的方式向政治事物回归。希罗多德在3.37.3之后实际上停止了使用"祭司"一词，从而为那些反对假司美尔迪斯的密谋者准备好了场地，让他们可以自由讨论诸政制；当"祭司"这个词在卷六又出现了两次时，它关系到一位斯巴达王对赫拉的祭司施加的鞭笞(6.81)。希罗多德向政治事物回归的标志是，先以赞同的口吻引用品达(Pindar)的"礼法是万物之王"，然后忽然转向珀律克拉底(Polycrates)和

---

① "当迦玛列拉班(Rabban Gamaliel, [译按]"拉班"是古犹太元老院[Sanhedrin]领袖的尊称)在阿克热(Acre)的阿芙洛狄忒(Aphrodite)浴室洗澡时，哲人之子普罗克洛(Proclos, son of Philosophos)曾问他"一个有关礼法的问题，"他回答道，'一个人不可以在浴室里回答问题'"。《密示纳》(The Mishnah), Herbert Danby译，Oxford: Oxford University Press, 1933, 页440。Danby在注11中说："身身裸体时禁止谈论礼法"([译按]此处"礼法"首字母大写并带定冠词，特指犹太律法)。

培利安德洛斯(Periander)这两个僭主的故事(38–60)。^①他对比了安提戈涅(Antigone)代表的一切与克瑞翁(Creon)相信自己所做的一切，^②[xvii] 好让我们编造出一个单一的情节，令二者同属其中。正是在一个波斯人的言辞中——这番言辞是为了回应薛西斯(Xerxes)的欢乐和随后的泪水——希罗多德自己最终结合了这两条线索，揭示出自杀也是帝国扩张的必然后果(7.45–46)。回归政治事物，终究不是逃避属神礼法。正如卷一中最频繁出现的"铁"象征着政治事物的胜利，同样，《原史》结尾处英雄时代的重现表明圣洁者不可磨灭地存在于正确性(right)之中(9.116–120)，尽管开篇波斯人曾把英雄时代理性化，以至于英雄时代消失得无影无踪，后来黑铁时代还彻底埋葬了英雄时代(1.68)。

　　雅典异邦人不得不两次诉诸埃及的献祭惯例，这足以表明柏拉图跟随希罗多德的脚步(柏拉图《法义》656d1–657b8；799a1–b8)。正如柏拉图意识到，祭司们不再像他们掌控埃及一样掌控着雅典，同样，柏拉图也意识到，苏格拉底不得不在王者执政官(the King Archon)面前回答"不虔敬和不义"的指控，据亚里士多德所说，王者执政官"掌管几乎所有祖传献祭活动"，"甚至现在"王者执政官之妻仍然谒见并嫁给狄奥尼索斯(亚里

---

① 初看起来，希罗多德的品达引文，无关于我们所知的其后的内容：在《高尔吉亚》中，卡利克勒斯(Callicles)也引用了这句品达引文，并按品达提供的证据进行了解释，这个证据就是，赫拉克勒斯(Heracles)偷了该律欧涅斯(Geryon)的牛群，虽然他未曾提出请求或为牛群付钱，但他"证明了最暴力的就是正义的"(柏拉图《高尔吉亚》484b4–9)。然而，希罗多德似乎暗示了他没有引用的东西，因为他对品达的引用紧跟在大流士(Darius)对印度人和希腊人的追问之后，即追问需要多少钱他们才会采用对方的丧葬习俗。希罗多德立即转而讨论僭主制，这似乎同样在暗示[品达的]那句诗，因为品达让"礼法是万物之王"中的"万物"不仅包括"有死者"而且包括"不死者"。"有死者之[王]"指向僭主制，"不死者之[王]"指向属神礼法。人们不禁记起刚比西斯杀的神是一头牛犊。

② [译按] 安提戈涅和克瑞翁见于索福克勒斯的《俄狄浦斯王》《俄狄浦斯在科罗诺斯》《安提戈涅》。

士多德《雅典政制》3.5；57.1）。①可以说，《法义》解释了亚里士多德谜一般的评说，亚里士多德列举了城邦之为城邦不可或缺的诸部分，并声称"第一部分和第五部分是对属神者的关注，他们称之为祭司术"（亚里士多德《政治学》1328b11–13）。基于"对属神者的关注"（第一件事）和"他们称为祭司术的事物"（第五件事）之间的相同和不同，雅典异邦人找到了自己的该走的道路——这构成了《法义》的情节（action）。异邦人之所以可以直面希罗多德直面埃及而获得的东西，是因为卷七中他有过一段经历（803b3–804c1）。卷四中异邦人想象出了一篇对马格涅西亚（Magnesia）未来居民所作的发言，这篇发言位于通向［卷七的］那段经历的中途，在这篇发言中，他把他对属神者（τὸ ϑεῖον）的原初理解翻译成了对神（ϑεός）的一种双重理解（715e7–718b6）。他在这篇发言中首次提及献祭（716d6），但卷七中异邦人把献祭加入到了唱歌和跳舞之中，让这三者加在一起包含游戏的正确品性，由此他突然发现了圣洁者和属神者之间的区别。他发现这一点，是通过断然（at a stroke）抛弃他此前一直系统地使用着的一种含混（799e10–800a4）。表示礼法的这个词νόμος也指一种曲调（a musical tune），而且异邦人一直全力用诸前言（preludes）②来补充诸礼法，或者说用劝说来补充威逼，并引诱［xviii］我们走向如下幻象："节日"（holiday）是原生的，而"圣洁之日"（holy day）是衍生的，③而且"歌曲"像"礼法"一样能够正确翻译柏拉图的 *Nόμοι*④这个书名（参柏拉图《米诺斯》318b1–c3）。在此，柏拉图再次跟随了希罗多德，希罗多德让阿利昂（Arion）在大海中央歌唱了一首νόμος

---

① 参柏拉图《治邦者》290d5–e8；《智术师》235b8–c2。
② ［译按］希腊文作προοίμιον，亦指"序曲"，故伯纳德特在此把此词与前半句的"曲调"对举。
③ ［译按］从英文词形上看，holiday是holy和day的合成。
④ ［译按］《法义》书名原文，上文提及的νόμος［礼法］的复数。"法义"这个译法是刘小枫教授的提议——"义"字通"仪礼"之"仪"。

[歌曲]，于是一只海豚驮起阿利昂，拯救了他，让他逃离了他那伙不守礼法的船员(1.24)。哲学是异邦人的歌曲，《法义》是他的海豚。

鸣　谢

[xix]感谢慕尼黑西门子基金会(the Carl Friedrich von Siemens Stiftung of Munich)及其负责人迈尔(Heinrich Meier)博士让我有机会在1998年秋季使用他们1994年拨给我的经费,以便完成这项有关柏拉图《法义》的研究。也感谢新学院大学(New School University)哲学系及其系主任伯恩斯坦(Richard Bernstein)允许我开设一门长达三学期的有关《法义》的课程。[①]友人伯尔曼(Robert Berman)、伯格(Ronna Burger)、戴维斯(Michael Davis)、迈尔、凯勒(Drew Keller)、西特(Martin Sitte)通过种种方式慨然相助,对其友善,谨致谢忱。

---

① ［译按］New School University于2005年更名为The New School。按美国学制,三个学期的时长为三个季度,非我国所谓三个学期。

第一章 诸种与诸属①

第 1 节 战争与和平

[1] 在一个夏至(683c4-5)，热得令人窒息的一天(625b3)，一个名为克利尼阿斯的克里特人、斯巴达人墨吉洛斯(Megillus)、一个从未透露名字的雅典人，正走向一个洞穴，在那儿，米诺斯同宙斯交谈过不止一次，并遵照他父亲［宙斯］的权威言论(φῆμαι)，为克里特的所有人制定了礼法。这三位老人计划着时不时在高大树木的荫蔽下歇息。让我们设定，首先，他们不早于清晨五点出发，其次，他们的步伐与他们的停歇相适应，且步伐均匀；这样一来，我们便能推测，他们的谈话，而非他们的步行，持续了大约24小时：如果每小时涵盖希腊语文本的18页，如此持续至正午(722c8)，他们的交谈便会结束于约16或17小时后。这是柏拉图写过的最长的对话，在时间上填满了一年中最长的白天和最短的黑夜(683c3-4)。它在时间上覆盖了《会饮》(Symposium)和《斐多》(Phaedo)的长度：《会饮》是从入夜到拂晓，《斐多》是从拂晓到黄昏。［这等于说，］一次有关礼法的讨论涵盖的时段，等

---

① ［译按］The Eidetic and the Genetic，关于此处的译法，参第 [18] 页注。

于两次苏格拉底式讨论占据的时段，却拥有不同的昼夜比例。它之所以不同于两次苏格拉底式讨论，在于它似乎比两次苏格拉底式讨论更多地分有现实时间：《斐多》和《会饮》在时间上据说有那么长，可是在言辞上并没有那么长。① 在《斐多》中，苏格拉底把哲学定义为对赴死和死亡的实践(the practice of dying and being dead)，在《会饮》中，他又把哲学定义为ἔρως［爱欲］。对哲学的这种双重刻画，似乎是对哲学生活的神话式呈现，哲学的统一性仍然是个谜。礼法也覆盖了人的一生，并把它的印迹打在了出生和死亡上。通过礼法中的乱伦禁令和婚姻礼仪，礼法揭示了它对ἔρως［爱欲］的理解，正如礼法通过葬礼揭示了它对身体和灵魂之间关系的理解。 [2]确实，苏格拉底的礼法定义(柏拉图《米诺斯》315a2-3)——"礼法想要成为对存在者的发现"——同样可以适用于哲学。似乎可以设想，如果礼法在其两极提炼出了它在自身幅度(range)中之所是，礼法就可以体现哲学之所是，并由此使如下这一点看起来合理：哲人应该处理礼法，尽管礼法明显不同于哲学。哲学无疑知道它不可能获得它想要的，但礼法看起来不可能知道这一点，②而且尽管礼法像哲学一样失败，但礼法会把它的失败当作它的成功，把它得到的变成它想要的，并用它自己的种种发明来冒充对存在者的发现。在《米诺斯》中，苏格拉底的同志接受苏格拉底所说的，即礼法是对存在者的发现(315a4)。

　　一场关于礼法及其所是(law and what it is)的讨论，像关于任

---

① 《王制》开始于白天某时，继续到晚宴时分以后；但在开篇之后，再也没提示过时间：无法用钟点衡量《王制》的上升。 [译按]注释末句原文作its ascent is not measured against the clock。英文表达法measure A against B更常用的含义是"让A与B较量"，据此当译为"无法让《王制》的上升与钟点展开较量"，似亦通。但伯纳德特在后文偏爱把against用作"以"或"倚靠"之义，见第 [27] 页首段末句，第 [31] 页第二段首句，第 [76] 页第二段倒数第二句。

② [译按]意即哲学知道哲学不可能获得哲学想要的，礼法却不知道礼法不可能获得礼法想要的。

何东西的任何讨论一样，可以是一场哲学讨论，但一场关于立法的讨论，似乎降落到了低于哲学视野的地方。然而，《王制》不只追问城邦是什么，还回答好城邦是什么。因此，如果《米诺斯》是《法义》的一部分，而且是其导言，那么，《法义》便严格对应《王制》，且一口气回答了礼法之所是(the being of law)的问题和好立法的问题；可《米诺斯》和《法义》是两部独立的对话，其中一部让苏格拉底问了那个苏格拉底式问题，①［另一部则让］无名雅典人回答了第二个看起来并非苏格拉底式的问题：什么是好立法。②对于"什么会使一个城邦变好"这个问题，苏格拉底在《王制》中的回答是哲人，这个回答似乎阻碍了他处理《法义》的问题，因为哲人本质上不靠礼法来统治。一旦哲人不再统治，某种形式的礼法便不得不接班，但不管礼法采取什么形式，礼法都太具体(circumstantial)，以至于不能容许哲人——他现已从政治中抽身出来——建议种种改革，哪怕这些改革也许可以救他的命（柏拉图《苏格拉底的申辩》37a8-b1）。因此，尽管《法义》的时间结构暗中很像《斐多》和《会饮》作为一个整体的时间结构，可是《法义》的哲学态度(philosophic bearing)很含混。如果《法义》只由前两卷构成，我们不会如此疑惑。异邦人讨论会饮时，把它当作多里斯式(Doric)συσσίτιον［会餐］③的抗衡者，这直接导致回

---

① ［译按］即：什么是礼法（柏拉图《米诺斯》313a）？

② 如果《克莱托普丰》(Clitophon)是《王制》的导言，对应于作为《法义》导言的《米诺斯》，那么，克莱托普丰对苏格拉底的批评——即苏格拉底高高在上地(superbly)指责［他人］，仿佛他是肃剧中(tragic，［译按］习译为"悲剧中"）μηχανή［机械］降下的神一般，而且他赞美美德，却不提供任何指导以便［他人］获得美德——极其匹配《米诺斯》中的苏格拉底，后者知道礼法是什么，但不打算讨论立法，因为他不知道如下这些东西是什么：好立法者把这些东西分配给灵魂时，用它们使灵魂变得更好(321d1-3)。

③ ［译按］克里特人和斯巴达人都是多里斯人。συσσίτιον在后文英译为common mess，由于这个希腊文与συμπόσιον［会饮］有同一个前缀"会"，故中译文通译为"会餐"，包括在翻译common mess时。

到了把哲学定义为 ἔρως［爱欲］时的场景［即《会饮》］，正如异邦人［3］关于恐惧之饮品(the drink of fear)的讨论(［译按］647e)不禁令人想起，苏格拉底［在《斐多》中］把哲学定义为对赴死和死亡的实践之后，喝下了毒芹汁。所以，由于可以认为哲学潜伏在有关音乐的讨论之下，故可以证明《法义》致力于哲学，只是代价高昂。《法义》也是个谜。它很快就把自身从类似哲学的东西中解放了出来，而且它在尚且无法得到实践的情况下，便俯就实践。三位老人在通往立法的路上，三位老人并未变成立法者。据异邦人所说，他们像孩子一样，在玩做立法者的游戏(playing at being legislators)(712b1-2)。由此，《法义》的作风把《法义》变成了一部“在通往……的路上”的对话，从而为《法义》赋予了一种哲学特征(philosophic cast)，而这与《法义》的明显意图相反。《法义》的结尾是建议组建夜间议事会，夜间议事会将会讨论美德的统一性。如果《法义》的结尾是建议把哲学引进这个礼法城邦(the city of laws)，那么，《法义》便在通往哲学的路上。“在通往哲学的路上”是个适用于每一部柏拉图对话的表述：任何一部对话都没有完全充分地回答“什么是哲学？”这个问题。如果《法义》只是在结尾抵达了所有对话所共有的这个问题，它便十分独特，因为它比任何其他对话在更靠后的地方开始。当它在结尾抵达这个问题时，它似乎已被立法论题带离了这个问题。我们不得不追问：在我们返回“什么存在(What is)？”①这个问题之前，为什么我们被迫下降到礼法之中如此之深，以便连刑法也加以审视，而刑法的前提是，《法义》的礼法中的教育并未完全成功(853b4-c3)？《斐多》的场景是法庭要处死苏格拉底。难道只有通过刑法，我们才能接近“什么存在？”这个问题？φιλοσοφεῖν［搞哲学］首次出现在关于刑法的那一卷中(857d2)。

---

① ［译按］若去掉问号，what is 指“存在者”，如在第［xi］页。

《法义》以如下问题开篇：应该认为一个神还是一个人对克里特和斯巴达的礼法负责？在论证过程中，对这个问题的回答似乎没找到一丁点儿回音(resonance)。某种意义上，宙斯和阿波罗并非克里特和斯巴达各自的立法者，米诺斯和吕库古(Lycurgus)似乎才配得上这个称号(632d2-4)，而且仅仅在极少的情况下，人们才会说诸神立过法(634e2；662c7；参835c1-3)。制定礼法(νομοθετεῖν)和做立法者(νομοθέτης)是人的所为。不管什么是米诺斯制定礼法时所遵从的宙斯的权威言论，这些言论本身并不具备礼法形式，而且必须得到翻译才能变成法条(statutes)。由于《法义》的礼法至多具有示范意义，而且不得不经过克利尼阿斯及其[立法]委员同事们(fellow commissioners)修订后才能变得合用，故《法义》在其情节中复制了米诺斯与宙斯的原初合作，而非后来米诺斯独自[对原初合作]的重新表述。[4]雅典异邦人取代了宙斯，设计出了一些纲领(schematics)，克利尼阿斯也许会、也许不会觉得这些纲领能用于建立马格涅西亚。因此，《法义》作为一个整体是诸礼法的一篇前言。它意在立于这个克里特城邦[马格涅西亚]的所有礼法之前。由此，可以把它理解成任何其他现实立法的前言，不管这种立法是否独立于《法义》而得到表述。我们正受邀重构宙斯和米诺斯之间的交谈，在这场交谈中，米诺斯不得不接受教育，以便变成一个立法者，然后他才能自由地立法。

如果《法义》作为一个整体是礼法的一篇前言，那么，前三卷便是马格涅西亚礼法的前言(参722d1-2)，而且异邦人的建议，即克利尼阿斯应该如何回答他的问题，充当了前言——即《法义》——的前言。《法义》的礼法有其自身的前言，而且每一套礼法(each set of laws)①同样有其自身的前言。构成《法义》的五篇前言就是礼法的如此多的样板(templates)。样板越小，就越不容易从中

---

① [译按]指各个礼法部门，如婚姻法、刑法。

演绎出任何礼法的细节；但较小的样板也有优势，那就是可以提供礼法的一个通览(synoptic view)，样板的任何扩大都有可能模糊这个通览。也许有理由认为，《法义》终结于这样一点，在这一点上，不再可能进行通览。它应该终结于这样一点，在这一点上，要么不可能从礼法原则出发进行演绎，要么礼法对礼法原则完全无动于衷(参835b5-7；843e3-844a3；846b6-c3)。《法义》应该终结于这样一个地方，在这儿，礼法不再让礼法原则的光芒穿透［礼法］，而且"礼法和命令"(law and order)仅仅变成了"命令"。这看起来不是实情。尽管异邦人坚称，他只提供了一个草图(outline)，略去了每个细微部分(768c3-d7；769d1-e2)，可这个草图看起来更像一幅已完成的画卷，而且细节极其精致(over-refined)。异邦人已把礼法原则设定得相当高远。礼法应该遵照八重(eightfold)善者的等级来制定。礼法不只应该保存八重善者的等级，而且应该在守法者中引入这种等级意识(参705e1-706a4；743e3-744a3)。立法者把诸善者的列表翻译成礼法时，他正是着眼于这些善者；除了这个列表中的诸善者以外，没有任何由礼法引入的或通过礼法引入的善者，应该以任何其他数目和大小，居住在一个邦民(citizen)灵魂中。人们远远更容易设想出这样一种翻译的所有障碍，却不那么容易想象出异邦人为了绕开这些障碍而必须建议什么手段。

克利尼阿斯回答异邦人的第一个问题时，既代表他自己又代表墨吉洛斯；他的回答是"神"，但他以"当我把我的回答限定在最严格的正义所要求的东西上时"①(ὡς γε τὸ δικαιότατον εἰπεῖν，［译按］624a3)这样一种方式限定了他的回答，以至于我们被迫重新思考异邦人的问题。[5]我们本会倾向于中立地对待此问题，但克利尼阿斯似乎在εἴληφε τὴν αἰτίαν［(谁)曾负责，②624a1-2］这个短语中察觉出了一篇前言，这篇前言指向的正文是异邦人想要提

---

① ［译按］按希腊文直译作"正如最正义者所命令的"。
② ［译按］伯纳德特所补，包括带圆括号的"谁"。

出的针对多里斯礼法的正式指控。克利尼阿斯看起来没有完全搞错。他把可能的指责引向了宙斯；的确，他如此急切地想要避开米诺斯，以至于多此一举地向异邦人提起米诺斯的兄弟拉达曼蒂斯(Rhadamanthys)，拉达曼蒂斯最正义，且得到过克里特人的正确赞美，因为他会判断官司(δίκαι)，或更字面地说，判断"关于正确性的争执"。克利尼阿斯所说的 τὸν ἔπαινον εἰληφέναι [他曾得到赞美，625a2-3]呼应了异邦人所说的 εἴληφε τὴν αἰτίαν [(谁)曾负责，624a1-2]，①并暴露了克利尼阿斯在其本土(native)礼法方面对异邦人们持有的微妙态度(touchiness)。克利尼阿斯无疑听说过雅典肃剧诗人们一直传播米诺斯的恶名，也听说过拉达曼蒂斯在克里特之外享有崇高声誉(柏拉图《米诺斯》318d9-11)。向雅典人要求人祭(human sacrifices)的那个米诺斯，并非克利尼阿斯希望辩护的那个米诺斯(参706a7-b1)。米诺斯 ἄνομος [不守礼法]，②雅典肃剧否认"不守礼法"可以意指"强于礼法"(superior to the law)，正如否认它可以意指"在礼法之上"(above the law)。正当克利尼阿斯在异邦人面前承认米诺斯可能有罪时，克利尼阿斯不经意之间提出了如下问题：由于原初(originary)立法者从未遵守他制定的礼法，那么，在任何在礼法中得到教养的人看来，原初立法者是否必定总是有罪呢？又是否只有分量比凡人更重的某个[存在者](someone of more than human stature)才能站在礼法之外，且仍然十分正义呢？克利尼阿斯所说的"神，异邦人呵，神"([译按]624a3)包含了对礼法起源问题的一个最正义的解答。

　　异邦人对克利尼阿斯提出的第二个问题，令人无比惊诧。他问他，他是否同意荷马的描述，即米诺斯每[隔]八年③去一次

---

① [译按]直译为"谁曾得到这份责任"，与前一个希腊文表述都用到"得到"这个词。

② [译按]伯纳德特所补，呼应第[xviii]页的"不守礼法"。

③ [译按]《法义》原文作"每九年"，伯纳德特误作"每八年"，今增一"隔"字。

宙斯那儿，以期与他会面①(συνουσία)，而且米诺斯按宙斯的吩咐
(φῆμαι)为克里特诸城邦制定了礼法（[译按]624b）。可我们后
来了解到，荷马的作品基本上没有传到克里特——"我们克里特
人不会大量使用异邦人们的诗篇"(ξενικὰ ποιήματα, 680c2-5；参
629b3-4)——但[荷马]这位伊奥尼亚(Ionian)诗人毕竟完美地
保存了一个克里特传统。不过，荷马仅仅在一个意义上保存了这
个传统；正是异邦人解释了奥德修斯一篇欺骗性言辞中的一句含
混的话，而这个解释完美恢复了这个克里特传统。而且这种奇迹
般的恢复不仅异邦人做过，苏格拉底在《米诺斯》中也做过这种
恢复，②并违背了对这句话通常的或伊奥尼亚式的解释。我们也许
会认为这个巧合标志着，要么《米诺斯》是伪作，要么正如亚里士
多德不经意之间所主张的，雅典异邦人等于苏格拉底(亚里士多德
《政治学》1264b29, b37)。不论如何，奥德修斯那句话说道：

ἐννέωρος βασίλευε Διὸς μεγάλου ὀαριστής [九岁为王，他是伟
大宙斯的密友]（荷马《奥德赛》19.179）。

[6]除了ἐννέωρος[九岁]（应指"当米诺斯九岁时"）十分含混，
ὀαριστής[密友]（此词似乎包含ὄαρ[妻子]③一词）据说指言辞
上的会面伙伴(συνουσιαστής ἐν λόγοις)，而非会饮伙伴或聚会伙伴
(συμπότης καὶ συμπαιστής)。④苏格拉底说，[ὀαριστής的词根]ὄαροι

---

① [译按]希腊文本义为"一起存在"，"一起"这个前缀译为"会"。正如第[2]页
的译按中所说，"会饮"和"会餐"也有这个前缀。

② [译按]柏拉图《米诺斯》319b-320b。

③ [译按]伯纳德特所补。

④ Pierre Chantraine,《希腊语词源词典》(Dictionnaire étymologique de la langue
grecque), Paris: Klincksieck, 1974, 在ὄαρ[妻子]词条下描述了这些问题。[译
按]正文中"会面伙伴"的英译为associate，"会饮伙伴"的英译为fellow-drinker，
"聚会伙伴"的英译为playmate。这三个词的希腊文本义分别是"一起存在的
人"(参前文译按)、"一起饮酒的人"、"一起游戏的人"。这三个词的希腊文原
文都有"会"这个前缀，但在汉语中无法把"聚会伙伴"的"会"字调到开头。

[亲密交谈]指λόγοι [言辞]，但荷马的用法表明，"爱人之间的打情骂俏"(badinage of lovers)更接近其含义。关于礼法，荷马当然一个字都没说，也没说米诺斯每次拜访［宙斯］时都检验自己的理解。按伊奥尼亚方式解释这个克里特传统，会饮成了传达神的吩咐的场合；可是这个原初场合遭到多里斯礼法的严格禁止，而且尽管它到底幸存了下来，但它成了συσσίτιον——会餐，或者说一起吃饭——而非一起喝酒［，或者说会饮］。由于异邦人建议以会饮为一个适宜的范例，用于理解礼法，故异邦人回到了一个克里特传统背后，既在理论上也在实践上恢复了一种伊奥尼亚生活方式。在恢复会饮时，正如米诺斯充当宙斯的会饮伙伴，异邦人也把米诺斯恢复成了异邦人的聚会伙伴。在超出礼法的层面，游戏(παιδιά)①相对于严肃(σπουδή)具有优先地位。然而，一旦我们超出礼法如此之远，那么，基于ὁαριστής [密友]具有的荷马式含义，异邦人说的συνουσία [会面]便具有了一种爱欲色彩，而且人们可以认为，男童恋(pederasty)②已然存在于米诺斯的立法活动之初：异邦人后来指责道，克里特人③竟发明了伽努默德(Ganymede)的故事，以便为男童恋作辩护（［译按］636c）。如果我们按字面理解荷马，那么，米诺斯去宙斯那儿时正好是个男孩。

　　如果我们凭靠《法义》的开头，以及苏格拉底在《米诺斯》中所否认的东西(即否认其为荷马那句诗的真实含义)，来解读异邦人的第二个问题，那么，我们面临如下可能性：作为一场无酒的会饮，《法义》以一种相当简朴的(austere)方式模仿了柏拉图的《会饮》，尽管我们必须记住，由于当时饮酒不是宾客［即会饮参与者］的义务，故《会饮》在大部分篇幅里也不是普通酒会，而且

---

① ［译按］如前文译按所述，"聚会伙伴"里包含了作为词根的"游戏"，故此处转而讨论"游戏"。
② ［译按］直译为"对男孩的爱欲"，汉语语境里一般叫"恋童恋"。"男孩"在希腊文中与"游戏"同源。
③ ［译按］the Cretan, 按希腊文，当作the Cretans。

直到阿尔喀比亚德（Alcibiades）闯进来，出现在宾客面前，变更了
《会饮》的规矩之后，《会饮》才变成普通酒会：συμπόσιον［会饮］
一词没有在《会饮》中出现。如果一场雅典会饮足够清醒，以至
于允许发表爱欲言辞（erotic speeches），那么，［雅典会饮的］一种
克里特衍生形式（offshoot）会足够无拘无束，以至于允许发表关于
礼法的言辞，同时这些言辞不必遵守礼法。克里特礼法的卓越让
异邦人作出预言（divine）：克里特礼法有一条规定允许老人们在
年轻人们不在场时讨论礼法。正当异邦人暗中涉及他正在做的
事时，他暗示［7］有一条通则可以解释宙斯的言论和米诺斯的礼
法之间的区别。这个区别的标志就是συμπόσιον［会饮］和συσσίτιον
［会餐］之间的区别。尽管这两个语词在其他地方并不互斥，但
它们在斯巴达和克里特却互斥，而且克利尼阿斯让他对克里特礼
法的整个解释立足于他从συσσιτεῖν［会餐］制度推导出的东西。①
如果宙斯和米诺斯在一起的所为之于克里特人在一起的所为，就
像一场对话交流（a dialogic communion）之于战士们的会餐，而且
这种对比（proportion）呈现了礼法的翻译问题，那么，《法义》作为
礼法前言，便是一个可理知的封套（intelligible envelope），用于包
裹作为合法惯例②（τὰ νομιζόμενα）的礼法（νόμοι）。《法义》也许"像
一个非身体的秩序，意在统治一个有灵魂的身体"——借用《斐
勒布》（Philebus）中的说法（64b6-7）。用《法义》的语言来说，
νόμοι作为歌曲也许先于νόμοι作为礼法，而且这样一来，《法义》的
整体目标也许是，探究能够在多大程度上颠转礼法，重新设定礼
法的方向，让礼法把παιδιά［游戏］体现为σπουδή［严肃］的真实。
如果确立克里特礼法的原初场合是συμπαίζειν［聚会］，③而且这个

---

① 关于συσσίτιον［会餐］与会饮之间的"虚假"对立，参Oswyn Murray，"战争与会
　饮"（War and Symposium），见William J. Slater编，《古典语境里的宴会》（Dining in
　a Classical Context），Ann Arbor: University of Michigan Press，1991，页90。
② ［译按］按希腊文直译为"被视为合法的东西"。
③ ［译按］希腊文本义为"一起游戏"。

有缺陷的传统发展成了 συσσιτεῖν［会餐］，那么，可以认为异邦人说的 συμπίνειν［会饮］是二者之间适宜的中间状态。

异邦人期望，克利尼阿斯和墨吉洛斯不会觉得一场有关政制和礼法的讨论令人不愉快，因为他们一直以合法作风得到教养，若称这些方式为属神的，绝非不恰当。由于前两卷涉及合法作风——这些合法作风对一个共同体中的诸个体施加影响——而且第三卷涉及政制，或统治者和被统治者的规范性原则，故异邦人在开篇仅仅建议处理《法义》整本书四分之一的内容。他暗示，对于克利尼阿斯和墨吉洛斯，以他们自己合法的习惯和作风①（ἐν τοιούτοις ἤθεσι νομικοῖς）追寻属神事物的踪迹，不会令人不愉快（［译按］625a）。他们的礼法体验本来应该可以提供一种对意义和意图的洞见。在克利尼阿斯第一次解说之后，异邦人赞美了他，因为他为了识别克里特习俗而受过很美的②训练（γεγυμνάσθαι πρὸς τὸ διειδέναι τὰ Κρητῶν νόμιμα, 626b5）。对习俗的［灵魂上的］体育［训练］（gymnastic）③造就了一种对习俗的理解。通过身体，克利尼阿斯已被引向了一种逻各斯（参632d4-7）。异邦人的评论中潜伏着那个肃剧式表达，即 πάθει μάθος［通过遭遇来学习］，④以及他自己的暗示，即教育始于孩子无言辞、无理性的⑤快乐和痛苦，而且教育以这样一种方式塑造这些快乐和痛苦，以至于可以证明这些快乐和痛苦与成年人（complete human beings）的言辞和理性相协和（consonant）（653b1-6）。然而，就克利尼阿斯而言，他

---

① ［译按］按希腊文直译为"以这样一些合法风俗"。
② ［译按］"很美的"为此处希腊文所无。
③ ［译按］gymnastic是前一句中译为"训练"的希腊文 γεγυμνάσθαι 的直译（也是英语化转写）——前一句中的"训练"的英译为trained。把灵魂训练比喻成一种体育训练，在希腊文中很常见。
④ ［译按］埃斯库罗斯《阿伽门农》177。本书第［108］页和第［135］页（在注释中）也提到这个表达。
⑤ ［译按］上一句中的"逻各斯"即指言辞、理性。

的礼法体验导致他与礼法完全不协和。[8]他的［灵魂上的］体育［训练］终结于一种完全不合曲调的音乐之中。《法义》开始于一个困惑：一个遵守礼法之人的邦民同胞(fellow citizens)选了这个遵守礼法之人做一个新殖民地的建立者和立法者，他完全吸收(imbibed)了这些特定礼法，并通过这些特定礼法而在自己的灵魂中怀有一些情绪(sentiments)，可是这些情绪违背任何礼法的意图。①这个出人意料的结果并非出于异邦人任何富有技艺的探究，克利尼阿斯直接泄露了这个结果，却未意识到自己表达了什么令人震惊或违背礼法的东西。如果属神礼法有这样的效应，那么，人们能从纯粹属人的立法中期盼什么？

　　异邦人希望了解三个克里特习俗：会餐、锻炼、武器。克利尼阿斯回答的顺序是：锻炼、武器、会餐。因为他道德诉诸这个国家(country)的自然，②这种自然要求训练跑步；然后，他相信，这必然表明，武器必须很轻，尽管人们也可以争辩道，身着重甲训练会使人们在用弓箭作战时远远更为捷足。至此，礼法依从了自然下达的命令(dictates)，或者说，克利尼阿斯相信是这样；异邦人独自发现了这个国家的自然要求什么；要证明克里特的种种作风有其正当性，既不必诉诸米诺斯，也不必诉诸宙斯。这时，克利尼阿斯补充道，不只他们的锻炼和武器以战争为导向，立法者还基于战争来安排一切。他只举了一个例子——会餐。会餐超越了那些可以在克里特找到的特定条件，适用于一切地方和一切时间。他说，立法者

　　　　发现，每当打仗时，所有人都受事态本身($\dot{\upsilon}\pi'\ \alpha\dot{\upsilon}\tau o\tilde{\upsilon}\ \tau o\tilde{\upsilon}$ $\pi\rho\acute{\alpha}\gamma\mu\alpha\tau o\varsigma$)所迫，全程实行会餐，以便自保；因此，对我［克利尼阿斯］来说，他［立法者］似乎认识到多数人没头脑

----

① 参亚里士多德《政治学》1324b22-28, b32-36。
② ［译按］nature, 亦可译为"本性"、"天性"，但笔者一般通译"自然"。

(ἄνοια)，并谴责这种状况，因为他们［多数人］不了解，总是存在一场每个人终生反对所有城邦(πᾶσιν^① διὰ βίου πρὸς ἀπάσας τὰς πόλεις)的无尽战争：如果战时任何统治者和被统治者都必须为了自保而会餐，且以一种有序的方式做护卫者，那么，一个人也不得不在和平时这样做。大多数人称为和平的东西，他发现不过是一个名字而已，而在行事中，依据自然，总是存在一场所有城邦反对所有城邦(πάσαις πρὸς πάσας τὰς πόλεις)的不宣之战(［译按］625e3-626a5)。

一场不宣之战(ἀκήρυκτος πόλεμος)也是一场任何休战协定都不可能叫停(call off)的战争：如果克里特人签过一个条约的话，那么，人们可以预料，任何时候都可能率先开战(a first strike)。一方面，战时会餐有其必要，[9]另一方面，在任何时候都实行会餐，是克里特的习俗；根据这两个方面，克利尼阿斯推测，总是存在战争。他没得出结论说，和平时的会餐令战时更容易生活在一起，或者说，会餐的伙伴关系可以增进邦民共同体(citizen body)中的友爱；相反，他得出结论说，不存在和平。在他的第一次表述中，战争是每个人反对所有城邦的一种永恒状态。战争持续存在于一个人的终生，且要求一个人持续地自己护卫自己。^②一个人自己的城邦和其他每个城邦都是敌人(参941c4)。在克利尼阿斯的第二次表述中，他缓和(tones down)了这个极端的隐含意义，说出了人们原本在他第一次表述中就预期的东西，即所有城邦都处于一个永恒的战争基座(war-footing)上。克利尼阿斯清楚地把第二次表述归于克里特立法者，然而，第一次表述是否只是他自己的推测，而没有追溯到米诺斯或宙斯那儿，并不那么清楚。不论如何，克里特礼法

---

① ［译按］本书中出现的下划线均为伯纳德特所加，后皆同。
② 加上διὰ βίου［终生］这个表达，表明πᾶσιν［每个人］(［译按］复数，一般指"所有人"，但也可指复数的"每个人")必须按个体来理解。

令他理解了这样一些事物：多数人由于没头脑而无法把握这些事物。因此，如果诸城邦——不论是否在礼法之中——持克里特礼法中体现的洞见，那么，多数人应该处于一种反对所有城邦的战争状态中，因为克里特礼法中体现的洞见必然违背大多数人的幻觉。他们没有抓住存在者的自然，可克里特礼法抓住了，且没有局限于证实苏格拉底的礼法定义：克里特礼法不只想要成为对这个存在者（what it is）的发现，而且想要成为对存在者（what is）[本身]的发现。

发现存在者，是通过观察一个时间性的事件——"每当人们打仗时"——外加一个永久有效的合法惯例。由于这个惯例有在时间上有其必要，故这个惯例的意义显露了出来，可一旦这个惯例获得了这个意义，这个意义就通过这个惯例自身而再次被去时间化，且被赋予一种自然事实的状态。一个人应该总是提防有可能（possible）或者甚至很有可能（probable）爆发战争，这一点无法满足克利尼阿斯对会餐作出的解释。除非"保持提防"这则格言在一种无尽的紧急状态中有其客观对应者，否则人们不可能理解，在现实中引进克里特礼法[意味着什么]。一旦一则明智的（prudential）格言结合到一个惯例中，其明智成分似乎就会消失殆尽，取而代之的是永久存在者（what is always）（参780b2–c2）。克利尼阿斯从时间性事物滑向永恒事物，令人们对如下问题感到好奇：如果他们为了一种嫁接到他们[克里特人]身上的意义，付出了哪怕最微薄的代价，那么，是否必然应该认为，他们自己的种种制度指向永久存在者？如果克利尼阿斯这样的洞见是几乎任何类型的惯例不可避免的产物，而且立法者应该依从异邦人的规定，并为了他的礼法而着眼于[10]存在者，那么，立法者不得不在他的礼法中设置防护措施，以免发生如下状况：通过体验礼法，他们[克里特人]擅自制造出存在者的变体（variants on what is），这些变体偏离了立法者自己的意图。这些防护措施成了卷二的主题。克利尼阿斯宣称，他恢复了克里特立法者的原初洞见。这个洞见似乎如此不同于人们的一般理解，也如此违背常理，以至于人们必须看似有理地认为，一个神或某个接近神的人［对这个洞见］负责。当克利尼阿斯最终发现他的礼法体验产生了这个奇怪后果时——礼法的严酷完全证实了肃剧对米诺斯的看法，而克利尼阿斯起初那样努力地想要掩盖这种看法——他表达了某种惊诧，并感到好奇，他的礼法体验是否可能错过了礼法曾经意图达到的东西（628e2-5）。①

　　克利尼阿斯恢复了克里特诸制度的意义之后，他终于能够回答异邦人的问题了。异邦人曾问"礼法依据什么（κατὰ τί）而安排了"三种惯例（［译按］625c6-7）；克利尼阿斯现在说，立法者着眼于战争而安排了一切公私习俗，而且传扬这些礼法，这些礼法应该"依据这一点"（κατὰ ταῦτα）而得到维系，这一点就是，"如果一个人没有在战争中占上风，那么，任何其他东西，不论财产还是惯例，都没有用处，而且被征服者的诸善者会变成征服者的财产"（［译按］626a7-b4）。②对于异邦人的问题，即κατὰ τί［依据什么］，［克利尼阿斯］在善者方面作出了如上回答；对诸事物的存在的洞见就是，［诸事物的存在就是］战争。克利尼阿斯关于这些惯例

---

① 参C. Ritter，《柏拉图的〈法义〉：希腊文笺注》(*Platos Gesetze: Kommentar zum griechischen Text*)，Leipzig: B. G. Teubner，1896，页2：克利尼阿斯的好奇"可能指向前述对立中的一方或另一方。故要么是：基于这番明白的解释，我感到好奇，我们的立法者竟然实际上并非着眼于建立稳固的和平，而我一直没有注意到这一点；要么是：就算我现在认识到，和平必须是每一种立法的目的，但我还是会好奇，从我们的礼法——我一直认为它很卓越——出发，人们竟然能够证明，我们的礼法着眼于那个正确的目的，而非另一个目的，即战争"。

② 参亚里士多德《政治学》1324b5-12："因此，尽管大多数人的大多数礼法制定得实在不成系统且不规则，然而，如果礼法确实可以看到任何地方的任何事，那么，所有人都会追求占上风（κρατεῖν），正如在斯巴达和克里特，它们的教育和它们的大部分礼法都为了战事而制定；不仅如此，在所有有能力进行占有（πλεονεκτεῖν）的［野蛮］（［译按］伯纳德特所补）民族中，人们认为此类权力十分荣耀，比如在西徐亚人（Scyths）、波斯人、色雷斯人（Thracians）和凯尔特人（Celts）之中。"（参柏拉图《法义》637d7-8；希罗多德《原史》2.167）

所说的任何话，都没有暗示一个人如何从"存在"走向"善"，因为善者取决于胜利，而如果永远存在战争，则任何人都不可能永远占上风。克利尼阿斯并未像墨吉洛斯后来那样（638a1-2）主张，克里特诸制度甚至保证了战争中的胜利，正如人们对这些制度的通常理解。克利尼阿斯似乎忘记了，克里特是[11]一个岛（参662b3-4），而且它要打仗的话可能会攻打这样一些城邦，它们的诸制度在类型上与**克诺索斯**（Cnossos）①的诸制度相同，而且如果克里特弓箭手在海外其他环境下作战，他们就会失去在本土的所有优势。克利尼阿斯几乎不可能相信，凯尔特人或斯居泰人的诸善者，可以为他们[克里特人]所轻易占有（are theirs for the taking）。克利尼阿斯暗示，如果任何东西不是在战争中获得的，那么，任何人都没有权利要求这个东西，但甚至在这个时候，这是一种危险的权利。一旦战争中的胜利变成标准，和平及其诸善者就会重现，尽管和平并不现实。如果克利尼阿斯应该向多数人提供一种虚假和平的诸善者，就像对经久不衰的诸制度——其内在意义是永恒的敌意——行贿，而且克利尼阿斯应该声称，唯有像他自己这样的统治者们才意识到了真理，并奉行真理，那么，人们可以在克利尼阿斯的说法上强加某种程度的内在一致性（coherence）。[果真如此的话，]这些充满洞见的统治者就会响应征召，投身一场永恒的战役，对他们自身来说，这场战役并不具有任何其他目的，除了让这场战役永远持续下去；可是，他们绝不会受到蒙蔽，以至于相信任何不可剥夺的（inalienable）善者属于现实性本身。为了把这样一种善者偷渡到诸事物的存在之中，就有必要征召②墨吉洛斯加入这场讨论，并召唤一位雅典"本土"诗人。

　　按照接下来的行文，人们可以说，克利尼阿斯对克里特礼法的体验，导致他认为存在一场永恒战争，在这场战争中，更强

---

① ［译按］统治着克里特岛的城邦。
② ［译按］伯纳德特有意使用了上一句中的"征召"。

者(the superior)反对更弱者(inferior)，或者说好人(the good)反对糟人(the bad)，①但克利尼阿斯的这种准摩尼教主张(quasi-Manichaeanism)需要异邦人的产婆术(maieutics)令其显露出来，而且在克利尼阿斯中断的那个关节点上，更强者和更弱者并非诸事物的永恒特征，而只是回溯式断言(retrospective determinations)，②会随着战斗结局的不断变化而不断变化。既然可以说城邦反对城邦，那么，同样可以说村落反对村落，村落中的家族反对村落中的家族，个人反对个人，最终也可以把每个人视为他自己的敌人(626d1-2)。对于这个结论，克利尼阿斯几乎不可能把他自己包括进去。他称异邦人为"雅典的异邦人"，并特意论证这个称呼有其正当性："雅典的"并非意指"属于雅典"；据克利尼阿斯所说，Ἀττικός [阿提卡的]本来已经足以指称"雅典的"，可"雅典的"直接指向"雅典娜"，异邦人值得拥有这个源于雅典娜的称呼。也许出于无意，克利尼阿斯暗示了这样一个事实：雅典的女人总是被称为Ἀττικαί [阿提卡的女人]，严格来讲是因为指称雅典的女人的Ἀθηναία与雅典自身名字的古老阿提卡词形之间没有差别。③ [12]因此，通过称异邦人像雅典娜，克利尼阿斯称异邦人为属神的；就在不久前，墨吉洛斯按斯巴达习俗称克利尼阿斯为ὦ θεῖε [属神的人呵](626c4)；比起墨吉洛斯说的"属神的"可能具有的意义，克利尼阿斯说的"属神的"具有某种程度上更强的意义。异邦人值得拥有这个称谓，因为他把论证引向了论证的原则(ἀρχή)。克利尼阿斯几乎从未通过体验礼法而把握到

---

① [译按]按希腊文用法，"好"既有道德的含义，又有卓越的含义，"糟"既有不道德的含义，又有低劣的含义。

② [译按]犹言"事后诸葛之言"。

③ 参Harmut Erbse，《阿提卡辞书研究》(*Untersuchungen zu den attizistischen Lexika*)，Berlin: Akademie-Verlag, 1950，"埃利俄斯·狄奥尼修斯"(Aelius Dionysius)词条。人们会好奇，这个事实是否隐藏在如下这件事背后：庇西斯特拉托斯(Pisistratus)把一个女人打扮得像雅典娜，并散布谣言说"雅典娜将把庇西斯特拉托斯从流亡之中带回来"(希罗多德《原史》1.60.5)。某种意义上，他不是在说谎。

什么，异邦人把这一点追溯到了它的源头。这个原则能够一再应用于从家族到城邦的整个序列，并揭示出战争的真正意义不是一个城邦反对所有其他城邦，而是每个城邦自己反对自己。智慧女神［雅典娜］也是战争女神，她对一个雅典人揭示了，她的双重特征是内在统一的（参柏拉图《克里提阿斯》[Critias] 109c6–d2）。

　　克利尼阿斯没有发现，这个自己胜过自己、或自己败给自己的观念，让人忧心它的内在不一致。他了解一个常见的希腊语表达，这个表达否定了那个观念所肯定的东西（［译按］641c）。然而，如果人们忽略那个观念的内在不一致，那么，那个观念确实启发（illuminate）了克利尼阿斯的原初洞见，因为这真的是一场根本不可能赢的战争，它不宣而战，且不允许休战。对于［那个观念的］内在不一致，也许有一个解决办法，即把自己胜过自己归结为邦民献身于城邦，归结为邦民为了城邦的生存而放弃他自身的生命；克利尼阿斯意指的那场每个人反对所有城邦的战争，是这样一种斗争，在这种斗争中，个体反对出于热爱父邦（patriotic）而死，因为这样死不会为个体自己带来任何看得见的（apparent）善者。实际上，人们可以沿着同样的思路走得更远，并声称克利尼阿斯暗示了，城邦是导致自我疏远（self-alienation）的场所，永远分裂个人，令其自己反对自己。克利尼阿斯容许，在公共场合所有人成为所有人的敌人，在私下场合每个人各自成为各自的敌人，可他没有细说胜利由什么构成；不过，就城邦而言，如果更好的那些人胜过了占多数的且更糟的那些人，那么，可以在严格意义上说，城邦自己比自身更好。故也许存在一个更好的自己和一个更糟的自己，更糟的自己也许类似于民众（demos），更好的自己也许可以比之于智慧者的统治（参689a9–b2）。更糟的自己的胜利，似乎意味着理性败给快乐；这并非暗示了对怯懦的胜利，而是暗示了，节制或自控的丧失是最糟也最不光彩的失败。在［个人］自己的层面，σωφϱοσύνη［节制］是主题，在城邦的层面，自愿就义（the willingness to be killed）是主题：克利尼阿斯后来承认，屈服于种种快乐比屈服于种种痛苦更糟(637e1-6)。个人疏远城邦,个人敌视自己,这两种状况并非出于同样的原因。拒绝为了城邦而放弃自己的生命,不同于做快乐的奴隶(a slave to pleasure)。这种差异可以比之于苏格拉底的δαιμόνιον[命神性事物]与苏格拉底对阿波罗神谕的服从之间的差异:苏格拉底的δαιμόνιον[命神性事物]让他远离政治,且救了他的命,[13]苏格拉底对阿波罗神谕的服从令他无视所有危险,且把他自己看成另一个阿喀琉斯(Achilles)。

克利尼阿斯此刻发现了,他自己的洞见及其延伸性说法十分奇怪,因为他听到了[这个洞见的]异邦人版本,在这个版本中,异邦人没有改动[克利尼阿斯的洞见],却颠转了克利尼阿斯举的例子,并谈论了严格来讲自己比自己弱小的(inferior to itself)城邦;但异邦人不仅增加了一个事实,即他们是邦民同胞(πολῖται)和亲族(συγγενεῖς,[译按]627b3),而且讲了一个故事。这个故事引入了时间和生成(becoming)这两个要素。占多数的不义的邦民,制造了一个阴谋,且使用暴力反对为数更少的正义者。克利尼阿斯之前并非在讲故事:在每个城邦中,更好的人或更糟的人要么胜利要么失败。①一旦时间和变化(change)成了任何东西胜利或失

---

① 参David Daube,《罗马立法诸形式》(*Forms of Roman Legislation*),Oxford:Clarendon Press,1959,页6:"因此,首先,在早期罗马立法中,盛行'若一人谋杀另一人,他应被处死'这种形式,可后来'任何谋杀他人者皆应被处死'这种形式同样常见。此间变化反映了一种进化,即从我们也许称为民俗(folk-lore)的东西进化成一种礼法体系。'若一人做了这或那'讲了一个故事——尽管这个故事关乎尚未发生的事件。它[这个表述]设定了一个可能出现的场合,并告诉你如何应对它。'任何做了这或那的人'并不指向一个场合,而是指向一个范畴,一个被他的行动所定义的人。这个表述并不告诉你如何应对一个偶然事件,而是宣布了对一个谋杀者的恰当处理方式。这个表述更普遍、更抽象、更超然。"可进一步参考David Daube,《古代犹太教律法》(*Ancient Jewish Law*),Leiden:E. J. Brill,1981,页72-74。克利尼阿斯在直陈式(indicative)中以一个概括性的(generalizing)关系代词(ἐν ὁπόσαις[在那些……中,627a6])提出了他的主张,异邦人则以将来时把他的主张表达得更生动(注意ὥς ποτε[当某时,627b3]),且接连使用了两个时间性从句(ὅταν[每当,627b5]和ὅπου ἄν[当,627b7])。在《法义》的严格意义上的礼法(the laws proper)中,以"任何……的人"(ὃς或ὃς δ' ἄν)起头的表述有不少于20次;参843b1、c6,844d8、e5;并对比715c2和822e8。

败的基础,自己反对自己的悖论就消失了。"你已经超过了你自
己"意指"你之前从未做得更好",而且"我如今不是我自己了"
带来了对未来的希望。由此,异邦人提出的第一个反对克利尼阿
斯的动议,就是阻止他急着抛弃时间进而把礼法当成存在者的真
理(getting the law to be the truth of being)。这令克利尼阿斯变得清
醒,以至于生成者取得了相对于存在者的优先地位;这一点似乎
在卷十达到顶点,在那儿,异邦人主张,在生成的时间上,灵魂先
于身体,而且异邦人没有诉诸可能的永久存在者(that which may
be always)。这样一种乾坤学式的灵魂学是否完全令人满意,可
以暂且搁置不论,[关键在于]这种灵魂学与《法义》前三卷的倾
向相一致,这一点即将出现在讨论进程中。克利尼阿斯首次描述
克里特礼法时,使用了七次εἶναι[存在],使用了一次γίγνεσθαι[生
成],[①]他还以一个名词句(nominal sentence)表述了自己胜过自
己(self-victory)和自己败给自己(self-defeat)的观念(626e2-4)。[②]
相应地,异邦人[14]把注意力转向了家族,就家族而言,亲族
(συγγένεια)不再具有引申含义。[③]

异邦人想象了这样一个例子:有许多兄弟,都是同父同母所
生,他们中大多数生成得(γίγνεσθαι)不义,少数生成得正义;但

---

① [译按]在具体语境中,εἶναι亦指"是",γίγνεσθαι亦指"变成"。

② 《法义》为生成的论题所支配,这以如下方式体现了出来。εἶναι与γίγνεσθαι的出
   现次数的比率在《法义》中为505:198,在《王制》中为544:50;γίγνεσθαι的现在
   时分词和不定过去时分词的出现次数在《法义》中为291次,在《王制》中为136
   次;[εἶναι的未完成时]ἦν的出现次数在《法义》中为137次,在《王制》中为127
   次;γίγνεσθαι的第三人称单数和复数的现在时祈愿式(optative)的出现次数在《法
   义》中为83次,在《王制》中为44次;[γίγνεσθαι的完成时]γεγενῆσθαι的出现次数
   在《法义》为45次,在《王制》中为8次;[γίγνεσθαι的完成时分词]γεγονώς的出现
   次数在《法义》中为36次,在《王制》中为15次。与这种差异相应的也许是,νῦν
   [现在]的出现次数在《王制》为158次,在《法义》中为411次。

③ [译按]627c9-10把οἰκία[家族]和συγγένεια[亲族]当作可以互换的词。συγγένεια
   的引申含义是"同类"。

他没有继续讲他的例子，停止了咬文嚼字地批评(quibbling)"一
个家族自己支配自己"这个表述，因为他说此刻的论题是礼法的
自然正确和失误(ἁμαρτία)。一方面是诸表述的得体和不得体，
另一方面是成功礼法的自然和不成功礼法的自然(the nature of
successful and unsuccessful laws)，这两方面相互对立。[①]通过暗示
自然(φύσις)和礼法之间的哲学对立，异邦人似乎在追问：克利尼
阿斯对礼法的错误解释——这种解释颠覆了所有礼法——是否并
非自然而然源于习俗性言辞的自相矛盾？克利尼阿斯最终令他
的"无尽的战争是自然而然的"这个洞见立足于对一则希腊习语
(idiom)的严格解释。他的礼法体验与他所说的语言之间存在巧
合，仿佛他的体验只有一个目的，即恢复他说的话的字面意思。
通过体验来理解最古老希腊礼法的意义，就是恢复一个正好位于
人们脚边的开端(ἀρχή)。异邦人把两个方面对立了起来：一方面
是克利尼阿斯的准肃剧式体验，另一方面是一种对礼法的自然正
确性的探索，这种探索的起点是家族而非城邦。这样一种开端所
暗示的东西，可以见于异邦人后来的要求中：当他讨论七种相互
冲突的统治资格(competing claims to rule)时(690a1-c8)，他提出
这样的要求，即邦民们应该爱正确的事物，恨不正确的事物，而且
七种资格里的只有一种——父母的统治——能被视为具有内在
的自然情感。反思礼法的自然正确性，始于解除自然的兄弟关系
并通过礼法恢复之。肃剧诗人们在复合词——αὐτόχειρ［亲手］、
αὐτοκτόνος［自相残杀］、αὐτοφόνος［-φόντης］[②]［杀自己的亲属］、
αὐθέντης［族内凶杀］——中滥用αὐτός［自己］，[③]以表示家人[④]之间

---

① ［译按］似乎指：诸表述的得体与成功礼法的自然相对立，诸表述的不得体与不成
　　功礼法的自然相对立。换言之，诸表述如果得体，就意味着礼法不成功；诸表述
　　如此不得体，就意味着礼法成功。因为诸表述致力于揭示自然。
② ［译按］伯纳德特所补。
③ ［译按］伯纳德特所补。
④ ［译按］family，似乎不能译为家族，因为这里讲的是族内相杀。

相互杀戮，^①故这些诗人笔下的家族(参663e8-9)揭示了礼法的这个问题。

异邦人说有一个由好的和糟的兄弟们构成的家族，这个家族中，不义者多于正义者，异邦人想象了这个家族的三种可能的结果(参838a5)。他没有考虑 [15] 正义者多于不义者的情况，而这种情况似乎符合普通城邦的状况。一个握有生杀(executive)权力的法官有可能这样做：(1)要么杀掉糟人，命令更好的人自己统治自己，^②(2)要么让好人统治，也让更糟的人活下来，并设法使其自愿接受 [好人]统治，(3)要么谁都不杀，对他们所有人进行调解，为之制定礼法，以规范以后的时间，且有能力确保他们一直做朋友。在这些可能性中，第一种对应《治邦者》中爱利亚异邦人的建议(293a9-e2)，第二种符合《王制》的"言辞中的城邦"，第三种是《法义》的前提。通过选择最后一种，克利尼阿斯把友爱看得高于正义，并强迫我们注意到，当礼法出现时，恶者的盛行也一并出现。当异邦人申辩有必要讨论刑法时，他给人们留下了一个印象；与那个印象相反，礼法就其自身而言预设了种种不完美状况。从存在转向生成，导致了一种相当高级的颓废(decay)状态。这种状态当然好过克利尼阿斯的无尽战争那令人恐慌的图景，但如果友情(friendly feeling)的确立并不依赖于行事正确之人(the righteous)的共同体，那么，异邦人确实降低了人们对礼法的预期。人们会说，正确性属于统治秩序；正确性无法幸存于邦民们自己的内心。异邦人把克利尼阿斯所选的法官描述成τρίτον δικαστὴν πρὸς ἀρετήν [向着美德的第三位法官]，这番描述"自然

---

① 关于αὐτο-的原初功能，参Ferdinand Sommer，《论希腊语名词性复合词的历史》(*Zur Geschichte der griechischen Nominalkomposita*)，München: Verlag der Bayerischen Akademie der Wissenschaften，1948，页83-86，页153-159。

② 注意ἄρχειν αὐτοὺς αὐτῶν [自己统治自己](627e1)这个表述毫无悖谬，如果人们加上"轮流"，或人们认为这个表述意指他们没有主人(αὐτοκράτορες [自治]或 αὐτόνομοι [自律])。

的"意思是,他在美德上居于第三位(627e3-4);①但人们立马不得不补充道,只有在这第三种情况下,异邦人才没有谈论好人和糟人之间的冲突,而只是说这个家族自己与自己不和②($\sigma\upsilon\gamma\gamma\acute{\epsilon}\nu\epsilon\iota\alpha\nu$ $\delta\iota\alpha\phi\epsilon\rho o\mu\acute{\epsilon}\nu\eta\nu$,[译按]627e5)。

如果克利尼阿斯之所以选择第三位法官,不只是因为他要引入礼法,而且是因为他要调解那些无法被分为好人和糟人从而争执不休的人们,那么,墨吉洛斯、克利尼阿斯、异邦人便构成了这样一个团体。他们首先在许多事上各不相同,但他们都是希腊人,且从事着一项共同的任务。然而,雅典礼法不论与斯巴达礼法之间,还是与克里特礼法之间,都鲜有共同点,何况在斯巴达可以找到的那些政治安排,也不符合在克里特可以找到的那些政治安排。人们有理由认为,这部对话在结尾达成了某种类型的同意。[16]这种同意是雅典异邦人带来的,他把他们团结起来,使他们能够共事($\sigma\upsilon\mu\phi\epsilon\rho\acute{o}\mu\epsilon\nu o\iota$,629c3),③同时又没有完全消除他们的差异。至少在前三卷中,他们的差异随时有可能爆发成严酷且达不成一致的争论(629a1-3;参685a1)。因此,关于这个团体,我们可以说,它正在变得比它自己更好,或比它从前之所是更好;但我们同样可以说,这个团体变得比它自己更微末了(less),倘若异邦人以任何方式俯就墨吉洛斯和克利尼阿斯的能力和习惯。我们已经见识过他这种俯就的一个迹象;他暗示,要决定更糟的人到

---

① 这个"第三位"似乎直接指向第三好的政制,异邦人后来暗示此政制也许是《法义》中的次佳政制的克利尼阿斯版本(739b3)。England认为"第三位"意指一个上升序列中的第三位([译按]本书凡引England,均出自他的笺注:Plato,《法义》[*The Laws of Plato*],E. B. England笺注,全二册,Manchester: Manchester University Press, 1921),这种观点这似乎很牵强,因为他预设了克利尼阿斯的选择与异邦人的选择相同;参654c3-d4,在那儿克利尼阿斯选择了一个并非明显更卓越的可能性;参柏拉图《欧蒂德谟》(*Euthydemus*)306c5。

② [译按]据希腊文直译作"亲族发生分裂"。

③ [译按]$\sigma\upsilon\mu\phi\epsilon\rho\acute{o}\mu\epsilon\nu o\iota$[共事]与上一段结尾的$\delta\iota\alpha\phi\epsilon\rho o\mu\acute{\epsilon}\nu\eta\nu$[分裂]拥有同一个词干和相反的前缀。

底是否强过更好的人，就得诉诸一篇更长的逻各斯，甚至比《法义》更长（627b1-2；参726a4-5）。异邦人拒绝谈论这个问题，这等于说，他拒绝讨论那个就其自身而言超越了存在者的善者的自然（the nature the good that is in itself beyond being）。[①] 在生成领域，灵魂相对于身体的优先地位的确立，只达到了他在面对这个终极问题时愿意抵达的程度。不管怎样，《法义》有一种双重运动，即［克利尼阿斯和墨吉洛斯］这两个多里斯人的上升伴随着［异邦人］这个雅典人的下降（参804b5-c1），这种双重运动似乎意在体现克利尼阿斯的选择。我们受邀观摩《法义》，以便理解礼法在确立友情时的功能。过了某一段时间之后，克利尼阿斯才称异邦人为"朋友"（641c8）。

　　起初，要令克利尼阿斯不再主张战争具有首要性，唯一的途径似乎是指出那个"功能上有问题的"（dysfunctional）家族，而且一旦为立法者分配了阻止内战的任务，人们就认为礼法的目的高于促成邦内和平和友情；然而，尽管［异邦人］有一次提到一个城邦的幸福，但［异邦人］没有清楚地表明，治邦者是否必然以诸个体的幸福为目的（628d5），而且［异邦人使用的］范例是健康的身体，即从不需要治疗的身体，而不是美丽而强壮的身体，后者不得不投身严格的训练和锻炼，才能达到这样的状态。当异邦人反对为了"战争之事"而对"和平之事"立法时，他谈论了"和平之事"，"和平之事"当然包含最高事物；尽管如此，可他仅仅说道，严格意义上的立法者必须为了和平而对战争之事立法（628d7-e1）。［异邦人］想象出蒂尔太俄斯（Tyrtaeus）和忒奥格尼斯（Theognis）之间的对抗，仅仅在这个对抗过程中，立法者才追求比和平更高的东西。蒂尔太俄斯赞美勇敢，赞美这个

---

① 参Herwig Görgemanns，《论柏拉图〈法义〉的解读》（*Beiträge zur Interpretation von Platons Nomoi*），"探究"（*Zetemata*）丛书第25卷，München: C. H. Beck, 1960，页204-206。

需要面对血腥杀戮的美德,可他没有把它赞美成专属于斯巴达的东西;在他现存的任何残篇中,他都没有提及斯巴达;[17]异邦人引用了[蒂尔太俄斯的]一首诗中的几行,这首诗可能是完整的,在这首诗中,蒂尔太俄斯说到了年轻的战士为了他的国家和后代而战斗并赴死(蒂尔太俄斯残篇12.33-34,West编本),①可是[这首诗中]没有任何文字表明,他的美德如何关系到他的国家的礼法,以至于可以认为,这些礼法以这样一种方式教养了他,从而为一种普遍的美德赋予一种对他的故土的忠诚。在蒂尔太俄斯的那类战争中,雇佣军的美德也在于自愿赴死(630b3-7)。故人们好奇,尽管礼法的构建甚至意在促进完整的美德,但礼法是否并不必然超越礼法的地方性(local)自然。在一个段落里,异邦人说,[造就]一个完整的男人($\dot{\alpha}\nu\dot{\eta}\varrho$),有可能是以礼法为内容和形式的教育(education in and through the law)的终极目的;在另一个段落,异邦人把"一个完整的男人"改称为"一个完整的邦民",在又一个段落,异邦人又改称为"一个完整的人"($\ddot{\alpha}\nu\vartheta\varrho\omega\pi\varsigma$)(643d1-2, 644e5, 653a9)。不论如何,异邦人的确看起来否认完整的美德拥有一个比忠诚更高的目标。忠诚是忒奥格尼斯在严酷的内战中赞美的卓越品格,而且异邦人论证道,若正义、节制、明智没有碰巧与勇敢同时出现,则忠诚绝不可能出现(630a5-b2)。在内讧(stasis)的语境里,忠诚应该意指对一个党派(faction)的忠诚,而且异邦人将会预设,一方对善者具有

---

① [译按]West编本即《前亚力山大时代希腊抑扬格诗与诉歌》(*Iambi et elegi Graeci ante Alexandrum cantati*),M. L. West编,全二册,增订第二版,Oxford: Oxford University Press, 1998。West还有英译本:《希腊七弦琴诗:公元前450年以前希腊抑扬格诗人、诉歌诗人、抒情诗人(除品达和巴库里德以外)的诗篇及残篇》(*Greek Lyric Poetry: The Poems and Fragments of the Greek Iambic, Elegiac, and Melic Poets [excluding Pindar and Bacchylides] down to 450 B. C.*),M. L. West译注,Oxford: Oxford University Press, 1993。

一种独占权 (a monopoly)；^①可如果这是实情，则肯定不可能出现妥协和调解，更不可能出现如下这种情况：如果一方不像另一方那样具有狂热的忠诚，内战便不会造成比对外战争更大的敌意。^②异邦人暗示的这种值得信任的品性，必须属于一个双方都信任的人；他必须是那位法官，异邦人早先曾建议那位法官担任调解者，去调解那个自身与自身不和的家族。如果忠诚之人没有偏向任何一方，如果他克服诱惑，不把邦民同胞当作敌人，如果他拒绝为了一个"原则"而杀人，他就必须认定 (count) 有某种东西高于内讧中可能出现的任何差异。有一种善者取决于城邦的统一，这种善者高于 [18] 一个党派中有可能体现出来的任何善者。忠诚要求质疑政治上显现出来的"绝对"正确性。这种忠诚在墨吉洛斯身上变得十分明显：尽管雅典对斯巴达行不义，但墨吉洛斯仍对雅典怀有善意 (goodwill)，这种善意曾令他在还是个男孩的时候就在雅典的诽谤者面前捍卫雅典 (642b2-d1)。墨吉洛斯崇敬他所谓

---

① 参England对630a的笺注："人们也许认为，柏拉图和忒奥格尼斯都已经设定，在一种στάσις [内讧] 中，正确性完全在一方。"一位给塞尔登 (John Selden) 立传的人这样说他："他可以成功维护敌对两党在争论同一个问题时发表的'黄金意见'，而在这个问题上，两党都知道，一个个体不同于他们双方；除了这种成功，一个个体的正直和可敬 (integrity and worthiness) 的特征往往不会引发更小的争议。历史提供的一以贯之的证据表明，在所有争论中，没有一个像那些争论一样充满嫉妒且难以抚平，因为那些争论中纠缠着争论者的宗教意见和现世显赫 (temporal pre-eminence)。卷入这样的争论时，塞尔登倾其一生去做全部这些争论的一位突出参与者 (actor)，而他的手腕 (course) 又是如此节制、一贯、天才，以至于相互冲突的两党的极端分子 (the extrmes) 虽有时相互支持，有时相互反对，但都尊敬他，并寻求他那富有才能的援助。"见John Selden，《塞尔登闲谈》(The Table-Talk of John Selden)，S. W. Singer编注并附一篇传记性前言，第三版，London: J. R. Smith, 1860，页84-85。 [译按] 注释最后的"页84-85"伯纳德特误作"页85"，今改。这段引文转引自编注者Singer作的前言，其原始出处为George W. Johnson，《追忆塞尔登并关注他的时代的政治论争》[Memoirs of John Selden and Notices of the Political Contest during His Time]，London: Orr and Smith, 1835，页342。

② 参修昔底德《伯罗奔半岛战争志》3.82.3-6。

的第二父邦，这种崇敬最终立足于某些雅典人的非被迫的、非造作的自发之善(spontaneous goodness)。他曾把这种善理解成只不过是一种说法而已，可他自己逐渐也认可了这种善，这种善就是他早年对雅典的感情的未知根基。①他的男孩子气的感觉，被证明与理性相协和。礼法的意图似乎正是有意引出墨吉洛斯偶然的双重忠诚(参柏拉图《王制》592a5-b1)。邦民必须也是"亲异邦人的"(πρόξενος)（[译按]柏拉图《法义》642b3, b5, b6）。

　　如果有这样两个人，一个是那个不和睦(discordant)家族的立法者—法官，另一个是站得比内讧纷争更高的忠诚而清醒的人，而且正确的做法是把这两个人结合起来，那么，他[立法者]建构礼法时所着眼的范例就是他自己。完整的美德变成了立法者的目的，以便根除内讧的可能(参636b1-4)。对于[完整的美德]这样一个崇高的目标，[根除内讧]这个政治结果似乎设置得太低；可是立法者着眼的东西，以及他的礼法确立的东西，被证明具有种种不同的等级。异邦人指出了，什么话才是他相信克利尼阿斯为了克里特礼法而本来应该说的；由此，异邦人顺便批评了同时代的立法者们，他们根据需要而零散地(piecemeal)处理礼法中的变化，并在他们自己面前设置一些种(εἴδη)，这些种不符合米诺斯为他的民族寻求礼法时所依据的那些种(630d9-e4)。克利尼阿斯的失败在于，没有能够认识到米诺斯必定曾经着眼于美德的整体，而非一个部分，更非第四部分，同时代的立法者的失败在于，没有能够着眼于诸如继承和暴行(outrage)这些种之外的东西，异邦人则以一种看似武断的方式把这两种失败联系了起来。正确的种(the species of right)是他们[异邦人、克利尼阿斯、墨吉洛斯]现在所处理的种，另有一些种是米诺斯曾经试图以之为他的礼法的范例的种，这两者之间有类型(kind)上的差异。异邦人暗示，米

---

① [译按]这句话中的"理解"(knew of)、"认可"(acknowledge)、"未知"(unknown)三个词的构成中都回荡着know[知道]。

诺斯为其礼法确立的范例并非仅仅是美德的整体及其四个部分。
在异邦人希望克利尼阿斯自己本来应该制作的言辞中，异邦人
区分了我们所谓善者诸种的(eidetic)结构和礼法诸属的(genetic)
结构。①异邦人所指的正是诸种的差异［19］(参632e3-6)。②为了
理解这种差异，有必要把善者的秩序和礼法的秩序分开(631b3-
632d1)：③

　　　　“异邦人呵，”你［克利尼阿斯］本应说，“克里特人的
　　礼法在全体希腊人中格外受崇敬，这绝非平白无故。［b5］
　　这些礼法是正确的，且可以达成和成全那些使用它们的人的
　　幸福。
　　　　“这些礼法提供了所有善者。诸善者是(ἐστιν)双重的，
　　有些属人，有些属神。［属神的善者之外］其他的［善者］

_____

① “诸种的”表示一种分析的结果，这种分析把某事物分解为不同类型；“诸属的”
　　则意味着一种审视的结果，这审视的对象是一个属(genus)的生成，或诸属之间
　　的差异。诸种和诸属(the eidetic and genetic)之间的区别在《王制》中的对等物，
　　可以发现于如下双重要求之中：城邦的阶级结构应该十分严格，却也允许诸阶级
　　之间的运动，如果一个阶级的任何成员出生时或长大后值得调离他原来的位置
　　(参柏拉图《蒂迈欧》19a1-5)。［译按］eidetic［诸种的］即εἶδος［种］的形容
　　词形式εἰδητικός［诸种的］的英文转写体，genetic［诸属的］即γένος［属］的形
　　容词形式γενετικός［诸属的］的英文转写体。εἶδος［种］亦指“形式”，用于描述
　　οὐσία［存在］；γένος［属］亦指“种族”，是γένεσις［生成］的同源词。故eidetic与
　　genetic之间暗含“存在”与“生成”之别。
② 参Stallbaum对这一段的笺注：“我们在后文解释了普遍的(universa)美德”，“甚
　　至在这里，我们已经以某种方式勾勒(commemoravimus)了那些解释(从631d
　　的περί τε γάμους［关于婚姻］一直到632c最末)，我们将会教导，应该着眼于那
　　个东西(美德)”(［译按］Stallbaum的笺注：Plato，《法义·法义附录》［Leges et
　　Epinomis］，Godofredus Stallbaum笺注，全三册，Gothae et Erfordiae：Sumptibus
　　Hennings，1859-1860)；亦参England对632e6的笺注；Herwig Görgemanns，《论柏
　　拉图〈法义〉的解读》，前揭，页116注1。
③ ［译按］伯纳德特将632d1误作d1，今改。中译者在下面引文中随文插入了希腊文
　　本编码。

取决于属神的［善者］；①如果一个城邦接受了更伟大的［善者］，[631c]它就同时获得了更微末的［善者］；②否则，它就失去两者。

更微末的［善者］是(ἔστι)这样一些东西，在其中，健康领头，第二位是美，第三位是跑步和所有其他身体运动中的力量，财富是第四位，它不是盲目的，[c5]而是具有敏锐的视力，倘若它有良好的感知力(φρονήσει)③相伴。

首先，在正确地赋予和剥夺他们［邦民］以荣誉时，他［立法者］必须关注婚姻，一种相互共享通过婚姻才会发生；在这之后，［他必须关注］如何生育和教养孩子们，[631e]包括所有男男女女，不论他们还年轻，还是变得更年长，直到抵达老年；在他们的所有交往之中，他必须探究并悉心看管他们的痛苦、他们的快乐、他们的欲望，[632a]以及他们所有爱欲(ἐρώτων)④的炽热冲动，并通过礼法本身来正确地责备和赞美他们；

---

① ［译按］后一个带方括号的"善者"为伯纳德特所补。

② 此处从Eusebius，删除τις［任何］(631b8)；否则，必须从Badham，把πόλις κτᾶται［城邦……它就获得了］订正为παρίσταται［确立了］。［译按］若从Badham，此处应译为："如果任何人接受了更伟大的［善者］，他就同时确立了更微末的［善者］。"

③ ［译按］伯纳德特原作主格φρόνησις，今据原文改回。伯纳德特在第[17]页把此词英译为prudence［明智］，但在此改译为good sense［良好感知力］，并在第[23]页用soundness of mind［心智的健全］替换good sense。good sense这个译法其实来自Leo Strauss，《柏拉图〈法义〉的论证与情节》(*The Argument and the Action of Plato's Laws*)，Chicago: The University of Chicago Press, 1975，页7。

④ ［译按］伯纳德特原作主格ἔρωτες，今据原文改回。修饰"爱欲"的"所有"为伯纳德特所漏译，今补。

正是良好的感知力领导($ἡγεμονοῦν$[1] $ἐστιν$)着属神的诸善者，第二位——若伴随着心智($νοῦ$)[2]——是灵魂的节制($σώφρων$)状态，正义大抵是($ἂν εἴη$)第三位，[20][3]列在这些东西[前两者][4]伴随着男子气[5]而结合之后，第四位是[631d]男子气。[6]

接下来，当发怒和恐慌时，当诸灵魂因霉运而发生($γίγνονται$)所有骚动时，当[诸灵魂]因好运[而发生][7]对此类状况的所有逃[a5]避时，当发生($γιγνόμενα$)在疾病、战争、贫困或它们的反面之中的所有事情($παθήματα$)降临到人们头上时——当发生所有此类事情时，他必须教[632b]导并定义，在他们的种种倾向中，什么[是][8]美者，[什么][9][是]不[美者]。

在这之后，[出于][10]必然性，立法者得看管邦民们的财产和花销，他看管的方式就是它们[财产和花销]发生($γίγνηται$)时应该采取的方式；他还必须考察所有人相互之间自愿和非自愿的结伙和散伙，[b5]他考察的方式就是他们做这些事中的每一件时应该采取的方式；

---

① [译按]伯纳德特误作$ἡγεμοῦν$，今据原文改。
② [译按]伯纳德特原作主格$νοῦς$，今据原文改回。
③ [译按]伯纳德特原书页码。下文[21]亦然。
④ [译按]伯纳德特所补。
⑤ [译按]伯纳德特在第[17]页把630b1的$ἀνδρείας$英译为courage[勇敢]，但在此改译为manliness[男子气]。
⑥ [译按]"第四位是男子气"为伯纳德特所漏译，今补。
⑦ [译按]伯纳德特所补。
⑧ [译按]伯纳德特所补。
⑨ [译按]伯纳德特所补。
⑩ [译按]伯纳德特所补。

他们在有些事情中是(ἔστιν)[正义的],在另一些事情中算不上是[正义的],[他必须考察]这两类事情中的正义者和不[正义]①者；

他还必须把荣誉赋予守法者，把设定好了的惩罚加诸违法者；

[632c]在抵达整个政制的终点(τέλος)之前，他认识到了，每位死者的葬礼应该以什么方式生成(γίγνεσθαι)，以及应该把什么荣誉赋予每位死者；

一旦他认识到谁将是护卫者们，他作为礼法制定者[c5]将规定由他们接管全部礼法——有些人通过良好的感知力(φρόνησις)来接管，有些人通过真实的意见来接管——以便心智可以把所有这些东西结合起来，从而表明它们有节制和正义相伴，而非有财富相伴，更别提[632d]有雄心③相伴。"④

自然把所有这些靠后[谈到]的东西[属神的善者]安排和组织到了那些靠前[谈到]的东西[属人的善者]之前，立法者也必须以这种方式来组织和安排它们[诸善者]。在这些东西之后，他必须在劝诫邦民们时宣称，他所有其他法令(προστάξεις)[21]都着眼于它们[诸善者]，而且在它们内部，属人的[善者]也[d5]着眼于属神的[善者]，而且所有属神的[善者]都着眼于自身的领导者，即心智。[这些法令就是:]②

---

① [译按]伯纳德特所补。
② [译按]伯纳德特所补。
③ [译按]"雄心"(φιλοτιμία)的希腊文本义是"爱荣誉"。
④ [译按]伯纳德特漏了后引号，今补。

　　这八重善者具有如上自然秩序，立法者应该以［与这种自然秩序］相同的方式来安排这八重善者的秩序；这种自然秩序造就幸福，这种幸福不属于城邦，而属于邦民们。然而，这些善者必须经过翻译才能变成礼法。第一次翻译在于铺陈人生中的四种美德：动词"生成"（γίγνεσθαι）只出现在礼法草图（the outline of the law）中（［译按］631d6-632d1）。这个时间性的礼法纲领（the temporal schema of the law）在一种意义上是从生到死，在另一种意义上是从婚姻到葬礼。［自然生成的］合法对应物①具有相对于自然生成（natural becoming）的优先地位。按普通理解，节制的美德后于诸快乐、诸痛苦、诸欲望，异邦人用这三者概述了孩子们的年少时代。同样，在处理好运和霉运时，他暗示了勇敢：②他点了恐慌和发怒的名，而没有点希望和同情的名。他把正义者和不义者明显说成了如下这样的范畴，依据这些范畴，第三个类（the third class）可以得到理解；这种时间上的运动似乎本来会指向一种智慧，可令人吃惊的是，取代这种智慧的是葬礼，作为政制的终点（τέλος）；礼法的护卫者中只有一部分是因其良好的感知力而得到拣选。

　　异邦人把政制的结局（culmination）设置在了葬礼之中，仿佛他正在俯就一个糟糕的双关语，即终点（τελευτή）和完满（τέλος）；③通过这种设置，他可能在意指什么；除了他意指的东西令人困惑以外，他在［礼法草图的］结尾说，仅有两种美德在法条之中十分明显，即节制和正义；通过把自己限制在这两者之中，他还为了美

---

① ［译按］即自然生成在礼法之中的对应物。

② ［译按］courage，在刚才的独立引文中，伯纳德特译为manliness［男子气］。

③ 参见亚里士多德《自然学》194a28-33。［译按］在刚才的独立引文中，他用dead［死］来译τελευτή（632c2），用end［终点］来译τέλος（632c1）。现在却转而用end来译τελευτή，因为end本来就兼有结点和完满之义。

者和正义者而抛弃了善者。①礼法的视角把善者和糟者既转化成高贵者和低贱者，又转化成正义者和不义者。②快乐和痛苦 [22] 支配着礼法诸属的结构，不论当它们充当人生绵延不断的表征时，还是当人们体验到它们的极端形式即恐慌和喜悦时；但在善者诸种的结构——其目的是幸福——中没有提及快乐和痛苦。没有任何体验有诸善者相伴，没有这样的体验是因为没有任何存在者被分配了八重善者。如果严格理解 θεῖα [属神的] 和 ἀνθρώπινα [属人的]，更高的善者便专属于诸神，只有英雄可以既禀有诸神的善者，又禀有凡人的善者(参732d8-e3)。如果不这样严格理解 θεῖα [属神的] 和 ἀνθρώπινα [属人的]，属神的善者便属于灵魂，属人的善者则属于身体，但据说属人的善者不会内在于任何有灵魂的身体之中。诸善者的分野似乎反映在这一点上：异邦人把葬礼归结为政制的终点。身体和灵魂的分离在"哈得斯"③中有其合

---

① 众所周知，同样的转变也发生在亚里士多德《尼各马可伦理学》开篇：善者的等级秩序在政治学中找到了自身最高范例，可是政治学处理美者和正义者 (1094b14-15)。在这种转变之前，亚里士多德刚刚评论道，人们不应该在所有言辞中一律追求严格性。

② 有多种方式可以表示礼法的条理化。τε [首先] (631d6) 开启了 [礼法草图] 前半部分 [631d6-632b1] 的第一段 [631d6-632a2]，且呼应第二段 [632a2-b1] [开头] 的 τε αὖ [接下来] (632a3)；μετὰ δὲ ταῦτα [在这之后] (632b1) 把 [礼法草图] 后半部分 [632b1-d1] 与前半部分断开，καί [还] (632b7) 轻轻把后半部分的第二段 [632b7-d1] [与第一段即632b1-7] 断开。μέχρι γήρως [直到抵达老年] (631e2) 出现在 [礼法草图] 开头，μέχριπερ [抵达] (632c1) 出现在 [礼法草图] 结尾。尽管荣誉的赋予和剥夺遍布整个 [礼法草图的] 设计，可赞美和责备只在前半部分第一段提到(632a2)，惩罚(δίκας，[译按]伯纳德特原改作主格δίκαι，今据原文改回)也只在后半部分第二段提到(632b8)：立法者仅在后半部分才臣服于必然性(632b2)。他应该去认识(632c2, 632c4，[译按]这两处对应的原文分别是ἴδῃ [认识] 和κατιδών [认识]，后一词以前一词为词干)。

③ [译按]冥王，代指冥府。

法对应物（参828c6-d5）。①

这个礼法计划（program of law）非常符合卷四至卷九：作为前言和礼法［相匹配］的一个例子，异邦人提出的第一套礼法是婚姻法（721a9-d6）。然而，这个计划似乎没有囊括卷九的刑法、卷十的神学、卷十一的民法这一系列的东西；在快要谈到卷十二的夜间议事会时，［这个计划］当然同样戛然而止。［这个计划］也未提及诸神，除了其形容词形式［即“属神的”］，而且“心智”没有出现在八重善者中，除了作为如下三者以外：首先是灵魂节制状态的伴侣，然后是所有属神的善者着眼的领导者，最后是一个结合者，这个结合者把所有礼法结合在一起，并证明它们来自两个居中的美德，即节制和正义。礼法和人生的时间秩序从这个秩序的居中等级中取出了节制，使节制成为第一位；可是一旦节制变成第一位——也许在一个甚至高于时间的层面上这样讲（perhaps in even more than a tempral way）——它似乎就失去了令它成为第二位美德并把它与心智结合到一起的那个东西。如果克利尼阿斯对克里特礼法的体验，曾导致他把战争理解成存在者的自然，而且一位诗人曾揭示出，最高的善者是勇敢，那么，异邦人的礼法引发的体验，会导致把最高的善者理解成心智，或者甚至理解成良好的感知力吗？一旦提出这个问题，人们就会注意到，异邦人没有任何东西可以对应克利尼阿斯关于存在者的洞见。一方面是作为幸福的善者，[23] 另一方面是作为节制和正义的

---

① ϑεῖος［属神的］的含混状态的最佳呈现，莫过于异邦人把它归于政制的审查者们（εὐϑυντάς，［译按］伯纳德特原作主格εὔϑυνοι，今据原文改回）（945c2），从而只允许发生如下情况：一旦他们被证明糟糕，而且显示出他们属人的自然，那么，就算他们全是祭司，他们也会面临审查（947e7）；此外，拉达曼蒂斯可以在他的时代——当时许多［凡人］由诸神生育——敏捷地断案，只是因为他把争议交给了某些神，争议双方当事人曾凭借这些神发过誓（948b3-c2）。［有资格享用］精致的丧葬礼仪，令那些审查者在所有其他邦民面前显得与众不同（947b3-4）。

善者,这两个方面似乎达到了善者诸种的结构和礼法诸属的结构
各自所能达到的高度。^①至于它们如何相互关联,还并不清楚。
呈现八重善者时,仿佛较低的善者取决于较高的善者,而且较高
的善者以某种方式卷入到了较低的善者的产生之中;可是说到正
义,却必须把勇敢牵扯进来。这样一种逆转的决定关系,^②加深了
如下问题的神秘感:诸美德的"翻滚"(tumbling)效应如何在生成
之中起作用(works out)?如果勇敢必须与高于正义的东西一起生
成,那么,勇敢能在体验层面保存它低于正义的状态吗?此外,美
与力量高于健康,尽管取决于健康;可是节制和正义并非如此明
显地高于良好的感知力,或者说心智的健全,尽管健康和 φρόνησις
[良好的感知力]的并举令人们怀疑,后者[像前者一样]只是一
种不可或缺的状态。人们可以假设,善者诸种的结构本来应该以
这种方式具有一种内在的双重设置(这样设置显然是为了勇敢和
财富),以至于在一种意义上,一个善者越高级,就越不完整(故正
义看起来像完整的美德,参630a8-b1, c6; 957e2-3),可在另一种
意义上,一个善者越低级,就越严格地占据它值得占据的等级;按
如上假设,如下主张也许不再那么不合理:一个城邦,更别说一个
个体,在任何意义上都可以获得灵魂的四种美德,哪怕它患病、
丑陋、虚弱、贫乏。这也有助于解释:为什么[异邦人]最终把心
智从这个秩序中完全取出来,给了它一个属于它自己的位置?然
而,如果直白地(straight)解读诸善者的这个秩序(我们似乎应该这
样解读它),那么,异邦人确立了一个外在于时间的等级秩序。这
样一来,它[这个等级秩序]似乎会遭遇克利尼阿斯的叙述遭遇过
的那个缺陷,在那个缺陷中,克利尼阿斯如此漫不经心地(easily)

---

① [译按]意即:作为幸福的善者似乎达到了善者诸种的结构所能达到的高度,作为
　节制和正义的善者似乎达到了礼法诸属的结构所能达到的高度。
② [译按]正义取决于勇敢,这一点逆转了刚才确立的决定关系,即较低的善者取决
　于较高的善者。

从环境的时间性转向了战争的永恒存在。克利尼阿斯曾以一种非常随意的(loose)方式把存在和善配成一对，因为他无法说明，为战争做好了准备的状态——暂且不说有关战争真理的知识——会导致在战争中取胜并占有诸善者；而且异邦人此刻有了这样一个可资对比的问题：[克利尼阿斯]如何说明，对他[克利尼阿斯]的礼法的体验会如何教导[人们]在真实的善者等级中遵守礼法，暂且不说教导[人们懂得]在现实的(real)时间里善者相互跟随？

　　基于克利尼阿斯对礼法的把握(take)，异邦人[对其]最大的改动是把人生分为两部分：第一部分是人生的日常过程，在这个过程中，从出生到老年，节制应该一直具有控制权；第二部分是人生的种种激变(upheavals)，战争就属于激变，激变会伴之以任何种类的运气的突然逆转(reversals)。①如果勇敢作为一种可以分离于节制的美德存在于某个地方，那么它就存在于这个地方；可如果节制和正义据说包含了礼法的意图，那么，人们同样可以说，[异邦人]已然把智慧和勇敢完全从礼法中拿出，并把它们仅仅重新分配给了[24]立法者—法官。这样一种重新分配令人想起，在《高尔吉亚》(Gorgias，[译按]491e-492c)中，卡利克勒斯(Callicles)试图赞美[智慧和勇敢]这两种美德，称它们无关乎(apart from)节制和正义方面的任何基础训练(grounding)。克利尼阿斯的礼法体验以一种奇特的方式导致了一种对事物的极端理解，这种奇特方式会不会使虽然适合做立法者，却不适合做邦民呢？异邦人自己建议，让一位年轻的僭主充当立法者最好的可能的盟友(709e6-710b2)；假如有某人很像卡利克勒斯和克利尼阿斯的合体，那么，这人也许适合做这位盟友。

---

① [译按]意即好运与霉运之间突然的相互转化。

第 2 节　勇敢与节制

《法义》是唯一的一部通篇边谈边走的柏拉图对话,在任何其他柏拉图对话里,走路的时候都保持沉默,或者说,就算[走路的时候]也交谈,交谈的内容也没有记录下来。[①]唯一的例外是《斐德若》,其开头是斐德若把苏格拉底从城市引向乡村(230a6-7),在乡村之中,他们一边休息一边讨论写作与礼法之间的关系,以及其他事宜。[②]在《法义》中,空间的现实性伴随着时间的现实性。走路是首要活动,[柏拉图]设计交谈是为了把老人们的心思从旅途劳累上引开。异邦人把他们的交谈称为 $\pi\alpha\varrho\alpha\mu\acute{\upsilon}\vartheta\iota\alpha$ [劝勉](632e5;参625b6),还把他们的交谈称为讲故事($\delta\iota\alpha\mu\upsilon\vartheta\delta\lambda\delta\gamma\delta\ddot{\upsilon}\nu\tau\varepsilon\varsigma$,[译按]632e4)。《法义》里非常频繁地出现动词$\delta\iota[\varepsilon\xi]\acute{\varepsilon}\varrho\chi\varepsilon\sigma\vartheta\alpha\iota$[③][细述]和$\delta\iota\varepsilon\xi\iota\acute{\varepsilon}\nu\alpha\iota$[细说],[④]这是在持续提醒人们注意他们穿越论证时跨越了多少距离。[⑤][⑥]人们无法立即明白,这

----

① 参柏拉图《会饮》174d4;《高尔吉亚》447c6-9;《吕西斯》206d7-e9;《普罗塔戈拉》314c3;《泰阿泰德》143b2。

② 参Seth Benardete,《道德与哲学的修辞术》(*The Rhetoric of Morality and Philosophy*), Chicago: The University of Chicago Press, 1991, 页189-190。[译按]中译本:伯纳德特,《道德与哲学的修辞术》,赵柔柔、李松睿译,上海:华东师范大学出版社,2016。

③ [译按]带方括号的$\varepsilon\xi$为伯纳德特所补。

④ 632e2;635e4;638e1;699e1;702b5;743e6;793a9;811c8;857e4;尤参768c8-d7;779d2-6。

⑤ [译按]因为$\delta\iota[\varepsilon\xi]\acute{\varepsilon}\varrho\chi\varepsilon\sigma\vartheta\alpha\iota$[细述]和$\delta\iota\varepsilon\xi\iota\acute{\varepsilon}\nu\alpha\iota$[细说]的本义均为"穿越"。

⑥ 人们也许会比较如下奇怪方式:在《治邦者》中,正是以这种方式,把划分法的更短的和更长的道路突然放到了现实时间里,并想象它们要令一个紧要之点(difference)卷入到现实劳累里(265a1-b5);参Seth Benardete, "《治邦者》的谋篇"(The Plan of the *Statesman*),见《聪慧》(*Metis*)7, nos.1-2(1992),页35-37。[译按]这篇论文后来易名为"柏拉图《治邦者》的谋篇"(The Plan of Plato's *Statesman*),重印于Seth Benardete,《情节的论证》(*The Argument of the Action*), Chicago: The University of Chicago Press, 2000,页354-375(中译本:伯纳德特,《情节中的论辩》,严蓓雯等译,上海:华东师范大学出版社,2016)。原注引用此文的页码,约对应《情节的论证》第363-365页。关于原注提到的"一个紧要之点",参第363页:"他自己承认,他们采取更长还是更短的道路,是个无关紧要(indifference)的问题(265a1-6)。"

样游戏般地在言辞中暗示运动，为什么应该干预《法义》；但人们也许认为，他们痛苦的旅途劳累，应该会令他们想起礼法的种种强制，而且摆脱礼法而获得自由 (the liberation from the law)——有关礼法的讨论能带来这种自由——不应被视为外在于礼法 (参685a6-b1)。礼法应该批准他们在礼法之内离开礼法。如果反思礼法不应该逾越礼法的界限，那么，不得不在身体层面阻止克利尼阿斯在体验层面违背礼法。

[25] 克利尼阿斯曾从礼法中推导出关于事物的真理；通过引用一位诗人，异邦人曾从"存在"转向"善"，且指控米诺斯——或克利尼阿斯对米诺斯的误释——没能着眼于美德的整体。尽管克利尼阿斯曾说，立法者着眼于战争，却依据善者来立法 (626a7)，然而，异邦人曾说，立法者着眼于八重善者，而且异邦人未曾令这种视角脱离于他［立法者］应该据以制定礼法的样板 (pattern)。①到了第二轮［讨论］，异邦人建议，他们应该首先审视勇敢的诸惯例，并把它们用作一种范本 (paradigm)，以便表明礼法诸属的结构中有特定的部分着眼于［勇敢］这种美德 (632d9-e7)。克利尼阿斯曾以诸惯例起头，跳过它们所培养的美德或诸美德，直奔存在者。异邦人则更谨慎地建议，他们应该从一种美德的诸惯例出发，行进到它们的合法对等物：礼法赞美和谴责什么？被体验的诸惯例又是否符合礼法？然而，这样概述异邦人的建议，仅仅解释了异邦人的建议的诸多头绪中的一条。如异邦人所示，按照诸任务的顺序，必须首先审视每一种美德；可

---

① 克利尼阿斯的 πρὸς τοῦτο βλέπων［着眼于此］(625e1) 和 εἰς τὸν πόλεμον ... ἀποβλέπων［着眼于战争］(626a6-7) 都是柏拉图笔下的常见表达 (出现过大约200次)，表示人们追求的标准，或人们理解某物 (即要么理解善者，要么理解存在者) 时依据的标准，可据我所知，任何其他地方都不见这样一种表达，这种表达关系到克利尼阿斯的 κατὰ ταῦτα［依据这一点］(626a7，［译按］参第［10］页；伯纳德特将626a7误作626e7，今改) 之类的说法，后者把存在与善分离开来；参柏拉图《王制》484c6-d3；501b1-7。

一旦令勇敢具有示范意义(paradigmatic)，他们就得把剩下的故事讲完，而且只有到那时，即考察了完整的美德之后，他们才能证明它［勇敢］的诸惯例与礼法之间相协和。异邦人绝未忽略勇敢的克里特惯例和斯巴达惯例，亦绝未忽略其不足；审视节制时，开了个头，却没有审视完，①尽管《法义》整个前两卷仅仅考察节制。至于正义和良好的感知力，则处理得甚至更为拐弯抹角(obliquely)；异邦人计划(outlines)的那种系统处理，似乎早早地中断了，且再也没有后续。就整个论证而言，有一种想法足够合乎真实，即认为这些计划的变化是因为异邦人揭示出，夜间议事会将会处理美德的统一性；可在当前，正是醉酒把这些计划带离了既定轨道。

　　[26]墨吉洛斯［已然变得］更加清醒，并在此刻接手讨论。他似乎十分迫切地想要重新摆正克利尼阿斯——"眼下这位宙斯赞美者"(this here praiser of Zeus)②——的位置③(633a1-2)；可异邦人说，他们每个人都有待审查。要审视诸惯例，就不可能不一并审视诸惯例的体验者。通过礼法的承受者，礼法才能得到检验。墨吉洛斯在会餐和锻炼之外又增加了一些惯例：捕猎、多种多样的对痛苦的忍耐、秘密任务。④他稍稍有些尴尬，这是因为斯巴达有广为人知的偷窃惯例(ἐν ἁρπαγαῖς τισιν [在某些⑤偷窃中]，633b8)，而显然绝不是因为秘密任务会秘密处决造反的

---

① 一旦墨吉洛斯回到论证中，并捍卫实际上的斯巴达作风(Spartan ways as they are)，σωφροσύνη [节制] 本身便不再出现于卷一，而且σώφρων [节制的] 和σωφρονέω [保持节制] 分别只出现了一次(647d3, 648e6)；关于这番论证的非系统性，参Gerhard Müller，《柏拉图〈法义〉研究》(Studien zu den platonischen Nomoi)，"探究"(Zetemata) 丛书第3卷，München: C. H. Beck, 1968，页19注1。
② ［译按］"眼下"对应的希腊文是τόνδε，本义为"此时此地的"。
③ ［译按］have ... put in his place，英文习语，含有想要羞辱对方之义，因为对方忘乎所以，不明白自己的位置。
④ ［译按］the secret-service，即633b9的κρυπτεία，一种特工活动。
⑤ ［译按］凡带下划线的希腊文或拉丁文，其中译文皆作楷体。

希洛人（Helots）（参修昔底德《伯罗奔半岛战争志》4.80.2-4）。墨吉洛斯暗示，勇敢的诸惯例与正义的诸惯例之间并不一致；但异邦人没有关注，有多么难以令诸美德多种多样的意图之间变得和谐；相反，异邦人关注墨吉洛斯在理解勇敢时暴露出什么问题。这个问题就是：能否认为勇敢同样能够运用于反对诸欲望和诸快乐——它们甚至把崇高而强大的人们的精神变成［柔软的］蜡——的斗争？①异邦人问克利尼阿斯：米诺斯和吕库古在对勇敢立法时，是否只让勇敢的左腿站稳脚跟，却把勇敢的右腿弄跛了？②他们之所以不再处理诸美德的诸种（their departure from

---

① 在荷马《伊利亚特》卷七里，阿凯亚人（Achaeans）和特洛亚人（Trojans）宣告休战，以便埋葬阵亡者；双方都落泪了，但只有普里阿摩斯（Priam）禁止特洛亚人哭泣（7.423-432）；莱辛（Lessing）指出，［荷马］暗示阿凯亚人有能力一边哭泣一边不失锋芒地战斗，这种能力使文明人自别于野蛮人。这样一个例子原本足以表明，不论对于快乐还是痛苦，勇敢何以能够具有同样地位（order）；可这个例子要求理解诗歌，而墨吉洛斯和克利尼阿斯各自在其自己的意义上缺乏这种理解。

② 异邦人的话十分显眼：ὁ Διόςκαὶ ὁ Πυθικὸς νομοθέτης οὐ δήπου χωλὴν τὴν ἀνδρείαν νενομοθετήκατον [宙斯的立法者和皮托的立法者都显然并未对跛足的勇敢立法吧，634a1-2]？（［译按］伯纳德特省略了这句希腊文开头的小品词οὖν δὴ，后文引用希腊文亦往往省略小品词，不再注明；这句希腊文的问号伯纳德特原作句号，今据下面的解释改作问号。）紧接在"皮托的立法者"后面的是小品词οὐ δήπου [显然并未]，其安放的位置在柏拉图笔下有点不寻常（参柏拉图《高尔吉亚》496d7），因为它后面跟着"跛足的"（χωλὴν）一词。在对阿波罗的暗示（［译按］即"皮托"，阿波罗的圣地德尔斐 [Δελφοί] 的所在）与"跛足的"之间，是问语οὐ δήπου，意即"显然并未？"。这个索福克勒斯式双关指向俄狄浦斯的名字（参索福克勒斯《俄狄浦斯王》1042；《安提戈涅》381；［译按］Οἰδίπους [俄狄浦斯]与οὐ δήπου [显然并未]音近，且俄氏亦跛足），此双关语寄实像是入侵进来的（intrusive）。然而，如果人们记得，《法义》开篇的顺序（从城邦到家族再到个体）与《俄狄浦斯王》的顺序一样（在《俄狄浦斯王》中，"谁杀死了国王？"这个问题，经过弑父和乱伦这两桩命定的罪行之后，以"我是谁？"告终），那么，人们会怀疑，在理智能力（intelligence）和缺乏自知（lack of self-knowledge）上，俄狄浦斯确实很像克利尼阿斯：克利尼阿斯意外发现了对城邦的一种深刻理解（不管错得多严重），同时他对这种理解的不合法品性倍感困惑。由于后文异邦人将断言，多里斯礼法的片面性导致了［斯巴达男人的］男童恋和斯巴达女人的轻浮，而且俄狄浦斯之父——其名字意指"左"（λαιός）——是广为人知的第一个男童恋者，而且俄狄浦斯的终极罪行是乱伦，故人们不得不感到好奇：从《法义》甫一开篇，这个肃剧论题难道没有埋伏在礼法背后吗？

an eidetic handling of the virtues)，直接原因是痛苦和快乐入侵了进来。对于理解礼法，痛苦和快乐渐渐变成了［27］主题，从而不再允许分辨美德的诸种(species)。快乐和痛苦令身体和灵魂不再分离，这种分离曾对于善者诸种的结构具有核心意义；快乐和痛苦还预设了，一个单一存在者凭借感觉而具有统一性。依据礼法诸属的结构，快乐和痛苦把属人存在者①置入时间之中，且模糊了能够区分美德的诸种的任何东西：正当异邦人承认列举诸惯例也许是理解一种美德的唯一方法时，他没有对诸美德使用εἴδη［诸种］这个词，而是把诸美德称为诸部分，"或它们应该被称为的任何其他东西"(633a7-9)。诸整全(wholes)崩裂为碎片化的诸方面(fragmentary ways)，这削弱了一种美德的目的和手段之间的联系。墨吉洛斯承认，斯巴达青年变得坚强，是通过接受许多打击(633b8)，故墨吉洛斯也承认，无畏(fearlessness)——它属于作为一种美德的勇敢——某种程度上起源于畏惧。政府当局(the authorities)不可能相信，甚至用礼法也无法让邦民们变得坚强。

　　斯巴达礼法通过痛苦来引导人们耐得住痛苦。异邦人问，基于这个惯例，是否同样应该通过快乐来引导人们耐得住快乐？［墨吉洛斯］把狄奥尼索斯节(Dionysia)当作沉迷于快乐的范例，而非耐得住快乐的范例。异邦人从一个现实惯例走向了一个言辞中的惯例，在后者之中，人们能够想象，它会具有一种效果，比得上斯巴达的耐力训练。通过构建一场想象出来的会饮，美德的一个种(species)与这个种在合法惯例中的对应物之间展开了一场较量。在《法义》的开头，克利尼阿斯表达了他的礼法体验；而现在，尽管墨吉洛斯经历的东西能够与克利尼阿斯的体验相提并论，但墨吉洛斯将认识到，斯巴达诸惯例尚有缺陷；不

---

① ［译按］the human being，一般径译为"人"，译为"属人存在者"是为了与上一句"单一存在者"关联起来。

过，异邦人欣然承认，就他自己来说，他见过许多会饮，且细致探究（questioned）过几乎所有会饮，他并不知晓，有任何一场全无缺陷的会饮（639d5-e3）。我们不得不问道："若有一个范例，依其定义，任何体验都不可能依附于它，那么，关于这个范例的很有可能的体验（about the probable experiences of it）——这些体验既不会造成任何违反这个惯例的意图的洞见，也不会最终损害礼法的其他要求——从这个范例中有可能（possibly）推导出什么东西呢？"从克利尼阿斯自己那儿，我们已听说过，他的礼法体验曾如何违反礼法，而且异邦人将会解释，会餐曾如何独自导致内在和外在的不节制（内在指会餐成员，外在指女人们），但似乎绝无可能（impossible）预见到，一项仅存在于言辞之中的建议有何效果。由此，我们不得不把言辞中的会饮应用于那些听说过会饮的人们；我们也不得不追问，这个主题带来的愉悦是否无法 [28] 以异邦人建议的方式影响他们；我们还不得不在他们身上引发一类节制，这类节制可以抵消已然变成了他们的第二自然（second nature）的那种严酷。异邦人建构了言辞中的会饮，这场会饮在《法义》的论证中具有了其现实性。①

　　异邦人抵达言辞中的会饮，是通过转移论证，这番转移十分费解而含混。唯有通过惹恼墨吉洛斯，令他捍卫斯巴达诸惯例，且抨击狄奥尼索斯节，异邦人才得以抵达言辞中的会饮。异邦人不得不从勇敢转向节制，然后墨吉洛斯才可以回到论证中，并谴责种种雅典作风。墨吉洛斯和克利尼阿斯完全愿意把勇敢扩展至能够涵盖诸快乐，正如涵盖诸痛苦那样；他们还承认，他们无法提出任何在很大程度上有助于耐得住快乐的礼法（634b7-c4）；但至少墨吉洛斯无法认识到，异邦人扩展勇敢，显然不过是在普通地

① 比较异邦人的话 *τὸ περὶ τῆς ἐν τοῖς οἴνοις διατριβῆς ... οὐκ ἀπάξιον* [在酒中消磨时间这事儿……并非不值得]（645c3-6）与克利尼阿斯的回答 *τῆς γε νῦν διατριβῆς ἄξιον* [值得今番消磨时间]（645c7-8）。

理解节制，因为当异邦人要求提供专属于克里特和斯巴达的那些处理节制的惯例时，墨吉洛斯相信，为了［勇敢和节制］这两种美德，［多里斯礼法］已然很美地发现锻炼和会餐(636a2-3)。因此，一方面，［墨吉洛斯］承认，勇敢既有左侧又有右侧，而且多里斯礼法并非同等地准备去捍卫左右两侧，另一方面，［墨吉洛斯］承认，既依据善者诸种的结构，①又依据礼法诸属的结构，勇敢和节制是两种不同的美德，而且多里斯礼法适合造就这两种美德。如果勇敢确实能够同等地抵御快乐和痛苦，勇敢便不再会是诸美德中的第四位，而是会上升为第二位，而且不再会出现那个悖论，即正义取决于居于它之下的东西。这样一来，勇敢会仅仅低于良好的感知力，而且如果勇敢与心智相伴，就像在善者诸种的结构中节制曾与心智相伴，那么，勇敢似乎会篡夺美德整体的地位(usurp all of virtue)(710a3-6)。另一方面，如果墨吉洛斯是正确的，而且会餐和锻炼造就了节制，正如造就了勇敢，那么，诸美德的统一性便扎根于单一的一套惯例之中，而且诸美德的差异更多地是一个言辞问题，而非一个体验问题。如果人们尽可能尖锐地看待这个问题，即认为勇敢作为一种两侧对称的"一"没有出现在礼法之中，那么，勇敢和节制作为一个相互分离的"二"②便出现于单一的且同样的一套惯例之中。第一个表述让异邦人提出了一个问题：米诺斯为何以独一无二的方式反对所有其他立法者(希腊人也好，野蛮人也罢)，从而强令人们戒除最大的诸快乐和诸游戏(παιδιαι)，并促使人们直面诸辛劳、诸畏惧、诸痛苦(635b2-c3)？［29］异邦人转向了美德中的第二个种——节制——之后，墨吉洛斯回答了这个问题(636e4-637b6)。墨吉洛斯认为不

---

① ［译按］the eidetic structure of the good，在第［18］页以下曾多次作the eidetic structure of good，中译文不作区分。

② ［译按］本句中"一"和"二"在英文中都作单数，故不译为"一种美德"和"两种美德"。"一"和"二"的引号为中译者所加。

能对称地引入节制和勇敢，故他把二者联合了起来：节制并不来自惯例，而是来自禁令。对于快乐，作为戒律（commandment）的礼法足矣；对于痛苦，只有通过训练才能克服。礼法把它所不允许的东西完全移出了视野，这样一来，服从自动产生了：任何斯巴达人都会以最重的刑罚将他发现的任何醉酒狂欢者就地正法（punish on the spot）。墨吉洛斯回过头来讨论异邦人曾经引入的重甲步兵（hoplite）形象，重甲步兵左手执盾，右手执矛；墨吉洛斯说，在斯巴达礼法中，用盾抵抗痛苦，配之以用矛驱逐快乐。斯巴达礼法赶走了自身禁不住的东西：斯巴达人臭名昭著的正是他们 ξενηλασία [驱逐异邦人] 的惯例。①因此，墨吉洛斯的意思是，斯巴达习俗的不对称，是因为礼法有惩罚层面和教育层面之别；可正如墨吉洛斯所示，以痛苦为内容的教育也曾主要是惩罚性的，而且惩罚的威慑与合乎习俗的打击之间似乎没有多大区别。

　　一旦墨吉洛斯与克利尼阿斯承认，他们对异邦人的问题——"什么多里斯惯例允许人们品味快乐？"②——十分困惑，异邦人便推迟了批评他们，这种推迟是通过令他们记起，在他们自己的礼法中，什么必定是一项最美的条款，倘若这些礼法确实已然以一种有尺度的方式得到了设立。这项条款禁止任何年轻人探究"哪些礼法是美的或不美的？"，相反，所有年轻人都应该众口一辞地（with a single voice from a single mouth）协和地说道，"凭

---

① 修昔底德［在《伯罗奔半岛战争志》中］让在斯巴达的雅典人使斯巴达人记起，他们［雅典人］身在异邦如何不仅不尊重斯巴达礼法（斯巴达礼法无法［与雅典礼法］相融 [immiscible]），而且不尊重所有其他希腊人作风（1.77.6）；他们主要针对泡萨尼阿斯（Pausanias）（1.130.1）。

② 墨吉洛斯和克利尼阿斯都误解了异邦人的问题，这个问题并非"什么其他制度训练人们耐得住快乐？"，而是"什么东西同等程度地促进人们耐得住快乐和痛苦？"（634b2-6）。

借作为立法者的诸神，一切都得到了很美的规定"，①而且如果有
任何一个年轻人不这么说，那么，所有年轻人都不应该耐着性子
倾听这人说话；可如果某个老人反思礼法中的某些东西，则应该
允许这人在官员(magistrate)或同龄人面前说话，只要没有年轻人
在场(634d7-e6)。克利尼阿斯说，异邦人仿佛是预言者，猜到了
立法者的想法，尽管当立法者产生这个想法时异邦人并不在场。
克利尼阿斯曾不得不体验礼法，以便理解礼法；与克利尼阿斯不
同，[30]异邦人回避了体验，并从礼法的总体卓越性中演绎出了
两样东西：首先是一刀切地(blanket)禁止批评礼法，其次是礼法
中的漏洞。异邦人认识到，多里斯礼法必定已经在自身之中置入
了一项特许条款，该条款证明多里斯礼法不严格。这部礼法是一
部包罗万象的礼法，强令人们一律赞美礼法，同时又插入了一项
对老人的豁免条款。这部礼法似乎以实例对节制做出了制度安
排，可是至少墨吉洛斯没有认识到这一点。他没有认识到，遵守
礼法和远离礼法同样都是节制的形式：通过命令年轻人赞美礼
法，礼法灌输了遵守礼法，同时礼法又允许老人远离礼法。如果
他［墨吉洛斯］真想维持勇敢和节制之间的区别，他本来可以诉
诸异邦人的这个预言，并论证道，节制——它同时反对两种恶德
(vices)，②即疯狂和肆心(insolence)(637a3)——不同于勇敢，且节
制在令老人为之沉迷时，允许在深思熟虑的情况下有合乎尺度的
快乐。为了让墨吉洛斯和克利尼阿斯使用礼法已经赋予他们的特
许条款，异邦人不得不直呼其名——"你们是伪善的男童恋者，
你们的女人是荡妇"——然后墨吉洛斯以同样方式回击第一个指

---

① ϑέντων ϑεῶν［作为立法者的诸神］（［译按］直译当为"作为规定者的诸神"）这
个表述让人想起希罗多德［在《原史》中］对ϑεοί［诸神］词源的考察：ὅτι κόσμῳ
ϑέντες τὰ πάντα πρήγματα καὶ πάσας νομὰς εἶχον［他们按秩序规定一切惯例，并维系
一切分配］(2.52.1，［译按］ϑεοί［诸神］和ϑέντες［规定］词头音近，故希罗多德以
后者释前者)。
② ［译按］有美德，有恶德。《书·说命中》云："爵罔及恶德，惟其贤。"

责——"你们不过是醉鬼！"——然后他们［墨吉洛斯和克利尼阿斯］平复了下来，以便聆听他［异邦人］的言辞中的会饮。作为狄奥尼索斯节不可或缺的要素，这种挪揄（637b2-3）——ἐν ἀμάξαις［在马车里］常用于肆心的（hubristic）嘲笑——太过分了，以至于发展成了相互使劲诋毁。他们参加了一场言辞中的无酒的狄奥尼索斯节。我们可以称之为一场多里斯式谐剧，①凭借这种谐剧，可以开辟一条建立节制诸制度的路子，这些制度将符合异邦人曾预言多里斯礼法已然具备的对节制的规定。

　　依照善者诸种的结构，系统地审视合法的诸制度，不会走得比节制更远。之所以不会走向更远是因为，一方面，异邦人已经削弱了勇敢和节制之间的区别，另一方面，转向节制这一举动，激发了墨吉洛斯捍卫斯巴达礼法的不对称性，既然异邦人指出，对［斯巴达礼法的］一部分的任何训练，都容易导致毁灭另一部分（636a7-b1）。异邦人暗示，不仅任何零散的惯例之中都有内在缺陷，而且一部分的片面性会十分恶劣地传染给其他每个部分。如果言辞和行事之间达到匹配状态，那么，礼法命令的东西与礼法导致的东西就无可争辩地同等重要；[31] 然而，这种匹配状态很难建立。只有一系列完备的制度能够阻止任何惯例的如下倾向：把其领域扩展到超出这个惯例的意图，并导致如下后果，在没有得到礼法认可或不遵守礼法的情况下，这些后果便进入（lodge in）习俗。从会餐这个单一的惯例中，克利尼阿斯曾得出一个完全不合法的后果，而且现在异邦人指出，这个惯例在米勒图（Miletus）、波伊俄蒂亚（Boeotia）、图里俄伊（Thurii）导致了内讧，并败坏了一种被认为

---

① 参England对 καὶ εἴτε παίζοντα εἴτε σπουδάζοντα ἐννοεῖν δεῖ τὰ τοιαῦτα ［不管应该游戏般地还是应该严肃地思索这样一些东西］(636c1-2)这个表述的笺注："这个插入部分的作用某种意义上是这样的：'谐剧（comic，［译按］习译"喜剧"）诗人——若你们允许的话——将像哲人一样乐意对你们说话。'"

既古老又自然的礼法。①克利尼阿斯曾忽视会餐可能促进的那种美德，以及会餐对婚姻造成的那些无法预见的后果，而异邦人曾把婚姻放在他的礼法诸属的结构的开头。异邦人不会去批评男童恋本身，除了批评男童恋是另一个惯例的不加反思的衍生形式，此所谓另一个惯例通过把女人从男人中独立出来，而让女人不受控制，而且通过把男人聚集起来，而引发一个极其大胆的行为，即发现存在者：婚姻看起来不可分解地（indissolubly）联合了两性快乐与礼法，可［事实上］这两者完全可以相互分离（separable）。无法克制男童恋②（δι' ἀκράτειαν ἡδονῆς，［译按］636c6-7）表明，多里斯礼法无法同等程度地促进人们耐得住快乐和痛苦，这一点未曾压制反而引发了那种摆脱了任何合法约束的快乐。男童恋必然阻止多里斯礼法建立一种协和关系，这种协和关系的一边是礼法，另一边是快乐和痛苦的体验。仇恨痛苦肯定是因为合法地灌输痛苦，喜爱快乐肯定是因为礼法并不倡导某些事。

异邦人引入了对克里特人的另一种谴责：

> 我们都指责他们发明（λογοποιησάντων）了伽努默德的故事（μῦθος），因为他们根深蒂固的信念，即他们的礼法来自宙斯，令他们附加了这个倚傍③宙斯的故事，以便他们在跟随这位神时——如果你能相信这一点（δή）——也可以收获这种快乐（636c7-d4）。④

---

① 此处文本难懂，读作 παλαιόν ⟨τε⟩ νόμον［古老的礼法］（636b4；［译按］尖括号内容为伯纳德特所补）也许是一个办法，以便更清晰地表明它是 διεφθαρκέναι［败坏］的宾语。

② ［译按］据希腊文直译作"由于无法克制快乐"。

③ ［译按］against，希腊文作 κατά。

④ 如果人们记得，在［这个故事的］"伊奥尼亚"版本中，宙斯劫走伽努默德，让伽努默德做宙斯的司酒（荷马《伊利亚特》20.232-235），那么，异邦人批评这个克里特化的伽努默德，远远更具劝说效果。

异邦人暗示,尽管男童恋有会餐相伴,但克里特人内疚地意识到,男童恋不是礼法的明确要素,而且克里特人为了令一个惯例符合他们礼法的属神源头,越过了作为戒律的礼法,直奔礼法的作者,以便他们能够声称正在模仿这位作者。他们表面上服从宙斯,实际上通过服从宙斯而仿效宙斯。① [32] 他们围绕礼法打了个擦边球(an end run),仿佛这是一个趋向更高水平的进步,可是实际上,他们把对快乐的沉迷打扮得像某种别的东西。克利尼阿斯曾在一个习俗中发觉一条原则。如果讲故事的话,这条原则也许可以称为"阿瑞斯"(Ares)。②通过观察这同一个习俗,异邦人现已从中看到了作为副产品的另一条原则;如果同样赋予其一个神话中的名字的话,那么,这另一条原则也许就是"阿芙洛狄忒"。③阿瑞斯和阿芙洛狄忒一并现身,充当了礼法本身的种种反礼法(antinomian)暗示的化身。除非礼法已经如此周详,以至于填补了位于礼法边缘——以未经 [礼法] 认可的意义和习俗为形式——的任何漏洞,否则一些具有丰富神学意味的故事便有可能削弱礼法。要么这些故事暗示道,礼法有根本缺陷,而且某种比礼法更好且与礼法相反的东西,恰好藏在礼法背后;要么这些故事敷衍地对待(glossing over)礼法中的缺陷,从而令改正这些缺陷变得不可能。神性的魅力(the glamour of divinity)隐藏了礼法中的弱点(the rot)。异邦人现在要着手排演米诺斯和宙斯之间的原初会面,这场排演当然是为了阻止人们违反礼法,哪怕人们绕到礼法背后;但不那么清楚的是,异邦人是否有办法防止礼法自身长出一些赘疣。对于那个未经 [礼法] 认可的特许条款,即男童恋,异邦人代之以那个完全合法的特许条款,即对话意义上的 συνουσία

---

① [译按]这句话直译为"从对宙斯的服从背后,且通过对宙斯的服从,浮现出了对宙斯的仿效"。
② [译按]希腊神话中的战神。
③ [译按]希腊神话中的美神和性爱神。

［会面］。这是在礼法限定之内的一个新类型的神话制作。

在这个节骨眼上，异邦人撇下神话，回到礼法，从而声称，详尽审查礼法，几乎完全就是审查诸快乐和诸痛苦。如果我们反思论证过程，即从战争和内讧到和平和友情（战争与痛苦相连，和平与快乐相连），再到勇敢（勇敢要么充当全面的［comprehensive］美德，规制着所有快乐和痛苦，要么充当整全美德的一半），再到节制（节制要么充当次高的善者，要么充当勇敢的补充），那么，异邦人早已有力地辩护了他的主张（made his case）。然而，当墨吉洛斯记起他曾在阿提卡和塔伦图姆（Tarentum）① 见过狄奥尼索斯节时，他确实无法协调这里的论证和他的厌恶之情。他暗示，狄奥尼索斯节采取了阿提卡和塔伦图姆的自我沉迷的极端形式，从而与斯巴达的耐力训练相对立，而且狄奥尼索斯节如同伽努默德的故事一样，往阿提卡和塔伦图姆的名声中注入了一番属神的辩解。当一个惯例也许与一种伊奥尼亚生活方式一并产生时（参680d1），这个惯例同样需要一位神来捍卫。由此，墨吉洛斯忽视了如下区分：礼法维护的一种通过节庆来实行的大赦（a festive letting-go）是一回事，而仅仅为一个故事所辩解的一种反常惯例是另一回事（参775b4-6；亚里士多德《政治学》1336b14-16）。不过，墨吉洛斯有一个观点：整个城邦的醉酒令城邦自身敞开怀抱，从而令出其不意的攻击有机可乘（参修昔底德《伯罗奔半岛战争志》7.73.2），而且一旦变得嗜酒，就不可能有助于清醒。异邦人没有捍卫狄奥尼索斯节，他甚至没有捍卫一场得到正确 ［33］ 指导（conducted）② 的会饮。他只争辩道，无法从实行得很糟的事情中推断出，若这事做得正确，这事是否有利。异邦人曾向克利尼阿斯和墨吉洛斯提出这条辩护思路。多里斯礼法在勇敢方面的种种缺陷并不意味着，他们本来不能设计出并不缺少理想性的 συσσίτιον

---

① ［译按］希腊文作 Τάρας ［塔拉斯］（637b3）。
② ［译按］参第 ［41］ 页关于 παιδαγωγεῖν ［指导］的讨论。

[会餐]形式,此形式本来可以同等适用于诸快乐和诸痛苦。异邦人发明了立法者本应只对他一个人说的那篇言辞(635c3-d6)之后,克利尼阿斯拒绝了这个挑战。在这个时机,克利尼阿斯本来可以改进作为兵营的城邦,并建议实行针对女人的共产主义(参柏拉图《王制》458c6-d3),这本来可以一举解决异邦人提到的内在于多里斯 συσσίτιον [会餐]的两个缺陷。如果克利尼阿斯和墨吉洛斯皆未发现这个解决办法,这一点儿都不令人惊诧;可是,就连苏格拉底的解决办法也仍然有一个缺陷,即他没有证明共产主义是基于属人的自然,但异邦人的言辞中的会饮的第一个意图,就是揭示种种属人的自然(650b6-8)。[①]言辞中的会饮是有关人自身的一个思想实验。

第 3 节 醉 酒

如果回顾克利尼阿斯如何极端地解释一部礼法,以及墨吉洛斯如何呈现斯巴达式训练的极端严酷性,那么,人们也许会总结道,礼法有一种忽视亚里士多德式中道(mean)的倾向,亚里士多德式中道取决于在何时、何地、多少方面当机立断(on-the-spot determination)(参636e1; 638c7-8)。尽管一个习惯本身已然通过其持久性而得到"衡量",但这习惯似乎不能审查自身,而是像一条准则(precept)一样规定一切,独独不规定其自身的即时(timely)用处。此外,不管一个习惯把灵魂状态定在哪个"调式"(key)上,这个习惯都似乎分有了中道,哪怕这个习惯自身在现实中也许不节制。我们甚至把一个嗜好叫做一个"习惯"。当远离习俗的行为侵入礼法时,这些行为看起来十分过分,可如果它们成功地并入礼法,它们便可以冒充成节制的行为。人们能想到的几乎

---

① [译按]注意稍前出现的"属人的自然"是单数,这里改为复数。

任何舞蹈，最初人们都认为违背得体性，可是相比于下一个新奇舞蹈之不得体，这种舞蹈随着时间的流逝已然变得看起来很有序、很适宜了（对比797e2-798a8和802c4-d3）。①因此，节制似乎与熟悉的东西一样，而［34］任何脱离普通事物的东西似乎很夸张、很不节制（immodest）。习俗的形式总是很有序，习俗的内容则极少有序，如果存在有序的时候。所以，就连试图把善者诸种的结构翻译成礼法诸属的结构，或者反过来，就连试图在礼法诸属的结构里追踪八重善者的真实等级，也似乎只是个徒劳的计划。

［异邦人］显然并没有完整地审视节制（the evident incompleteness in the examination of moderation），这一点也许等于承认了，异邦人的计划肯定会失败。初看起来，异邦人回应墨吉洛斯对狄奥尼索斯节的攻讦时，仿佛他愿意承认，从外部来看，每个习俗都看起来奇怪，从而违反得体性，而从内部来看，每个习俗都有一番普遍的辩护："这正是我们的作风，②异邦人呵；你们也许有另一种作风"（637c6-8）。故似乎没有任何视角可用来批评或赞美一个习俗，而且如希罗多德所说，只有一个疯狂的人会忙于嘲笑种种陌生作风（希罗多德《原史》3.38）。③

异邦人提醒他们［墨吉洛斯和克利尼阿斯］，他们的讨论关

---

① 参Rémi Hess,《华尔兹：欧洲双人舞伴的革命》(*Lavalse: Révolutiondu couple en Europe*)，Paris: A. M. Métailié, 1989，页49（16世纪对"次"［volta］的批评），页115（19世纪早期只有已婚女性跳华尔兹），页153（1836年缪塞［Alfred de Musset］论华尔兹）。

② ［译按］way，其对应的希腊原文即"礼法"。

③ 在637b7-c2，想法上的关联很含混。πάντα τὰ τοιαῦτα［所有这样的东西，637b7-8］似乎指狄奥尼索斯节，但如果这样，那么，随之而来的就不会是，通过指出斯巴达女人很轻浮，一个雅典人为自己作了辩护（ταχὺ γάϱ ... ἄν［因为也许……会立即，637c1]）。我相信，"所有这样的东西"指墨吉洛斯对狄奥尼索斯节的愤怒，对于他的愤怒，这位雅典人以同样的方式作了回应。墨吉洛斯十足的愚蠢（βλακικώτεϱα，［译按］637c1）体现为，如此肆意地挪用狄奥尼索斯节的放纵（borrowing so freely from Dionysiac license），从而在批评这种放纵时如此不节制。

系到立法者们的美德和恶德，而非关系到人类中的所有其他人
(637d1-3)，由此，异邦人令他们摆脱了他们已经抵达的僵局而获
得了自由。倘若异邦人真的意指，他们不再应该注意人类——人
类从自己生活其中的礼法那儿获得了自己的印记——的诸美德和
诸恶德，他就是在说废话。尽管这种夸张很荒谬，可墨吉洛斯声
称，斯巴达的饮酒戒令的强大体现为，所有那些民族(tribes)在战
场上都会败［给斯巴达人］，而这些民族中的大多数都是斯巴达
人从未见过的，而且这些民族或多或少都过分沉迷于饮酒(637d5-
e7)。异邦人认为，胜败不是可靠的批评标准；他声称，如果他们
要追问，就效果而言，某物是否有用，那么，他们应该首先确定，
什么才是某物正确的用处本身。首先应该想出指导一场会饮的
正确方式，然后应该评价这场会饮追求的善者，最后应该考察这
个善者，这番考察应该着眼于，这场会饮是否将为这个善者赋予
其适宜的等级。异邦人建议，关于醉酒本身($μέθης$ $αὐτῆς$ $πέρι$，［译
按］637d6)的讨论，可以充当他们本应从开始就依从的范例。他
们当初并未以"会餐本身"起头，而是接受了克利尼阿斯和墨吉
洛斯各自的印象，即会餐不具备正确的形式：$συσσιτεῖν$［会餐］只
是其过去之所是，因为作为战时必需之事，它曾并不允许自身在
方式上多种多样(参柏拉图《会饮》180e4-181a4)。［35］然后，
他们进而把一种美德归于它，却一直没有追问：一种美德如何能
够体现于"一起吃饭"这个仅有的事实？异邦人曾反击两番批
评；会餐导致了［男人的］男童恋和女人的轻浮，可这些恶德和
$συσσιτεῖν$［会餐］同在，并未建立起任何因果关系，因为没有证据
表明$συσσίτια$［会餐］本身造成了这些恶德，正如没有证据表明偶
尔过度饮酒会使一个民族变成低劣的战士。然而，现在异邦人转
向了一种理论视角——在这个视角中，一个行动的形式将就其自
身而言得到分析——从而有机会表明，什么必然属于它［这个行
动］，以及如何能够控制它。故这个纯粹的范例能够引导［人们
明白］，什么东西才是异邦人暗示的它［这个范例］在礼法诸属的

结构中的制度对等物。教育是理想会饮的现实。

　　关于"醉酒本身"的讨论与立法之间，具有一种独有的、特别的关系，这种关系首先为"后期"柏拉图的一个习语所暗示。在说过他们的谈话关乎立法者们的恶德和美德之后，异邦人说道：ἔτι γὰρ οὖν εἴπωμεν πλείω περὶ ἀπάσης μέθης(637d3-4)。如果不理会小品词γὰρ οὖν，我们可以把这个表述译为"让我们更详细地谈谈作为一个整体的醉酒吧"。邓尼斯通(J. D. Denniston)说："在柏拉图后期作品的一些段落中，使用γὰρ οὖν和γὰρ οὖν δή时，语境似乎要求具有一个指向前文的连词οὖν或δή。这就是说，可以认为后文间接包含于而非源自前文的思想：这就几乎把解释性的γὰρ推到了其特定限度之外。"[①]在什么意义上，醉酒"包含"于立法者们的卓越或缺陷之中呢？醉酒就是失控，不仅是心智失控，而且是身体失控；醉酒者像老人一样，第二次成为了孩子(646a4-5)。成为孩子，尤其是成为不到一岁的孩子，就是以一种完全无序且随意的方式乱动乱叫。这样一种状态先于习惯和礼法所施加的有序性和常规性。由此，不仅在集体层面，而且在个体层面，饮酒造成了人的前礼法状态。准确来讲，饮酒带到立法者眼前的正是立法者制定的礼法应该掌控的状态。唯有醉酒向立法者显明了他应该对抗的东西，即任何理性秩序的前理性开端(参672c1-5)。恢复这个起点，就是矫正 [36] 克利尼阿斯对礼法的体验式洞见。战争也许是人的政治状态，无序则先于任何政治安排；并非战争，而是无

---

① J. D. Denniston,《希腊语小品词》(*The Greek Particles*)，第二版，Oxford：The Clarendon Press，1954，页447。Édouard des Places,《柏拉图笔下几个连接性小品词研究》(*Études sur quelques particules de liaison chez Platon*)，Paris：Les Belles lettres，1929，页123-124，补足了没有说到的内容："实际上，我们深入到了各色醉酒过度这个主题的一些细节里(而且我们将更好地评判立法者们)；因为这一点并非无足轻重，而且不适合由一个平庸的立法者来处理。"这个说法使这个论题变成了一个实践论题(尽管具有示范意义)，却没有认识到，立法者处理的只是醉酒所代表的东西。

序，才是任何生成者的真实状况。这个前政治状态某种程度上填补了礼法诸属的结构和善者诸种的结构之间的鸿沟。这个前政治状态显明了什么能让人清醒（what the sobering of man involves）：如果人有可能中立地对待痛苦和快乐，以便有可能从一个超越二者的立足点来面对二者，那么，人有可能通过礼法来体验八重善者的等级。然而，如果人总是处于无序的边缘，就像人无法抗拒任何类型的醉酒这一点所揭示的那样，那么，人的前政治状态就是人的永恒状态，礼法会设法隐藏而非改变这种状态。克利尼阿斯的反礼法体验被证明只是有关礼法的表面真理。

异邦人似乎暗示，如果他亲临柏拉图命名为会饮的场合，那么，他本会发现它［会饮］的缺陷。作为主持者，斐德若竟不胜酒力（had a poor head for wine），阿尔喀比亚德则很可能（probably）本来不会获准进场并改变规则，当然后来的狂欢者们（revelers）①也本来会被全部拦在场外。这些缺陷，还有阿里斯托芬（Aristophanes）打嗝导致的［发言］次序混乱，也许足以为它［会饮］赋予某种性质，对异邦人的品位来说，这种性质或多或少过于无序了些，尽管他无法论证道，一种更大的欣喜和友爱并未在阿里斯托芬的游戏、阿伽通（Agathon）的高尔吉亚式韵文、阿尔喀比亚德的激情（ardor）中有所增进。苏格拉底并非会饮的统治者，②尽管在场的人中只有他经得起异邦人的清醒性检验。因此，在一些不那么理想的状态下，《会饮》仍然设法让每个人恰恰把自己呈现为每个人作为爱欲者之所是（what he is as a lover）。在《会饮》中，他们独立揭示了他们充满爱欲的诸自然，而且苏格拉底引导人们理解它们［诸自然］各自曾如何意外命中真理，又曾如何与真理

---

① ［译按］柏拉图《会饮》223b，亦见212c。王太庆译作"酒徒"，刘小枫译作"夜游神"。

② ［译按］ruler，如呼应上文"改变规则"，亦可译为"规则制定者"，伯纳德特有意使用这个双关语。

失之交臂。所以，人们并不清楚，如果我们不考虑苏格拉底与阿里斯托芬和阿伽通之间那场没有记录下来的(missing)交谈，那么，更严格地控制场面，原本会有什么收获；如果阿里斯托德谟斯(Aristodemus)彻底不眠，且把他们仨的论证转述给了阿波罗多若斯(Apollodorus)，那么，那场没有记录下来的交谈本会占据天明以前的时间。那场交谈关系到一个苏格拉底式论题，即一个肃剧诗人凭技艺也可以是一个谐剧诗人，而且如何制作谐剧和肃剧的知识属于同一个人(柏拉图《会饮》223d2-6)。当苏格拉底最终变成了主持人，且一场严格意义上的会饮即将开始时，阿里斯托德谟斯却打起了瞌睡，而且他没那个才智(wit)去问苏格拉底这番论证是什么，而在这番论证中，苏格拉底式智慧与狄奥尼索斯的主要追随者们(votaries)展开了较量(参175e9，177e1)。无疑，一场以这种方式结束的会饮，也许接近于完美的聚会(party)。[37]柏拉图写过的最接近于此的［对话］就是《法义》。在一个分有共同饮酒之狂欢(hilarity)的场合里，《法义》不仅提供了苏格拉底的论证，而且一旦其自身被承认是一场得到了正确组织的会饮时，它便令其自身接受检验，即检验它是否应该得到赞美。它要通过这番检验，就得满足如下条件，且唯有满足如下条件：它能够表明，通往礼法的道路需要借助歌曲，而且这条借助音乐的道路通向一位神，这位神赞助狄奥尼索斯节，且掌管肃剧和谐剧(643a6-7)。《法义》意在弥补阿里斯托德谟斯的疏忽，这一点为如下迹象所暗示：异邦人令人震惊地声称，他们不需要肃剧诗人们："我们自己就是既最美又最好的可能的肃剧的制作者"[①](817b2-3)。如果异邦人凭技艺制作了他称为"实实在在"(ὄντως)最真实的肃剧的东西，那么，他也有能力制作谐剧。

关于为何从现实的种种会饮转向一场言辞中的会饮，异邦人

---

① ［译按］希腊文中"制作者"亦指"诗人"。

给出了双重理由。人们不能依赖一些片面证据的证明(evidence of partisan witnesses)，因为否则这位斯巴达人和这位克里特人就会折服于维系着不同习俗的众多民族。对克利尼阿斯和墨吉洛斯有利的是避免进入他俩的城邦可能无法得胜的比赛。似乎有相当多种多样的方式令会饮成为一件无关紧要的事。其次，必须严格区分正确者和善者。在异邦人分析模仿时，这种区分至关重要，但此刻它似乎一般地指向技艺或学问与其用处之间的差异。尽管事实上一门技艺的源头也许总是可以追溯到一种需要或欲望，而且由此一门技艺的有用性通常先于它之得到发明，然而一门技艺本身既不能决定何时它才应该得到使用，也不能基于它知道的事情和它知道如何去做的事情，而论证这门技艺所满足的需要或欲望应该得到满足。因此，为了使会饮中立化，异邦人不得不使会饮同化于任何拥有一种共同行动的伙伴关系(partnership)，以便他能够引入有知识的统治者。此前，一直没有一个字涉及知识，不论是关于战争的知识，还是关于勇敢的知识。现在异邦人把知识和美德配对。尽管他的举例始于羊群——当羊群漫游到耕地上时，牧羊人唯有变得有技巧，且不受羊味儿干扰——可是他提到，海船的船长必须不晕船，带兵的将军必须不怯懦。异邦人曾说，他不关心允许还是禁止饮酒，而只关心完全的醉酒(637d5-6)。他似乎暗中提及，"醉酒"扩展到了涵盖任何迷狂(ecstatic)状态：他自己把怯懦的将军说成因 [38] 畏惧之醉酒①而晕船(ὑπὸ μέϑης τοῦ φόβου ναυτιᾷ)的人，而且他没有说他在用比喻说话(639b7)。

　　从勇敢的人和怯懦的人——诸恐慌较少干扰他——之间的程度差异中，异邦人总结道，他们应该任命一位完全没有畏惧的将军(640b2-3)。一位无畏的将军也许会忽视他人的畏惧，并带领他的部队直面一些必然会伤害他们的危险。将军的知识 [本来] 意

---

① [译按] 畏惧成了一种酒，令人沉醉其中。

1

在防止这一点；尽管恐慌绝不应该削弱将军的判断力，但将军应该知道，他的兵能够抵挡什么。在这个与会饮类比(parallel)的例子里，清醒的领导者应该具备如何维持并增进朋友之间友情的知识。这种类比之所以看起来奇怪，有两个原因。不论是船长还是将军，都没有造成其自身免于陷入的那种状态；可是会饮的统治者①掌控着一场聚会(gathering)，在这场聚会中，他负责引发无序，且被认为应该规制无序。外在的种种无序的力量，不论是风浪还是敌人，令船长或将军面临一种他相比而言更不愿意面对(would prefer not to face)的状态，但会饮的统治者必须破坏并扰乱他应该规制的东西。他应该故意冒险引出隐藏在朋友之间的敌意，以便设法营造朋友之间更大的友爱：当墨吉洛斯对非斯巴达作风的义愤——异邦人故意激发了这种义愤——就快要打断讨论时，异邦人首次称克利尼阿斯和墨吉洛斯为朋友(637d1)。类比关系的第二次缺失(the second lack of parallelism)由此产生。将军和船长与他们的属下一同身陷风险之中，而且如果他们要设法营救属下，他们就得先自救；可正如清醒的会饮统治者根本不会去冒任何风险——要么因为他并不饮酒，要么因为饮酒不会影响他——同样，他对会饮伙伴们友爱得不能再友爱了。立法者以会饮为手段来认识他所统治的人们的诸自然，会饮本身作为这种手段十分有效，就算立法者从未指导过一场会饮，因为会饮令他记起，在人变得遵守礼法之前，人是什么；然而，那个促使他举办一场行事中的会饮(a symposium in deed)②的需要，必须成为异邦人的论证的起点性事件：他在会饮中聚集起来的朋友既包括正义者也包括不义者，而且他必须调解随时可能相互杀戮(on the verge of cutting each other's throats)的人们。在此，内讧的存在，或内讧的威胁，代表着海上的风暴，或敌人的逼近，而且会饮的统治者会以他自己的无序来反击

---

① ［译按］symposiarch，义同第［36］页的the ruler of the sympoisum，故汉译不变。
② ［译按］与"言辞中的会饮"相对。

这种无序。立法者是顺势疗法(homeopathic medicine)的专家。

　　克利尼阿斯曾断言,和平只是一个语词而已,战争才是人的永恒状态。异邦人现在订正了克利尼阿斯的断言的那些反礼法暗示。礼法的反礼法意义,[39]如克利尼阿斯所体验到的,已让位于人在时间中生成时所具有的本质上不守礼法的状态。无序是每个人一出生就进入的状态,而且无序先于任何既定政治秩序。由此,卷三的主题已然得到了铺垫。立法者促进友爱,并不是通过去除糟人,也不是通过设法让他们自愿服从好人,而是通过向他们所有人"致意"(giving to them all a "buzz"),或通过"抬举"他们(making them "high"),以便理性能够以礼法的形式实行统治。这些人清醒时绝不会形成一致意见,因此,若要在他们中间达成一种协和,礼法就必须令他们产生醉酒之感。必须解除邦民的武装:有些人的心智必定会丧失其锋芒,另一些人的内心(hearts)则必定会飘飘然(exalted)。由此,言辞中的会饮既代表人的前礼法状态——这时他们处于完全无序中——又代表人从无序变成有序之后的状态。如果人们不知道,一场无序的会饮是否有序,那么,责备一场会饮无序,可能并不公道。只要羊群没有逾越牧羊人给羊群分配的牧场(νομός)①的边界,羊群就仍然有序。它们不必排成行才算一个有序的羊群。如果人们把这个有关秩序的标准比之于风暴中的船或遇袭的军队所需要的东西,那么,这个标准非常低,然而,在政治上与之类似的是非帝国主义(nonimperialism):礼法应该把城邦约束在统治者可以管理(νέμει)②的区域。按照[异邦人的]设计,礼法应该阻止对外扩张和内部争执。对城邦来说,友情(φιλοφροσύνη)也似乎是一种不怎么伟大的雄心;事实上,也许还得像理解νόμος[礼法]那样,按字面理解友情,而且带星号(*)的

---

① [译按]与νόμος[礼法]仅有音调差异。
② [译按]νόμος[礼法]的动词化。

φιλο-φρονεῖν［心怀友爱］[1]不仅指向理性和良好的感知力（*φρόνησις*）（这种情感通过礼法而碰巧与这两者相一致），而且指向*φιλο-σοφεῖν*［搞哲学］(城邦必须变得对*φιλο-σοφεῖν*［搞哲学］心怀友爱）。

异邦人曾让克利尼阿斯记起"自己强于自己"和"自己弱于自己"这一对表述。他此刻似乎正要建议审视"出离于自己"[2]的状态，而并不拿"成为自己"(being oneself)与之配对，也就是仅仅审视*ἐκτὸς ἑαυτοῦ*［外在于自己］，而不审视*ἐν ἑαυτοῦ*［内在于自己］。他暗示的这种得到规制的错乱状态，一开始就被设计成属人的诸自然的一种理论景观(theoretical spectacle)（参639c5）；然而，尽管克利尼阿斯接受正确者和善者之间的差异(641a4-5)，但他不耐烦，且想知道，倘若正确地管理一场会饮，那么，个人或城邦会得到什么巨大的善者。他同意，一个醉酒且不智慧的统治者会引发一个巨大的恶者，[3]除非他相当幸运(640d5-7)；但他似乎认为，引发更大的［40］友爱，不值得称为一个巨大的善者。克利尼阿斯即将首次称异邦人为"朋友"(641c8)，这一点算不上有利于他们这类会饮。他们之间的种种差异似乎令他们必定无法在任何程度上和谐地聚到一起，异邦人把这些差异归因于广为人知的民族特性。雅典人喜爱交谈，而且长篇大论，斯巴达人不喜爱这样，克里特人一思考起来就包罗万象，而且十分深邃(pithy)。不论这些差异会多么不适用于一个城邦的个体成员，如果礼法的最终结局显现于这些差异之中，那么，礼法的论题不仅关乎礼法应该如何包罗八重善者，而且关乎礼法——即便礼法达到了一种

---

① Liddell-Scott-Jones在*φιλοφρονέομαι*［心怀友爱］词条第III义项之下列出了该词作主动态时的两个例子。［译按］Liddell-Scott-Jones代指H. G. Liddell、R. Scott编，H. S. Jones增订，《希英辞典》(*A Greek-English Lexicon*)，第九版，新增附录，Oxford: Clarendon Press, 1996。按该书体例，带星号表明某词并不实际存在。*φιλοφρονέομαι*为中动态，*φιλο-φρονεῖν*为该词的主动态。

② ［译按］beside oneself，英文习语，意指失去自控。

③ ［译按］为与前文"巨大的善者"对应，中译文保留了理论化表述。

透明状态，以至于可以接受善者诸种的结构——是否不必然充满了一些"纱节"(slubs)，这些纱节贯穿到了礼法的织体(fabric)里面，而且至少像礼法诸属的结构一样重要。如果异邦人的性格是健谈的阿提卡土壤中长出的作物——不管在多大意义上是自发长出的——而且无法设想这种性格脱离这样的环境，那么，存在如下两种可能：要么，立法者根本无法促进或阻碍这种性格的养成；要么，若礼法能够在这方面发挥任何影响，立法者就必须放松礼法的强制力，如墨吉洛斯所承认，礼法的强制力盛行于斯巴达，且令有些雅典人所具有的那种罕见(exceptional)而不造作的自然善者成为不可能(642c8-d2)。正如狄奥尼索斯节的骚动(tumultuousness)——在这种骚动中人人都在官方庇护下为所欲为——象征着异邦人的生长环境，同样，言辞中的会饮也充当了诸自然之间不协和状态的范例，尽管礼法具有统一性。这场会饮由此向两边张望，在一边看到人在礼法之前和之后处于无序状态，在另一边看到礼法适应了对礼法诸属的结构的种种偏离——绝不能称这些偏离为不守礼法的或自发的行为。

　　对礼法诸属的结构最明显的偏离，可以在语言本身中找到，而且正当墨吉洛斯表示喜欢阿提卡方言时，柏拉图令他使用了一个表述(当时他在引用他年少时的斯巴达伙伴们的话)，即 ἡ πόλις ὑμῶν ἡμᾶς οὐ καλῶς ἢ καλῶς ἔρρεξε ［你们的城邦曾经不美地或很美地对待我们］，这个表述偏离了阿提卡习惯用法，而且似乎是拉孔尼刻(Laconic)[①]方言独有的习惯用法(642c2)。[②]礼法的逻各斯总是

---

① ［译按］拉孔尼刻(λακωνική)的首府是拉刻岱蒙(λακεδαίμων)，亦称斯巴达。故说拉孔尼刻等于说斯巴达。

② 参England对此句的笺注："根据Boeckh，κακῶς ῥέζειν τινά ［很糟地对待某人］是拉孔尼刻习惯用法。这当然不是常见的阿提卡语。"最值得注意的另一个多里斯习惯用法，是关系从句中ἄν ［大抵］的后置；这始于777c6；参J. Wackernagel，见England在笺注890a5时对他的征引。

在一种语言或一种语言的方言中逐渐明显(参704b1)。①除了墨吉洛斯说的 ὦ ϑεῖε [属神的人呵]，柏拉图 [41]此前一直令诸位发言者的语言一律是阿提卡语，以便——人们也许可以设想——在预设了他的读者以阿提卡语为母语的情况下，这个斯巴达人和这个克里特人不会显得荒唐可笑；这一切都是出于柏拉图的营造，这个事实为我们所注意，是在如下时刻：异邦人即将长篇大论讲述一个习俗，以便表明，就算克利尼阿斯和墨吉洛斯见过这个习俗，他们也无法告诉我们，这个习俗是否正在正确地得到实行(639e4-640a2)。由此我们知道了，如果克利尼阿斯要把异邦人的诸建议用于马格涅西亚，那么，克利尼阿斯必须严守字面地把《法义》翻译成克里特方言。这种翻译至少会在一定程度上偏离《法义》，正如墨吉洛斯的引文所经历的，如果这句引文在阿提卡语中有对应的表达。这样的改动当然会影响对礼法的体验，也会改变礼法拥护者的行为。这样的改动似乎数不胜数，且又一次令异邦人的计划毫无用处。人们会猜想，就算最严格地把《法义》转写成另一种方言或语言，仍会令其面目全非(unrecognizable)，就算不是令其立即面目全非，至少也是令其随着时间的流逝而面目全非。这部现实的(actual)礼法中有这些不可避免的不完美，以至于在这部礼法的语言中形成了一个关联之网，独立于这部礼法的意图；这些不完美似乎就存在于异邦人的一种坚持背后，这种坚持就是，让迷狂者充当理解礼法的合适起点。言辞中的会饮被设计成

---

① 语言与属神礼法之间成问题的关系，最先由希罗多德所提示(2.2-3)，他先讲了普撒美提科斯(Psammetichus)尝试发现第一门语言的故事，然后他承认人类对 τὰ ϑεῖα τῶν ἀπηγγημάτων [这些描述中的属神事物]无知，在此他没有说清楚，我们对诸神的无知是否不亚于对诸神名字的无知；在《克拉底鲁》(Cratylus) 400d6-9，苏格拉底揭示了这种含混。在 [《法义》] 891e1-3，克利尼阿斯无意中表达了同样的想法，当然，前提是，此处文本无误，而且依据梵蒂冈抄件的第四次转录的抄件(the fourth hand of the Vetican MS)，ϑεὸς [诸神]在有些抄本(copies)中带有存疑符号(obelized)。

了一种溶剂，用于溶解任何阻碍理解礼法的逻各斯的东西。

　　通过牵强地使用动词παιδαγωγεῖν［指导］（641b1），克利尼阿斯提供了通向教育的豁口（opening）。他想知道，倘若正确指导一场会饮（συμποσίου ὀϱϑῶς παιδαγωγηϑέντος），会发生什么大事。他似乎在讽刺地（sarcastically）使用παιδαγωγεῖν［指导］这个动词。正如孩子必须由奴隶παιδαγωγοί［奶公］护送往返学校，免得遭到他人骚扰，也免得走失，同样，会饮也需要一名监管人，如果会饮成员不想醉倒或蛮横行事。我们称这样的παιδαγωγοί［奶公］为"专任马夫"（designated drivers）。异邦人以παῖς［孩子］和παιδεύειν［教育］这两个词形来理解παιδαγωγεῖν［指导］，并论证道，教育绝不会带来一场卡德摩斯式（Cadmeian）[①]胜利，即一场赢家同时也是输家的胜利（in which the winner loses）。他暗示，兄弟相残的战争绝非教育的结果。异邦人由此暗中提及他们早先关于内讧的讨论，从而把教育与友爱联系起来，而且使战争中的胜利取决于友爱，正如他先前所为。在这一点上，克利尼阿斯营造出一次想象中的跳跃，而我们原本不会相信他有能力这么做：[42]"我们认为，朋友呵，你声称，饮酒时的共同消遣，若进行得正确，便属于教育的一个很大的部分"（641c8-d2）。克利尼阿斯称异邦人为"朋友"，恰恰是在这时，这时他必定已经发现，φιλοφϱοσύνη［友情］是会饮的目的和邦内和平的目的之间的中项（the middle term）。异邦人从未直接谈论教育和会饮之间的联系。似乎异邦人原先不关注，克利尼阿斯曾带有蔑视意味地暗示παιδαγωγοί［奶公］做的是奴仆工作，然后异邦人蓦然扑向παιδαγωγεῖν［指导］这个动词本身，这个动词更易于与"教育"而非"会饮"相匹配。[②]关于克利尼阿斯的

---

① ［译按］一般写作Cadmean。
② 异邦人在τὴν τοῦ λογισμοῦ ἀγωγὴν［引导思索］（645a1；参a5-6；［译按］伯纳德特原改作主格ἡ τοῦ λογισμοῦ ἀγωγή，今据原文改回）中采用了παιδαγωγέω［指导］的动词性词根。

猜测，有某种东西得到了激发(inspired)，这一点之所以得到呈现，是因为异邦人以他自己的方式把会饮与教育联系了起来。若音乐不具备正确性，醉酒的自然正确性绝不会变得足够明晰，而且若教育不具备完整性，音乐同样绝不会变得足够明晰(642a3-5)。克利尼阿斯曾预言，会饮与教育之间有联系，但他完全不知道，这种联系是经由音乐。异邦人甚至曾暗示过音乐，当时他补充道，对一个单独的合唱歌队的适宜引导，有可能替换对一个单独的孩子的适宜引导(641b3)；可是，克利尼阿斯在这一点上并不赞同异邦人，故转而独自关注教育。克利尼阿斯由此在内心确定了，克里特人的名声源于πολύνοια[富于思虑，641e7]，还有厄庇门尼德(Epimenides)的种种预言能力，克利尼阿斯宣称自己与厄庇门尼德有亲戚关系(642d6)。

第4节　玩偶的主人

异邦人没有严格遵循他建议的诸主题的顺序。他没有从教育转向音乐，再转向醉酒，因为尽管他从教育开始，可他立马引入了醉酒，而且直到他确定了会饮可能对立法者有什么益处，他才回到音乐和教育。他讨论饮酒之后，转向狄奥尼索斯这位神，狄奥尼索斯的名字在卷一结尾(650a1)之前一直没有提及。人们可以说，未稀释的酒在这位神之前出现，这位神应该被设定为他自己的合唱歌队的主持者。理论之中的醉酒，就是礼法之中的狄奥尼索斯。狄奥尼索斯就是对醉酒本身的稀释，这种稀释得到了提炼和提升。因此，教育有双重形式，异邦人在自己的论证过程中对这双重形式作了区分和综合。立法者自身的教育，与邦民们的教育，既相联系又不相联系。会饮给了他［立法者］一个路径，[43]即常言所说的"酒后吐真言"(truth and wine)，让他毫无危险地进入会饮宾客的灵魂，因为他与他们一同参与到了狄奥尼索斯的景观之中(συγγενόμενον μετὰ τῆς Διονύσου θεωρίας，[译按]650a1-2)。τῆς

$\Delta\iota o\nu\acute{\upsilon}\sigma o\upsilon\ \vartheta\varepsilon\omega\rho\acute{\iota}a\varsigma$[1][狄奥尼索斯的景观]既指献给狄奥尼索斯的诸节庆，又指狄奥尼索斯的理论沉思，[2]在后一种情况中，"狄奥尼索斯的"既是宾语性属格(objective genitive)(理论性地观察对酒的沉迷)，又是主语性属格(立法者采纳并置身于这位神的优势地位)。

　　异邦人没有解释，为什么不得不把醉酒与教育和音乐放在一起。毕竟，在《王制》中，苏格拉底讨论教育和音乐时，没有诉诸狄奥尼索斯。人们可以说，狄奥尼索斯意味着，异邦人将把教育($\pi a\iota\delta\varepsilon\acute{\iota}a$)和游戏($\pi a\iota\delta\iota\acute{a}$)进行某种程度上的等同(quasi-identification)。投身游戏是$\pi a\acute{\iota}\zeta\varepsilon\iota\nu$或$\pi\rho o\sigma\pi a\acute{\iota}\zeta\varepsilon\iota\nu$，而且$\pi\rho o\sigma\pi a\acute{\iota}\zeta\varepsilon\iota\nu$不仅指游戏和开玩笑，而且指用唱歌来赞美诸神(804b1；《法义附录》[Epinomis][3]980b4)。不严肃的东西比严肃的东西更严肃，而且正如此处论证所示，一方面，在我们变得严肃之前，已然有应该能让我们欣喜的东西存在，另一方面，在我们从礼法诸属的结构之中体验到善者诸种的结构之前，已然有善者诸种的结构存在，这样一来，应该能让我们欣喜的东西，正是在模仿善者诸种的结构。因此，教育以影像呈现了生成的完满，从而在这种呈现过程中把目光从生成者那儿移开。教育的影像作为影像，对这些影像所模仿(image)的东西开了个玩笑。人的有趣恰在于变成人这件事。[4]教育是"有趣的事"。人们普遍认为，生活的肃剧和谐剧是生活的真实，但事实上，它们只是生活的一个影像。[5]

---

① [译按]伯纳德特原作主格$\acute{\eta}\ \Delta\iota o\nu\acute{\upsilon}\sigma o\upsilon\ \vartheta\varepsilon\omega\rho\acute{\iota}a$，今据原文改回。

② [译按]伯纳德特上文将$\vartheta\varepsilon\omega\rho\acute{\iota}a\varsigma$译为"景观"(spectacle)，此处又译为"理论沉思"(theoretical speculation)。theoretical的词干直接是$\vartheta\varepsilon\omega\rho\acute{\iota}a\varsigma$的转写，speculation亦与spectacle同源。

③ [译按]一般音译为《厄庇诺米斯》。

④ [译按]直译作"人的有趣不可分离于变成人这件事"。

⑤ [译按]这句中两个"是"均为单数。故伯纳德特把生活的肃剧和谐剧视为一个整体，故称为"一个影像"。参Seth Benardete，《生活的肃剧和谐剧》(*The Tragedy and Comdy of life*)，Chicago: The University of Chicago Press, 1993。中译本：伯纳德特，《生活的悲剧与喜剧》，郑海娟译，上海：华东师范大学出版社，2016。

异邦人提出了教育的双重定义。第一个定义立足于一般性地反思一个人如何变得善于做任何事情。例子就是建筑师和农夫，还有木匠和骑士。[异邦人]提到的要么是玩具工具，①要么是游戏般的行为。将来的骑士骑玩具马，将来的木匠用积木来建房子，用尺和秤的微型模具来量长度和称重量。教育者试图把孩子们的快乐和欲望引向这样一个境地，只要他们来到这个境地，他们自己就能变得完满（τέλος ἔχειν）。τέλος ἔχειν［变得完满］可能是表示死亡的一个婉辞（euphemism）（717e2，740c2，772c1）。正确的教养将最大程度地把玩家（player）的灵魂拉向对如下这件事的爱欲（ἔρως），这件事就是，当他变成一个男人（ἀνήρ）后，他必将在其职业的美德方面变得完美（εἶναι τέλεον）（643d1-3）。[异邦人]一个字都没提到痛苦。玩不真实的东西时的快乐，将会与对于真实的东西的欲望相联系。[玩家]将会认识到不真实的东西是不真实的。教育的第二个定义意在维持美德教育的名声，使孩子成为一个对于变成完美邦民这件事有欲望且有爱欲的人（ἐπιθυμητήν τε καὶ ἐραστὴν τοῦ πολίτην γενέσθαι τέλεον），而成为这样的人所凭靠的就是[44]如何以正义来统治和被统治的知识（643e2-6）。第二个定义没有谈论[如何]达到完美：由于完美仅在于知识，故礼法会变得多余，一旦爱欲者达到了他的目标。也许正因如此，这个定义在表述时使用了"变成"而非"是"。②异邦人强调，只要在任何程度上偏离了教育，应该有可能在一个人的整个一生中加以订正（644b2-4）。此外，这个定义中没有一个字涉及快乐或游戏，同样，这个定义也对灵魂保持沉默。如果人们想到孩子们那些模仿统治和被统治的游戏，人们就会记起，比如在大步子（Giant Steps）③这个游戏中，游戏规则何以需要严格服从统治者专断的命令，严

---

① [译按]即做成玩具形状的工具。
② [译按]不论希腊文还是英文，"变成"亦指"生成"，"是"亦指"存在"。
③ [译按]一种追人（tag）游戏，又叫"妈妈我可以吗？"（Mother May I？）。

格遵守这些命令可以确保一个人追上统治者，并强迫其他每个人跑回到起跑线，同时还不被抓住；被抓住的人会变成统治者。［统治者的］目的就是通过愚弄被统治者而尽可能长久地掌握权力，被统治者之获得快乐，就在于不服从统治者，且不被抓住。不服从带来的乐趣，与统治带来的乐趣相当，可这里透露出的知识并不完全可欲。裁判员的作用更符合异邦人心中可能想到的。然而，这里的党派作风(partisanship)会令玩这个游戏的人们倾向于对裁判员的裁判展开争议，并诱惑裁判员自己变得不公正，从而足够有力地致使裁判员的作用变得极端令人不快，而且并不是任何事情孩子们都会想去承担(assume)。[①]这些玩家之获得快乐，将会仅仅在于他们自身的义愤，而不在于必须遵守裁判员的裁判。毕竟，甚至专业玩家也从不轮流做裁判员。[②]另一方面，人们可以论证道，"按规则玩"这个表述确实说明了教育应该达到什么［目的］，"运动员作风"(sportsmanship)这个表述则确实说明了裁判员与玩家融合成了一体。然而，"运动员作风"似乎是体育的目标，很难从中辨识出任何直接的灵魂教育。克利尼阿斯那些遵守礼法的习惯，正是一种体育，[③]这种体育令他具备关于战争和征服的洞见。

在这个关节点上，异邦人引入了一个影像。在引入音乐教育的诸影像之前，［他］已然引入了一个影像，为音乐教育做了准备。教育立法者，也是通过影像。立法者把人看成假设和影像。假设由三个要素构成：我们中的每个人是一个单一［存在者］；每个人又拥有两个无意识的且相互反对的顾问，即快乐和

---

① ［译按］assume亦指"假装"。行事不公，免不了作假。

② 波鲁克斯(Pollux)［《辞海》(Ὀνομαστικόν)］(9.110)提到一种叫做βασιλίνδα［王者］的游戏，这个游戏形式上无异于居鲁士孩提时代玩过的那个游戏(希罗多德《原史》1.114)，而且色诺芬说起过居鲁士学到的一个教训，当时居鲁士还是个男孩，就被任命为法官(色诺芬《居鲁士的教育》[Cyropaedeia] 1.3.16-17)。

③ ［译按］如第［7］页译按所示，"体育"在希腊文中亦指灵魂的体育。

痛苦；此外，每个人还拥有 [45]关于将来的一些意见，其共同的
名字是期望，只不过畏惧是痛苦之前的期望，信心是对痛苦的对
立面的期望。异邦人不太神秘地——如果人们回顾礼法诸属的
结构——补充道，有一种思索涉及所有这些所有物，①关心它们
中哪一个更好或更糟，而且如果这种思索变成了城邦共同的意
见或决定(δόγμα πόλεως κοινόν)，那么，它得名为"礼法"(644c4-
d3)。依据这个定义，礼法不是假设，而是一种意见的名字，②
这种意见产生于一种关心什么更好或更糟的思索，不论这种思
索正确与否。唯有λογισμός [思索]并非假设。③它思考出了一
个人希望或畏惧的任何东西之中的善者或糟者。在这个假设
中，快乐和痛苦不是简单的体验，而是带有箭矢的体验；这些体
验告诉我们，应该追求什么，应该避免什么，而且相比于任何局
限于当下的东西，这些体验更接近于诸欲望。任何事都可能发
生，要么在体验层面发生，要么在意见层面(dogmatically)发生；
然而，在我们每个人所是的那个 [存在者]内部，不存在意识
(awareness)。④我们之所以具有单独性(singularity)，是因为不
存在任何内在于我们的东西(the absence of any inside to us)。
我们要么被推，要么被拉。依据假设，人以未来为导向。⑤人没
有过去。墨吉洛斯和克利尼阿斯都承认，他们无法完美地理解
异邦人。他们当下的困惑体验，严格来讲，为异邦人的假设不
允许；可他们如此信任异邦人，以至于克利尼阿斯敦促异邦人
继续说下去，仿佛克利尼阿斯即将理解异邦人似的。克利尼阿

---

① [译按]"所有物"呼应644c6对"顾问"的"拥有"。

② [译按]直译为"这个礼法定义不是假设，而是一种意见的名字"。

③ 能够体现这一点的是，τιθῶμεν [假设](644c4)引导的句子结构(construction)持续
　到644d1时遭到了抛弃。

④ [译按]此句原文有两个is，后一个似当删。

⑤ 关于礼法与未来善者之间的关联，参柏拉图《泰阿泰德》178a5-10。

斯带着一个希望跳入了未知的未来，这个希望就是，异邦人将提供一个他能分有的意见。这个意见是一个影像。作为玩偶（ϑαῦμα），我们每个人都持有这个影像。玩偶是惊异的对象，而不是感到惊异的存在者。异邦人说，这个玩偶是属神的（ϑεῖον）。异邦人提供了两种方式来解释这个玩偶，正如这两种方式所示，"属神的"十分含混：εἴτε ὡς παίγνιον ἐκείνων εἴτε ὡς σπουδῇ τινι[①] συνεστηκός［它被构造成要么充当他们的玩物，要么为了某种严肃，644d8-9］。如果 ϑεῖον［属神的］相当于一个属格的名词（substantive in the genitive），那么，玩偶属于诸神，且是他们的玩物；若是另一种情况，即 ϑεῖον［属神的］是严格意义上的形容词，那么，它可能指，我们分有属神事物，而且我们得到构造是为了某个严肃意图。[②] 异邦人宣称不知道他自己提出的影像 [46] 意指什么：他也无法理解他正在说什么。我们会认为，如果我们能够拥有属神的诸善者，那么，我们是属神的，而如果我们仅仅能够拥有属人的诸善者，那么，我们是玩物：作为一个影像，玩偶暗示

---

① ［译按］伯纳德特漏掉了此词，今补。

② ϑεῖον［属神的］的本质性含混，首先出现于灵魂诸善者得到的标签之中。这种含混让人想起《智术师》开篇，苏格拉底在那儿暗示，忒奥多若斯(Theodorus)无意中把苏格拉底介绍给了一位伪装成异邦人的神；就像《法义》开篇雅典异邦人所做的，苏格拉底引用了《奥德赛》里的一段话，他这样做是因为忒奥多若斯曾把这位爱利亚异邦人介绍成某种异邦人(τινὰ ξένον, ［译按］216a2)，却没能给他一个名字；忒奥多若斯并不认为这个异邦人是一位神，无疑这个异邦人不是一个善于反驳的(refutative)神，可他是 ϑεῖος［属神的］, πάντας γὰρ ἐγὼ τοὺς φιλοσόφους τοιούτους προσαγορεύω（因为我这样称呼所有那些哲人）(216b9-c1；［译按］伯纳德特误作216c1，今改)。刚一听说诸神对克里特和斯巴达的礼法负责，雅典异邦人便暗示，在此适合讨论政制和礼法，ἐπειδὴ ἐν τοιούτοις ἤϑεσι τέϑραφϑε νομικοῖς（因为你和此时此地这个人在这样的合法风俗中得到教养）(625a5；［译按］伯纳德特误作625a1，今改；另外，这句希腊文没有引用完全，缺少主语"你和此时此地这个人"，中译文直接补足了)，这里他说的 τοιούτοις［这样］暗指诸神，从而提出了与忒奥多若斯说的 τοιούτους［这样］相同的问题。爱利亚异邦人出游外邦时犯下了弑父罪（［译按］241d)，雅典异邦人则暴露了祖传事物的根基。

着，我们只有身体(purely corporeal)。然而，严格来讲，我们之于诸神也许无异于玩物之于孩子。孩子的有教育意义的玩具，就是对真实事物的模仿；真实事物现在可能变成了玩具。那么，诸神正在渐渐变得完美吗？我们最终是令他们变得严肃的手段吗？我们反思过高于诸神的东西吗？我们由此而成为了他们惊异的对象吗？人们承认，这是在以一种奇怪的方式解读异邦人提出的影像，但根据这种解读在论证中的位置，这种解读不可避免。

希望和畏惧关乎未来。如果礼法应该是关于希望和畏惧的共同意见，那么，未来也许需要成为非随机的和非情境的(noncontingent and noncircumstantial)。礼法把诸快乐和诸痛苦转化成了带有必然的主句的条件从句(protases with necessary apodoses)："如果这样，就必将那样。"每个"这样"都是一种快乐或一种痛苦，好或糟依附于每个"那样"之上。如果我们遵循礼法诸属的结构，那么，礼法的这些条件从句就会令"正义"/"不义"或"美"/"丑"依附于异邦人在此所谓"好"/"糟"之上。依据礼法诸属的结构，未来介于出生和死亡之间；但既然诸神可能是玩偶的主人，那么，未来也可能成为我们最终的未来。这个最终的未来之所以与诸神有关，是因为他们会以四重方式成为我们种种畏惧和我们种种希望的永恒对象。在一个意义上，诸神作为正义者会成为我们种种畏惧的最终对象，诸神作为美者会成为我们种种希望的最终对象；可在另一个意义上，如果我们成为不义的牺牲品，那么，诸神也会成为希望的原由(ground)，而如果我们有缺陷，那么，诸神会成为绝望的原由。由此，如果礼法诸属的结构的时间视野会以这种方式得到扩展，那么，礼法会变成属神的礼法。属神的玩偶已然预示着卷十的神学。不论如何，如果礼法的条件从句既会带来惩罚又会带来好处，那么，礼法的严酷并不符合异邦人自己关于他提出的影像的叙述。关于这个影像，异邦人区分了他知道的东西和他不知道的东西。他不知道谁在拉线，也不知道为什么拉线；可他确实知道，[47]我们内在的体验就像附着在玩偶身上每个关节点的线。这些相互反对的线，把我们拉向相互反对的行动。在这些铁线里，只有一条线由柔软的金子做成。这条λογισμός［思索］的金线美丽而温和；[1]正因如此，如果我们内部的金质的属[2]（γένος）要胜过所有其他的属，那么，这条金钱需要帮手。异邦人只把美者分配给了这条金线，却拒绝把正义者分配给它。因此，也许可以认为，畏惧和绝望是严酷的线，且应该把它们集中起来，令其有利于具有领导地位的美丽之线；但并不容易认识到，这样的帮手如何才不会破坏（contaminate）理性的牵引。如果理性的帮手应该只是快乐和信心，就像教育对性格的塑造（characterization of education）所暗示的，那么，快乐的诱惑也许太过容易戏仿（mimic）理性的金质了。

异邦人说，他提出的影像表明，"自己比自己更好"和"自己比自己更糟"之间不一致。玩偶的线符合我们的体验，因为我们体验到的一切，都以未来为形式，外在于单一的（unitary）自己。对时间的种种规划（projections）以希望或畏惧为形式，允许一个人在当下说，如果期望（prospect）很好，那么，自己比自己更好，而如果期望很糟，那么，自己比自己更糟。这个影像暗示，拉一条快乐或痛苦之线，指向某种近期或遥远的未来；围绕着这种未来，形成了一种有关未来的快乐和痛苦的意见；如果未来的快乐或痛苦很好或很糟，那么，此刻玩偶自己比自己更好或更糟。由于玩偶当下的状态产生于过去对未来的规划，所以如果它符合它过去期望的善者或糟者（the good or bad of its past prospect），那么，它当下的状态便很好或很糟。如果它的规划和实现总相一致，那么，它要么很好，要么很糟；可如果规划和实现中任何一个发生改变，那么，要么它未来的善者（the good of its future）把它当下的

---

[1] ［译按］故意拟人化地形容，下文"严酷的线"同此。

[2] ［译按］genus，伯纳德特故意这样英译。Thomas L. Pangle译本则译为race［种族］。

糟者(its present bad)描绘得更好,要么它未来的糟者把它当下的
善者描绘得更糟。这个影像的后果就是,体验在本质上飘忽不定
(jerkiness);除非对时间的多种多样的规划一直相同,且那些线因
此而从不颤动,否则体验绝不会持续不变,因为一个人在那种情
况下要么没有希望,要么没有畏惧。为了恢复体验的持续性,异
邦人不得不引入当下的快乐或痛苦的图景,这些图景伴随着有关
未来的痛苦和快乐的种种意见。①但他没有这样做,正如他没有就
快乐和痛苦的当下状态来思索当下的快乐和痛苦;他把快乐和痛
苦仅仅当作一些朝向未来的冲动。因此,当[48]异邦人建议让
玩偶饮酒时,他的所为不过是强调它的运动不够平滑。②玩偶把我
们呈现为处于显微镜之下,在显微镜的视野中,我们的行动的停
停走走的特征会变得明显。玩偶为我们剥去了习惯的外衣,向我
们展现了内在的醉态。

　　玩偶呈现了,异邦人初次尝试联系善者诸种的结构和礼法
诸属的结构。思索(calculation)代表着,在时间中对八重善者作
出决定;故把诸快乐和诸痛苦与更好者和更糟者关联起来,正是
通过有关未来诸快乐和诸痛苦的意见;思索会断言,这些意见符
合美德还是恶德。至此,这番描述适用于个人。然而,异邦人起
初把金线等同于所谓的一个城邦的礼法(645a2, a5);可是后来,
当他进而区分美德的神话与美德的逻各斯时,他说,只有个人才
有可能采纳关于这些牵引(ἑλξεις)的"真实的逻各斯",并在生活
中遵循这种逻各斯,而城邦对一种逻各斯的继承来自一位神,或
一个变得理解了这些东西的人,而且这[后一种逻各斯]就是实
定的(positive)礼法(645b4-8)。③个人和城邦之间的区别,出现于

_____

① 参柏拉图《斐勒布》38e12-40b2,在这儿,苏格拉底把期望理解成言辞,却为言辞
　附加了图景,以便解释当下对未来的希望和恐惧的体验。
② 玩偶和醉酒之间的紧密联系,似乎为645d4的一对τοῦτο[这个]所暗示,这一对
　τοῦτο[这个]之间产生了一种交流(τοῦτο κοινωνῆσαν τούτῳ[这个与这个交汇])。
③ [译按]伯纳德特原误作654b4-8,今改。

异邦人对他提出的影像的复杂化过程中，以至于也许可以认为，玩偶作为一个影像，已然丧失它原来具有的全部优势。他说，金线需要帮手，"以便我们内部的金质的属（$\gamma\acute{\epsilon}\nu o\varsigma$）胜过所有其他的属"（645a7-8）。①玩偶突然成为了一个综合体，具有一个能被用于回应外在金线的内在部分。异邦人似乎暗示，城邦中没有金子，或城邦不可能有任何纯粹金质的线。因此，如果我们遵从礼法诸属的结构，那么，城邦的线的不纯粹会在正义者与美者的脱节中显露出来。

不管玩偶的主人多么手巧，玩偶自己总是处于无序之中，而且可能的完美的运动秩序外在于玩偶。如果把这副图景应用于我们自己，那么，这暗示着，正如我们的运动一样，我们的言辞——在这些言辞中一切都看起来很理性、很有序——也由并不相匹配的（ill-fitting）要素构成，这些要素在语法上的正确隐藏了他们的不相匹配。克利尼阿斯曾说起异邦人的预言，即异邦人猜到多里斯人有一种特定类型的礼法；克利尼阿斯还说，他认为异邦人严格来讲正在言说真实（$\sigma\phi\acute{o}\delta\rho\alpha\ \grave{\alpha}\lambda\eta\theta\tilde{\eta}\ \lambda\acute{\epsilon}\gamma\epsilon\iota\nu$, 635a2）。②[49]克利尼阿斯把$\sigma\phi\acute{o}\delta\rho\alpha$[严格来讲]加之于"言说真实"，以便表达他关于一篇真实言辞的感觉，即它［异邦人的预言］与一篇真实言辞相协和。我们不会注意这样一些联系——它们属于日常言辞——除非我们变得在我们的言辞中不一致：我们的诸快乐、诸痛苦、诸愤怒、诸欲望变得更强烈（$\sigma\phi o\delta\rho o\tau\acute{\epsilon}\rho\alpha\varsigma$），③而且我们的诸感觉、诸记

---

① 如果拒绝Eusebius在645a7加上$\grave{\epsilon}\nu$［在……中］，那么，异邦人的评论符合《王制》的高贵谎言，且具有纯粹政治性的含义。

② $\sigma\phi\acute{o}\delta\rho\alpha\ \mu\grave{\epsilon}\nu\ o\tilde{\upsilon}\nu$［严格来讲是这样］出现在640b5，还在《斐勒布》里出现了四次，此外没在柏拉图笔下其他地方出现过；$\pi\acute{\alpha}\nu\upsilon\ \mu\grave{\epsilon}\nu\ o\tilde{\upsilon}\nu\ \sigma\phi\acute{o}\delta\rho\alpha$［严格来讲完全是这样］出现在《苏格拉底的申辩》26b7（［译按］伯纳德特误作26d7，今改）；《克拉底鲁》425c8；参Seth Benardete，《生活的肃剧与谐剧》(*The Tradedy and Comedy of Life*)，Chicago: The University of Chicago Press, 1993，页142-147（［译按］中译本已见前文译按）。

③ ［译按］上文$\sigma\phi\acute{o}\delta\rho\alpha$［严格来讲］形容词化之后的比较级。

忆、诸意见、诸思考放松了对我们的掌控(615d6-e3)。在这个意义上，我们从未长大，我们自己作为婴儿的声音为习俗性"话语"所包裹，并从视野里消失。只有笑和哭——正如爆炸的噪音——保留了我们原初状态的面相。在这个意义上，人生的时间维度坍塌成了醉酒的单一状态，礼法把这种状态视为礼法的假设。克利尼阿斯觉得这种状态不可欲，因为他没有认识到，礼法何以有必要把它用作一个假设。他没有认识到，如果它不是礼法的假设，那么，它会变成对礼法的体验，正如他自己在它对他自己的影响之中展现的(as he himself has shown in its effect on himself)。异邦人把那些自愿去找医生或教练的人与那些自愿参加会饮的人进行类比，从而令克利尼阿斯认识到礼法的假设具有一个优势。生病或体弱的人预先知道，在他们变得好起来或强壮起来之前，他们将面临比现在更大的痛苦。他们在自己面前设定了一种即将到来的畏惧和一种更加遥远的希望。［他们］没有把任何衡量尺度赋予痛苦或快乐。弱化即将到来的东西，并强化遥远的期望，对他们来说足够了。异邦人没有说，这一点如何适合会饮。如果会饮参与者对自己即将到来的快乐有信心，那么，他也拥有令他恐慌的更遥远的图景吗？以宿醉(hangover)来回应治疗结果吗？如果治疗结果是羞耻，那么，他不必带着双重视野参加聚会，但他将很容易被激发出羞耻，不论他是否预料到了这一点。异邦人把治疗身体和治疗灵魂进行类比，这表明更遥远的期望专属于作为立法者的会饮统治者。他［作为立法者的会饮统治者］有信心做到通过快乐来引发一种恐慌。

异邦人曾经批评道，多里斯式勇敢是片面的；他曾经论证道，只有能够面对诸快乐和诸欲望，正如面对诸痛苦和诸畏惧一样，多里斯式勇敢才可能变得完整。他没有暗示，多里斯式勇敢如何才可能变得完整。现在他把畏惧分成了两个种(species)，一个针对一种未来的恶者(我们对这种恶者有一种意见)，另一个针对一种未来的意见(这种意见关乎作为恶者的我们自身)。人们普遍称这第二种畏惧为羞耻［50］（αἰσχύνη）。①它面对且抵抗诸痛苦和诸畏惧，它也面对且抵抗最大又最强的诸快乐。异邦人没有说，它带有敌意地面对最大的诸希望。羞耻由此变成了双面勇敢的一个"两条腿走路"的版本（a two-legged version of double-sided courage）；它［这类勇敢］不同于那类勇敢，因为它不再起作用（operates），或更可能的情况是，因为它不可能被引发（be induced），除非在其他东西之中。羞耻不是勇敢，因为它仅仅通过畏惧而直面畏惧；与此同时，羞耻也不是节制，因为它同样仅仅通过畏惧而直面快乐。羞耻不像节制那样与心智有密切关联。由此，羞耻似乎首次把善者诸种的结构中的两个要素翻译成了礼法诸属的结构。羞耻是勇敢和节制的一种影像。它的影像性自然（imagistic nature）显现于畏惧在异邦人的分析中已然经历的转变。异邦人原本曾把畏惧定义为痛苦之前的一种预料，此刻畏惧则针对诸恶者（τὰ κακά）。如果人们坚持第一个定义，那么，羞耻面对两类痛苦。如果我们面对一类痛苦，那么，我们极有可能（in all probability）陷入痛苦；如果我们面对另一类痛苦，那么，我们会避免痛苦。我们避免的痛苦，其最温和的版本，就是脸红的痛苦，脸红就是在他人面前表现出我们相信我们有缺陷。羞耻是一种隐藏，即隐藏我们相信自己具有的缺陷；羞耻不是一种卓越。仅仅通过把美德转变成对恶德的隐藏，礼法诸属的结构似乎就能够翻译善者诸种的结构（参841a8–b5）。

　　节制和勇敢曾分别是第二种美德和第四种美德，勇敢曾被允许至少在某种程度上获得节制的诸功能，节制曾被单独描述成一

----

① 希罗多德只使用了一次αἰδώς［羞耻］，且把它放到了一个非希腊人的言辞之中（1.8.3），修昔底德也只使用过一次αἰδώς［羞耻］，且把它放到了一个斯巴达人的口中（1.84.3），这个斯巴达人随即过渡到了αἰσχύνη［羞耻］；根据以上事实，明显可知，尽管异邦人说，人人都称这种畏惧为αἰσχύνη［羞耻］，可是异邦人让立法者随后立称这种畏惧为αἰδώς［羞耻］（647a10）。同样，在希罗多德和修昔底德笔下，αἰδώς［羞耻］均与礼法密切相关。

种与性放纵相反的美德,而普通人(the common mess)会漫不经心
地滋生性放纵。片面的勇敢不只有缺陷,而且敌视节制,并与节
制不相容。因此,需要订正勇敢,这种订正可以经由节制而得到
促进。羞耻是这种订正的结果。羞耻把它的承受者自身置于它
的承受者面前,将他 [它的承受者] 当作他必须克服的恶者,以便
他能够在严格意义上自己比自己更好。羞耻掩盖一个人的缺陷,
以便在社会层面一个人自己比自己更好(参柏拉图《会饮》178e1-
179a8)。把美德政治化,是通过让一个人自己的意见变成公共意
见;如果一个人只面对自己,那么他总是达不到公共意见。羞耻
是异邦人召集的第一个帮手,帮助维系温和的理性之线。在体验
层面,羞耻没有为诸美德排序,[51] 而是把诸美德设定成了高于
一个人自己的一个单一的种(species)。美德通过其影像而变成
了统一体。然而,异邦人刚刚建议,合法地灌输畏惧,可以充当建
立无畏的一种手段,他就立即转而把羞耻重新分解成节制和勇敢
(647c3-d7)。这种重新分解有其必要,因为作为畏惧的羞耻重新
提出了如下论题:引发畏惧。如果羞耻是面对有关未来痛苦的意
见时的恐慌,那么,一个人不得不具备一种手段,去引发一种绝对
的绝望,即一个人自己的有关他自己的意见,而非一个人的如下
意见:这个意见关乎他人具备的关于他自己[①]的意见。在异邦人的
第二次表述中,反对无耻的斗争将导致成为完美地(τελέως)节制
的人,也正是在这次表述中,异邦人把逻各斯、技艺、体验说成了
帮手。

　　畏惧之饮品(the drink of fear)是想象出来的,就像言辞中的
会饮。它被设想成一种手段,去完全切断我们的诸体验与存在者
之间的联系。它把有关我们各式各样状态的诸意见放在我们每个

---

① [译按] 并非指他人,而是指前述 "一个人"。

人面前，这些意见"都在我们头脑里"，并令我们相信（νομίζειν），①
我们很不幸（δυστυχῆ），②除非我们陷入整个恐慌（εἰς πᾶν δέος）（[译
按]647e-648a）。如果这种恐慌的情形与羞耻相同，那么，它包
含如下信念，即一个人之所是就是一个人最鄙视的东西。全部恐
慌都是因为确信一个人不可能面对一个人之所是，不论一个人
是什么。在这样的恐慌面前，一个人必定体验到了完全的无望和
无助。一旦俄狄浦斯知道，他不可能意欲（will）凭借他的知识（in
his knowledge）而成为他凭借他的骄傲（in his pride）而成为的[所
是]，他就必定会弄瞎自己。克洛伊索斯曾首先净化了阿德拉斯
托斯并非自愿犯下的杀人罪，后又宽恕了阿德拉斯托斯偶然杀死
克洛伊索斯之子[阿杜斯]的罪行，可是阿德拉斯托斯仍然凭借
内在知识（συγγινωσκόμενος）而自杀于阿杜斯坟前，内在知识就是，
阿德拉斯托斯是他所知道的所有人中最不幸的那一个（希罗多德
《原史》1.45.3）。异邦人想象出了一种饮品，这种饮品像阿德拉
斯托斯的想象那样强有力地发挥作用；这种饮品差不多无害，但
并非完全无害，因为它的终极饮用量令人无法抗拒，且不可能为
任何人所饮用。为什么异邦人设想了一种任何人都不可能毫无畏
惧地饮用的饮品呢？某个想象出来的画面会令一个人害怕，不论
一个人曾在从前的饮酒场合把自己训练得多么好。畏惧之饮品最
终产生了一种恐慌，一个人不可能预料到这种恐慌，也不可能坚
强地应对这种恐慌。异邦人心里想的似乎是苏格拉底饮用过的毒
芹汁，这毒芹汁最终令苏格拉底在他的朋友们面前不只一次蒙住
自己的脸（柏拉图《斐多》118a6，a12）。苏格拉底预见到了某些
事，他羞于让他的朋友们从他的脸上看出这些事。异邦人推荐畏

---

① 这是νομίζειν[相信]（[译按]在希腊文中与"礼法"同源，本义为依礼法而认定）
的现在时首次出现在《法义》中（647e3），它再次出现是在679c7。它的状态完成
时（the stative perfect）首次出现在637e5，当时正在谈论西徐亚人和色雷斯人有关
饮酒惯例的合法信念。

② [译按]伯纳德特原作主格δυστυχεῖς，今据原文改回。

惧之饮品，是因为畏惧之饮品提供了一种训练，不论 [52] 一个人
独自实施，还是和少数几个人一起实施，还是和任意多少人一起
实施，这种训练都令人惊异地容易(648c7-e5)；可只有当一个人处
于一场由会饮伙伴们构成的会饮中时，畏惧之饮品才会对应希望
之饮品。替代孤立(solitary)饮者的是这样一种人：他信任自己，
他还相信，凭借自然和实践，他已经很美地做好了准备，故他会毫
不犹豫地展示自身，同诸位会饮参与者一起锻炼，"超越并掌控这
种饮品不可避免地具有的功能，此功能就是造成一种［自我疏远
的］①改变"(［译按］648d-e)。苏格拉底说，作为对赴死和死亡
的实践，死亡就是哲学。正如他所实践的，死亡既有他人的陪伴，
也由他自己完成。如果我们把哲学等同于畏惧之饮品的解毒剂，
那么，哲学必定在于克服由畏惧之饮品造成的那种想象出来的意
见。这样一来，哲学就会意味着现实战胜意见：没有任何东西可
畏惧。这样一种胜利会是灵魂对有灵魂的身体的胜利，且等于灵
魂和身体的分离；但灵魂和身体的分离恰恰是善者诸种的结构的
基础，善者诸种的结构曾把一半善者分配给诸神，把另一半善者
分配给人类。尽管苏格拉底的体验会暗示，不可能最终战胜想象
或意见，可畏惧之饮品也会暗示，如果克服了意见，那么，这只能
是通过直面意见。直面意见就是苏格拉底所谓的他的第二次启
航。一个人追求存在者，完全是在言辞之中并通过言辞。

　　要么凭借直接［经历］，要么凭借传闻，异邦人知道了那些
或多或少不正确的会饮；基于这些会饮，他曾建议构造一场言辞
中的会饮。这场会饮处于言辞之中，可是饮品是现实的。这场言
辞中的会饮令人愉快，且巩固了我们自身的诸美德和诸期望；此
刻，为了与这场言辞中的会饮构成类比，他建议了另一场言辞中
的会饮，这场言辞中的会饮会把我们投入极端悲惨的境地。只有

---

① ［译按］伯纳德特所补。

一种言辞中的饮品，能服务于这场言辞中的会饮。这种言辞中的饮品就是肃剧言辞。肃剧言辞的解毒剂是哲学言辞，哲学言辞有能力认识到，肃剧言辞是意见。哲学言辞令一个人不受非存在者的力量影响。这种力量在完美邦民的教育中没有对应物。礼法没有手段去克服恐慌。看起来，这个礼法的上限无法掌控它［恐慌］①的力量，这种力量会驱散人类那些幻想出来的希望。节制，或某种被当作节制的东西，似乎尚在礼法能力范围之内，而双面的勇敢则不然；可如果教育影响到把诸快乐和诸欲望引向一个特定目标，那么，那些促使我们变得无耻且不义的诸欲望和诸快乐，必定不同于刚才说及的诸快乐和诸欲望。它们［那些促使我们变得无耻且不义的诸欲望和诸快乐］产生之前，教育必定已然在时间的流逝之中失去了掌控能力。我们不再欲求教育促使我们欲求的东西。因此，节制［53］总会是礼法内部的一个次要成果（a secondary development），节制会是体验性的美德。狄奥尼索斯的合唱歌队补充了众缪斯和阿波罗各自的合唱歌队，从而是第三个合唱歌队。它在它们失效之后出现。我们已经见证了，这订正了《法义》卷一里的合法教育。克利尼阿斯的礼法体验曾经不仅标志着礼法的完全崩溃，而且标志着对普世（universal）帝国的欲望，在普世帝国里，其他每个人的诸善者都会属于克里特人，唯有克里特人知道有关战争与和平的真理。墨吉洛斯也曾无意中泄露（betrayed）出一个同等放纵的（extravagant）信念：斯巴达人可以打败其他每个尚武的民族，就算从未在战斗中面对他们。异邦人已经在某种程度上成功坐实（tamping down）了这些信念。他已经在有代表性的所谓节制的诸政制之中引发了一种真正形式的节制。

_____

① ［译按］这个"它"似亦可指"非存在者"。

第二章 教育与模仿

第1节 美 者

[54] 在卷一结尾，异邦人给人留下了这样一个印象：如果得到正确指导，会饮不仅会让人安全地观察人类的诸自然和诸性格，而且——与想象出来的畏惧之饮品构成严格类比——会提升会饮宾客们的自控力，以至于他们会通过持续实践而摆脱虚荣的（vainglorius）自信，在时间的流逝中变得质朴而知耻（modest and abashed）。然而，可以期望从会饮中得到的大量利益，并不包括会饮本身。言辞中的会饮是这样一个种（species），它应该得到翻译，以便它以一种非理论的方式变得有用。对它的翻译预设了以何种形式订正礼法诸属的结构。异邦人恰恰把时间性强加给那个首要的翻译活动，即把善者诸种的结构翻译成礼法诸属的结构，而这种强加的时间性会导致在体验层面偏离礼法诸属的结构本身。经过适当的翻译，言辞中的会饮可以致力于恢复在时间的流逝之中丧失的东西。当克利尼阿斯初次听说会饮可以恢复教育时，他暗示，异邦人在吹嘘，也就是在 μέγα λέγεις［说大话］(653a4)。如果这是吹嘘，这也表达得很谨慎。异邦人仅仅在猜测（τοπάζω），会饮将发挥恢复作用，而且异邦人催促他们全都密切注意，"以免我们在某个节点上被逻各斯绊倒"（［译按］652a6-b1，653a1-3）。

逻各斯安放在他们的路上的障碍是时间。在这个看似平滑的由生到死的进程中，时间打开了一些裂缝，令礼法诸属的结构无法应付。礼法诸属的结构的时间特征，只是处于言辞中，而未曾抓住现实时间里发生的事。礼法诸属的结构也许有缺陷，这一点已然在美者和正义者之中有所暗示，美者和正义者就是礼法诸属的结构对善者的合法翻译。正义者得到体验的方式，也许最终会压倒——如果不是毁灭——美者的无辜。

正如异邦人最初对其论证的呈现，"这位神"在这番论证的结尾到来，那时他已经讨论过教育了（643a4-7）；可是 [55] 会饮提供了"理论"的善者，这种善者强迫异邦人推进他的论证。然而，在回到教育的过程中，通过理解礼法，异邦人得到了某种东西，这种东西曾经既不属于他对教育的总体特征的刻画，也不属于他对教育的政治特征的刻画（643b4-644a5）。痛苦未曾进入对完美艺匠（artisan）或邦民的塑造。①孩子会欲求变成的对象（what children were to desire to become）有其范例，可是孩子会憎恶的对象（what they were to loathe）没有范例。②人们会好奇，正确的诸仇恨——它们此刻像正确的诸感情一样定义教育——是否不会令人更加需要会饮来订正体验。会饮不得不克服的那些体验，有可能还是原初教育中的那些体验吗？如果不得不对任何既定过程做出持续订正，那么，会饮在某种意义上代表着这种持续订正吗？异邦人说，出于怜悯人类这个种族依自然而具有艰辛，诸神给人类以诸节庆，以便人类有可能从辛劳和麻烦中获得暂时放松（653c7-d5）。这些辛劳和麻烦会导致败坏和松弛起初正确的关于痛苦和

---

① [译按]意即对完美艺匠或邦民的塑造不曾借助痛苦。

② "欲望"（ἐπιθυμία, ἐπιθυμεῖν，[译按]前一个是名词，后一个是动词，中译文通常将后者译为"欲求"）这个词几乎在卷二里不见踪影：在652b3，它指异邦人欲求记起正确教育的定义；在这一卷里靠后的地方，它指欲求做僭主，且做一个人想做的任何事（661b2, 662a1）；在卷三里，它在687b1具有同样的意思，稍后在688b3又恢复到了它在卷一（643c7）中具有的意思。

快乐的教育，可是还从来没有存在过正确的教育，倒是存在过节庆。诸神安排了节庆，显然是为了订正每一类错误教育中出现的偏差，而且诸神预见到，最初的正确教育（异邦人即将提出这一点）不再能成功地使教育不需要订正。会饮的无序的秩序（disorderly order）似乎是教育所可能采用的唯一形式，在这种形式中，绝不会需要任何订正；可这样一场会饮只处于言辞之中。

　　一方面是快乐或痛苦的感觉，另一方面是逻各斯，二者之间的协和（συμφωνία）就是完整的美德。这是一种协和，而非一种ὁμολογία［一致］，因为这些感觉本身完全不理性。它们是ἄλογα［非理性的］。它们采用的原初形式是声音（φοναι），声音尚不是清晰的言辞，而且当声音变得清晰，成为言辞时，逻各斯仍然不可分离于快乐和痛苦的声音。在字面意义上，παιδεία［教育］是教育的这样一个阶段，在这个阶段，在那些尚未理性地进行理解（λόγῳ λαμβάνειν）的人们内部，正确地造就了作为习惯的爱和恨；理性地进行理解（λαβεῖν τὸν λόγον）要么指言说，要么指推理。应该从教育之中期望多少东西，这个问题异邦人任其极度晦暗不明。　[56]他说，美德和恶德取决于快乐和痛苦；可是如果一个人哪怕在老年才获得良好的感知力，以及真实意见的稳定性，那么，这个人也是幸运的；而且尽管一个人变得完美或完整的前提是，一个人拥有良好感知力和真实意见，以及所有取决于它们的善者，但这似乎绝非城邦能够致力（do much about）的事情（参951b4-7）。异邦人曾把礼法说成城邦对一种逻各斯的继承（λόγον παραλαβοῦσαν），这种逻各斯的来源是任何在自身内部持有真实逻各斯的人（τὸν λόγον ἀληθῆ λαβόντα ἐν ἑαυτῷ, 645b4-7；①参783a5-7）；可此刻他似乎容许真理与教育（作为孩子的美德）之间存在甚至更多的滑动（slippage）。异邦人似乎用"协和"这个词来表达善者诸种的结构

---

① ［译按］伯纳德特颠倒了λόγον ἀληθῆ二词的相互位置，且把645b6-7误作645b4-7，今改。

和礼法诸属的结构之间不精确的匹配。人们也许会说，协和是音阶(musical scales)的理性结构富有感染力的对等物。正如听觉系统和数学系统之间绝不会完美匹配，因为音阶自身总是包含一个剩余部分($\lambda\varepsilon\tilde{\iota}\mu\mu\alpha$)，同样，不可能期望孩子特有的对美德的体验去严格回应美德的诸种(species)。

如果一个人把卷二开篇异邦人多种多样的说法整理得井然有序，那么，他在理解异邦人的论证时遇到的困难，就会清晰地显现出来。异邦人首先像猜测一般指出，会饮是恢复($\sigma\omega\tau\eta\varrho\iota\alpha$)正确教育的一种手段(653a1-3)；随后他断言，正因为在人生历程中，有关诸快乐和诸痛苦的正确教养遭到了放松和败坏，诸神才为我们赋予众缪斯、阿波罗、狄奥尼索斯作为订正者($\tilde{\iota}\nu'\,\dot{\varepsilon}\pi\alpha\nu o\varrho\vartheta\tilde{\omega}\nu\tau\alpha\iota$，653d4)。然后他追问：现在正在他们耳边叮嘱的逻各斯——他说得好像这番逻各斯是一首赞美诸神的歌($\dot{\upsilon}\mu\nu\varepsilon\tilde{\iota}\tau\alpha\iota$)——依据自然是否真实($\dot{\alpha}\lambda\eta\vartheta\dot\eta\varsigma\,\kappa\alpha\tau\grave{\alpha}\,\varphi\dot\upsilon\sigma\iota\nu$，[译按]653d5-7)？这番逻各斯不再只关注人类这个种族；几乎对所有年轻动物来说都为真的情况是，不论身体方面还是声音方面，它们都无法保持平静，有的蹦蹦跳跳，仿佛在快乐地舞蹈，仿佛在参加运动($\pi\varrho o\sigma\pi\alpha\dot\iota\zeta o\nu\tau\alpha$)，有的则发出各式各样的声音([译按]653d7-e3)。这番逻各斯不再谈论诸痛苦。在返回开头的过程中，诸痛苦和诸辛劳消失了，它们曾经既属于人类教育，又属于诸神对人类体验的缓解。甚至当异邦人现在再次讨论人类时，他也没有再次讨论痛苦。他说，对我们这些合唱歌队队员来说，分配给我们的诸神［众缪斯、阿波罗、狄奥尼索斯］也曾令我们快乐地意识到节律(rhythm)与和谐，此外，他们还通过歌舞把我们串到一起($\sigma\upsilon\nu\varepsilon\dot\iota\varrho o\nu\tau\alpha\varsigma$)，歌舞合称为$\chi o\varrho\dot o\varsigma$［合唱歌队］，他们把这个词溯源至$\chi\alpha\varrho\dot\alpha$［欢乐］[1]([译按]653e5-654a5)。异邦人结束［这番逻各斯］，是通过追问：他们是否应该

---

[1] ［译按］伯纳德特所补。

预设,最初的教育是通过众缪斯和阿波罗?

如果我们说,狄奥尼索斯埋伏在异邦人最初的猜测 [57]
——会饮可以恢复正确的教育——背后,那么似乎有理由预设,
异邦人暗示,肃剧和谐剧的某些版本就是他心中那些会饮;众缪
斯、阿波罗、狄奥尼索斯构成三联组合(triad),这似乎依然指定他
们三者充当谐剧节庆和肃剧节庆的赞助者,这些节庆意在放松和
订正我们。与此相一致的是,如果痛苦和折磨从一开始就没有伴
随着人生,那么,作为基础教育的赞助者,狄奥尼索斯现在就会
消失。因此,对于异邦人的问题,即这番逻各斯依据自然是否真
实,答案必定是否定的。这样一个答案必然要求恢复狄奥尼索斯
为基础教育的赞助者,这样一来,与对狄奥尼索斯的恢复相伴,痛
苦必定到来,且从一开始就与快乐同在。通过把像跳舞和游戏这
样的东西归给除人类以外的动物,异邦人的逻各斯隐藏了如下事
实:在我们唱歌和跳舞之前,我们必须学习言说和行走,而且在我
们参加任何共同游戏之前,我们都必须这么做。行走和言说中有
一种节律与和谐,我们学习它们,远早于学习它们在音乐上的对
等物。通过跳过在现实之中对我们来说处于开端的东西,异邦人
暗示,他的逻各斯在虚假中开始。这种虚假显现于一个语法糟糕
且意义比较贫乏的句子之中:τὰ μὲν οὖν ἄλλα ζῷα οὐκ ἔχειν αἴσθησιν
τῶν ἐν ταῖς κινήσεσιν τάξεων οὐδὲ ἀταξιῶν, οἷς δὴ ῥυθμὸς ὄνομα καὶ ἁρμονία
[所有其他动物都没有意识到它们的运动中的秩序与无序,这种
秩序和无序得名为节律与和谐](653e3-5)。这个句子开头足够
清晰:[这番逻各斯断言],[①] "所有其他动物都没有意识到它们
的运动中的秩序,正如没有意识到 [它们的运动中的][②]无序"。
也许很难证明,鸟儿唱歌跑调时,它们会意识到这一点,或者说,
如果一群海豚中的一只没有按某种通常的方式上下翻腾,那么,

---

① [译按]伯纳德特所补。
② [译按]此为笔者依据下文意思所补。

海豚们会意识到出了点儿错；我们可以让异邦人不理会阿利昂的
海豚和夜莺(其希腊文 $ἀηδών$ 指"歌者")，而只当它们是童话故事
(fairytales)；可我们应该怎么理解异邦人的关系从句呢？异邦人
继续道，"运动中的这些秩序与无序得名为节律与和谐"。有序与
无序的运动得名为节律与和谐！如果我们考究他的措辞，那么，
他歪曲了节律与和谐的标准定义(664e8-665a3)，以至于他的措辞
可以支撑一个偏离标准的含义，准确地说，这个含义仅仅适合他
自己的言辞中的会饮，这场会饮的自然就是结合秩序与无序。由
此，他的言辞中的会饮甚至会是基础教育的真正范例。

　　基础教育与音乐教育相同，音乐教育就是合唱歌队教育。合
唱歌队教育主张，教育就是为一个群体赋予秩序。$χορεία$ [合唱歌
舞]①把 $συμπόσιον$ [会饮]的前缀②加入到了教育之中。不管教育是
单单为快乐赋予秩序，还是同时也为痛苦赋予秩序，教育都是一
种集体秩序。故诸神令我们不仅意识到运动中的秩序，而且意识
到集体 [58] 秩序。不管在舞步上还是在曲调上，每个人和任何
其他人都相互协调。没人独唱或独舞。由此，在这样的表演中获
得的快乐，会主要属于观众，因为任何表演者可能都无法通览自
己的合唱歌队。观众从辛劳中体验到了一种放松。异邦人后来承
认：老人为孩子设立比赛，是为了令老人自己记起他们的年轻时
代(657d1-6)。异邦人沉默地拒绝把痛苦体验赋予年轻人，这是
因为异邦人采用了老人的视角。年轻人的合唱歌队给予他们的只
有欢乐。故人们可以说，众缪斯、阿波罗、狄奥尼索斯构成的三联
组合之于众缪斯和阿波罗构成的二联组合，就像恢复之于教育。
狄奥尼索斯规定意图，众缪斯和阿波罗执行意图。因此，一方面

---

① ［译按］Pangle《法义》译本把此词译为"合唱歌队技艺"。伯纳德特自己在第
　　 [248] 页把此词译为"唱歌和跳舞"。另参第 [86] 页原注。故笔者据此把此词
　　 译为"合唱歌舞"。
② ［译按］$συμ$ [会]，指会合到一起。

是基础教育特有的诸快乐和诸痛苦，一方面是观众的诸快乐，这两方面之间的关联十分含混。会饮参加者从会饮中得到了快乐，可合唱歌队在他们①的所做所为中得到了任何快乐吗，除了他们在取悦观众并赢得其赞美时得到的快乐？卷一结束时，会饮本应向会饮统治者展示会饮宾客的种种自然和种种作风。把会饮翻译成合唱歌队，将向一群观众展示身体和声音的有序运动，而这群观众的快乐将会夹杂着对渴望的后悔。他们的恢复可以很完整，只要他们完全忘记他们自己的体验，并在这些体验之前看到且听到一种呈现，这种呈现所呈现的是他们曾经被认为之所是。然而，如果合唱歌队本应呈现他们当时被认为应该憎恶的东西，那么，他们在这种呈现中得到的快乐会压倒可恨事物引发的痛苦吗？不论他们喜欢还是不喜欢，任何东西都可能是高贵事物或低贱事物，而不受他们的喜好影响，而且高贵或低贱仅仅取决于合唱歌队在技艺上称职与否。言辞中的会饮没有这样的缺点：对会饮统治者来说，无限制地展示丑陋而低贱的事物，只是思想食粮（food for thought）。异邦人提出这个问题时，他刚刚成功地令克利尼阿斯同意把受过充分教育的人（πεπαιδευμένον ἱκανῶς）等同于称职的合唱歌队成员（ἱκανῶς κεχορευκότα, 654b1）。

异邦人首先令克利尼阿斯承认，很美地受过教育，意指有能力很美地唱歌并跳舞。然后他补充道，一个人之所唱和所跳也应该很美（654b6-c2）。然后异邦人建议再加上第三个条件："这一点如何呢？他应该相信，美的事物很美，丑的事物很丑，而且他恰好以他所相信的方式处理这些东西吗？"（654c3-4）。如果这个条件没有满足，那么，称职的表演者可以对他表演的任何东西都无动于衷，且全无任何有关美者和丑者的信念。他会是完美的智术师（参柏拉图《智术师》267e10-268a4）。异邦人 [59] 不允

---

① ［译按］合唱歌队被当作一群人，故用代词"他们"。

许克利尼阿斯回答这个问题，而且异邦人以一种惊人的方式升华
(refines) 了这个问题(654c4-d3)：

> 假设有这么两个人。一个人是这样的：尽管在任何场合
> 他都能够以其身体和声音，称职地服务于他深入思考之后以
> 之为美的任何事物(τὸ διανοηθὲν εἶναι καλόν)，可他在美的事物之
> 中得不到快乐，也不恨不美的事物。另一个人是这样的：他
> 几乎没有能力以他所意图的方式(ᾗ διανοεῖται)①用他的声音和
> 身体矫正②［他深入思考的事物］，却实实在在地在快乐和痛
> 苦之中矫正［他深入思考的事物］，从而珍惜每个美的事物，
> 憎恶(δυσχεραίνων)所有不美的事物。以上这两个人中哪一个会
> 在合唱歌队的音乐中得到更好的教育？③

克利尼阿斯说，在教育上，这种区别很大，他显然更喜欢第二种而
非第一种；然而，异邦人是否同意他，这一点不那么清楚。这种次
好的教育只能用来描述老人，老人不再能够唱歌跳舞，但仍然保
留着他们的基础教育曾经想要灌输的诸感觉。另一种教育则造就
了完美的称职状态和理解力，却也造就了无动于衷的诸感觉，从
而也不适合年轻人，因为他们的教育先于任何理解力，且在最好
的情形下会与理性相协和。如果美者取代了善者(如果应该把美
德理解成美者而非善者)，以至于任何体现了善者诸种的结构的
一个译本的人都会呈现出礼法诸属的结构所要求的东西的样子

----

① 这是Badham对抄件中的ᾗ διανοεῖσθαι的读法，如果保留原读法ᾗ διανοεῖσθαι，就有三
种可能：称职但无动于衷(indifferent)，在执行上不称职，在理解上不称职。

② ［译按］伯纳德特译作get it right，柏拉图原文作κατορθοῦν，直译为"使……正确"。

③ 这两个人的区别让人记起，阿得曼托斯(Adimantus，［译按］通常写作
Adeimantus)区分过两个人：一个人知道正义最好，从而能够证明阿得曼托斯和格
劳孔(Glaucon)所说的是假的，但对不义者并不生气；另一个人凭借一种属神的自
然，憎恶(δυσχεραίνων)做不义之人和行不义之事(柏拉图《王制》366c3-d1)。

(semblance)，那么，这另一种教育只能是善者诸种的结构的这个译本会严格要求的东西的一个版本。此外，如果人们考虑到人类有能力伪装（异邦人在后文656a1-5使人们注意这一点），那么，快乐和厌恶的主观标准不具备实际重要性，除非异邦人把会饮视为一种手段，令治邦者知晓他所统治的人们的真实情绪；但在这位治邦者—会饮统治者（statesman-symposiarch）面前，种种属人自然和种种做风都暴露了出来，故他只可能像如下这个人一样：这个人的教育现在为克利尼阿斯所拒斥。对美者和不美者都无动于衷，不仅是因为善者具有首要地位，而且是因为［60］美者被理解成不必然是善者，而且不美者被理解成不必然是糟者。这后一种含义明显地出现于异邦人回答下一个困惑时，下一个困惑就是，他们应该把美者理解成什么？

尽管克利尼阿斯选择了拥有适宜感觉的人，视其远远高于拥有理解力的人，但异邦人要求他们仨都知晓并有能力认识（γιγνώσκομεν）歌舞中的美者，因为如果他们对这不熟悉，他们将不会知道，谁曾正确地受过教育，谁未曾正确地受过教育，而且他们将没有能力判定，是否存在对教育的保护（φυλακή），以及在哪儿有可能找到这种保护（654d5-e1）。因此，美者有两个维度：要么它能够得到理解，要么它能够得到感觉。当美者引发愉快时，它会充当善者和快乐之间的联系物，并暗示在何种意义上能够把快乐要么当作善者的对等物，要么当作善者在场的标志。异邦人后来很多论证关系到，在多大程度上，他相信快乐和善者是对等的，正如关系到，在多大程度上，礼法在其限度之内必须接受快乐和善者是对等的。不过，通过所有这些小号曲（fanfare），异邦人引入了美者的问题——他从一个并非完全合适的影像开始（654e3）——并宣称，他们的讨论是徒劳，除非他们追踪到了美的姿势和歌曲；对于这些小号曲，很快就找到了一个片面的回应，而且这个回应未经论证就扩展至所有其余美德。

异邦人:话说当一个有男子气的[1]灵魂身陷辛劳($πόνοι$),而且一个怯懦的灵魂也身陷同样且同等的辛劳时,他们的姿势和声音会相似吗?

克利尼阿斯:怎么可能呢？连他们的脸色($χρώματα$)都不会相似。

异邦人:说得美啊,同志。可事实上,尽管音乐中有种种姿势和歌曲——因为音乐关乎节律与和谐,以至于有合节律者($εὔρυϑμον$)与和谐者($εὑάρμοστον$)——但不可能通过制作一个近似者($ἀπεικάσαντα$),正如合唱歌队的制作者制作一个近似者($ἀπεικάζουσιν$),来把一首歌曲或一个姿势正确地说成$εὔχρων$[具有一副健康脸色],[2]可是既存在怯懦之人的姿势和歌曲,也存在有男子气之人的姿势和歌曲,故正确的做法是称有男子气之人的特征为美的,称怯懦之人的特征为丑的[可耻的]。[3]为了避免在所有这些事上说得太久,让我们简单地、无所限定地这样说吧:所有与灵魂或身体的美德相联系或取决于灵魂或身体的美德的姿势和歌曲,不管 [61]具有此美德本身,还是只具有某种影像($εἰκών$),都应该是美的,而与恶德相联系或取决于恶德的姿势和歌曲,则应该完全与之相反(654e10-655b6)。

这段话很难懂,不仅是因为异邦人看似不必要地抨击了一个术语——仿佛人们此刻应该非议基本微粒的"色"和"味"——而且是因为异邦人把美德的影像放在了与美德本身同等重要的位置,从而把美者的特性刻画得对它自身的现实性无动于衷(参柏

---

① [译按]manly,下一页解说时,换作brave[勇敢的]。其实在希腊文中都是一个词。

② [译按]伯纳德特所补,直译为"脸色好"。

③ [译按]伯纳德特所补。

拉图《王制》472d4-8)。把善者诸种的结构翻译成礼法诸属的结构，要求放弃存在(the abandonment of being)：人们记得，"生成"只出现于礼法诸属的结构之中。因此，无怪乎有理解力的人在美者之中得不到快乐。然而，美者对存在并非完全无动于衷，否则异邦人不会批评εὔχρως[具有一副健康脸色]中暗含的影像。克利尼阿斯暗示，怯懦之人的苍白脸色不同于勇敢之人的红润脸色；可异邦人否认能把脸色翻译成歌曲或姿势，从而承认勇敢之人和怯懦之人两者的影像不可能完全呈现现实。此外，对怯懦之人的苍白脸色有效的，对质朴之人的脸红同样有效。脸红当然属于年轻人的特性(至少属于年轻人的节制特性)，而且脸红不可能展现于歌舞中。另外，如果真的可以通过模仿来展现怯懦之人的潜逃和呜咽，那么，是否存在节制之人特有的声音和姿势——它们像怯懦之人特有的声音和姿势那样容易得到识别？至于正义，人们简直不明白：怎么会存在正义的影像？也许不那么难以呈现愚蠢，可是不容易想像良好感知力(φρόνησις)的正确影像。不敏感(ἀναισθησία)会试着把自身扮作每种真正美德的真实状况。异邦人选取了勇敢和怯懦，似乎要么是因为勇敢和怯懦具有内在的身体性，要么是因为恶德和美德很容易在身体上显现：φόβος[畏惧][1]原本意指逃跑。

对于异邦人的问题，克利尼阿斯的回答并非完全合宜。异邦人没有问勇敢之人和怯懦之人身陷恐慌和惊觉时的姿势和声音，而是问他们身陷辛劳和麻烦时的姿势和声音。身陷这样的辛劳的人们包括克利尼阿斯、墨吉洛斯、异邦人：他们不得不极其努力去发现美的歌舞。他们需要的努力促使了异邦人把他们自己比作母狗[2](καθάπερ κυσὶν ἰχνευούσαις[正如捕猎的母狗，654e3-4])。在希腊文里，捕猎的狗的词性，正如马和猪的词性，通常是阴性，

---

① ［译按］伯纳德特所补。
② ［译按］据希腊文直译作"就像正在捕猎的母狗"。

但不总是阴性；人们可以说，这里的词性是语法上的，不是性别上的；可在上下文里，[62] 勇敢属于有男子气的灵魂 (ἀνδρικὴ ψυχή)，人们会好奇：异邦人是否并非仅仅在批评克利尼阿斯太有限地理解勇敢，以至于勇敢只适合战场，事实上，他也在迫使我们对比他提出的影像和 εὔχρως [具有一副健康脸色] 中那个不正确的影像？尽管克利尼阿斯和墨吉洛斯会相信他提出的影像很可耻，但他提出的影像也许并不可耻，反倒很有趣，或者如亚里士多德所说，很丑但无害。这个影像引出了如下两个问题：首先，当人们把目光从这个影像移回到三个轻松地步行着的老人时，这个影像是否会引人发笑？其次，由于这个影像稍稍嘲笑了如今在任何地方都被视为最好的年纪(658e3-4)，故异邦人的教育计划是否需要得到这个影像的审查？如果这个影像会激发墨吉洛斯和克利尼阿斯甚至现在就投身到一种比过去更加深思熟虑的男子气之中，那么，人们在这个影像的荒诞性中所获得的快乐，仍然以某种方式——异邦人看起来想要避免采用这种方式——联系着美者和不美者。这个影像的风貌(manner)不美，但这个影像的客观关联物(objectivecorrelative)——对美者的追寻——也许并非不美。克利尼阿斯曾很满意这样一种教育，这种教育使人们在美者之中愉悦，并憎恶不美者，但这种教育无法称职地很美地呈现美者。通过一方面放弃［美的］风貌，另一方面维持美者，克利尼阿斯将不得不认为，异邦人提出的影像维持了美者，并牺牲了"很美地"。人们猜测，正如克利尼阿斯会非常不情愿承认有趣的东西可以很美，克利尼阿斯也会很缓慢才认识到，异邦人的"说得美啊，同志"是在赞扬克利尼阿斯注意到了怯懦之人的脸色，正如注意到了勇敢之人的脸色。

　　异邦人承认，并非每个属于勇敢的东西，都能在勇敢的影像中找到相匹配的东西，故他在存在和影像之间打开了一道鸿沟，这道鸿沟也许令任何美德注定无法在时间的流逝之中得到维持。尽管以美德本身观之，一种美德的影像会有缺陷，但这个影像不会看起来有缺陷。这个影像会独自完善并联系它能呈现的任何东西，它这么做时采用的方式，在美德之中没有对应物。在体验层面，这个影像将被证明是假的；通过这个影像，人们将营造出一个幻象。这个难题最明显的例子就在于勇敢，因为如果人们记得墨吉洛斯关于斯巴达式训练的描述，人们就会承认，[①]就算正确的训练方式不怎么严苛，人们仍然不得不从勇敢的影像之中除去每个属于勇敢本身的令人痛苦的东西，以便孩子们觉得勇敢整个儿有吸引力，接下来，人们不得不把每个令人痛苦的东西分配给怯懦的影像，以便孩子们觉得怯懦彻底可恶(参659e3-660a8)。就算对于这种分配，存在某种具有自然基础的东西，这种东西仍然不可能完全真实——克利尼阿斯曾经承认，恐慌 [63] 令勇敢之人不安的程度，小于恐慌令怯懦之人不安的程度(640a11-b1)[②]——而且让孩子们从影像那儿断奶并走向影像所模仿的现实，会是一件精细之事。否则，关于影像之不存在(nonbeing)，若缺少进一步的教导，那么，人们的体验所引起的反应根本上会分为两类：要么不用等到无法实现影像所建议的东西，就已然感到羞耻和彻底绝望；要么拒绝美德本身，视之为无非一场梦：据说布鲁图斯(Brutus)在腓力城(Philippi)曾经呼喊ὦ τλῆμον ἀρετή, λόγος ἄρ' ἦσθα [顽强的美德呵，你简直是逻各斯]。[③]因此，如果体验必然败坏并放松对基础教育的掌控，那么，人们远远更加紧迫地需要找到一个恢复者兼订正者。狄奥尼索斯侵入众缪斯和阿波罗的组合体(band)，不仅不可避免，而且应该受到欢迎。据异邦人所说，痛苦应该在一个人三岁时进入教育(793e3-5)。

---

① ［译按］原文作and grants，疑为one grants之误，今按后者译。
② ［译按］伯纳德特将640误作64，今改。
③ 卡西俄斯(Dio Cassius)《罗马史》(*Historia Romana*) 47.49.2。

第 2 节　快乐的类型

　　卷二中一直引导异邦人的论证的关注点，不是年轻人的教育，而是教育在时间的流逝中不可避免的败坏。倘若异邦人并未不理睬如下论题，即美者的丑陋影像和丑者的美丽影像，那么，这似乎表明，如果诸美德的诸影像如诸美德本身一样美，所有具有美德的歌舞便应该同等地取悦每个人。克利尼阿斯着重否认了存在着任何这样的统一性（655c2）。对于这种统一性的缺失，异邦人提供了多种解释，但没有同等地探究所有这些解释；不过，他的论证趋势似乎强迫他谴责羞耻，而他在卷一曾推许羞耻是节制和勇敢这一对美德合法对等物。礼法想要且已然成功引发（effecting）的东西，阻碍了礼法发挥效力（being effective）。礼法自身包含了其自身遭到颠覆的原因。在体验层面偏离任何为礼法所规定的东西，必然导致人们赞美的东西和人们感觉的东西之间发生分裂，也必然导致［这两种东西］同化于人们在必然性的效力之中倾向于取悦的任何东西。似乎并非快乐本身，而是生活的诸体验所形塑的快乐，使异邦人不再希望让快乐站在礼法一边。狄奥尼索斯的合唱歌队令自身的工作致力于（cut out for）快乐。

　　异邦人提出的第一个可能性，可以解释为何每个人并不同等地喜欢所有歌舞，但这个可能性似乎在刚提出时就遭到了否弃（655c3-5）。他问道，诸美者有可能 [64] 对我们所有人来说各不相同吗，或者说，就算它们相同，人们有可能认为它们不相同吗？这个问题相当于追问美者必然具有的习俗性（参亚里士多德《尼各马可伦理学》1094b14-16），因为外观（appearance）依附于美者，给美者带来透视景象（the perspectival），①而且透视景象不管多么

---

① ［译按］该词源于"视角"一词。注意前文对"视角"一词的使用。

依赖一个人自己的状态，始终不可分离于观察美者的眼光（light），而且如果美者不同于善者，则很难设想这种眼光完全中立。异邦人谴责最常见的那种观点，即快乐决定着音乐中什么正确，因为如果真的是这样，那么，在歌舞方面，人们的快乐的分殊，丝毫不会令人惊讶，且会令异邦人不必提出他的问题。如果快乐必然伴随着它不可能与之分离的东西，那么，异邦人的问题只能作为一个问题提出来。快乐主义式地抽离于诱发快乐的东西，违背了一种增补物的自然，这种增补物总是伴随着快乐，而且这种增补物的快乐也是快乐之一种。由此，快乐与我们从中获得快乐的东西之间的关系，显得可以严格类比于影像与它所模仿的东西之间的关系；此外，正确地决定快乐之中什么属于人们从中获得快乐的东西，与确定（assign）影像之中什么属于它的现实性，显得是同等级的问题。如果克利尼阿斯反思他自己就像一只几近追踪到目标的母狗，那么，我们猜测他原本会感觉到一种厌恶，而且当他拒斥一种"男子气"不足、深思熟虑有余的勇敢时，他也会感到同样的厌恶。

　　异邦人想象了两种可能的情况，这可以解释对歌舞的回应的不统一。在第一种情况中，一个人的自然、习惯，或这两者，碰巧结合了一个人正在呈现的东西；在第二种情况中，如果一个人的自然很好，可他的合法作风很糟，或一个人的自然不好，可他的合法作风很好，那么，一个人不会对外宣称，取悦一个人的东西很美，而是会让一个人的快乐保持属于他自己。这两种情况之间的主要区别在于如下事实：在第一种情况中，异邦人在谈论表演者，可在第二种情况中，异邦人在谈论观看者，观看者未被要求呈现要么弱于要么强于他的自然的种种作风。在第一种情况中，异邦人识别出合唱歌队的模仿有两个层面（655d5-7）。一个层面关乎对种种作风（τρόπων）[①]的模仿，这些作风体现于行动和场合（τύχαις）[②]

---

① ［译按］伯纳德特原改作主格τρόποι，今据原文改回。

② ［译按］伯纳德特原改作主格τύχαι，今据原文改回。

中；另一个层面关乎这些行动和场合的每个表演者［对这些行动和场合］的展示，这种展示所用的手段是表演者的性格和模仿能力（καὶ ἤθεσι καὶ μιμήσεσι），或者说他的性格的模仿能力——若以重言法（hendiadys）［理解καὶ ἤθεσι καὶ μιμήσεσι这个希腊文表述］。如果我们考虑一部戏剧，那么，人们可以说，异邦人区分了情节和人物，①在这两者中，情节并非不得不［65］与表演者自身生活中的任何事件碰巧一致，而且表演者自身的性格在他的表演中限定（modifies）了他的模仿能力能够做什么事。因此，如果言辞、歌曲或舞蹈与表演者自己的作风（πρὸς τρόπου）相匹配，那么，他必然乐在其中，赞美它们，并称它们很美。这种匹配不包含这样的理解："美者现在完全取决于快乐。"对这种匹配的界定，来自异邦人自己给出的例子，这例子关乎身陷同样辛劳的勇敢之人和怯懦之人：勇敢之人会想象，他自己会如何在这个故事呈现的同样场合里行事，对于他所想象的，勇敢之人将乐在其中，并给予赞美；可如下情况同样清楚明白吗，即对于勇敢之人所呈现的怯懦之人的行动和言辞，怯懦之人也将同样乐在其中，并给予赞美？并非每个怯懦之人都是福斯塔夫（Falstaff）。②所以，如果应该预设，勇敢之人在受到召唤去这样做时，将憎恶他所呈现的怯懦之人，并把这个人的行为视为丑陋的和不光彩的，那么，怯懦之人恐怕将在勇敢之人对勇敢之人的呈现中得不到任何快乐，并把勇敢之人的行为视为可耻的吧？异邦人说，之所以与表演者正在呈现的东西协和或不协和，其原因是自然、习惯，或这两者；对这个原因无动于衷，表明异邦人并未思考这些复杂状况。他说的表演者是某个相对年轻的人，而且自然与教养之间任何冲突都还没有时间［在这个人身上］显明自身；但在第二种情况里，其他人具有观看者所

---

① ［译按］在英文中，此处"人物"与上文的"性格"同为character一词。
② ［译按］莎士比亚《亨利四世：第一部》《亨利四世：第二部》《温莎的风流娘们》中的角色。

尊重的良好感知力，在这些人面前，观看者羞于唱出和跳出那种取悦他自己的歌曲和舞蹈，在这种情况里，自然已经开始抵制礼法及其种种约束。自然的这种抵制当然限制了礼法能够引发的东西，因为异邦人继续论证道，朝着取悦一个人的任何东西，必将发生一种同化过程，哪怕一个人面对的公众不赞同这种同化，因为谴责将是通过开玩笑，而非通过严肃其事。

异邦人追问：什么使人们各自不同地去感觉美德的合法呈现所展示的东西？这个问题的答案似乎是双重的。第一重答案先前没有讲出来，这个答案就是，把善者翻译成美者，必然导致多种多样的合法意见：墨吉洛斯对狄奥尼索斯节的厌恶，不是因为醉酒本身的自然。第二重答案分为两部分。第一部分是，一个人的构成，不管如何构成，限定了一个人的快乐和赞美的范围。第二部分是，快乐有一个自然基础，随着时间的流逝，如果有机会得到发展，快乐就会居于主导地位，取代礼法宣称为美的任何东西。从这第二重答案中似乎可以推论，对于诗人们自己任性地乐在其中并向他人呈现的东西，进行严格规制，会剥夺任何一种与礼法不协和的自然在扩张和表达(expansion and expression)时所需的支持，[66]因此，至少在表面上，对于源于自然的礼法(the law that had its source in nature)，任何偏离都不可能发展成完全的远离。据异邦人所说，埃及在一万年前就发现了这个解决方法。每一类呈现——不论是绘画、雕塑还是诗——的神圣化(consecration)都足够强有力，能够抑制快乐和痛苦对创新的无休止求索；但异邦人并未认可埃及的一切事物，而是谴责其他事物琐屑又平庸(ἕτερα φαῦλα，[译按]657a5)。① 埃及的解决方法要求，

---

① 希罗多德呈现埃及礼法的不可变性，是通过在整个卷二都不使用συμφορή [厄运] 或 τύχη [好运] 或它们的合成词。在其他八卷的任何一卷里，这些语词都并非不在场。

具有礼法和歌曲这双重含义的νόμος具有同一个作者，而且这位作者要么是一位神，要么是一位属神之人(657a8-9)。实际上，这要求两件事：首先，取消一种希腊式分裂，这种分裂的一方是宙斯和阿波罗，即礼法的作者们或赞助者们，另一方是诗人们，他们的权威不高于众缪斯，他们在自己愿意的任何时候，把谎话说得像真话(参776e7)；①其次，属神的启示既涵盖作为法典的礼法，又涵盖作为故事(或歌曲)的礼法。②这样一来，埃及在异邦人的描述中代表着我们所知的对圣经的传统理解。通过拒绝其他的埃及事物，异邦人暗示，尽管埃及一切的神圣化都导致承认属神善者分离于属人善者(先前他本人认为这种分离成问题)，可这样一种极端的脱节必然导致人类鄙视自身(参716a4-b3)——任何东西都不像人类这样卑劣且无价值——而且人类对其自我贬低的太人性的(all-too-human)反应，是罪恶的聪明(πανουργίαν)③不加抑制的、无从察觉的发展形式，其主要的善者就是对金钱的不自由的喜爱(747b6-d1)。④

　　人们也许可以论证道，通过把阿波罗连同众缪斯一并列为基础教育的赞助者，异邦人曾经在[67]作为斯巴达礼法作者的阿

---

① 注意异邦人在卷二开头如何先区分后模糊两批神的区别：一批神可怜人类，不仅为人类配备了一系列献给诸神(τοῖς θεοῖς)的节庆，而且为人类配备了诸神应该提供的(μετὰ θεῶν)养料(τροφαί)；另一批神是前一批神赋予人类的，与人类共同庆祝节庆，而且将订正那些节庆(653c9-d5)。τοῖς θεοῖς像μετὰ θεῶν一样难以解释。在这一卷末尾，异邦人似乎首先在说，阿波罗、众缪斯、狄奥尼索斯是诸神的原因(672d2)，而且稍后他就把θεῶν αἰτίους［诸神的原因］中的"诸神的"当作了部分属格(partitive genitive，[译按]即理解成"诸神之中的")(参柏拉图《伊翁》[Ion] 534c7-d4)；Cornarius把θεῶν校改为τούτων［他们的］，太过牵强。

② 贺拉斯(Horace)让盲从古代的人(the partisan of antiquity)竟至于宣称，正是众缪斯说出了十二表法(the laws of the twelve tables)(贺拉斯《书简集》[Epistulae] 2.1.23-27)。

③ [译按]伯纳德特原作主格πανουργία，今据原文改回。

④ 异邦人在这一段提及，这种恶德的一个可能的原因，是立法者低贱而平庸(φαῦλος)。

波罗和作为歌舞作者的阿波罗之间周旋(negotiated)，可这不是礼
法和歌曲之间的一种斯巴达式调和，而且这无论如何都只包含了
一种名义上的同一性。克利尼阿斯真的将在后文宣称，斯巴达和
克里特几乎像埃及一样，在时间的流逝之中，维持着相同的音乐
(660b1-c1)，但克利尼阿斯没有断言，要么宙斯，要么阿波罗(或要
么米诺斯，要么吕库古)，为斯巴达和克里特的礼法提供了这种音
乐。此外，在异邦人极其复杂的论证的下一阶段，尽管埃及解决方
法在诗性呈现之中并未为礼法禁止出现的任何东西(whatever the
law forbids to show itself)提供任何手段(purchase)，但埃及解决方
法仍未描述在体验层面发生的对礼法的偏离，以至于埃及的种种
呈现表面上的统一性并没有且不能够阻止礼法的有效性在时间的
流逝之中发生崩溃。埃及礼法确实做出的一切事，就是在立法活
动的护卫者们面前隐瞒那样一种崩溃已然发生，因为表达这种崩
溃的每个途径都已经阻塞。因此，与此同时，异邦人一直在思考快
乐和痛苦的作用，快乐和痛苦在礼法诸属的结构之中起到的作用，
正如在诗之中起到的作用那么大；此外，通过独自篡夺对快乐和
痛苦的主导权，诗会威胁到礼法，但既然异邦人已然暂时解除了这
种威胁，故他提出了快乐和善者之间的关系问题。换言之，异邦人
先前指出美者和诗性模仿看起来可以共存，现在则指出快乐和善
者可以相互等同。这种转变不像看起来那么大，因为正如异邦人
自己曾允许把美德的影像和现实视为美的，同样，他现在也追问，
"每当我们相信我们过得很好时，我们很享受吗，而且每当我们很
享受时，我们相信我们过得很好吗？"(657c5-6)。因此，在我们
过得好(εὖ πράττειν)这个意义上，善者是我们关于善者的信念，而且
正如《智术师》中爱利亚异邦人曾坚持的，影像之不存在所引出的
问题，在结构上等同于虚假意见的问题(柏拉图《智术师》240c7-
241b4)。过得好具有看起来必然的主观性，这种主观性拖了诗人
的后腿(puts the poet back in the running)，而且尽管人们会因诗人违
反合法美者而驱逐诗人，但诗人仍然有力量令每个人深信，人们很

幸福，就算礼法严格来讲没有完成令每个人快乐这个任务。

克利尼阿斯并非不倾向于让诗人为我们提供快乐，这尤其是因为异邦人令克利尼阿斯记起了，在观看年轻人的合唱歌队表演时，他们［异邦人、克利尼阿斯、墨吉洛斯］自己这样的老人获得了快乐（657d1-7）；但异邦人要求他们更加谨慎，从而想象了每一类比赛，要确定比赛的赢家，将只凭靠［比赛选手］取悦观众的程度（658a4-b8）。在看起来的混乱之中，异邦人提及了叙事诗①吟诵（epic rhapsody）、七弦琴（lyre）演奏、肃剧、谐剧、玩偶剧（puppetry）［这几种表演］的展示者；异邦人在更早些时候还［68］猛然把比赛向体育和马赛开放。因此，他问谁会赢，克利尼阿斯相当有感知力地（sensibly）回答道，任何人在亲自听到它们［这几种表演］之前都没法说［谁会赢］。然而，异邦人提供了一个答案，这个答案立足于一般地取悦每个时代的东西，这个答案就是：玩偶剧展示者赢得了非常小的孩子们的投票，较年长的男孩们将选择谐剧展示者，受过教育的女人、年轻男人以及大部分观众将判定肃剧最令人快乐，而像他们自己这么老的男人将宣称赢家应该是叙事诗吟诵者，叙事诗吟诵者会很美地吟诵《伊利亚特》、《奥德赛》，或某部赫西俄德（Hesiod）作品。②肃剧展示者明显缺席了，故大多数人更喜欢肃剧本身，而非更喜欢表演肃剧的任何人（参柏拉图《会饮》215d3-6）；除开缺席的肃剧展示者，诸赢家的排列是以时间为序，从最年幼到老年。严格来讲，立足于快乐，这些模仿技艺发现了一些与生死历程相匹配的形式，礼法诸属的结构曾被认为应该把握这些形式。模仿最先到达了那儿（Imitation has got there first）。初看上去，如果正如异邦人所说，老人的选择应该决

---

① ［译按］习译"史诗"。
② 阿里斯托芬（Aristophanes）让［他笔下的］埃斯库罗斯（Aeschylus）说，老师训练年幼的孩子（τοῖς παιδαρίοις），但诗人训练处于盛年的人（τοῖς ἡβῶσι）（阿里斯托芬《蛙》[Ranae] 1055）。

定［什么是］快乐的善者，那么，似乎不可设想，礼法能够成功地促使小孩子——他们也许刚会说话——放弃玩偶剧展示者，去选择叙事诗吟诵者；可是一旦人们记起异邦人在卷一说过的话，人们就会认识到，只有非常小的孩子会在那种势必(proleptically)与理性相协和的东西中获得快乐。在这个阶段，孩子们看到了自己从前拙劣状态(awkwardness)的一个夸张版本，他们的快乐凭借感觉而预见到，什么是理性将向他们揭示的关于人的真理：人是一个属神的玩偶，要么是诸神的玩物，要么致力于某种严肃意图。这场比赛令人惊异之处(ϑαῦμα)正是这场比赛之中并不令人惊异之处(οὐ ϑαυμαστόν)(658b9-c1)。因此，问题不是如何强迫年轻人接受老人的选择，而是如何促使老人通过理解而接受年轻人的快乐。这个逆转像柏拉图笔下任何东西一样令人惊异，而且尽管异邦人让我们为此做好了准备——因为他早就引入了言辞中的会饮，也早就引入了无序之中的秩序这个观念——可是当这个逆转到来时，人们仍然没有为它做好足够的准备。老人不得不放松一下，以便能够在表现不佳时(in the inadequacy of their performance)体验到玩偶的惊异(ϑαῦμα)，玩偶的惊异就是人之所是。①

　　如果异邦人只能找到一个方法，去把最高的理解力舒展开来，以便结合玩偶之中隐藏着的真实，那么，他完全愿意放弃所有诗歌；一旦人们发现这一点，人们就会认识到，如果可以顺利做到这一点，那么，礼法诸属的结构［69］会在时间的流逝中促使人们认识善者诸种的结构中设定的八重善者的等级。要想有这样一种从快乐向理性的顺利转变，得面对两个阻碍。第一个是谐剧，第二个是肃剧。谐剧代表着年轻男人体验的一切，这一切都与节制一直想要控制的东西相反。谐剧完美地抓住了［年轻男人］在时间上第一次对礼法的败坏和松弛的体验。谐剧是在体验上第一

---

① ［译按］the puppet-wonder (ϑαῦμα) man is, 直译为"人所是的玩偶的惊异(ϑαῦμα)"。

次对礼法诸属的结构的偏离。［在体验上］第二次［对礼法诸属的结构的偏离］是肃剧，而且正如异邦人在令大多数人选择肃剧——仿佛肃剧就是生活，而非一种模仿——时所暗示的，肃剧代表着每一个如下这样的事物：这样的事物导致人们在感觉层面上最大程度地远离美德的合法影像。简言之，正如谐剧攻击节制，同样，肃剧也围困正义，将其踩在脚下。后一种情况是事实，而且不管一个人是否见过肃剧，该事实都奏效；这一点对克利尼阿斯来说变得十分明显，他被证明具有与波洛斯（Polus）和卡利克勒斯的结合体相同的品位，尽管［他的品位］具有一种更夸张的形式。这应该绝非令人惊诧，因为克利尼阿斯原本从他的礼法体验中获得了一个不合法的洞见，这个洞见只能导致这个结果。

异邦人列举的赢家中还仅剩一个令人困惑的赢家，即叙事诗吟诵者。克利尼阿斯几乎不知晓外邦诗歌，异邦人没有让克利尼阿斯说出自己的同意态度，而是由异邦人自己做了决定，并问了克利尼阿斯另一个问题：谁会正确地获胜（［译按］658d）？异邦人的回答预设了，当下所有城邦里的普遍意见——即上了年纪的人的作风（ἔθος）最好——是真实的；但这样回答导致彻底暴露出克利尼阿斯十分败坏，且败坏到人们可能想象到的最严重的程度。因此，如果基于之前有关玩偶剧展示者的讨论，也基于克利尼阿斯发生彻底转变(the turning of Clinias inside-out)之后的讨论，我们搁置异邦人的回答，那么，一旦异邦人从音乐转向体育和多里斯人的历史，荷马似乎就起到异邦人即将安排给他的作用。在异邦人的手中，荷马变成了孩子们的玩偶表演中包含的真实状况的历史对等物。秩序与无序的混合同样将把叙事诗人与玩偶剧展示者结合起来。荷马将提供一个故事，玩偶将在其中表演。

第3节　正　义　者

为了避免孩子倾向于喜欢任何与礼法规定的事物相反的东

西，或倾向于不喜欢任何符合礼法的东西，异邦人建议，礼法的言辞已然宣称为正确的任何东西，都应该得到老人——这时老人已经得到礼法的劝说——的一致意见的确认，[70]而且这个一致意见本身也应该在体验层面得到确认(659c9-d6)。老人应该呈现正义和快乐之间不可解除的关联，年轻人则应该通过仿效老人而遵守礼法，以便如下两个东西碰巧在严格意义上相互一致：一个东西是年轻人所吸收的令他们灵魂痴迷的东西(enchantments of their souls)(年轻人没有体验过严肃或苦难)，另一个东西是老人所维系并呈现的东西；当然，年轻人并非不知道，并非所有低贱的东西都令人不快乐，也非所有好东西都令人快乐。异邦人提出这个建议，是通过反思当下剧场观众如何指导和恐吓［戏剧］评判者(judge)，而真正的评判者应该结合良好的感知力和勇敢。他需要良好的感知力和勇敢去抵制没有受过教育的观众蛮横的(imperious)快乐。这个精心制作的影像令年轻人成了观众，令老人成了评判者，故这个影像在其政治对应者之中要求，不管在多大程度上有正确的理由可以支持年轻人和老人之间的协和，目前应该由一个快乐的共同体把城邦维系在一起。这样一种纽带显得并不比神话更强有力，因为异邦人承认，当他论证不义生活比正义生活更令人不快乐时，他的论证也许缺乏劝说效果，而且一个西顿(Sidonian)故事也许是礼法的一个必要补充(663d6-e2)。神话可能有其必要，这令异邦人承认，他曾暗示的完美解决办法，即玩偶及其双重意义，不可能在政治上有效：肃剧起了阻碍作用。

克利尼阿斯无法理解异邦人提出的影像，以至于克利尼阿斯不仅相信异邦人宣称所有城邦现在都在做异邦人建议之事，而且相信希腊城邦中只有克里特和斯巴达令其诗人们把好人写得很甜蜜，把糟人写得很苦涩；这预示了什么被证明是克利尼阿斯和异邦人之间最大的分歧，正如这刺激了异邦人去最强烈地谴责斯巴达和克里特的生活方式。克利尼阿斯相信，不变的音乐形式——只有礼法能命令其变化——要求，音乐宣称的东西和礼法要求的东西碰巧相一致。克利尼阿斯不仅没注意到异邦人某种程度上拒绝埃及作风，而且没有把握快乐对某些形式——这些形式完美地抓住了在体验层面上对礼法的偏离——的采纳背后的意义。克利尼阿斯没有把握这个意义，是因为他自己无意中体现了这种在体验层面上的偏离。实际上，如果这种偏离不是无意的，那么，它对礼法提出的问题不会像它本身一样难以有一个解决办法。正在此时，异邦人把礼法诸属的结构的原则——节制和正义——等同于最初属于善者诸种的结构的幸福。他问克利尼阿斯，斯巴达和克里特是否强迫其诗人们声称，节制且正义的人很幸福且很有福(blessed)(660d11-661d4)。在[71]详细解释礼法的根本前提时，异邦人宣称，所有所谓的善者，包括生命本身，都对不义者来说很糟，都对正义者来说很好，而且异邦人把这个观点与多数人的观点对立起来，多数人把健康摆在最高的位置，把美丽摆在第二高的位置，把财富摆在第三高的位置，而且为这些东西加上了诸感觉的完美运作(functioning)，从而认为最妙的是(top it all off with)，一个人尽可能早地变成不死之人，以便像僭主一样做一个人所欲求的任何事。如果一个人回过头来观察善者诸种的结构，一个人会发现，这个有福状态的观念要求，通过合适的改动，使属神善者映射(mapping)到属人善者上——此刻属人善者引导着属神善者。这样一种映射只是对奥林波斯诸神(the Olympian gods)的普通理解，即认为诸神很美却不义。异邦人的谨慎呈现了八重善者的多重性，且不允许这种多重性内在于一个统一体，故这种谨慎现在有其理由。埃及和希腊都各自发明了一种存在者，让诸善者可以依附于这种存在者，仿佛埃及和希腊各自的发明提供了各自唯一可能的解决办法，去应对异邦人的如下做法，即中立地分离属神善者和属人善者。要么走埃及人的路子，取消属人善者，把一切都精神化为诸神(spirits everything away into the gods)；要么走荷马和赫西俄德暗示的路子，瓦解属神善者和属人善者，使之变成一个不死的人，这个人违反礼法，从而无异于僭主，此刻一种不死的完美性已经使僭主变得富有魅力。

异邦人把那个肃剧式表达——最好是不出生，故次好是活得尽可能短——放在了一个新场合里。这个新场合由善者诸种的结构所规定。这个肃剧式表达从没有过这样一个场合，而是原本意在用于人生本身，并不理会善者的结构。然而，一旦不再能够抽离于这个肃剧式表达所暗含的善者，那么，当且仅当一个人是不义的时，才可以宣称这个表达是真实的。由此，生活的肃剧在于与正义完全相分离的生活体验，而且这种几乎普遍的体验会导致一个为克利尼阿斯所完全分有的信念，即快乐而不正义的生活很好且可能。肃剧就是畏惧之饮品：肃剧声称，生活没法儿活下去，因为最好的生活是罪恶的生活（参柏拉图《王制》619b7-d1）。异邦人的教诲就是他对善者诸种的结构的第一次解释，以及他在令属人善者取决于属神善者时所意指的东西。属人善者只对好人来说是好的，可灵魂的恶德把属人善者转化成了恶者（evils）；反过来，如果灵魂的恶德与属人的恶者——即疾病、丑陋、虚弱、贫穷——结盟，那么，灵魂的恶德便会把属人的恶者变成善者，以便仅当灵魂的美德在场时，属人的恶者才真的是恶的。然而，异邦人想要诗人们宣称，幸福的是节制而正义的人，即具有礼法诸属的结构 [72] 却既无良好感知力又不勇敢的人，不管这人高大强壮还是矮小虚弱，也不管这人有钱还是没钱；不过，异邦人没有说到美丽和健康。年轻人应该接受的图景，不应该把令人痛苦的东西——不论是丑陋还是病态——与诸美德的吸引力联系起来：似乎苏格拉底不得不变得既年轻又美丽，然后他才能成为年轻人的模范。尽管一位没有为化妆所根本改观的苏格拉底（Socrates without cosmetic overhaul）也许是异邦人的教诲的严肃意图所在，但这样一位苏格拉底本身还是会让人无法容忍（insupportable）。

[异邦人]令人吃惊地引入不死，作为整个有福状态的完成（τέλος），这使人们再次认识到，当异邦人把灵魂的诸善者设定为属神的善者时，有一种故意的含混。由于"属神的"（divine）本身

如此容易被理解成"诸神的"(of the gods)的同义词，正如异邦人在承认他自己不确定应该如何理解"属神的玩偶"时曾指出的，故从"属神的"向"不死的"之转变突显了，在把善者诸种的结构翻译成礼法诸属的结构时，有一个核心性难题。像善者诸种的结构一样，礼法诸属的结构曾对于诸神之事保持沉默：政制的终点（τέλος）是葬礼。由此，异邦人在其礼法纲领（［译按］631d6-632d1）里避免提出卷十的神学，现在看来，把神学排除出去意在提出这样一个问题：有任何一种神学与教育相兼容吗？一旦把属神者翻译成一个存在者，属神者就成了善者诸种的结构的一个持续威胁，因为作为一个存在者，属神者把除了善者之外的所有完美性都汇聚于其自身，而且变得无异于永恒的僭主制，因为意愿的任意性取代了知识和心智。异邦人走得如此之远，以至于在凭宙斯和阿波罗发过誓之后，他想象出，这些神也可能会说，最正义的生活和最快乐的生活是两回事，而且如果这些神应该说，过着最快乐生活的人更幸福，那么，这只是很奇怪（ἄτοπον），却并非与这些神自己的生活不一致。克里特的伽努默德神话与这个回答完美地相一致。当异邦人独自盘问诸神时，他没有把快乐生活与不义生活联系起来，因为就算诸神正义，仍然不可能认为诸神最正义地生活着。诸神会服从谁？诸神遵守谁的礼法？通过这些难题，异邦人最终揭示了，当礼法诸属的结构把善者诸种的结构翻译成正义者和美者时，这种翻译之中隐含了什么深意：一旦诸神成为礼法的一部分，这种翻译的含混（opacity）就产生了体验层面的后果，即善者存在于不节制者和不义者之中。

健康、财富、完全的僭政、力量、勇敢，与不死联合起来，若还伴之以不义和肆心，是否会导致悲惨境况？在这个关键问题上，[73] 克利尼阿斯与异邦人分道扬镳，但克利尼阿斯像波洛斯一样承认，任何这样生活的人都在可耻地（αἰσχρῶς）生活着，但克利尼阿斯不承认，任何这样生活的人都在很糟地、不快乐地或对其自身不利地生活着（661d5-662a8）。异邦人把克利尼阿斯的观点几乎归于每个人，除了他自己；克利尼阿斯的观点某种程度上与一个同样普遍的观点(异邦人曾经希望攻击这个观点)相匹配，这个观点就是，快乐是评判音乐正确性的唯一标准。严格来讲，可以按同样的方式评判音乐和生活，[二者之中]一个表面上具有现实性，另一个作为影像具有非现实性，这两种情况似乎没什么不同(seem hardly to matter)。这就是异邦人的一个举动的更深的意义所在，这个举动就是，面对"大多数人会在公开的表演比赛中更喜欢谁"这个问题时，以肃剧取代了人们所期望的肃剧展示者；因为如果现实及其影像在体验层面上变得模糊，且几乎任何人都没有注意到二者的结合(coalescence)，那么，立法者的任务就是重新分开二者，并劝说道，视角已经扭曲，而且一个人站的地方不同导致对所见(appearances)的评判完全不同：

> 在远处看见的任何东西，几乎给每个人，尤其给孩子们，提供了那种在黑暗中头晕目眩的体验(σκοτοδινᾶν)，[1]除非一位立法者去除黑暗，从而确立一个与黑暗相反的印象或意见(δόξαν)，[2]且以某种方式通过习惯、赞美、言辞来劝说道，正义的东西和不义的东西是阴影画(ἐσκιαγραφημένα)，不义的东西看起来(φαινόμενα)以一种方式与那种刻画正义的东西的特征的东西相反，从不义的和很糟的东西的视角出发，不义的东西被认为令人快乐，正义的东西则看起来最令人不快

---

① 在异邦人的 πᾶσίν τε ὡς ἔπος εἰπεῖν καὶ δὴ καὶ τοῖς παισί [几乎给所有人，尤其给孩子们]([译按] 伯纳德特原漏写了 τοῖς，今补)这个表述中，"所有人"([译按] 正文中伯纳德特译文作 "每个人"，这在希腊文翻译中是允许的)是在 "孩子们" 内部进行换位构词(anagram, [译按] 即 πᾶσίν [所有人] 是 παισί [孩子们] 中的字母换位构成的，注意 παισί 后省略了 ν)而产生的；这似乎暗示，几乎任何人都长不大，而且老人不会再次变成孩子：non bis pueri sumus, sed semper [我们不会再次是孩子，而会永远是]([译按] 语出塞涅卡 [Secena]，见 Florentius Schoonhovius，《寓意画》[Emblemata]，Gouda：1618，第27幅)。
② [译按] 伯纳德特原改作主格 δόξα，今据原文改回。

乐，但从正义的东西的视角出发，在［令人快乐和令人不快乐］这两方面，每个东西对每个人来说都会得到相反的看待（663b6–c5）。

如果人们借用《智术师》的语言，那么，异邦人是在说，正义者和不义者的影像在每个人看来都仿佛是相像术（eikastics）的产物，可事实上，正义者和不义者的影像是幻象术（phantastics）的产物；在相像术里，原型的比例不随其体积变化而改变，可在幻象术中，人们考虑到，现实事物的影像，若无法适应观看者所站的位置，则并未保存现实事物的真实比例（柏拉图《智术师》235c8–236c7）。如果把这种区分用于八重善者的多样性，那么，属人善者［74］已经和属人视线（human line of sight）处于同一水平，而且我们不由地相信，我们如其所是地看见了属人善者；可是属神善者居于更高的位置，离我们更远，看起来比其所是更渺小，完全不可触及，且要我们付出无限多的艰辛才能达到。如果应该校正属人视角，那么，必须在影像中拉长属神善者，并缩短属人善者，以便此二者重新获得其真实比例，以及其他像真实比例这样的东西；确实，如果快乐应该弥漫在正义者的阴影画之中，且痛苦应该飞溅（splatter）于不义者的阴影画之上，那么，幻象性的影像必须提供比其看上去真实的比例更多的东西。这个任务的困难在于要让更糟的灵魂能够接近更好的灵魂的视角，因为否则的话，这两种灵魂的视角完全不同，且相互无法理解。由此，异邦人转而回到了他的起点，在他的起点那儿，一个家族里不义的兄弟多于正义的兄弟，克利尼阿斯要为这个家族选择一位立法者，而这需要确立起友情，哪怕不情愿（against the grain）。克利尼阿斯的选择并未背离异邦人的想法，因为正如克利尼阿斯刚才所揭示，克利尼阿斯自己就代表着他的选择面临的障碍（662b1–2）。

异邦人论证道，正义者、令人快乐者、美者、善者相互不可分离，这种论证之所以可能缺乏劝说效果，是因为正义者在正义中获得的快乐不同于人们在做任何令自己感到快乐的事时获得的快乐，哪怕这两种快乐并非不可通约(incommensurability)(参柏拉图《斐勒布》12c8-e2)。不义的生活更不令人快乐，这一点只会折服那些能为名誉和光荣所触动的人(663a2-7)，而且就连这样的人也会这样算计：只有不成功的僭主才会名誉扫地，成功的僭主则能镇压嫉妒者的满满恶意。如果城邦分裂为阿喀琉斯这样的人和忒尔西特斯(Thersites)这样的人，那么，某种神话就会有其必要，以便把较弱小者的诸自然提升为较高级者的诸自然的样子(semblance)。在《法义》前几卷里，异邦人一直预设，奥德修斯无情地压制忒尔西特斯，是一种最后的绝招(a last resort)，不兼容于礼法的劝说式统治(663e1-2)。异邦人没有说，什么类型的谎言能达成这[礼法的劝说式统治]，但他比克利尼阿斯更确信，故事被证明很容易产生劝说效果，不论故事多么缺乏劝说效果。他转述了武士种族(armed men)的故事：在把牙齿播种到地里之后，武士种族就从地里长了出来。这个故事的深意是，一旦划定了城邦的土地，使之成为从地里自动长出的(autochthonous)城邦居民的专有财产，那么，城邦会从兄弟相残的战争中产生；异邦人似乎没有理会这个故事的深意，并预设忒拜人(Thebans)相信这个故事；其实，他的意思是，克利尼阿斯洞见到一切人反对一切人的战争，从而真正相信这故事。这个故事令人记起异邦人自己的暗示：对于一个自身与自身不和的家族，一个可能的解决办法就是让[75]仲裁者杀掉不义者。①这个故事也令人记起苏格拉底的"高贵谎言"，此谎言把[城邦的]土地塑造成了所有邦民共同的母亲，所有邦民分为三个阶级，由不同的金属构成。这两个故事似乎有一个共同点：作为城邦的纽带，礼法必须超越[邦民]类型上的差异，同时并不取消这些差异，而且若要调解城邦横向的平等性与

---

① 就是在这时，异邦人把城邦说成一个 συνοικία[家族联合体](664a5)，这表明这个故事仍然多么强烈地影响着异邦人的论证。

城邦纵向的等级性，就必然需要幻象术这门技艺。异邦人将建议，为了服务于礼法，应让这门技艺既远离哲学也远离诗歌——哲学和诗歌从前一直使用这门技艺（参811c6-812a11）。在作为礼法诸篇前言之前言(the prelude of preludes of law)的《法义》中，也在《法义》的诸篇前言中，[幻象术]这样一种消遣(diversion)找到了其表达形式（参664b3-7）。①

第4节　狄奥尼索斯的合唱歌队

如果诸合唱歌队的主要义务是，宣称诸神说同一种生活既最好又最快乐(664b7-8)（这个说法致力于否认善者诸种的结构和礼法诸属的结构之间有区别），那么，令人吃惊的是，认识到城邦中的每个人，不管是男人还是男孩，自由人还是奴隶，男人还是女人，必须用这条神示(message)（它应该保持不变，但其呈现形式应该不断地复杂地变化）令整个城邦痴迷，以至于歌唱者们绝不会厌烦他们的颂歌(hymns)中的快乐(665c2-7)。除了异邦人当下对音乐新异性的接受以外，任何东西都没法更好地表明，克利尼阿斯完全误解了异邦人对埃及技艺②的反思；但人们仍然必定感到疑惑：如果这条神示的形式不断经历变化，异邦人会建议如何维系这条神示？另外，奴隶的体验与奴隶的歌舞之间似乎最不可能达到协和，尤其是在如下情况下，即适合奴隶的[神示]形式是动物故事，通过动物故事，奴隶能在他们的主人没有注意时说出自己的所思所想。③不论如何，我们后来认识到，只有奴隶和受雇佣

---

① [译按]伯纳德特原把664误作66，笔者猜测当作664，待考。

② [译按]art，此处译为"艺术"似亦通。

③ 参C. Ritter，《柏拉图的〈法义〉：希腊文笺注》，前揭，页50；斐德若(Phaedrus)《寓言集》(Fabulae)卷三，前言33-37。一个相似的难题出现在《治邦者》里，在那儿，治邦者的披风应该覆盖城邦里的每个人，不论是奴隶还是自由人，哪怕治邦者不愿意纳入任何一个糟人(308c1-d3, 311c3-4)。

的异邦人们才应该表演谐剧(816d9-e6)。异邦人似乎将要求整个城邦而非仅仅要求孩子们令自身痴迷,以便歌舞中的快乐飞溅为(spill over into)学说的吸引力,[76] 也以便游戏中的快乐成为游戏人生(life as play)的快乐。由此,唯有孩子们的合唱歌队会主导着最好的生活,至于城邦中其他每个人,若他们越来越远离时间本身安放在不可触及的地方的东西,他们就会越来越靠近绝望。

异邦人对诸合唱歌队的描述,从一开始就令人困惑。有四个群体,却只有三个合唱歌队(664c4-d4)。众缪斯赞助第一个合唱歌队,这个合唱歌队由孩子构成;阿波罗赞助第二个合唱歌队,人们会祈盼他见证话语的真实性,也祈盼他展示他对年轻人的殷勤善意(complaisant graciousness);第三个合唱歌队并非起初就有赞助者,他们①在30岁以上,60岁以下;第四个合唱歌队被异邦人神秘地称为"这些事情之后的人们"(τοὺς μετὰ ταῦτα),他们不可能使用曲调,却不得不成为故事讲述者(μυθολόγους)②,他们被安排在最后,是因为他们将通过一番属神的报道(διὰ θείας φήμης)来讲述那三个合唱歌队所歌唱的那些作风(ἠθῶν)。③异邦人对克利尼阿斯解释了第三个合唱歌队适合处于哪儿,从而概述了卷二开头;可此刻,他缩短了他原来的故事,从而把对节律与和谐的意识——这样的意识之中没有任何快乐——归于属人的自然本身,并把诸神的作用限于赞助合唱歌队的舞蹈(664e3-665a6)。节律与和谐之中的快乐似乎是诸神的礼物。克利尼阿斯感到奇怪,何以狄奥尼索斯应该主导长者(elders)的合唱歌队[即第三个合唱歌队],但克利尼阿斯并未显明,这个合唱歌队成员三十年的年龄跨度是否更令他惊诧;或者说,克利尼阿斯感到奇怪,何以狄奥尼索斯应该加入众缪斯和阿波罗。异邦人评论道,第三个合唱歌队一直正

---

① [译按]按前文惯例,"他们"代指整个合唱歌队,后者是集体名词。
② [译按]伯纳德特原作主格μυθολόγοι,今据原文改回。
③ [译按]伯纳德特原作主格ἤθη,今据原文改回。

是他们的几乎绝大部分言辞的意图所在。我们猜测，这个意图一直就是对谐剧和肃剧进行一场激进的改革，以便某种东西——它此刻证实了在体验层面对礼法的远离——将凭靠体验恢复礼法。这个更大的意图还曾包括对克利尼阿斯进行改革，异邦人曾不得不劝说克利尼阿斯放弃追求永恒的僭主制，并让克利尼阿斯在认识礼法时，不再把礼法体验为教人不守法的教师。

异邦人刚刚建议组建狄奥尼索斯的合唱歌队，就开始拆解这个合唱歌队，以至于人们几乎不知道，他拆解之后还会剩下什么。一方面，他们［这个合唱歌队］不会不包括城邦之中可以设想的最智慧的那部分人；另一方面，他们越年长且越节制，他们就越不会愿意唱歌，且越不会在唱歌中获得快乐：如果应该强迫他们，他们就会甚至更加感到羞耻，而且如果他们不得不在所有类型的人构成的观众面前站出来，那么，这种羞耻会有过之而无不及；最终，如果他们不得不进行训练，以便参加［合唱歌队］比赛，那么，他们会尴尬地唱歌，全无快乐和热情。酒被认为可以克服这些难题中的某一些，[77] 但这不适用于30岁至40岁之间的人们，因为他们不被允许醉酒。至于剩下的人，酒会软化他们，使他们忘掉自己的沮丧（δυσθυμία），但就算在这种情况下，他们大抵也只愿意在与自己同类的一小群观众面前唱歌。异邦人让整个城邦不再自己令自己普遍痴迷，而且他想象出了一种状况，这种状况似乎基本上没有能力赋予城邦以最大的诸善者。很明显，第三个合唱歌队不跳舞，故合唱歌队的舞蹈中结合在一起的音乐与体育在此相互分离了，而且异邦人此刻只关注与音乐配套的言辞［即歌词］。一个不成其为合唱歌队的合唱歌队，若要既远离公众，又具有公众性，那么，只有一个办法，即书写并出版这个合唱歌队所说的话［亦即歌词］。言说者们的话一出口 (when the tongues of the speakers have been loosened)，就记录成了书面言辞，唯有书面言辞才有能力维系会饮与私人聚会之间适宜的中间状态；在会饮中，彻底的放纵令会饮统治者辨识出受他统治的人们的诸自然和诸作风，而在私人聚会中，只有偶然的一系列事件才会导致聚会中的言辞传出去。如果书写正是异邦人此刻之所想，那么，他随后的建议会证实这一点，这个建议就是，一旦礼法护卫者和教育者设法转写（transcription）《法义》，《法义》就会变成最适合年轻人的教科书（811d2-e5）。[1]这当然是笑谈，因为教育者—护卫者是柏拉图本人，而且柏拉图不允许雅典异邦人等待克利尼阿斯或其他任何人把异邦人的建议翻译成现实。[2]

　　起恢复作用的是《法义》，它独立于礼法起作用。此外，异邦人使《法义》与经过订正后的第三个合唱歌队相一致，从而令我们关注模仿的两个极端，这两个极端之间可能的连接一直是前两卷的隐蔽线索。如果玩偶表演使关于人的真实状况对所有人都显而易见（但只有非常小的孩子会把头奖给玩偶表演，因为玩偶表演给他们带来快乐），那么，玩偶表演的独特之处在于，它无法书写下来，且不得不为了令人快乐而表演，或为了表演而表演；可第三个合唱歌队没有什么要表演给城邦看，且只能书写下来。在这两个极端中，姿势和言辞完全相互分离；这两个极端如果有可能连接起来，就有可能带来感觉和理性之间的协和，[异邦人]正是意图使整全的美德成为这种协和。然而，玩偶表演与书写之间的这样一种协和，[78]似乎是神话，而非论证，是两个脱节要素的并置，而非任何真正的整全。看起来，只有书面要素能独自囊括一个行动，"表演与讲述"之间隐藏的差异才会得到克服。我认为，这就是施特劳斯（Leo Strauss）在他的《柏拉图〈法义〉的论证与情节》（*The Argument and the Action of Plato's Laws*）书名中暗示

---

[1] 参C. Ritter，《柏拉图的〈法义〉：希腊文笺注》，前揭，页45-46：在讨论异邦人在666d3提出的问题时，Ritter漂亮地评论道："因此，似乎他们'歌唱'（ᾠδαí）的内容应该直接成为艺术批评，似乎艺术批评就是καλλíστη μοῦσα［最美的音乐］。"

[2] 参Herwig Görgemanns，《论柏拉图〈法义〉的解读》，前揭，注3，页59-61。

的东西。^①不论如何，人们感到好奇，善者诸种的结构与礼法诸属的结构之间的分裂，是否既没有反映也不想要反映《斐德若》的教诲，即一部完美著作的诸部分构成一个整体，这部著作在时间的流逝之中一直得到阅读，而且时间秩序必须包裹在非时间结构之中，以便这部完美著作作为一只动物活起来。

异邦人问道："属神之人"将唱什么歌？克利尼阿斯的回答激发异邦人看似自发地攻讦克里特和斯巴达，这使克利尼阿斯如此困惑，以至于他只能相当无助地说，"我不知道这是怎么了，异邦人呵，你又一次以某种方式彻底贬低了我们的立法者们"（667a6-7）。克利尼阿斯的回答就是，克里特人和斯巴达人都不能唱任何其他的歌，除了他们熟悉的诸合唱歌队的歌；异邦人说，可能（εἰκότως）如此，因为他们在现实层面和真实层面^②（ὄντως）不熟悉最美的歌。多里斯教育接近于野蛮训练，因为多里斯政制是兵营政制，绝不允许在群体之外培养（grooming away from the herd）^③个体和私人。听说如下状况时，克利尼阿斯必定很震惊：[异邦人]竟如此贬斥合唱歌队的合唱（unison），而且比诸合唱歌队的歌更美的歌，正是他们的合唱歌队所追求的东西，他们的合唱歌队之所以有此追求，是因为其在通常那种剧场式合唱歌队面前感到羞耻，而且一个这样的合唱歌队实际上并非一个合唱歌队（667a11-b3）。异邦人声称，他一直都在依循逻各斯，且无意于贬低米诺斯和吕库古（或宙斯和阿波罗），倘若他事实上贬低了他们。他的意思似乎是，严格来讲，克里特和斯巴达已然得到了它

---

① [译按]暗示性在于书名中的"情节"本义为"行动"。该书英文版：Leo Strauss, *The Argument and the Action of Plato's Laws*, Chicago: The University of Chicago Press, 1975。中译本：施特劳斯，《柏拉图〈法义〉的论辩与情节》，程志敏等译，北京：华夏出版社，2011。
② [译按]"在现实层面和真实层面"整个是伯纳德特对ὄντως的翻译。
③ [译按]这里的英文措辞中，"群体"和"培养"均是牲畜养殖方面的措辞，本义为"畜群"和"饲养"。

们应得的东西，[以至于]人们不得不走得更远，诋毁它们的不文明状态。一旦他转向事物存在的方式（*ὄντως*），他就不再能允许影像的幻象（*εἰκότως*）支配他说过的话。这是一篇令人好奇的前言，致力于引介异邦人对影像的魅力（*χάρις*）的讨论，也致力于引介如下件事的重要性，即不要弄错一个影像在现实层面和真实层面所模仿的东西（*ὅτου ποτ' ἐστὶν εἰκὼν ὄντως*, 668c7）。① 人们可以说，异邦人 [79] 保存了一种延续性：他先在卷二开头把"合唱歌队"的词源追溯到"欢乐"，此刻则着眼于"魅力"，但这其中的区别：把 *χορός*[合唱歌队]的词源追溯到 *χαρά*[欢乐]，得凭靠一个属神命名（divine naming）的故事，而 *χαρά*[欢乐]和 *χάρις*[魅力]则不证自明地同源。不论如何，现在显然易见的是，异邦人对美丽歌曲的探寻，不会止步于诸美德及其影像之美。

　　异邦人允许第三个合唱歌队中有些人醉酒，以便削弱老年的苦涩的枯燥，这些人的灵魂一旦被掷入饮品之火里，就会变得更富弹性。他们将经历一种伪体验，因为他们并未恢复青春，而只是恢复青春的样子。狄奥尼索斯将带领他们进入一种本不属于他们的游戏状态。把不现实的东西引向老人，这必然引出影像的问题。老人变成了年轻人的影像；的确，假如老人在年轻人面前把老人的羞耻必定会隐藏的东西演出来，那么，老人在年轻人看来仿佛是那些取悦年轻人的玩偶活了起来。老人们各自要唱的歌，必定是与他们既有性情相违背的歌。他们必定相信，这歌不真实，且违背他们已在现实中体验到的一切。克利尼阿斯和墨吉洛斯各自都以各自的方式处于这样一种状态。从

①　选择 *χάρις*[魅力]这个词表达快乐，似乎意在令人记起品达《奥林波斯凯歌》（*Olympian*）1.30–32，那里用 *χάρις*[魅力]刻画诸神话的特征，诸神话以其复杂的虚构性超越了 *τὸν ἀλαθῆ λόγον*[真实的论证]：*χάρις δ' ἅπερ ἅπαντα τεύχει τὰ μείλιχα θνατοῖς, ἐπιφέροισα τιμὰν καὶ ἄπιστον ἐμήσατο πιστὸν ἔμμεναι τὸ πολλάκις*[魅力为有死者准备了所有温和的东西，为有死者带来了荣誉，并常常意图让不可信的成为可信的]。

开始到现在，他们都受到魅惑和引诱，以至于他们按异邦人的曲调唱歌，而非按他们自己的曲调唱歌。他们的状态让人记起欧里庇得斯(Euripides)《酒神的伴侣》(*Bacchae*)中的忒瑞西阿斯(Teiresias)和卡德摩斯(Cadmus)，当此二人准备为新神狄奥尼索斯跳舞时，并非只有彭透斯(Pentheus)相信他们几乎丧失了清醒和全部羞耻(欧里庇得斯《酒神的伴侣》204-209, 321-324)。他们必须相互倚靠，以便相互扶持，"因为对两个老人来说，倒下很丢脸"(364-365)。在忒拜(Thebes)只有他们欢迎狄奥尼索斯，于是卡德摩斯请彭透斯加入他们，"因为就算如你所说，这位神并不存在，也应该说他存在；应该很美地说谎，让人们认为塞墨勒(Semele)生出了一位神，让我们和整个家族获得更大的荣誉"(333-336)。忒瑞西阿斯同样以一些智术师式理由，解释了何以彭透斯拒绝［加入忒瑞西阿斯和卡德摩斯］是错误之举；这些理由中，无一确立了那位神的神性(godness)，且并非所有这些理由都显然内在于一个生成出来的单一存在者。异邦人想要克利尼阿斯和墨吉洛斯清醒地体验的东西，似乎以他们［忒瑞西阿斯和卡德摩斯］的言辞和行为为范例，不管这个范例有多遥远。①他们［克利尼阿斯和墨吉洛斯］在放松时也应该保持头脑清醒(keep their heads while letting go)。 [80]他们被置于一个奇怪境地：既不是会饮统治者，也不是会饮伙伴。他们步履蹒跚地跟随异邦人的论证，而非与之步调一致。不论愿意与否，醉酒者都采纳了年轻人的视角，这种视角模仿(images)了一种头脑发热(headiness)，他们［克利尼阿斯和墨吉洛斯］在没有

---

① 在《酒神的伴侣》中，酒神仪式被指控提倡不贞(unchastity)，忒瑞西阿斯捍卫了酒神仪式：他声称，σωφρονεῖν［保持贞洁］(［译按］本义为"保持节制")是出于自然，而且贞女(ἥ γε σώφρων,［译按］本义为"节制女子")就算在酒神仪式中也不会遭到败坏(314-318)。异邦人似乎对这一点心领神会，于是建议通过诱惑来训练节制：狄奥尼索斯此刻就是这样一位神，他以毫不严酷的方式强迫人们σωφροσύνη［节制］(［译按］在《酒神的伴侣》语境中当译为"贞洁")。

提升其理性的情况下，经历了这种头脑发热。他们已经变得更加漫不经心，而非更加理性。当异邦人讨论一个影像在模仿现实中的什么时，他想要我们密切注视他们［克利尼阿斯和墨吉洛斯］。

异邦人首先引入了一个表示快乐的新词——"魅力"或"优雅"（χάρις）。魅力似乎指这样一种快乐，这种快乐不可能脱离与它相伴随的一切（667d9-e3）。作为快乐的魅力模糊了作为优雅的 χάρις［魅力］与作为感恩的 χάρις［魅力］之间的区别。像"可爱"一样，魅力介于主观与客观之间。在最弱的意义上，χάρις［魅力］表示，χαίρειν［感到欢乐］及其补语性分词（supplementary participle）之间存在语法关联，在这种关联中，这个分词把快乐赋予这个分词所指示的行动，不管是"我喜欢步行"还是"我喜欢思考"；同样是在最弱的意义上，χάρις［魅力］还暗示着，更喜欢一个人所做的事，不管这事是否令人快乐。异邦人说，每当魅力伴随某种东西时，［这种东西］最重要的要素要么是魅力，要么是"正确性"或"利益"（667b5-c7）。他提供的两个例子都没有区分正确性与利益。有快乐相伴的每一类食品和饮品之所以健康，是因为其包含了有利且正确的东西；在学习的愉悦之中，真理既获得了其正确性，也获得了其利益；正确性和利益则似乎分别等于美者（τὸ καλῶς）和善者（τὸ εὖ）。异邦人已然论证了虚假是好的，那么，此刻他是不是在否认，真理可以是正确的且不好的？对于相像术，正确性和善者各是各，而且正因如此才可以设想，真理不是带来正确性和善者的东西。然而，真理决定了异邦人把什么称为平等性，而且平等性造就了正确性。故真理能够消解其诸效果（splitting its effects），而且正确性和善者并非总是尾随真理而出现。此外，异邦人似乎已经忘记了阴影画，在阴影画之中，除非平等者的影像并不平等，否则平等者的复制品看起来就不平等。异邦人此刻对所见（appearances）保持沉默，哪怕第三个合唱歌队所愿唱的歌取决于这个合唱歌队得到改变之后的状态——在这个状态中，这个合唱歌队不再能够看清东西(seeing straight)。

　　正当异邦人把真理恢复为模仿的评判者时，他把游戏(παιδιά)贬低为无害的快乐(667e5-8)。此刻不值得在任何严肃意义上考虑先前几乎被等同于儿童教育的东西。不应该依据真理来评判玩偶。那么，取代玩偶的位置——这个位置保持了被模仿者的大小和性质——的应该是什么(668b6-7)？为了认识诗歌是什么，人们必须知道［81］诗歌之存在(οὐσίαν)，①知道每首诗想要或意图(βούλεται)何为，知道一个影像在模仿现实中的什么(668c6-7)，因为在这种事上出错会导致无法识别诗歌意图的正误(τήν ὀρϑότητα τῆς βουλήσεως ἢ καὶ ἁμαρτίαν αὐτοῦ)。②因此，真理刚刚重新出现，"存在"就属于影像，而且我们关注影像就其存在而言(in its being)有何意图。因此，事实上，异邦人并非忘记了幻象术，而是将其关注点从观看者的视角转向了诗歌的视角：当诗歌给我们一个影像时，诗歌正在着眼于什么？如果我们回到玩偶的主题，那么，这意味着，如果我们观察玩偶的主人，那么，这位主人的表演中什么都没有，除了玩偶对小孩子的魅力；可如果我们不观察玩偶的主人，转而观察异邦人设计的影像——这个影像早在这场致力于快乐的比赛之前就设计好了——那么，值得关注的就是，何为这个影像的意图，以及这个影像就其存在而言是否正确。同样，这个新表述导致，尽管谐剧和肃剧令有些人找到了体验上的共鸣，从而给这些人带来了一种快乐，可谐剧和肃剧仍然不能由这种快乐来评判(参670b8-c2)；其实，如果人们知道这种模仿［即谐剧和肃剧］在模仿现实中的什么，那么，人们必定能思考出这种模仿的意图。当阿喀琉斯说阿伽门农(Agamemnon)长着狗眼鹿心时(荷马《伊利亚特》1.225)，人们不应该止步于仅仅指出阿喀琉斯提及的

---

① ［译按］伯纳德特原改作主格οὐσία，今据原文改回。
② ［译按］伯纳德特原改作主格ἡ ὀρϑότης τῆς βουλήσεως ἢ καὶ ἁμαρτία αὐτοῦ，今据原文改回。见668c7-8。

存在者［即长着狗眼鹿心的阿伽门农］并不存在，人们还有必要去发现这个存在者的双重意图：阿伽门农谄媚又胆小，阿喀琉斯则拥有狗心鹿眼，从而结合了至高的勇敢与至大的美丽，因为如果阿喀琉斯未曾把这个完美的赞美隐藏在这个完美的辱骂之中，那么，他原本不会展示这个完美的辱骂。索福克勒斯《安提戈涅》中的哨兵说，安提戈涅为亡兄波吕涅刻斯(Polynices)哀号，就像母鸟为空巢哀号(索福克勒斯《安提戈涅》423-427)；对此，人们只有自行补足索福克勒斯没有说的内容，才能知道他塑造的影像有何意图：安提戈涅［向波吕涅刻斯的尸体］撒下尘土，哨兵则把尘土拨开，这尘土正是那具尸体的生命。哨兵说的话符合安提戈涅，不是因为两人平等，而是因为两人不平等，这种不平等颠倒过来［即两人位置互换］才被证明是正确的。

一旦把苏格拉底的礼法定义考虑在内，异邦人的论证就重新提出了善者诸种的结构与礼法诸属的结构之间的关系引出的问题。在礼法之中，善者作为美者和正义者现身，此刻这一点似乎引出了模仿之存在(the being of imitation)曾经引出的问题。既然影像的意图在于把其自身追溯到善者，那么，美者和正义者，作为评判每一部礼法时所依据的标准，仅仅是一些影像吗？礼法［这支箭］是否命中了美者或正义者这个鹄的，是次要的问题；真正的问题是，礼法是否越过美者或正义者而接近善者。［82］这个新的视角的直接后果将是，礼法中的不义和丑陋不必然构成对礼法的反驳，不论故事叙述者必须在多大程度上粉饰礼法中的不义和丑陋。正如人们在认识人体之美时，不会满足于简单地认识画中人体的正确结构和组成部分(668e7-669a7)，同样，倘若人们仅仅理解礼法诸属的结构中各式各样礼法的正确的数目和排列本身，却不知道这些数目和排列的意图正确与否，那么，这些数目和排列将会造成很大的误解。八重善者的多重性保持灵魂和身体相互分离，这一点意味着，在礼法诸属的结构中，灵魂和身体之间有一个设想出来的体验性纽带，这个纽带已经扭曲了它［礼法诸属的结构]，不论［把善者诸种的结构］翻译［成礼法诸属的结构］时显现出多少善者及其真实等级。

可以用音乐所具有的类似的棘手的问题来衡量这个难题。贺拉斯有一首诗①看起来丑陋可怕（monstrous），就像这首诗开头的影像一般；在这首诗中，贺拉斯说，

> 如果一个画家想要把马脖子安放在人头下面，且用羽毛覆盖各样拼凑起来的动物肢体，以至于按上述方式造就的一个美女，还拖着一条难看的黑鱼尾巴，那么，朋友们呵，若有机会见到这幅画，你们能忍住不笑吗？（贺拉斯《诗艺》［*Ars Poetica*］1-5）。

如果不知道画家想干什么，人们的回答显然会是"不能"，而且就算知道了画家想干什么，人们也许还是会笑，倘若画家的现实意图也许正如看起来这样充满游戏色彩。一旦人们理解了柏拉图《治邦者》何以必然不合秩序且不合比例，《治邦者》就不会突然获得一种高贵的简单与宁静的伟大。异邦人此刻在谈论这样一些诗人，他们编造现实男人的话语时，为这些话语分配了女人的脸色②和歌曲（669c3-5）；但异邦人自己就做过这种事，当时他鼓动克利尼阿斯和墨吉洛斯去探寻歌曲之美，就像母狗追捕猎物一样。既然几乎不可能思考出，丑陋可怕的诸影像有什么意图，以及这些影像在模仿什么，应该得出如下结论（如果人们记得，苏格拉底曾感到困惑，不知节律与和谐对灵魂有何影响，见柏拉图《王制》400a2-c6）：第三个合唱歌队应该坚持使用清楚的言辞，因为一旦他们［第三个合唱歌队］唱歌时提高声音，他们就将感到困惑，就像他们想要思考出调式（modes）与情绪（moods）之间有何关联时

---

① ［译按］伯纳德特把《诗艺》当作贺拉斯的一首诗。
② ［译按］colors，第［82］页原注以complexion替换此词，可知指脸色。

一样(参815c2-d7)。①作为礼法的*νόμος*与作为歌曲的*νόμος*之间至深的联系似乎是,在二者任何一个中,都同样难以辨识出,当二者任何一个变成一种生活方式的一部分之后,什么东西会随之而来。②比起[83]诸影像的意图对礼法——正如对音乐——提出的难题,异邦人未曾花费多少才智(a feat of easy brilliancy)就注意到,多里斯关于勇敢的礼法曾经如何甚至毁掉了节制的基础。

　　异邦人没有显明,两种意义上的狄奥尼索斯的合唱歌队之间有何关联:在一种意义上,他们[狄奥尼索斯的合唱歌队]受过一对一的教育,从而知道他们应该唱什么歌曲;在另一种意义上,他们会在一场会饮中变得越来越大吵大嚷、口无遮拦(full of free speech)、不服管束(670c8-672a4)。如果他们知道什么歌曲适合他们,那么,他们必定知道,唯有当他们不是他们自己,③且"在某种意义上"被迫去自愿地唱歌时(670c9),他们才会去唱那些适合他们的歌曲。那么,他们曾在何时得知这些歌曲之所是? 不可能是在他们清醒时,因为那时任何歌曲在他们看来都不合适;也不可能是在他们醉酒时,因为那时首先离他们而去的东西之中就包括

---

① [译按]伯纳德特将d7误作c7,今改。

② 异邦人罗列了诗人和音乐家会去做,众缪斯却不会去做的八件事:(1)使男人的言辞具有女人的脸色和歌曲(如索福克勒斯笔下的埃阿斯[Ajax]或赫拉克勒斯);(2)使自由人的歌曲和姿势具有奴隶的节律;(3)使自由人的歌曲伴随着奴隶的节律和姿势(如异邦人自己在665c2-3的建议);(4)使言辞违背节律;(5)使包括野兽、人类、乐器的声音在内的所有声音都"仿佛在模仿某一种东西"(如苏格拉底在《王制》卷九结尾即558b10-e1描绘的灵魂);(6)使节律与姿势分离于歌曲;(7)使言辞脱离具有韵律的歌曲(song in meter)(如柏拉图《法义》具有节律的韵脚[the rhythmic clausulae]);(8)使乐器演奏出的音乐脱离言辞[即歌词](如婴儿的咆哮和无序运动)。第八件事也包括马尔苏亚(Marsyas)和奥林波斯(Olympus)的笛曲(flute nomes),据苏格拉底和阿尔喀比亚德所说,这些笛曲揭示了哪些人需要诸神(柏拉图《米诺斯》318b4-c1;《会饮》215c2-6);克利尼阿斯知道这些人是谁(677d4)。

③ [译按]指做不了自己的主。

他们的理解力(645e1-4)。①此外，如果他们知道每个年龄段适合
什么歌曲(670d7-671a1)，那么，他们必定是立法者；可他们不是立
法者：当他们醉酒时，他们为那些年过六十的人所统治，后者并不
饮酒且不能唱歌。他们［狄奥尼索斯的合唱歌队］为"会饮的礼
法"(sympotic laws)所统治，设计这些礼法的是曾经塑造年轻人灵
魂的立法者：异邦人不经意之间承认，狄奥尼索斯主管基础教育。
此外，如果我们把异邦人的话当真，那么，立法者应该教育已经受
过完整教育的人们。他们在会饮统治者的统治之下饮酒，意在使
他们成为比从前更好的朋友；至于他们会不会比在其他情况下更
自由地唱歌，或跳舞，或仅仅交谈，则似乎无关紧要。根据异邦人
自己的断言，他们唱歌带给他们的那些无害的快乐，使这些快乐成
为并不严肃的东西。严肃的是最美的恐慌，这种恐慌结合了正义
(μετὰ δίκης)，人们认为，会饮的礼法有能力把这种恐慌置入会饮之
中，以便［84］对抗会饮统治者—立法者—重塑者故意引入的并不
美的信心。［恐慌与信心］这对矛盾只在如下情况下才有意义，
即它们成为一个影像的组成部分，这个影像的意图的正确性在于
《法义》的对话情节。②克利尼阿斯和墨吉洛斯是伙伴，但不是雅
典的会饮统治者的伙伴。异邦人仅仅用言辞教育了他们，就好像
灌醉了他们；如果他不把他们灌醉，他就没法教育他们。

　　醉酒营造了不义欲望的一个虚幻形式，让老人灵魂中原有的
腐化变得无害，老人无力反思他们在体验层面对礼法的远离此

---

① 参C. Ritter，《柏拉图的〈法义〉：希腊文笺注》，前揭，页53-54，页57-60。
England在其笺注的第331页注意到这个问题有两个难解之处：首先，如果认为
ἡμῖν［我们］(670c9，［译按］伯纳德将ἡμῖν误作ἡμῖν，并将c9误作d9，今改)呼
应ᾄδειν［唱歌］，而不是充当一个"属格性质的与格"，那么，这个ἡμῖν可能暗示，
"这不是他们所期盼的现实的歌唱"；其次，England认为柏拉图不可能是在意指
"他表面上所说的，即有能力正确地做出选择是因为有能力理智地参与一个合唱
歌队"。

② ［译按］dialogic action，按前文对action的双关含义的强调，亦译为"对话中的
行动"。

刻所宣称的善者，正是这种无力令他们变质(sour)。在无需令克利尼阿斯真的醉酒的情况下，异邦人就曾从他那儿探知了同样的情绪。异邦人曾使克利尼阿斯免于陷入尴尬，也就是使之免于变成一个遭到年轻人嘲笑的讨厌的家伙；异邦人采用的方法就是，把狄奥尼索斯的合唱歌队——克利尼阿斯必定相信他应该加入这个合唱歌队——"藏在密室里"。①美者与正义者之间的分裂，曾被置入礼法诸属的结构，也曾在对永恒僭政的欲望之中得到体验，此刻则得到了解决，因为异邦人把最美的恐慌——对敬畏(reverence)和羞耻的恐慌——等同于他所谓"属神的畏惧"。这个解决办法似乎包含了一种神学，在这种神学中，诸神最美且最正义。这正是卷十的神学。这种神学新异得就像《王制》中的神学，在后者中，诸神最美，且是所有善者的原因，但他们不义。[《法义》中的]这种神学意在纠正一个广为流传的说法，即由于赫拉令狄奥尼索斯陷入疯狂，故狄奥尼索斯把酒给予人类，以便惩罚人类(672b3-7)。这个故事似乎暗示，若不是因为诸神，人类绝不会疯狂；可是异邦人知道，

> 任何活物在变得成熟和完整②(τελεωθέντι)时都适合拥有心智(νοῦν)，③故每个活物虽然应该拥有心智，但绝非生而有心智，而且在[出生的]那个时候，它尚不具备它自己的良好感知力(οἰκείαν φρόνησιν)，④它完全处于疯狂之中，无序地咆哮，而且一旦它站起来，它就无序地到处跳跃(672b8–c5)。

简言之，雅典娜是出于虚构；人作为一个种，被定义成理性动物，

---

① [译按] keeping ... behind closed doors，本义为"藏在关闭着的门的背后"。
② [译按] "变得成熟和完整"按希腊文直译为"变得完美"。
③ [译按] 伯纳德特原改作主格 νοῦς，今据原文改回。
④ [译按] 伯纳德特原改作主格 οἰκεία φρόνησις，今据原文改回。

这个定义的属神版本就是雅典娜。人不可能相信自己生成得有缺陷。看起来，如果人要承认这一点，并因此把这一点体验为羞耻，那么，人就需要诸神。礼法诸属的结构虽然对诸神保持沉默，却似乎需要诸神来完成此结构；但当诸神完成此结构时，人的肆心变得比人的疯狂更突出。因此，σωφροσύνη [节制] 在自身之中结合了清醒和节制，以至于它在善者诸种的结构中的地位仅次于良好的感知力，或者与其相当，或者甚至比其更高，但在礼法诸属的结构中，σωφροσύνη [节制] 丧失了其较高级的特质(higher element)。[85] 异邦人对言辞中的会饮(这种会饮的目标是无序的秩序)的模仿，重新结合了心智和羞耻。心智和羞耻的重新结合令我们不禁想起圣经中的一个故事，在这个故事中，人作为一个"种"之存在，既非男性也非女性，可一旦亚当和夏娃获得了善恶的知识，当他们相对而视时，他们就变得有了羞耻，此外，从他们这个种得到创造来看，他们发现自己有缺陷。此刻他们生成为时间之中的一个生成性的存在者(generational being)，从而不得不放弃永远存在这种可能性(the possibility of being forever)。

　　如果人们回想，异邦人在卷一中把勇敢降低至灵魂诸善者中的第四位，那么，人们会开始认识到，异邦人到现在为止已经按某种顺序讨论过了节制、正义、良好的感知力。良好的感知力曾突然出现于异邦人的暗示之中，这个暗示就是，人们会犹豫要不要在多数人面前谈论狄奥尼索斯赐予的最大的礼物，因为人们碍于有关狄奥尼索斯疯狂与复仇的流行故事。狄奥尼索斯揭示了有关人的生成的永恒真理，如果不理解此真理，那么，治邦者和立法者不会有机会解决政治问题。在《治邦者》中，爱利亚异邦人曾仅仅表明，人具有的假定的合理性(rationality)在政治上何等微不足道；这位异邦人未曾同时强调心智在时间中的生成这个问题。正当雅典异邦人把心智当作一个至关重要的问题重新加以讨论时，他把合唱歌队的歌曲分为两个部分，这两个部分的起源应该追溯到婴儿无序的声音与已经能够直立的年轻人无序

的运动之间的差异，而且对这两个部分的控制属于两门独立的技
艺——音乐与体育(672c5-6)。因此，卷二中的运动在卷二结尾
把异邦人在卷二开头结合到一起的东西分裂开来，这种分裂呈现
了如下这种运动的结果：这种运动在礼法诸属的结构的背景下向
着善者诸种的结构回归，正是善者诸种的结构曾区分灵魂中的属
神善者与属人善者。[①]不过，尽管异邦人说了所有那些有关姿势的
话——他现在说姿势专指富有节律的身体运动(672e8-9)——可
他一直仅仅在设法讨论音乐，而且他问克利尼阿斯和墨吉洛斯，
他们是否应该转而讨论体育(673b1-4)。克利尼阿斯回答得仿佛
这个答案显而易见，因为异邦人拿这个问题问一个克里特人和一
个斯巴达人；[86]异邦人看起来仿佛准备轻松地满足他们，因为
他们对体育的体验多于对音乐的体验：异邦人暗示了，在他看来
克利尼阿斯为了洞见到克里特礼法而受过什么［灵魂上的］体
育［训练］[①](φαίνη μοι γεγυμνάσϑαι πρὸς τὸ διειδέναι τὰ Κρητῶν νόμιμα,
626b5-6)。此刻不难猜想，卷三就是异邦人版本的［灵魂上的］
体育［训练］。卷三讨论诸城邦及其政制必然不完美的诸开端，
故在卷三的"历史"呈现之中，这些开端相当于人类的合理性
不完美的诸开端。政治生活赖以产生和发展的条件首先是"物
资"(material)，故这些条件相当于［在回答］，倘若属人的善者诸

---

① England删除了 ῥήμασί τε καὶ μέλεσι καὶ τοῖς ῥυϑμοῖς［歌词、曲调、节律之中］
　(669b2-3)，看起来有道理，因为这个表述与 καὶ ἐν γραφικῇ καὶ ἐν μουσικῇ καὶ πάντῃ
　［在绘画、音乐以及所有其他事物之中］(669a8)的普遍性相矛盾；不过，倘若异
　邦人暗示的正是这里所说的运动（尤其当 γραφικῇ［绘画］有可能指写作技艺时，
　正如在希波克拉底［Hippocrates］《论古代医术》[De prisca medicina]20.8之中
　那样），那么，England的删除可能并无道理。在《斐德若》275d4-5，γραφή［写
　作］据说真的像 ζωγραφία［画动物］一样；参《法义》769a7-e2，在那里画家所画
　的 τὰ ζῷα［动物］被称为 τὰ γεγραμμένα［写出来的东西］（［译按］在希腊文中，
　写和画这两个意思相通）；亦参《法义》934c1-2。
② ［译按］gymnastic insight into the laws of Crete，据所附希腊文，gymnastic后面似乎
　漏了for。参第［7］页对这句希腊文的翻译，彼处用到trained for。

种的结构在其转变过程中(under its transformation)为礼法诸属的
结构所审查,那么,会发生什么。②这到底是不是实情,还有待说
明;此刻,人们可以通过预见而声称,倘若卷二之于卷三被证明就
像音乐之于体育,那么,异邦人本来会通过对话来实现已然存在
于善者诸种的结构之中的分裂状况,③而且他本来会在时间之中
这么做。④不管怎样,对话的意图压倒了任何立法的目的,这一点
在异邦人概括醉酒的作用时变得十分清楚。当且仅当一个城邦
在礼法和秩序的支持下,把这个惯例当作一项严肃事务($ὡς$ $οὔσης$
$σπουδῆς$,[译按]673e3)(因为这个惯例服务于节制),乃至沉迷于
所有其他类似的快乐(这仍然只是为了主宰这些快乐)时,异邦人
才会批准这个惯例;[87]否则,他会建议采取比克里特和斯巴达

---

① 音乐与体育相分离,令人想起《王制》中苏格拉底的处理方式,在那里苏格
   拉底首先呈现了音乐教育,仿佛让音乐教育致力于把有血气的那种人(the
   thumoeidetic)变得文明,却让音乐教育最终仅仅关心对美者的热爱,同时,苏格拉
   底把体育变成了控制有血气的那种人的技艺。
② [译按]即属神善者与属人善者之间的分裂。
③ 通过概括他们的所做所为,异邦人沉迷于说一些明显重复的话,从这些话中可
   以清楚地发现,从诸种来理解诸事物不同于从诸属来理解诸事物。克利尼阿斯
   认为,他们关于酒的故事表明,这个故事并非致力于惩罚人类,而是致力于获得
   灵魂的美德,以及身体的健康和力量(672d11);但他不理解$χορεία$[合唱歌舞]的
   已经讨论完了的那一半,也不理解仍然有待决定如何讨论的那另一半(672e4)。
   故异邦人说到了他们的起点(参654b3-4),即$ὅλη$ $χορεία$[整个合唱歌舞]就是
   教育,它的一部分是声音的节律与和谐,它的另一部分是身体运动的节律与和
   谐。因此,按他的界定,音乐——"我找不到一个更好的词"(这是England对$οὐκ$
   $οἶδα$ $ὄντινα$ $τρόπον$[我不知该怎么说]的翻译)——关注灵魂的美德教育(the soul's
   education for virtue),体育——以舞蹈为形式——则关注身体的美德(673a3-
   11)。故$χορεία$[合唱歌舞]的一分为二与二者的重新合并正相反对,二者的重
   新合并会在如下情况下在人类这种动物内部发生:一旦人类这种动物意识到节
   律,它就会凭借它自然的跳跃习惯,造就并孕育出舞蹈($ἐγέννησέν$ $τε$ $ὄρχησιν$ $καὶ$
   $ἔτεκεν$),而且当歌曲召唤并唤醒节律时,[舞蹈和歌曲]此二者就会相互结合,并
   孕育($ἐτεκέτην$)出$χορεία$ $καὶ$ $παιδιά$[合唱歌舞和游戏](673c9-d5)。当$χορεία$[合唱
   歌舞]分裂成两半时,身体和灵魂完全各是各;当分裂的两半重新合并时(注意是
   双数),才有了人类这种动物,也才有了$χορεία$[合唱歌舞]的生成。

礼法更严厉的态度，在绝大多数情况下都不允许饮酒。起初对多里斯式严酷做出的必不可少的订正，现在几乎无法达成：异邦人对立法者—会饮统治者保持沉默。由此，克利尼阿斯和墨吉洛斯获准重新为勇敢和战争赋予首要地位。

第三章 历　　史

第 1 节　荷　　马

[88]卷二结尾和卷三开头之间的直接联系，在于异邦人的如下两个观点的可类比性：首先，异邦人认为深思熟虑不可能存在于任何动物出生之初，其次，异邦人认为得到了充分发展的诸技艺不会出现于政治社会产生之初。正如婴儿无序的运动和咆哮一样，圆目巨人式[①](Cyclopean)生活方式出现在心智出现之前。甚至可以把这种可类比性挖掘得更深。为了让孩子们以适宜的方式变得理性，异邦人曾建议以节律与和谐来规范运动与声音，让这些运动与声音逐渐与礼法相协和。他未曾完全显明，礼法是完全理性的，还是充当感觉与逻各斯之间不可或缺的纽带。如果在政治上进行类比，那么，严格意义上的礼法并非先于写作而出现，故严格意义上的礼法在诸技艺的发展过程中出现得相对靠后。然而，异邦人仍然没有完全显明，心智是仅仅与成文法一并产生，还是在成文法之后产生。此外，异邦人曾论证，如果应该存在最高类型的思考，那么，无序的秩序有其必要；而且如果城邦的产生与

---

① [译按]亦音译为"圆目巨人式"。圆目巨人的故事见荷马《奥德赛》卷九。

人的产生具有严格的可类比性，那么，这种情况［即无序的秩序有其必要］就暗示，对礼法的远离必须发生在心智产生之前。在政治社会产生之初，既无美德也无恶德，而且当美德和恶德产生时，二者同时产生(676a5-6)。朝向美德前进(ἐπίδοσις)就是朝向恶德前进。

在某种意义上，异邦人在卷三开头提出了与《法义》开头相同的问题。这个问题就是：应该认为一位神还是一个人对克里特和斯巴达的礼法负责？当时的回答把宙斯和阿波罗置于克里特和斯巴达的立法的开端。这个开端既在时间之中也在时间之外。它之所以在时间之外，是因为这两位神代表着礼法的终极原则，不管此原则的贯彻(transmission)是否必然发生在时间之中。如果宙斯和阿波罗仅仅代表着异邦人所谓的 [89] 属神善者——这些属神善者中只有一个［即勇敢］出现于克里特和斯巴达的诸惯例中——那么，《法义》开始于"ἀρχή［开端］即礼法的原则"这个观念，并在两卷之后转向"ἀρχή［开端］即政治生活①(πολιτεία)的开端"这个观念。对于《法义》的论证来说，这样一个纲领太过简单。异邦人曾经几乎［在开篇后不久就］立即提出了［ἀρχή(开端)即政治生活的开端］这个论题，因为他指出，在礼法诸属的结构中，有一个由生到死的生成过程；紧接着，他不仅考察了人的开端，而且考察了人在时间之中的体验②（[译按]631d-632c)。礼法曾居于这番审查的核心位置，但现在礼法处于一个政治背景之中。［异邦人］曾经把礼法的政治维度最小化，因为异邦人以自己的更具一般性的关于无序的建议取代了克利尼阿斯的"战争对于城邦具有核心意义"这个洞见。异邦人现在再次讨论战争，但战争不再处于政治生活的开端。在πόλις［城邦］和战争存在之

---

① [译按]据所附希腊文，一般译为"政制"。
② [译按]直译为"不仅考察了处于开端的人，而且考察了处于时间中的体验中的人"。

前，就已经存在政治生活。当异邦人再次讨论政治生活时，他并未一开始就追问什么是政治生活的原则，不管政治生活的原则是指政治生活的自然依据，还是指政治生活赖以组织起来的原则。他的分析的开端既不是"人具有自然的社会性"，也不是"正义是共同的善者"。尽管正义曾在某种意义上是完整的美德，但"正义是对城邦秩序的刻画"不是异邦人对政治生活的分析的开端。异邦人引出了一种对政治正确性的阐释，但政治正确性被证明是七个相互竞争的统治资格，[异邦人]必须顾及(accommodation)所有这些统治资格。正确性发生了这种分裂，这似乎主要是因为异邦人以政治生活的开端为开端。政治生活的诸开端必然不完美，这一点必然令政治生活的原则难以理解。

异邦人在寻觅一个有利的视点，让人们能够最容易且最美地观察政治生活的开端，也让人们能够发现，诸城邦同时朝向美德和恶德前进(676a1-6)。第一个问题[即政治生活的开端]本身会让人们思考家族，家族随后扩展成村落和城邦；可第二个问题[即诸城邦同时朝向美德和恶德前进]暗示，如果好和糟内在于对开端的任何远离，那么，开端不可能是中性的[即不好不糟]。哪怕当开端在时间中发生变化时，人们不会任意地插入恶德和美德，开端也必然有缺陷。异邦人曾以一个由许多兄弟——他们中绝大部分都不义——组成的家族为开端，以便让克利尼阿斯同意，法官—立法者的任务是在这些兄弟之间建立友情。[异邦人]曾把正义和不义简单地分配给这些兄弟，而且克利尼阿斯曾认为，这看起来合乎实际。然而，现在开端不得不受制于如下附加条件：开端一开始就立足于一个偏见，而且这个偏见在时间之中发挥作用，影响着开端之后产生的任何东西的结构。现在人处于一个并非由人的意愿导致的背景之中。[90]政治生活不完美的诸开端对应于在体验层面对礼法的远离，异邦人先前分析过这种远离，[并指出]谐剧诗和肃剧诗知道如何把这种远离呈现给那些经历过这种远离的人。现在另一类诗，即据说老人会喜欢的一类诗，将呈现政治生活的有缺陷的背景。现在异邦人提供了一个情节(plot)，人在这个情节中表演出了自己的生活。

异邦人说，如果有一个有利的视点可以令他的两个问题——即政治生活的开端以及政治生活朝向美德和恶德的变化——得到回答，那么，这个有利的视点就是一段不可思议的漫长的时间。这段时间的开端是一场洪水，尽管异邦人暗示，他本会以一场其他的灾难为开端；这段时间显得就是希腊的(Hellenic)往昔。所以，在人们看来，这仿佛将是对人类政治性诸开端的一种沉思性重构，可实际上这变成了对伯罗奔半岛的史前史(antecedents to Peloponnesian history)的一种沉思性重构。[异邦人]把神话、荷马诗篇、斯巴达传统编织为一体，以便描绘多里斯人的失败。① 这个失败被证明关乎异邦人对多里斯礼法的批评。由此，他回到了他在卷一中断的地方，当时他中断之后就讨论音乐和醉酒去了(682e8-11)。大约66个希腊文页面的离题话把他几乎带回到了[《法义》的]开端(参683b5)。他们得以回到开端，是通过以政治生活的开端为开端。这种对话中的回归(dialogic return)得以实现，是通过制作一个有关开端的故事，凭借巧妙手法(sleight of hand)，这个故事渐渐转向斯巴达的开端。当然，这段离题话仍有背离[《法义》的]开端之处，即把音乐放在体育之前，或者说把

① 值得注意，严格来讲，这三个要素构成了修昔底德在其关于开端的叙述(Archaeology)中所用的证据。尽管修昔底德确实提及了丢卡利翁(Deucalion)，即洪水中的幸存者(1.3.2)，但米诺斯对应于洪水(1.4.1)，此外，荷马是整个叙述的关键，最后，斯巴达传统也以一定的篇幅得到了描述(1.9.2；参柏拉图《法义》682e4-6)。682c10的ἀφόβως ἤδη πάντων χρωμένων τῇ θαλάττῃ [所有城邦都已经可以毫无畏惧地利用大海](这对应于特洛亚战争时代)直接令人想起修昔底德所说的ἀλλὰ καὶ ταύτην τὴν στρατείαν θαλάσσῃ ἤδη πλείω χρώμενοι ξυνεξῆλθον [只有当他们已经可以更大程度地利用大海时，他们才联合起来去从事这种远征](1.3.4，[译按]后一个希腊文表述中伯纳德特漏写了ταύτην，今补)(这同样对应于特洛亚战争时代)。修昔底德著作的1.12.1-2与《法义》682d5-e4所描绘的[特洛亚]战争之后的状况之间，有或多或少的一致之处。

灵魂放在身体之前。这段离题话把灵魂的首要性(primacy)当作一种对话中的优先性(dialogic priority),而没有追问,在现实时间之中,灵魂是否拥有这样的优先性。当异邦人把优先性重新赋予令美德或恶德成为可能的诸条件时,他不可能把这些条件置入现实时间之中。灵魂在生成之中具有优先性(这是卷十的教诲),灵魂在"历史"时间之中具有次生性(posteriority),这两种状况之间的鸿沟,似乎只能用神话和诗歌来填补。一个看似真理的谎言不得不在生成之中的优先者与时间之中的优先者之间周旋。

克利尼阿斯无法思议那段时间的长度,在那段时间里,产生了[91]诸城邦和过政治生活的人们(676b3-6)。异邦人允许我们推测,并非一直都存在诸城邦;至于是否一直都存在人类,则还有待讨论(参781e6-782a3),因为诸条件也许制约了诸城邦的兴起。异邦人说,在这段不可思议的漫长的时间里,千万个城邦产生又消失,而且各个地区的城邦都经常以各种方式改变其政制,由小变大,由大变小,由好变糟,由糟变好。异邦人想掌握"这种变化的原因",因为这种原因可能会为他们[三位老人]揭示诸政制最初的生成与[后续的]变形。不管有多大,也不管有多卓越,任何城邦或政制之所以不稳定和不持久,其原因在于诸政制最初生成的根源。古老的故事给出的原因,在任何其他情况下(otherwise)都不为异邦人所知;从有关人类灭亡的这些古老故事中,他选择了洪水的故事。通过选择洪水,异邦人选择了那些幸存者,他们的生活方式确立了政治生活的开端。依据异邦人的选择,政治变化的原因等于城邦消失的原因。由此,城邦从非城邦(noncity)中生成。这不是他先前对诸城邦的准希罗多德式(quasi-Herodotean)刻画所传达的印象(希罗多德《原史》1.5.3-4),在那番刻画中,异邦人似乎在谈论政治生活的一种持久秩序之内的不持久。就其自身而言,那番刻画原本会让人们认为,异邦人将把不持久的原因归于一种纯粹为人类所具有的对深思熟虑的欠缺(a purely human lack of thoughtfulness),而非归于某种超出人类控制的事物。可是此刻，导致政治生活不稳定的原因，成为了导致政治生活消失的原因。政治生活不完美的诸开端使政治生活永远不完美。

在卷三结尾，为了解决异邦人在那里提出的两个问题，克利尼阿斯建议，他们应该构造一个言辞中的城邦，"仿佛我们将从开端建立这个城邦一样"。如果克利尼阿斯的意思是，应该把一个完全理性的城邦想象成，从开端就不具有一个不完美的开端的任何迹象，那么，他的建议复制了《王制》中苏格拉底的言辞中的城邦。苏格拉底的"真实的城邦"（［译按］柏拉图《王制》372e6）把身体需要与满足这些需要的诸技艺结合在一起，克利尼阿斯的城邦则在这样的城邦之上附加了一些条件，这些条件不允许异邦人从开端起步。不过，比起卷三开头不完美的诸开端，这些条件似乎远远不会使这个城邦具有诸多缺陷。在诸技艺的伪装下，理性相对较迟才来到这个城邦，政治智慧比诸技艺来得远远更迟。如果雅典异邦人自己代表着这样的智慧对克里特的入侵，那么，可以想象，朝向美德的前进过程，会达到一种特定的完满。这种智慧之所以具有入侵性，是因为它不会自然地 [92]产生于多里斯诸制度的发展过程之中。正如良好的感知力在古老时代产生，亦如真实意见在古老时代稳定下来，这种智慧 [的入侵]是一个幸运的偶然事件(630a7-9)。人们可能说得最多的是，克里特面对[这种智慧的]入侵已经足够成熟，但只有当异邦人在前两卷里改变了克利尼阿斯的视角之后 [这么说才正确]。① 人们已经抛弃了作为孤立的(sole)美德的勇敢，而且不义的生活不再是最好的生活。这令克利尼阿斯变得清醒，与此不可分割的是，这也提升了克利尼阿斯。异邦人订正了对美德的一种极端有缺陷的理解，以至于克利尼阿斯变得有可能提出自己的建议；但人们仍然怀疑，这

---

① 与异邦人对克里特的入侵形成类比的是把哲学书（主要是巴门尼德 [Parmenides]和阿纳克萨戈拉 [Anaxagoras]的书）引入雅典，而这似乎为苏格拉底在雅典 [出现]的可能性创造了条件。

种奠基还不够稳固，还不能使这座大厦避免成为豆腐渣工程(jerry-built affair)。克利尼阿斯这位未来的立法者已得到了启蒙，但这种启蒙还没有把根扎得足够深，还不能克服他原本就有缺陷的理解。从这一卷开头的一种历史神话转向一种理性建构，似乎十分虚幻。异邦人讲过神话之后，我们仍然纠结在神话之中。

异邦人从洪水中得出的第一个结论是，[洪水中的]幸存者必然是生活在山顶的牧人。异邦人把他们说成人类中极小的一部分(677b2)，故他似乎暗示，洪水曾经吞没全世界；但正如他接下来所说，一块这样的地方已经足够：这块地方自给自足(self-contained)，且因其地理特征而可以有效地与大地的其他地方隔绝。的确，当异邦人描绘了与世隔绝的一群牧人承受的所有匮乏之后，他承认，在希腊人的许多地方，乃至在野蛮人的许多地方，迄今仍然存在这样的生活方式——他曾那样痛苦地把这种生活方式放在政治生活在时间上的开端(680b1-3)。因此，他可能原本就没有把这种开端放在时间之中加以观察，这样一种开端可能原本就没有通过缓慢地恢复丧失的东西而发生改变。可能原本就不存在如下状况：异邦人此刻可以基于洪水而假设，人们会渐渐不那么恐慌。洪水给了他一条时间的丝带，他可以在这条丝带上放置政治发展的各个阶段，仿佛这些阶段是起源的必然推演。由此，城邦变得不再恐慌，古老的故事把这种恐慌归于城邦的创立。现在令城邦得以存在的是遗忘而非铭记原初恐慌。人变得比从前更无辜。异邦人没有提到，圆目巨人[①](Cyclops)曾经吞食奥德修斯六个同伴。

[93]洪水过后幸存下来的山里人是牧人(νομῆς)。他们牧养(νέμουσιν)牛羊。在他们生活的时代，词根νεμ[牧养]构成的动词和施动名词(agent-noun)都取其字面含义，而且如果人们使用过

---

① [译按]参第[88]页译按。

νομος，则其音调打在尾音节上，指牧场①（参*νομή*［牧场］，679a1）。
νόμος［礼法］潜在于他们的生活方式之中，但当时还没有礼法。
我们完全可以认为，这些牧人已经有管乐器(pipes)，且*νόμος*已经
意指曲调。②异邦人没有给予他们礼法(*νόμοι*)，因为异邦人没有
给予他们立法者。礼法与写作密切相关，因为一部成文法典预设
了，一套新礼法已经公之于众；一部成文法典代表着，人们已经远
离了在它得到确立之前盛行的东西(参793a9-c5)。③因此，礼法属
于一个极剧变化的时代。礼法确认了人们已经有意识地抛弃了
父辈的传统，但古老的作风仍然与礼法共存，因为礼法不可能掩
盖一切在时间的流逝之中生成的习俗。④因此，礼法分裂为两部

---

① ［译按］即*νομός*。如音调在次音节上，即*νόμος*，则指"礼法"。

② Dietmar Korzeniewski，《希腊格律学》(*Griechische Metrik*)，Darmstadt：Wissen-
schaftliche Buchgesellschaft，1968，页183，讨论了提摩透斯(Timotheus)的《波斯
人》(*Persae*)结尾等处*νόμος*的双重含义。人们可以补充道，苏格拉底在一个场合
预设了*νόμος*一语双关，当时他正把自己的状态比作科吕班忒斯(Corybants)的状
态，因为苏格拉底当时对雅典礼法以外的任何东西都充耳不闻，且想象雅典礼法
在说话并与他展开争论(柏拉图《克力同》[*Crito*] 54d3-6)。

③ 参F. W. Maitland，"《英国法史》前言"(A Prologue to a History of English Law)，
见《英美法史论文选》(*Selet Essays in Anglo-American Legal History*)，Boston：
Little，Brown，1907，卷1，页19："在许多情况下，野蛮民族一旦与罗马接触，就渴
望拥有成文法。接受这种新宗教，必定在法律领域产生革命性后果，因为很可能
在此之前，他们一直认为传统习俗根本不可改变，哪怕他们一直认为制定传统习
俗的不是诸神——诸神现在正在慢慢变成恶魔。一直以来，法律是古老的东西，
新法律这个提法自相矛盾。不过现在，可是在某些事情上，必须存在新法律。"
比较这段与948d1-3。在优士丁尼(Justinian)的《法学阶梯》(*Institutes*) 1.2.10，斯
巴达是不成文法的渊源，雅典是成文法的渊源；参普鲁塔克(Plutarch)《对比列
传·吕库古传》13.1-4；R. Hirzel，《不成文法》(*Agraphos Nomos*)，Leipzig：B.G.
Teubner，1900，页73-74注1。

④ 参David Daube，"法律史中自我理解的事物"(The Self-Understood in Legal History)，
见《罗马法论文集》(*Collected Studies in Roman Law*)，Frankfurt：V. Klostermann，
1991，卷2，页1281-1282："在《圣经·旧约·利未记》第20章，最早的一系列惩罚
的头一个就规定奸淫继母者当判死刑。这些惩罚对母亲完全保持沉默，对女儿亦
然。"还有页1283："一项制度越具有根本性——具有根本性指扎根于社会织体之
中——就越适合被无条件接受并保持为未成文(unformulated)状态。"

分：一部分是被有意识地改变的对象，评价这些对象的标准是，它们是否更好；至于另一部分，如果它们发生变化，那么，当它们发生变化时，任何人——也许除了长者们以外——都不会思虑或意识到有任何东西发生了变化（参797c4-6；798a8-b4）。在《法义》前两卷中，这两部分的差异没有产生任何影响。不过，如果基础教育的目的是营造感觉和礼法之间的协和，那么，感觉更有可能围绕着父辈的作风而形成，而不是更有可能在回应严格意义上的礼法时形成。 [94]在某种意义上，合唱歌队的歌曲就是异邦人的法宝，用来把两类礼法合在一起；但异邦人自己的论证的结论却把合唱歌队的歌曲分裂为两种不同的技艺，即音乐和体育，仿佛这番论证会再现这两种技艺如何逐渐发展。通过回到这种分裂还没有发生的时代，异邦人将在现实时间里重新审视他的原初论证。

异邦人令他的牧人不知道绝大多数技艺(the arts in general)，正如不知道诸城邦中的人们各自损人利己的手段。牧人彼此隔绝为不同的家族(their isolation into families)，这也许足以解释他们何以无辜，不论山上幸存的技艺是否比异邦人允许他们拥有的那两种技艺更多(679a6)。异邦人把技艺和不死关联了起来，这令人记起卢梭，但异邦人没有提供任何论证。他把智慧(σοφία)——不论是政治智慧还是其他类型的智慧——的消失与工具的消失联系了起来，从而让这个难题变得更艰深。 [可是]要解释目前的发明为什么具有新异性，就必须假定智慧和工具一并消失。如果异邦人不仅暗示发明最新机械，而且暗示发现苏格拉底式政治哲学，那么，《王制》中的三个城邦与其说具有历时性(sequential)，不如说具有共时性(contemporaneous)。在真实的城邦里，生产性的诸技艺得到了最高程度的发展，且洪水幸存者的作风和道德十分简朴，这样一个城邦是纯粹的虚构；在发高烧的城邦里，消费性的诸技艺像生产性的诸技艺那样得到了高度发展，这样一个城邦作为一种条件，令哲学成为可能，也令哲人—王的统治成为可能。因此，败坏是礼法或智慧不可或缺的条件。无论是礼法还是智慧，其自身的生成不可能离开这种条件。无论是礼法还是智慧，只要没有令其自身渐渐地或突然地消亡，都不可能恢复无辜。言辞中的会饮曾经以有序的无序为原则，但此刻似乎成了一种历史生成过程的范本，不受任何会饮统治者所统治。如何用手术切除不必要且不健全的败坏要素，并留下健全要素？对这个问题的回答似乎超出想象。在美德上变得完美的条件，等于在恶德上变得完美的条件(678b1-3)。异邦人马上就会说，从没有任何人对任何事物立法(709a1-2)。

克利尼阿斯同意，在诸技艺和智慧上，几乎任何严肃的发现都在往昔，但他给出了一系列奇怪的例证：代达洛斯(Daedalus)、俄耳甫斯(Orpheus)、帕拉墨得斯(Palamedes)、马尔苏亚与奥林波斯、安斐翁(Amphion)。除了帕拉墨得斯，其他几位都是模仿性的诸技艺的发明者，而且这五位中有四位涉足音乐。这四位音乐家中有三位最后暴死：俄耳甫斯、马尔苏亚、安斐翁。特洛亚的希腊人 [95] 不义地处死了帕拉墨得斯，而代达洛斯把他的侄儿塔洛斯(Talos)从雅典卫城的城墙上扔了下去。罪恶与发明相伴而生：为了惩罚狄尔刻(Dirce)，安斐翁让一头牛把她活活拖过乱石岗，直到把她撕成碎片。对于这些发明者来说显而易见的(φανερά)东西，千万年来对于洪水幸存者及其后裔来说完全不可见(διελάνϑανεν)。克利尼阿斯承认，希腊人记得的一两千年不同于异邦人认为的洪水一直到现在所度过的时间，但克利尼阿斯似乎忽视了，异邦人认为政治生活鼓励持续创新。克利尼阿斯没有提及泽托斯(Zethos)，泽托斯曾与其兄安斐翁一同论证"政治的音乐"更强大(柏拉图《高尔吉亚》486c5)。看起来，异邦人简直太成功地使克利尼阿斯不再关注战争和城邦。不管怎样，异邦人使我们注意，克利尼阿斯没能理解，城邦是创新的地方；异邦人还使我们注意，他在叙述中远远更关心那些重新发现冶金术的无名氏，而非众缪斯的宠儿。他称赞克利尼阿斯十分节制，因为克利尼阿斯没有引证厄庇门尼德，厄庇门尼德无疑是往昔之人，而且据克里特人所说，他还使赫西俄德仅仅预言过的医疗技艺臻于完美。异邦人把克利尼阿斯带回到当下，并委婉地批评他竟相信一个克里特人在一个世纪之前使药学臻于完美。

　　在洪水过后几乎完全不记得城邦、政制、立法，确保了洪水幸存者不会立足于任何记不清楚的范例来恢复城邦、政制、立法（678a3-5）。随后出现的一切事，包括城邦和政制，还有技艺和礼法，都独立发展。如果前政治时代有善人和糟人之分，那么，他们尚且并非完全善或完全糟。他们没有体验过城邦里流行的许多美者和许多丑者。一个人非人性地对待他人，严格来讲，是一种政治现象。异邦人有意不提波吕斐摩斯①(Polyphemus)的食人行为，也有意不提圆目巨人的生活方式——他诉诸这种生活方式是为了说明人们所谓的"头人制"(dynasty)(680b1-2)——必然导致的乱伦行为，故异邦人似乎暗示，任何形式的兽性都与政治生活相伴而生，而不属于一个更原始的时期。然而，由于禁止乱伦和食人的礼法或习俗更有可能先于成文法而产生，而非更有可能首次在一部法典里得到规定，故异邦人没有清楚地表明，这些礼法属于他的礼法纲领（[译按]631d6-632d1）中的哪个要点。这些礼法是洪水之前的时代的残留，而那些山里人完整地保存了这些残留？请试想：有更大的一类合法禁令，所有这些禁令都反映出所有人都意识到，如果人做了他有能力做的每一件事，那么，人就不是人。如果我们说，那两条禁令 [即禁止乱伦和食人] 正是属于这类禁令，那么，异邦人已然选择 [96] 用一种原初的恐慌（这种恐慌使人在每次大灾难之后的最初阶段变得温和而友善）取代一种可能很缓慢的把人类人性化的过程(the possibly slow humanization of man)（这种过程只会遭到否决）。由此，异邦人本

---

① [译按]圆目巨人中最强大的一位。

来会区分人类的人性化和人类的政治化或文明化(如果有可能把人类的人性化归因于礼法),而且把人类的政治化与心智的培育结合到一起。比起生活年代更早或更晚的人,以圆目巨人的生活方式生活的人更节制、更正义、更勇敢(679e2-3),但并非更智慧。因此,祖传礼法不可能正确地翻译了善者诸种的结构,在这个结构里,良好的感知力居于灵魂诸美德的首位,而心智居于善者的八重结构的顶端。所以,如果异邦人认可祖传礼法在预言属人的自然并预见心智的首要性时所用的方式,那么,严格意义上的礼法比任何其他意义上的礼法更加紧密地与心智联系在一起。

　　恐慌阻止了牧人下降到平原,而且山区使牧人彼此隔绝。他们人很少,故十分乐于见到彼此,同时,牧场很丰饶,故确保了他们不会受到任何异邦人的威胁。他们不是素食者,而是宰杀他们养殖的畜群,还通过捕猎来补充膳食。在引用荷马关于圆目巨人们的说法之前,异邦人特意向我们保证,他不是在描绘圆目巨人们。波吕斐摩斯既不捕猎也不宰杀自己的大羊小羊,而且几乎不乐于见到迷路的到访者。异邦人不让他[所描绘的]这群人拥有任何海陆交通工具,这样一来,他在其时间性叙述之中让我们注意,荷马如何对比往昔的不同阶段,仿佛有某位波吕斐摩斯知道所有关于航船和海盗的事,却因为这个故事而必定成为无辜之人。奥德修斯当着波吕斐摩斯的面撒谎,而且很可能行骗成功了,但人们必定马上会补充道,波吕斐摩斯沉默地回应了奥德修斯的谎言,因为他吃掉了奥德修斯的两个同伴。接下来,圆目巨人们没能看透奥德修斯的化名"无人",这一点包含了一种更早的生活方式与心智之间的对抗。奥德修斯通过"无人"和心智($oὔ\ τις$和$μῆτις\ [μή\ τις]$)①之间不易察觉的双关来撒谎,从而得以在

---

① [译按]方括号内容为伯纳德特所补。$oὔ\ τις$即"无人"。$μῆτις$即"聪明",与"心智"($νοῦς$)义近。把$μῆτις$拆成两个语词$μή\ τις$,即可指"无人"($oὔ$和$μή$都是否定词,$τις$则指"某人")。

洞穴里对圆目巨人们隐藏自身，并最终躲过波吕斐摩斯［的血盆大口］，波吕斐摩斯的名字指"具有多重声音"。异邦人剥掉了荷马故事的一切外壳，只剩下关于圆目巨人们的叙述，由此他似乎暗示，荷马的虚构主要在于让心智的胜利与一种简朴的生活方式出现在同一个时代，可是原本只有这种简朴的生活方式消失之后，心智才会取得如此压倒性的胜利。异邦人说，心智回望了彼此隔断的家族的时代，并误认为这个时代就是食人的野蛮时代。[97]心智拒绝在自身的撒谎和偷偷摸摸(stealing)之中发现任何值得谴责之处，而且心智指责无辜具有兽性。心智的匿名既无根基也无往昔，从而也不能理解其自身在时间中的起源。

异邦人还在继续重新解释荷马，并扩展了一个问题，即善者诸种的结构与礼法诸属的结构之间的差异最初引出的问题。准确地说，正是匿名的心智处于善者诸种的结构的首要位置，因为善者的八重结构并非内在于任何存在者。在异邦人的征引中，圆目巨人的故事意味着，很难把善者诸种的结构翻译成礼法诸属的结构，这并非难在把人的非时间性的非存在(atemporal nonbeing)附加到人的时间性的生成(temporal becoming)之上，而是难在把心智的时间性的生成与心智之外的诸美德的生成联系起来。正义和节制这两种美德是礼法的主要目标，但这两种美德与勇敢都属于一个不允许出现心智的时间结构。礼法追求一种无辜，个人体验削弱了这种无辜，且历史时间已经去除了这种无辜。礼法以其自身的名义保存了一些条件的痕迹，若没有这些条件，礼法不可能成功，但在这些条件存在的期间，礼法不可能存在。①异邦人把礼法推进到了一个已然发明了写作的时代，从而以心智武装礼法，并剥夺了礼法的权力。异邦人要想跳出他自己设计的这个悖论，就必须更改圆目巨人时代的诸美德。除非这些美德受到了心智

---

① 这就是《治邦者》第一部分里作为治邦者范本的牧人与《治邦者》第二部分里有缺陷的礼法之间隐秘的联系。

的侵蚀，否则它们不可能接受心智的统治。异邦人早就暗示过这一点，当时在善者诸种的结构中，他曾让节制居于第二位（前提是节制与心智在一起），并把正义与良好感知力和节制混合在一起（［译按］631c）。在体验层面对礼法的偏离，抵消了心智后来对美德的修改。

异邦人曾令克利尼阿斯接受他的建议，即法官—立法者不应该处死一个自身与自身不和的家族中的任何人，从而不得不在众兄弟之中确立友情（φιλοφϱοσύνη），尽管众兄弟中的大多数都不正义。异邦人现在论证道，圆目巨人时代没有内讧，因为当时圆目巨人们彼此友爱（ἐφιλοφϱονοῦντο ἀλλήλους, 678e9）。彼此隔绝的状态曾像立法被认为的那样有效，但现在［异邦人］表明，立法被赋予了在人们之中恢复友情的任务，这些人已经忘记了原初的恐慌，带着嫉妒、敌意、野心的所有衍生物，生活在一起。 [98]城邦里的财富分配不平等，伴随着不可根除的贫乏，这一切要求礼法必须在不克服这些条件本身的情况下克服这些条件的后果。异邦人在后文会搁置苏格拉底的共产主义解决方案，并视之为完全不可能，除非施之于诸神和诸神之子(739b8-e5)。如果礼法有能力让每个人都信服诸善者的真实等级，那么，也许礼法不会需要任何额外的力量营造出一个遭到了遗忘的往昔的影像；可是，如果这种可能性像苏格拉底的共产主义一样渺茫，那么，礼法似乎不得不设计出一种恐慌，这种恐慌不同于大灾难的威胁。仅有刑法，似乎不足以达到这个目的，但异邦人承认刑法不可或缺，除非他们［三位老人］为诸神之子立法(853c3-7)。他已经提到过一种属神的畏惧，作为最美的恐慌(671d1-2)，而且卷十的神学似乎提供了刑法本身缺少的东西。至于这种支撑刑法的神学是否可以支撑善者诸种的结构，那是另一个问题。

圆目巨人时代的人们既无罪也无技艺。一位神为他们提供了编织和制陶这两种技艺，正是为了应对这样一种匮乏的生活(679a6-b2)。他们中没有某位普罗米修斯，否则这位普罗米修

斯就会从诸神那儿盗火,并给予他们盲目的希望,而非令他们预
见到自己的死亡。①异邦人不承认,有过一个时代,火还不为人所
知,而且吃肉意味着,既然不得不打破的禁令已然被打破,故不得
不用祭品弥补对禁令的必然违背。文明人的诸神仍然是往昔多
多少少缺乏智术的人所知道的诸神。异邦人远远没有诗人那么极
端。异邦人说:

> 他们〔往昔多多少少缺乏智术的人〕曾经很善良,因为
> 不论他们曾经听别人说什么东西很美或很丑,他们曾经都会
> 出于天真而相信(ἡγοῦντο)别人在最真实地言说,并被别人说
> 服。曾经没人知道(ἠπίστατο)如何像他们〔文明人〕现在这样
> 基于智慧来质疑虚假,相反,他们〔往昔多多少少缺乏智术
> 的人〕曾经认定(νομίζοντες)别人说的有关诸神和人类的话为
> 真,从而按照这些话来生活(679c2-7)。②

异邦人认为,他们关于诸神和人类的合法信念,不同于他们关于
美者和丑者的信念。异邦人做这样的区分让人记起,礼法诸属
的结构不同善者诸种的结构。这种不同的原初版本致力于解释
[99]属神善者不同于属人善者,正如诸神不同于人类。〔诸神和
人类〕这两类存在者之间的分裂就是异邦人〔所解释的属神善者
和属人善者之间〕的分裂的原型,〔属神善者和属人善者之间的〕
这种分裂虽然脱离了任何存在者,却把存在赋予了诸善者。他们
〔往昔多多少少缺乏智术的人〕当时按照诸神和人类之间的差异

---

① 参埃斯库罗斯《被缚的普罗米修斯》247-254。
② 我认为,这段话中的 ἃ ἤκουον … ἡγοῦντο ἀληθέστατα λέγεσθαι〔不论他们曾经听别人
说……他们曾经都……相信别人在最真实地言说〕与 τὰ λεγόμενα ἀληθῆ νομίζοντες
〔他们曾经认定别人说……的话为真〕的区别意味着:在前一个表述中,他们意
识到了,他们所遵守的准则是他们所听说的;但在后一个表述中,他们没有意识到,
"别人说……的话"可能不同于相应的存在者。

来生活，而且出于信念而认可美者和低贱者①之间的差异。这后一种性格刻画似乎暗示了当时盛行的合法作风。当时还没有出现鼓励不义和肆心行径的条件，这使礼法诸属的结构中的礼法二重性（美者和正义者）化约为单一品性（美者）。异邦人暗示，当时的人们有最高贵的性格（γενναιότατα ἤθη, 679b8）。他们缺乏智慧去质疑诸神和人类之间的区分的虚假性，也缺乏那种本来会令他们偏离礼法的体验。知识与体验之间的差异在如今诸城邦之中有效，这种差异衬托出往昔的无知与无辜之间的差异，这种差异曾使圆目巨人式的人一方面遵守礼法，另一方面没有能力在礼法中识别出善者的八重结构。没有金银，他们［圆目巨人式的人］就无从知道财富也是一种善者。

　　克利尼阿斯和墨吉洛斯各自以不同的方式回应了异邦人引用的荷马的四行诗（680c1-d3）。克利尼阿斯认为荷马有魅力（χαρίεις），认为他的诗篇的其他某些部分精致而文明（ἀστεῖα），但克利尼阿斯承认，与其他克里特人一样，他并不沉迷于异邦人们的诗篇，而且对异邦人们的诗篇所知甚少。因此，也许克利尼阿斯不知道，异邦人曾如何断章取义地改动荷马诗句的含义。另一方面，墨吉洛斯熟悉荷马；他相信，荷马超过所有异邦诗人，尽管荷马描绘了一种伊奥尼亚生活方式，而非一种拉孔尼刻②生活方式。荷马比蒂尔太俄斯更柔和：荷马并不把勇敢，或者甚至把热爱父邦，当作唯一的美德来赞美。墨吉洛斯必定知道，讲真话不是奥德修斯的显著特性。墨吉洛斯还似乎意识到，异邦人不得不对荷马做点手脚，以便让荷马来证明异邦人的逻各斯。墨吉洛斯说，正是通过神话，荷马把野性和残忍（ἀγριότης）归因于异邦人描绘的生活中的古老事物③（τὸ ἀρχαῖον）。野蛮在神话中等于隔

---

① ［译按］即独立引文中的"丑者"。在希腊文中两义相通。
② ［译按］参第［40］页译按。
③ ［译按］按希腊文直译为"开端性事物"。

绝。我们不可能断定墨吉洛斯的意思：他可能意指，食人是父权
(paternal)统治的诗性表达，在父权统治中，父亲吞食儿子，企图
中断代际传承的统绪(generational succession)；同时，他也可能仅
仅意指，通过吃掉异邦人们［这个情节］，诗人［荷马］制作了一
个共同体不在场的影像(参953d8-e4)。如果墨吉洛斯暗示的是
第二种可能性，那么，他就是在暗示，城邦的社会性伴随着一种
特定的对异邦人们的开放。这在他自己的例子①里得到了充分证
明。［100］不过，对我们来说，很难不想到斯巴达驱逐异邦人们
(ξενηλασία)的惯例，以及异邦人对斯巴达和克里特生活方式的非
难，异邦人曾说这种生活方式更接近于兵营的生活方式，而非更
接近于城市(ἄστη)居民的生活方式。②斯巴达人和克里特人并未
逐个打磨和驯化(ψήχων τε καὶ ἡμεϱῶν)他们野蛮而易怒的年轻人
(ἀγϱιαίνοντα καὶ ἀγανακτοῦντα)，而是让这些年轻人像畜群一般吃草
(ἐν ἀγέλῃ νεμομένους φοϱβάδας, 666d11-e7)。③那么，墨吉洛斯是否承
认异邦人故事所暗示的东西，即兽性是一种政治现象，而不可归
于前政治生活(参766a1-4)？不论如何，斯巴达人对异邦人们诗篇
的认可，似乎在某种程度上抵消了他们偶尔的排外。荷马是进入
斯巴达历史的门径。

　　克利尼阿斯把魅力归于荷马，而且墨吉洛斯承认神话证明了
逻各斯；如果人们对此加以反思，那么，对于异邦人为模仿性的诸
技艺制定的三个评判标准中的两个评判标准，这两位对话伙伴似
乎各持其中的一个评判标准。④异邦人马上就会说道，他引用的有

---

① ［译按］意即多里斯的城邦马格涅西亚在特定意义上对他自己这位异邦人开放。

② 在683a7-8，异邦人指出了斯巴达的这种含混状态，他首先把伯罗奔半岛上的多
里斯殖民地称为他们［多里斯人］的第四个城邦，但他随后又允许把这个城邦称
为一个民族(ἔθνος)。

③ ἀγέλη［畜群］暗示了斯巴达和克里特对训练男孩的队列的称呼，即ἀγέλα([译
按］与ἀγέλη为同一个词，只是多里斯式拼法改尾音为α)。

④ ［译按］直译为"这两位对话伙伴似乎把异邦人为模仿性的诸技艺制定的三个评
判标准中的两个区分开来了"。

关圆目巨人们的诗句，正如他引用的《伊利亚特》中的诗句，"是以某种方式依据神也依据自然而说出的"，因为荷马像诗人这一类中的其他人一样，"在美惠女神们（the Graces）和缪斯们的帮助下，触及了众多依据真实而生成的事物"（682a1-5）。似乎荷马与学习（μάϑησις）同等重要，异邦人曾说，如果魅力伴随着学习，那么，真实令学习完全正确且完全有益（667c5-7）。荷马之所以有益，是因为他证实了异邦人的故事，并把一个假设性开端即洪水与多里斯入侵联系了起来。荷马似乎在如下两件事之间周旋：一件事是异邦人看似武断地选择了一个波及广泛的灾难，另一件事是墨吉洛斯熟悉斯巴达的往昔。异邦人赞美荷马的诗句是依据神而说出的，这一点似乎暗示，假设的东西就这样幸运地降落为现实的东西（this fortunate collapse of the hypothetical into the real）。这是一种奇迹：荷马应该提供三个阶段，异邦人需要这三个阶段，以便经由这三个阶段转向特洛亚战争之后本来可能发生的事物。依据事物的自然而存在的东西，仿佛有神相助一样（providentially），符合异邦人的意图，即回到他有关音乐和醉酒的离题话之前。他 [101] 说，他们回到了 [先前] 那些主题，"仿佛依据神" [才做到这一点]（682e10）。作为事物的影像，神话得到了重构，以至于神话被证明是真实发生过且符合异邦人意图的东西。真实与意图之间的这种巧合令人记起，异邦人曾按照一个影像的意图的正确性来解释这个影像的正确性。当异邦人把自己的意图定性为对荷马式真实的满足，从而揭示了，从大灾难朝向多里斯入侵的前进运动，事实上是一种后退式重构，重构的对象是那些必定决定着斯巴达的诸开端的条件。正如洪水把圆目巨人们置入了时间之中，同样，特洛亚坐落在平原上这一点证实了洪水遭到了"不可思议的遗忘"，因为据荷马所说，许多河流从高处流入城邦。诗人 [荷马] 把我们置于事件之中（in medias res），异邦人则解释从前的事件。

　　异邦人之前并非必须引用荷马关于圆目巨人们的诗句，但他确实需要荷马来说明达尔达尼亚(Dardania)和特洛亚,倘若他要回过头来讨论多里斯诸制度。从心智后来的发展阶段开始反思,设想出了这样一个开端,此开端可以把荷马式神话引入心智自身的假设之中;通过第二个奇迹,进一步反思这个假设的后果,顺着这条路引用了荷马的两行诗,这两行诗把论证带入了现实时间;随后,通过第三个奇迹,异邦人在现实时间中抵达了他开始说离题话时的那个节点。①这似乎等于说,作为善者诸种的结构的首脑,心智使自身成为了礼法诸属的结构的原则,但这不是就礼法的抽象纲领而言,而是就一些特殊情形而言,这些情形曾导致斯巴达只保留了灵魂美德的一个部分 [即勇敢]。通过克利尼阿斯和墨吉洛斯赞美过而异邦人贬抑过的这种美德 [即勇敢],善者诸种的结构和礼法诸属的结构之间建立起了联系。这种联系就这样把讨论带回到了开端,当时克利尼阿斯凭借自己的礼法体验,洞察到事物的真实状况就是战争。异邦人马上就会表明,这个真实状况就是斯巴达历史的真实状况(686a7-b2)。克利尼阿斯作为一个克里特人的体验,使他误解了事物的真实状况,却没有误解斯巴达。这也是一种奇迹。第四个奇迹打断(punctuates)了第三卷,这个奇迹就是,人们受到引导而追问,柏拉图是否正在通过其神话的魅力而暗示如下可能性:这种魅力可能属于事物的自然。他对事物的模仿,是不是在模仿生成之存在之中的一种优美(a grace in the being of becoming)? 由此,无序之中的秩序,即言辞中的会饮的原则,在乾坤学之中有一个对应者。这样一种暗示[102]源于异邦人从音乐转向体育时所用的方式,却也恰恰可以被轻易地归因于异邦人诗性(poetry)之中的虚假。

异邦人以如下方式追溯立法的开端。在圆目巨人时代之后,

---

① [译按] 直译为 "异邦人在现实时间中抵达的节点与他刚开始说离题话时的节点相匹配"。

产生了民族或种群①(ἀγέλη)，就像鸟群一样，在民族或种群之中，最年长者(the eldest)施行统治，因为他们［最年长者］视之为范例的是隔绝的家族中的父母的统治。随后，他们［民族或种群］构成了一些更大的共同体，并在其山区居住地的山麓(foothills)耕作。他们筑起城墙抵御野兽，从而无意中造就了一个单独、巨大、共同的家族(680d7–681a3)。不过，这时各个家族之间的区别变得十分显著，因为长者(the elders)的独特品性在他们的后裔身上打下了烙印，既然他们［这些后裔］从前世世代代的隔绝状态保证了他们［长者］自己的倾向可以存留下来。更守秩序的人会生出更守秩序的后裔，更有男子气的人会生出更有男子气的后裔，他们各自都有自己的方式对待诸神和他们自己。我们不清楚，异邦人是否意指，正如更有男子气的家族有更好战的诸神，故更守秩序的家族也有更和平的诸神。不论如何，由于各个家族都有各自的礼法，且各自都更喜欢各自的礼法，而非其他家族的礼法，故一旦他们彼此打交道，他们必然会选出一些公共的官员(κοινοί)，这些官员会考察各个家族的习俗，挑出他们［诸家族］最喜欢的习俗，把这些习俗展示给这些多种多样的民族②的领袖，让这些领袖有机会在这些习俗中再进行选择。这些公共的官员就是立法者，但他们不是统治者。他们从诸民族各自的准王者(quasi-kings)中确立［诸民族共同的］统治者，而他们自己仅仅在转向一种贤良制(aristocracy)或君主制(monarchy)的过程中施行统治。

　　异邦人确立的这种先后次序不允许他混同立法者和统治者，因为统治者拥有先于共同礼法的权力，而共同礼法并非致力于建立一种统治原则，而是致力于制造各个民族拥有的礼法的一种混合(amalgam)。因为唯一的统治原则就是父权统治，最年长者的统治正是以此为依据，故任何统治者都不可能以更强

---

① ［译按］这里显然是暗喻人群为畜群。
② ［译按］如前文所说，民族在此与家族同义。下文亦有此用法。

大(superiority)为统治资格。[1]由此,异邦人在某种程度上人为地
(artificially)把冲突和战争推迟至特洛亚代表的第三阶段。所有
种类的政制和政治事件都在这个时代会聚在一起。如果异邦人的
意思是,如我们所知,在特洛亚战争时代,政治生活在本质上已经
完备,那么,在以达尔达尼亚为典型的第二阶段之后,必定已有许
多迅速的变化。战争必定已经很普遍,而且如果人们可以从异邦
人引用的荷马诗句的语境中推论出某些东西,那么,内讧必定也
已经很普遍。[异邦人引用的]两行[荷马诗句]摘自埃涅阿斯
(Aeneas)对阿喀琉斯说的话,阿喀琉斯此前刚刚问过埃涅阿斯:

> 你的内心[103]催促你和我战斗,从而期盼你统治特洛
> 亚人吗?其实就算你杀了我,普里阿摩斯(Priam)也不会因此
> 把统治权交到你手里。因为他有儿子,他自己也还健康,也
> 不缺心眼(荷马《伊利亚特》20.179-183;参23.458-461)。

因此,最早的立法远远晚于政治事物[而出现]。最早的立法在
区分诸神和人类时,反映了善者诸种的结构,而在区分高贵者和
低贱者时,则反映了礼法诸属的结构,不论这两种反映多么粗陋;
但最早的立法尚未掌控城邦里相互竞争的那些统治资格。最早
的立法追求统一,而无法确立差异(参684a3-4, b7)。立法者们确
立了统治者们,而且并未使这种确立行为成为他们建议的礼法的
一部分。祖传的正确性与自然的正确性之间的争执——《伊利亚
特》以这种争执开篇——此时对礼法来说尚未成为一个问题。

第2节　多里斯人

回归到异邦人离题之前的地方,不是一次完全的回归。尽

---

① [译按]因为任何统治者都以年长为统治资格。

管在善者诸种的结构中，礼法只要得到正确表述，就可以使人们幸福，但现在的问题是，在礼法中做出什么改变可以使城邦幸福（683b3-4）。称城邦很幸福是否像称城邦很好一样合理？对于这个问题，苏格拉底在《王制》中未曾给出令人满意的回答。当时阿得曼托斯反驳道，战士们正义却可怜（由此，苏格拉底提出他的言辞中的城邦，从而无意中证实了［阿得曼托斯］要求他反驳的这个意见），苏格拉底回答道，他力求使整个城邦幸福，而非仅仅使城邦的一部分幸福（419a1-421c7）。不论如何，一个城邦的幸福也许极其不同于一个邦民的幸福，因为自由和伟大（或帝国）似乎构成了城邦幸福的两个要素（参742d2-7；962e4-6），而邦民中分有这两个要素的任何人，要么会毁灭城邦，要么会过一种虚幻的幸福生活。①卷三将以波斯和雅典结尾，波斯和雅典代表着帝国与自由之间的分裂，这种分裂要多大有多大；但异邦人将论证，这两种政治［104］原则不可能保持平衡，除非有神相助（providentially）。城邦本身倾向于自己败给自己。可以说，礼法意在阻止城邦的"自己败给自己"传染到其邦民身上。我们已经从克利尼阿斯那里知道了，当礼法不阻止这种传染时，会发生什么。

多里斯人在伯罗奔半岛上建立的三个王国的居民曾发誓，如果任何人企图毁灭这三个君主制中的任何一个，他们都会援助

---

① 在埃斯库罗斯的《波斯人》中，大流士的鬼魂建议合唱歌队享受到来的每一天，但合唱歌队却歌唱起了大流士的征服行动，并把这些征服行动与他们［合唱歌队］自己从前的幸福联系了起来：ἢ μεγάλας ἀγαθᾶς τε πολισσονόμου βιοτᾶς ἐπεκύρσαμεν［我们切实地享受过伟大、良好且井井有条的人生］（840-842，852-853）。在《蒂迈欧》开头，当苏格拉底概述他的言辞中的最佳城邦的结构和种种卓越时，他既未把正义也未把幸福归于该城邦或其邦民；克里提阿斯（Critias）也有样学样，因为他赋予了古代雅典以正义而非幸福，他把幸福留给了帝国式的大西岛（imperial Atlantis）的诸王者（柏拉图《克里提阿斯》112e3；121a8-b7）；请按《克里提阿斯》110e3-6来思考《王制》373d4-10。克里提阿斯同样对古代雅典的节制保持沉默；请比较《克里提阿斯》110d1-2和《蒂迈欧》18b3-5。

这些王者；就在异邦人提到这一点之后，他自己立即凭宙斯发誓
（683d10-e3）。他发誓时正在追问，一种君主制或任何一种统治
何以会被毁灭；他回答道，他们刚才遇到过一个论证，这个论证
认为，任何统治都不会被毁灭，除非是被它自己毁灭。墨吉洛斯
没有忘记这个论证，而且异邦人更想用在行事中发生的事情的真
实状况来证实这个论证，而非更想像之前那样用一个有可能空洞
而无用的论证来证实这个论证（683e7-684a1）。多里斯人的誓言
曾暗示，那些允诺要维系这个誓言的人，绝不会自行变卦，否则
诸神会惩罚他们。誓言期望在时间的流逝之中维持一种自我同
一性，任何情境都不可能影响这种自我同一性。所以，异邦人提
及他们刚才（ὀλίγον ἔμπροσθεν）遇到的这些言辞，在某种程度上，相
当于在提及伯罗奔半岛的多里斯征服者们发的誓言本身。[①]他们
强迫自己持续地不理会必然性。一切事物都服从他们的意愿（参
687c1-8）。不过，他们的誓言被证明无效。因此，他们必定受到
了惩罚。如果异邦人暗示，他将找到现实证据来支撑发誓的前提
方面，那么，他似乎同时在回顾克利尼阿斯的原初论证，[②]克利尼
阿斯曾自愿捍卫如下观点，即"自己败给自己"这个概念完全没
问题。克利尼阿斯曾使这个观点更加站得住脚，他所用的办法就
是在诸城邦之中找到这个观点最好的证明，在诸城邦之中，更好
者对更糟者或民众（τὸ πλῆθος）的胜利，可以正确地称为城邦对自
身的胜利（627a5-10）。此刻异邦人暗示，他们将不会空洞地争论

---

① 据我所知，在柏拉图笔下，只有在此处，ὀλίγον ἔμπροσθεν［刚才］才用于提及刚
才说过的话，不过在希罗多德笔下有一个相似的表达，即 τοῦ περ ὀλίγῳ πρότερον
τούτων μνήμην ἐποιεύμην［我刚才回顾关于他的事］(4.16.1)，用于提及四行以前；
参4.79.2，提及六行以前；柏拉图用 τοῖς ἔμπροσθεν ῥηθεῖσιν νυνδή［刚才提到的那些］
这样的表达来提及仅仅六行以前(717b2,［译按］此处希腊文伯纳德特原改作主
格 οἱ ἔμπροσθεν ῥηθέντες νυνδή，今据原文改回)。

② 依据England的笺注（页361注1），这一点为F. H. Dale所暗示。684a1的 τὸν αὐτὸν
λόγον［论证本身］看似多余，Badham想删除之，但它若指克利尼阿斯的逻各斯，
则一点儿不多余。

克利尼阿斯自相矛盾的语言，而是会直面一些事实，这些事实提供了克利尼阿斯观点的某种内在一致的版本。此刻，我们真的回到了开端。因此，异邦人似乎必须 [105] 阐发一个论证，一方面，通过理解自我同一性，这个论证避免了陷入克利尼阿斯的悖论，另一方面，通过把某种责任归于意愿，这个论证展示了某种理性神义论(rational theodicy)的运作方式。异邦人自己的誓言当然暗示了，他心中有这样的东西。

最初的多里斯王者们曾发誓，随着时间的流逝，他们不会越来越暴力地统治，而且王族会遵守他们发的誓。这三个王国的三群邦民①也曾发誓，如果统治者们按照自己的誓言生活，那么，这三群邦民不会企图颠覆君主制，也不会与其他有可能企图这么做的人结盟(684a2-b2；参《克里提阿斯》120a7-b2, c6-d3)。这些王者们不顾及将来，以至于没有预料到，他们原初的环境有可能不会长久存在下去。如果邦民们的条件将有所改善，那么，同一股力量在邦民们看起来不会太大(excessive)吗？异邦人通过一番比较暗示了这个难题，他比较的一方是邦民们［对王者］提出的一个要求，即要求［王者］允许邦民们出于自愿而接受礼法，他比较的另一方是病人对医生和教练下达的一个难以置信的(implausible)命令，即命令［医生和教练］使病人快乐地接受对身体的治疗和调养，因为在这后一种情况下，异邦人补充道，如果可以不经历巨大的痛苦就恢复健康，那么，人们往往必定会感到满意(684c1-10；参720a4-6)。异邦人没有说，王者们有没有能力教育或劝说邦民们接受对他们的自愿性(volition)的这种限制。把被征服地区一分为三，有一个优势，即如果其中一个城邦不义，那么，另外两个城邦总是可以联合起来反对它；但异邦人没有补充道，如果两个城邦不义地结盟，反对另一个城邦，那么，这种状

---

① ［译按］peoples，在此并非指作为大众的民众，而是指全体邦民。

况可能无法应对。如果在任何一个城邦里，王者和邦民们相处和
睦，而在另一个城邦里，王者和邦民们相处不和，那么，前一个城
邦的和睦就会威胁到后一个城邦。异邦人表达誓言的方式没有澄
清他是否沉思过如下可能性：一个王者和他的邦民们之间的一种
联系，可能强于不同的两群邦民之间或不同的两个王者之间假定
的团结。除了共同礼法和合法王者以外，这三个城邦似乎不具有
任何 [政治] 结构。如果土地分配上做到平等，而且不存在旧债，
那么，确立礼法会更加容易，以至于一开始就不会有愤怒的呐喊
（cries of outrage）——"不可剥夺的（immovable）财产权利神圣不
可侵犯（sacrosanct）！"——但异邦人也没有说明，将来能否确保
平等而不受阻碍地进行分配，哪怕个人命运不可避免会有波折。
誓言没有阐明，严格来讲，什么会构成一种针对王者或邦民们的
不义。简言之，甚至在名义上（on paper），这三个王国也未曾预见
到甚至最明显的偶然事件；仅仅令人惊诧的是，墨吉洛斯不明白
出了什么错，而且在原初的安排上，异邦人可能相信的东西就已
经出了错（685a1-5）。

[106] 墨吉洛斯觉得异邦人的问题太难。异邦人回答道，不
管容易与否，他们都不得不思考并审视这个问题，因为如若不然，
他们就不得不放弃他们原初的决定，即决定"通过玩一场老人的
有关礼法的清醒的游戏"而无痛苦地走完他们的旅途。无疑，尚
不清楚，不论是要轻松地旅行，还是要清醒地自娱自乐，为什么多
里斯种种制度的失败是不可或缺的主题。人们原本会认为，通过
克利尼阿斯，暴露多里斯礼法的失败，已经足够；如果不得不为了
这些礼法的政治背景而进行这样的暴露，那么，似乎十分多余。
异邦人捏造的有关斯巴达的传说，无疑像言辞中的会饮一样具有
游戏的品性，但它将以什么方式清醒下来呢？ [异邦人] 摆正了
克利尼阿斯的位置（putting Clinias in his place），这么做对于理解
墨吉洛斯有什么收获？如果把他们的旅途与体育类比，并把他们
的讨论与音乐类比（他们曾在音乐中成功地把 [体育和音乐] 这

两门技艺区分开来)，那么，对于像斯巴达历史这样现实的事物，他们运用自己的机智，似乎会有助于重新联合身体和灵魂。如果应该描述礼法诸属的结构，那么，这样一种重新联合就有其必要；可是，异邦人的历史的幻想性，令这种重新联合成为不可能。人们原本会如是想象：完美的合唱歌队的舞蹈可以成为灵魂诸美德在时间中生成的场合，故拥有礼法的城邦可以发展成一个保护和培养这些美德的适宜场合；然而，灵魂和城邦之间的这样一种和谐立即丧失了，因为异邦人选择去戏仿现实，而非去设计一个理想故事。他更喜欢的这个故事以失败告终，但这个失败突然逆转成了一个完全的成功，这正是因为——而非尽管——它曾是一个失败。一个肃剧性的结局是最幸福的事情。当［这出肃剧］在彻底毁灭之中落幕时，［异邦人］要墨吉洛斯为之鼓掌。生活的肃剧和谐剧消解成了某种既新且异的事物。

异邦人的过度之举没完没了。现在他宣称，设计这三个多里斯城邦，不仅是为了它们能够相互保护，而且是为了能够保护所有希腊人，因为所有希腊人都畏惧亚述(Assyrian)帝国仍然可怕的权力，亚述帝国的一部分正是特洛亚，特洛亚正是出于信赖亚述帝国才挑起了［特洛亚］战争(687a2-e5)。这三个［多里斯］王国是赫拉克勒斯的子孙们所建立，人们认为赫拉克勒斯的子孙们组织了一支比远征特洛亚的军队①更强大的军队，因为正如赫拉克勒斯的子孙们优于伯罗普斯的子孙们(Pelopidae)，同样，赫拉克勒斯的子孙们的军队——他们打败过阿凯亚人(Achaeans)——证明了多里斯人更强大。墨吉洛斯毫无问题地接受了这样一个论证：早在卷一中，异邦人自己曾阻止墨吉洛斯使用这个论证，当时墨吉洛斯引用了斯巴达人在战场上的高超技艺，以便证明他们［斯巴达人］种种制度比所有［107］野蛮人的种种制度更强大

---

① ［译按］即下文的伯罗普斯的子孙们，亦即阿凯亚人。

(638a1-2)。通过夸大多里斯人相信自己拥有的属人的和属神的支持，异邦人要墨吉洛斯为［多里斯人的］堕落负责(sets Megillus up for the fall) (685e6-686a6)。异邦人甚至走得如此之远，以至于断言，倘若在三国联盟的统一协和之中实现了他们［多里斯人］原初的意图(διάνοια)，那么，他们原本会战无不胜(irresistible in war) (686b2-4)；但异邦人还是露出了马脚(gives the show away)，因为他用英格兰(England，［译按］《法义》笺注者)所谓的"一个小小的轭式搭配法"(a slight zeugma)令意图和行事成为同一个东西——γενομένη γε ή τότε διάνοια καὶ συμφωνήσασα εἰς ἕν［彼时的意图得到了实现并达到了协和统一］——仿佛它［这个意图］所认为的拥有权力完全在于想象它［这个意图］(all it took to be powerful was to imagine it)。[①]由此，异邦人把一种理想性赋予原初的多里斯组织，不是为了让严酷的现实性扫除这种理想性，而是为了显明这种理想性完全是假的。［异邦人］引导我们与墨吉洛斯一道接受城邦的现实善者遭受的最大恶者。墨吉洛斯相信，人们只可能关注这样一些礼法和政制，它们要么保存要么毁灭既美且大的东西(686b8-c3)。

　　墨吉洛斯有关美者的评论(异邦人很快会作出回应)把斯巴达历史与礼法诸属的结构的内在问题联系了起来。礼法诸属的结构主要关注美者和正义者，但城邦——没有城邦就不可能有严格意义上的礼法——取决于一种不可消解的张力，这种张力的一边是帝国，另一边是自由，或者说，一边是使城邦既大且美的东西，另一边是使城邦正义的东西。异邦人问道：

---

① England的笺注第368页："这个意图是联盟的意图，这个意图的实施需要联盟的存在，συμφωνήσασα［协和］在词义上恰恰符合这一点。"［译按］正文中所谓轭式搭配法指一个名词像轭一样套住两个动词，如在正文所引的希腊文中"意图"套住"得到实现"和"达到协和统一"。

我们所有人①是否会正如我们刚才所为,无意中产生如下
想法? 即:每当我们相信自己见到某种美的事物发生时,只
要某人知道如何在某种意义上很美地使用此事物,那么,此
事物本会造成令人惊叹的结果。然而,也许我们思考得既不
正确也不符合自然,不仅如此,基本上,任何其他人以这样的
方式思考任何其他事物,都同样思考得既不正确也不符合自
然(686c6-d4)。

所有人都容易犯这个错误,异邦人也因为这个错误而自嘲,因为
他刚刚因为这个错误而栽了跟头;这个错误就是,见到一个伟大
纲领崩溃了,就立马想象,要是当初适宜地使用知识,原本会怎
样。这样违反事实地(contrafactual)使用知识,并未使用关于目
的的知识,而是使用关于手段的知识,因为这个失败具备的似是
而非的(specious)伟大,抹杀了这个失败想象出的成功的现实后
果。在他们[三位老人]面对的这个例子中,多里斯联盟假如没
有几乎立即解散,原本会成功地维系它自己的自由,以及它对所
有其他人的奴役,而且他们[多里斯人]及其后裔原本会永远在
所有人[108]——既包括希腊人也包括野蛮人——中为所欲为
(687a2-b2)。异邦人通过多里斯殖民——他们[多里斯人]的誓
言证明了多里斯殖民具有乌托邦色彩——回到了克利尼阿斯的立
场:克利尼阿斯曾轻率地用战争中的胜利来建构所有属人事物的
真实状况。为了使战争中的胜利能够与永恒战争这个前提达成一
致,唯有让胜利者最终拥有一个普世帝国:如果这个帝国要获得
自身的自由,那么,它首先要付出的代价是令所有其他人丧失自
由,而它最后要付出的代价是令它自身丧失自由。罗马是这场运

---

① [译按]按语境,指全人类。

动的完美例子。①唯一能够阻止这样一种招致灾难的成功的是无能，或运气，或关于善者诸种的结构的知识。在不完美的诸条件下发展壮大时，城邦在品质上独立于如下事物：当城邦运气不够好，以至于有能力②打败它的邻邦或完全制服它所征服的民族时，这种事物为城邦出谋划策。斯巴达曾把美塞涅人③(Messenians)看作一个令斯巴达清醒的限制因素(参修昔底德《伯罗奔半岛战争志》4.80.2-3)，罗马同样曾这样看待迦太基，直到罗马灭亡迦太基，并加剧罗马自身自由的丧失。克利尼阿斯曾相信构成幸福的是永恒的僭主制，永恒的僭主制必然尾随罗马的功业而来。有一种幸福属于对城邦两大原则的满足，但这种满足必然使邦民的幸福不稳固。邦民必定会祈盼，城邦不要获得它想要获得的东西，但邦民几乎没能力劝谏城邦不要走向失败。多里斯人发了一个誓言，然后立马打破了这个誓言，这个誓言在主观上得到了惩罚，却在客观上得到了赞赏。他们得到了有关一种意愿的教训，对于这种意愿，他们既没有能力理解，也没能力欣赏。这条教训无疑是诸神的一种暴力的恩惠(a violent grace)，正如埃斯库罗斯谈到那条属神礼法，即"通过遭遇来学习"。④

　　[异邦人]必然把善者诸种的结构安放在较晚的时代，这引

----

① 参塔西佗(Tacitus)《阿古利可拉》(Agricola) 24.3：saepe ex eo [Agricola] audivi legione una et modicis auxiliis debellari obtinerique Hiberniam posse; idque etiam adversus Britanniam profuturum, si Romana ubique arma et velut e conspectu libertas tolleretur [我常常从他(阿古利可拉)那儿听说，只需一个军团和适量的辅军就能攻克并占有希伯尼亚，而且这甚至将有助于征服不列颠尼亚，因为当不列颠尼亚见到几乎到处都是罗马军队时，其自由也就遭到了剥夺]([译按]希伯尼亚和不列颠尼亚分别是爱利兰和不列颠的古称；原文中的方括号为伯纳德特所补)。
② [译按]按上文，有能力反倒成了没运气。
③ [译按]《法义》中的三个多里斯城邦分别是斯巴达、阿尔戈斯(Αργος)和美塞涅(Μεσσήνη)。美塞涅是美塞尼亚(Μεσσηνία)的都城，正如阿尔戈斯是阿尔戈利斯(Αργολίς)的都城。美塞涅人可代指美塞尼亚人，阿尔戈斯人可代指阿尔戈利斯人。故汉译文中为简便起见只使用"美塞涅人"和"阿尔戈斯人"。
④ [译按]第[7]页也提到这个表述。

出了这样一个问题：在这个结构生成之前，当城邦想象自己将会
实现其显而易见的命运时，什么阻止了城邦滥用注定令其自取灭
亡的工具理性(instrumental reason)？理智能力(intelligence)如果
脱离了良好的感知力，是否必然无效？这种理智能力是否非要在
自己坑了自己之后，才能认识到具有帝国主义形式的克利尼阿斯
式永恒僭主制(参687c5-7)？异邦人使政治生活的当前时代以一
场大灾难为开端，这场大灾难有效地埋葬了之前时代的所有先进
技艺，从而一并毁灭了普世帝国——普世帝国本来也许可以成为
相当漫长的技艺进步的顶点(参689c8-d1)。在此，这场大灾难似
乎不便于建立从圆目巨人们到斯巴达的顺利过渡(这与我们倾向
于相信的相反)，[109]却非常便于确保不会且不可能(之所以不
可能，是因为此类灾难属于尘世[earthly]事物的自然)发生这样
一件事：如果发生上述顺利过渡，那么，墨吉洛斯相信这件事原本
会令人惊异。政治生活不完美的诸开端，终究以不完美的诸条件
为自身的背景，这些条件不得不被宣称为好东西，因为如果没有
这些条件，那么，一个永恒的噩梦会永远阴魂不散。然而，不像帝
国设计的失败，一场大灾难不是任何人都可以祈盼的东西。异邦
人把我们缺乏思考的希望与忒修斯(Theseus)对波塞冬(Poseidon)
的祈盼——即祈盼波塞冬毁灭忒修斯的那个遭到错误怀疑的儿子
希波吕托斯(Hippolytus)——相比(687d1-e4)，这番比较想突出的
观点是不是，大西岛(Atlantis)的任何邦民，不管具有多少良好的
感知力，都不会祈盼波塞冬令他的国家[大西岛]在开始征服世
界上其他地方之前就消失于海浪之下？① 当异邦人做这番比较时，
他无疑让墨吉洛斯得出了一个更令人安慰的结论，即多里斯人的
失败具有肃剧性；但[异邦人]希望，我们作为观众在这部肃剧中
感到欣喜，没有一丝怨恨，纯粹是因为这部肃剧具有肃剧性，而不

---

① [译按]参柏拉图《蒂迈欧》开篇及《克里提阿斯》。

是因为这部肃剧的呈现方式令我们痴迷。

此刻，论证已经回到了善者诸种的结构（应该以这种结构为范例来制定礼法），因此，至于克利尼阿斯和墨吉洛斯认为异邦人是在做游戏还是在严肃其事，异邦人似乎无动于衷。他的无动于衷表明，他的游戏不同于他的严肃：对于他的游戏，良好的感知力给出的对策必定是选择失败，因为如果不选择失败，就只能选择招致毁灭的成功；他的严肃则必须仅限于不去祈盼一切事物都按人们希望的那样发生，如果人们不拥有心智。由此，［异邦人］仿佛让心智来掌控城邦，但事实上，［异邦人］限定了这种状况的前提，即立法者必须试图在城邦中灌输良好感知力并根除愚蠢（688e5-8）。心智指定礼法代表它施行统治，礼法则提出意见，此刻异邦人并未把意见刻画为真实的（689a5-c3）。只要任何人并不热爱而是仇恨任何既美且好的意见，同时还热爱且拥抱既低贱且不义的意见，异邦人就把意见称为最大的愚蠢。异邦人没有要求人们热爱正义的事物。但违反事实的想象，在面对永恒帝国的前景时，曾热爱那种看似既美且好，实则拥抱不义的东西。异邦人回顾了他之前对教育的理解，即把教育理解成一个带来感觉和理性之间的协和的过程；由此，异邦人似乎忽视了一种耐力，这种耐力由城邦自身的自然所确立，为的是把不义者和美者分离开来。在他第二次［表述教育］时，异邦人以理性的意见把痛苦和快乐之间的不协和标识为最终的且最大的不协和，从而解释道，感觉属于灵魂中的民众（demos），正如民众［110］或者说大多数人（multitude）属于城邦。当［异邦人］把灵魂政治化时，他首先把城邦诸欲望的位置分配给民众，但异邦人在重述这一点时说，每当灵魂反对诸学问（sciences）、诸意见或逻各斯时，他就称灵魂为愚蠢的东西。因此，如果灵魂完全只是诸感觉，那么，城邦必定只是民众，而且当［异邦人］暗中指责民众毁灭了多里斯联盟时，这种指责不得不扩展至城邦整体。此外，与苏格拉底一样，异邦人没有能力令灵魂和城邦在严格意义上类似。他把诸学问、诸意见或逻各斯说成城邦的自然统治者,却没有把礼法说成城邦的自然统治者。相反,此刻他说民众不服从礼法和他们的统治者,他还把这种状况与灵魂中无益(do no good)的美丽言辞的在场匹配起来;可他一开始就曾把仇恨美者和热爱不义说成判定愚蠢的决定性要素。民众外在于美丽言辞的范围,不论美丽言辞有效与否。最终,如果民众可以与诸感觉相比,那么,差不多可以承认,绝对无法在政治上获得教育所追求的协和,因为[异邦人]曾把协和称为完全的美德,而且民众在最好的情况下能够趋近协和,协和若得到实现,则会有效地令礼法和统治者一并消失。

异邦人的论证的种种不连贯(the slips and slides)引出一个结论,即统治者必须分有智慧,而且这种智慧是最美且最大的协和;这些不连贯让人们不知道,[异邦人]认为智慧应该做什么,以及智慧与礼法如何相关(689c6-e2)。在这整个讨论中,异邦人一直对心智保持沉默。异邦人列出了七种统治资格,其中第六种,即知识和良好的感知力,在善者诸种的结构中居于第一位。尽管这种统治资格似乎最具正确性,但它还是遭到了贬低,这直接指出了智慧应该发挥的作用:令正确性适应必然性。这七种统治资格是:(1)父母乃至所有祖辈对后代的统治资格,这在任何地方都是正确的统治资格;(2)高贵者或出身好的人(γενναῖοι)对不高贵者的统治资格,这种统治资格紧跟在第一种统治资格之后;(3)年长者对年少者的统治资格,这种统治资格跟随着前两种统治资格;(4)主人对奴隶的统治资格;(5)更强者对更弱者的统治资格;(6)有知者对无知者的统治资格;(7)机运的统治资格。在这七种统治资格之中,第一种和第三种曾分别出现于圆目巨人的生活方式及其原初延伸形式之中;第二种曾是多里斯人的信念,多里斯人曾认为,作为赫拉克勒斯的后裔,他们优于阿凯亚人,即伯罗普斯的后裔;第四种曾支撑着对伯罗奔半岛原初居民的征服;第五种曾表现在,他们[多里斯人]相信自己在美德上更强大,因为他们打败了[111]特洛亚的征服者(685d6-e3);第七种曾存在于斯巴达那完全愚蠢的运气(sheer dumb luck)之中，这种运气令斯巴达王室生出一对孪生兄弟(691d8-e1)。在异邦人讲述的历史中，明显缺少知识和良好的感知力。[除第六种以外的]所有其他统治资格都可以在大灾难以来的政治生活发展过程中找到依据。不能忽视这些统治资格，因为如果良好的感知力妄图取代这些统治资格，那么，它会丧失感知力。不得不为每一种统治资格赋予一种重要性，这种重要性随着历史环境的变化而变化(参711c8-e3；744a8-c4)。显然，圆目巨人式正确性最有权力，也最少受制于其他统治(参754a9-c2)，不过乱伦禁令——如果没有这个禁令，那么，城邦会失去其异族通婚的基础——表明了，在智慧介入之前，家族与城邦之间曾如何相互适应。因此，异邦人提供了过去时代的一个版本，这个版本展现了，甚至在心智能够梦想把善者诸种的结构翻译成礼法诸属的结构之前，心智必须面对什么限制。这些统治资格总是落到理性的权力的水平之下。因此，工具理性会想象，如果它仅仅控制着某项光荣的事业，它本会有什么成就；每它这样想象时，它就容易忽视这些统治资格。异邦人似乎暗示，这些因素[即这些统治资格]完全无关于大灾难不可预见的降临，而是独立地致力于阻止普世帝国的实现。

这六种统治原则在稀释心智时，也稀释了善者的作用(参712c8-d1)。正确性优先于善。对善者诸种的结构的偏离，内在于统治者和被统治者构成的必然具有情境性的结构。对善者诸种的结构的偏离在政治上等于在体验层面偏离礼法，后者曾为肃剧和谐剧所展现；不可能克服对善者诸种的结构的偏离，充其量只可能使之与心智的意图相和谐。这种偏离的这些原则，只要相互限制其各自在相互的自然对立中提出的绝对主张(the absolute claim that they severally put forward in their natural opposition to one another)，便总是处于某种和谐之中(690d3-5；参714e6)；但这种相互限制只给知识留下了很小的空间，让知识自己去适应这些原则。因此，克利尼阿斯单单挑出强力(might)作为一种具有必然性的统治，这种做法具有误导性，因为其他统治同样会对礼法结构施加强迫。①唯有知识没有权力使人们服从它，因为它只能敦促无知者跟随它，无知者无疑是崇尚诸感觉的民众(the demos of the feelings)，他们不可能知道自己的无知。因此，知识必须建构一个联盟(参645a4-b1)。这个联盟就是与礼法结成的联盟，品达曾把礼法等同于力量(force)。异邦人重新使礼法与自愿者相协调，但他没有否认，礼法会像品达所说的那样，"对最正义者施加暴力"，因为最正义者只会服从 [112] 知识的命令(dictates)(参875c3-d2)。然而，知识必须满足于充当具有正确性的种种统治资格中的仅仅一个组成要素，也必须承认阿尔戈斯和美塞涅的王者们的失败 [不可避免]，而这等于承认，如果凭借智慧而采纳了中道的尺度，那么，[部分]比整体更大(690e1-5)。知识将以礼法为形式在城邦中出现，因为礼法应该明智地缓和(gentling)每一种具有正确性——包括知识的正确性——的统治资格的傲慢要求(690d1-5)。

从前，如果灵魂中的民众不遵守礼法和他们的统治者，那么，异邦人会把愚蠢的起源归于灵魂中的民众；可是此刻，异邦人使克利尼阿斯同意，就阿尔戈斯和美塞涅而言，正是其王者们逾越了应当的尺度，并用他们表面上的智慧——或者说用愚蠢——毁掉了一切(690d5-691a9)。然而，这种矛盾只是表面上的矛盾，因为灵魂中的自然等级秩序经历了政治中的自然等级秩序所经历的分裂性影响(splitting effect)，由于这种影响，七种统治资格不允许人们预言，[除第六种以外的]六种统治资格中哪一种在任何给定的情况下将逾越中道的尺度。在灵魂自身之中，最年长者的统治资格变成了卷十的神学中的灵魂在生成上对身体的优先性，而且品达式统治资格(即自然而然更强大的力量)变成了"更糟者

---

① ［译按］此句说的"强力"即前述第五种统治资格。"必然性"在希腊文中指强迫，故此处提到"强迫"。

到底是否强过更好者"这个问题——异邦人在开篇曾拒绝深入这个问题(627b1-2)。在灵魂内部，心智与灵魂之间的关系，是异邦人神学里的一个没有解决的困惑。因此，对灵魂而言，这些相互竞争的统治资格可以得到简化；但在现实时间中，这些统治资格会复杂地纠缠在一起，这种纠缠必然会模糊灵魂的自然结构。对于斯巴达，在时间的流逝之中，出身的统治资格(根据一位神的安排，这种统治资格只拥有一半权力)要适应二十八位长者清醒的权力(异邦人说，这种权力有赖于属人的自然与某种属神的权力相混合)，这两种统治后来均听命于五长官(ephors)，五长官差不多等于第七种统治资格，即机运(691d8-692a6)。在"属人的自然与某种属神的权力相混合"这个表达的伪装下，异邦人暗示了吕库古，吕库古曾就立法问题请教德尔斐的阿波罗；通过提及"第三位救主"(他进一步节制斯巴达政制)，异邦人暗示了宙斯，因为在一场会饮上，第三杯祭酒(libation)敬宙斯。异邦人尽可能美地概括了，狄奥尼索斯曾如何支持为审视克里特和斯巴达礼法而做准备。言辞中的会饮(其原则是无序中的秩序)在被翻译成现实时间时，渐渐地具备了斯巴达的结构，在这种结构中，偶然性仍然充当着稳定性的最终源头。然而，斯巴达并非仅仅将其稳定性归于某种 [113] 政制，在这种政制中，第二种、第三种、第七种统治资格相互更改；斯巴达一直动员作为被统治者的民众投入战争，这为这种政制本来具有的三种限制加上了第四种限制。异邦人说，在马尔多尼俄斯(Mardonius)入侵希腊时，斯巴达正与美塞涅打仗(692d6-8；698e2)；这种说法并非真实状况，却证实了克利尼阿斯的洞见。此刻出现了两种状况之间的对比，一个状况是，斯巴达没能建立善者诸种的结构的合法对等物，以至于只有第四种灵魂美德属于斯巴达礼法，另一个状况是，斯巴达能够确保自身稳定，因为它幸福地结合了第四种灵魂美德的成果与那三种统治资格之间的平衡；这两种状况之间的对比显示了，种种条件——它们在理想意义上将实现善者诸种的结构——如何弥补了在实现善者诸种的结构时的功亏一篑(the falling short of its realization)。上述对比不仅体现于［斯巴达男人的］男童恋和斯巴达女人的轻浮(异邦人把此二者揭示了一种不平衡,这种不平衡的一边是,斯巴达人耐得住痛苦,另一边是,斯巴达人受不了快乐的引诱［perviousness to pleasure］),而且体现于如下事实:克利尼阿斯暴露出自己心怀波洛斯和卡利克勒斯的梦想。灵魂失控了,但灵魂成长于其中的城邦却是自制的范例。

如果某人能够在阿尔戈斯和美塞涅确立斯巴达曾及时采用的诸原则之混合,那么,多里斯联盟的三个城邦原本可以不通过战争而完成一件事,这件事正是斯巴达和雅典曾经在一起设法通过战争而完成的事(692b7-c7)。如果波斯未曾轻视希腊,那么,它原本绝不会攻打希腊;人们原本会要求这种远见用知识做出在斯巴达因为有神相助(providentially)而发生的事情,但这种远见似乎没有出现,因为人们不可能预先说出哪种统治资格在任何给定的时代十分突出。人们深知,第六种统治资格在任何时代都不会拥有一个明明白白的场合,以便把善者诸种的结构翻译成礼法诸属的结构。这之所以不可能,直接原因是,政治生活的诸开端必然不完美;此外,正因为这不可能,所以如下问题悬而未决(moot):如果知识per impossibile［不可能］有自己的方式,那么,知识是否有能力获得稳定性?

第 3 节　波斯与雅典

在描述了多里斯人之后,异邦人总结道,一个城邦必须自由、有感知力(ἔμφρων)、对自身友爱,而且这些［目标］是立法者在立法时所着眼的对象(693b4-5)。他立即补充道,这三个目标——他现在称之为节制、良好的感知力(φρόνησις)、友爱——是同一个目标。最惊人的［114］是,他把自由和节制暗中等同了起来(因为节制仿佛与伟大或帝国相反),而且一开始提出的城邦两大原则(墨吉洛斯曾表示认同)现在简化成了一个原则。受限制就是自由,因为不受限制就是成为一个僭主式帝国城邦(the tyrant city of an empire),而成为一个帝国城邦(an imperial city)就是令自身接受僭主制统治,从而丧失自身的自由。至于把节制与良好的感知力等同起来,也许太容易了;可是,把此二者与友爱等同起来,则比较困难。友爱曾是法官—立法者的原初目标,因为法官—立法者曾要调解自身与自身不和的家族;此刻,友爱似乎无异于被统治者对统治者的自愿服从。①仅仅在第一种统治资格中,这样的友爱才具有一种自然基础,因为所有其他统治资格都会激起某种程度的愤怒,不论 [这种愤怒] 在何种程度上被证明不正当;甚至在抽签这种事上,运气不佳的人也可能会怨恨赢家。对于感觉与理性之间的协和(即完整的美德),那六种统治资格是六种阻碍;此刻在这位潜在的立法者面前,这六种阻碍以异邦人的神话式历史为伪装,呈现为对任何a priori [先天]解决方案的抵制。由此,似乎《法义》此刻应该告终,因为除非有在现实中有某种新的开端,否则已经无话可说了。正当克利尼阿斯提出这样的新的开端时,异邦人承认他们已经身处一个死局(at a dead end);可是,在克利尼阿斯提出他的建议之后,异邦人便从另一个视角来看待城邦。

　　在斯巴达,君主制、寡头制、民主制的偶然混合(其中每个政制都以稀释形式出现),似乎为异邦人提供了他所需要的机会,让他能区分斯巴达的两个端点,还能再一次回顾自由与帝国,因为自由与帝国各自的例证分别可以在波斯和雅典找到。通过在两个城邦而非一个城邦里考察同一番内容(going over the same ground),异邦人希望获得什么,这一点并不清楚。这里的历史将像之前一样具有神话色彩,而且去除七种统治资格此举——七种

―――――――――――

① 在《王制》里,被统治者对统治者的服从就是节制,因为那些有知识的人——民众中的每个成员都曾带着一门技艺进入城邦——不得不承认自己弱于这样一些人:他们的教育仅仅立足于意见。

统治资格曾为解释任何城邦的政治史确立了一个模板，从而使神话更容易接受——确实让人们能够弄清楚诸项原则，但同时也阻碍了人们有益地使用诸项原则。似乎在我们获得了城邦诸属的结构之后，我们又获得了城邦诸种的结构。异邦人首先说君主制和民主制"仿佛是两位母亲"，她们生出了所有其他政制，这种说法无法 [115] 骗任何人相信诸政制具有双重起源；其实，君主制和民主制是任何城邦的两个原则，不管一个城邦如何得到建构。这一点曾足够清楚地体现在自由和对他人的无限统治之中，异邦人曾与墨吉洛斯一道想象，自由和对他人的无限统治原本会成为多里斯联盟的机会，但多里斯联盟错失了这个机会。我们面对的这个问题分为两个部分。首先，异邦人和墨吉洛斯的违反事实的想象中隐藏了 [两个] 种，每个种都体现在一个野蛮城邦和一个希腊城邦中，这两个种的划分揭示了什么？其次，一方面，善者诸种的结构和礼法诸属的结构之间有何联系，另一方面，城邦诸属的结构与城邦诸种的结构之间有何联系？一旦提出这两个问题，人们脑中立马会浮现出一个简短的回答。对城邦诸种的分析，显明了教育——即《法义》前两卷的主题——与政治生活的起源之间的联系。这不见于对城邦诸属的分析之中，对城邦诸属的分析没有讨论如下困惑：以任何方式改进多里斯美德的缺陷，会如何影响斯巴达令人钦佩的稳定。此外，卷二结尾把教育划分为体育和音乐。体育和音乐决定了波斯何以在各个方面都不同于雅典，而且这两门技艺也决定了善者诸种的结构内部的划分。就这样，异邦人恰如其分地完成了自己的叙述 (completes his account with everything in its place)。

波斯历史的开端与斯巴达 [历史] 的终结都是君主制、贤良制、民主制的混合，不过前一种混合比后一种混合更有原则。他们 [波斯人] 曾是自由人，也曾是他人的主人，但他们曾与被统治者分享他们的自由，并曾令被统治者获得与他们平等的地位；士兵与将军曾是朋友，而且如果任何一个士兵拥有良好的感知力，且有能力规谏［将军］，那么，居鲁士曾特许他发言，并曾赋予他荣誉。波斯展现出来的政制未曾像斯巴达那么具有阶级结构，因为贤良因素和民主因素曾贯穿在［波斯的］全体邦民之中，而且居鲁士曾不必以任何方式稀释他的统治。良好的感知力未曾局限于一个群体，而且平等未曾采用抽签的形式。然而，这种富有感知力的安排没能持续下去。甚至当大流士恢复波斯的统治时，他更改了友爱赖以维系的方式。此刻，平等与立法相联系，而且大流士用金钱和奖赏拉拢民众，从而合法地把从前仅仅献给居鲁士的敬意分送给所有波斯人（695c10-d4；希罗多德《原史》3.89.3）。大流士沉默地忽略了每个人进行规谏的权利。礼法进来之后，智慧就被排挤出去了，政制也变得更加民主。

［116］居鲁士总是在打仗，故把子嗣的教育交给了女人。一旦教育重新成为讨论的焦点，家族和女人也一并重新成为讨论的焦点。波斯所呈现的是肃剧家族，充满乱伦和兄弟相残：希罗多德曾讲述刚比西斯娶姊妹并杀兄弟（3.30-31），异邦人仅仅提到刚比西斯杀兄弟（694b4）。异邦人曾以圆目巨人的生活方式开始他的叙述，这种生活方式似乎曾完好无损地进入更大的共同体，即民族和城邦；但此刻，在一个野蛮背景下，这种生活方式遭受了居鲁士的帝国式袭击。异邦人呼应了希罗多德《原史》的末章，在那儿，有人向居鲁士建议，波斯人应该放弃他们狭小而崎岖的（τϱηχέα）国土，转而占据一块与他们新生的伟大更相称的领地，但居鲁士拒绝了这个建议："柔弱的人往往来自柔弱的地区，因为这样一块土地不会生长出（φύειν）令人惊异的果实和善于打仗的人"（9.122.3）。希罗多德补充道，波斯人服从居鲁士的判断，继续待在原地，因为"比起一边在平原上耕作，一边做他人的奴隶，他们更愿意一边在贫瘠的国土上居住，一边施行统治"。异邦人说，波斯人是牧人，是"崎岖国土的后代"（τϱαχείας χώϱας ἐκγόνων），崎岖的国土使他们有能力在夜里保持清醒，也有能力在户外生活；

可一旦把家族［事务］交给女人和阉奴，一种米底亚①（Median）
形式的教育就会占支配地位，并败坏他们［波斯人］（参色诺芬
《居鲁士的教育》1.3.2-5）。因此，最初的失败就是体育的缺席，
这导致他们在远离游牧生活方式的路上渐行渐远。斯巴达知道
如何人为地维持体育，因为斯巴达持续受到希洛人造反的威胁
（693b9-c4）。

  ［波斯人的］这种败坏必然伴随着帝国扩张，且初次出现于
帝国的皇族里。帝国的皇族剥夺其他所有人的权力，并在自身内
部为所欲为。家族内部的放纵源于政治节制的缺乏。斯巴达没
有能力像他们训练一种特定的勇敢那样灌输节制，这种无能此刻
看起来不那么严重，因为［斯巴达］已经把节制置入其政制结构
之中，并以这样的节制弥补了灵魂中节制的缺乏。异邦人曾暴露
出克利尼阿斯缺乏节制，还曾引诱墨吉洛斯梦想节制在帝国中的
对等物；可是，这种想象体现出不节制，这一点现在似乎令节制从
它在善者诸种的结构中占据的高位上降落下来。当节制变得对
于所有其他美德更加不可或缺时，节制便不再因其自身而值得赞
美。节制［从高位上］降落下来的主要原因是，节制从善者诸种
的结构中的四种美德之一被翻译为礼法诸属的结构中的两种美德
之一，以至于节制不再能够独立主张一种统治资格。［117］遭到
隔绝的（μεμονωμένη, 696d5）节制无非是遵守礼法。由此，节制在善
者的八重性与礼法和统治的二重性之间周旋。因此，如果墨吉洛
斯赞美节制，那么，不会存在统治的任何正确性，而如果他谴责节
制，那么，他原本不会承认多种统治资格有任何限制。节制值得
［人们对它保持］非理性的沉默（ἄλογος σιγή, 696e1）。节制具有非
理性，是因为它是感觉和逻各斯之间的协和（συμφωνία）之中的声
音（φωνή）（参696c8-10）。

---

① ［译按］米底亚属于波斯，说米底亚等于说波斯。

异邦人曾设法回到诸善者的论题，他所用的办法是讨论波斯权力扩张中的财富积累，因为财富在他叙述斯巴达时不曾发挥作用(696a4-b1)，而且财富最明显地标志着波斯缺乏节制。因此，节制变成了每一类善者不可或缺的补充，此刻异邦人把善者划分为三种：灵魂的善者、身体的善者、外在的善者(697b2-6)。异邦人局限在这三种善者之中划分等级(但他允许现实中的立法者评判列于这三种最高善者之后的一切)，从而向我们透露了七种统治资格的排位(696e3-697c2)。七种统治资格中没有任何一种应该高于第四种善者，但哪一种善者应该是第四种，哪一种善者应该是最后一种，却不由异邦人、克利尼阿斯、墨吉洛斯决定。某种意义上，他们本身是礼法的欲求者(νόμων ἐσμὲν καὶ αὐτοί πως ἐπιθυμηταί, 697a7)，而非立法者。在这个漂亮的解决方案中，任何一种善者都不再受到歧视，故这个解决方案似乎把作为其他所有美德之混合的正义(631c7-8)置于最高地位，以至于这样的正义几乎无异于作为对礼法和统治者之服从的正义。不过，[这个解决方案]仍然有问题，泄露这个问题的唯一迹象是，良好的感知力在这番新的安排中奇怪地出现了两次，第一次出现在灵魂诸美德的顶端，第二次出现在七种统治资格中。心智似乎还没有找到自己的位置。①

过分地剥夺邦民们的自由，过分地强化专制统治，曾不可避免地导致波斯帝国遭遇如下不可避免的后果：从前的朋友无情地仇恨彼此，而且现实中的财富等级得到重新评定，以至于[财富之外的]任何其他事物(从前人们称之为可敬而美丽的事物)都变得毫无意义(697c5-698a3)。这种沉默的愚蠢似乎是雅典发生

_____

① 在701d9，出现了 νοῦν ἕξει [拥有心智]([译按]伯纳德特原改作不定式短语 ἔχειν νοῦν，今据原文改回)这个表达，用于形容城邦，等于说城邦 ἔμφρων [拥有明智]且拥有 φρόνησις [明智](693b4, c3, e1)。异邦人是在回答墨吉洛斯在686e2说的 ἐχόντως νοῦν [拥有心智地]。

过的事情的另一个极端。①如异邦人所说，雅典最 [118] 终的败坏在于人们普遍自称有智慧，而这种状况可以在音乐中找到起源（701a5-6）。由此，异邦人提出了一个美妙的对称，一边是体育在波斯的缺席，另一边是音乐在雅典的放纵，以至于他们 [三位老人] 可以凭借他们取极限值的办法（extremism）指出，适宜地联合这两门技艺，会是什么样；可是，对雅典进行这种因果分析，似乎有一个明显的荒谬之处，即为此要付出太高的代价。雅典应该是这样一个城邦，在这个城邦里，智慧是最高的善者，同时每个人都自称有智慧；这种状况暗示，异邦人混了两个事物，一个是民主制的自由或完全无礼法的状态，另一个是心智在一种政治场合之中的显露。心智出于完全的自由而从礼法之中显露出来。这种状况也是一种愚蠢，却是一种非常不同于波斯式愚蠢的愚蠢。专制和自由之间的对立背后有另一种对立，即八重善者等级里最低的善者和最高的善者之间的对立。

异邦人打造了雅典的往昔，在健全方面可以比之于他打造的斯巴达和波斯的往昔。财富上的四个等级、对礼法的敬畏（αἰδώς）（在马拉松 [Marathon] 战役和萨拉米斯 [Salamis] 战役时代，雅典人曾为这种敬畏所奴役）、波斯人引发的恐慌（这种恐慌来自一个猎网的故事：波斯人曾用猎网罩住厄瑞特里亚 [Eretria]，没有一个 [厄瑞特里亚人] 逃脱）——所有这些要素结合起来，维系着邦民内部所有群体之间的友爱。羞耻变成了雅典的特征，羞耻曾紧紧地约束着怯懦者，怯懦者曾作为雅典人中的绝对多数——这无疑是在狡黠地嘲笑多里斯人的故作

---

① 如果保留698a9的τὴν [那一点]（τὰ δὲ περὶ τὴν τῆς Ἀττικῆς αὖ πολιτείας [有关阿提卡政制的那一点的事情]），而不赞同England删除此词（des Places与England一致），而且此词指向上文的διὰ τὴν σφόδρα δουλείαν τε καὶ δεσποτείαν [因为过分的奴役和专制]（698a6），那么，雅典和波斯都具有准政制的特征，二者以同等程度展现专制和奴役，只是展现于不同的部分之中（712e9-713a2）：完美的自由也是专制和奴役的一种形式（参阅拉图《高尔吉亚》491e5-492a1）。

勇敢(bravado)——保卫神庙、墓地、父邦、亲人、朋友不受侵犯
(698b4-699d2)。此刻异邦人要求雅典提供卷一中曾出现过的
影像——要么是勇敢(勇敢得到了扩展,变得耐得住快乐)的影
像,要么是勇敢和节制二者的影像。羞耻曾合法地消解勇敢和
节制这两种美德(它们曾出现在善者诸种的结构中)之间明显的
区别。畏惧和羞耻的结合,或两种畏惧的结合,曾令雅典在波斯
战争中保持节制,从而有助于解释,在礼法诸属的结构中,为什
么异邦人没能明确地把一种能力归于勇敢,这种能力就是耐得
住未来突然变化的能力。

异邦人听到墨吉洛斯赞美了他这番热爱父邦的言辞,他自
己也赞美了墨吉洛斯,就在这时,异邦人 [119] 来了个急转弯
(pulls a switch),宣称雅典人在古代礼法的时代不仅是礼法的奴
隶,而且自愿完全服从有关音乐的礼法(700a3-e7)。异邦人承
认,他只是在追溯雅典不守礼法的起源,而且如果不守礼法只存
在于剧场中,那么,不守礼法原本几乎不值得恐慌,但他说不守
礼法从音乐那里蔓延开来,直到波及城邦中的一切。正因为有
这个"但书"(proviso),故人们必然会在雅典帝国的发展、雅典
与斯巴达的战争、瘟疫的影响之中偷运某些东西;不过,就算这
个"但书"让异邦人在某种程度上更平和地(balanced)描绘雅典
的激进民主制的诸原因,异邦人的夸张很难起作用,更难自证其
说。① [异邦人的夸张]甚至没有令人记起埃斯库罗斯和欧里庇
得斯之间的那场以狄奥尼索斯为裁判的争论(见于阿里斯托芬的
《蛙》的后半部分)。狄奥尼索斯曾下到哈得斯,让欧里庇得斯复
活,但他渐渐发现自己错了,因为他在哈得斯听说老派的埃斯库

---

① 修昔底德让伯里克勒斯(Pericles)在一场公开的葬礼上对雅典的赞美与修昔底德
自己对一场瘟疫的描述形成对比:这场瘟疫的后果包括:人们更加不守礼法,相
信即时的满足是唯一的善者,且不畏惧诸神;可是伯里克勒斯全然没有说到诸
神,而是声称雅典允许每个人为所欲为,只要邻人不反对(2.37.2; 2.53)。

罗斯和新派的欧里庇得斯到底争吵过什么；同样，异邦人曾特意把狄奥尼索斯引入克里特，但思索再三之后，他似乎克制住了，没有拥抱狄奥尼索斯的音乐创新的诸般后果。欧里庇得斯为自己辩护道，他让每个人都有台词(speaking parts)，从而令演戏民主化；他教观众中的民众(the people in the audience)去聊天，去思考，去观看，去思考，去折腾(twist and turn)，去热爱规划，去揣测邪恶(suspect evils)，去变得在万事万物上诡计多端(cunning)(阿里斯托芬《蛙》948-958)。①埃斯库罗斯推荐自己的《七雄攻忒拜》(*Seven against Thebes*)和《波斯人》，因为这两部剧作都具有教育的意图，即意在令雅典人成为好战士并热衷于打击敌人(1021-1027)。他尤其感到骄傲的是，他从不描写爱情中的女人(1044)，仿佛他听异邦人说过女人曾如何毁掉了波斯的君主制。无论如何，由于［欧里庇得斯］在剧场里大胆地令民众摆脱了比他们更好的人而获得了自由，故异邦人推测，民众会拒绝他们的统治者对他们的奴役，民众会逃离他们父母的劝诫，民众会不服从礼法，最终民众还会鄙视誓言、诺言、诸神(701b5-c2)。正当七种统治资格中的大多数在雅典消失之际，最高的善者脱颖而出。这时，异邦人退却了，承认自己没有控制住自己的言辞，仿佛自己的言辞是嘴上没有戴马勒(ἀχάλινον στόμα)的马(［译按］701c7)。同样的表达［120］亦见于《蛙》(838)：欧里庇得斯用这个表达形容埃斯库罗斯。②异邦人继续说道，他不应该任由逻各斯粗暴地引导，以至于像俗话所说的，从驴子背上跌落(ἀπό τινος ὄνου πεσεῖν，［译按］701d1)，即从安全的位置上跌落。这个表达也见于阿里斯托芬的《云》(1273)，在那里，斯瑞西阿得斯(Strepsiades)在斥责他

① “去折腾、去热爱规划”［在希腊语原文中］只是推测性的表达。

② 同样的表达还见于欧里庇得斯的《酒神的伴侣》387-388：ἀχαλίνων στομάτων ἀνόμου τ' ἀφροσύνας τὸ τέλος δυστυχία［不戴马勒的嘴巴和不守礼法的愚蠢只会造成不幸的结果］(［译按］此译文为伯纳德特所译)。当时彭透斯否认狄奥尼索斯是神，合唱歌队便使用这话形容彭透斯。

的债主时使用了一个双关语：*ΑΠΟΝΟΥ*有不同的分割方式，既可以分割成*ἀπ' ὄνου*［从驴子背上］，也可以分割成*ἀπὸ νοῦ*［从心智那里］。[①]斯瑞西阿得斯的双关语是在回应他的债主，因为他的债主凭诸神起誓，而斯瑞西阿得斯从苏格拉底那里得知，诸神不是奥林波斯诸神，而是云神（Cloudesses）和其他乾坤存在者（cosmic beings）。因此，心智以一种有趣的方式回到了论证里，让我们完全不明白异邦人的意图可能是什么。

　　似乎有多条线索通往这个论证。人们可以从一个对比开始，对比的一方是波斯皇族的财富，这些财富允许皇族成员为所欲为，对比的另一方是民主式自由，这种自由以其音乐为形式允许雅典民众想其所欲想。早先曾把民众与诸感觉相比，这种比较也可以挪到这里。这番思考也许暗示，每一种政制都是现实与想象的混合，而且城邦中除了最低的善者以外的所有其他东西都属于洞穴：[②]异邦人曾经恰恰把金钱说成存在（*οὐσία*，697b6）。人们当然得注意，雅典肃剧在舞台上表现王族里发生的一切可以设想的罪行。雅典肃剧往民主制里注入了民主制的对立面——僭主制和野蛮。在肃剧语言里，"僭主"和"僭主制"这些词的含混性广为人知。有两点[③]表明，异邦人尤其在思考肃剧。他把古老礼法的败坏追溯至音乐上的诸种混合。一种混合是哀歌（*θρῆνοι*）与颂歌的混合，即献给逝者的哀歌与献给诸神的颂歌的混合，另一种混合是日神赞歌（paeans）与酒神赞歌（dithyrambs）的混合，即赞美阿多波的歌与有关狄奥尼索斯的诞生的歌的混合（参800c5-

---

① 阿里斯托芬古注（Scholia）（除抄件R和V的古注以外）针对这一行的内容，征引了《法义》的这一段，但阿里斯托芬古注似乎按*νοῦ*［心智］而非*ὄνου*［驴子］来读这句话。［译按］正文中两个方括号译文均为伯纳德特所译。之所以提到"分割方式"，是因为西方古书在拼写时，单词与单词之间不间隔，需要分割字母才能识读出单词，类似于我国古书的断句。

② ［译按］"洞穴"一词首字母大写，特指柏拉图《王制》卷七中的洞穴。

③ ［译按］第一点是随后这句话。第二点是再往后的"此外……"。

d5)。①这两种混合似乎都是用于理解肃剧的范例。②此外，异邦人
把激进自由与[121]如下通俗意见联系起来：快乐是评判音乐的
唯一标准。如果这样理解快乐，那么，快乐将远远不可能与礼法
相协和，正如快乐将远远无法把正确性($\dot{o}\varrho\vartheta\acute{o}\tau\eta\varsigma$)用于评判模仿性
技艺，模仿性技艺需要把魅力理解成有关存在者的一种额外的
(supervenient)快乐。

在讨论雅典的音乐时，无疑有这些线索；但这些线索还不足
以回答，作为一个政治现象的激进民主制与音乐的败坏之间，为
什么有如此紧密的关联。异邦人提供了一个线索之后，立即阻止
自己的逻各斯横冲直撞。他说，雅典人一旦摆脱有知识的人的评
判而获得自由，

> 就有自由去拒绝为统治者所奴役，随后也有自由去逃
> 离父母和长者的奴役和劝诫，接着也有自由去试图不服从
> 礼法，最后[也有自由]完全不去关心誓言、诺言、诸神，而
> 是展现并模仿古代传说中的提坦神的自然，他们回到那些地
> 方，过一种严酷的生活，且永远摆不脱种种恶者(701b5-c4)。

这幅雅典的永罚图景似乎吓住了异邦人，令他记起了他讲述音

---

① England(页408)天才地指出，"狄奥尼索斯的生成"(genesis of Dionysus)也许指
　一种"狄奥尼索斯式产物"(Dionysiac product)。

② 异邦人还提到了音乐上的第三种混合，即七弦琴曲对笛曲的模仿(700d7-8)，这
　种混合似乎也暗指肃剧，因为亚里士多德明确说过，笛子并不致力于伦理，而是
　"致力于狂欢"(orgiastic)，笛子有能力宣泄(catharsis)，却没能力理解，故而使
　言说成为不可能(亚里士多德《政治学》1341a17-25)；参普鲁塔克《论音乐》15:
　"混合吕底亚(mixolydian)调式是体验性的($\pi\alpha\vartheta\eta\tau\iota\kappa\acute{\eta}$)调式，适合肃剧。阿里斯托
　克塞诺斯(Aristoxenus)说，萨福(Sappho)第一个发现了混合吕底亚调式，肃剧诗
　人们学的就是萨福。不论如何，肃剧诗人们采纳了混合吕底亚调式，并用多里斯
　调式对它加以约束，因为多里斯调式带来伟大和尊严，而混合吕底亚调式带来体
　验，肃剧则是这两者的一种混合。"

乐故事的意图。除了最后一个分句的含混——回到塔耳塔罗斯
(Tartarus)①的可能是提坦神,也可能是雅典人——人们还会注意
到"展现并模仿"(ἐπιδεικνῦσι καὶ μιμουμένοις)这个表达,这两个动词
既可以用于诗人,也可以用于观众(参658b7)。因此,如果异邦人
描绘的完全不守礼法的状态既符合诗人又符合观众,那么,不论
在剧场里还是在现实中,雅典都代表着言辞中的会饮在政治上的
对等物,言辞中的会饮允许宾客们摆脱控制,以便会饮统治者有
可能成为人们种种作风和自然的观察者。没有雅典的剧场政制
(theatrocracy),②就没法观察什么是政治生活的自然,或者说没法
观察,一旦人类进入城邦并变得文明,原初的圆目巨人的生活方
式如何变成提坦神的生活方式。人类的野蛮化潜伏在政治人的表
面之下,它并非城邦崩塌后出土的古老岩层,而是潜伏在政治生
活自身内部的东西。如果在帝国环境下僭主家族在主政时似乎犯
下了某种差错,那么,这种差错被证明是自由环境下 [122] 城邦
自身的真实状况。要接近这种真实状况,我们唯有依靠诗人,但
诗人要呈现这种真实状况,可能唯有依托民主制的诸条件,并凭
借 [音乐上的] 诸种混合。由此,异邦人让自己关于体育的叙述
在音乐中达到顶峰。这种音乐由一位未经革新的(unreformed)狄
奥尼索斯掌管(参700d5)。③如果一个邦民建议,他的城邦应该在
其帝国事业中失败,那么,这个邦民对应于这样一个雅典人,这个
雅典人希望,雅典应该展示他需要的一切,以便理解政治生活。
雅典体现了在体验层面对礼法的偏离。这种偏离最终"论证"
了,这场快乐竞赛中,异邦人无法分辨肃剧展示者和肃剧本身。

　　[在卷三的] 最后,异邦人颠倒顺序回顾了这三卷的论证:专

---

① [译按]等于说冥府。

② [译按]伯纳德特误作theatocracy,今改。

③ 在《王制》里,苏格拉底把民主制比作诸政制的超级市场(557d4-9),任何政制
——包括苏格拉底自己的政制——的建立者都不得不登这个超级市场的门,因为
只有在这儿才会出现所有类型的人(557c1-2)。

制与自由，多里斯殖民，达尔达诺斯(Dardanus)的山麓和沿海殖民地，大灾难的幸存者，有关音乐和醉酒的言辞，还有这些内容之前的一切(701e1-702b3)。设计所有这些内容都是为了回答两个问题：一个人如何最好地管理城邦，以及一个人在私下如何最好地过自己的生活。人们可以说，这两个问题分别对应礼法诸属的结构和善者诸种的结构。然而，他们［三位对话者］的言辞是否被证明有利于这种双重意图，还有待检验(ἔλεγχος)。克利尼阿斯说，他相信他知道什么是这种检验。他建议，他们应该制作一个言辞中的城邦。由此，在某种意义上，他做出了与苏格拉底相同的反应，在《王制》里，当被问及异邦人的第二个问题时，苏格拉底建议［他们应该制作］一个言辞中的城邦，这个城邦可以回答异邦人的第一个问题。对苏格拉底方案的间接论证是，如果可以建立一个好城邦，而且人们发现它的原则是正义，那么，基于城邦和个人之间被认为完美的匹配，人们可以总结道，个人内部的正义会导致幸福。但克利尼阿斯开始意识到，个人的幸福与城邦的正义之间存在分裂，因为这本就是他和异邦人之间最大的争议焦点。无法确定的是，他此刻是否愿意放弃这场争议，以便致力于［双重意图中的］另一重意图，他希望通过制作一个言辞中的城邦来满足此意图。此刻，他告诉异邦人和墨吉洛斯，他和其他九个人一起受命组成一个委员会，为克里特的一个新殖民地制定礼法，并获准在本土礼法和外邦礼法之间进行选择。克利尼阿斯相信，为了那个有待建立的城邦，他可能会使用他们的言辞中的城邦。克利尼阿斯的两个意图［123］导致了一个本质上不稳定的论证，因为特殊的目的将干扰那个检验异邦人言辞的普遍范例。这种干扰是每一部柏拉图对话的特点，在每一部柏拉图对话中，对话者(们)设想的善者不符合普遍论证的要旨。有两个雅典贤人，他们系出名门，但在其他方面并不出色，他们想知道，他们是否应该［请人］教自己的儿子重甲步兵战术，但当他们请教苏格拉底时，苏格拉底把这个问题变成了另一个问题：什么是勇敢(［译按］柏拉图《拉刻斯》[*Laches*] 178a-190e)？在 [《拉刻斯》]这部对话里，正如在任何其他对话里，这导致一种对论证的体验，这种体验不是论证本身，而是现实的论证。对《法义》来说值得注意的东西，可能也是《法义》的独特之处，那就是在这部对话里 [每]一个角色 [都]以如下方式体验了这部对话，这种方式就是，建议把自己对这部对话的体验镶嵌在这部对话里。

从《法义》前三卷情节的论证之中，异邦人将制作另一番论证。言辞乙①中的计划产生于对言辞甲的体验。这个计划 [反过来也]将检验言辞甲。异邦人设计的礼法既有条件又无条件。这些礼法有条件，是因为它们必须满足异邦人无法控制的条件；它们无条件，是因为它们不可能严格满足克利尼阿斯没有预见到的条件，或异邦人没有追问过的条件。针对马格涅西亚在数目上的特征，异邦人采用了5040这个数目，这个数目无关于马格涅西亚将拥有的邦民规模。由此，他的礼法在自身内部复制了特殊与普遍的混合，即作为每一部其他柏拉图对话构成要素之一的那种混合。然而，在《法义》的礼法中，这种混合采取的形式似乎妨碍了这种混合成为对《法义》前三卷论证的一种检验。既然这些礼法不再是普遍的，从而尚未成为行事，那么，这些礼法如何能够检验一番普遍的逻各斯？墨吉洛斯曾暗示，会餐和体育锻炼同等地服务于对勇敢和节制的训练，当时异邦人对墨吉洛斯说，在政治事务上，任何事物都很难在行事中和在言辞中发挥同样的作用 (636a2-5)。因此，异邦人曾指出，会餐导致了 [斯巴达男人的]男童恋和斯巴达女人的轻浮。行事揭露出礼法中的错误 (参683d8-684a1)。所以，如果应该为言辞中的城邦提供礼法，那么，只有在事实上确立了这些礼法之后，才能够检验这些礼法，而且在时间的流逝中，人们能够观察这些礼法如何起作用：它们是否

———————

① [译按]"乙"和稍后的"甲"在英文版里是下标2和1。

曾致力于［设计者］为它们设计的意图？一套礼法是否曾干扰另一套礼法（参769d1-e2）？①克利尼阿斯的言辞中的城邦也许可以［124］很好地为马格涅西亚的礼法提供指导，但如果马格涅西亚的礼法不同于《法义》的礼法，那么，马格涅西亚的礼法也许无法帮助异邦人走出他的困惑。因此，他［异邦人］应该徒然等待一个或两个世代［才能得知］马格涅西亚有没有斯巴达、波斯、雅典的缺陷（参752b11-c5）？此外，如果他要回答他第二个问题，②那么，他必须知晓马格涅西亚邦民里里外外的生活。因此，《法义》似乎必须包含一个证据，异邦人需要这个证据来检验他自己的论证。这个证据必须存在于这些礼法本身之中。《法义》的礼法包含了在时间层面对这些礼法的体验。我认为，可以正确地称这些礼法为歌曲。

---

① 可以对比《蒂迈欧》开篇苏格拉底为他的听众设置的挑战：他们应该把他的言辞中的最佳城邦置于运动之中，让这个城邦显示出它的独特之处（19c2-8；20b4-6）。苏格拉底本来可以轻易陈述这个城邦的战士在战时会如何对待这个城邦的敌人（柏拉图《王制》466e1-471c3），而苏格拉底较难做到的也许是拒绝把格劳孔向苏格拉底要求的特许权给予格劳孔，这种特许权会毁掉这个共产主义化的城邦的政策（468b9-c9）。

② ［译按］即上文的"一套礼法是否曾干扰另一套礼法"。

第四章　礼法与前言

第 1 节　邦民[①]与地点

[125] 在卷四，异邦人首次建议开始为克利尼阿斯的城邦立法，而且克利尼阿斯希望一刻也不再推迟；从这个地方到卷六真的开始立法，这期间耗费的时间相当于前两卷耗费的时间（712b1-3；771a5）。一个现实城邦的礼法的准备工作，与一般意义上的礼法的前言一样涉及广泛。之所以推迟这么久，并非因为克利尼阿斯必须提供大量有关这个城邦的信息，以便异邦人可以使他那个自我一致的纲领（［译按］631d6-632d1）适应这个城邦的诸多偶然要素：地点、历史、未来的居民。所有这些已经在卷四开头几页处理过了。异邦人完美地意识到，克利尼阿斯也许发现，这些现实条件与异邦人的纲领所要求的一切并未碰巧一致（745e7-746d2；747d1-e12）。的确，异邦人论证道，他的完全新异的法典不可能变成现实，哪怕在近似意义上，除非一位僭主和这位立法者一道建立这个城邦；异邦人知道，尽管克利尼阿斯必定会认为，这样一位僭主有可能会满足这里的要求，但克利尼阿斯

---

① ［译按］people，在此并非指作为大众的民众，而是指全体邦民。

会认为僭主制太令人反感，以至于他不会让位于异邦人描述的这种特殊的僭主，而且克利尼阿斯可能会辞去自己的工作，并劝他的［立法］委员同事们也这么做(711a5-7)。如果苏格拉底的言辞中的最佳城邦要从天上设定一个范本下降到地上，那么，最低条件是哲人和王者的碰巧合一，但一位僭主和一位立法者合乎时宜地同时出现，不会太大地增加如下可能性：异邦人在可行性上的让步令他在处境上好过苏格拉底，并令克利尼阿斯更好地把握现实(739a1-e3；807b3-c1)。标准的降低并未改变那些［内在的］不和。

　　异邦人显然不加解释就搁置了这个首先面临的障碍，但就算除开这个障碍，似乎仍然一直有某种东西推迟礼法的开始，即使克利尼阿斯忍不住要开始，且异邦人自己承诺过要开始(718b5-c3；723e5-8；734e3-6；768e2-3)。之所以一直在推迟，首要原因必定是，［126］克利尼阿斯没有意识到，善者诸种的结构与礼法诸属的结构之间存在分裂，而且七种统治资格必然以某种方式引导［善者］诸种的结构，尽管在体验层面对礼法的偏离会更改［礼法］诸属的结构。开始立法之前，克利尼阿斯必须认识到，如果异邦人的礼法要获得一种自我一致性，而且这种自我一致性似乎要违反礼法既依赖又禁不住背离的那些原则，那么，必须做出什么调整。因此，尽管异邦人想以一种一贯的方式整合他的分析一直以来所割裂的一切，但他似乎不想满足克利尼阿斯的要求，即为克利尼阿斯的礼法确立一个范本。克利尼阿斯的城邦正是最普遍的特殊事物(the most general particular)，异邦人需要这种事物，以便他的计划可以立足于必然性。没有这种事物，他就不会有机会区分两类条件，一类条件属于一个地方及其今昔(its past and present)，另一类条件则内在于把心智和逻各斯翻译成礼法的过程中。设定克利尼阿斯城邦的名字的也许是某种地形特征所具有的神圣关联($\varphi \acute{\eta} \mu \eta$)，这些关联完全不同于(of a different order from)如下问题：如何把善者的非时间性结构——任何已知存在者都从未在哪怕近似的意义上成为这种结构的范例——置入体验性的时间之中(704a4-b1)。

异邦人经常把他的解释说成一种διέξοδος[考察],①在这种考察中,必然要一个部分一个部分地讨论礼法,以便每个部分恰如其分地处于它前一个部分和它后一个部分之间,而这需要不把部分当作部分,而且只有进行整体考察时,部分才能再一次真的开始变成整体的部分(768c8-d7;820e2-6)。讨论中的这种一般性的困难似乎反映出把[善者]诸种的结构和[礼法]诸属的结构"搞"(doing)在一起的困难。由于讨论中前后相继的内容可以说是在模仿礼法诸属的结构,故这些内容无法同时适宜地进入(fitting into)那个包含诸多部分的结构,即为八重善者的多样性所呈现的结构。异邦人敦促克利尼阿斯和墨吉洛斯抗议异邦人违反了一项原则,即异邦人批评克里特和斯巴达的礼法时曾经诉诸的原则(705d3-706a4)。克里特和斯巴达的礼法仅仅着眼于美德的一个部分,但异邦人的礼法完全着眼于美德整体,且从不令一个部分隔绝于整体。当然不容易设想,异邦人是否曾一贯地维系这个原则,而且当他提醒克利尼阿斯和墨吉洛斯抗议时,这种困难最为紧迫(acute)。

克利尼阿斯的城邦的地理条件是,离海80斯塔迪翁,②没有近邻,几乎不需要进口商品,地形很像克里特其他地方——这种地理条件满足了异邦人[的要求];但当他得知这个城邦有一个很好的港湾时,他颇为忧虑(704b4-d2)。[127]在随后相当拐弯抹角的论证中,异邦人攻讦了雅典:雅典谋求海军,很可能导致了对父邦的忠诚遭到腐蚀,同时,雅典谋求海军,毫无疑问促进了民众地位的上升,因为民众为舰队提供了人力。异邦人诉诸历史,似乎十分任性,正如他早先把雅典的衰落归因于音乐的创新。异邦

---

① [译按]伯纳德特所补。这个希腊词的本义是"出路"。
② [译按]约合14.7公里。关于斯塔迪翁,参第[xv]页译按。

人没有提及帝国。对于谋求美德来说，最糟的可能的条件是，一个城邦坐落在海滨，拥有一个很好的港湾，且需要大量进口商品（704d4-8）。异邦人可能在描绘雅典，但这番描绘恰恰轻易地与苏格拉底的"真实的城邦"相匹配，这个城邦很可能（probably）坐落在海滨，且大规模地出口和进口商品，因为正如苏格拉底所说，"在一个不需要进口商品的地方，建立一个城邦，几乎完全不可能"（柏拉图《王制》370e5-7）。比起言辞中的最佳城邦，《法义》的次佳政制一开始就具有更有利的条件；而且真实的城邦甚至在扩张又收缩之后，仍然保留着它一开始视为邦民的艺匠，而没有像异邦人那样代之以侨民、奴隶、外邦人。似乎很奇怪，异邦人的城邦会比苏格拉底的城邦更能防止败坏，除非人们应该认为，异邦人的目的［仅仅］表面上（ostensibly）高于苏格拉底的目的。苏格拉底曾经希望邦民共同体的核心成员节制且勇敢，而且他建议的教育曾经既非为正义作准备，也非为智慧作准备。正义曾经应该从城邦结构而来，城邦结构就是，三个阶级中的每一个都关心自己的事务；至于智慧，则曾经不得不通过第二次教育而加入进来；但异邦人一开始就主张，片面的美德在他的立法中没有地位。异邦人拒绝了苏格拉底的城邦的条件，从而也拒绝了令关于正义和最佳城邦的交谈成为可能的条件。并非只有苏格拉底不那么严格的要求［遭到了拒绝］，就连比雷埃夫斯（Peiraeus）也［遭到了拒绝］。异邦人仿佛既不理睬哲学，也不理睬最佳政制。在他的城邦里，不会存在革命性思想的任何温床。这个城邦需要他开始［立法］，但绝不会滋生（breed）他这样的人。不可能制定出这样一种礼法，这种礼法像墨吉洛斯说的那样，被迫要与如下状况相匹配：自动产生像异邦人那样好的雅典人们（642c6-d1）。

　　异邦人曾论证道，被隔断的（cloistered）美德尤其容易突然遭到快乐的侵犯，而且从未设法令自身耐得住快乐的侵犯，因为被隔断的美德没有体验过快乐的致命诱惑（insidiousness）；但现在异邦人希望这个城邦拒斥外来影响（外来影响可以通过一个港口而最容易地进入这个城邦），从而令邦民们的作风质朴、直率、友好，且不容易为追求财富的欲望所左右。异邦人把许多事都归因于原初条件，[128]故他没有令立法者付出任何特定努力或运用任何特定技能，以便抵制种种试图颠覆他的礼法的倾向。起初，友爱就是礼法的首要意图，但现在［异邦人］似乎把友爱置入了礼法的先决条件之中，而且立法者必须做的一切并非反对他并未创造的那些优势。在这个城邦的领土之内，没有造船用的木材，这确保了本土没有任何东西促使这个城邦变成一个商业强国，或一个帝国式强国。如果他们［邦民］要出海，那么，这个城邦只能被迫模仿敌人：敌人强迫他们［邦民］用自己的舰队来对付侵略的威胁。克利尼阿斯不理解，异邦人认为模仿敌人是有害的，是什么意思；恰恰在这个时候，异邦人宣称，他的礼法将只为了美德整体而立法。这其中的关联令人费解。异邦人似乎预料到他后来的观点，即人类没有对任何事物立法，因为波斯强迫雅典与之竞争海权，否则雅典就会灭亡，正是波斯的强迫，使雅典进一步的民主化几乎不可避免，如果人们不接受异邦人的违背常识的如下想法：雅典本应选择投降，而非选择依赖自己的海军，而且为了保全希腊的安全，普拉泰阿（Plataea）本来有可能不打阿尔铁米西昂（Artemisium）战役和萨拉米斯（Salamis）战役。他评论道，米诺斯有可能严厉地惩罚了雅典，因为雅典当时没有舰队，且无法打造一支舰队。幸好雅典被迫保留了一支常备重甲步兵部队。如果一个人在一个强大的敌人面前十分无助，那么，这个敌人要么会把一些野蛮的条件强加在这个人头上，要么会强令这个人做出一种反应，这种反应可能令这个人陷入长期不稳定的状态；这种状况似乎被夹在两种状况之间，一种状况是，异邦人毫不妥协地反对并非为美德而设计的礼法，另一种状况是，荒谬地断定，战船可以让一个人进攻之后迅速撤退（hit and run），还可以把逃跑吹捧成一个高贵的惯例，这个惯例削弱了战死沙场（fight and die in place）所需的大胆。

西徐亚人(Scythians)每次见到波斯人就逃跑,从而令波斯人感到困惑,而且没人指责过西徐亚人怯懦;只需举上述例子,就足以质疑异邦人的如下观点:如果训练狮子富有策略地逃跑,那么,狮子会变成鹿。①就连奥德修斯的言辞——异邦人不完整地引用了奥德修斯的言辞——也无法在上下文中支持异邦人,因为奥德修斯论证道,阿伽门农计划在晚间把战船推下水,一点儿都不明智,因为阿凯亚人已经遭受了太多苦难,以至于一定会觉察出阿伽门农的绝望并逃跑(荷马《伊利亚特》14.65-102)。阿尔喀比亚德在西西里远征前夕确实说过:"我们的战船将确保我们不论留下(如果情况好的话)还是离开都安然无恙"(修昔底德《伯罗奔半岛战争志》6.18.5);但他几乎没有强化异邦人的论点,因为[129]帝国主义扩张战略并非讨论的焦点。如果海权和怯懦总是相伴而生,那么,米诺斯本来无法在规定勇敢是唯一美德的同时,还令他的统治遍布居克拉德斯群岛(Cyclades),并远及雅典(修昔底德《伯罗奔半岛战争志》1.4)。因此,异邦人表面上以牺牲美德为代价来抬高勇敢,似乎实际上是在论证,应该反对帝国及其原始形式(即海盗行径)之不义(参823e2-4)。他正在敦促融合勇敢和节制,从而也正在坚持他有关美德整体的计划,因为节制与一种大胆不相容,这种大胆令一个人逃离自己的祖国。实际上,在阿尔喀比亚德允诺海权安全的那番言辞里,他宣称他确实知道,一群像雅典人这样不安分的(restless)邦民,如果停止扩张,立马就会灭亡,而且"就算是更糟的人,只要尽可能不违背他们目前的作风和礼法,就可以生活得最安稳"(修昔底德《伯罗奔半岛战争志》6.18.7)。异邦人正在令重甲步兵的勇敢成为必然之事,因为对一个内陆城邦来说,没有地方迅速撤退和隐藏。他试图保证,没有任何内在或外在的条件,会强迫这个城邦为勇敢赋

---

① 参柏拉图《拉刻斯》190e4-191c6。[译按]伯纳德特原漏掉了191,今补。

予一个特殊的地位。当并非必然要夸大勇敢的卓越性时，勇敢就轻易地降到了第四位。同样，当没有机会挣钱时，财富也降到了第八位。如果人们根本就不奢侈，立法者也就不必制定反对奢侈的礼法。因此，异邦人正在反思，这个城邦何以轻易地混淆了必然性①和道德，又何以轻易地识别出了紧急状况下的某种卓越品质（something splendid in what cannot be helped）。如果立法者不必处理那些必然会更改每一个善者等级的条件，那么，八重善者的结构就有机会决定礼法。

异邦人说，如果忒修斯只有通过发展海军才能偿还雅典欠米诺斯的债务，那么，多次损失七个孩童，原本对于雅典有利（706a8-c1）。这样违反事实地混合事实与幻想，很难做到。忒修斯可以通过阿里阿德涅（Ariadne）的线团，把"两倍于七的数目"的孩子安全地带出米诺牛（Minotaur）的迷宫，这好过他通过雅典所没有的海军以及阿提卡所不可能提供的木材来报复［米诺斯］。这个例子如此古怪，令人感到好奇，柏拉图是否并未通过异邦人来暗示他自己的《斐多》。② ［《斐多》］这部对话的开篇讲述了为什么推迟处死苏格拉底：每年都有圣船去往德罗斯（Delos），以纪念忒修斯当年大胆地解救了［那些孩童］，但这一年圣船去了之后没能［按时］返回，而所有公开的死刑［130］都只有推迟至圣船回来了才能执行；这部对话的结尾是，当苏格拉底询问必须怎样饮用毒药时，他像一头牛那样（ταυρηδόν）瞪大眼睛（58a7-c5；117b5）。《斐多》的背景是一个神话，在这个神话里，苏格拉底把来探监的人们——斐多点了这些人中的14个人的名——带出了畏惧的迷宫。苏格拉底是第二个忒修斯，他用一种新

---

① ［译按］在希腊文中，必然性等于被迫，故这里上下文中提到的"必然"均解作被迫。

② 参Ronna Burger，《〈斐多〉：柏拉图式迷宫》（*The Phaedo: A Platonic Labyrinth*），New Haven: Yale University Press, 1984, 页17-20（中译本：伯格，《柏拉图式的迷宫：〈斐多〉义疏》，戴晓光译，北京：华夏出版社，2015）。

异的办法对付他自己所代表的古老敌人。如果从智术师的无家可归——这能保证智术师的安全——来思考苏格拉底拒绝逃跑，那么，异邦人推许坚强地忍耐死亡，也许意指苏格拉底解救了哲学，让哲学免遭有死者的打击：如果苏格拉底也习惯于总是逃跑，那么，哲学原本会遭受有死者的打击。毕竟，苏格拉底确实把他对阿波罗的服从比作他对自己重甲步兵身份的坚持：不管他的统帅安排他到哪里，他都总是服从安排（柏拉图《苏格拉底的申辩》28d5-29a2）。如果苏格拉底逃到一个像克诺索斯这样遵守礼法的城邦，那么，他原本可以轻易地躲过死刑（参柏拉图《克力同》52e5-53a1）；但如果他真的这样做了，那么，哲学原本不会轻易地活得比他长，因为只有他负责使哲学下降到市场里去。因此，异邦人不会把勇敢与其他美德相互隔绝，而会在一个陌生背景里赞美苏格拉底。如果苏格拉底没有为了保全哲学的生命而放弃他自己的生命，那么，异邦人不可能会计划依据美德来制定每一套礼法。这似乎已经暗示，异邦人后来实际上把自己等同于柏拉图（730a6）。人们也许会说，如果场景在城市之外，那么，《法义》就是《王制》。

克利尼阿斯并未否认异邦人的猜测：由于每个城邦的人口都已经超过了该城邦的领土所能承受的限度，故每个克里特人都受邀通过殖民来建立新城邦（707e2-4）；但异邦人继续说道，尽管这些殖民者全都具有多里斯品性，但他们之间一开始具有的友爱可能少于如下情况中原本会具有的友爱，这种情况就是，一个单独的城邦，有如一群蜜蜂，被迫寻找一个新家。异邦人论证道，正如方言和礼法的整齐划一会阻碍新礼法的引进（因为旧礼法不论可能多么糟，都会令邦民们觉得舒服，就算旧礼法会导致邦民们走向毁灭），同样，往一群成分混杂的人里面引进新异事物时的便利，会阻碍团结精神（esprit de corps）的培养，而且需要花很长时间才能把殖民者们融为一体（708b1-d5）。就在这时，异邦人似乎预见到了这个城邦的崩溃，他评论道，"就男人的美德来说，建立诸城邦并为之立法，实在且真实地($ὄντως$)是最完满又最完美的[①]成就"(708d6-7)。[②] [131]当他反思不受人类控制的灾难何以有办法改变礼法和政制时，他正想表达对人类立法者的鄙视，但他到底没有表达这种鄙视，因为他考虑到，在疾病、战争、出海这些事情上，机运同样强有力；不过，处理这些不同类型事务的诸技艺，确实还有点儿用，而且没有人会因为这些技艺并非万无一失就想要抛弃这些技艺。因此，有一门立法的技艺，而且可以假定异邦人必定掌握了这门技艺，尽管他从没有用过$νομοθετική$ [立法术]这个词；他离这门技艺最近的一次，是在谈论那位依靠真理或联系真理的立法者($τὸν νομοθέτην ἀληθείας ἐχόμενον$, 709c8；参890d6-7)的时候。$νομοθετική$ [立法术]确实见于《高尔吉亚》和《治邦者》。在《治邦者》里，礼法由一些书面规定构成，这些规定是治邦者出国时留下的；在《高尔吉亚》里，立法的技艺——智术是这门技艺的幻想性影像——知道如何在灵魂中造就美丽和力量。因此，$νομοθετική$ [立法术]必须是一门写作技艺，这门技艺知道如何进行劝说和威胁，因为这门技艺完全知道礼法如何用其鼓励或禁止的东西来影响灵魂(参柏拉图《米诺斯》321d1-10)。不过，异邦人承认，无法保证这种知识具有效力。如果这种知识自身对劝说和强力的混合(its own mixture of persuasion and force)能起作用，那么，它需要最大限度的强力。如果立法者要克服他的礼法必定会遭遇的抵抗，那么，他得有一位特定类型的僭主[做他的盟友]。

———————————

① [译按]"实在"和"真实"是重复翻译同一个希腊词$ὄντως$；"最完美"和"最完美"是重复翻译同一个希腊词$τελεώτατον$。

② Badham为流畅起见读作$τελεωτάτων$ [最完满又最完美的]([译按]如果采取这种读法，译文当作"实在且真实地属于所有最完满又最完美的成就")，England倾向于接受这种读法，但这种读法实不可取，因为这种读法切断了与后文关于僭主的论证之间的联系，僭主已经在$πρὸς ἀρετὴν ἀνδρῶν$ [就男人的美德来说]这个表达中有所暗示。

　　异邦人以一种奇怪的方式得出了这个结论。他诉诸如下事实：一位有知识的舵手或将军或医生可能会在祈祷中表达，如果他的技艺将把他带出困境，那么，他的技艺会需要何种运气。如果海上风平浪静，那么，任何人都可以掌舵；如果病情为良性，那么，医生没必要祈祷；如果将军占尽优势，那么，他可以照搬书本上的战略。在卷四的开头，仿佛异邦人在思考最好的可能的条件，克利尼阿斯的城邦与这些条件仍有这么一点距离；但此刻异邦人似乎想象出了所有立法都会面临的一个永久危机，唯有最有技能的人有希望控制这个危机。不管地缘政治条件可能多么有利，立法者都必须面对这样一群邦民，他们要么太遵循自己的作风，以至于无法改变，要么太分裂，以至于无法联合。在其他技艺中，似乎并不存在可以与此相比的危机，因为在其他技艺中，尽管机运提供了只有拥有技能的人才能利用的机会，但拥有技能的人的成功并非总是依靠侥幸。为了让航海与立法相似，人们不应该说，有些情形 [132] 只有最有技能的舵手才能掌控，人们应该说，风暴越猛烈，旅途越精彩；在将军打仗的例子中，在失败看起来确定无疑时，胜利并无保证，有保证的是，一个人可以冒最大的风险，去谋求在其他情况下不可能得到的东西。然而，在立法的情形里，异邦人会说，当且仅当事先发生了根本的政治剧变时，所有合法秩序中最好的那种秩序才会出现。只有当事态糟得不能再糟时，立法者才能施展他的技艺；在所有其他情况下，他都必须做出如此多妥协，以至于最微不足道的业余立法者也可以做到。异邦人似乎正在把言辞中的会饮直接应用于这个城邦，而且尽管当时会饮统治者可以在理解了人们的种种自然之后，维系无序中的秩序，可是现在，当立法者制定礼法的范本时，异邦人让那位手握权力的僭主(the tyrant with the whip hand)站在立法者身边。僭主制是一口烈酒(a heady draught)，邦民们咽下它，就不大可能(on the off chance)清醒得过来。

　　一个合法政制竟有罪恶的源头，这令克利尼阿斯惊恐万分。

如果文本无误，那么，异邦人要求一颗为僭主制所掌控的灵魂（τυραννουμένη ψυχή），^①这颗灵魂不包含任何正义或守法的痕迹，而是包含一种自然的庸俗的（δημώδης）节制，这种节制甚至可以在野兽之中找到（709e6-710b3）。异邦人还要求，这位僭主应该年轻、记性好、敏于学习、勇敢、依据自然而才华横溢（magnificent by nature）。克利尼阿斯把这样一种自然说成一位遵守秩序的僭主（τύραννος κόσμιος, 710d7），仿佛克利尼阿斯认识到，言辞中的会饮的无序的秩序此刻降临到了一个个体身上了。令人好奇的是，异邦人对于立法者如何与这位僭主合作保持了沉默；异邦人所说的全都是，由于任何僭主都有权力最容易也最快地把邦民们的作风扭转到他希望的任何方向，故异邦人建议的这位僭主应该把自己的性格呈现为被人模仿的范例，还应该赞美那些成功地以行动模仿他的人们，还应该谴责那些没能以行动模仿他的人们，还应该羞辱任何不遵守他的规矩的人（711b4-c2）。我们不清楚，立法者会提供什么。他仅仅写下了某些礼法，以规定这位僭主的自然？如果规范（precept）遵照模仿而立，那么，作为服从的正义就会内在于礼法；但异邦人当然暗示了，不应该期盼他的年轻僭主拥有心智的深思熟虑（φρονεῖν）。这位僭主不知道他自己的自然吗？这就是为什么异邦人的描述令人记起 [133] 言辞中的会饮吗？如果礼法应该像异邦人这样描绘这位僭主的灵魂，那么，每个遵守礼法的邦民内部都潜伏着这位僭主，而且异邦人原本不必走得比克利尼阿斯更远，克利尼阿斯早先曾暴露了他期望永恒的僭主制。在厄尔（Er）神话中，苏格拉底最终也曾对格劳孔承认，苏格拉底的巨吉斯的戒指的试验，就算在最佳城邦里，也会得出同样的结果；但苏格拉底当时认为，那些分有哲学的人不会做出与

---

① τυραννουμένη ψυχή（[译按]直译为"僭主化的灵魂"）似乎是个简洁的表达：苏格拉底说，民主制里的许多罪犯造就了僭主，僭主是这样一个人，他的灵魂里面有一位最大且最巨的僭主（μέγιστον καὶ πλεῖστον ἐν τῇ ψυχῇ）（柏拉图《王制》575c6-d1）。

那个得到头签的人(the holder of the first lot)相同的选择(柏拉图《王制》619b7-d1)。那些注定做哲人—王的人的自然与这位僭主的自然大体相当，但这位僭主明显缺乏苏格拉底赋予那些注定做哲人—王的人的一个特性。这位僭主并不εύχαρις［充满魅力］(柏拉图《王制》487a2-5)。他没有魅力。克利尼阿斯曾把魅力归于荷马，而且异邦人曾用魅力指称影像能够带来的特殊快乐。这位僭主没有游戏气质(playful)，而是太严肃。因此，如果这位僭主运气足够好，与立法者相遇了，那么，立法者的任务也许是，把一个要素引入礼法内部，这个要素当然不属于礼法推崇的完人(paragon)，正如这个要素似乎也与礼法本身不相容。如果异邦人相信，他能够做成这件具有一个小奇迹所具有的一切特征的事，那么，他当然正在追求比苏格拉底更高的目标。

第 2 节　诸政制与礼法

　　克利尼阿斯不相信，就连一位僭主也能在短期之内改变邦民们；面对克利尼阿斯的怀疑，异邦人把他的建议的可行性与他认为具有现实困难的事进行对比，或者说，异邦人把他的建议的可行性与一件同样不大可能的(unlikely)事进行对比；他认为具有现实困难的事是，最大的权力与节制和良好感知力碰巧结合在一个人身上，而那件同样不大可能的事是，对节制且正义的作风的属神ἔρως［爱欲］出现在任何政制的统治者们身上(711c3-712a7)。与苏格拉底相反，异邦人论证道，哲人变成王者，或王者变成哲人，比克利尼阿斯感到如此难以接受的事更加不可能。① 某种意义上，异邦人只是在贯彻苏格拉底自己的神话最严格的内涵，苏格拉底让众缪斯说出了这个内涵，据众缪斯所说，如果存在诸政

① Ritter对712a评论道(页109)，人们甚至可以在此谈论一段《王制》引文，如果对最佳礼法的提及并不与之相悖。

制的持续轮回，那么，言辞中的最佳城邦无疑源自僭主制（参柏拉图《斐德若》243e3-5）。不论如何，克利尼阿斯对此一无所知，而且甚至在异邦人讲完了之后，他还问，这位僭主和立法者何以会相遇；可是，异邦人没有直接回答克利尼阿斯，而是说"让我们试着为你的城邦配备一个神话，[134] 让我们当自己是老顽童，沉迷于假装塑造①（πλάττειν τῷ λόγῳ）礼法"（712a8-b2）。异邦人所指的神话就是他自己的解决方案，他刚刚要求克利尼阿斯接受这个解决方案，仿佛这个解决方案具有一道神谕所具有的一切权威（καθαπερεὶ μῦθός τις λεχθεὶς κεχρησμῳδήσθω），②而且他在遵照克利尼阿斯的要求开始［制定］礼法时，他的第一步就是呼唤一位神，在听到他的祈祷后，这位神就会带着一切恩惠和善意降临，同他们一道安排这个城邦及其礼法（712b4-7）。异邦人马上为他的神话增加了又一个神话：在克洛诺斯（Cronus）时代，人类幸福地生活在δαίμονες ［命神们］的统治之下，而且礼法应该被理解成命神们的摹本，因为礼法作为心智的分配（ἡ τοῦ νοῦ διανομή）无非是δαίμονα ［命神］的字母重组（713a6-714a2；参《克拉底鲁》398b5-c1）。③

　　从一个清醒却极端的可能性突然转向一个神话，使克利尼阿斯克服了他对那位僭主的极端不放心；这种突然转向，似乎意味着，异邦人以一位神取代了这位僭主，或者说，按照赫西俄德关于克洛诺斯的故事，宙斯就是异邦人一直放在心里的篡权者或年轻僭主（比较859a4-6和861b6-c1）。异邦人的暗示的非神话版本也许是，立法者如果应该希望以反对必然性的方式来立法（legislating against necessity），就必须拥有绝对权力，而这种绝对权力唯有属神的启示可以赋予他。因此，卷四开头就是向《法

----

① ［译按］"沉迷于"不见于希腊文。"假装塑造"为伯纳德特的意译，依据所附希腊文，直译为"用言辞塑造"。

② ［译按］此处希腊文见712a4，直译为"仿佛一个神话在说出来时被当作神谕"。

③ ［译按］字母重组指διανομή ［分配］是δαίμονα ［命神］的字母重组，在希腊文中η与a通。伯纳德特把b5-c1原误作b5c1，今改。

义》开头回归,《法义》开头认为宙斯对克里特礼法负责。如果
立法者将会有能力把自己的声音传达给他人,并站出来充当他自
己的搭档的副手(his own other's second-in-command),那么,他必
须成为一个相当高级别的诗人。①异邦人曾让克利尼阿斯接受一
个荷马版本的克里特故事,这一点已经揭示出,如果立法者要打
造合法的诸政制中最好的那一种,那么,他在以他的整个技艺为
那些最糟的条件进行祈祷时,必须采取什么样的唯一看起来合
理的方式。由此,苏格拉底的逻各斯中智慧与权力的联合,在异
邦人的神话中一分为二,这两者后来在一个幻想性的二联组合
(double)中再次联合,在这个二联组合里,劝说和强力看起来各是
各,实际上却是一体。当异邦人暂时对任何立法都绝望时,他曾
经说,神是一切,但技艺知道如何把机运变成机会(709b7-c1)。
只要异邦人还是一个异邦人,且不必应克利尼阿斯的要求而变成
这个新城邦的邦民(753a5-6),克利尼阿斯可以变成一个腹语术
师(ventriloquist),并复制米诺斯的成 [135] 功。立法者自己会具
有这位僭主所缺乏的魅力。如果克利尼阿斯因为对外邦诗歌毫
无体验而没能采纳这个提议,那么,异邦人就无懈可击(cannot be
faulted)。

异邦人追问,克利尼阿斯和墨吉洛斯各自的国家拥有何种政
制,然后异邦人要克利尼阿斯和墨吉洛斯两人中任意一个来回答
这个问题,墨吉洛斯首先回答,因为他更年长(由此,他证实了年
龄是七种统治资格之一),但他不可能直接回答,

因为 [斯巴达]② 在我看来像($\pi\rho o\sigma\epsilon o\iota\varkappa\epsilon\nu\alpha\iota$)一种僭主

---

① 在861b1-6,异邦人展示了怎么做到这一点,在那里,句子中间的几个不定过
去时分词——它们要求一个一人称复数的定式(finite, [译按] 定式与不定式
[infinitive] 相对)动词——为 $\dot{o}$ $\pi\alpha\rho'$ $\dot{\eta}\mu\tilde{\omega}\nu$ $\nu\nu\nu\delta\dot{\eta}$ $\dot{\rho}\eta\vartheta\epsilon\iota\varsigma$ $\lambda\acute{o}\gamma o\varsigma$ [我们刚刚说的这番
话] 所总括。
② [译按] 伯纳德特所补。

制——令人吃惊的是，在这种僭主制里，监察官们(ephors)变
得如此僭主化——而且有时它在我看来(φαίνεται)像(ἐοικέναι)
所有城邦中最民主化的那个；但如果否认它是一种贤良制，
则极度奇怪［墨吉洛斯指的是οἱγέροντες，即长者］；①在它内部
还有一种为了生活的王制，我们和其他所有人都说这种王制
是所有王制中最古老的那一种(712c6-e3)。

克利尼阿斯承认，他也不可能说出克诺索斯拥有何种政制。因
此，异邦人解释道，他们［克里特人］的政制实在且真实地(ὄντως)
分有诸政制，因为否则每一种党争(factional)政制的幻象性影像
都不会呈现在他们的政制里，也都不会允许他们的礼法仅仅着
眼于战争(714b8-c1)。因此，异邦人似乎会称赞一种混合政制，
这种混合政制的礼法会着眼于美德整体；不过，他宣称，"神权
制"(theocracy)是现实地贯彻"强大(might)即正确"这条原则的
政制，而且"神权制"这个新标签令克利尼阿斯十分困惑，故克
利尼阿斯问，什么神才真的是有心智的人们的主人，于是异邦人
提供了一个神话，以便说明此处论证中的这个突然转向有其正当
性。异邦人建议的神话背景，包括时间顺序的逆转：宙斯将致力
于恢复克洛诺斯时代。克洛诺斯时代代着着心智的统治。心智
用暴力夺回了自己的王冠。在七种统治资格中，第五种是暴力，
第六种是良好的感知力；品达曾把第五种等同于礼法。异邦人似
乎暗示，这两个看起来相互对立的原则，像θεός［神］和δαίμων［命
神］一样相互密切关联。可以恰当地把"强大即正确"这条原则
重新归于神或诸神，神或诸神作为"更强大者"(οἱ κρείττονες)实在
配得上这个统治资格(713a2-4；参718a5；917a1-3)，而且心智原
则是δαίμων［命神］的真实含义。因此，品达当初弄错了：不应该

————————————

① ［译按］伯纳德特所补。

将礼法等同于这两个原则中的仅仅一个，而应该将礼法等同于这两个原则之间的结合点。礼法之所以是结合点，是因为礼法总是以与其自身相悖的方式（against the grain）得到体验，不论礼法是不是良好感知力的真实体现。①

[136]这个神话谈论的时代早于异邦人一开始叙述多里斯历史时说到的大灾难。异邦人当时的叙述的要旨是，政治的开端总是不完美，而且礼法总是带有其自身一步一步发展的痕迹。然而，此刻异邦人需要人类具有完美的开端，而且在不动用后来时代的资源的情况下，礼法必须试着既在公共场合又在私下场合复制人类生活的福祉（blessedness）。克洛诺斯知道，属人的（ἀνθρωπεία）自然没有能力以其自身权威去统治属人的（ἀνθρώπινα）事务，而是必然会充满不义和肆心（参875b1-c3）。②因此，克洛诺斯在人类之上设置了更强大的存在者，即δαίμονες［命神们］，他们比人类更卓越，正如人类现在比驯养的牲畜更卓越。异邦人现在似乎承认，驯养人类——他早先的神话为了洗白圆目巨人们而无视了这一点——是礼法的首要任务（参874e9-875a1）；但令人惊诧的是，他现在没有把这个任务分配给那位僭主，即他给立法者配备的助手，而是分配给了心智。善者诸种的结构背后的原则会显

----

① 异邦人也许在暗示埃斯库罗斯《阿伽门农》的进场歌（parodos），在这首进场歌中，在所谓的宙斯——"不论他是谁"——颂歌中，合唱歌队说到诸神的暴力的恩惠（βίαιος χάρις），因为宙斯曾开辟一条通往良好感知力（φρονεῖν）的道路，因为他曾把权威赋予了"通过遭遇来学习"（τῷ πάθει μάθος）这条礼法，凭借这条礼法，"清醒（σωφρονεῖν）甚至在人们并不情愿的时候降临"（176-184）。［译按］第[7]页也提到"通过遭遇来学习"。

② 这一段和随后卷五的一段（732e2-4）都用到了ἀνθρώπειος［属人的］和ἀνθρώπινος［属人的］（［译按］此二词即正文中ἀνθρωπεία和ἀνθρώπινα的主格形式），严格来讲，这里的用法似乎颠倒了［-ειος和-ινος］这两个后缀通常的意思："ἀνθρώπινος似乎总是不同于ἀνθρώπειος；在修昔底德笔下，ἀνθρώπειος指谈论属人生活事件时的'属人的'，而ἀνθρώπινος指'与属人的自然相符'。"见Pierre Chantraine，《希腊古代礼法的形成》（La formation des noms en grec ancien），Paris: Champion, 1933, 页203。

现于如下时刻：异邦人本来应该承认，完美的条件在宙斯时代消失无踪，必然要求有某种东西补充心智。他曾说，心智太柔软，以至于无法完全靠自身管理人类（645a4-b1）。

异邦人似乎已经完全放弃了礼法诸属的结构，并使礼法直接依附于善者诸种的结构，他曾说，在善者诸种的结构中，所有属人的善者都着眼于属神的善者，所有属神的善者都着眼于其领导者即心智（631d4-6）。要［使礼法直接］依附［于善者诸种的结构］，某种意义上，可以通过 πείθειν ［劝说］这个动词的中动态—被动态固有的含混来达到：πείθειν ［劝说］作中动态时指服从，而作被动态时指被劝说。因此，任何 εύπειθέστατος ［最服从］既定礼法的人，就是任何最服从既定礼法的人（715c2）；但异邦人也会希望，邦民们尽可能被劝说去走向美德（ώς εύπειθεστάτους πρὸς ἀρετήν，718c8）。[①]因此，礼法要么包含暴力，要么包含心智：如果每一条礼法都有"否则"相伴，那么，礼法包含暴力；如果礼法表达了八重善者的一个劝说性的版本，那么，礼法包含心智。不过，礼法的这种"要么／要么"[137]具有误导性，因为不论礼法可能多么理性，礼法中的威胁都遍布礼法，并在体验层面模糊了强力和劝说之间的区别。如果最守法的邦民假装宣称，他从未经历过的一种惩罚的威胁从未影响过他，那么，他不过是在骗自己。礼法想要成为波斯和雅典之间必然的分裂的不可能的联合（the impossible togetherness of the necessary apartness of Persia and Athens）——异邦人曾从诸种（eidetically）来理解波斯和雅典。在整部对话中最不寻常的一个表达里，出现了礼法的这种双重面相，凭借这种双重面相，异邦人原来建议的那位僭主消失在了礼法内部。异邦人说，赋予一个邦民何种官阶（the rank of the magistrcy），应该取决于一个邦民对诸神的顺从程度（τὴν τῶν θεῶν ὑπηρεσίαν）：他越顺

---

① ［译按］εύπειθέστατος 的词干衍生自 πείθειν 的中动态—被动态，故既指"最服从"，也指"尽可能被劝说"。

从，官阶越高(715c3-6；参762e3-5)。异邦人论证了他何以称统治者(ἄρχοντες)为礼法的仆人①(ὑπηρέται)，因为他想以尽可能大的程度强调，他反对忒拉绪马科斯式(Thrasymachean)论点，即礼法由任何一个占上风的人(ὁ κρατῶν)为了他自己的利益而制定；但他没有为把礼法等同于诸神而申辩。把礼法等同于诸神，不仅是因为［他］以神话的方式令立法者从一个变成了两个(the mythical doubling of the legislator)，而且是因为第二个神话具有真实含义，即如果一个有死者(θνητός)而非一位神统治一个城邦，那么，这个城邦不可能免于邪恶和麻烦(713e3-6)。异邦人第一次尝试把善者诸种的结构翻译成礼法时，已然用"诸神"取代了"属神者"，在他的第一次叙述中，"属神者"曾经刻画了灵魂美德的特征。相应地，在那一次叙述中，"属人者"变成了"有死者"，而且当时相互分裂的东西通过"不死"(ἀθανασία)的观念而聚拢到一起，而此刻"不死"据说在某种未确定的意义上也属于我们(713e8)。生成曾令礼法诸属的结构完全脱离善者诸种的结构，可是一旦"诸神"篡夺了"属神者"的地位，而且不死者使我们与他们沾上了某种关系，那么，我们可以不理会生成。善者诸种的结构的ἔστι［存在］让位于前言的ὄν［存在者］。②

在诸神和人类之间的实质性区别内部，确立一种持续性，让异邦人得以表达克利尼阿斯即将承认的礼法的第一篇前言的第一部分(723d8-e7)。把第一篇前言划分为两部分的首先是有关前言和礼法的讨论，其次是前言和礼法之间的区别的一个例子。这个例子来自婚姻法。由此，这个例子重新建立了礼法诸属的结构(这个结构以婚姻开头)，并把这个结构插入了第一篇前言的两个部分之间。这篇前言原本完全立足于善者诸种的结构，却为婚姻

---

① ［译按］"仆人"与上文"顺从"在希腊文中同源。

② ［译按］ἔστι是三人称单数形式，ὄν是现在分词形式。在希腊文中，"存在"亦指"是"。

法所打断。这段离题话使诸神与灵魂相分离,诸神决定了 [138]
这篇前言第一部分的结构,灵魂则是这篇前言第二部分的开端
(726a2-3)。心智在礼法中的突出地位,原本会让人预期,属人禀
赋中最属神的部分(异邦人如是称呼)会靠近诸神,可是作为一种
生成性的存在者(a generational being),人类会阻碍 [这种预期的
实现]。

　　[异邦人]要求克利尼阿斯想象,有一群聚集起来的殖民者
在场,异邦人的非正式前言正是说给这群殖民者听的(715e3-6)。
这篇前言分为三部分。第一部分的结尾是,克利尼阿斯断言,
每个人都必须设想(διανοηθῆναι)自己未来是神的追随者(715e7-
716b9);第二部分和第三部分之间没有断开,并结束于异邦人的
讲辞之中(716c1-d4; 716d4-718a6)。第一部分关乎思想(διάνοια),
第二部分关乎行动(πρᾶξις)。前两部分各自都立足于一则古代格
言。第一则格言是,神掌握着所有存在者(τὰ ὄντα)的开端、结尾、
中间,并在直线的行程上(εὐθείᾳ)完成自然的环行。第二则格言认
为,神是万物(χρήματα)的尺度。[①]第一部分的神关心正义,第二部
分的神关心节制。这两种美德是礼法诸属的结构的目标,此刻呈
现在神的双重性之中。如果神是正义之神,那么,神会设法惩罚
不遵守属神礼法的人,同时,神也会确保,任何通过谦虚和有序
(ταπεινὸς καὶ κεκοσμημένος)来服从正确性(δίκη)的人会拥有幸福。最
大的犯罪是肆心,即相信一个人能够不靠任何指导而独自奋力前
行;最大的惩罚是为神所弃,但如果一个人拥有许多追随者,而且
这些追随者相信这个人是个人物(τοῖς πολλοῖς ἔδοξεν εἶναί τις),那么,
这个人很快就会屈服于惩罚(δίκη),并毁掉自己、自己的家族、自

---

① χρήματα [万物]暗示普罗塔戈拉的名言 [即人是万物的尺度];但从后文可见,
异邦人所说的χρήματα [万物]并非指诸存在者,而是指πράγματα [我们处理并关
心的事情]([译按]方括号内容为伯纳德特所补);关于用两种不同的方式处理
普罗塔戈拉说的χρήματα [万物],参柏拉图《克拉底鲁》385e6-386a3;《泰阿泰
德》152a1-8。

己的城邦。远离礼法规定的道路就是迷路(to be lost)，而且迷路(wilderness)之后，人什么都不是，而在这种情况下，有一位神掌握着所有时间，并实施礼法的"否则"。这位神是恐慌之神，且令人很难把他与那位僭主区分开来(参720c6)。异邦人立即对比了这幅图景与另一幅图景，后者立足于这样一个问题："什么行动为神所喜爱(φίλη)并遵从神？"畏惧之后是喜爱，或者说，服从之后是仿效。此刻争论的焦点是变得像神一样：γίγνεσθαι [生成]①未曾出现在这篇前言的第一部分。 [139]尽可能变得像神一样，就是节制(σώφρων)；不像神并与神不和(διάφορος)，就是不节制；但这种暗中的敌意没有招致惩罚，因为不管与神多么不一致，差异总是包含在相似之中。

通过让神对礼法负责，异邦人简要勾勒出了宗教可以具有的两种可能的形式：要么是礼法的宗教，在这种宗教里，人做神告诉他做的事，什么问题都不问(参柏拉图《治邦者》294b8-c6)；要么是模仿的宗教，在这种宗教里，人做神所做的事。②在第一种形式里，神和人之间不可跨越的鸿沟，体现为神和人之间的差异，神是所有存在者的开端、中间、结尾，而人什么都不是；在第二种形式里，人可能接近神，这体现为，神是万物的尺度。如果在第一种形式里，肆心是人偏离神的迹象，而且肆心是某种节制的反面，那么，在第二种形式里，异邦人提倡的节制很像清醒，其反面是疯狂。由此，异邦人可能暗示，某种形式的神秘主义是仿效的最终结果，而且通过谈论尺度和遵守尺度的人们(οἱ ἔμμετροι)，他有意阻止人们堕落到疯狂的境地。因此，尽管异邦人看似无缝连

---

① [译按]亦指"变"，呼应"变得像神一样"。

② 参Leo Strauss，"论《游叙弗伦》"(On the *Euthyphron*)，见《古典政治理性主义的重生》(*The Rebirth of Classical Political Rationalism*)，Thomas L. Pangle编，Chicago: The University of Chicago Press, 1989，页197-198([译按]中译本：施特劳斯，《古典政治理性主义的重生》，重订本，潘戈编，郭振华等译，叶然校，北京：华夏出版社，2017；伯纳德特引用时将Rationalism误作Philosophy，今改)。

接(seamless joining)了思想和行动，但［思想和行动之间］还是存在这些深刻的不一致。他的前言的第三部分的意图正是掩盖思想和行动之间的空当。支撑这一部分的不是古代格言，而是古代惯例。

第三部分关心献祭和葬礼。这两种行动是定义性的礼法的支柱(the pillars of definitional law)。通过让人常规性地履行某种仪式，定义性的礼法规定了人是什么，或人不是什么。献祭否认人是神，葬礼否认人是野兽或死肉(carrion)。人既是灵魂又是身体，而且存在着诸神。这两种行动最明白地证明了，礼法想要成为对存在者的发现。νομίζειν具有双重含义，即相信以及实践合法的事，这两重含义可以合在一起表达：通过实践来信奉礼法对心智的模仿，即模仿心智划分和综合诸存在者。在柏拉图的《米诺斯》里，苏格拉底的同志提出，献祭和葬礼各自也有种种不同的形式，他以此证明苏格拉底的礼法定义不可能为真(柏拉图《米诺斯》315b6-d5)。他没有认识到，这些动词带出了诸存在者，诸存在者的自然由这些动词所决定。令这位同志印象更深的不是迦太基人实行献祭，而是迦太基人实行人祭，不是雅典人埋葬死者，而是雅典人在不同时代以不同方式埋葬死者。他［140］没有认识到，当人在任何地方都为这两个动词所定义时，他自己也定义了与野蛮人形成对照的希腊人，而且据他所说，由于某些希腊人也实行人祭，故他也定义了文明人。他也没有意识到，人在时间上通过献祭得到定义，在空间上通过葬礼得到定义，因为他说某些迦太基人用自己的儿子向克洛诺斯或时间(Χρόνος)①献祭，而且他用以衡量葬礼变迁的主要标准是，尸体是先放在一个坛子，然后再抬出去，还是埋在家里，而非城邦之外。

洪水过后，

---

① ［译按］Χρόνος音译为"克洛诺斯"，字义为时间。

> 挪亚给主建造了祭坛，拿各种洁净的走兽和各种洁净的飞禽，献在主的祭坛上作为燔祭。①（《圣经·旧约·创世记》8:20）

这是继亚伯（Abel）之后第一次用肉献祭。因此，上帝对挪亚和他的儿子们说（9.2-6）：②

> 凡地上的走兽，凡空中的飞禽，凡地上的爬虫，凡海里的游鱼，都将畏惧并害怕你们；它们都交付到你们手上。凡活着的动物，都将是你们的食物；正如我赐给你们植物，我也赐给你们这一切。你们唯一不能吃的是有生命的肉，即有血的肉。③谁夺走你们自己的生命之血，我就必将向谁讨回这笔债：我必将向任何走兽讨回这笔债，我也必将向任何人讨回这笔债，倘若有人放你们的血，害你们的命。
>
> 　凡放他人的血的人，
> 　他的血也必将被他人所放；
> 　因为上帝按自己的影像
> 　造了人类。

上帝把一个特许与一个禁令关联了起来：这个特许就是，允许人类不再吃素，转而吃肉，这意味着人类现在令所有其他动物感到恐慌；这个禁令就是，禁止杀人，因为人类是按上帝的影像所造。

---

① ［译按］本书中凡引圣经，中译文均引自和合本《圣经》，同时也会依据伯纳德特给出的英译文加以修改。
② ［译按］伯纳德特原作9.1-6，今据引文出处改。
③ 托名殉道者查士丁（pseudo-Justin Martyr）《问答录》（*Quaestiones et responsiones*）145：ἵνα καὶ ἐν τούτῳ χωρίσῃ ἡμᾶς ὁ θεὸς τῆς τῶν θηρίων ὁμοιότητος, τῶν σὺν τῇ βρώσει τῆς σαρκὸς λαπτόντων καὶ τὸ αἷμα ὧν τὰς σάρκας ἐσθίουσιν［尽管我们很像野兽，但上帝在此把我们从野兽中区分了出来，因为野兽虽也吃肉，但在吃肉的同时还喝血］。

[这个特许和这个禁令之间的] 关联很含混。允许放 [动物的] 血,却禁止食用血,血和生命之间的同一性简直再次把人类——人类是上帝的影像——和生命等同了起来。人类不是肉。因此,不应该吃人。作为一条定义性的礼法,禁止吃人这个禁令隐藏在禁止杀人这个禁令之中,后一个禁令是针对作为政治存在者的人类。通过人类的所作所为,人类得到了定义。这个定义必 [141] 然要求把人类(上帝在创造人类时,从心智层面 [noetically] 定义人类,因为上帝既非男性也非女性)翻译成一种身体性的对等物(因为礼法必然关注行为而非思想)。上帝对挪亚说的话的开端和结尾都是劝人类生养众多(to be fruitful and multiply),但在他闻到挪亚的祭品令人快乐的香味之后,他自己反思道,"我再也不应该因人类的缘故而诅咒大地,因为人心的倾向从小时候就很邪恶"(8.21)。

糟人污秽不堪(μιαρός),且在灵魂上不干不净(ἀκάθαρτος τὴν ψυχήν),这表明异邦人的叙述从思想转向了行动。在礼法中,只能从身体来理解灵魂,只能从某种身体影像(some image drawn from the body)来分辨人类中的圣洁者和不圣洁者。[①] 诸神也被分成左右两群(717a8),但正在这时,异邦人想要把所有属神存在者置入一个纵向序列:上面是天宇,中间是大地,下面是冥府(what is below),于是他说出令我们惊诧的话:

---

① 《法义》超过70次提及洁净和污秽,有两次以不洁为一种灵魂面相,此处就是这两次中的一次;这两次中的另一次指向任何一个策划谋杀却没有亲手实施的人:与杀人犯不同,这人可以被埋在家里(871e8-872a7)。同样,只有当把ἱεροσυλία [抢劫神庙] 扩展到可以涵盖弒母或弒父时,ἱεροσυλία [抢劫神庙] 才涉及灵魂(869b1-4);参Angelos Chaniotis,"希腊祭仪里的身体洁净与意识洁净"(Reinheit des Körpers-Reinheit des Sinnes in den griechischen Kultgesetzen),见J. Assman和T. Sundermeier编,《罪欠、良知与人》(Schuld, Gewissen und Person),"外国宗教理解研究"(Studien zum Verstehen fremder Religionen)丛书第9卷,Guütersloh:Guütersloher Verlagshaus,1997,页142-178。

首先($πρ\tilde{ω}τον$ $μέν$)，我们说，关于［存在］①于奥林波斯诸神和守护这个城邦的诸神之后的这些荣誉，如果人们把数目为偶数的、第二位的、左边的［荣誉］，分配给地下的诸神，并把更高的、与位置靠前的诸神相匹配的［荣誉］，分配给刚才首先提及的诸神，那么，人们将最正确地命中虔敬［$\dot{υ}σέβεια$（虔敬）首次出现于此处］的鹄的(717a6-b2)。

在这个别扭难懂的句子里，异邦人暗示了，在礼法诸属的结构里，葬礼如何取代了善者诸种的结构里的良好感知力($φρόνησις$)，又如何被说成政制的终点。因此，通过身体和灵魂的非联合(no union)，葬礼曾表达了身体和灵魂的分离，而这也曾刻画了八重善者结构的特征。②可是现在，一旦诸神提供了身体和灵魂之间可能的联系，就必然要在表述中把居于第二位的诸神放到第一位，[142]以便令我们记起，在试探性地把诸属往回翻译成诸种时，丢失了什么，得到了什么：一旦"诸神"取代"属神的"，$ε\dot{υ}σέβεια$［虔敬］就是$φρόνησις$［良好感知力］最显而易见的译法。不论如何，在他以$πρ\tilde{ω}τον$ $μέν$［首先］起头之后，没有恰当地出现$\accentεπειτα$ $δέ$［其次］；③取而代之，他说，"在这些神之后，具有良好感知力的($\accentεμφρων$)人会向$δαίμονες$［命神们］献祭，在此之后，还会向英雄们献祭"。此处首次提到英雄。紧随其后的是私人的神龛——它们

---

① ［译按］这段引文中所有方括号内容均为伯纳德特所补。

② 在《高尔吉亚》里，苏格拉底使智术成为了立法技艺的幻象性影像，使修辞术成为了正义技艺的幻象性影像，由此，他开始讨论上述两门真正的技艺［立法技艺和正义技艺］及其虚假对应物［智术和修辞术］中的身体和灵魂的分离（这种分离禁止身体和灵魂再次联合），由此，他也让作为一个整体的人(man as a whole)不可能拥有一门建筑(architectonic，［译按］相当于说"建构性的")技艺。《法义》发掘了这种分离对立法的后果，但《法义》不同于《高尔吉亚》，也不同于《王制》，后两本书都没有使用$\accentεμψυχος$［有灵魂］这个词，而《法义》用了这个词7次（第一次在782c8）。

③ ［译按］伯纳德特所补。

是合法地为父辈的诸神（πατρῷοι θεοί）而设——再之后是献给在世的和故去的父母的荣誉（参869b1-4; 930e7-931a8）。符合宗教正确性（θέμις）的行为包括：首先，回报老人，因为当一个人年轻时，老人曾［为他］做出过所有那些［贡献］；其次，相信一个人具有的三类善者——财产（οὐσία）、身体、灵魂——都源于老人，且都必须用于服务老人，在这么做的时候，必须把最高的优先地位赋予最低的善者［财产］，把最低的优先地位赋予最善者［灵魂］。命令人们服从恼怒的父母（恼怒的父母认为自己被错待了），并把复仇女神（Νέμεσις）说成正确女神（Δίκη）的使者（这位使者留意做儿子的可能对父母说出任何轻谩言论，故这位使者对这种言论严加惩罚），这两种做法表明，正义①（因为虔敬属于正义）是这番对行为的描述中的主要内容；节制只在讨论父母的葬礼时出现，［异邦人］说最节制的坟墓最美丽，而且提出了这样一个粗略的尺度：一个人的先祖们曾经怎样安葬他们自己的父母，一个人就应该怎样安葬他自己的父母，既不能高于也不能低于这个规格。还应该每年以适当的尺度（τὸ μέτριον）为逝者花钱，以便时时铭记逝者。

　　前言第三部分有超过一半的篇幅讨论父母。这更像一部礼法的一部分，而非更像一篇前言的一部分，但由于尚且没有法定的惩罚措施与之配套，故这仍然只是一种劝诫。诗人——异邦人即将穿上诗人的伪装——还发现了这其中的另一个缺陷，但这时人们必定对如下这一切印象深刻：服从和仿效，畏惧和热爱，思想和行动，有死和不死，地上和地下，身体和灵魂，正义和节制，这一切如何纠缠在一起，以至于善者诸种的结构和礼法诸属的结构之间的分裂几乎消失了。之所以几乎消失，决定性的因素似乎是葬礼。在定义性的礼法的结构中，葬礼具有首要地位；其

----

① ［译按］其希腊文与上述"正确女神"相同。

实，早在异邦人赋予地下的诸神表面上第一的位置时，就已经暗示过这一点。同样暗示了这一点的还有：把英雄包括在不死的存在者的序列里，而没有用任何特定的动词如 ἐναγίζειν [祭奠] 令英雄区别 [于这个序列] (参希罗多德《原史》2.44.5)。我们并不清楚，是否应该推测，这个表面上的 [143] 空间性纵向序列(此序列把整全结合在一起)实际上是过去、现在、将来的时间性延续体(continuum)；不过，随后异邦人似乎勾勒出了一个横向序列，在这个序列上，他放置了我们与某些人的关系，这些人在空间上离我们或近或远：后代、亲属、朋友、邦民同胞、异邦人。他说，对这些关系的考察(διέξοδος)属于礼法本身(718a6-b2)。这被证明是个错误，因为这个序列还出现于前言①第二部分(729a2-730a4)，此外，还出现于前言另一部分，如异邦人所说，那一部分处理所有属神的惯例(732d8-e2)；属人的(ἀνθρώπινα)诸惯例紧随其后，并终结了礼法的前言，属人的诸惯例关注快乐和痛苦，“因为我们在与人类而非诸神交谈，而依据自然最属人的(ἀνθρώπειον)是快乐、痛苦、欲望，可以说，这些东西必然令有死的动物简直整个儿以最严肃的方式悬在半空中”(732e3-7)。由此，前言第二部分的最后一小部分把快乐和痛苦带回到我们面前，快乐和痛苦最能把礼法诸属的结构与善者诸种的结构区分开来。同时，这最后一小部分也把属神的玩偶带回到我们面前，通过这些玩偶身上的线，诸神曾以游戏的方式或严肃的方式牵引我们。此刻，读者也必定会感到某种困惑，因为读者认识到，异邦人无意消除他一开始就提出的那个区别，即善者诸种的结构和礼法诸属的结构之间的区别，而是仍想保存这两种结构，但他会重新安排它们各自的构成要素。

---

① ［译按］上文的“前言”均指第 [138] 页提到的“非正式前言”，这里及随后的“前言”则指第五卷里正式的“第一篇前言”(参第 [137] 页)。

第 3 节　双重礼法与前言

异邦人区分了属于严格意义上的礼法的内容和立法者应该说但不适合采用礼法形式的内容。这种区分似乎有道理,因为异邦人自己刚刚反思了礼法内部的一个差异(718b2-c3)。他为礼法赋予了一种横向维度,即一个人与除父母之外的人之间的关系的维度,由此,他说礼法一方面劝说,另一方面以暴力和正确性($βíα\ καì\ δíκη$)惩罚任何不服从劝说的人。因此,异邦人指出,礼法中的威胁只能在某种意义上称为劝说,由此,克利尼阿斯将会称为前言的内容的大部分——这部分内容关注如何为诸神分配荣誉,以及如何照料父母——严格来讲并非一种前言,因为这部分内容相当依赖威胁,以便为人们所遵守。[144]神要区分正义的实施者和节制的典范,就需要一篇前言,这篇前言也许卷十可以提供;但卷十本身紧随刑法之后,并预设了,异邦人自己努力合法地劝说,已经归于失败。因此,人们会好奇,是否每一套礼法都必然侵蚀其自身的前言,是否唯有异邦人现在认可的前言,即他们[三位对话者]自己关于礼法的讨论,才能真正称为前言。不论如何,当异邦人把他起初归入礼法本身的一切划入他的前言的第二部分时(这符合他修订过的计划,即在讨论完剩下的内容之后再开始[设立]礼法,见718c1-3),他设法使用劝诫的语言(羞耻、节制、尊敬)来谈论一个人与后代、亲属、朋友、邦民同胞的关系,但当他最后谈到对异邦人们犯下的过错(the faults committed against strangers)时,他以一位复仇的神来威胁犯下这种过错的人(729e3-730a2)。礼法的前言必然根据礼法找到自己的方向,因为正确性使暴力和劝说之间不再像异邦人希望的那样泾渭分明。①

---

① 在《蒂迈欧》中,苏格拉底区分了蒂迈欧的前言和随后的礼法或曲调(29d5-6)。如果人们使用异邦人对这二者的区分,那么,苏格拉底可能暗示,蒂迈欧把“必然性”抽离他的前言,而且蒂迈欧后来承认自己这么做了(48e2-49a4)。请进一步参考D. Daube, “在威逼下立约”(Covenanting under Duress),见《爱尔兰法学家》(The Irish Jurist) 2 (1967),页352-359;重印于氏著《塔木德律法》(Talmudic Law),“道博作品集”(Collected Works of David Daube)卷一,Berkeley: Robbins Collection, 1992,页23-31。[译按]伯纳德特原误把“卷一”放在《塔木德律法》之后,今改。

异邦人提出前言和劝说的论题，是因为他认识到，他的前言第一部分也许会令其听众更加顺从也更加驯服时（只要听众的灵魂不是绝对鲁钝而野蛮［ὠμὴ ψυχή］），但他没有高估这个效果，因为几乎没有人热衷于在尽可能短的时间里变得尽可能好（718dd2-e1）。然后，他引用了赫西俄德《劳作与时日》里的六行诗（287-292），在那里，赫西俄德称自己的弟弟为大傻瓜，且区分了坎坷陡峭的美德之路和平坦近便的恶德之路。在这六行诗之前，赫西俄德曾敦促他的弟弟听从正确性并忘却暴力，因为宙斯曾规定正确性充当一条人类礼法，而在野兽之中则不存在正确性，故［宙斯］规定它们相互吞食（274-278）。正确性首先体现为禁止吃人和兽行，因此，作为定义性的礼法，正确性关系到有知识地谈论正确性（280-281）。所以，赫西俄德在称他的弟弟为傻瓜时，说到了他自己的理解力和善意（ἐσθλὰ νοέων, 286），然后，他区分了绝对最好的人——这种人独自理解万事万物（ὃς αὐτὸς πάντα νοήσῃ）①——[145]和听从好的言说者的好人，并宣称任何既不自己思考又不听从别人的人都是无用之人（294-297）。因此，从心智的立场出发，异邦人想诉诸赫西俄德说的第二种人［即听从好的言说者的好人］，赫西俄德只能希望他的弟弟属于这种人，但与赫西俄德一样，异邦人知道，从否定层面定义人的东西（what negatively defines man）和令人好的东西（what makes man good），这二者之间的区别，并未轻易地通过礼法而得到确立。"人不是野兽"不同于"人是理性动物"（参874e7-875d5）。赫西俄德把他的弟弟刻画成傻瓜时，他所用的词是 νήπιος，有人曾认为其字面意思是"不说话"（赫绪喀俄斯［Hesychius］《辞海》［Συναγωγὴ Πασῶν Λέξεων κατὰ Στοιχεῖον］之 νηπύτιον② 词条）。异邦人说，最好的情况是，他的前言也许会在他的听众中造成更大的善意，而这种更大的善意将使他的听众更有

---

① ［译按］这句话就是本书题辞。

② ［译按］νήπιος 的叙事诗式小词（epic diminutive）。

理解能力($\varepsilon\dot{\upsilon}\mu\alpha\vartheta\acute{\varepsilon}\sigma\tau\varepsilon\varrho o\nu$)。

赫西俄德在异邦人引用的那六行诗之前和之后所说的话,均体现在异邦人自己的言辞对他自己的影响之中,而他想揭示这种影响(719a4-5)。他记起了诗人们,诗人们曾经因为不知道自己的言辞可能有害,而不丧失任何权威地位,但此刻立法者需要诗人们的劝说能力。[1]对立法者说话时,异邦人采用了诗人的口吻;他甚至走得更远,使用"我"字,自居为诗人来说话(719a7)。诗人论证道,尽管立法者可以对于一件事只提供一个说法,但诗人会对于这同一件事提供许多说法,因为诗人总是以自己笔下角色的名义来说话,并使每一个角色都说适合其自己的话(参916d6-e6)。因此,诗人之所以拥有劝说能力,是因为每个灵魂类型都有其自身的言辞类型;同样,如果立法者希望有劝说能力地言说,那么,他必须以一个或一些主要灵魂类型的名义来说话,他相信他的听众构成了这个或这些主要灵魂类型。[2]可是,在对聚集起来的殖民者说话时,异邦人曾使神成为尺度,尽管他曾敦促在葬礼中遵守适当的尺度;但极其显而易见的是,严格来讲,在死亡上,人和神无法使用同一个尺度(incommensurability)。神掌握着所有存在者的开端、中间、结尾,凭借神的名义,立法者可以从高处进行威胁,但如果他想要降落到地上,他就必须放弃作为万物尺度的神。神自己造就了有死者,有死者自身则阻碍[立法者]使用属神尺度。[146]与异邦人曾坚持的相反,就葬礼来说,人是尺度。[3]诗人说,立法者的尺度($\tau\grave{o}\ \mu\acute{\varepsilon}\tau\varrho\iota o\nu$)和属人的尺度(the humanly

---

[1] 关于礼法与诗歌之间的直接对立,参吕库古(Lycurgus)《驳列奥克拉底》(*In Leocraten*)102:"礼法因其强势而并不施教,礼法只命令人们必须做某事,但诗人模仿属人生活,挑选出最美的行事,从而致力于用逻格斯和证明来劝说人们。"

[2] 参柏拉图《斐德若》271c10-272b2。

[3] 当异邦人表达向诸神献祭的规矩时,诗人的批评的深意显现出来了:"合乎尺度的人($\tau\grave{o}\nu\ \mu\acute{\varepsilon}\tau\varrho\iota o\nu\ \check{\alpha}\nu\delta\varrho\alpha$)必须把合乎尺度的礼物($\check{\varepsilon}\mu\mu\varepsilon\tau\varrho\alpha$)献给诸神"(955e5-6)。

commensurate)似乎只会在一种情形下碰巧一致,这种情形就是,一个拥有一定尺度(μέτρον)的财富的人,即一个节制的(μέτριος)①人,会推崇他自己的葬礼形式;在所有其他情形下,立法者可以确保人们遵守他选定的任何尺度,但不论对于一个有钱的女人,还是对于一个为生计而劳作的男人,这都不会受到欢迎(参955e5)。

诗人暗示,尽管事实上立法者的尺度无异于合乎尺度的人(the man of measure),但此二者不会是出于同样的思考,因为立法者不得不主张,他的尺度是从合乎尺度的神(the god of measure)推论出来的(当然,不可能有这样的推论),②但对于所有使用节制手段遵守适当尺度的人,中道的尺度(the measure of the mean)可以在很大范围内浮动。礼法一旦规定一个数目,就将最惹人恼怒,因为灵魂从不通过数目来体验任何东西,而且把中道的尺度翻译成算术尺度永远是技艺的幻觉。在试着躲避诗人的批评时,异邦人使用了另一个例子。他回忆了两类医疗的区别,其中一类医疗最接近于孩子们想要的温和治疗(720a2-6)。尽管异邦人随口说到体育也有这种区别(720e3),但他对医疗的例子的解释暗示,礼法开始于"人病了"这个前提,而且"人恢复健康"是礼法的首要意图。异邦人没有解决这个暗示的第一步:如果礼法拥有劝说能力,那么,礼法必须首先劝说我们相信我们病了。此外,礼法显得没有能力复制自由的医生提供给自由人的治疗。自由的医生首先从自己的病人及其朋友那儿了解病患所在,然后尽其所能地讲解(teach)病患原因和治疗方法,而且只有在劝说了之后,自由的医生才开药方(720d1-e2)。异邦人暗示,劝说不会走得那么远,以至于解释为什么必须以特定的尺度和频繁来服用药剂,事实上,劝说只会解释,[病人]必须经历一个特定的疗程,而且这

---

① [译按]在希腊文中,"节制的"是"尺度"的形容词化。
② 后来异邦人从他的神学中推论出了一个尺度,那时他没有得出其严格意义上的结论,即根本不应该有葬礼(959a4-d2)。

个疗程包括这么多步骤，并将持续这么多天。因此，立法者在劝说时将不再关注［147］细致的规定，①而是强调需要遵循一个特定方法。这回答了诗人的一个反驳。更重要的是使礼法的承受者们②拥有一种采纳礼法建议的心态，而不是使他们相信礼法选择了正确的数目；可是，礼法不可能与邦民展开对话。礼法不可能成为异邦人自己的例子要求礼法成为的东西，即一种对灵魂的对话式治疗（a dialogic cure of the soul）：异邦人自己太晚才承认这是实情（857c6-e5）。爱利亚异邦人把这种治疗称为灵魂净化技艺，泰阿泰德相信，这种技艺不是苏格拉底助产术的理想版本，而是智术的一种形式（柏拉图《智术师》226b1-231b8）。礼法只可能非常粗略地复制爱利亚异邦人所谓的出身高贵的智术（the sophistic art noble by descent）。礼法的听众是一群没有体验过教育的人（722b7）。如果礼法真的变成了对话式的，那么，礼法会面对两个无法克服的难题。如果礼法进行清醒地推理，那么，礼法不可能允许任何不听从这种推理的人不服从礼法；如果礼法不进行清醒地推理，那么，礼法不可能允许那些看穿它的人无视它的条款。在《克力同》里，苏格拉底就像异邦人的诗人一样，使雅典礼法对他说话且同他争论（这种争论违反了礼法的自然）；但他有礼貌地假装说，礼法的吵嚷声盖过了所有其他声音。苏格拉底没有纠正礼法，比如，没有纠正礼法第一个明显的错误，这个错误涉及他父母的婚姻和他自己的出生（50d1-3）。为了原谅礼法的错误，我们被迫说，至少在这件事上，礼法在进行诗性言说。

自由医生的奴隶助手对③奴隶病人的野蛮治疗，对应于刚才表述的礼法；异邦人建议的任何东西都将不会改变礼法的这种僭主面相（722e7-723a2）。作为听众，自由的邦民们将会被笼统地当

---

① ［译按］prescription［规定］，亦有"药方"之义。
② ［译按］patients［承受者们］，亦有"病人们"之义。
③ ［译按］accord，似为accorded之误。

作自由人和奴隶，没有确定的标准让他们区分谁是谁(参777b4-
c1；919e3-5)。礼法在奴隶和自由人之间作出的明确划分，为另一
种划分所覆盖，礼法坚持却不可能贯彻这另一种划分。礼法似乎
具有诗人不可能匹敌的一种两面性：诗人更换面具时，至少总是
会讲明自己在更换面具，但礼法同时用两张嘴巴说话。①的确，在
异邦人的第一个例子里，他使礼法具有双重性，并插入了他后来
所谓的礼法内部的前言；尽管他后来暗示这篇前言应该在礼法前
面，但他此刻没有把这篇前言放在礼法前面。这个插入的前言最
终劝说一个34岁的人结婚，这个人知道，他只有一年时间，过了这
一年就要面临惩罚；至于一个21岁的人，如果这个人觉得这个插
入的前言同样有说服力，那么，他不得不在五年或十年间抑制自
己的不耐烦。这时，人们会好奇，诗人能够为礼法贡献什么，因为
异邦人似乎不需要诗人帮助他区分前言和礼法。然而，如果人们
回想异邦人反思的开端，[148]即那段赫西俄德引文，那么，人们
会认识到，严格来讲，如果美德和恶德的作风像赫西俄德描绘的
那样，那么，立法者必须召唤诗人颠倒时间视角。他必须把美德
带来的未来的安适摆在台面上，并把[通往这种安适的]路途的
漫长和陡峭置入背景之中；正确性最后必然强迫恶德承受无可救
药的不幸，不过[他]现在必须指出这种不幸，并掩盖恶德的所有
吸引力。因此，异邦人将批评诗人讲了真话并毁掉了礼法，因为
异邦人自己在教育方面也曾建议把美德的痛苦加于恶德之上，从
而尽可能使恶德没有吸引力。

　　诗人同立法者结盟，一块儿操练幻象术，这暗示了，在另一种
意义上，也许可以证明诗人是有用的。诗人曾间接地质疑，立法者
是否应该把神等同于属人事物的尺度。由此，诗人表示，如果立法
者想维系中道的尺度，那么，他必须使神适应这个尺度，而非使中

① [译按] speaks out of both sides of its mouth at once，英文习语，直译为"同时用嘴巴的两边来说话"。

道的尺度适应神。诗人不会从"神"开始,而会从奥林波斯诸神开始;奥林波斯诸神会提供属神的［灵魂］类型,属人的［灵魂］类型可能会被鼓励去仿效属神的［灵魂］类型。属神的［灵魂］类型可能从属人的［灵魂］类型中生成,故属神的［灵魂］类型可能偏离了异邦人的前言曾经声称的直白的抱负。他［异邦人］曾从顶端开始(started at the top),而未曾考虑属人的［灵魂］类型的折射率(refractive index)。诗人可能真的使礼法进入了诸神内部,最好的邦民会是诸神最顺从的仆人。异邦人自己曾指出如何达到这一点,当时他转向了实践领域,并把奥林波斯诸神、δαίμονες［命神们］、英雄们、父辈的诸神放在同一个层面去祭拜。诗人将仅仅追问,献祭是否无法在有思想的①(dianoetic)想象中找到对等物。异邦人曾天才地从心智分有的不死性转而讨论不死的存在者们构成的延续体(从奥林波斯诸神到地下诸神),但他不曾为这些存在者赋予形状。异邦人在后文中将把这个国家十二个地区中的一个分配给普鲁托(Plouton)(828c6-d5)。在那里,普鲁托代表着如下原则:在任何情况下,身体和灵魂的结合都不会高于二者的分裂。同时,普鲁托还代表着出于热爱父邦而死、善者诸种的结构、人类至深的无知、哲学,在《斐多》中,苏格拉底曾说,哲学无非是分离身体和灵魂的实践(the practice of separating body and soul)。

　　异邦人选择以婚姻法作为例子来说明一部单一礼法和一部双重礼法之间的区别,因为立法者会把婚姻法确立为第一套礼法,因为他将在安排礼法时把生成的自然开端(natural beginning of becoming)放在第一位(720e10-721a8)。［149］结婚这个动词为礼法所限定(law-laden)。与献祭和葬礼一样,结婚导致了对存在者的发现。通过结婚,男人和女人变成了丈夫和妻子。当且仅当他们不在礼法禁止的亲属关系里时,他们才可以变成丈夫和妻

---

① ［译按］在希腊文中,此词源于"心智"。

子。不过，异邦人对乱伦保持沉默。他跳过了任何不属于圆目巨人的生活方式必然具有的异族通婚特性。他的礼法看起来比实际上更少定义性，同时更多自然性。当异邦人实际上开始［制定］礼法时，婚姻法不再是第一套礼法：神圣而圣洁的事物成为了礼法的开端（771a5-6）。此刻，在［异邦人］引导一个人理解的这番推理之中，并未出现城邦。［异邦人］告诉这个人，每个人都设想了一种对不死性的自然欲望；由于人类的不死性总是单一的、同一的，且天生包含所有时间（congenital with all of time），故人类的不死性结合了诸种和诸属。在异邦人的第二个神话中，礼法曾通过心智而分有整个不死性（713e6-714a2），此刻，礼法已经为时间所指示（time-indexed），并在其开端处被赋予了一个开端，这个开端模仿了一位神，这位神掌握着所有存在者的开端。"不死者"所占据的幅度是"属神者"和"神"之间的中间值（the mean）。由此，有关婚姻的前言外在于所有前言的前言，却仍然属于这篇前言第一部分和第二部分之间。在献祭和葬礼之间，婚姻有其适宜的却古怪的（proper though eccentric）位置。[1]未来的新郎被告知，要获得名声，而不要默默无闻地死去，也是与他的欲望同类

---

① 在《新科学》(Lascienzanuova，第二版［seconda］，F. Nicolini编，Bari: G. Latera，1942)节8-12和节333，维柯(GiambattistaVico)基于三个原则建立了他的科学，并使这三个原则成为了三个习俗，即宗教、婚姻、葬礼，这三个习俗可以在野蛮民族那儿找到，正如可以在文明民族那儿找到。所有这三个习俗应该追溯到他所谓的l'impossibile credibile［可以相信的不可能］，或身体与心智之间的等同（节383），而这恰好解释了塔西佗所说的fingebant simul credebantque［人们捏造出来之后立马就相信］(塔西佗《编年史》5.10)。这就是维柯展开的金线，即una da essi stessi finta e creduta divinitá［他们所捏造并相信的一个神灵］(节13，节376)，凭借这个神灵，他能够区分coscienza［良知］和scienza［科学］，也能够把前者分配给语文学(philology)（语文学考察诸属，且是l'autoritá dell'umano arbitrio［属人任意性的权威］，且是la coscienza del certo［确定性的良知］的渊源），把后者分配给哲学（哲学考察诸种，且沉思理性，且是la scienza del vero［真理的科学］的渊源）(节137-138；参节321，节324)。维柯最后承认，他的扉页插图中的象形文字已经暗示，必须共时性地(synchronically)理解历时性事物(the diachronic)(节446)。

的欲望。①尽管这篇前言削弱了"被埋葬的死者是某种东西"这个信念，但这篇前言不可能不诋毁自我永恒化(self-perpetuation)的任何其他方式，正如这篇前言使人幻想［150］家族名声永恒化之中有更大的实质意义(substance)。如果一个人拒绝结婚，那么，双重礼法会说明为什么［要求这个人］每年缴纳罚金："为了让人们不会想象，单身生活会给人们带来益处和一种安适的生活"(721d3-4)——这时双重礼法似乎最有劝说能力。

异邦人改变了他对"劝说和强力如何体现在礼法中"的理解，因为他注意到，迄今为止，所有立法者都不仅没能以任何方式让充满任意性的僭主制摆脱礼法，而且忽视了礼法还需要某种其他东西(722c2-4)。从破晓到正午，异邦人一直在与克利尼阿斯和墨吉洛斯交谈，这番交谈提供了这种第二次②遭到忽视的东西。这番交谈由礼法的几篇前言构成(722d2)。③这些前言当然表明，克利尼阿斯和墨吉洛斯生病了，因为克利尼阿斯曾从他对克里特礼法的体验中得出"战争是事物的自然"这个洞见，而且墨吉洛斯曾梦想普世帝国，克利尼阿斯曾梦想永恒的僭主制。因此，看起来，如果他们上午的谈话和步行——他们现在正在一个非常美丽的地方歇息——对应于自由的病人与其医生在治疗之前的交谈，那么，从这里开始，异邦人将开出治疗的药方。《法义》的礼法是克利尼阿斯和墨吉洛斯应该遵守的治疗办法(regimen)。《法义》的礼法把异邦人有关礼法的教导翻译成了劝说的法门(recipes)。第一个这样的法门是卷五，在卷五里，墨吉洛斯没有说话，克利尼阿斯也只在结尾表示同意。由此，异邦人指出了，他如何理解克利尼阿斯提出的

---

① 不过，第俄提玛(Diotima)仔细地区分了这两类欲望，她还说，那些转向两性生育的人在身体层面上怀孕，可"他们相信"他们正在为自己提供不死性、回忆、永久幸福(happiness for all of time)(柏拉图《会饮》208e1-5)。

② ［译按］"第二次"在此似颇费解，待考。

③ 人们会说，独立宣言和美国宪法之间的关系以实例说明了，前言如何不同于礼法，以及此二者如何联系在一起，又如何不联系在一起。

"通过建立一个言辞中的城邦来检验前三卷的论证"这个建议。
建立一个言辞中的城邦，不只呈现了如何把一番普遍的言辞特殊
化，而且呈现了辩证术的双重和三重声音如何变成修辞术的单一声
音。*διάλογος* [对话] 和*λόγος* [逻各斯] 之间的区别并不意味着，对
话部分没有劝说，逻各斯部分没有教导(参723a7)；事实上，这种区
别确实区分了医生和病人各自应该做什么。克利尼阿斯并非必须
用具有劝说能力的影像来再现异邦人提供的因果描述。可以更准
确地说，正如卷五里的前言的第二部分是没有前两卷的*μουσική* [音
乐] 逻各斯的一种灵魂药方，同样，卷五后半部分是没有*γυμναστική*
[体育] 逻各斯的卷三。前三卷的诗人即将发表一篇独白。①

　　[151]通过反思自己的一系列礼法前言，异邦人从双重礼法
的例子(在这个例子里，[异邦人] 把劝说因素插在法条和惩罚措
施之间)转向了劝说和威胁之间的分离。双重礼法暗示，对礼法的
服从与对礼法的理解，完全结合在一起了(722c1)；二者的分离暗
示着，只有在理解服从的理由或诸理由之后，人们才会服从。可是
礼法不会也不可能等[人们在理解之后再服从]。在礼法可能的
劝说能力能够生效之前，礼法已经生效了。异邦人的前言曾在足
够大的程度上改变了克利尼阿斯，以至于使他邀请异邦人参与预
备性立法。异邦人暗示，所有法典都需要相似的前言；但如果这
些前言应该完全像他的前言，那么，这些前言必定总是一些后记
(postludes)，因为克利尼阿斯和墨吉洛斯曾以其他一些方式得到过
锻炼，然后他们才经历了异邦人的第一轮治疗。如果异邦人的礼
法应该拥有一篇相对较长的前言，那么，这些礼法不会先于人们对
这些礼法本身的适应(habituation)，因为这些礼法在这种情况下会

---

① É. des Places注意到，728a2起更正作用的*μὲν οὖν*在连续的叙述中绝无仅有(正如731c6
构成三段论的*οὖν*)；但他得出的结论没有道理："话说回来，可能这段像整个卷五一
样，在对话中因问答而颠倒了次序。"事实上，这些小品词暗示了，异邦人在以缩
略法亲自引导论证(arguments conducted by the Stranger with himself in shorthand)。

在邦民出生之前进行论证和劝诱(cajoling)，而且异邦人的诸前言会成为苏格拉底的高贵谎言，根据这个谎言，统治者、士兵、整个城邦都在大地内部得到塑造、培养、教育(柏拉图《王制》414d1-e3)。在人们真心懂得了歌曲之前，不可能演奏序曲；①同样，如果前言只确认了礼法已经灌输的东西，那么，前言会很多余。尽管人们会像克利尼阿斯一样假设，异邦人把总括性的前言仅仅限制在他开始了但尚未完成的发言之中(723a4-b2)，但这些新殖民者都是多里斯人，且像克利尼阿斯和墨吉洛斯那样，习惯于那些与异邦人的原则不一致的原则。因此，这些前言必须总是后记，且至少在某种意义上摧毁那些得到体验的礼法的结构和意义。②如果字面地理解异邦人，他甚至在暗示，对于十岁到十三岁的孩子，要么这些孩子自己应该开始阅读《法义》，要么这些孩子的教导者应该开始教他们《法义》(811d5-e1)。如果不得不在咽下礼法之后立马提供礼法的解毒剂，那么，礼法必定真的是致命的。异邦人称前言为 ἀναχινήσεις [热身运动](722d5)，[152]此词的字面意思是再次运动，或者说把曾经确定下来的东西再次置入运动之中。依据[异邦人的]设计，当在体验层面对礼法的偏离掌握了灵魂之后，这些前言致力于恢复礼法。在俄狄浦斯听闻伊俄卡斯忒(Jocasta)描述拉伊俄斯(Laius)曾经得知的神谕之后，他对她说：

> 我灵魂的涣散纷乱和我心智的再次骚动(ἀναχινήσις)，何其牢固地控制了我啊。(索福克勒斯《俄狄浦斯王》727)

---

① [译按]"序曲"与"前言"在英文中为同一个词，在希腊文中亦然。

② 为了《尼各马可伦理学》的原则，亚里士多德设定，他的言说对象是有死的人类，故有美德的适应(virtuous habituation)与他关于诸美德的描述之间的关系，再现了异邦人的歌曲与尾曲(postlude)(亚里士多德《尼各马可伦理学》1095b2-13；[译按]"尾曲"与"后记"为同一个词)。的确，亚里士多德穿上了礼法产生之后的临时立法者(the nonce legislator after the law)的伪装，因为他把这样一些东西确立为美德，这些东西在他之前未曾被认可为美德，从而也没有名字。

第五章　规　　定[①]

第 1 节　有知与无知

[153] 异邦人曾承认，对一群没有体验过教育的人说任何话，都会严重限制这番话的劝说能力(722b5-7)；但他在卷四结尾说，对立法者和他的听众来说，在反思善者诸种的结构时，尽他们所能去掌握教育，既适宜也对彼此最有利(724a7-b2)。前言的第一部分曾使具有双重形式的神脱离了属神事物，这一部分似乎不应该是任何教育的一部分。异邦人拒绝让卷十提前出现。这种拒绝证实了，异邦人对礼法的解释以什么方式得到持续修订。前言既正式成了礼法的一部分，又脱离于礼法，故劝说中的教育因素增强了。通过"诸神"和"属神的"，前言的第二部分与第一部分关联了起来。［异邦人］宣称，灵魂是一个人一切所有物里列于诸神之后最属神的东西(the most divine of all one's possessions after gods)，是"最属己的东西"(οἰκειότατον)，或更字面地翻译，是"离家最近的东西"(726a2-3)。因此，某种意义上，诸神不再是严格意义上的"存在者"，而只是变成了最属神的东西。此刻，诸神属

---

① ［译按］prescriptions，亦指"药方"。

于一个人最私密的所有物。当我们说"我们的神"或"我们的诸神"时,若用希腊语句法来思考,我们在使用所有性属格(genitive of belonging),而非所属性与格(dative of possession)。异邦人似乎使这两种用法都站不住脚(have slid them together)。他之所以可以这么做,是因为他概括了前言第一部分;他说,前言第一部分关乎诸神和亲爱的祖辈(*οἱ φίλοι προπάτορες*),或用他早先的称呼,即父辈的诸神(*πατρῷοι θεοί*, 717b5)。"一个人自己的祖辈"也可以是对*οἱ φίλοι προπάτορες* [亲爱的祖辈]的翻译。①不论 [154] 人们可能选择以什么其他方式掩饰"所有物中列于诸神之后最属神的东西"这个表达(礼法毕竟曾经据说是诸神),在某种意义上,异邦人一直重视诗人的批评,并赞成有必要以人类的尺度来言说。可以说,诸神是我们自己最完美的版本。

　　灵魂位于不死者的纵向维度和有死者的横向维度的交叉点。前言第二部分将会设计出灵魂占据这个核心位置的种种方式。在献祭中杀死动物和埋葬死者表明,就实践而言,灵魂已经暗含在诸神、*δαίμονες* [命神们]、英雄们、祖先们构成的延续体之中。灵魂的崇高地位并非源于预设;放纵灵魂并非赋予灵魂以荣誉,因为只有一个人使灵魂变得更好而非更糟,灵魂会获得作为一种属神善者的荣誉。异邦人这时给出的七种放纵方式,相当于对善者诸种的结构的否定性刻画。这些放纵所透露出来的东西,是表现为有知的无知(ignorance parading as knowledge)。这些放纵是伪

---

① 在《欧蒂德谟》里,苏格拉底不可避免地落入了一个陷阱。狄奥尼索多洛斯(Dionysodorus)问他,他是否拥有他父亲的宙斯(*ἔστιν σοι Ζεὺς πατρῷος*);他承认,他拥有家族和父辈的(*οἰκεῖα καὶ πατρῷα*)神坛和神龛;因此,他更正了狄奥尼索多洛斯,说*Ζεὺς πατρῷος* [他父亲的宙斯]在伊奥尼亚人中称为*Ζεὺς ἕρκειος καὶ φράτριος* [宅院和族盟的宙斯];但他承认,阿波罗、宙斯、雅典娜是他的(*ἔστιν γάρ σοι, ὡς ἔοικεν, Ἀπόλλων τε καὶ Ζεὺς καὶ Ἀθηνᾶ*),而且会是他的诸神(*οὗτοι σοι θεοὶ ἂν εἶεν*)。因此,苏格拉底被迫同意,他们是动物(*ζῷα*),而且由于他早先曾承认,所有他可以处置、贩卖或献祭给他希望的任何神的动物都是他的,故他可能以同样方式对待他的诸神(302b4–307a3)。

智慧(*δοξοσοφία*)的所有形式(参732a4-6)。①第一种放纵出现在每个人刚刚长成男孩时,当时这人相信自己有能力知道任何事。异邦人似乎暗示了谐剧所呈现的在体验层面对礼法的偏离。第二种放纵绝非因自己的过失和错误而责备自己,而是相信他人[对这些过失和错误]负有责任,而自己没错。在最初的属神善者的序列里,正义跟在节制之后,此刻正义则跟在良好的感知力之后。第三种放纵和第四种放纵结合在一起,它们分别反对节制和勇敢,因为第三种放纵在于满足与立法者的言辞和赞美相反的快乐,第四种放纵并非致力于忍耐立法者赞美的艰辛、畏惧、痛苦,而是屈服于这些东西。第五种放纵在于不知道自己无知,还坚持认为值得以任何代价来过自己的生活:

> 灵魂相信,哈得斯里的东西很糟,而且一个人不会通过传授和证明一件事而损伤灵魂,这件事就是,灵魂不知道,哈得斯里的诸神的事物是否自然而然并非我们所有善者中最大的善者。(727d2-5)

这种错误是最严重的错误,因为这种错误不承认身体和灵魂的分离,而这种分离[155]对善者诸种的结构具有核心意义;哈得斯此刻是身体和灵魂之间不可见的纽带。第六种错误在于以美德为代价抬高美丽,误以为身体比灵魂更值得拥有荣誉,

> 因为地下生长的任何东西都不会比奥林波斯诸神更值得拥有荣誉,任何不这么认为的人都因无知而意识不到(*ἀγνοεῖ*)他忽视的所有物多么令人惊异。(727e1-3)

---

① 这是有关*δοξοσοφία*[伪智慧]的三次讨论中的第一次,第二次出现在有关刑法的讨论中(863c4-6),最后一次是卷十神学的主要对立面。[译按]*δοξοσοφία*本义为"自以为是的智慧",伯纳德特在第[268]页及其后把此词译为"幻想出的智慧"。

第七种［错误］在于欲求以任何不高贵的方式($\mu\dot{\eta}\ \varkappa\alpha\lambda\tilde{\omega}\varsigma$)获取金钱，或在获取金钱时没有任何不舒服，"因为地上和地下的所有金子在价值上都抵不过美德"（728a4-5）。

因此，异邦人总结道，每个人都不知道，在所有这些情形里，他都在最无荣誉也最不光彩地对待灵魂——最属神的所有物。在糟者和丑者的实践之中，立法者列举和排列的美者和善者发生了颠倒。因此，正如人们所期望的，异邦人谈论了正确性($\delta\dot{\iota}\varkappa\eta$)，从而完满地融合了属于善者诸种的结构的善者与属于礼法诸属的结构的正义者和美者。异邦人一直试着做的事就是把"赋予荣誉"($\tau\iota\mu\tilde{\alpha}\nu$)这个中性①动词转化成一个为礼法所限定的动词："实际上我们中任何人都没有正确地［为某物］赋予荣誉，但我们都相信我们［这么］做了"（727a1-2；参728d4-6）。由此，他承认，他的两个结构——［善者］诸种的结构和［礼法］诸属的结构——已经以违背他的听众的普遍意见的方式建立起来了。这一点最明显地体现在他谈论正确性($\delta\dot{\iota}\varkappa\eta$)的时候。他说，正义且正确的就是美的，但事实上，被称为正确的是对恶行——恶行在于同化于糟者并逃避善者——的惩罚($\tau\iota\mu\omega\varrho\dot{\iota}\alpha$)（728b2-c8），可实际上，没人认为($\lambda o\gamma\dot{\iota}\zeta\varepsilon\tau\alpha\iota$)这是最大的惩罚。几乎任何人都没有体验过服务于不义的体验(the experience that attends on injustice)，因为任何没有经历过惩罚的人都因为不知道惩罚而很可怜，而且任何被惩罚致死的人都充当着他人的反面教材(deterrent)，却至死都不知道自己有多糟。②因此，自我知识是前言的这个部分的主题。悖谬的是，要拥有自我知识，就既需要知道一个人自身性格中更好的部分和更糟的部分，又需要知道无知。通过从诸神转向灵

---

① ［译按］希腊语动词无中性之说，此所谓中性是指含义上的中性。

② 关于这种解释，参T. J. Saunders, "柏拉图《法义》札记"(Notes on the *Laws* of Plato)，见《古典学研究所通讯》(*Bulletin of the Institute of Classical Studies*)增刊28(1972)，页18-21。

魂，异邦人［相当于］概括了柏拉图的《苏格拉底的申辩》。①

下一个主题关乎属人的诸善者(728e9-729a2)。这个主题拒绝［156］为完美的健康赋予过量的财富所拥有的那么多荣誉。由此，这个主题表明，前言不可能是任何人可以为了自己的孩子而遵守的药方，此外，对于一个人自己来说，前言不是一个人故意造成的病态，而必定是对如下状况的接受：这种状况曾把一个人引向更高的东西(参732c6-d3)。在《王制》里，苏格拉底在论及他自己的 δαιμόνιον［命神性事物］时，提到忒阿格斯(Theages)持续的不良的健康状况，这曾妨碍他从政，并曾引导他走向哲学(496b6-c5)。②由此，八重善者的结构经历了一个变化，即此刻为特定的诸善者之善加上了恶(adds evil to the goodness of certain goods)，可由于这个结构不可能为这种恶分配一个尺度，故这个结构仍然外在于礼法。正当属人善者令灵魂与个人的关系变得完整时，整篇前言的计划变得清晰了起来。这个计划的开端是人类与不死者的关系，这个计划的后续是灵魂、身体、外在诸善者，其核心论题是"是否最好不要出生"这个肃剧表达，接下来两个部分将囊括所有属神惯例：第一部分处理一个人与他人的关系，第二部分处理他人对一个人自己提出的意见(参733a1)。因此，尽管不完全准确，但姑且可以这样表述这四个部分：(1)灵魂与神的关系；(2)灵魂与它自身的关系；(3)灵魂与他人的关系；(4)他人与灵魂的关系。第三部分从一个人自己的孩子一直说到一个人的亲属、朋友、邦民同胞、宾客、乞援人、异邦人。这部分告诉一个人如何依据一个人自己内在的禀赋对待这些人。尽管异邦人说第四部分关乎一个人自己是什么样的人(730b3)，但第四部分实际上讨论了

① 表示知道和相信的动词在这一段里出现了14次：ἡγεῖσθαι［相信］4次，δοκεῖν［认为］和 εἰδέναι［知道］各2次，ἀγνοεῖν［不认识］、γιγνώσκειν［认识］、δοξάζειν［认为］、λογίζεσθαι［思考］、οἴεσθαι［预示］、ψεύδεσθαι［误认为］各1次。
② ［译按］伯纳德特误作c76，今改。

一个人如何把自己展现给他人，因为这部分不得不讨论赞美和谴责。真实(ἀλήθεια)居于第一位，且指值得信赖(730c1-d2)；居于第二位的是三种正义(730d2-7)；居于第三位的是对一个人的美德的公开分享(730e1-731b3)；居于第四位的是易怒(waspishness)与温和之间的平衡(731b3-d5)；居于第五位的是对他人的顺从，即自爱的反面(731d6-732b4)；居于最末的是，在突然到来的好运或厄运面前，对过度喜悦和过度畏惧的抑制(732b5-d7)。

　　在异邦人的表述中，有几点值得注意。在善者诸种的结构中，作为真诚的真实(truth as truthfulness)显然取代了良好感知力(参729c5-6)；正义仍然居于第二位，且包括对他人有益；节制和勇敢被分开了，且在自爱和机运这两个论题里相互纠缠。因此，到目前为止，异邦人已经履行了他的诺言，即不对任何不着眼于美德整体的东西立法，不过，显而易见，[他履行他的诺言的]唯一条件是，一个人没有考虑自己正在以虔敬弥补美德(one leaves aside his complementing virtue with piety)。似乎异邦人不可能继续向前推进，除非拥有善者诸种的结构与礼法诸属的结构不曾为我们提供的东西，即卷十的神学。另一个变化 [157] 也许并非不相关，即灵魂此刻不只是心智和欲望；灵魂将具有一种高贵的愤怒(θυμὸς γενναῖος)，而且最高类型的正义之人是有血气的人，或者说是有血气的那种人①(θυμοειδής)(731b2, b7)。由于异邦人接着说，每个人都必须同样温和(πρᾷος)，故他不经意之间在此插入了苏格拉底在《王制》中长篇大论阐释的灵魂结构，当然，苏格拉底没有给出一个他所认可的准确描述(435b9-d5)。苏格拉底一开始曾谈论看家狗，作为兼具严酷和温和的完美例子；然而，尽管他说看家狗因为这两方面而具有哲人品性，他还是被迫收回这个说法，转而只把温和分配给哲人(柏拉图《王制》375d7-376c6；参

---

① [译按]此处英译文作thumoeidetic，直接转写自此处所附希腊文，由thumo- [血气]和eidetic [种]构成。

《蒂迈欧》17d8-18a7）。也许可以说，有血气的那种人和哲人有
什么共同点，又有什么不同点，是《王制》的敏感所在(nerve)。在
《法义》中，异邦人首先说，任何帮助官员惩罚不义者的人，都是
城邦里伟大而完美的人，异邦人还把这样的人放在更高的位置，
既高于不做坏事的人(用《王制》的说法，就是关心自己事务的人
)，也高于任何阻止不义者行不义的人；但异邦人没有把这些区别
归因于自然。然而，在他区分了大方的竞争和充满怨恨的诋毁之
后，他论证道，除非毫不放松对不义者的惩罚，否则一个人不可
能避开那些不义到要么固执己见要么无可救药的人。异邦人暗
示，怨恨几乎不可避免会十分强烈；但凡不义者尚可救药时，一个
人就应该缓和并控制自己的愤怒，只有对于糟到不可救药的人，
一个人才应该展现自己的愤怒。温和是因为有知识；一个人必须
知道，没人自愿成为不义的人，而且不义属于最大的恶者(731c2-
d4)。这种知识后于义愤，而且任何有关不义的知识并非义愤的
自然而然的盟友。此外，为了正义地惩罚，仅仅拥有这种知识还
不够，因为一个人还必须知道如何发现无可救药的人，不仅如此，
也许还必须知道如何自己做灵魂的医生。一个人能否总是甚至相
信，治疗无效等于无可救药？卡利克勒斯声称，苏格拉底没有说
服他，可这意味着没人能说服他吗？异邦人似乎正在铺垫卷九的
难题：一个苏格拉底式原则如何能够成为刑法的基础。苏格拉底
把温和归于他的护卫者，是因为护卫者甚至与那些有意犯错的邦
民同胞建立了自然的友谊(亦参柏拉图《王制》470c5-9)。在《法
义》的刑法典里，比起侨民、异邦人或奴隶，邦民会因许多罪行受
到更严厉的惩罚。

　　《法义》以一个悖论为开端，即克利阿尼斯引入的这样一个
观念：既比自身强大又比自身弱小。异邦人的 [158] 前言直面这
个悖论(731d6-732b4)。作为一个人的生命的原因，灵魂应该受到
忽视；作为善者的可能的接受者(the possible recipient of good)，灵
魂应该受到赞美。［异邦人］把善者诸种的结构用作一个引擎，

使这个结构自身在任何属于这个结构的善者中消散。爱一个人自己，就是相信一个人是没有善者的东西（something without the good）。这种东西应该在哈得斯之中。这个最大的错误把一个人自己的东西放在善者、美者、正义者之前的位置。这个错误把意见误以为是智慧。意见总是一个人自己的意见。意见必然缺少知识的那种显然来历不明的品性（transparent anonymity）。如果只有一种知识是一个人自己的知识，那么，这种知识就是，知道自己实际上一无所知。这种知识就是，知道一个人不知道什么。实际上，无知之知是异邦人第二篇前言的无所不包的主题。实际上，第二篇前言概括了柏拉图《吕西斯》的论证。

　　就在异邦人转向属人事物之前，他谈到了希望；但希望没有出现在随后对快乐和痛苦的分析中（732d8-734e2）。希望将令苦难不那么强烈，而且恶者的逼近将令善者的在场多姿多彩（732c6-d3）。神、一个人自己的 δαίμων［命神］、δαίμονες［命神们］决定着一个人的命运，因此，在严格意义上，希望和畏惧不可能属于属人事物。异邦人区分了两类事物，一类是我们既想要又不想要的东西，另一类是我们能够获得的几种生活。据他所说，我们只能够获得八种生活；相信还有其他生活，是因为无知和无经验。［这八种生活］包括节制的生活、深思的生活、勇敢的生活、健康的生活，以及与这四种生活对立的四种生活（733e3-6）。节制的生活和放纵的生活之间存在区别，是因为"快乐地"和"快乐"之间存在区别，以至于如果一个人想要快乐地生活，就不可能选择充满强烈的快乐和痛苦的生活。①此外，异邦人曾说，我们想要的生活是这样的生活：在这种生活里，有多种多样的巨大而强烈的快乐和痛苦，而且快乐超过痛苦；但目前看来，不存在这种生活。异邦人的意思是，就算符合这种描述的生活降临到某人头上，这个人也不会

_____

① 参Seth Benardete，《生活的肃剧与谐剧》，前揭，页98-99。

选择这种生活，因为一旦他选择了一种不受他自己控制的生活，那
么，他不清醒的欲望的强烈痛苦，必定总会超过这些欲望的满足感
（参柏拉图《高尔吉亚》491e5-492a3）。由此，不节制且不清醒的
生活似乎不值得选择，正如极度恐慌的生活或彻底愚蠢的生活并
非我们所能选择。我们做出的选择取决于其他的思考，而且总是
[159]预设了某种美德。①异邦人唯独没有提到一对生活，即正义
的生活和不义的生活。克利尼阿斯曾表达，他偏爱僭主生活，同时
憎恶僭主制。现在异邦人排除不义的生活，是因为他自己曾说立
法者希望联合某类僭主？或者说，他正在预设他最近宣称的主张，
即没人会自愿选择不义？正义的生活同样遭到搁置，也许是因为
无法用任何方式来计算（beyond any calculus）有血气的那种人面对
不义时所感到的痛苦，以及这种人从惩罚之中偷偷获得的快乐。

第 2 节　现实与想象

这篇前言的完结（τέλος）应该宣告了这首歌曲（νόμος）即将开
始，这篇前言应该提供这个政制的基调，但这个政制既不拥有也
不可能拥有任何一部礼法。异邦人急着更正自己的说法：“可
是，在真实状况里，这个政制无疑必须拥有一个礼法（νόμους）②草
图”（734e3-6）。[然而，]并未出现这样的东西。人们也许会猜

---

① 正如England所引述，Burnet对晦涩的ὑπερβαλλόντων［占上风］（733c8，[译按]
　　伯纳德特原作734c7，今核查England笺注，改之）的句法分析，指向这些其他的
　　思考：ὡς τῶν μὲν (sc. τῶν ἡδέων) τῷ φίλῳ ἡμῖν ὑπερβαλλόντων ... τῶν δ' αὖ (sc. τῶν
　　λυπηρῶν) τοῖς ἐχθροῖς (ἡμῖν ὑπερβαλλόντων) [原因在于，令人快乐的东西占上风是
　　因为我们喜爱它们，而令人痛苦的东西占上风是因为我们憎恨它们]（[译按]
　　此处希腊文出自Burnet，方括号里的译文则出自伯纳德特）。England说：“他
　　[Burnet]发现，那种普遍令人快乐的东西和那种因尤其适合个人的自然而令个
　　人快乐的东西之间，存在一个得到过暗示的区别。”亦参T. J. Saunders，“柏拉图
　　《法义》札记”，前揭，页25-27。
② [译按]伯纳德特原作主格νόμοι，今据原文改回。

测，迷信地引进一种苏格拉底式原则和一种苏格拉底式灵魂理解，与这种推迟有关。很快，异邦人将提出苏格拉底的共产主义建议，并将认为这种建议不可行，哪怕这样一个［共产主义］城邦仍将是礼法的范本(739a1-e7)。异邦人似乎使自己陷入了一个僵局(a fix)。他曾拒绝以一种神权制的名义描述政制结构，而且他的第二篇前言当时曾把美德的调子定得如此之高，以至于每个人都必须要么成为苏格拉底，要么至少成为苏格拉底的护卫者。现在存在一种统治危机。这种危机体现在一个源于编织的影像(a image taken from weaving)之中，异邦人似乎从《治邦者》中借来了这个影像；在这个影像之后，异邦人继之以另一个影像，即这个城邦的邦民们作为一个畜群(herd)，当然，他承认本应更早地想到这个影像。《治邦者》具有与此相反的结构，即从畜养(herding)到编织，这为简述《王制》(an abbreviated account of the *Republic*)铺平了道路。人们不可能不记得，有关克洛诺斯时代的神话［160］(在《治邦者》中，这个神话的一个版本把牧人和编织者隔开)出现在异邦人对聚集起来的殖民者发表讲话之前。因此，［异邦人］多次暗示了［《王制》和《治邦者》］这两部对话，在这两部对话中，礼法均未占据核心位置。哲人—王和治邦者均不以礼法施行统治。

异邦人此刻区分了经线和纬线，依据他的区分，统治者应该对应更强韧且更结实的经线，被统治者应该对应更柔弱且能起到正义的平衡作用(just equitableness)的纬线；他的区分暗示了，这篇前言的言说对象是被统治者，而且严格意义上的礼法的言说对象应该是被统治者。统治者只会为荣誉和耻辱所打动，被统治者只会为奖励和惩罚所打动。[1]设计这篇前言，就是为了检验未经区

---

[1] 参爱尔维修(Helvetius)的说法：“道德主义者们应该知道，正如雕塑家可以把树干塑造成一位神或一个凳子，同样，立法者也可以随心所欲地制造英雄、天才、有美德的人：……奖励、惩罚、名声、耻辱是四类神明(divinities)，他总是可以用它们来影响公众的善者。”引自A. V. Dicey，《关于19世纪英格兰法律与公众意见之间关系的演讲》(*Lectures on the Relation between Law and Public Opinion in England during the Nineteenth Century*)，London: Macmillan，1905，页458注1。

分的殖民者们。对于这篇前言的劝诫，任何表示赞成的人都属于
统治者，任何没有表示赞成的人都属于被统治者。经线和纬线的
影像还暗示，善者诸种的结构之于礼法诸属的结构，正如劝说之
于强力，亦如自由人之于奴隶。不幸的是，异邦人没有以一种清
晰的方式设计他的影像；如果他说，

> 正如当把经线和纬线编织在一起时，经线和纬线必须有
> 所区别，同样，当一个城邦或一种政制存在时，统治者和被统
> 治者也必须有所区别，

那么，他的影像本来会更有说服力。可实际上，他说：

> 正如［对于］①任何编织或任何其他网络(καθάπερ οὖν δή
> τινα συνυφὴν ἢ καὶ πλέγμ’ ἄλλ’ ὁτιοῦν)，不可能用同样的［线］制
> 作经线和纬线，其实，经线作为一个属必然在美德上更强大
> ——它十分强劲，且在穿梭时具有某种结实品性，而纬线更柔
> 软，且具有某种正义的平衡作用——基于此(ὅθεν δή)，必须恰
> 好以这种方式适当地区别对待两批人，一批人是那些将在城
> 邦里执掌官职的人，另一批人是那些为一丁点儿教育所强化
> 和检验的人。事实上，政制有两个种，一个种为每位［官员］
> 确定官职，另一个种为这些官职分配礼法(734e6-735a6)。

　　[161]异邦人两次中断他的句子结构：首先，他使用了几个
不受任何动词支配的宾格，②然后，他用另一个连词(ὅθεν δή)取代
了［本应出现的］"同样"。③第一次不和谐导致，［异邦人］给出

---

① ［译按］本段引文中的方括号内容均为伯纳德特所补。
② ［译按］见两个破折号之间。
③ ［译按］意即引文开头有"正如"，后面就应该有"同样"。

了经线和纬线的区别，却没有给出经线和纬线构成网络的方式，正如一个人不能从统治者和被统治者之间的区别中弄明白官职和礼法如何构成一个单一的政制，因为第二次不和谐阻止［异邦人］恢复必要的句意，并使城邦的这两个要素相互分离。我们从《治邦者》中知道，经线和纬线可以反映勇敢和节制之间的区别，在政治上则可以反映城邦的军事要素和司法要素之间的区别，但经线和纬线只能反映这些，因为治邦者是经线和纬线的编织者。①在这里，没有治邦者。异邦人决定用前言和礼法取代双重礼法，这个决定迫使这个政制［从一个织体］散开成了一条条的线。他也把他的政制变成了一个党派，在这个党派里，更强的人使更弱的人做正义之事。那位僭主仍然在这个假设出来的神权制上投下了他的阴影。统治的纵向要素和礼法的横向维度——这是对善者诸种的结构和礼法诸属的结构之间区别的政治性翻译——没有结合到一起。主要出于这个原因，异邦人必须想出办法缓和他自己制造的不协和，然后才能设立礼法。

异邦人的第一个解决办法完全出于想象。他评论道，只有一位僭主可以足够无情，以至于屠宰一个畜群中的糟糕部分(the culling of a herd)；他轻易否定了苏格拉底自己所需要的可能性，即有一种修辞术可以劝说每个10岁以上的人独自离开［城邦］（柏拉图《王制》540a5-541a7）。一个没有僭主制的立法者，降级成为了最温和的解决办法；［异邦人］把这个解决办法动听地称为一种拯救(ἀπαλλαγή)，但实际上指"终于摆脱了糟糕的废物"(good riddance to bad rubbish)。异邦人告诉克利尼阿斯，如果正如他曾经猜测的，新殖民地基本上由穷人构成，那么，克诺索斯会是最适合新立法的城邦(707e3-4)；但实际上，［异邦人］将把这种立法强加在每个克里特城邦的可能的废物头上，而且

① 亚里士多德引用这段时评论道，柏拉图没能说出，统治者将如何不同于被统治者（亚里士多德《政治学》1265b18-21）。

克利尼阿斯的第一个任务将是清除这些废物，或将其转移到其他地方。异邦人能够在言辞之中做克利尼阿斯绝对不可能在行事之中做的事（736b4-7）。在此，通过两个完成时命令式表达，即 πεπεράνϑω ［让……已经被完成］和 ἔστω συμβεβηκυῖα ［让……已经发生］，他们把好人争取过来了，把糟人打发走了。他说，在时间的流逝之中，通过每一种形式的劝说，糟人一直得到检验，显示出［162］他们的本色（true colors）。如果克利尼阿斯未曾如此抵制异邦人原初的建议（他之所以抵制，是因为他曾十分绝望，认为既无法令一群同质化的人 ［a homogeneous swarm］转而接受新礼法，也无法把一群异质化的人 ［a heterogeneous crowd］融合到一起），那么，选拔申请去新殖民地的人，原本会是那位僭主的第一道法令，而且礼法的前言也原本会是礼法的结尾。这样一来，就原本不会需要礼法充当一种手段，去调解糟人构成的多数人和好人构成的少数人。然而，异邦人此刻暗示的这样一种重新安排（735a7）原本不会足以达到效果。一旦那位僭主进行那种选拔，异邦人就会直接开始讨论邦民的数量和国家的规划；但如果他这么做，那么，他原本会不得不提出共产主义的论题。在提出这个论题之前，他让人们注意到，任何对立法没有反思能力且没有体验的人，都会惊诧于他们即将建立的城邦竟是次佳城邦，而非最佳城邦。由于它 ［这个论题］太不寻常，故异邦人不会期望，任何自身不是僭主的立法者会提出它 ［这个论题］（739a1-6）。①在此，立法者—僭主会非常接近于苏格拉底的哲人—王，而且至少他 ［异邦人］的建议中的共产主义部分会变得可行。可是，如果我们真要完成如此多的违反事实的事，那么，卷五所有的财产安排都将

---

① 关于这里的翻译，参L. A. Post，"评Edouard des Places译柏拉图《全集》第十一卷：《法义》"（Review: Platon, *Oeuvres Completes XI: Les Lois* by Edouard des Places），见《美国古典语文学杂志》（*The American Journal of Philology*）75-2（1954），页206。

不成立，我们将只剩下卷五的倒数第二个主题，即要求城邦里的一切都立足于12个模块的划分，而且有关数、平面、立体几何、和声、圆周和非圆周运动的学问都将被当作一种自由教育的一部分加以学习(746d3-747c2)。①这些学问与《王制》卷七中苏格拉底建议的学问相同。这些学问意在为哲人—王的统治做准备。因此，这样订正异邦人目前的做法，突显了两点：首先，次佳城邦何以总是在最佳城邦之后出现，其次，《法义》何以从卷三以来一直放不下开端问题。这两点似乎并非没有关联。正因为总是无法获得最好的东西，所以人们才总是从头开始(参728c9-d3)。

异邦人刚刚宣称，应该做的事就是已经做过的事，他就猛然发现自己错了(comes down to earth with a bump)，并恢复了他早先在多里斯历史里发现的那一点儿好运(736c5-6；参684e3-5)。不受限制的财产权是任何政制秩序的持久基础，异邦人到目前为止说过的一切都预设了他曾视为理所当然的东西。他一直依靠一个条件而前行，这个条件如果没有摆正(not in place)，就会使他要么成为一个傻子，要么成为一个不情不愿的参与者(737a7-b4)。异邦人似乎正在纠正 [163] 自己走过的弯路(straightening out his own crooked path)，因为在筛选殖民者的同时，这件事也本应提上日程；可实际上，这种不可或缺的优势被证明受制于对所有私有财产权的废除。此刻，异邦人特意想象，如果一个人不得不管理这样一个城邦，在这个城邦里，不可能取消债务，重新分配财产，使之一如从前，以便让财产负担维持原状，那么，一个人会做什么。他的解决方案似乎出于幻想。②鼓吹这个解决方案的人应该是拥有许多债务人的大财主，从长远来看，他们应该取消债务，

① [译按] 伯纳德特原误作746d3-c2，今改。

② 不过，西塞罗讲了这样一个故事：阿拉托斯(Aratus)曾成功地调解失去财产的人和当下占有这些人的财产的人，这个故事也许表明这种调解可行；但阿拉托斯有外在资源，且不得不劝说人们接受金钱补偿，从而放弃财产权(西塞罗《论义务》[De officiis] 2.81-82)。

并重新分配他们自己的财产。他们的行动原则会是，贫穷不在于使一个人的财产变少，而在于使一个人的不满增多(736e2-3)。当异邦人重新表述这个原则，并说这是唯一的解决方案时，人们开始明白他的意思。这是与正义相结合的一种不贪婪($τὸ\ μὴ$ $φιλοχρηματεῖν\ μετὰ\ δίκης$)。因此，他的鼓吹者们可能属于任何所谓的政制，且必定已经受到一种属神爱欲($θεῖος\ ἔρως$)的激发，这种爱欲指向节制且正义的诸惯例；他曾说，这真的很难，且在长时间里极少发生(711d6-e7)。不应该把这比之于他自己对某类年轻僭主的祈盼。甚至当异邦人有了明确的航程时，他似乎也必须靠《王制》找到方向。

异邦人承认，只有通盘检查这个未来城邦的地点，才能决定这片土地能养育多少人(当然，前提是这些人清醒地生活)，以及人数有没有多到足以保卫这个国家不受邻国侵犯并帮助任何受到不义攻击的国家(737c6-d6)。他承认，这两个数目之间可能会有不一致，而且只有通过牺牲邻国而进行原始扩张，才可能使两个数目一致。这个问题的一个变体也困扰过苏格拉底的城邦，在格劳孔的要求下，苏格拉底的城邦曾进行扩张，以便满足格劳孔对奢侈品的渴求；可是当苏格拉底消除了格劳孔对多余之物的品位，并把这个发高烧的城邦的需求降到最低(put the city of fevered heat on a crash diet)时，苏格拉底没有缩小这个城邦的领土，因为如果没有盈余来支撑护卫者们的不事生产的(unproductive)美德，那么，护卫者们不可能过真实城邦①的生活。异邦人没有使这变得在任何意义上对他自己来说更容易。他凭空(out of thin air)提出了一个数目，似乎正如亚里士多德所说，这个数目需要大量侨民、奴隶、外邦人维持如此闲散的一群邦民(亚里士多德《政治学》1265a13-28)。苏格拉底的城邦至少曾经有艺匠—商人(artisan-

---

① [译按] 柏拉图《王制》372e6。

businessmen)作为其邦民共同体的一部分,可异邦人不允许他的邦民们受到任何玷污(contamination)。 [164]有59个数可以整除(go evenly into)他提出的5040这个数,但异邦人在计算时没有使用这些数中的大多数,而且有时他不得不使用其他数。由此,异邦人对比了他的有知和他的无知:他的有知指向一个数目,这个数目具有非常良好的算术特性(arithmetical properties),可这种算术特性无足轻重;他的无知指向这片领土和这群邦民的真实自然。他故意在黑暗中制作一张蓝图,这张蓝图必然达不到最佳状态。这个蓝图看起来像一个不可能的计划。仅仅存在于言辞中的事物,在如此任意地从存在于行事中的事物那里借来 [某些东西]之后,如何可能仍然是一个自我一致的计划?尽管克利尼阿斯将不得不一直妥协,但异邦人坚持认为,克利尼阿斯仍然能够立足于他的纲领(745e7-746d2)。异邦人允许他建议的每个数目都在实践中得到改动,却不允许这套规定仍然有效。不过,当异邦人穿上诗人的伪装时,他自己曾反对礼法和数目结合到一起,而且如果为这些数目安排的位置仍然空着,那么,人们不再拥有礼法,而只拥有劝诫或前言,而且前言仅仅是为那些不需要礼法的人而准备。

异邦人似乎把自己挤进了一个死角。一个"理想的"数目——真正的(proper)权威在闲暇的时候必定会知道这个数目的种种特性(properties)——必须适应这个城邦的建立者发现已然各就各位(in place)的诸神的数目。不应该排斥任何圣所、神庙、神坛、神像,不论曾经令其神圣化的是本地传统还是外邦影响(738b2-d2;参848d1-5)。①异邦人暗示,5040有如此多的因数(factors),以至于诸神、δαίμονες [命神们]、英雄们的几乎任何数目都可以整

① Wilamowitz把异邦人的建议与克利斯提尼(Clisthenes)的做法相比:当克利斯提尼打造新的乡区(demes)和族盟(tribes)时,他保存了古老的崇拜。见 Ulrich von Wilamowitz-Moellendorff,《柏拉图》(Platon),Berlin: Weidmannsche Buchhandlung, 1919, 卷2,页398。

除5040，或者就算不可以整除，也可以轻易［为5040］加上适量的数目［以便被整除］（参759a8-b4）；可是，我们受到引导而相信，他首先必定会思考12个地区（他将把这个城邦的领土分成12个地区）和12位奥林波斯神（他把每个地区都献给一位神）如何方便地配对（745d7-e2；820b7-c2）。然而，异邦人从未把这些神分配给他们的牧区（parishes）；事实上，唯一被分配给一个牧区的神是那位地下的神——普鲁托（828c6-d1）。[①]因此，12这个数必定首先指一年的月数（758d5-7；771b3-6），而且天宇秩序（celestial order）在大地上的反映［165］在阴历（lunar calendar）[②]上有所体现。如果异邦人选择了365的一个倍数，那么，他本会丧失某些整数因数，但他本会得到太阳年（solar year）的天数，在太阳年里的每一天，某个官职都应该实施献祭（828a7-b3）。在数论（number theory）上，古老传统与最新事物之间表面上的巧合（5040=7!）[③]是一个假相。神圣事物的真正意图不是具体地展示科学知识，而是通过令人们相互熟识（by acquaintance）而为知识提供光亮（φῶς）（738d7-e8）。常规性地在神庙里聚会，可以增进友情，［异邦人］再次把友情说成一个城邦最大的善者。不相信古老故事——不论是关于诸神显圣（φάσματα）的事迹，还是关于来自诸神的灵感的说辞——必将削弱劝说曾经建立起来的东西原本具有的有用性。这就让一个人有机会把自己表现为质朴而真实的人而非冒牌货，也让一个人有机会学会识破那些想要行骗的人。

就在异邦人即将排除共产主义之前，他暗示，适当地使用神圣事物，能够弥补共产主义原则（朋友之间，一切共有）及其推论（一切敞开，无处隐藏）之缺失。为了复制一个人不可能真正获得

---

① 当Ritter提到［异邦人］没有进一步把诸神分配给这些地区时，他也提到了这个独特之处，他还提到了一年的月数对12这个数具有首要意义（页131及其注释）。
② ［译按］直译为"月亮的历法"。
③ ［译按］！是阶乘符号。7!=7×6×5×4×3×2×1。

的东西，一个人就应该遵守"不要改动不可能改动的东西"这条原则。异邦人明确提及的这条原则——μὴ κινεῖν τἀκίνητα [不要改动不可能改动的东西]——关乎一切神圣事物。然而，异邦人的下一步违反了这条原则。在古老的跳棋游戏里，完全绝望的最后一步棋是把棋子从所谓神圣之线那儿移走(to move one's piece from the line called sacred)(739a1)。要论证神圣事物，就得以游戏的方式违反神圣事物。尽管神圣事物充满了次佳城邦，而且这个城邦也保留了眼睛、耳朵、双手的自然私密性，但这个城邦仍然必须着眼于那个非神圣城邦，后者以新的方式把圣洁的婚姻定义为最有用的东西(柏拉图《王制》458e3-4)。因此，为了把最佳城邦这个范本转变成次佳城邦这个近似物，异邦人暗示了如下可用的方案：找到 [最佳城邦] 内部所有理性事物的神圣对等物。尽管人们承认，基于神圣的诸节庆，异邦人找到了共产主义的透明性的一个可能的对等物，可是在 [次佳城邦] 这个政制里不可能存在一些与之相提并论的要素，除非像异邦人后来承认的那样，到处建立秘密警察部门，从而毁掉他曾想保存的东西(807e2-808a7)。异邦人指出了，这个范本及其最接近的摹本必定不那么相互匹配，因为他评论道，他不得不让克利尼阿斯在最佳政制、次佳政制、第三好的政制中作出选择，"或者让其他某人"①作出这样的选择，"每当此人接近诸范本时，他都会愿意按照自己的性格为自己分配自己所喜欢的任何属于自己 [166] 父邦的东西"(739b4-7；参681c4-d1)。②不容易回答，为什么《法义》不现在就结尾。似乎不会只有一种而是会有无限多种第三好的政制，任何第三好的政制都会以次佳政制为范本，都会在其种种制度中

---

① [译按]等于说，异邦人认为克利尼阿斯就是这样的人，下面引号中的内容是对这样的人的刻画。

② 关于第三好的政制，参O. Apelt，《柏拉图的〈法义〉》(*Platons Gesetze*)，Leipzig: Felix Meiner，1916，卷1，页244注78；页252-253；页259注82。

展现智慧和正义，却都不会宣称，自己所做的最好的事就是遵从自己的立法者的好恶(whims)，并认可自己的立法者无能为力的那些条件。人人都知道，异邦人将会采用大量雅典礼法。

> 只要一句古话尽可能出现($\gamma \acute{\iota} \gamma \nu \eta \tau \alpha \iota$)在一个城邦的各个地方，这个城邦和政制就是头等的，其礼法也是最好的；这句古话就是"在实在且真实的意义上($\ddot{o} \nu \tau \omega \varsigma$)，朋友的东西是($\dot{\epsilon} \sigma \tau \acute{\iota}$)共有的"(739b8-c3)。

最佳城邦是生成(becoming)之物，友谊则仅仅存在(is)。[①]在这句古话中，有两个朋友；却只有一个城邦，因为礼法导致只有一个城邦(参739d6-7)。朋友们必须有他们可以分享的东西，而在最佳城邦里，任何人都没有任何可以分享的东西。最佳城邦的原则与最佳城邦的目的相互矛盾。最佳城邦的范本是一个单独的人，而不是两个朋友(参柏拉图《王制》462c10; 464b2)：

> 它[最佳城邦]去除了生活中在一切地方都被普遍说成私人事物的一切，而且设法尽可能通过引诱或哄骗，让甚至自然而然具有私人性的东西变成共有的，比如让眼睛被认为($\delta o \kappa \epsilon \tilde{\iota} \nu$)在共同地看，让耳朵被认为在共同地听，让双手被认为在共同地行动，也让所有为相同事物喜悦或痛苦的人像同一个人一样去赞美或谴责(739c5-d3)。

因此，似乎不仅不可能在言辞中发现第二等政制的稳定基础，而且最佳城邦如果自身内在不一致，就不可能成为衡量第二等政制的尺度。然而，如果人们回顾异邦人对合唱歌舞的描述(在这

---

① [译按]上面引文中的"出现"和"是"在哲学上指"生成"和"存在"。

番描述里，好好表演合唱歌舞，就是好好接受教育)，那么，礼法具有与共产主义相同的目的，即把城邦里每个人从出生到离世的意见和感觉都放进音乐会里(参659c9-e3; 942c1-d2)。①通过做自己所听说的事，邦民们最终认识了这些事：洞穴②内壁上的阴影。意见的共有(νομίζειν)把所有思想的(dianoetic)想象共有化(740a3-b1)。因此，礼法简直再现了位于最佳城邦核心处的矛盾，因为尽管礼法令城邦具有了意见的一种严格统一性，但礼法宣布了私人事物具有神圣性。礼法在削弱家族时，也保护了家族，因为礼法禁止乱伦，并要求家族效力于一位共同的母亲。如果朋友是愿意相互替代(stand in for one another)的人，[167]那么，礼法按可替代性(substitutability)来接受这个原则：礼法对所有人一视同仁(everyone under the law is the same as any other)。由于礼法具有非人格性，故礼法的目的是成为友谊的对等物。朋友充当"另一个我"，变成了礼法面前人人平等(参757a5)。

> 让他们按如下思想(διανοίᾳ)③来分配(νεμέσθων)[土地(γῆ)和房屋]④：得到自己那一份的人必须相信(νομίζειν)这一份归整个城邦共有，而且由于这个国家(χώρας)⑤是父邦(πατρίδος)，⑥故他必须尊敬这个国家，甚于孩子们尊敬他们的母亲——在这个意义上，这个国家是一位女神，从而变成了有死者的女主人——同时，他必须以同样的方式思考(διανοήματα)δαίμονας⑦[命神们]和在这个国家里各就各位的诸神(ἐγχωρίους

---

① [译按]伯纳德特原作9942c1-d2，今改。此外，"放进音乐会里"引申含义为"使……相互协和"。

② [译按]"洞穴"一词首字母大写，特指柏拉图《王制》卷七中的洞穴。

③ [译按]伯纳德特原改作主格διάνοια，今据原文改回。

④ [译按]伯纳德特所补。

⑤ [译按]伯纳德特原改作主格χώρα，今据原文改回。

⑥ [译按]伯纳德特原改作主格πατρίς，今据原文改回。

⑦ [译按]伯纳德特原改作主格δαίμονες，今据原文改回。

ϑεούς)① (740a2-b1；参877d5-8；《王制》414e2-6)。②

大地既是又不是这个国家，母亲既是又不是父邦，③部分既是又不是整体，男神和女神既是又不是一个人自己的。异邦人说，一个人的命运——它进行分配(ὁ νείμας κλῆρος)——就是一位神(741b5)。尽管礼法想要在思想中抹杀划分，但礼法在行事中进行划分，故礼法必然导致在体验层面否定礼法想要人们相信的一切。不像最佳城邦里的情形，在次佳城邦里不会有任何东西证实最佳城邦的那些故事。高贵谎言变得低贱。

卷五剩余部分同样关心如何使不平等者平等化(741a7-b1)。数学训练能唤醒嗜睡的人和自然而然愚蠢的人，还能以属神的运气带来反自然的提升(747b3-6；参《王制》526b5-10)。按照算术尺度，每个人都是一个零，算术尺度应该与礼法一道发挥作用，不让［人与人之间的］任何差异显露出来。尽管挣钱受到严格限制，但合法通货(νόμισμα)令不可通约者变得可以通约，令不统一者变得统一，这一直是礼法和合法作风的意图所在(参918a8-b6)。④异邦人说，更好的做法也许是，让每个殖民者拥有同样多的钱，但这不可能，故取代这种状况的将是机会平等，还有"以不平等但合

---

① ［译按］伯纳德特原改作主格ἐγχώριοι ϑεοί，今据原文改回。
② ［译按］伯纳德特原误作414de2-6，今改。
③ 在《王制》(575d4-8，［译按］伯纳德特原误作574d4-8，今改)中，苏格拉底说，"正如曾经惩罚自己的母亲和父亲"，僭主"只要有能力，就会再次这样惩罚自己的父邦(πατρίδα，［译按］伯纳德特原改作主格πατρίς，今据原文改回)……而且他将这样占有并监管他从前可爱的父邦和——用克里特人的说法——母邦(μητρίδα，［译按］伯纳德特原改作主格μητρίς，今据原文改回)"。关于《法义》中的不动产的含混地位，参W. G. Becker，《柏拉图的〈法义〉与希腊家族法》(*Platons Gesetze und das griechische Familienrecht*)，"慕尼黑莎草纸学与古代法制史学论丛"(*Münchener Beiträge zur Papyrusforschung und antiken Rechtsgeschichte*)第14卷，München: Beck, 1932，页131-133。
④ 德谟斯提尼(Demosthenes)(24.213)转述了梭伦的一句话："正如私人曾发明钱作为通货(νόμισμα)，以便于私人交易，同样，礼法(νόμοι)是城邦的通货。"

乎比例的尺度来尽可能平等地"[168]分配荣誉和官职(744c3)。这个国家的12个部分就是这么划分的：土壤较贫瘠的部分较大，土壤较肥沃的部分较小；5040份中的每一份都同样基于这一点而分为两部分，一部分靠近城邦(城邦在尽可能靠近中心的地方建造)，另一部分靠近这个国家的边界，同样的划分原则(ratio)也用于任何其他有待划分的财产。12个部分中的每个部分也都应该拥有相同数目的富人和穷人(745b3-d7)。初次分配的整齐(neatness)似乎会导致后来发生灾难(be a recipe for disaster over time)：如果这个国家的警察部门实行异邦人推荐的提升措施(761a6-b6)，那么，这些部分［即那12个部分］将如何保持平等？防止产生太过富裕的人是一回事，防止明显不平等招致怨恨是另一回事。就算在初次分配中，有人分得的那一份的两个部分也会挨在一起。如果每个人都要自己弄明白，表面具有欺骗性，那么，每个人需要相当高级的数学训练；可是正如异邦人所说，人们认为，与精确的计算相伴而生的是不自由的狭小器量(illiberal pettiness)(747b3-c3)。①②

从卷五结尾往回看，人们发现，异邦人的建议可以分成两部分：一部分是前言的第二部分的一部分，关涉自我及其扩展，从财产扩展到所谓一个人自己的东西；另一部分［是前言第二部分的另一部分，］关涉无私和分享。由此，这两部分［的划分］反映在如下情况之中：礼法试图接受言辞中的最佳城邦自我矛盾的结构。异邦人也设法把具有不死性的纵向序列(这刻画了他的前言第一部分的特征)翻译成具有不死性的空间维度，他所用的办法是，把这个城邦及其所有部分都献给诸神，还赋予诸神一个居所和

---

① ［译按］伯纳德特原误作746e3-c3，今改。此外，illiberal通常指"不大方的"，此处按其字面意思译作"不自由的"。
② 进一步可参A. Rameil，《柏拉图的礼法城邦中的经济稳定性及其成问题性》(*Die Wirtschaftsstabilität und ihre Problematikin Platons Gesetzesstaat*)，München: 1973，页18-19。

一个名号。然而，异邦人摆脱了他自己的建构所产生的魔力，并称其为一个梦：他在用蜡塑造一个城邦及其邦民们(745e7-746b2)。①
实情绝不会是，所有不可或缺的条件都碰巧得到满足：这些人将拒绝遵守这些限定，而且这个国家和这个城市(town)将不会接受他的种种尺度。这时，异邦人对他自己的指控做出回答：

> 在每一个即将存在的事物中，我都猜测这是最正义的：范本——这项工作应该成为的样子——的展示者不应该忽视最美丽且最真实的事情中的任何一件；可是不论任何人发现最美丽且最真实的事情中的任何一件没有可能，他都应该避开 [169] 这件事，不去做这件事；可是不论剩下的 [最美丽且最真实的事情] 中有任何一件最接近范本，也不论有任何适宜的行动自然而然与范本最相似，②他都应该设法使之生成；但最正义的做法是，允许立法者完成并终结他的意愿清单，并在这么做之后，同他一起审查哪条建议十分合适，哪条立法构成障碍；因为千真万确的是，不论如何，甚至对于制造最微不足道的东西的艺匠来说，如果他要成为值得尊重的人，他也必须造就自我一致(τὸ ὁμολογούμενον αὐτὸ αὑτῷ)③(746b5–d2)。

---

① [译按] 伯纳德特原误作745e7–d2，今改。

② τῶν προσηκόντων πράττειν [适宜的行动] 受ὅτι支配，συγγενέστατον [最相似] 与ἐγγύτατά [最接近] 平行。这种读法见K. Schöpsdau, "理想与现实之间的《法义》城邦草图" (Der Staatsentwurf der Nomoi zwischen Ideal und Wirklichkeit)，见《莱茵古典语文学大观》(Rheinisches Museum für Philologie) 134 (1991)，页142注16。

③ τὸ αὐτῷ αὑτῷ ὁμολογούμενον [自我一致] 这个表达见于《斐德若》(265d7；参《蒂迈欧》29c6)，用于片面地刻画苏格拉底第一篇有关爱若斯(Eros)的讲辞，这篇讲辞属于两种(species)讲辞中的一种，两种讲辞的特征是：一种讲辞 "基于通览而把分散在各处的东西带入一个形相(ἰδέα)，这样一来，通过定义每个东西，它 [这种讲辞] 可以揭示它想传授的任何东西"，另一种讲辞有能力按事物的自然联结点来把事物划分为不同的种，而不漏掉事物的任何一部分(μέρος)。因此，第一种讲辞也许获得了清晰性，代价则是无法自然地阐述一个整体。苏格拉底第一篇讲辞被清晰地划分为许多部分，各部分的主题是灵魂的诸善者、身体的诸善者、外在的诸善者、快乐。

异邦人似乎撤回了一切。如果土地和邦民们都不可能容忍他在前言之后勾勒的草图，那么，他又能挽回什么？他的计划中的要素如此相互脱节，以至于克利尼阿斯可以选取并实行其中一两个要素而忽略其他要素？后来，当克利尼阿斯为临时打扰［异邦人］完成这张蓝图而自责不已时，他承认自我一致是这张蓝图的先决条件(805b3-c1)；如果真是这样，那么，异邦人必须追求一种更高的普遍性，而非追求他似乎正在布置的这个局面。必须有礼法本身的一种结构，制定出这种结构之后，可以将其置入任何一套礼法。

　　因此，异邦人进而展示了他的计划的自我一致性(746d3-e3)。他回到了12这个数目，其因数和倍数（限于5040以下）不仅将构成族盟(fratries)、乡区(demes)、村庄的数目，而且将构成战斗和行军时的军队、货币、重量、固体和液体度量尺度(dry and liquid measures)的秩序。异邦人绝不会再次提及族盟，但只要涉及亲属，那么，甚至生育(generation)都受数目支配。他继续说道，所有的器具也都应该标准化，而且人们不应该因为怕得到小心眼(small-mindedness)的名声就不实行标准化。立法者应该维系($νομίσαντα$)的普遍原则($κοινὸς\ λόγος$)是，数目的拆分和结合(divisions and complexities)对每个事物都有用(746e3-747a5)。
[170]当把中道尺度(the measure of the mean)与算术尺度(the arithmetical measure)似是而非地等同起来时，人们可以发现礼法的本质。在这个过程中，esprit de géometrie［几何精神］显得像esprit de finesse［敏感精神］。[①]在《治邦者》中，爱利亚异邦人一开始就把政治技艺与算术技艺和所有其他脱离行动的技艺放在一起(258d4-6)；这项“理论”($τὸ\ γνῶναι$)事业导致治邦者遵从属神牧者这个范本，属神牧者在黄金时代牧养($νέμειν$)人群，此刻，条件

---

① ［译按］参帕斯卡尔《思想录》开篇。

发生了改变,这种牧养仍然幸存在礼法之中。基于黄金时代的神话,雅典异邦人重新定义了礼法,从而似乎为我们准备了相同的结论。因此,无需惊诧,诗人第一个反对异邦人的处理方式。诗人对算术尺度完全无动于衷。诗人放进自己的角色嘴里的台词与这些角色之间合乎尺度(commensurate),正因如此,这些台词之中没有出现数目。

　　然而,立法者既不可能避免涉及数目,也不可能避免面对数目引发的恼怒。异邦人的解决方案是,完全调转论证的方向,并重新评定数目的功能。数目与其说是礼法的工具,不如说是教育中唯一最重要的要素。异邦人暗示,就算克利尼阿斯不得不放弃划分12个模块,从而放弃范本的自我一致性,他仍然必须不惜一切代价保存各门数学性学问。其他礼法和惯例致力于去除灵魂的不自由和爱钱,否则,学习这些美丽且适宜的学科时,不自由和爱钱也许会如影随形(747b6-c2)。异邦人强烈暗示,智慧取决于数学,而且如果在其他地方,如埃及或腓尼基,所谓的罪恶(πανουϱγία)与智慧相伴而生(当然,他说不清这是谁的错,或许立法者不好,或许运气糟糕,或许自然就是如此),那么,他知道,不能把智慧归因于数学。异邦人告诫克利尼阿斯,有些地区好过其他地区,而且任何有感知能力的立法者都不会违反他不可能改变的条件而立法。这些条件包括属神的影响——阿蒙(Ammon)(即埃及的宙斯)授权的神庙,或来自埃特鲁里亚(Etruria)这么远的地方的献祭,也许仍然保留在当地(738b6-c5)——而且这些条件可能有利于他,也可能不利于他。异邦人在卷五结尾说,克诺索斯的选址可能受到了诅咒,而且任何导致从前迁居的事物都可能有害。克利尼阿斯接受了这个劝告,从而承认他对地理状况一无所知。异邦人后来说,“神”恢复了马格涅西亚这座城邦(919d4;参946b6)。

第六章　开　　始

第1节　诸开端与诸官员

[171] 在卷六的开端，异邦人迅速接连提出了四个有关开端的问题。如果这个城邦刚刚开始［建造］，那么，(1) 任何人如何能够证明自己有能力统治？(2) 如果没有以礼法的作风培养选举人，那么，选举人如何能够适宜地进行选举？(3) 如何能够有一个权威在新礼法最初造成的困境面前坚持新礼法？最后，(4) 人们应该从何处找到开启这项新事业的权威们？^①这些问题可以有或多或少不完美的解决方案，异邦人引入这些问题，是通过一个更普遍的论题。这个论题重新提起一个话题，这个话题曾阻碍异邦人提出序曲^②之后立即提出歌曲本身（734e3-735a6）。当时，其他一些思考因为具有更高优先地位而涌现出来：如果立法者不是僭主，或如果没有制度手段根除私人性，而是必须依赖神圣的和数目的机制，那么，这个政制有其极限（ceiling）。既然异邦人重新讨论官职，故他建议不讨论政制之中的那两个种（species）（官职和礼法），而讨论那两个种之中的第一个种之中的两个种（为官职分配

---

① ［译按］"权威"在英文中可以指政府，尤其是复数形式的"权威"。
② ［译按］在英文和希腊文中，均与"前言"为同一个词。

的［进一步的］官职和礼法）(751a4-b2)。［异邦人］又一次推迟
［制定］礼法本身。

异邦人评论道，如果城邦有好礼法，但受命执行这些礼法的
官职不恰当，那么，不仅这些礼法无用(更别说会遭到嘲笑)，而且
城邦会招致最大的损害，并会因这些官职而毁灭(751b5-c2)。如
果这些礼法只停留于纸面，而没人关心它们是否得到遵守，那么，
遭到嘲笑也容易理解；可是，损害和毁灭并非那样明显。在任何
程度上背离好礼法，都比违反糟礼法更糟？破坏理想事物，必然
比败坏腐朽事物(corruption of the rotten)更致命？如果就连远远
达不到最佳状态的东西也会导致真正的危险，那么，异邦人必定
正在建议真正危险的某种东西(参752b5-6)。如果官职和礼法不
应该不匹配，那么，人们会想象，应该首先设定礼法，因为官职必
须与礼法相适应，而非［172］礼法必须与官职相适应。异邦人以
自己的方式否定了这个看似不证自明的原则。他设立了一些官
职，这些官职独立于这些官职应该管理的礼法。他提出的这些问
题无关于《法义》的礼法，而是适用于任何新设立的［礼法］(any
new founding whatsoever)，只要一群邦民迁移到别处时，他们的
礼法并非完好无损。因此，异邦人似乎马上就会懂得，他自己的
经线和纬线的影像会造成什么后果，而且异邦人似乎马上就会论
证，如果必须做出任何调整，[1]那么，礼法构成的纬线必须遵守统
治构成的经线之中更伟大的美德和教育；但事实上，异邦人没有
把官职设置得高于礼法。君主制和民主制的混合，决定了官职的
总体结构，而且［异邦人］花费大量精力，以便确保机运的冷漠抚
平民众的怨恨(756e9-10; 757e4; 参759b5-7)。知识、体验、教育，
而绝非美德和良好的感知力，用礼法认可了占据某些官职的权
利。异邦人承认，有两类平等，而且这个政制必定会为了友谊而

---

[1]［译按］在英文中"调整"与上一页末尾的"适应"同源。

意外发现主人和奴隶之间的中间状态，以及好人和糟人之间的中间状态；尽管把不平等者分配给不平等者造就了所有善者，但异邦人没有确立任何机制让完美而精确的那一类正确性盛行于城邦所有地方，不管这种机制的贡献也许多么微薄。①平等和宽容（τὸ ἐπιεικὲς καὶ σύγγνωμον）就像正义自身落下的碎片，但如果要避免内讧，就不可避免要使用平等和宽容（757c6-758a2）。确实，当异邦人确定合法的统治资格时，异邦人以多种多样的尺度使用了具有正确性的七种统治资格中的六种；②但这六种统治资格曾被认为在决定性意义上仅次于善者诸种的结构的维度。不过现在，这六种统治资格［在决定性意义上］显然居于首位，而且［善者］诸种的结构和［礼法］诸属的结构——异邦人以这两个结构起头——已然消失。官职没有消失，并对更高的考虑无动于衷，这种无动于衷致力于支撑礼法那些精细的线。官职构成了礼法之中的一个结构，这个结构反映出对礼法的一种偏离。官职准备依靠［别的东西］，而非准备令一个人变得正直。

[173]一旦异邦人提出第一个问题，克利尼阿斯就相信，官职的选举几乎不可能没有差错（751d6）。提出这个问题时，异邦人没有表示，第一批官员像他们的选举人一样几乎没有在新礼法之中得到教养；他强调，选举人缺乏教育，彼此也不熟悉（751c5-d5）。如果［这个城邦的］建立者们在理解力上强于第一批殖民者，那么，在礼法在每个人身上打上了相同印记之后，如果［这个

---

① ［译按］no matter how small its contribution may be，这个状语中的its和small的含义存疑。

② 母亲和父亲［统治］的正确性在于决定克诺索斯与这个新城邦的关系（754a9-b7）；克诺索斯应该主张一种特权，这种特权配得上克诺索斯的更伟大的古代（752e4）；祖传的祭司职位不应该受到干扰（759a8-b1）；祭司应该来自纯洁的家族（759c2-6；参751c7）；凭年纪［统治］的正确性以不同程度适用于所有官职；较强者［统治］的正确性体现于把更大的重要性赋予那些得到更高财产评估的人们（those of higher property assessments）；主人对奴隶的［统治的］正确性在后文被视为一个谜（777b4-c1）；在多种多样的方面，选举之中当然插入了机运。

城邦的建立者们和第一批殖民者在理解力上的]这种不一致应该
以某种方式得到保留,[这个城邦的建立者们在理解力上更强]
也许会是一个优势;但这不再可能,因为异邦人拒绝变成这个政
制的一个参与者(753a5-8),而且克利尼阿斯是《法义》和马格涅
西亚之间唯一的沟通渠道(conduit)。一切都将经过他的过滤。如
果这些礼法令他的克诺索斯同胞——正如令每个在册的多里斯人
——至少感到厌恶,那么,克利尼阿斯应该引导他的克诺索斯同
胞令这些礼法生效;他的克诺索斯同胞则应该独立判定,新邦民
的诸惯例是否符合这些礼法的意图。在异邦人坚持主张克诺索斯
不能仅仅仪式性地关注其自身的职责之后,他不再插手现实地建
立城邦这件事(752d3-7)。马格涅西亚[的建立]绝不会顺利开
始(to get off the ground)。就算人们应该认为,通过某种奇迹,第
一批官员严守礼法的字面,而且礼法如此清晰,以至于第一批官
员在阅读礼法时没有任何含混,那么,也需要接近80年才能令这
个城邦里的每个人都失去其他礼法的每个痕迹;但到了那时,来
自往昔的污染会改变民众的作风,而且如果异邦人通过某种奇迹
回来了,那么,完全有可能连异邦人都会认不出他制定的礼法。
谁会认识到,荣誉制(timocracies)里的会餐保留了苏格拉底的最
佳城邦的共产主义的痕迹?

　　"一部作品的开端比整体更多"是一则俗语,而且异邦人说,
我们所有人都赞美一个美丽的开端;但他继续说道,在他看来,事
实上,一个美丽的开端比一半更多,而且没人充分地赞美过一个
美丽开端的生成(753e6-754a2)。基于他自己现在不充分的暗示
——他承认这种暗示有其种种困难(754b1-2)——我们可以说,
没人赞美过这样一种开端,因为这种开端从未出现过。异邦人自
己曾注意到,心智没有出现在心智生成的开端,而且美德的整体
没有出现在诸城邦的开端。不论如何,正因为他们不可能设计出
一个没有差错的开端,所以他才说,不论对于他还是对于克利尼
阿斯,不履行那个计划,都不可能是个借口(751d8-752b3)。正如

克利尼阿斯不可能违背他对克里特人的承诺，即建立这个城邦，
异邦人同样必须履行他的承诺，即"按照目前这个神话的路子"
帮助克利尼阿斯。因此，异邦人补充道，凭借 [174] 这种奇怪的
游戏品性，他充分证明了，"不论如何，我不会自愿在讲一个神话
时任由这个神话没有开头（headless），因为这个神话如果应该像那
样到处漫游，就会显得奇形怪状（ἄμορφος）"。

> 克利尼阿斯：你讲得太好了，异邦人。
>
> 异邦人：不只在言辞上，我还将尽我所能把它付诸
> 实行。
>
> 克利尼阿斯：让我们正好以我们正在言说的方式来行动
> ［制作］。①
>
> 异邦人：如果神愿意，而且我们至少在这个意义上掌控
> 着老年，那我们就这么办吧。
>
> 克利尼阿斯：神有可能愿意。
>
> 异邦人：是的，有可能（752a5–b2）。

异邦人把我们赶进了现实的时间里，并说出了内心的疑惑，
即他或克利尼阿斯能否活得足够长，以至于能做他们承诺的事。
克利尼阿斯无疑不会活得足够长，以至于能把《法义》的礼法翻
译成他的城邦的礼法，而且他甚至更有可能经受不住迁居和礼法
监管的考验；但异邦人不可能预见他横死街头，或者就算他能预
见，他讲的故事也会像个僵尸一样东游西荡，而不会知道自己要
去哪里。如果我们认为，柏拉图这时在借异邦人的口说话，而且
正在想象，他会任由《法义》没有结尾，那么，为什么他未曾打定
主意在这种情况下不出版《法义》？一旦他完成了《法义》，为

---

① ［译按］伯纳德特所补，意即在希腊文中，"行动"亦可译作"制作"。

什么他未曾抛弃这些思路？不论如何，重新激活一个表示完成故事的普通表述，即"给故事安装开头"，以便异邦人能够表示不愿意使《法义》在世界上东游西荡——这是什么意思？关于《法义》，到此为止，什么东西如此奇形怪状，以至于异邦人应该沉迷于这个双关语？开端的问题与结尾的问题同在。如果没有找到解决方案，那么，必然不完美地开启这个政制，会令异邦人的故事讲不下去；但第一个问题是行事的问题，第二个问题才是言辞的问题，哪怕异邦人说言辞同样是一种行事。异邦人不得不让身在现场的人(the man on the spot)处理许多事：每当这人遇到实践问题，都不可能指望这人会不出手。然而，如果异邦人有他自己的问题，那么，这个问题必定关乎《法义》手稿的命运(the fate of the *Laws* as written)。一旦出版，《法义》就将漫游在由机运做主的地方(wherever chance takes it)。当任何人遇到《法义》时，这人都将像第一批殖民者一样，几乎无法在《法义》中受到教育，而且不管《法义》偶然所处的传统是什么，这个传统的官员都像克利尼阿斯一样可能没受过训练。如果《法义》保存了下来，那么，《法义》注定在没有开头的情况下进入这个世界，注定在一些国家被阅读，这些国家离雅典的距离远过雅典离克里特的距离。如果荷马没有在克里特取得大的进展，希腊诗歌不可能(unlikely)[175]在其他地方伴随《法义》。《法义》的精致织体不可能使《法义》得不到一种支持，这种支持来自远远更强势却更粗鲁的安排。异邦人勾勒出的官职提供了《法义》所需的这类支持的一个版本。

第一个暗示是，异邦人即将建议《法义》本身充当教师手册，这个暗示密切关系到如何克服缺乏体验的人们对礼法的抵制（752b10-c6；参[1]811b8-e5）：

---

① ［译按］"参"字为笔者所补。

> 我们唯一要做的是，以某种方式持续活下去(μείναιμεν)，
> 活得足够长，让孩子们可以品味礼法，通过礼法得到充分的
> 教养，变得习惯于礼法，并与整个城邦共同选举官职。

"我们"必定不只包括克利尼阿斯和那些同他一道建立城邦的人
(在这个新城邦里，他们都将登记在册，这要么是通过劝说，要么
是通过使用克诺索斯能够支配的有尺度的暴力，753a1-b1)，而
且包括异邦人(要保证异邦人持续在场，唯有通过写作，而非通
过任何程度的强力)。无可否认，他之在场，将是个幻象。异邦
人正在引发风险和嘲笑，这一点体现为，《法义》最后有可能要
么充当儿童故事，要么充当许多这样的故事的范本，因为这个政
制的现实(reality)绝不会达到这个范本的标准；但只要《法义》
能够塑造年轻人的品位，克诺索斯——作为礼法护卫者——对这
个殖民地的领导就可能在某种程度上受到阻止。教育与礼法之
间不可避免的不协和(这不过是前言和礼法之间的差异在制度上
的对等物)不必然造成损害。作为在礼法内部对礼法的合法远离
(as the lawful departure from the law within the law)，《法义》是肃
剧和谐剧的新异替代品，肃剧和谐剧是在体验层面对礼法的远离
的传统表达。《法义》能够比狄奥尼索斯的那一对合唱歌队走得
更远。

异邦人讨论了12个官职(参946a6)，这些官职分为三组，每
组四个官职。第一组构成了这个城邦本身，第二组构成了这个国
家，①第三组构成了教育及其失败。第三组构成了双重礼法的制
度结构：

---

① [译按]国家在此指广义的城邦，包括城市和乡村，城邦在此则指狭义的城邦，即
城市。

城邦	1 礼法护卫者	2 将军	3 议事会	4 主席团（Prytany）
国家	5 祭司	6 国家警察	7 城邦警察	8 市场警察
双重礼法	9 音乐监管者	10 体育监管者	11 教育主管者	(12)法庭

夜间议事会

[176] 人们一眼就能发现，正如礼法护卫者、祭司、音乐比赛的监管者构成了一组，①军官、国家警察、体育比赛监管者同样构成了一组。这12个官职中的11个主动行事（initiate business），但法庭并非主动行事，而且仅仅在一种意义上是异邦人所说的官职，而所有其他官员则在一种意义上是正确性的日常执行者（daily administrators of right）（767a5-9）。哪怕一个城邦不是一个没有法庭的城邦（766d3-4），法庭此刻也并非完美地适合异邦人计划的开展（768c3-8）。法庭预示着，教育无法根除犯罪，神圣节庆也无法克服敌意。12是这个政制的主宰性数目，但只有11个官职在原初层面支撑这个政制；这要么预示了夜间议事会有其必要，要么表明了失败在多大程度上内在于次佳政制。失败首先体现为，异邦人在其纲领中最详尽地呈现了每个官职。国家警察在其职责上分为严肃的部分和游戏的部分，在严肃的部分里，首次出现了以打板子（beating）为形式的惩罚：如果在出任国家公职期间，任何人有一天或一夜被发现不请假就缺席会餐，那么，任何人都有权打这个人的板子（762c2-d1）。把打板子加之于国家警察，先于关于美丽的奴隶制（καλῶς δουλεῦσαι）的讨论，每个人都应该为美丽的奴隶制而

---

① 所有12个官职的审查者应该是太阳和阿波罗的祭司们（priests of the Sun and Apollo）（957a5-6），而且这些祭司和神职人员应该关心所有那些关心音乐景观和音乐声响的外邦人（953a3-b4），以上两点证实了异邦人意在把祭司置入这个纵向组合之中。

非为美丽的统治而自夸(καλλωπίζεσθαι)(762e4-5)。在城市(town)里,唯有奴隶和外邦人因不义之举而被打板子,本土邦民只需支付罚金就能过关(746b4-c4)。在这个国家里,也在夜间的军队里(at night among armed men),核心的权威们失去了许多权力。

第 2 节　接　　替

这些官职颠倒了经线和纬线的真实关系。在展现礼法的奴隶面相时,只要有礼法,不管礼法是什么,这些官职便不可或缺。情况就是这样:有致力于音乐比赛和体育比赛的官职,却没有致力于音乐教育和体育教育的官职,尽管异邦人起初讨论过一系列划分,而且这些划分要求确立这些官职(764c5-d5)。人们 [177]也许会说,放错了位置的法庭是这些官职的替代品。在37个礼法护卫者中,应该总有一个是教育主管者。如果异邦人希望克利尼阿斯第一个竞选上这个官职,那么,他原本有充分理由质疑,会不会有人担任致力于音乐教育的官职(766b1-c1)。[异邦人]把教育主管者说成最后一个官员(765d4),并在这个官员之后制定了一个条款,这个条款回答了"如果任何官员在任上去世,应该怎么做"这个问题(766c2-5);可是,在这个合适的结尾(this fitting conclusion)之后,[异邦人]又加了一个明显放错了位置的注意事项,这个注意事项关乎孤儿的监护人之死(766c5-d2)。提出时间上前后相继这个论题之后,异邦人就立马谈论起了法庭,还谈论起了对审判(δίκαι)的准确表述如何可以最正确地存在于立法的结尾(768c6-8)。事实上,讨论完法庭,已经接近立法的结尾(956b4-958c6),但法庭不是最后的话题:

　　　　下一个话题是:一个人这样出生且得到教养,自己也生育和教养孩子,并以一种有尺度的方式从事交易(如果他错待了任何人,他就支付罚金,也向他人支付补偿金),并以命中

注定的方式遵守礼法而活到老年，这样的人会有一个自然的
终结（τελευτή）(958c7-d3)。

礼法的结尾不是关于死亡的礼法，而是一个邦民的死亡。［异邦
人］使两个完全不同的时间秩序在言辞中碰巧交汇。[①]不管这种碰
巧交汇有什么最终意义，［异邦人］把葬礼的安排——礼法诸属
的结构曾规定葬礼的安排是这个政制的结尾——放置在立法的
结尾：

> 死者有葬礼，但弑父者、神庙抢劫者之类的人没有葬礼，
> 所有这些先前都已经通过礼法确定了，故对我们来说，立法
> 快要抵达结尾了(960b1-5)。

然而，异邦人没有让生命的结尾成为［立法的］结尾：

> 在几乎所有情形下，完成某事，正如获得和建立某物，
> 仍不是结尾（τέλος），只有当人们完全（τελέως）找到了保存［事
> 物］的方法，人们才必定会认为做了所有应该做的事，而在这
> 之前，一切都还未完成（ἀτελές）(960b5-c1)。

实际上，夜间议事会才是结尾，当然，它的任务无穷无尽。

没有历时性的闯入，诸官职的共时性结构就不可能完成。历
时性体现在三个方面：人生、制度、异邦人自己的解释：

> 让我们等到［178］结尾（πρὸς τῷ τέλει）再谈审判的安排吧，
> 不过，所有其他官职的确立接受了关于它们的立法中的几乎

---

① 关于这种碰巧交汇，可以比较772c1和772c3，那里并举立法者的"终结"（τέλος
σχόντος）与对立法者的立法的纠正（发生在立法者死后）的终结（τέλος ἔχειν）。

绝大部分；但在城邦及其整个政治统治之中，对于特殊意义
上的每个单个事物和普遍意义上的每个事物，整体不可能获
得其精确性和清晰性，除非从开端逐个考察(διέξοδος)下一个部
分、中间部分、所有部分，直至结尾(πρὸς τέλος)(768c8–d7)。

法庭强迫异邦人盼望结尾，但这种前景令他陷入时间的困惑：只
有考察了整体，部分才能合适地匹配整体，可是一旦异邦人完全
重新开始，他必须完全重新开始，因为任何部分都不会作为部分
而完全终结，除非下一个部分也完全终结，如此类推，因为只有
整体和它的所有部分一道终结了之后，整体的诸部分才会终结。
异邦人任务的无穷无尽，被证明是下一个话题；这使异邦人再次
犹豫，并暂时推迟了最终转向立法(768e2–3)。正如礼法的这个
部分看起来像整个礼法，且公开宣称礼法不可能得到实行(这无
疑预设，每个人在死之前至少有一次要么做错事，要么被错待)，
同样，法庭结构中的含混(尽管法庭不是官职，但并不容易毫无争
议地否认法庭是官职)令异邦人忽然陷入关于部分的问题。因为
只有不把部分当作部分来处理，才能处理部分，故有关保存的问
题(夜间议事会处理这个问题，因此，对于这个问题，法庭似乎是
个模拟场所［dummy］)与美德及其诸部分的问题不可避免地碰
巧交汇了。仅仅在这时，"美德"第一次也是最后一次以复数形
式在《法义》中出现：异邦人坚持认为，整个城邦的合格统治者
必须不仅拥有大众的或民众的美德(αἱ δημόσιαι ἀρεταί, 968a2)。①

---

① 异邦人通过688a7的πρὸς μίαν ἀρετὴν οὐσῶν τεττάρων［为了四种美德中的一种美
德］这个表述来强调这个仅见的复数"美德"的意义，这几乎直接说出了，美德
有四种：当美德的统一性变成了一个问题时，异邦人用的ἓν ἕκαστον ἀνάγκη φάναι,
τεττάρων γε ὄντων［必须说四种美德中每一种都是单一的］这个表述以εἴδη［诸
种］为主语(963c6)。在《王制》里，"美德"有两次是复数，在第一次，美德是
"所有其他所谓的灵魂美德"，这些灵魂美德很可能(probably)非常接近身体美
德(518d9)；在第二次，在俄尔(Er)神话中，美德是祖先的美德(618b1)。

　　克利尼阿斯现在说，异邦人之前说的话得到了他的认可，更准确地说，完全合他的心意(*κατὰ νοῦν*)；可是，通过使即将说的话的开端(*ἀρχή*)依附于已经说的话的结尾(*τελευτή*)，异邦人以一种更友好的方式(*φιλίως*)言说(768e4-7)。对于克利尼阿斯，*κατὰ νοῦν* [合乎心意] 和 *φιλίως* [以一种更友好的方式] [179] 无动于衷地表达了，他体验到了异邦人的殷勤；但对我们来说，这两个表达反映了异邦人曾归于教育的意图：教育应该在快乐中开始，在心智中结束。① 异邦人立即识别出了克利尼阿斯漫不经心表达的东西："那么，到此为止，我们必定已然很美地玩过(*διαπεπαισμένη*)老人的既有思想又孩子气的游戏②(*ἡ πρεσβυτῶν ἔμφρων παιδιά*)"(769a1-2)。克利尼阿斯随后通过一种对比③解释了异邦人的话："因此，正如你似乎想表明的，正是 [真正的] 人的严肃(*τὴν σπουδὴν τῶν ἀνδρῶν*)才 [真正地]④美丽。"克利尼阿斯的意思是，他们自己在言辞中游戏般的表演的美丽方式，将找到在真正的生活中的对手(match)，即邦民们的美丽行事，而此刻他们自己经两重远离(at two removes)邦民们。副词*καλῶς* [很美地] 和形容词*καλήν* [美丽的] 的对比，让人记起异邦人曾区分"很美地唱歌跳舞"和"唱美丽的歌并跳美丽的舞"(654b11-c1)。不论如何，

――――――――――――

① 关于*κατὰ νοῦν* [合他的心意]([译按]"心意"若直译，当译为"心智")和*φιλίως* [以一种更友好的方式] 何以碰巧一致，又何以并未碰巧一致，可以比较如下两个问题：异邦人何以首先谈论了一个25岁的年轻人，这个年轻人相信能找到一个*κατὰ νοῦν ἑαυτῷ καὶ πρέποντα* [合他自己的心意且合适的] 伴侣；异邦人何以随后谈论了，这个年轻人何以必须寻找*τὸ πρέπον καὶ τὸ ἁρμόττον* [合适且和谐的伴侣](772d5-e3；参859a3-4)。注意*κατὰ τὸν αὐτῶν (!)νοῦν* [合乎他们的(!)心意](802c4)改变了其含义：人们要么像Bekker一样认为其具有反身含义，要么不这么认为。

② [译按]据希腊文，直译当作"老人的有思想的游戏"。"游戏"本身有孩子气之义，故伯纳德特多译了"孩子气的"。

③ [译按]严肃与游戏的对立。

④ [译按]引文里的两个方括号内容均为伯纳德特所补。

异邦人不像克利尼阿斯那样确定他们的游戏的意义；他用画家的例子解释此意义，就画家的每一幅画作（ζῷα）而言，画家的工作被认为不容许任何限制（πέρας）：他们一再修改画作，以至于他们的布置和修饰被认为永无止境，"这样一来，画作（τὰ γεγραμμένα）不再容许如下可能性，即朝向更美和更光彩照人而持续进步"（769a7–b3）。① 异邦人把这个例子用于立法者的工作，立法者需要持续不断的一系列接替者去订正他的错误，弥补他的疏忽，修复他的文字。立法绝无终结。立法复制了人生，人生也没有终结（τέλος），除非在死亡和葬礼中终结。克利尼阿斯相 [180] 信，孩子的游戏和老人的游戏，都有助于（are on either side of）成人的严肃工作；但异邦人暗示，只有在他们自己的情形里，即在以游戏来模仿那些以游戏来模仿成人的严肃的孩子时（in imitating in play children who imitate in play the seriousness of men），人

---

① 明显具有技艺性的术语 χραίνειν [修改] 和 ἀποχραίνειν [着色] 的确切含义无人知晓；蒂迈欧（Timaeus，[译按] 又称智术师蒂迈欧，生活在1世纪到4世纪之间）的《辞海》（Lexicon）说 ἀποχραίνειν [着色] 的意思是把不同的着色层混为一体（参普鲁塔克谈阿波罗多若斯 [Apollodorus] 的技艺中的 φθορὰ καὶ ἀπόχρωσις σκιᾶς [阴影的去除及着色]，见普鲁塔克《论雅典的光荣》[De gloria Atheniensium] 346A）；在托名亚里士多德的《论颜色》（De coloribus）796a24，ἀποχραίνεσθαι [被着色] 被用于成熟的果实的颜色的变化；在《王制》里，此词出现在苏格拉底对快乐的描绘中：

> 难道如下状况不是必然的？ 他们也面临快乐与痛苦相混杂，真正快乐的幻象性影像和阴影画（ἐσκιαγραφημέναις）通过并置而着色（ἀποχραινομέναις），以至于二者 [快乐和痛苦]（[译按] 伯纳德特所补）中的每一个都显得强烈，并在无感知力的人之中造成对 [快乐和痛苦] 彼此的炽热欲望，从而成为战斗争夺的对象，就像斯忒西科洛斯（Stesichorus）所说的，海伦的幻象性影像成为了身在特洛亚的那些人用战斗争夺的对象，因为那些人不知道何为真实（586b7–c5）。

这里的语境暗示，异邦人指的是透视着色（perspectival coloring）时的困难：画家不得不在很近的地方着色，使之看起来像很远。

生的图景才完整。他们是时间之中的事物的 εἰκών［影像］的 φάντασμα［幻象］。只有在游戏之中，人的历时性才会变成共时性。

为了他的论证，异邦人似乎依赖克利尼阿斯对绘画的无知，因为他宣称，一个画家在唯一一幅画上描绘他的整个生活，且不得不任命一个接替者去确保这幅画将来会尽可能美丽，不会在时间的流逝中变糟，而会不断地变得更好，因为他自己的有死性和他的技艺的虚弱性将会阻碍他的作品不断变得更加光彩照人（769b6-c8）。这似乎很荒诞（参956b2）。[①]不论对于画作还是礼法，无止境的篡改都预示着摧毁。这当然不是异邦人对他的接替者们的建议。对于第一部礼法，他允许人们花10年在体验层面适应这部礼法，但10年之后这部礼法将不容改动，除非所有官员、所有民众、所有诸神的祭司一致同意改动（722a4-d4）。此外，异邦人告诉他的接替者们，他只提供了整体的一个草图（περιγραφή），略去了所有细节，接替者们必须补充这些细节（770b5-8）。如果《法义》的礼法仅仅构成了礼法的一个草图，那么，异邦人不可能已经为它着色，他的后来人不得不去寻找、磨碎、涂上颜料。因此，让我们设想，异邦人把礼法的写作归于一种时间性（temporality），这种时间性对礼法的那些体验者真的有效。在一个人的生命过程里，礼法可能会保持原样，但也会看起来有所改变，变成这个人所体验的样子。由此，礼法诸属的结构可能在善者诸种的结构中达

---

① 普林尼（Pliny）在其《自然探究》（*Natural History*，［译按］习译《自然史》或《博物志》）26-27的序言里解释道，画家和雕塑家所使用的未完成时（如Apelles faciebat［阿佩利斯曾制作］）表明，他们的技艺总是还在路上，总是没有完成，而且如果命运没有打断他们，他们本会订正他们作品的缺陷（每个作品都呈现为其最后的样子）；但这似乎误解了希腊语的未完成时 ἐποίει［曾制作］或 ἔγραφε［曾画出］，这两个未完成时指"这个制作者是如此这般"和"这个画家是如此这般"；参Jacob Wackernagel，《句法讲稿》（*Vorlesungen über Syntax*），Basel：Emil Birkhäuser，1926，卷1，页181。

到顶峰(culminate)，①以至于在前者中没有后者的任何如其实际所是(as each of them really is)的要素。一旦承认礼法也许是用透视法(perspectively)写出的，诗人的反驳——"立法者必须就每件事提出仅仅一个说法"——便不必然有效。正如克利尼阿斯已然向我们证明的，人们用透视法来体验礼法，哪怕礼法不是用透视法写出的。因此，前言和礼法的差异也许只是礼法在体验层面的多样性的一个粗略版本，而且《法义》[181]自身一部分一部分地(part by part)构造礼法的整体，从而也许在模仿邦民们在时间之中经历的改动。刑法出现后，异邦人所呈现的民法可能更接近于礼法在体验层面现身其中的秩序(the order in which the law comes to light experientially)，而非更接近于礼法自身的秩序：优士丁尼(Justinian)把"令人恐慌的"有关刑法的两卷几乎放在《学说汇纂》(Digest)的结尾。②

立法者似乎遭遇了一个他不可能解决的难题。异邦人说，他也许出奇地傻，因为他没有按照他对他的礼法的体验来修订他的礼法(769d1-e2)；但由于对礼法的适应优先于礼法中任何可能的缺陷，故礼法不可能持续得到修订，而不丧失其原初意图。修补礼法是一回事，以异邦人似乎正在谈论的程度改进礼法则是另一回事(770e7-771a4)。此外，异邦人"正值生命的日落时

---

① [译按]该词亦有"走向终结"的意思。
② 优士丁尼《学说汇纂》之"《学说汇纂》批准辞"(Deconfirmationedigestorum)8a：et post hoc duo terribiles libri positi sunt pro delictis privatis et extraordinariis nec non publicis criminibus, qui omnem continent severitatem poenarumque atrocitatem. quibus permixta sunt et ea de audacibus hominibus canta sunt, qui se celare conantur et contumaces existunt: et de poenis quae condemnatis infliguntur vel conceduntur, nec non de eorun substantiis [在这之后，放置了令人恐慌的两卷，这两卷关涉私人的和特别的违法行为，还关涉公共犯罪，这两卷包括了所有严酷的刑罚。与这些相混杂的还有针对胆大妄为的人——这些人隐藏自身并过着傲慢的生活——而制定的刑罚，还有加诸有罪之人或撤回的刑罚，还有关于财产的刑罚。] 希腊文版没有为这两卷加任何修饰词(epithet)。

分"(770a6)，他既无意变成马格涅西亚的外来居民，也无意观察克利尼阿斯对他的建议的转述。对他来说，《法义》完成了礼法。异邦人想要他的接替者们像他、墨吉洛斯、克利尼阿斯一样同意，在对礼法进行任何修订时，他们都必须着眼于一个主要之点：

> 不管居民的自然是男性还是女性，年轻还是年老，人人都要绷紧每一种强度的严肃，并在他们整个一生中把这样的严肃引向如下这一点：凭借适合一个人(ἀνθρώπῳ)①的灵魂②美德，一个男人③到底会如何变好(ὅπως ποτὲ ἀνὴρ ἀγαθὸς γίγνοιτ᾽ ἄν)，不管灵魂美德的来源是某种惯例、作风(ἤθους)、④财产、欲望、意见，还是某种教诲(μαθημάτων)⑤(770c7–d6)。⑥

把"变"⑦和"好"放在一起，无非是善者诸种的结构和礼法诸属的结构的又一次联合，从惯例到知识⑧这一系列来源涵盖了从节制和正义到心智这个序列。[182]因此，就在异邦人转向礼法之前，他刚刚告诉他的接替者们，《法义》中的讨论的起点应该是对

---

① ［译按］伯纳德特原改作主格ἄνθρωπος，今据原文改回。

② ［译按］伯纳德特原漏译"灵魂"，今补。

③ ［译按］稍前的"人"(原文主格为ἄνθρωπος)，伯纳德特英译为human being，指一般意义上的人；此处的"人"(原文主格为ἀνήρ)，伯纳德特英译为man，指男人。下文将辨析"人"和"男人"。

④ ［译按］伯纳德特原改作主格ἦθος，今据原文改回。

⑤ ［译按］伯纳德特原改作主格μαθήματα，今据原文改回。

⑥ 异邦人交给他的接替者们的难题，令人记起苏格拉底的回答，就在他引出"第三次浪潮"之前，这个回答为言辞中的最佳城邦作为范本做出了申辩：他问格劳孔，"那么，你相信，如果一个画家画出了最美的人(ἄνθρωπος)的样子的范本，并以合适的方式为这幅画分配了一切，但他不能证明，一个男人(ἄνδρα)有可能变成这个样子，那么，这个画家就不那么好吗"(柏拉图《王制》472dd4-7)？不可能因为一个画家没法证明一个人(human being)有可能既非男又非女，就说这个画家有缺陷。

⑦ ［译按］不论是希腊文还是英文，均亦指"生成"。

⑧ ［译按］刚才引文中作"教诲"。

礼法的引导，但他并未让对礼法的引导仅仅停留在预演的层面。他让礼法面临三重问题：一个好男人的生成，一个人的灵魂美德，年轻人和老人的男性自然和女性自然。[①]一个人的灵魂美德属于善者诸种的结构，可是男性和女性、年轻人和老人在时间和自然上的差异[②]属于礼法诸属的结构，这些差异不可能在一个好男人的生成之中得到保存，尤其是在如下情况下：当克利尼阿斯对比男人的美丽的严肃与男人自己年老之后富有思想的游戏时，他赋予了 *ἀνήρ* ［男人］特定的含义。同时承认并悬置时间和自然、习惯和心智[③]——异邦人的富有思想的游戏已然充分认识到这种承认和悬置——似乎不可能在严肃的城邦生活中找到对等物。城邦的礼法阻碍了《法义》。

第 3 节　婚　　姻

在开始讨论礼法时，异邦人重提卷五他初次引入 5040 这个数目的地方（771a5-e1；737e1-738e8）；然而，尽管先前他仅仅把这个数目和神圣事物放到了一起，此刻他则把此二者牢牢连接起

---

① 起初谈论教育时，异邦人曾说，如果孩子得到很好的教育，他们就会变成好男人（*γίγνοιντ' ἂν ἄνδρες ἀγαθοί*），而且一旦他们变好了（*γενόμενοιδὲ τοιοῦτοι*），他们就会在战斗中征服他们的敌人，且很美地做其他每一件事（641b6-c2；参644a7-8）。在此处的新表述中，仍有 *γίγνεσθαι* ［变］的现在进行时，却不再有不定过去时；可是，在卷七，那些明显变（*διαφανῶς γενόμενοι*）好了的男男女女一旦去世，就将得到赞美（802a1-5）。即将完美的（*τέλεος*）男人（man）必定会在好的时候（in being good）追求一种拥有好名声的生活（950c4-7），而已然完美的人（human being）除了拥有取决于以快乐和痛苦为内容的教育的美德（the virtue that depends on education in pleasure and pain），还拥有良好的感知力和真实的意见（653a5-b1）；以上这种状况有助于区分 *ἀνήρ* ［男人］和 *ἄνθρωπος* ［人］。

② ［译按］等于说"男性和女性在自然上的差异，以及年轻人和老人在时间上的差异"。

③ ［译按］意即"同时承认时间和自然，同时悬置时间和自然，同时承认习惯和心智，同时悬置习惯和心智"。

来，因为他用一年的月数来论证应该把12个月的每个月都献给一位神或一位神子。异邦人宣称，每个城邦都为12赋予了一种特殊地位；但5040这个选择比任何其他选择都更好，因为12可以整除5040，而且如果把5040减2或加9，则11也可以充当一个因数。早先，他推荐5040是因为从1到10都可以整除5040；但现在如果不指出5040的缺陷，他就无法强化5040对乾坤的(cosmic)意义。这个缺陷可以得到一种"小小的治疗"，但在实践中也仅限于小小的治疗。异邦人把对5040的算术解释称为一个神话：5038 [183] 也是一个偶数，但在其他方面它与5040没有任何共同点。在5040的因数中，11代表一种让步，异邦人曾预料到，不得不对既存的地方神庙和神圣区域做出这种让步。这标志着异邦人自我一致的计划内部的自我不一致：如果他要给普鲁托留位置，他就得去除至少一位奥林波斯神。任何事物都不会在严格意义上正确地发展。为献祭而聚集起来的人们曾服务于仅有的一个目的——通过交际和友情来增进知识；此刻他们也致力于满足诸神，并使适婚男女在赤裸状态下痴迷于圣洁事物(casting the spell of the holy over the nakedness of the marriageable youths and maidens)。他们表演的合唱歌舞是这样一种场合，在这种场合里，可以为了严肃目的(σπουδή)而做游戏(παιδιαι)。异邦人用正派的赤裸取代最佳政制中女人的共产主义。理性和合时宜性(λόγος καὶ ἡλικία τις)将提供看起来有道理的借口(εἰκυῖαι προφάσεις)，以便不遵守在其他情况下才有效的礼法(参775b5-6)。一旦引入礼法诸属的结构，随之而来的就是偏离这个结构。邦民们不应该相互不认识(ἄγνοια)，这个合理的要求因一种羞耻而搁浅，这种羞耻阻碍纯粹地"静观"年轻人[1](θεωροῦντάς τε καὶ θεωρουμένους)(参925a2-5)。

　　面对前景的暗淡，异邦人的建议似乎毫无必要，正如它毫无

---

[1]　[译按]据所附希腊文，直译为"静观被静观者"。

用处(772e7-773e4)。他建议富有家族之间不要通婚，仿佛他担心，尽管任何家族都不可能拥有太多可移动的善者，但财产限定仍会被证明无效，而且这个政制内在的寡头制倾向会容易发展起来(参926a9-b2)。他还建议守秩序的家族通过联姻进入较为鲁莽的家族，仿佛他没有意识到，如果可以达成这种融合，这将具有毁灭性，因为性情的统一会更接近于无动于衷(blandness)而非美德。对于那些知道自己要么太迟钝，要么太急躁的人，他敦促他们与自己的对立面相融合，仿佛他们关于自我的知识还不够去平衡一种自然倾向。异邦人说，不容易认识到，一个城邦必须像一个兑酒缸(a mixing bowl)，疯狂之酒在沸腾状态下倒进这个兑酒缸，但一位冷静的神会遏制(chastens)这种行为。因此，城邦必须包含一种微微引发醉意的酿制的饮品(brew)，唯有水不是"一种既好且有尺度的饮品"(参柏拉图《斐勒布》61c4-8)。遵守礼法的城邦里有一种酵素，恰恰为了发挥冷静的影响，礼法不仅没有而且将来也不会兑水冲淡(water down)这种酵素。言辞中的会饮不会仅仅存在于言辞中。异邦人继续说，"实际上任何人都不可能识别出两性生育中的这种情况"。由此，他撤回了他自己的建议，并让婚姻回到他提出前言之前的状态。城邦需要却不可能拥有"生育之数"的知识。异邦人曾经凭靠的原则 [184] 是，相似者相互吸引，对立者不相互吸引。虚假的自然学导致一个无望的政策，真正的自然学则根本不会导致任何政策。人们也许会猜测，"富有家族与富有家族联姻"这个看起来有道理的提法已然上升成了一条自然规则(has spilled over into a rule of nature)。不论如何，在结尾处，异邦人建议父亲令孩子因痴迷而变得更平静，而且如果父亲自己表现得过分热衷于变得更富有，那么，异邦人谴责父亲。婚姻法的前言肯定基本上无效，或完全无效。这个前言就像是在简短地告诫异邦人的接替者们：一旦城邦顺着异邦人预见的路子发生分裂(fractioning)，也许就不得不引进一些更严酷的解决方案，这些解决方案也许还是太迟了。不管是自然的还是伪自然的不平等,礼法都没有能力处理。

在异邦人的礼法中,女人的地位一直在变动。起初,人们假设,5040是城邦中有投票权的男人的数目,但在卷七里,女人最后变成了"女公民"(πολίτιδες)(814c4),一直不清楚的是,到底是男人减半了,还是城邦在规模上翻倍了(参923d8-e1)。婚姻法意在让女人尽可能清晰可见(参781a1-5, c6-8)。女人也应该有会餐,女人也应该克服对会饮的抵制,但异邦人绝不容忍群交(public intercourse),尽管只有一个条款保证任何处于适合生育年龄的人都不在醉酒时性交(generates)(775b4-e4)。一开始,异邦人郑重建议,夫妇应该时刻清醒,但最后,他只指望,至少在新婚之夜,夫妇不要醉酒。夫妇应该相信,不管他们的身体和灵魂处于什么状态,这种状态都会直接转移至他们的后代。父母会因为孩子的每一个缺陷而自责吗?新娘和新郎在从事一个共同行动时不应该分心,而且应该有一群女性监督者每天花至少20分钟相互讨论自己是否发现婚姻所需的献祭和仪式有什么差错(784a1-e1)。在一对已婚夫妇的婚姻的第一个10年之内,这些女性监督者有权进入他们的家里,这样一种权利当然包含夜间进行现场巡视。然而,异邦人刚刚列出对任何被认定违规的人(不论男女,也不论违规是因为犯错还是因为愚蠢)的惩罚措施,他就撤回了所有规定:"在这种事上,如果多数人以一种有尺度的方式行事,那么,让礼法在沉默中遭到埋葬,从而不再是礼法"(784e7-785a1;参783b8-c1)。礼法永远只针对不服从的少数人: quicquid multis peccatur inultum[多数人犯下的过错没有得到惩罚]。① 因此,异邦人要么完全放弃对私人生活的规定,[185]要么建议在一群无序的邦民中传播这样一种恐慌:这群无序的邦民必然会自己败给自己。

分配的每一块土地有两套房子,这并非像我们受到引导而相

---

① [译按]卢坎(Lucanus)《法沙利亚》(*Pharsalia*)5.260。

信的那样，是为了让每个人离城邦中心的距离相等，而是为了避
免姻亲（in-laws）干涉新娘和新郎，此外，人们不得不补充道，这
也是为了让城邦官员更容易刺探亲属们在其他情况下不让外界
过问的事情（775e5-776b2）。针对新婚夫妇，有一种内部流放：所
有新婚夫妇构成抵御入侵者的第一道完备的防线（the first line of
defense in depth），他们在护卫父邦的同时，也在护卫父辈。异邦
人采取这种措施的官方理由是，[他要谋求]一种满足，在其他
情况下，这种满足伴随着不受干扰的亲密状态；如果不存在渴望
（longing），就不可能存在友谊的纽带。因此，共产主义化的城邦
与友谊在根本上相互对立，而且当异邦人把共产主义化的城邦设
定为范本时，如果他要在城邦中完成共产主义化，那么，他不得不
反对在这个得到扩展的家族之中实现共产主义化。当把生活的火
炬从往昔传给未来时，私人性享有特权（privileged）。

就奴隶而言，私人性呈现为一种更叛逆的形式。"我们"
基本上只是以我们体验奴隶的方式赞成和反对奴隶的有用性
（776b5-c2），从而不具有关于奴隶的一致意见；不仅如此，异邦人
还发现奴隶特别令人费解，因为如果礼法是严格意义上的礼法，
并以威逼的方式统治我们，那么，奴隶就是我们自己。异邦人允
许这个城邦中存在一个阶级，这个阶级以实例向邦民们展示，生
活在礼法之下曾经是什么意思，以及如果前言无法完全取代礼
法，那么，此刻生活在礼法之下会是什么意思。由于这个城邦不
可能接受这样一种取代，故这个城邦企图在每个主人内部复制这
个城邦自身，以便每个主人能够展示，当他具有完全的谨慎品质
（discretion）时，他是什么样。奴隶制是用来检验一些人的一个机
制，这些人是真正正义的人，并实在且真实地仇恨不义，因为没有
其他办法把巨吉斯的戒指戴到每个人的手指上（参色诺芬《居鲁
士的教育》5.2.9）。人这种造物（the creature man）极度躁动（simply
peevish），难以掌控；对于一种不可避免的歧视，即在行事中区分
奴隶和自由人，人显得不愿意且不准备这么做（777b4-c1）。这个

城邦不可能依据自然重新划分奴隶和自由人；哲人曾经不得不做
王者，以便苏格拉底订正自然的种种变异（vagaries）；但这个城邦
必须使礼法认可的任何区分生效，并希望至少某些享有特权的人
能证明他们的正确性。一个没有奴隶的城邦会越来越虚荣，且会
为每个人贴上其不应得的正义标签；一个有奴隶的城邦在自身结
构内部包含言辞中的会饮的对等物；这个城邦［186］会发现正义
之人，并令其他每个人感到羞耻。因此，自由会是城邦这个兑酒
缸里致醉的酒，礼法必须稀释这酒，但也要维持这酒不至于丧失
致醉的效果。

　　此刻异邦人承认，言辞中的秩序不是行事中的秩序（778a9-
c1）。最初的事情从来不是最初的。婚姻是礼法诸属的结构中最
初的事情，但如果他们忙于规划现实城邦，婚姻就不会是最初的
事情。安排住房应该是远远更早的事情；的确，安排神圣区域，安
排官员的住房，还有法庭，在现实中属于建立这个城邦的过程中
更早的阶段。异邦人特意提到一些法庭，这些法庭受理应该判处
死刑的杀人案（778c4-d3）。实际上，礼法的失败紧跟在前言结束
之后，同时又处于制定任何一套礼法之前。一旦人们转向次佳政
制的实现，次佳政制的模板（template）就变成了第三好的政制。在
城邦建立者颁布有关制作生命（the making of life）的礼法之前，他
将首先突显夺去生命（the taking of life）。从婚姻到坟墓的有序进
程（礼法诸属的结构曾勾勒这个进程，此刻异邦似乎才终于开始
具体讨论这个进程）属于言辞中的制作秩序（the order of making in
speech）（异邦人暗示，这个秩序允许言说者在他喜欢的任何时候
制造任何难题），且不必在传达这个秩序的产生（production）的同
时，传达这个秩序具有的充当一个部分的意义（the meaning it has
as a part）。法庭又一次离开了其应该占据的位置。这种状况引
出了城墙（city walls）的论题；如果允许建造城墙，那么，国家警察
［的存在］会被证明很荒诞（778d3-779b7）。国家警察具有突出
地位，曾主要是因为如果有些人不义而肆心，就应该打这些人的

板子。且不管异邦人的无序的秩序，犯罪埋伏在礼法的核心处。

通过在安排住房这件事上"在言辞中"和"在行事中"之间的区别，异邦人被引向城墙的论题。私人性和公共性在言辞中结合了起来。因此，异邦人自然而然把"新婚夫妇仍应参加会餐"这个要求与"礼法不限于支配公共事务"这个基本观察联系了起来。阻碍礼法和秩序的是女人。女人自然而然比男人更深藏不露(secretive)，也更鬼鬼祟祟(thievish)。①女性在美德上自然而然较弱小，这种状况不止两次给这个城邦惹麻烦。家族体制(constitution)之中存在一种无序，只有取消家族体制 [187] 才有可能根除这种无序。因此，当我们处于言辞中或行事中的开端时，我们不处于礼法的开端。此刻，异邦人回到了他自己的开端，即会餐这个多里斯惯例和斯巴达女人的轻浮。这种回归把异邦人进一步带回到"史前"，在那时吃人和乱伦是圆目巨人的生活方式的一部分。异邦人推理道，如果人类的作风在一段相当长的时间内有过如此多的变化，那么，女人也可以得到改变，变得适合一种更有序也更政治化的生活。异邦人认为，如果他在其他情况下提高这种可能性，他的听众会喝倒彩，然而，通过已经准备就绪的会餐，他有机会建议扩大 [这种可能性]。克利尼阿斯曾间接宣称，会餐是从一位属神立法者的洞见中演绎出来的，此刻 [异邦人] 为会餐提供了一种完全属人的源头。对于 [会餐] 这个惯例，"一场战争曾经进行立法"，或者说，[进行立法的] 是"某种具有同样力量的其他事务，[这种立法是] 在一小群邦民中进行，当时这一小群邦民正在遭受极度的物资匮乏"，而且"一旦他们品味过 [这个惯例]，并被迫使用 [这个惯例]，他们便认定，这个

---

① 女人的鬼鬼祟祟似乎暗示了赫西俄德《劳作与时日》67（ἐν δὲ θέμεν κύνεόν τε νόον καὶ ἐπίκλοπον ἦθος [给她狗一般的心智和鬼鬼祟祟的性情]）和78（ψεύδεά θ' αἱμυλίους τε λόγους καὶ ἐπίκλοπον ἦθος [谎言、狡诈的言辞和鬼鬼祟祟的性情]）对潘多拉(Pandora)的塑造。

合法惯例对安全来说具有重大意义"(780b2-c2)。

异邦人把神话"理性化",但他此刻没有诉诸阿玛宗人(Amazons)——扫罗玛泰(Sauromatian)女人就是阿玛宗人在现实中的翻版——以便证明何以几乎任何事都有可能发生(804e4-805a3)。相反,他提起他自己删节之后的多里斯人的历史的开端,但他此刻承认,人类不会永远存在(781e5-782a3;参676a1-b8)。气候的改变可能引发了动物的许多变化,而且除了诸城邦的兴亡,所有类型的变化也许都是饮食上的变化。异邦人暗示了某种进化论。葡萄藤并非永远存在,正如橄榄树和谷物并非永远存在;这个故事让人们推测,人类原本就吃肉,且相互吞食,就像其他动物如今所做的那样(参普鲁塔克《论食肉》[*de esu carnium*] 993C-D)。"我们发现甚至今天"人祭"还幸存于许多人之中",人祭把一种从前的必然性神圣化。人祭在礼法之下带来曾经不合法的东西,并把必然性表达成赎罪(atonement)。此刻诸神索要曾经无法避免的事物。然而,人祭确立了吃东西的种种习惯的仅仅一个目的;所谓俄耳甫斯的生活方式确立了另一个目的,依据这种生活方式,不吃母牛,且不用动物献祭,只有在蜂蜜中浸泡过的蛋糕和水果才是献给诸神的纯洁祭品;而且"由于吃肉并让诸神祭坛上沾上血污不是圣洁之举,故他们坚持[吃]一切没有灵魂的事物,避免[吃]一切有灵魂的东西"(782c2-d1)。现在的野蛮行径曾经是一种必然性,而且除了所有其他变化,诸神也曾进化。异邦人暗示了狄奥尼索斯和雅典娜,也提到了得墨特尔(Demeter)和佩尔塞福涅(Persephone),这把奥林[188]波斯诸神变成了一种更少野蛮性的生活方式的建立者,这种生活方式在其他地方已然远远更为发达。然而,"俄耳甫斯教"并非代表着道德进程中的一个更高阶段,而只是以神话方式解释了,在有些地区,素食具有更大的用处。道德关乎人生的有序性,而且从这种观点出发,圆目巨人的洞穴——奥德修斯发现里面应有尽有——代表着礼法向往的顶峰(荷马《奥德赛》

9.219-223）。

很难抓住异邦人明显离题的评论的基本线索。异邦人曾面临应该怎样过婚姻生活第一年这个问题（779d7-e7），论证也许正是在这时离题了。如果克利尼阿斯和墨吉洛斯决定不听这个问题，那么，他甚至愿意放弃这个问题，当然，只要逻各斯在前行（λόγου γ' ἕνεκα），关于整个政治秩序的逻各斯在这种情况下就不会达到它的目标（781d3-6）。在说过一番对逻各斯具有本质意义却与行事不相干的离题话之后，一旦他回归婚姻论题，他就说，新娘和新郎应该留意他们在生孩子这件事上的合作关系（783d8-784a1）。就字面来看，"留意"就是"使用心智"（προσέχειν τὸν νοῦν），但异邦人没有要求他们拥有心智（ἔχειν νοῦν），尽管他说心智可以用于其他共同行动。异邦人如此精心提出的问题是，如何结合心智和欲望，哪怕如赫西俄德所说，爱若斯①（Eros）击败了所有神和人的心智（赫西俄德《神谱》120-123）。在多里斯地区，人们已经通过会餐而做到了吃东西上的节制，而且异邦人曾建议，人们如何能够在会饮中维持饮酒上的节制；但只要在私人场合发生性关系，性关系上的节制就似乎不受任何规制。②把这个论题带回到人类的开端时，异邦人让我们关注定义性的礼法这个问题。人类曾经无异于野兽；当必然性缓和了一些，而且植物变得可以人工种植时，人类把兽性并不定义为人类曾经之所是（what man once was）的一

---

① ［译按］字面含义即"爱欲"，此处指爱欲之神。

② 如果像England那样把783b5的εἰς校改为ὡς，那么，也许言辞的进展（προϊόντων τῶν λόγων）以"我们早先讨论会餐时"采用的路子（οὕτως）会指出，言辞中的会饮曾经如何卷入那番讨论，以及言辞中的会饮将会如何卷入卷七有关教养和教育的讨论。在食物、饮品、性方面对人生的安排——人们忍住没有暴露这种安排（τὰ ἐπίπροσθεν αὐτῶν［它们之前的东西］）——引导异邦人建议对它们立法，随后又引导异邦人以作为一种掩盖物的礼法（αὐτὰ ἐπίπροσθεν ποιησόμεθα［我们将使之存在于它们之前］）更深入地探索它们；参T. J. Saunders，"柏拉图《法义》札记"，前揭，页46-49。在卷七，异邦人一开始就谈到允许限制这样的立法，而且在卷八，他建议，在性方面应该维持通常的遮掩。

个特征,而是定义为人类在不遵守礼法时所变成的状态(what man would become were it not for law)的一个特征。一旦必然性消失,定义性的礼法就产生于一种对必然性的误解。[189]我们从克利尼阿斯那儿知道,一旦会餐的必然性消失,会餐就获得了一种原本不属于它自身的意义。因此,乱伦曾是圆目巨人的生活方式的一种必然性;当人类开始生活在一起时,异族通婚的必然性便隐藏在对前一种必然性的重新解释之下:实施乱伦就是违反人性。因此,乱伦和吃人具有了一种新面貌;它们被解释为对 ἔρως [爱欲]和饥饿的无限满足,从而刻画了兽性的特征(参亚里士多德《政治学》1253a33-37)。然而,不可能使对饮品的欲望适应这个纲领。酒属于“文明化”的人类,而且不可能把对酒的渴望理解成作为野兽的人类的原初构成要素。尽管女人偷偷饮酒引出了异邦人关于人类三种最有力量的欲望和需要的离题话,但饮酒并未出现在该出现的地方(out of place)。唯有作为人类原初无序状态(不论个人层面还是社会层面)的一种呈现,饮酒才适合吃人和乱伦所表示的前礼法状态。简言之,仅仅通过异邦人自己关于言辞中的会饮的言辞(speech about the symposium in speech),口渴重新获得了与另外两种欲望同等重要的地位。言辞中会饮曾经以新的方式解释狄奥尼索斯,即谐剧和肃剧的赞助者,亦即阿波罗和众缪斯不可或缺的伙伴。①诗歌对俄狄浦斯和提埃斯特斯(Thyestes)的呈现,具有定义性的礼法的本质。异邦人想要众缪斯和掌管体育的诸神终止三种形式的欲望的增长和汇聚:他们[众缪斯和掌管体育的诸神]应该用恐慌、礼法、真实的逻各斯限制这些欲望(783a4-b1)。恐慌和礼法一并体现于悲剧诗之中。然而,真实的

---

① [译按] Dionysus, and, as the sponsor of comedy and tragedy, the indispensable associate of Apollo and the Muses, 直译为“狄奥尼索斯,以及阿波罗和众缪斯不可或缺的伙伴,这位伙伴充当谐剧和悲剧的赞助者”。但and后的内容也可能是对Dionysus的界定,此处姑且按这种理解来翻译。

逻各斯会要求把定义性的礼法揭示为对必然性的错误呈现，还会要求以一种新的方式整合 νοῦς［心智］和 ἔρως［爱欲］——这种整合就是哲学。①据异邦人所说，"真实的逻各斯"仅仅对于个人才有可能（645b1-8）。

---

① ［译按］因为"哲学"的希腊文本义是"热爱智慧"。

第七章 教 育

第 1 节 不成文法

[190]一旦异邦人隐晦地提及乱伦和吃人的禁令,那么,不可避免会出现不成文法这个论题,也不可避免会出现如下问题:文献(writings)如何能够在无法发挥约束力的情况下像习俗和作风一样具有深层穿透力,以至于几乎任何人都不会倾向于抵制文献,尽管几乎任何人都意识不到或无法表达文献的意义。在回到开端的过程中,异邦人发现了礼法和秩序的一个层次(layer),他需要却无法重塑这个层次,以便这个层次完美地符合他的成文法将要导致的东西。他想重写不成文法。已然使人类成为人类的那种东西,先于将会使人类有能力受教于善者诸种的结构的那种东西。卷七以如下方式从结构上呈现了这个论题。[异邦人]两次陈述了教育的终结(τέλος)。在第一次陈述之前,数学训练在真正的星象学(astronomy)中达到了顶点,而且异邦人说,"那么,这时我们必须宣称,就学问[数学]①方面的教育而言,合法作风已然完整"(*ἤδη τοίνυν χρὴ φάναι τέλος ἔχειν τά γε παιδείας μαθημάτων πέρι νόμιμα*)(822d2-3)。在第二次陈述之前不久,异邦人以一定的篇幅

---

① [译按]伯纳德特所补。意即"学问"可另译为"数学"。

讨论了捕猎："那么，这时我们必须宣称，就教育而言，所有①合法作风已然完整"(νῦν οὖν ἤδη πάντα χρὴ φάναι τέλος ἔχειν τά γε παιδείας πέρι νόμιμα)(824a20-21)。这句重复的话(doublet)初看起来仿佛呈现了灵魂和身体的二元性，这种二元性原本出现在善者诸种的结构中；但有尺度地赞美捕猎，是为了让捕猎改善(ἀποτελεῖ)灵魂，或者说完善灵魂(822d3-5)。关于身体，什么也没说。捕猎不仅完成了所有关于教育的礼法，也不仅补充了这些礼法，而且意在展示不成文法；不成文法超越了对礼法的服从，而且揭示了哪些邦民在美德上配得上完美的赞美(τέλεος ἔπαινος)(822e4-823a6)。因此，异邦人在卷七结尾讨论了他在卷七开始时讨论的同一个主题。尽管教育的过程似乎是从体育上升[191]到最高的那一类音乐，但完成教育的是把我们带回开端的某种东西。开端关乎身体和灵魂和运动，结尾处理两类运动：第一类运动关乎天体运动表面上不规则性的实际上的规则性(the real regularity of apparent irregularities)，第二类运动关乎对野兽的不规则运动的隐秘追踪(参763b7)。捕猎是第一个完美表现礼法的话题。这个话题分为三个部分：对存在的东西(what there is)的片面发现，对某几类捕猎或[其]前言的赞美或谴责，以及一套带有禁令和许可条款的礼法。由于这种划分把人类包括在了猎物里面，故当捕猎在其前言中呈现对人类(作为猎人和猎物)兽性的一种理解时，捕猎达成了不成文法的目的，并把这个目的归于有关存在的那些最高的学问。教育的第二次完成是教育的整体(all of education)；但由于这套礼法不具备任何惩罚措施，故其完整性指向罗马法学家所谓的一套lex imperfecta[不完美的礼法]。②

---

① [译按]伯纳德特原把"所有"也归入楷体部分，但在希腊文中"所有"没有下划线，故去除"所有"的楷体。

② 参乌尔比安(Ulpian)《单独一部规则之书》(Liber singularis regularum)1.1，见I. Baviera，《优士丁尼以前的罗马法的渊源》(Fontes iuris romani anteiustiniani)，Florentiae：1940，页2（[译按]伯纳德特把anteiustiniani原误作anteiustianiani，今改）；进一步可参David Daube，《古代犹太教律法》，前揭，页78-92。

异邦人首先讨论，私人生活如何阻碍公法的盛行。微小而频繁地背离立法者的意图(这种背离并非对所有人都显而易见)，导致不可能对这种背离实施礼法的惩罚，因为这样做不正派；但由于人们逐渐习惯于通过这种背离来违反成文法，故立法者唯有选择通过教育和告诫来谈论这种背离。异邦人自己模仿了在体验层面上对礼法的这种偏离的含混性。他承认，他此前所说的一切都看起来像在黑暗中言说的东西；但他想把样本(οἷον δείγματα)带到光亮中，从而显明这些东西(788c2-4)。这样的暴露违背了不成文法的自然。由于不成文法的表达不可感也不统一，故不成文法显明了，在不成文法作为一种习俗出现之前，有关快乐和痛苦的好和糟的共同意见(异邦人曾为这种意见赋予礼法的名称)在何种程度上已经遭到违背，因为其处于个人体验的黑暗之中。从这种观点看，成文法不管多么详细，都始终粗略，而且邦民们(而非第一位立法者的接替者们)不得不亲自［为成文法］着色。然而，对于这幅图景，他们并未订正和修复，而是糟蹋和改动。传统的表面上的稳定性是一种透视幻象(perspectival illusion)：[①]如果立法者站在他的画作旁边，那么，他只会看见一些不分明且不确定的形状，这些形状总是会模糊他如此细致地画出的线条。

异邦人想把最初出现在母亲子宫里的原初体育(protogymnastic)加诸［192］奶妈已经实践过的原初音乐(proto-music)。这种原初体育预设，正确的教养会试着使身体和灵魂尽可能美且好(788c6-d2)；但异邦人自己的前言曾建议，在健康和疾病之间，在强健和虚弱之间，在美丽和丑陋之间，身体应该达到一种中道，因为如果不这样，那么，这些极端状态会在年轻人的灵魂中要么培育出冲动的虚荣，要么培育出不自由的谦虚(728d6-e5)。正确的教养必定违背真正的政策，因为如果异邦人是正确

---

① ［译按］对比第［64］页的"透视景象"。

的，那么，在漫不经心之中，当下的惯例比他自己的建议更接近真正的政策。起初看起来理性的东西最后违背理性。如果"正确的"邦民们采用异邦人的建议，而且奶妈出于自命不凡而跟风(followed suit out of snobbery)，那么，异邦人的建议可能会变成风尚(fashion)。最初，不成文法通过仿效来起作用。由此，不成文法不同于前言，前言的说服力由礼法中的威慑力来支持。如异邦人所示，不成文法一开始就要求一种在两方面都正确的洞见：一方面，私人生活的正确行为和立法的稳定性之间有不可分解的关联，另一方面，从这个原则可以严格演绎出异邦人的原初体育(790a8-b6)。异邦人没有说，一旦这种风尚变成习俗，而且掌权者们(masters)不再理解为什么最初设立了这种风尚，那么，这种风尚能否得到维系。他最初曾观察到，雅典的邦民们没有什么更好的事情可做，除了把斗鸡夹在腋下或抱在怀里(carry around fighting cocks under their armpits or in their arms)；他还曾推断，所有的身体只要处于安适之中，就能从运动中受益，不管是骑马还是划船。起初，强壮的奶妈会不假思索(without a thought in their heads)就抱着婴儿走很长的路。如果较为虚弱的奶妈转而使用婴儿车，那么，是否有人会认识到，不仅持续运动，而且抱在怀里摇晃，会有其意义(made a difference)？

　　[人们]已然预料到，[异邦人]会从原初体育扩展到原初音乐。母亲们让不安静的婴儿安静下来，不是通过阻止所有运动，而是通过有节律地摇晃婴儿，而且她们在这样做时，还对婴儿唱歌(790c5-e6)。在"乖乖睡吧，宝贝"(Rockaby, [①] baby)这首催眠曲中，歌唱者的行动再现了这首歌的歌词：正如在这首歌里，树枝折断，摇篮坠落，同样，在行事中，婴儿突然坠落，又 [②] 突然被抓住。[异邦人]把一种规则的运动和歌曲强加于

---

① [译按]通常作Rockabye。词头rock指摇晃。

② [译按]此处as似乎当删，故暂未译出。

婴儿不规则的运动和哭泣，并导致一种来自外部的现实恐慌，
随即婴儿又从这种恐慌中解脱出来。①甚至对于较年长的孩子，
也有同 [193] 类做法 (enactment)。有时一个人会对孩子说 "我
要吃掉你"，并做出着整个儿吞食的动作 (the motions of total
consumption)。由此，从有变成无 (vanishing into nothing) 的畏惧
得到缓解。异邦人有此论证，是因为他暗自认为，凭借心智的内
在 (ἐννοεῖν)，自我成为自我；或者说，异邦人有此论证，是因为他
暗自意识到，心智取决于外在。因此，异邦人把催眠曲与科吕班
忒斯的 (Corybantic) 治疗联系了起来，在科吕班忒斯的治疗中，
外在的笛声主宰着从内部传来的笛声 (the sounds of flutes heard
within)。内在的恐慌是一种疯狂，这种疯狂在于，内在与外在
之间差异消失无踪：当没有什么东西在外部，一切都在内部时，
一个人就丧失了自己的心智，或者说，就外在于他自己了 (ἔξω

---

① 异邦人用δειμαίνειν这个动词表示这种恐慌，这个动词经常在肃剧诗中出现，但从
　　未在比如说色诺芬或亚里士多德笔下出现。在柏拉图笔下，这个动词及其同源
　　名词分布得不均匀：《斐德若》中1次，《王制》中4次，《法义》中8次。克法洛斯
　　说，老人充满恐慌 (δεῖμα)，而且如果一位老人发现自己一生中行过许多不义，那
　　么，他会经常半夜在恐慌 (δειμαίνει) 中惊醒，就像孩子一样，并生活在绝望 (evil
　　hope) 之中（柏拉图《王制》330e2-331a1）；异邦人后来讲了这样一个故事：如果
　　一个人曾经生活在自由带给他的骄傲之中，后来被人暴力地杀死，那么，他会
　　在刚死不久的时候，生杀人者的气；由于他自己体验过暴力，故他充满畏惧和恐
　　慌 (δεῖμα)；当他见到杀人者占据着他自己过去经常逗留的地方时，他十分害怕
　　(δειμαίνει)；当他自己受到扰乱时，他还以杀人者的记忆为盟友，尽他所能地既扰
　　乱杀人者自身，又扰乱杀人者的行动（865d6-e6；参933c2）。England（页407）说，
　　在μνήμην σύμμαχον ἔχων [以记忆为盟友] 这个短语中，"有肃剧的萌芽"。δεῖμα
　　[恐慌] 在修昔底德笔下出现过两次：第一次关涉弑母者阿尔克美昂 (Alcmeon)，
　　一道神谕向他暗示，他有可能从他的恐慌中解脱出来 (2.102.5)；第二次关涉降临
　　到雅典人们身上的畏惧和恐慌，当时雅典人正从叙拉古撤退 (7.80.3)。人们也许
　　会补充道，在盖伦 (Galen) 笔下，δεῖμα [恐慌]（[译按] 名词）和δειμαίνει [恐慌]
　　（[译按] 动词）各自只出现过一次，在这两个场合，他都在讨论忧郁症患者 (the
　　melancholic)，据希波克拉底所说，忧郁症患者一方面欲求去死，另一方面畏惧死
　　亡（盖伦《论症因》[De symptomaton causis] 203K；《论被感染的部位》[De locis
　　affectis] 191K）。

ἑαυτοῦ)。当再次有了一个分明的内在时，一个人就变得清醒了，或重新内在于他自己了（ἐν ἑαυτοῦ）。重新回到这个世界，重新回到这个世界的安全状态，是通过一种震动（σεισμός），这种震动把地面从一个人脚下向上拉。①这导致安全的感觉，恰恰是因为外部不安全。因此，恐慌在于一个人的存在没有根基，因为灭亡（annihilation）来自内部。［科吕班忒斯的］治疗是令外在于一个人自身的恐慌附着于一位神，一个人可以向这位神献祭，并抚慰这位神。因此，这位神被证明十分和善，因为他把无序的运动和哭喊变成有序的舞蹈和歌曲。孩子的祈祷［194］"现在我躺下睡去"是基于同一类原初恐慌，并同样提出科吕班忒斯的解脱作为安慰。

异邦人先指出，一种体育在运动中如何在非常小的孩子身上引发原初勇敢（protocourage）（这种原初的勇敢非常有助于灵魂美德的一部分），然后，异邦人转而讨论躁动或易怒（τὸ δύσκολον），或其不在场，作为糟的或好的灵魂状态（εὐψυχία）②的另一个不小的部分。他观察到，人们普遍相信，奢侈在人们身上造就一种坏脾气，令他们的怒火一触即发，就连极其无足轻重的场合也会引起他们的怒火；但一种极其严格而野蛮的奴役在人们之中完美地造就了一种谦虚、不自由、对人类的憎恶（misanthropy），这些东西使人们不适合参与公共生活（791d5-9）。克利尼阿斯极其

---

① 在《李尔王》（King Lear）里，埃德加（Edgar）治疗他的盲父葛罗斯特（Gloucester）的绝望，是通过对他劝说，他在一次自杀式跳崖之后幸存了下来。埃德加告诉葛罗斯特，他［葛罗斯特］所谓的"可怜又不幸的乞丐"曾在崖顶离开葛罗斯特，而且是"某个魔鬼（fiend）；因此，幸福的父亲噢，／您想想，最纯洁的诸神从人类的种种不可能之中，／造就种种荣誉，从而让您存活了下来"。葛罗斯特说："我现在确实记起来了；以后我要忍受／痛苦，直到痛苦自己喊出／'够了，够了'，然后死去。你说起的这个东西，／我曾以为是一个人；它老是说／'魔鬼，魔鬼'"（莎士比亚《李尔王》第四幕，第六场，73-79）。

② 关于 εὔψυχος［有勇气］的双重含义（［译按］既指"有勇气"，又指"具有好的灵魂状态"），参亚里士多德《论题集》（Topics）112a32-35。

不理解，城邦如何能够教养那些还不理解语言的人，而且异邦人在进行解释时，选择了完全沉迷于婴儿冲动。通过婴儿的哭泣和喊叫，奶妈理解婴儿恨什么和要什么；异邦人诉诸奶妈理解的方式，并推断出，根据任何导致沉默的东西，奶妈曾很好地进行猜测。① 异邦人把欢乐的人（ἵλεως）与躁动而悲伤的人（θρηνώδης）对立起来，后一种人充满哀伤（ὀδυρμοί），这种哀伤多于好人应该充满的哀伤（792a8-b2；947b5）；异邦人评论道，人人都通过一种预言称神的性格为ἵλεως［欢乐的］（792c8-d4）。一位神心中的和善（graciousness）在属神的（θεῖος）人心中是欢乐（cheerfulness）。如果一位神不支持人类的一个请求，那么，人们不会把某种东西称为一位神的躁动，准确地说，这种东西只属于这样一个人，这个人在自己的意愿受到最小的挫折的时候就大发脾气。异邦人无法命中温和和野蛮之间的中道，但他以游戏的方式建议，女人在怀孕期间应该维系一种和善（εὐμενές）、平静（ἵλεων）、温和（πρᾶον）（792e2-7）。他的建议无法实行，这使他的建议成为一场游戏。

　　异邦人为好的灵魂状态所规定的东西——既不要急于追求快乐，也不要使生活立足于如下假设，即一个人将摆脱痛苦而获得自由——在任何惯例或应用中都没有对等物。就像任何其他中道，［这种中道］更容易表达而非理解，什么算作过度或不足。不成文法确立了多种多样的规范，这些规范似乎将这种中道嵌入一群邦民的生活方式之中，这种中道唯一的理据是，它十分古老。异邦人把他的主题与不成文法联系起来，从而被迫面对如下难题：如果［195］一部新异的法典需要不成文法的支持，那么，它将依赖父辈的作风（ways），父辈的习俗（customs）是一个古老的臼

---

① 异邦人的描述令人记起，在埃斯库罗斯的《奠酒人》（Choephoroi）749-760，奶妈说过一些关于婴儿时代的俄瑞斯忒斯（Orestes）的话，当时奶妈预言了俄瑞斯忒斯的需求，而且俄瑞斯忒斯是一个没有感知力的东西（τὸ μὴ φρονοῦν），且不能说话（οὐ γάρ τι φωνεῖ）。

研机(mortar)，这个臼研机必须却不可能把崭新的政制之砖结合
为一体(793a9-d5)。在前排的是礼法本身的严酷，在其后的是具
有说服力的前言表面上的合理性，但处于前言之下且看不见的是
一系列复杂的作风，这些作风既不可能得到根除，也不可能得到
重塑。左右手之间似乎有区别，这一点象征着不成文法的具有欺
骗性的合理性能够达成的东西。异邦人说，由于母亲和奶妈的愚
蠢，我们变得并不拥有同样强健的(lame)①双手(794d8-e2)。他的
评论把我们带回到了他的批评：他曾批评斯巴达和克里特礼法中
可以与之相比的跛足(lameness)，这种跛足无法平衡以侵略性的
勇敢为内容的训练和以防卫性的节制为内容的训练(634a1-4)。
异邦人此刻又一次处于开端，但这次是一个更字面的开端。一旦
婴儿习惯于抵御恐慌的方式与婴儿不适宜地习惯于不满的方式之
间无法达成平衡，双手同样强健(ambidexterity)就随即成了一个
论题。希腊古代的作风失去了平衡(out of kilter)。尽管希罗多德
主张，希腊城邦混合了西徐亚的自由和亚细亚的(Asiatic)技艺，
而且荷马的诸神持守波斯不虔敬的合理性与埃及过分的宗教性
之间的中道(参西塞罗《论共和国》[De re publica] 3.14)，但异邦
人似乎要求以新的方式混合不同的外邦作风。西徐亚人双手同
样强健，扫罗玛泰人平等地对待男人和女人，这两种状况将融入
一种对不成文法的重新安排。这种修订还需要诉诸一种埃及技
艺(799a1-2)，随后还需要诉诸波斯的乾坤(cosmic)诸神的一个版
本，所以人们开始想知道，异邦人是否将建议把希腊完全重新野
蛮化，以便礼法的根基能够以一种恰当的方式适应一个全新的礼
法计划：礼法应该外在于任何历史视野或地理视野。当苏格拉底
问他的无名同志"什么是礼法？"或"什么是这部礼法？"时，他
加了一个所谓伦理与格(ethical dative) ἡμίν [对于我们]，②这表示

---

① ［译按］"同样强健的"是解释性译法。lame本指跛足，这里用于指手。

② ［译按］伯纳德特所补。

一个超视野的(horizon-free)礼法定义几乎不可能(柏拉图《米诺斯》313a1)。礼法总会是我们的礼法。与其说异邦人不同意苏格拉底，不如说异邦人在追问：如果礼法将正确地迈出第一步(start off on the right foot)，那么，礼法会把什么包括进来？

第 2 节　神 圣 化

当在家族之外尚无任何社会化时，一个孩子一生的头三年仍有体育和音乐这两个要素。[196]一旦孩子们在12个村庄里集结，他们便自发地发明游戏，奶妈监管这些游戏，其他官员则监管奶妈。在此开始出现某种形式的惩罚(*κολάζειν*)，这种惩罚致力于阻止肆心，但这种惩罚又足够温和(正如施于奴隶身上的时候)，以至于无法造成怨恨。从6岁开始，女孩和男孩就被区别对待，而且尽管女孩和男孩都致力于学习(*μαϑήματα*)，但男孩必须参加完整的军训，而女孩只有在她们愿意的情况下才参加(793d7-794d2)。异邦人在此开始逐渐把女性邦民们囊括到城邦里。在他的讨论里，女性代表着任何人在礼法隐藏属人自然之前所不知道的有关属人自然的一切(all that no one knows about human nature before the law has concealed it)。多种多样的习俗足以令一个人怀疑自己的自然性(naturalness)，却不足以决定，一个西徐亚习俗(这个习俗教育一个人如何用随便哪只手射箭)是否并非一种扭曲，而是希腊人中与生俱来的不对称。有两种优势是同等级的：一种优势是双手同样强健带来的优势，另一种优势是立法者从如下做法中获取的优势，这种做法就是不要把一半邦民排除在政治生活以外(805a4-b2)。在时间的流逝中，每个人都变得安于他的民族作风，而且正如就饮食的变化而言，新作风一开始遭遇的抵触很快就会消失(797a9-798b4)。因此，如果人们不坚持在有用性方面考量一切，那么，不成文法似乎无动于衷。无关紧要的是，如果城邦并非必须要求任何人都不阻碍对不成文法的护卫，那么，

当阿玛宗人逃进旷野时，或当斯巴达女人带着恐惧逃进神庙时
(814b4-5)，女人是否更好地体现了(was better revealed for)，什么
是不成文法。更有效地使用城邦资源，决定了政策，却解决不了任
何问题。比如，一个穷国被迫处死偷窃者，而一个更富的国家可能
会以一个更轻的判决轻易放过偷窃者，又如，一个人口众多的国家
可能有能力忽视有良知的反对者——以上事实没有告诉我们任何
有关正义的惩罚的东西；同样，在开阔的国家，西徐亚的马弓手更
能双手拉弓，①这无法解释，为什么这应该充当克里特人——克里
特人在自己的领土上不怎么骑马——拉弓的范例。异邦人建议，
重甲步兵战斗时应该双手同样强健，但这似乎是一种无用的技巧
(virtuosity)：一支重甲步兵分遣队如果不把自己暴露在最大的危
险之中，那么，怎么可能在战斗中交换(switch)他们的盾和矛？②

此刻，希腊仍然坚持认为左右手有差异，[197]这种差异体
现在表示右和左的这两个词中。表示右的词δεξιός指灵巧③和聪明，
异邦人曾谈论，斯巴达和克里特的勇敢没有能力抵制诱人的快乐
的灵巧(πρὸς τὰ δεξιὰ καὶ κομψὰ καὶ θωπευτικά)(634a1-4)。右只有一
个名字，而左有许多名字。这令人记起如下区别：只有一个词表
示ἀρετή[美德]，却有许多词表示恶德。表示左的三个最常用的
词是ἀριστερός、εὐώνυμος、σκαιός。第一个词是"好"的最高级形式
和比较级词尾-τερος合成的，这表示一种分离性的差异(separative
difference)。这个词显然是一个婉辞，用来指被归于左的邪恶品
性。第二个词自我标榜为一个婉辞，因为εὐώνυμος指"有个好名
字"。第三个词也指不祥、不幸、尴尬，而且在散文中几乎从未按

---

① [译按] so the greater are in open country that Scythian archers on horsebackcan cover
by the use of both hands, 句子结构有些费解。

② 如果修昔底德是对的，即重甲步兵队伍不可避免地倾向于转向右侧，以便保护被
暴露的这一侧免于陷入危险(5.71.1)，那么，异邦人是否可能意指，双手同样强健
至少能在一定程度上克服这种倾向？

③ [译按] dexterous，即δεξιός的英文转写形式。

字面得到理解。[1]因此，培养右手，牺牲左手，其后果是它［左手］转入语言之中。异邦人自己曾用"左"指与地下诸神相联系的东西(717a8)。当他这么做的时候，他首先谈论这些东西，却宣称这些东西居于第二位。因此，如果把西徐亚的双手同样强健的惯例安置在克利尼阿斯的城邦中，那么，有关事物的语言(the language of things)必定发生变化。尴尬而不祥的人必定被赋予新的标签。人们不再可以这样谈论埃阿斯(Ajax)：如果没有一位神让他痛苦，那么，他不会在他的心智之中[2]向左转(ἐπ' ἀριστερά)(索福克勒斯《埃阿斯》182–183)，而且拉伊俄斯名字的邪恶含义——λαιός［拉伊俄斯］是表示"左"的另一个词——会消失。因此，正是在语言中，不成文法在最大程度上现身，尤其在与男人和女人有关的一切语言中现身。[3]如果异邦人有自己的作风，那么，男子气(ἀνδρεῖον或ἀνδρικόν)会丧失其所有引申含义，而且在新习俗之下，异邦人自己不会有能力谈论"奶妈的那些女子气的和奴隶气的作风"(790a6；参935a1；944d3-e2；949b3)。[4]他曾建议区分适合女性的歌曲和适合男性的歌曲，［他此刻］不得不完全重新表述这个建议，因为一旦训练完全取消或充分模糊所谓的男女差异，有序和节制就不再能够刻画女性的特征(802e8-11)。因此，通过双手同样强健这个论题，异邦人得以在更广阔的层面上追问，是否所有［198］习惯和作风都可以中立化，以避免任何扭曲身体和灵魂的高等教育的偏见体现在不成文法起初无颜色的品性之中。这样一种中立化等于尽可能阻碍多余的信念逐渐生长在一群邦民的作风周围。因此，葬礼不会引发这样一些故事，这些故事关乎鬼魂和

---

① 柏拉图有一次让这个词具有了字面含义——苏格拉底当时在讨论划分法(柏拉图《斐德若》266a1)——但这个词之所以关涉苏格拉底，是因为尴尬地忽略了μέν。

② ［译按］in his mind，亦译"在他的头脑里"。

③ 在《克拉底鲁》里，苏格拉底简要地指出了礼法与语言的关系(388d9-e3)。

④ 在《蒂迈欧》里，怯懦而不义的男人会变成女人，然后他们被赋予了一种专属于女人的ἔρως［爱欲］："女子气"先于"女人"(90e6-91a4)。

对坟场的恐慌；但异邦人承认，既然人们的父母的坟墓周围游荡的苍白魂影令人们在灵魂深处感到不安，那么，劝说人们忽视这些故事，就是一个不能指望完成的任务（933a5-b5）。他说，人类中的大多数都生活在恐慌之中（δειμαίνοντας）（933c2）。

除了存在"异邦人正在暗示所有不成文法的理性化"这种可能性，异邦人把一种习俗与作为这种习俗的一部分的生活方式相互隔绝，引出了如下这些难题：能否成功地把外来作物(growth)嫁接到本土作物上？就算能够，外来作物是否不会以一种不可知的方式改变作物的果实？双手同样强健，以及男女平等，是否与游牧状态和诸技艺不分的状态(nondivision of the arts)不相一致？① 人们能够以这种方式挑剔在体验层面没有漏洞的习俗网络，但喜鹊窝②还是一团糟。异邦人似乎意在让人不要指望他的任务能够完成，因为他越修剪事物存在的方式，越深入观察没有得到规定的东西，越揭示变化的无穷无尽，他就越会使过度奇怪且不合习俗的东西（τό γε σφόδρα ἄτοπον καὶ ἄηθες）成为不可改变的礼法的基础。不仅婴儿，每个人都将生活得"仿佛总是在航海"（790c8-d2；参813d3；《蒂迈欧》89a5-8）。对于每个事物，为了令其安定下来，不得不先令其振奋起来。这就是不折不扣地把言辞中的会饮应用于礼法。不成文法这个主题的涌现（ὁ ἐπιχυθεὶς λόγος）导致了稳定的（μόνιμα）习惯的持续涌现（ἐπιρρέοντα），这些习惯有待改变和重新安排（793b2, d5）。通过把不成文法写下来，异邦人企图把成文法稳定下来，这种企图不仅本身自相矛盾，而且违背他自己所承认的东西，即他对礼法的考察不会深入到小事里面；但此刻没有什么事对他来说太小［以至于不需要深入其中］，哪怕这阻碍他维系对礼法的一种通览（793c5-d5）。异邦人故意引入的不稳定性的迹

---

① 关于蒙古家族，参Mildred Cable，《戈壁沙漠》(*The Gobi Dessert*)，London：Hodder and Stoughton，1942，页169。
② ［译按］英文俗语，比喻乱七八糟。

象是，他一度宣称，[关于]体育 [的讨论](从卷二结尾以来，迟迟未讨论体育)此刻获得了完美的完满(παντελής)，但他在远远更靠后的地方才宣称，[关于]体育 [的讨论]早已完全达到了其极限(πάντως ἤδη πέρας ἔχει) (796d6-8；834d8-e2)。第一次宣称导致他承认，尽管他曾相信他 [199]说了一切应该说的有关众缪斯和阿波罗的礼物的话，但他没有说过本来应该首先对每个人说的话：游戏属于音乐(796e4-797a9)。随后对音乐的修订会导致朝向体育的回归，那时肃剧和谐剧会列于体育之下(813b1-817e3)。女性地位的不断变化与这种变换有关，这种变换的顶点是教育的双重终结，在这种双重终结中，捕猎是星象学和高等数学的顶点。

异邦人对游戏的新的描述并非没有令人困惑的地方。他早先曾注意到，孩子们在一起时会自发地发明游戏(794a2)；他此刻论证道，当一切老派的东西都遭到轻视时，革命就在游戏场上开始了，而且当且仅当同一些人总是以同一种方式玩同一些游戏，并享受同一些游戏(παίγνια)时，严肃地(σπουδῇ)制定的合法作风才能保持不变(797a7-d2)。① 年轻人(οἱ νέοι)容易受新事物(τὸ νέον)影响，而且不管创新者建议改变颜色还是形状，结果总是对城邦有害。因此，似乎异邦人必定会建议，能够且必须按字面理解τὸ ἀρχαῖον νόμιμον：这个表达不是指"古老且合法的作风"，而是指"开端(ἀρχή)的合法作风"，因为对一切古老事物的保守(只因其古老)会令异邦人的计划从一开始就注定失败。克利尼阿斯当然这样来理解这个表达(797d1-6)；但异邦人接着描述了，不论在气

---

① 异邦人的ταχθὲν μὲν γὰρ αὐτὸ [τὸ τῶν παιδίων γένος] καὶ μετασχὸν τοῦ τὰ αὐτὰ κατὰ τὰ αὐτὰ καὶ ὡσαύτως ἀεὶ τοὺς αὐτοὺς παίζειν [这样安排这(一类游戏)，让同一些人总是依据同一些东西并以同一种方式玩同一些游戏](797a9-b2)这个表达相当不寻常，因为这个表达令人记起通常用于永远存在的存在者的语言(比如柏拉图《斐多》78c6的ἅπερ ἀεὶ κατὰ ταὐτὰ καὶ ὡσαύτως ἔχει [永远依据同一些东西并以同一种方式持有])，或通常用于天体运动的语言(参柏拉图《法义》898a8-b1)，而且这个表达几乎不见于柏拉图笔下其他地方；对比蒂迈欧对健康的描述(柏拉图《蒂迈欧》82b2-5)。

候、饮食、思想上，还是在灵魂的自然上，对通常情况的背离如何
有办法在时间中再次变成通常情况；如果礼法保持不变，而且没
有人记得曾经有过不同的东西，那么，每一个灵魂的特征都是敬
畏礼法并畏惧改变任何曾经既定事物（797d9-798b4）。任何保守
主义都建立在变化之上，而且绝不存在这样一种状态，这种状态
之所以很好，是因为它永远存在。此刻，可以容易地解释，异邦人
对体育的描述为什么很简短，他以不到两页的篇幅完成了这番描
述。更长的描述是卷三，在卷三里，从那场大灾难到多里斯梦想
的破碎，这段历史表明，开端注定永远是有缺陷的开端，而且一个
人绝不会白手起家。通过回到［卷三的］那个论证，异邦人撤回
了一个严格的结论（人们也许可以从异邦人当前对孩子游戏新异
性的谴责之中得出这个结论），并把这个结论仅仅［200］应用于
那些模仿更好或更糟的人的歌舞（798d1-e7）。异邦人再次把我们
带回到开端。

　　人们并未立即明白，为什么异邦人通过孩子的游戏绕了很远
的路才接上他早先对埃及神圣化作风的引用。然而，这种回归
包括一种创新，这种创新导致了异邦人的努力中埋伏着一个危
机。这个危机诱使墨吉洛斯代表人类提出抗议，但他和克利尼阿
斯都没有体验过这个危机本身。引发这个危机的是埃及的解决
办法。埃及的解决办法提供了一切被神圣化的歌舞，这首先是通
过安排一年之内的节庆，这些节庆应该献给各位神、神的孩子、
δαίμονες［命神们］；因此，特定的官员应该设定，在为各位神献祭
（θύματα）时，必须唱什么歌，必须以什么类型的合唱歌队的舞蹈来
庆祝献祭（θυσία）；最终，在为命运女神和所有其他的神举行共同
献祭（θύσαντας）时，所有邦民必须通过祭酒把歌曲献给诸神和其他
神灵（divinities）中的每一位（799a4-b4）。异邦人此前从未提及祭
酒，也极少提及献祭，而且祭酒和献祭都没有出现在他第一次对
埃及作风的描述之中。他首先在卷四（716d6）用到θύειν［献祭］，
首先在卷五（738e3, 741c3）用到θυσία［献祭］和θῦμα［献祭］；但

到此为止，这三处都不是依据原则为确定的神分配的献祭。^①只有通过这样一种分配，才能指控如下这种人不虔敬：在引进未经批准的歌曲或舞蹈之后，这种人拒绝接受官方对他的处分，即禁止他进入圣洁的地方。此刻第一次提到不虔敬。如果人们应该正确地把荣誉分配给奥林波斯诸神和地下诸神，那么，虔敬会成为人们攻击的靶子（776a6-b2）；可是，当时的分配没有宣布，哪些神应该在哪个时候在哪个地方接受哪种荣誉。神圣化终结了普遍性。如果应该批准皮力刻（pyrrhic）^②舞蹈，那么，雅典娜会穿上重甲步兵的全副甲胄，伴随着这种舞蹈而出现，充当这种舞蹈的赞助者，也充当人们普遍仿效的对象（796b6-c4；参《克里提阿斯》110b5-c2）。[201] 在《斐德若》中苏格拉底的神话里，赫斯蒂亚（Hestia）是唯一从未见过天宇之外（hyperuranian）诸存在者的神；尽管任何与一种逻各斯相联系的东西都未曾使她知道任何信息，但她仍然是一位神（247a1-2）。不存在"这个地方"的"形相"（idea）。圣洁者是唯一的不动者（an immobile this）。^③因此，游

---

① 当克里提阿斯描述他认为苏格拉底的神话城邦如何在古代雅典变成现实时，克里提阿斯没有提到献祭，但祭司在古代雅典十分显赫，而且苏格拉底此刻提到了献祭（柏拉图《蒂迈欧》24a4-5；26e3），而且卫护者们与雅典娜和赫淮斯托斯（Hephaestus）的神庙联系紧密（柏拉图《克里提阿斯》112b4），但当克里提阿斯转向大西岛的故事时（在大西岛上，波塞冬的神庙具有一种野蛮 [barbaric] 形式，116c9-d2），他第一次提到一般意义上的献祭（113c1），然后他以很大的篇幅谈论为波塞冬准备的献祭仪式（119d7-120c1）。在约瑟夫斯（Josephus）笔下，摩西（Moses）劝上帝不要嫉妒他拥有关于他 [上帝] 独有的（ἴδιον）名字的知识，"以便在献祭的时候，他 [摩西] 可以通过称呼名字来邀请他 [上帝] 光临神圣的仪式"（约瑟夫斯《犹太古史》2.275）。《圣经·旧约·出埃及记》3:13对这一点保持沉默。称圣经中的上帝为圣洁的，也许是因为他是唯一的神（a this），而不存在任何其他的神。

② ［译按］其希腊文词源，πυρρίχη指一种战斗舞。

③ 赫斯蒂亚是《克拉底鲁》里苏格拉底讨论其名字的第一位神，因为那是遵守礼法的开端（to begin in conformity with the law）（401b1-2）；在向所有神献祭之前，应该向这位神预先献祭（προθύειν）（401c6-d3）。在Ἑστία ［赫斯蒂亚］和ἔστι ［是］的关联背后，似乎是ΟΥΣΙΑ ［存在］和ΘΥΣΙΑ ［献祭］的形近。赫斯蒂亚在乾坤学上的对等物是蒂迈欧的χώρα ［空间］，后者可以适宜地称为τόδε和τοῦτο，因为作为对我来说的这里（τόδε），或作为对你来说的这里（τοῦτο），χώρα ［空间］并未分有任何可见事物的近似特征（the likeness-character of any apparent something）（柏拉图《蒂迈欧》49e7-50b5）。

叙弗伦的如下做法终究是正确的，即以他的行事方式回答苏格拉底关于圣洁者和不圣洁者的问题："我会说，圣洁之事正好与我现在正在做的事相同"（柏拉图《游叙弗伦》5c8）。

某种意义上，异邦人此刻结束了对礼法的考察。"诸神"迄今一直凌驾于人类之上发挥作用，正如"属神的"一开始就区分了灵魂诸善者与属人诸善者。人们可以诉诸诸神和属神事物，只要人们未曾把他们与任何仪式（在这种仪式里，人们不得不对人们祈祷并献祭的［神］呈现［这种仪式］）联系在一起（参871c3-d2）。① "献祭"这个动词曾属于定义性的礼法，且暗示着曾有特定的一类存在者，在这些存在者之前，与之不同的一类存在者曾对特定的一类其他存在者做出特定的一些行动；通过把每一首歌和每一支舞献给一位特定的神，定义性的礼法获得了其特殊形式，这种形式融合了"人类"和"这个民族的"。正是因此，异邦人曾暗示，"诸灵魂的自然"无异于身体，而且在任何变化之中都经历过同样的痛苦，但随后它们平复了（settled down），并遵守任何如下习俗，这些习俗持续得足够久，以至于抹去了任何有关其他生活方式的记忆（797e2-798b4）。当异邦人敦促不应该干扰任何已然就绪的圣洁地点和仪式时（因为他可以用它们培养新殖民者们的友谊），这个视野中曾经的污点现在覆盖了一切自我表达的事物（everything that lets itself be formulated）。圣洁事物是不成文法的内容，且禁止［人们］对属人事物作出决定，除了不成文法规定的作风以外。亚里士多德用几个例子说明了具有政治正确性的在合法意义上正义的事情（the lawfully just of political right）。［202］一个例子是用一

---

① 据希罗多德所说，最初佩拉司吉亚人的（Pelasgian）惯例是对无名诸神献祭，无名诸神共同的名号ϑεοί［诸神］意味着他们规定（ϑέντες）所有事物；希罗多德区分了最初佩拉司吉亚人的这个惯例与他们［佩拉司吉亚人］随后对埃及诸神名字的采用。下一步就是通过荷马和赫西俄德对埃及诸神进行加工（reworking），荷马和赫西俄德重新命名埃及诸神，为他们各自分配职分和技艺，并指出他们的外形（2.52-53）。

只山羊而非两只绵羊献祭，另一个例子是向布拉西达斯(Brasidas)献祭(亚里士多德《尼各马可伦理学》1134b22-23；修昔底德《伯罗奔半岛战争志》5.11.1)；但亚里士多德没有补充道——这很关键——除非用某物对某某献祭，否则根本不存在献祭。异邦人曾想象诗人反对他的第一个前言，因为他对有尺度的事物的规定有所欠缺(lacked a number)；诗人知道异邦人的存货(what lay in store)。

正是在论证的这一点上，尽管克利尼阿斯没有反对扩大对不虔敬的指控，但异邦人敦促他们"体验我们应得的东西"(πάθωμεν τὸ πρέπον ἡμῖν αὐτοῖς)。他把他们的体验比作一个人，不论独自还是与其他人一道，不论年轻还是年老，一个人走到十字路口时，不会直奔一条路，而不首先问自己和其他每个人这条路通往何方。同样，他们必须暂停下来，并确认目前如何解决他们的困惑；但他们没有时间，因为他们现在必须走向礼法的终点(τέλος)，而非被阻止达到极限(διαπεράνασθαι)，达到极限也是目前礼法秩序所要求的："或许，如果一位神愿意，那么，这种考察(διέξοδος)也作为一个整体，一旦达到其终点(τέλος)，就会充分揭示目前的困惑"(799e1-7)。让我们推迟回答"异邦人在何处达到这个终点并解决了这个困惑"，并首先追问"这个困惑是什么"。异邦人最简短地陈述道：

> 我们说，还是先不理会这个奇怪之处，只当它是一个共同意见：歌曲(ᾠδὰς)①对我们来说变成了礼法(νόμους)。②(799e10-11)

正当［异邦人］颁布这个解决方案时，异邦人一下子毁掉了他的整个计划。如果歌曲现在是礼法，换言之，如果νόμοι［礼法］的

---

① ［译按］伯纳德特原改作主格ᾠδαί，今据原文改回。
② ［译按］伯纳德特原改作主格νόμοι，今据原文改回。

双关不再是双关，νόμος [礼法] 变成了单声道，而且人们不再可能说政治性的礼法 "在实在且真实的意义上" (ὄντως) 是礼法 (722e1)，那么，不成文法此刻像成文法一样是礼法，而且从前不属于礼法中的威逼系统的一切其他事物此刻都是礼法。劝说化为恐慌。没有什么东西没有被分配惩罚措施。此刻一切都是法典 (canon) 的一部分。异邦人曾企图使 "节日" (holiday) 成为 "圣洁之日" (holy day) 所模仿的原型，但这个企图失败了。惩罚无处不在。他说，

> 不要让任何人在说话 (φθεγγέσθω) 时违反公共歌曲、神圣仪式、年轻人的整个合唱歌舞，正如不要 [让任何人违反]① 任何其他礼法。(800a4-6)

异邦人不插入相当于括号中的话的内容，等于取消多里斯的那条法中之法 (Dorian law of laws)，此法允许老人在没有年轻人聆听的情况下批评礼法 (634d7-e6)。此刻不再有任何前言。

[203] 强加在任何地方的任何不协和的声音之上的整个沉默，造就了这个死一样严肃的城邦中的一切。礼法之中不应该有游戏。如果异邦人将要面对赫斯蒂亚的悖论——正如在别处一样，赫斯蒂亚是城邦卫城之上的三位神之一 (745b7)——那么，他不可避免会以孩子的游戏开始讨论埃及的神圣化技艺。尽管异邦人要么仍然僵持在十字路口，要么达到了终点，但他允许自己继续下去，因为他没有说这些歌舞是什么，也没有说应该把这些歌舞献给哪些神；但这只是一层烟幕，因为一旦现实中的 [城邦] 建立者们解决了这些问题，他们也会解决其他一切问题，而不会为《法义》留有余地。他曾为不成文法赋予三重角色：不成文法提供各套礼法之间的夹具 (clamps)，不成文法提供各套礼法的核心支撑物，

---

① [译按] 伯纳德特所补。

不成文法提供各套礼法的封套(793b4-c3)。然而，既然不成文法接手所有礼法，他就没有余地，也没有时间。他的解决办法是把他的改革限于6个与诸神直接相关的模板(ἐκμαγεῖα)；但他刚宣称这种安排走到了终点，他就再次身陷他曾经仅仅推迟的危机(802e11-803a1)。第一个模板有效地去除了肃剧(800b8-801a4)。一旦异邦人用吉利言辞(εὐφημία)回应肃剧，肃剧就变沉默了。当人们依据礼法焚烧神圣祭品时，吉利言辞将包围献祭。如果一个儿子或兄弟在这样一个场合说出肃剧式渎神言论，那么，他会在父亲和亲人们中传播绝望(ἀθυμία)和凶兆；但此刻，在几乎所有希腊城邦里，在一位官员献祭之后，许多合唱歌队会公开现身，

> 而且它们［这些合唱歌队］站在祭坛不远处，有时还紧挨着祭坛站着，对神圣祭品说出每一类渎神言论，用最悲伤的(γοωδεστάταις)[①]话语、节律、和声令听众的灵魂极度伤心，而且无论哪个合唱歌队最有能力使这个刚刚献祭的城邦泪如雨下，这个合唱歌队就会赢得胜利的奖品。(［译按］800c8-d5)

异邦人同意，如果邦民们需要这样特殊地表达怜悯(οἴκτοι)，那么，应该把这样的表达限制在不洁的日子里，而且应该从其他地方雇佣合唱歌队，正如此刻有职业哭灵人"用一位卡里亚(Carian)缪斯"陪伴逝者(参947b3-6)。

异邦人再一次建议把希腊重新野蛮化。他想切断肃剧的怜悯与诸神之间的关联(参960a1-2)。在卷七开头，他曾对比抚平婴儿恐慌的催眠曲和激发婴儿不满的哀歌(their threnodies of discontent)(奶妈只学过如何纵容这种不满)；从卷七开头以来，他曾一直追踪(had been after)肃剧，[204]而且他自己也未曾提出过

---

① ［译按］伯纳德特原作主格γοωδέστατοι，今据原文改回。

什么，除了提出过中道的尺度。这种孩子气的灰心(frustration of the will)此刻以肃剧式怜悯为形式重新出现。这种灰心反对诸神，且表达了诸神平静的存在(serene existence)的必然后果："最好不要出生。"肃剧最内在的恐慌是自杀。因此，不用奇怪，异邦人曾希望孕妇平静。他并非开玩笑。此刻，他想区分恐慌和怜悯，他所采用的方法是把怜悯限于并未侵入公共庆典的葬礼歌曲。然而，这样一种反肃剧式区分切断了他在第一个前言中建立的奥林波斯诸神和地下诸神之间的连续性关联(continuous linkage)。异邦人想尽可能快地停止谈论葬礼惯例。当他隐藏这些惯例在体验层面对礼法的违背时，他不想规定这些惯例。一旦他引入神圣化作为对变化的普遍治疗，他曾把圣洁者引入神圣化的此性之中(let in the holy in its haecceity)，而且这曾意味着肃剧中的歌舞，这些歌舞的职责与他自己的礼法的意图相矛盾。他可以清除献祭，且不理会从肃剧那里获得了最终形式的事物的种种缺陷(tears)，但他不可能克服这些缺陷(他蔑视地纵容这些缺陷，这种纵容承认对这些缺陷的克服)，也似乎不可能当即(on the spot)发明一个更高级的形式代替这些缺陷。异邦人的困惑的迹象是，他对第一个模板的表达是 εὐφημία[吉利言辞]，而且这类歌曲应该是绝对 εὔφημον[具有吉利言辞的]；但通常这个表达会意味着"沉默"，而且这类歌曲会意味着"沉默的"。既然[他]把第二个模板分配给"对我们每时每刻都为之献祭的诸神的祈祷"(801a5-6)，那么，有关音乐的第一首歌曲或礼法(νόμος)的吉利的且无埋怨的言辞可能是什么(参821d2-4)？[①]每当人们认为巨大的利益处于风险

---

① 关于"应该有εὐφημία[吉利言辞]"这个命令与祈祷之间的紧密关联，参阿里斯托芬《地母节妇女》(Thesmophoriazousae) 295；《马蜂》860-874。在《斐多》(60a3-4)里，克珊提佩(Xanthippe) ἀνηυφήμησε[哭喊]，并说了女人在这种场合会说的那种话；但 ἀνηυφήμησε[哭喊]这个动词的意思是"哭喊着εὐφήμει[说吉利言辞]"，因此这个动词在实践中颠倒了献祭的εὐφημία[吉利言辞]：最后，苏格拉底批评在场的男人们哭泣和喊叫，并声称他听说一个人应该ἐν εὐφημίᾳ[在吉利言辞中]死去(117d7-e2)。习俗允许女人有一个正式的途径发泄悲伤，却不允许男人有这样的途径。

之中时，就禁止人们发誓(949a5-b4)；从这个禁令里，我们是否应该推断，在第一个模板里，不应该凭诸神发誓？在诸神面前沉默意味着不必点诸神的名。

关于音乐的第三首歌曲或礼法增加了又一个难题(801a8-d7)。诗人们必须认识到，祈祷是对诸神的要求，而且他们应该尤其确保，他们绝不会无意中像要求好东西一样要求糟糕的东西。如果不是诗人，那是谁制作了第二首歌曲？［205］这些祈祷又如何不同于第三首歌曲？①现在克利尼阿斯也在理解异邦人时遇到了某种麻烦，异邦人只在第三次尝试时才澄清了自己的意思：诗人不应该制作任何与城邦的合法事物相违背的东西，不论这些东西是否正义，是否美，是否好。由此，异邦人结合了善者诸种的结构中的善者和礼法诸属的结构中的美者和正义者。由此，他暗示，第二个模板仅仅由善者诸种的结构中的善者构成，第三个模板则要么结合了这些善者和礼法的道德，要么把这些善者和礼法的道德等同了起来。因此，诗人可能会犯两个严重错误中的一个：他要么可能把道德与善者相分离，要么可能把第二个或第三个模板的善者重新分配给第四个模板，在这个模板中，人们会唱诸神的颂歌和赞歌(801e1-2)。如果诗人依循异邦人自己的指引，把"属神的善者"解释成"诸神的善者"，那么，他不可能往第二首歌曲里插入适合人类说出来的任何对诸神的要求。他甚至可能宣称，只有英雄——英雄和δαίμονες［命神］都在第五个模板里——得到了恰当的赞美，因为只有英雄兼具属神的善者和属人的善者；但他这时可能不会用祈祷来配合这种赞美(801e2-4)。尽管

---

① England的解决办法(页264)是，否认第二首歌曲需要任何模板，并为第二首歌曲分配第三首歌曲的内容；Ritter的解决办法(页191-192)是，从第三首歌曲中提供第二首歌曲的善者，并让第三首歌曲增加一点新东西。Ritter的如下观点当然错了：与Susemihl相反，他坚持认为οἷς θύομεν ἑκάστοτε［我们每时每刻都为之献祭的诸神］具有严格意义上附属性的重要意义。［译按］凡引Susemihl，均出自Platon，《法义》(Die Gesetze)，F. Susemihl译，Stuttgart: 1862-1863。

他令克利尼阿斯记起，不论白银还是黄金构成的财富($\pi\lambda o\tilde{\upsilon}\tau o\varsigma$)，都不应该在这个城邦里存留或得到确立(801b5-7)，但他没能令克利尼阿斯记起，只有在善者诸种的结构中，财富才是一种善者，而且身体和灵魂的分离——他此刻在"得到确立"($i\delta\rho\upsilon\mu\acute{\epsilon}\nu o\nu$)这个词里暗示了这种分离，后来当他使普鲁托①成为十二月之神时，他也确认了这种分离——是善者诸种的结构的原则，而非礼法诸属的结构的原则。

第六个模板专属于赞美逝者的歌曲(801e6-802a3)；尽管异邦人的第一次表达——即这些歌曲属于那些抵达生命的终点($\tau\acute{\epsilon}\lambda o\varsigma$)的邦民——毫无含混，但他的第二次表达并非毫无含混：

> "此外，用赞歌和颂歌为生者赋予荣誉并不妥当($\dot{a}\sigma\phi a\lambda\acute{\epsilon}\varsigma$)，除非某人过完了他整个生命，并为他整个生命赋予了一个美丽的终点($\tau\acute{\epsilon}\lambda o\varsigma$)。"

如英格兰所说，如果我们要"使作者在说了'我们不应该在活人死去之前赞美活人'之后能够自圆其说……那么，我们必定会想象$\dot{a}\sigma\phi a\lambda\acute{\epsilon}\varsigma$［不妥当］之后有某种停顿或中断"。然而，没有任何停顿或中断，而且生者应该在死后得到赞美。[206]这完全遵守梭伦的名言"在任何人死之前，不要说他幸福"，因为这也否认任何过着幸福生活的人有可能拥有关于幸福的知识。异邦人曾在他的第一个前言中建议，应该在不死者和有死者之间［建立］一种连续性，使地下诸神、祖传诸神、已故父母之间几乎没有断裂；这种连续性似乎呈现为另一种伪装。不论如何，在非常短的时间之内，异邦人修订了他所说的关于那些应该得到赞美的人的话。在第一次表达时，应该得到赞美的人被证明服从礼法，从而在他们

---

① ［译按］希腊文中"普鲁托"与"财富"是同一个词。

的一生中完成了美丽而艰辛的行事，不论是身体的还是灵魂的行事；但在第二次表达时，应该得到赞美的人的终点本身必须美丽，而且他们自己必须显然是好男人或好女人。① "好"现在似乎重新具有了其更古老的含义——"勇敢"（参922a1-5）。

异邦人在极端含混中结束了他有关音乐的礼法的秩序（802d8②-e11）。③他要求区分适合女性的歌曲和适合男性的歌曲，从而把模板的数目从6增加到了12；但他宣称，有序和节制（τὸ κόσμιον καὶ σῶφρον）是女性的自然倾向，而且人们应该合法且合理地（ἔν τε τῷ νόμῳ καὶ λόγῳ）传达这种自然倾向。如果礼法的首要意图已经在女人的自然中显现，那么，他不可能继续建议确立女孩和男孩的教育中的统一性，因为礼法如果成功，就会偏离理性，而且如果理性占上风，那么，在自然的支持下，礼法会变成一纸空文（a dead letter）。异邦人自己必定感到困惑，因为尽管他建议接下来解释应该如何对待音乐的传统和训练（803a1-3），但他转移了注意力，而且当他回过头来时，他首先说，城邦里的体育馆和校舍，还有城邦外的野外运动场地，都已经规划出来了，可是他立即收回了这番话，转而说 [207] 现在应该合法且合理地（τῷ λόγῳ μετὰ νόμων）

---

① 在如此短的行文中三次用到γε μήν（801e1, e6, 802a1），这似乎强调了很难适宜地区分第四个、第五个、第六个模板。

② [译按] 伯纳德特原误作8028，今改。

③ 802c7-d3显著的错格（anacolouthon）表明，异邦人多么深地陷入诗歌之中。他以这样一个句子起头，严格来讲，这个句子必须致力于描述在要么严肃要么甜蜜的音乐中长大的人们（ἐν ᾗ [μούσῃ] γὰρ ἂν ἐκ παίδων τις μέχρι τῆς ἑστηκυίας τε καὶ ἔμφρονος ἡλικίας διαβιῷ）；但他接下来仿佛认为，这个句子只适用于节制而有序的缪斯，以至于人们被迫在头脑里重写这个句子（按Stallbaum的语法分析），以便ἀκούων δέ [听] 具有其适宜的对照物（its proper contrast）。使用错格是为了令我们记起异邦人说过的话，即人们会在时间中习惯任何事，而且成熟且有感知力的年纪并不是在更简朴的音乐中受教育的特权。在这种情况下，这会激发最好的诗人弄明白，立法者的愿望（βουλήματα）是什么，此外，在选择往昔的美丽诗歌时，他们 [最好的诗人] 应该如何遵守立法者的愿望的意图（κατὰ τὸν αὐτῶν νοῦν）。异邦人暗示，他们只会依循自己的品位。

言说这些事(804c2-8)。女人引出的问题令他偏离了正题，他指出这种偏离，是通过使男女教育中的平等成为他下一条礼法(804d6-e4)。不过，女人问题似乎只是激发异邦人偏离正题，而非自身足以成为他偏离正题的唯一原因。他以一个比喻引入离题话：

> 就像船匠在造船之初就安顿龙骨(τὰ τροπιδεῖα)，并规划船的形状(σχήματα)，同样，我试图基于灵魂的作风(τρόπους)，①清楚地表达生活的形状(σχήματα)，从而对我自己来说，我似乎在做［与船匠］相同的事，即实在且真实地(ὄντως)安顿它们［即生活］的龙骨(τὰ τροπιδεῖα)，并正确地这样思考：如果我们以什么方式并以什么作风(τρόποις)②生活，那么，我们将通过这种生活(ζωῆς)③的航行最好地过我们的生活(βίον)④？ 因此，尽管人类事务不值得十分严肃(σπουδῆς)⑤对待，但毕竟有必要严肃；这不是一件幸事(εὐτυχές)(803a3-b5)。

异邦人把自己放上了一艘船，⑥这艘船不是他造的，他也无意于造这艘船。对他来说，这艘船下水很久了，且正在驶向一个未知的目的地。他正值生命的日落时分。对其他每个人来说，他将仅仅安顿龙骨。异邦人只关心灵魂的作风，而不关心生活的形状。他不是任何人的生活的船长。他曾在卷七开头讨论礼法之屋的建造，不成文法将提供此屋的支柱。现在他在海上，而且无意于使生活［之船］不漏水。他只关心开头。位于开头的是游戏(παιδιά)。他建议把游戏神圣化，这个建议把游戏推向了其反面。

---

① ［译按］伯纳德特原改作主格τρόποι，今据原文改回。
② ［译按］伯纳德特原改作主格τρόποι，今据原文改回。
③ ［译按］伯纳德特原改作主格ζωή，今据原文改回。
④ ［译按］伯纳德特原改作主格βίος，今据原文改回。
⑤ ［译按］伯纳德特原改作主格σπουδή，今据原文改回。
⑥ ［译按］puts himself on board a boat，在board后面可能漏了一个of。

他曾被迫严肃（σπουδάζειν）并除掉游戏（παίζειν）。现在他收回了所有这些话：

> 我认为，应该严肃地对待严肃之事，不严肃地对待不严肃之事，依据自然，人们值得以全部有福的严肃对待神，但如我们之前所说，人被设计为神的一种玩物，而且这一点实在且真实地是人最好的部分。所以，每个男人和每个女人都必须遵循这种方式，还必须带着一种与他们现在的想法相反的观念，通过玩最美的可能的游戏，而过完他们的一生。
>
> 克利尼阿斯：此话怎讲？
>
> 异邦人：现在他们相信，毫无疑问，严肃之事是为了游戏，因为他们相信他们必须很好地安排 [208] 战争事务，战争事务是严肃之事，为的是和平。但我现在认识到（ἄρα），我们称为最严肃的事，即游戏（παιδιά），不曾是，不是，也不会是依据自然而处于战争之中，战争也绝不包括一种值得我们注意的教育（παιδεία）(803c2–d7；①参柏拉图《书简七》344c1–d2)。

最重要的事是最不紧迫的事。异邦人现在重申，只有年幼的孩子对玩偶表演的体验才符合有关人类的真理；但城邦的种种需要不得不否认这种真理，而且异邦人俯就这些需要，从而勾勒出了一个会颠覆这种真理的计划。他可以保留这个计划，只要"宗教"不是他的"神学"的左手。②把游戏神圣化之后，游戏不可能仍然

---

① [译按] 伯纳德特原把d7误作7，今改。
② 神学和宗教之间的区别决定了《游叙弗伦》的结构，其第一部分受制于"形相"的问题，其第二部分受制于祈祷和献祭的问题：ὁσιότης [圣洁] 和εὐσέβεια [虔敬] 只出现在第二部分（前者出现了7次，后者出现了1次）。请比较塞克斯托斯如何区分神（或诸神）的论题和献祭的论题（经验论者塞克斯托斯《皮浪学说概观》3.218–222）。

具有严肃性。墨吉洛斯在异邦人的话里识别出彻底蔑视人类的表述，但这种蔑视是埃及式体验，即认为除了人类以外的一切都是神圣的(参柏拉图《米诺斯》319a5-8)；这不同于人类在游戏中的玩偶或惊异(ϑαῦμα)。异邦人刻画游戏人生(a life lived in play)时，用了三个分词："献祭，唱歌，跳舞"(803e1-2)。这样一种人生令人有可能赢得诸神的恩惠(graciousness)并打击战斗中的敌人。他说，为了完成这一点，他提供了唱歌跳舞的几个类型；但对于第三类，他引用荷马的话：

> 特勒马科斯(Telemachus)，你自己将在心里思考某些事，一位δαίμων[命神]将建议其他一些事，因为我猜测，你的出生和成长，并非不符合诸神的意愿。(804a1-3)

异邦人引用的是雅典娜对特勒马科斯说的话，从伊塔卡(Ithaca)到皮洛斯(Pylos)，雅典娜一直披着伪装陪伴在特勒马科斯身边，在皮洛斯，他们发现涅斯托尔(Nestor)在海边向波塞冬献祭(荷马《奥德赛》3.1-28)。随后，当涅斯托尔之子佩西斯特拉托斯(Peisistratus)向雅典娜献上一杯祭酒并祈祷时，他告诉她，所有人都需要诸神(3.43-48)。异邦人把雅典娜的话用于他自己的情况。殖民者们将认为，他说的话十分恰当，但

> δαίμων[命神]和神将建议他们献祭并表演合唱歌队的舞蹈，[即建议他们应该]分别向什么神[献祭并表演合唱歌队的舞蹈]，以及他们应该在什么时候在游戏和祥和(appeasement)之中举行庆典，并按照自然的方式过他们的生活，因为他们基本上是玩偶，只在某种很小的程度上分有真实和实在。(804a5-b4)

异邦人收回了任何有关献祭的建议，他恢复了他的神学的

纯粹性，从而 [209] 承认，墨吉洛斯对他的话的解释并非不正确（参871c3-d2; 958d4-6）。一旦属神的变成了圣洁的，人类就变得值得蔑视。不存在真诚的(truthful)启示（参893b1-3）。正是一种不可避免的必然性曾使异邦人建议采纳这个必然虚假的翻译，但现在他把目光从这个翻译转向了神，并通过这种体验而把目光落在人类身上。他要墨吉洛斯原谅他(804b7-c1)。随后，当他重新开始他的立法时 (τὸ δ' ἑξῆς τούτοις)，他的错误在于，宣称已经规划了校舍和游戏场地，可实际上没有规划；这个错误似乎反映出他第二次弄错方向，这次是调转方向，回到人类（参柏拉图《王制》516e3-7）。他要求礼法具有的合理性 (τῷ λόγῳ μετὰ νόμων) 与地方性不一致。因此，在他突然地转移目光与他同样突兀地回归之间，他达到了一种妥协，即建议确立两性平等。女人的虔敬提供了他的两种体验与他的建议之间的关联(814b4-5)。

第 3 节　《法义》

对右和左的无动于衷，正如对男性和女性的无动于衷，很快将在对白天和黑夜的无动于衷之中达到顶点；不仅如此，异邦人还将建议《法义》本身充当具有教育意图的典范性文献，《法义》从拂晓一直进行到此刻，已经超过半个白天。在这部对话的所有曲折和变道(all the twists and turns)之中，这也许最令人震惊。这属于某种视角——异邦人此刻从这个视角出发检查教育——的转变。教师而非学生是他关注的焦点（参813b1-2）。[1]教师都是异邦人，他们接受雇佣是为了赚钱，他们传授一切有关战争或音乐的东西(804c8-d3)。人们可能会说，异邦人在这个城邦里复

---

[1] 在《法义》中所有讨论"教"的场合中，三分之一在卷七(17次)；μάθημα [学] 总共出现过35次，有26次出现在卷七。 [译按] 此处"教"与"学"形成对照，而非一般性地分别谈论"教"与"学"。

制(multiplication)了许多个他自己。不可能设想他们成为人们仿效的模范，不论他们多么严格地遵守所有外邦人都必须遵守的规则。在这个城邦的结构里，他们应该是一个永久异常的要素(a permanently eccentric element)。他们的学生从他们那里学到的任何东西，要么不可能具有地方性，要么不可能具有热爱父邦的品性，而只会服从一门独立于地方环境的技艺。这个插入普遍事物之中的楔子，就是对所有男孩和女孩施行的强制性公共教育。在这一卷开头，异邦人建议为母亲和奶妈制定一些规则；现在，关于是否应该教育孩子们，异邦人剥夺了父亲们的任何发言权 [210] (804d3-4)。他使这个政制越来越像言辞中的最佳城邦，而且仅当这个城邦不得不完全共产主义化，并丧失任何私人性的痕迹时，他才叫停［这个向着言辞中的最佳城邦趋同的过程］(807b3-808a3)。① "朋友之间一切共有"这个口号可以为"应该分享知识"所替换。传授这一点的教师与这个城邦之间应该没有任何共有的东西。

异邦人以超常方式摆脱了神圣化的压迫性(oppressiveness)，但只是在他面临克利尼阿斯和墨吉洛斯的一并抵制之后，他才做到这一点。克利尼阿斯第一个提出反对意见。异邦人刚说过，对立法者来说，最缺乏感知力的做法就是，当他可以令一个城邦的力量翻倍时(因为女人和男人将学习同样的东西)，他却令一个城邦的力量减半。克利尼阿斯首先相当不情愿地承认这种做法是个错误，但后来某个时候，当他反思他听说的许多对他所熟悉的政

---

① 人们应该注意语词上的类比(verbal parallelism)($\tau \acute{\epsilon} \lambda \epsilon o \nu$ [完整的] 和 $\tau \epsilon \lambda \acute{\epsilon} \omega \varsigma$ [完整地] 的位置强调了这番类比)，类比的一方是，立法者需要成为完整的($\tau \acute{\epsilon} \lambda \epsilon o \nu$) 立法者，而非成为一半的($\delta \iota \acute{\eta} \mu \iota \sigma \nu \nu$) 立法者，类比的另一方是，如果他没有成为完整的立法者，那么，对这个城邦来说，他就忽视了几乎完整地幸福的生活的一半($\sigma \chi \epsilon \delta \grave{o} \nu \tau \epsilon \lambda \acute{\epsilon} \omega \varsigma \epsilon \dot{\upsilon} \delta \alpha \acute{\iota} \mu o \nu o \varsigma \beta \acute{\iota} o \upsilon$)(806c3-7)。由此，异邦人用苏格拉底的一个观念包裹主要的难题，这个观念就是把幸福应用于作为整体的城邦。要使立法达到完整，不必令这个城邦的一个单一的生活(a single life for the city)达到完整。

制的背离行径时，他感到自己被征服了(overwhelmed)。克利尼阿斯说过，他和墨吉洛斯都最青睐老派事物(797d1-6)，异邦人对老派事物的支持令他［克利尼阿斯］失去了平衡，因为异邦人刚刚在人类的无意义性(insignificance)之中得出了它［老派事物］的终极结果；但克利尼阿斯相当大度地(magnanimously)恢复了镇静：

> 然而，你先前说得一点儿不离谱，因为你曾要我们允许你展开逻各斯，只有你很好地展开了逻各斯，我们才有条件选择看起来最好的东西(τὸ δοκοῦν)；同样，你现在使我因为说了那些话而自责(805b4-7；参746b5-d2)。

异邦人的计划的自我一致性恰恰与克利尼阿斯的偏见相冲突，而且几乎与此同时，他反对(rebels)并体验了他的错误。克利尼阿斯经历了异邦人自己的一个体验的对等物，异邦人自己的这个体验就是，把目光转向神，并认识到人类微不足道。克利尼阿斯对罪责和自我惩罚的体验，代表着礼法的不可认识的目标：在体验层面对礼法的偏离(在这种情况下，这是一个正式规则，异邦人被赋予了这个规则，从而完成了他的计划，而没有关注当地环境)应该尽可能接近一种自我拯救式谴责(to conincide as nearly as possible witha self-delivered reproach)，这种谴责有利于礼法，并反对一个人自己的反驳(objection)。基于一个遥远的目的，克利尼阿斯搁置了他目前的体验。由此，他不支持墨吉洛斯，因为异邦人蔑视斯巴达对女人的处理方式，并敦促［211］墨吉洛斯让异邦人自由地说话，"直到我们以一种绝对适宜的方式讨论了这些礼法"(806c8-d2)。

　　尽管他尚未完成孩子们的教育，而且礼法本身没有充分教育主管者(809a6-b1)，但异邦人相信，他下一个任务是描述邦民们的生活方式(806a4-7)。异邦人不经意地评论道，任何邦民都不实践任何技艺，农耕完全交给奴隶，所以留给邦民的唯一共同惯例就是在白天结束的时候进行会餐，尽管男人和女人仍然分开进行会餐(806d8-807a3)。正如每个人所注意到的，在苏格拉底的真实且健康的城邦里，人人都有一门技艺，没人闲着，格劳孔对这个城邦的反驳是，这个城邦不会比猪的城邦更好([译按]柏拉图《王制》372d)，这个反驳真的适用于[异邦人的]这个城邦，而且异邦人呼应了格劳孔，因为他说，如果人人都只是长膘(just being fattened)，那么，他们活该被另一种动物撕成碎片，勇敢和艰辛把这另一种动物消磨得只剩下肌肉和骨头。异邦人使邦民们成为苏格拉底的第二阶级，即战士，从而面临阿得曼托斯的质问：当他们不战斗时，他们怎么过他们的生活？([译按]柏拉图《王制》419a-420a)异邦人之前讨论过不超过6岁的孩子，而当他再次提起孩子的教育时，他讨论了不超过16岁的孩子(809c7-810a2)，16岁是女孩结婚的最低年龄，但男人在25岁之前不去巡视乡村，而且在30岁之前不会结婚。他们在所有这些时间里做什么呢？如果一个人让自己为异邦人的话风所左右，那么，一个人也许倾向于认为，他们[在所有这些时间里]仅仅学习和实践，不论通过体育比赛，还是通过音乐比赛。第二个合唱歌队，即阿波罗的合唱歌队，由不超过30岁的人构成，但异邦人没有说，在多长时间里，孩子们属于第一个合唱歌队，即众缪斯的合唱歌队(664c4-d1)。不论如何，他们更有可能变成肌肉人(muscle-bound)，而非聪明人(eggheads)，因为高等数学并非人人都得学(813e3-7;①818a1-7)。

当然，如果人们把40岁算作平均寿命(现在估计古人平均活到40岁)，那么，异邦人的沉默不会如此令人惊诧，事实上，异邦人假设有人活到70岁或更高寿，而且在他勾勒出的有利条件下，这个寿命也许并非不寻常。因此，这个困惑仍然存在：未成年人

---

① [译按]伯纳德特原误作813e35-7，今改。

[在所有那些时间里] 做什么呢？人们可以假设，成年人几乎完全专注于政治事务和家族事务(808a7-b3)。他们要监管所有那些奴隶、侨民、外邦人，更别说一直保持清醒的官员要整晚威慑那些糟糕的邦民(808c2-4)。尽管从外部来看，这个城邦像12个农耕共同体，但任何主人都不懂农耕技艺。他们过着农夫生活，但他们从不 [212] 握犁。①他们知道如何施行统治，却没有学过他们控制的艺匠所掌握任何一门技艺。这似乎会导致灾难。我们在卷八了解到，邦民们确实拥有一门技艺，这门技艺需要许多训练和许多学习(μαθήματα)，邦民们用这门技艺保存并享受这个城邦的共同秩序(846d2-7；参770d3；812e7-9)。因此，美德就是知识，而且所有以合法习惯为内容的训练，都无非是为其他某件事所做的准备。在卷一结尾，异邦人曾赞美会饮，因为会饮相当有助于让人知道灵魂的种种自然和状态；他曾把这种专属于会饮统治者的知识分配给政治技艺(650b6-9)。因此，他曾悉心区分会饮的这种用处与会饮在美德教育中可能具备的优势(652a1-b1)。此刻我们是否应该认为，异邦人把这种特权扩展到如此程度，而且邦民们的诸美德消失并变成了知识？夜间议事会似乎太早侵入。不论如何，他确实声称，如果任何人带着对自己健康的应有关注，在最高意义上做生活和思考(τοῦ ζῆν καὶ τοῦ φρονεῖν)的看护者，那么，这个人会在尽可能长的时间里保持清醒(808b6-c2)。他说，任何人睡着了都一文不值，就像不再活着一样(808b5-6)。②

---

① 参M. Piérart，《柏拉图与希腊城邦：〈法义〉政制的理论与现实》(*Platon et la cité grecque: Théorie et réalité dans la constitution des "Lois"*)，Bruxelles：Palais des Académies，1973，页79，页476。

② 尽管有这个主题，但ἀρετή [美德] 在卷七(此卷也是最长的一卷)中出现了5次，比在卷九和卷十一以外的任何一卷中出现的次数都更少：在卷九(此卷讨论刑法)中出现了3次，在卷十一中同样出现了5次。此外，ἀρετή [美德] 在卷八中出现了6次，在卷六中出现了9次，在其他各卷中出现的次数都是两位数。表示 "正义" 的词根δικ-在卷七中出现的次数也最少(8次)，在卷八中出现的次数是18次，这个次数第二少。

就在异邦人转向对教育主管者的教育之前，他谈论了年轻人的兽性，年轻人的兽性受到一种未发育完全的理性能力（rationality）的激发，从而需要受到最多限制。尽管他们接受训练，仿佛他们是自由人，但他们会因任何错误而招致惩罚，仿佛他们是奴隶（808d8-e7）。足够令人好奇的是，教育主管者也不得不重新上学，因为异邦人特意使用了一个表示基础教育的语词即 παιδεύειν，而且他让"礼法本身"教育教育主管者（809a6-7）。当苏格拉底问墨勒托斯（Meletus）谁教育（παιδεύει）雅典年轻人并使之变得更好时，苏格拉底不会认同墨勒托斯的第一个回答即"礼法"，而是坚持要知道，什么人首先知道了礼法，然后教育雅典年轻人并使之变得更好（柏拉图《苏格拉底的申辩》24d10-e2）。然而，在这个关键时刻，异邦人回避了苏格拉底的问题，他采用的办法是，首先为礼法赋予灵魂（animating the law），然后基于反思，至少在形式上给出了墨勒托斯的回答，即《法义》！《法义》的某一卷，或某几卷，将是 [213] 教育主管者的教育者。《法义》几乎不像这个城邦的礼法，但《法义》应该为在这个城邦的训练者所掌控；只要这些训练者同意把《法义》当作他们的工作手册，[这个城邦]就应该从外邦雇佣这些训练者（811e5-812a1）。①异邦人设计了一个展示已故教师事迹的幕布（a posthumous screening of the teachers）：在许多代人中，也许都不会有一个人入选这样的教师。在结束关于文献和文献教师的那部分时，他有礼貌地声称，"让这成为我的神话吧，也让这以这种方式结束（τελευτάτω）吧"（812a1-2）。

有一件事似乎区分了关于文献的部分与其前和其后的部分，这件事就是文献并未被神圣化（the absence of their consecration）。异邦人说，就在他转向无韵律的文献之前，[他]已经讲过，应该怎样对合唱歌舞进行选择、订正、神圣化（809b3-6；813a1），而且

---

① 参G. Picht，《柏拉图的对话〈法义〉与〈会饮〉》（*Platons Dialoge "Nomoi" und "Symposion"*），Stuttgart: Klett-Cotta，1990，页33-38。

在他把舞蹈分为几类之后，他说立法者必须把这些舞蹈神圣化，并禁止对这些舞蹈进行任何篡改(816c1-d2)，但在关于文献的居间部分里，没有一个字讨论神圣化，正如没有一个字讨论是否可以订正文献(revisability)。作为具有示范意义的文献，《法义》落入了这个坑。异邦人并非准确地知道，为什么如克利尼阿斯所说，他实在地且真实地($ὄντως$)处于对它［这个坑］的困惑之中(810c5-6)。并未为写作分配任何主题，这一点进一步使写作与众不同(sets writing apart)。写作介于两类事物之间，一类事物是合唱歌队的歌曲的模板，另一类事物是舞蹈、数学、星象学；但异邦人从未说过，书卷(books)①应该传授什么，或不应该传授什么。这时，异邦人补充性地追问，到底是否应该传授阅读和写作，仿佛他未曾从一开始就假设，一旦他使严格意义上的礼法成为成文法，所有人就都可以使用礼法，而非只有占少数的官员才可以使用礼法(809e3-7)。不过，如果不以三年以上的时间传授阅读和写作，那么，普通邦民［对阅读和写作的］掌握程度似乎会十分低劣，只有最有天赋的人会凭借自身而达到一个知识水平，这个知识水平会使最有天赋的人有能力接近礼法，且不说有能力接近《法义》。此外，当异邦人最终变得愿意触及他的困惑时，他忽略了他一开始讨论的散文论题，转而专门讨论诗人们的文献，并追问到底应该用心学习全部诗人还是诗集(whether whole poets or anthologies should be learnt by heart) (809b6, 810b4-7; 810e6-811a5)。论题变成了海量的学习($πολυμαϑία$)是否使一个人既好且智慧，而且异邦人澄清的唯一的一点是，人人都会承认，并非每一种已出版的文献都是一流文献。

[214] 这个结论的跛足(lameness)使人认识到，在任何地方都能读书，而且除非家族的奴隶变成了城邦的探子，或家族自

---

① ［译按］亦可指构成《法义》的书卷。

己能够拥有自己的发言权(voice)(807e6-808a7)，否则私人事物的神圣性(sanctity)就开启了颠覆性文献(subversive literature)之门。那么，为什么异邦人未曾恰恰建议：按照苏格拉底规定的路线实行一种普遍审查，容许任何符合礼法的事物，禁止任何不符合礼法的事物(参957c4-d6)？然而，异邦人未曾以一种苏格拉底式神学①开头，依据这种神学，诸神是一切善者的原因，而且诸神自身完全美丽。用瓦罗(Varro)的话说，在言辞中的最佳城邦的开端，苏格拉底用哲人的诸神取代了诗人的诸神，以避免城邦的诸神闯进门来(get a foot in the door)通过神圣事物干涉护卫者的教育。然而，异邦人曾以两种区分开头，即身体和灵魂之间的区分，以及属神善者和属人善者之间的区分，而且只有当他直面变化的问题时，他才增添了一种宗教，他曾把这种宗教完全委诸城邦之手。②换言之，他曾把城邦的诸神委诸城邦。此外，他知道，像所有克里特人一样，克利尼阿斯对荷马或任何其他外邦诗人所知甚少，故他几乎不可能排斥尚未进来的东西(what has not yet got in)，既然他没有损坏一种几乎未遭败坏的无辜(an innocence that is hardly uncorrupt)(参886b10-d2)。③因此，异邦人似乎在想

---

① [译按] 见柏拉图《王制》卷二。

② 奥古斯丁说，瓦罗——他从大祭司斯凯沃拉(the pontifex Q. Mucius Scaevola)那里借来了他的三重神学——区分了"邦民神学(civil theology)和神话神学(mythical theology)，城邦和剧场，神庙和舞台，大祭司的仪式和诗人的歌曲，仿佛他在区分美者和丑者，真和假，严肃和游戏，应该追求的东西和应该唾弃的东西"，尽管他知道，后者取决于前者，并反映前者，仿佛在镜子里反映一般(奥古斯丁《上帝之城》[*De civitate dei*] 6.9)。奥古斯丁还叙述了，瓦罗曾写道，如果他正在建立一座新城邦，那么，他本不会像在他的《古代史》(*Antiquitates*)中所做的那样，把属神事物放在属人事物之后，而是会以哲人的诸神开头(4.31; 6.4)。

③ 马克西姆斯(Valerius Maximus)记载道，斯巴达人禁止阅读阿基洛科斯(Archilochus)的诗歌，因为他们怕这些诗歌会毁灭他们的孩子的道德，就算这些诗歌会提升他们的孩子的心智(马克西姆斯《值得铭记的行事与言辞》[*Factorum et dictorum memorabilium*] 6.3.ext.1，[译按] 6.3伯纳德特原误作6.12，今改)。

象，如果处于开端的是他而非荷马，而且一个新希腊的教育者是
他而非荷马，那么，会发生什么。如果开启文明的是哲学而非诗
歌，会发生什么？是否有可能重新区分野蛮与文明，以便用哲学
（philosophically）为希腊在《伊利亚特》和《奥德赛》中的双重起
源奠基？《伊利亚特》关注这样一个人，他懂得，如果他要成为
他之所是，那么，他需要诸神，因为只有诸神支持区分身体和灵
魂，并要求归还赫克托尔（Hector）的尸体，以便埋葬。正是阿喀
琉斯认识到，灵魂毕竟是［215］哈得斯府中之物（荷马《伊利亚
特》23.103-104）。对于我们所谓的人性（humaneness），这个问题
如此具有决定性，以至于维吉尔（Vergil）不得不让《埃涅阿斯纪》
（Aeneid）以杀死图尔努斯（Turnus）告终，而且不明说是否归还了
图尔努斯的尸体。《奥德赛》描述了这样一个人，他漫游到很远
的地方，见过许多人的城邦，知晓这些人的心智。这个故事关乎
通往智慧的道路，以及［这条道路上的］重重障碍。尽管维吉尔
把《奥德赛》和《伊利亚特》结合成了一本书，但他的故事里没有
奥德修斯。埃涅阿斯因其虔敬而闻名，而且维吉尔并非处于罗马
的开端。①阿喀琉斯的正义和奥德修斯的智慧为希腊规定了路线
（course）。如果异邦人不能确定自己是否能够独立复制荷马的成
就，那么，他迟迟不提出写作的论题，就完全可以理解（参858e1-
859b1）。

当异邦人回顾从天亮以来汇集起来的他自己所有的言辞时，
他非常愉快，因为这些言辞顶用（suit the bill），而且他"以完全像
一类诗歌的一种方式"说出了这些言辞（811c7-d5）。至少从开始
到现在，《法义》模糊了诗歌与散文之间的区别，而且比异邦人学
过或听过的任何其他东西都更适合年轻人聆听。年轻人应该听

---

① 不过，当维吉尔把一种卢克莱修类型的诗歌归于一位迦太基歌手，并把一种柏拉
图化的教诲归于哈得斯里的安喀塞斯（Anchises）时，他似乎想象出，罗马有某种
与《法义》相似的东西（维吉尔《埃涅阿斯纪》1.740-746；6.724-751）。

这样一个故事，这个故事关乎他们的礼法曾如何生成，关乎他们的立法者曾如何开始犯错，关乎这位立法者曾如何拒绝接受许多论证，关乎这位立法者及其同僚曾如何基于他们自己的权威而补充、忽略、订正、更改一个不为人知的雅典人留下的东西。如果异邦人有他的办法，那么，在比墨吉洛斯当初更甚的程度上(to an even greater extent than Megillus had)，这些多里斯孩子在成长过程中将拥有第二父邦(642b6)。他们将听到一个有关他们的礼法的故事，在这个故事内部，有某些礼法的草图，这些礼法被宣称是诸神，且根本上有缺陷(715c4)。正如荷马的诸神既是又不是城邦的诸神，同样，《法义》既是又不是他们的立法。《法义》是他们的教育的基础，却不是他们应该遵守的东西。[①]一旦《法义》成为范本，异邦人就愿意让教育主管者增加其他一些散文和诗歌，而且他尤其敦促要写下他发现的尚未写下的且与《法义》相似的任何言辞(the transcription of any speeches as yet unwritten that he finds not unlike the *Laws*)(811e1-5)。简言之，他建议写下苏格拉底式言辞。克利尼阿斯还不确定：

> 显然，我们将依据假设(supposition)前行，且将不会走出这些言辞的假设；[216]但也许难以确定，就整体而言，我们是否正确。(812a4-6)

无疑，克利尼阿斯十分困惑，因为异邦人不经意间引入的多里斯的法中之法(law of laws)遭到了违反(年轻人将与外邦人讨论礼法)，正如因为异邦人关于神话的陈述有这样一个结局

---

① 蒂迈欧建议进行一些训练(lessons)，这些训练会抵消公开说出的言辞(即礼法)和私下说出的言辞对那些在糟糕政制(bad regimes)中具有糟糕素质(bad constitutions)的人施加的影响(柏拉图《蒂迈欧》87a7-b4)。据苏格拉底所说，这些政会是所有已知政制，这些政制只会在它们的糟糕程度上各有不同。

（τελευτάτω，［译按］812a2），这个结局似乎拒绝按整体来重新思考至少这个部分。他还会认为，刑法——必须马上处理刑法——可能不适合年轻人聆听：尽管预设了刑法，但礼法有可能持续教育［邦民］，［可是］礼法的教育失败了，且具有悖论的风貌(the air of a paradox)（参875c6-e5）。不论如何，克利尼阿斯几乎没能猜出，异邦人将建议取缔克里特的男童恋，或将提供一种新神学。异邦人承认，克利尼阿斯的疑虑有道理。他说，要回答"把《法义》当成教科书是否正确"这个问题，必须等到"我们抵达对礼法的整个考察的终点(τέλος)"(812a8-9)。

第4节　模　仿

要处理教育(instruction)这个主题，就需要重新审视体育(813a5-b2)。这允许异邦人再一次谴责斯巴达女人，在留克特拉(Leuctra)战役的时代，斯巴达女人的行为有助于散布如下意见：人类是所有野兽中自然而然最怯懦的(the most naturally timid)一类(814b4-7)。异邦人暗示，如果女人得到训练，那么，宗教将正常发挥影响（参909e5-910a6）。这一次，墨吉洛斯没有提出异议，而且克利尼阿斯赞成异邦人把女人提升为女邦民(814b8-c5)。[①]重新审视体育，也让异邦人揭示出，他关于摔跤的评论中有一个缺陷，尽管这个缺陷是摔跤最大的部分，但他现在甚至不可能弥补这个缺陷，因为"如果身体的展示和言辞的指示并非同时进行，那么，不容易［弥补这个缺陷］"(814c6-8)。这一卷在开头曾指出，不可能把立法者不得不说的所有话都放进礼法，但现在异邦人暗示，在不成文法自身内部有某种不能说的东西：无法描述身体行为，却可以把一群邦民无误地定义为一个标识

---

① 参C. Mossé，"德谟斯提尼辩护词对雅典人的称呼"(Dénomination de l'Athénienne dans les plaidoyers Démosthéniens)，见《瑰宝》(Ktema) 10 (1985)，页77-79。

(signature)。逻各斯有一个限度。可以把这个限度称为 *ἄλογον* 或 *ἄρρητον*，意即非理性者。[①] 异邦人将把斯巴达女人的无耻与所有希腊人的无耻相提并论，[217]所有希腊人都不知道某些数值(magnitudes)不可通约，事实上，所有希腊人都像非人类和猪一样不懂(in the nonhuman and swinish ignorance of)严格的毕达戈拉斯主义，对于严格的毕达戈拉斯主义来说，没有任何数值不能表示为两个整数之间的一个比值(819c7-e1)。身体和运动抵制数的力量。诗人要求立法者把他确定为有尺度的(*μέτριον*)一切都翻译成一个数目，这个要求不可能得到满足。抵制可翻译性(the resistance to translatability)引出了如下问题：异邦人坚持消除左右、男女、日夜的区别，这是否并非意在指出这个数学论题；而且[②]正是在这里，人们才不得不从自然的不对称开始：自然的秩序(如果自然有秩序的话)未必会以城邦可以容易地使用的方式展示其自身。左右手可能的对等未必导致事物的空间定位不存在隐蔽的倾斜(there is not a hidden bias in the spatial orientation of things)。面对一个人，不同于面对镜中的自己。自然可能也是跛足的。

狄奥尼索斯的合唱歌队由60岁的歌唱者组成，标志着向体育回归。这些歌唱者处理节律与和声(节律与和声适合模仿灵魂的体验)，而且将会确保，七弦琴的音调(notes)与歌词相匹配，且不会发出与歌词相抵触的(crosswise)声音(812b9-c7)。异邦人拒斥这样的复合(complexities)，不是因为这样的复合对灵魂的体验来说不真实，而是因为这样的复合使学习对年轻人来说太难，年轻人只有三年的时间掌握他们应该知道的东西。在灵魂的体验的摹本里，可能存在这些体验的现实［原型］的一种简化。节律中短音和长音之间的比例(the ratios of shorts and longs in the rhythms)，音阶中音程之间比例(the ratios of intervals in the scales)，还有歌词

---

① ［译按］在数学上即无理数。
② ［译按］此处似乎多出一个that。

的逻各斯，将一起令年轻人灵魂陷入痴迷，通过这种痴迷，他们将
在模仿中受到召唤，去追求获得美德。这样唱歌在跳舞中有其对
应物，跳舞把一个形态加诸身体运动之上，身体运动不可避免地
伴随着灵魂运动(815e4-816a6)。异邦人开始对舞蹈进行分类时，
仿佛一切舞蹈都可以归入一个规则的充满二分法的纲领(a regular
scheme of bifurcations)。第一次划分区分了两种模仿，一种模仿
是基于威严者或宏伟者($τὸ\ σεμνόν$)模仿更美的身体，一种模仿是基
于微末者或无足轻重者($τὸ\ φαῦλον$)模仿更丑的身体，而且微末者
和威严者各自再分为两个种(species)。[1]威严者分为 [218]战争
与和平(这一对事物都十分严肃)：皮力刻舞蹈或战争舞蹈(martial
dance)分为对防守行动的模仿和对进攻行动的模仿，但和平舞蹈
并非直接适用于一种类似的划分，因为必须去除其有争议的部
分，保留其无争议且适合守法之人的部分。有争议的舞蹈称为
"宁芙们"(Nymphs)、"潘们"(Pans)、"西勒诺斯们"(Silenuses)、
"萨图尔们"(Satyrs)，这些舞蹈构成对狄奥尼索斯或巴克斯的赞
美(Dionysiac or Bacchic celebrations)，而且模仿这些醉酒的存在
者；[2]不可能给这些舞蹈贴上和平或战争的标签，因为甚至不容易
确定这些舞蹈打算或想要($βούλεσϑαι$) [做]什么。异邦人确定，这
些舞蹈不具有政治性，而且可以把这些舞蹈留在它们所处的任何
地方。

　　当向不好战的缪斯回归时，如果一个人有如下印象($δόξα$)，

---

① 威严者($σεμνόν$)在柏拉图笔下几乎一律指自命不凡者(the pretentious)，而且由这
　　个名词衍生出的动词($ἀπο)σεμνύνειν$的主动态指夸大并主张某物的属神状态，其中
　　动态指装腔作势(to give oneself airs)；除了苏格拉底的 [拟人化的]礼法(柏拉图
　　《克力同》51b1)，只有希琵阿斯(Hippias)在并非反讽的意义上使用$σεμνόν$ [威严
　　者](柏拉图《希琵阿斯前篇》288d3)；参柏拉图《高尔吉亚》502b1(关于肃剧)；
　　《治邦者》290d8, e7；《斐勒布》28b1, c3, c7。

② Ulrich von Wilamowitz-Moellendorff,《柏拉图》，前揭，卷2，页401，倾向于把
　　$κατῳνωμένους$ [醉酒]读作主格，以便排除醉酒的诸神，可这违背了柏拉图的
　　想法。

即一个人过得很好(one is faring well)，那么，异邦人可以把这个完整的属(genus)称为对诸神及其后裔的赞美；这个属可以分为较大的快乐和较温和的快乐，前者的起因是从艰辛和危险逃往诸善者，后者伴随着前一些善者的保存和增加。尽管它们［这些善者］在礼法诸属的结构中有位置(632a2-b1)，但不应该模仿在逆境中(in facing adversity)失败的高贵之人(参732c1-d7；参《王制》399a5-b3)。没有任何对失败的描绘(参813d3-5)。异邦人的划分似乎暴露出他正在掩盖属人体验(to have betrayed him into covering over human experiences)。不过，他仍然不得不填补跳舞的微末方面的两个空缺(blanks)，①但他只用谐剧填补了一个空缺。那么，他是否暗示，可以用肃剧填补另一个空缺？由此，肃剧会模仿如下体验式意见：要么艰辛和危险永无尽头，要么人们会全面且永远地丧失诸善者，而且如果我们所有的肃剧具有任何指导意义，那么，在上述任何一种情况下，任何人都不会以一种有尊严的方式行事(参柏拉图《王制》605c10-606c1)。如果"微末"(φαῦλον)这个词意在让人记起，墨吉洛斯曾指责异邦人蔑视(διαφαυλίζεις)人类(因为异邦人把人类视为玩物和玩偶)，那么，肃剧会以同一种方式一并回应墨吉洛斯和异邦人。然而，尽管肃剧此刻绝妙地完成(fill out)了异邦人自己的纲领，但异邦人似乎既排斥又建议实行这种分配。尽管他使带来谐剧式笑声的玩物(παίγνια)区别于严肃性(不管严肃性属于肃剧诗人自身，还是属于他们的主题)，但他［219］仍然怀疑严肃性，因为他插入了"像他们认为的"这个表达(817a2)。此外，异邦人曾承认，他不知道，人类作为玩偶是诸神的玩物(παίγνιον)，还是出于某种严肃意图(σπουδῇ)而得到构造。因此，在微末的方面，有一个位置留给肃剧；但肃剧也可能潜伏在狄奥尼索斯式事物

---

① ［译按］呼应上一段所说的"微末者和威严者各自再分为两个种"。

(βακχεία)^①这个有争议的范畴之下，因为当异邦人说那些舞蹈模仿醉酒者时，他可能在描述《法义》。《法义》的开端无疑是在含混地模仿一种醉酒狂欢，而且几乎没有失去言辞中的会饮的特征，尽管在这期间《法义》获得了一种并非完全具有欺骗性的外观——这种外观［反而］具有一种更大的清醒性。我们只需回忆异邦人对墨吉洛斯的刺激，当时他［异邦人］正在庄严地推崇游戏的高度严肃性。因此，仿佛肃剧和《法义》在争论各自到底处于舞蹈的左边还是右边(disputing for a place on either the left or right side of dance)，而且确定哪一个属于哪一边，有助于理解为什么异邦人现在说他们是最好且最美的肃剧的制作者。

把《法义》还是肃剧安置在异邦人的纲领里？要想最好地观察这个难题，人们就得认为，异邦人把名为"西勒诺斯们"和"萨图尔们"的舞蹈归入巴克斯式事物(the Bacchic)，^②西勒诺斯们和萨图尔们都在萨图尔剧中出场。萨图尔剧似乎介于谐剧和肃剧之间，且有可能是二者的起源。苏格拉底也似乎属于萨图尔剧，因为他自己把阿尔喀比亚德醉酒时对他的赞美比作一场萨图尔式的哑剧(a satyric and silenic drama)（柏拉图《会饮》222d3-4）。此外，异邦人把这些巴克斯式舞蹈与净化和入门的仪式(rituals of purification and initiation)相联系。由此，他把我们带回到了原初肃剧(prototragedy)，他曾在催眠曲和科吕班忒斯仪式里发现原初肃剧。人类的原初兽性——不管人们从历史还是从诸属［genetically］来看待人的原初兽性——会造就一个非政治的属(genus)，异邦人把这样一些舞蹈贬低为这个属：这些舞蹈更多地展示《法义》的主题，更少地展示他乐意引入城邦的诸文明形式。异邦人已然把肃剧的怜悯从圣洁的领域移除，并将肃剧的怜

---

① ［译按］直译为"巴克斯式事物"。狄奥尼索斯与巴克斯常常混用。
② ［译按］意同上一段中的"狄奥尼索斯式事物"。

悯(如果城邦还需要肃剧的怜悯)限定为对死者的哀悼。既然肃剧不再具有政治性，那么，肃剧与《法义》都处于城邦的边缘？对事物本身来说，对事物的理解总是远离中心(eccentric)。

诸划分本身似乎造成了不对称(参878b4-6)。克利尼阿斯一开始曾主张，战争是现实，和平只是一个名字；尽管异邦人曾教导他，战争与和平是两回事，而且战争是为了和平(628c6-d1)，但他此刻暗示，这种二重性是城邦的一个基础性神话；在战争中争夺胜利，曾应与赢得诸神的恩惠(graciousness)相匹配，两者都曾是游戏的结果，游戏曾是和平的生活，[220]不管一个人曾处于和平之中还是战争之中(803e1-4)。然而，舞蹈以区分战争舞蹈与和平舞蹈为开端。回到体育就是回到战争对于城邦的首要性：异邦人曾把游戏归在音乐之下。此刻他一开始就区分美的身体和丑的身体，但他立马把具有男子气的灵魂赋予一些美的身体(这些美的身体卷入了暴力的艰辛)，并把节制的灵魂赋予另一些美的身体(这些美的身体拥有好运气和节制的快乐)。丑的身体和丑的思想属于谐剧，但一个丑的身体拥有美的思想(这就是阿尔喀比亚德对苏格拉底的理解)，是另一种可能的结合。此外，当异邦人转向和平舞蹈时，他对比了怯懦且不节制的人所体验的更高强度的快乐与有序且勇敢的人所体验的更低强度的快乐；但他没有以同样的方式处理战争体验，以至于人们无法区分节制的人对这样的压力的反应与勇敢的人对这样的压力的反应。此二者之中，一个会在进攻中体验更大的快乐，另一个会在防守中体验更大的快乐？如果文本无误，那么，异邦人谈到了对进攻行动的模仿的模仿(815a5-7)。他似乎在暗示，这样的姿势双重远离杀人行为，因为如果不应该有展现高贵赴死的舞蹈(异邦人可能由此暗示，战场上不存在高贵赴死，参944c6-7)，那么，拔剑、掷矛、射箭在得到展现时，缺少其所意图 [攻击]的对象，而且在结束攻击时，不会展现牵涉其中的东西。不论如何，皮力刻舞蹈的双重特征强迫人们追问，谐剧是否也有双重形式：一重是进攻，苏格拉底在《斐

勒布》(48a8-50a10)对此有长篇描述；另一重是防守，意在阻止或
扭转阿里斯托芬这样的人的尖刻言辞(barbs)。

异邦人承认，如果缺少有趣的东西，就不可能理解严肃的东
西，而且正如有思想的人(φρόνιμος)有必要观察这两种东西，同样，
有美德的人有必要认识这两种东西，以免做出冒失的事，或说出
可笑的话，如果没有必要(μηδὲν δέον)。似乎可以读肃剧，却不可
以演肃剧，而且奴隶或雇佣的外邦人才应该演谐剧。应该不断
改变这些谐剧，以便这些谐剧有可能阻止人们在城邦中通过重复
(repetition)来复制一个谐剧类型(816d3-e10)。①奴隶在城邦里把
仅仅服从礼法的人们的行动表现为威胁，奴隶在舞台上则表现有
趣的东西。谐剧是否应该嘲笑 [221] 礼法，从而令观众感到羞
耻，以至于仅仅以前言确定他们自己的方向？异邦人自己曾建议
一个有趣的场景。奴隶应该对自己说：

> 真是耻辱！在所有人中，我们不得不叫醒我们的女主
> 人！真是一个赖床的家伙！真是个奥勃洛莫夫(Oblomov)！②
> 她应该叫醒我们！如果我们有我们的作风，那么，全家都会
> 在她耳边歌唱："贪睡的家伙(Sleepy head)！赖床的家伙！警
> 察正在敲门！我们把警察叫来了！"(807e6-808a7)。

异邦人曾经不知道，他是否应该把"自由人永远应该是第一个醒
来并唤醒他人的人"称为一个惯例或一条礼法。如果这应该成为
一条礼法，那么，这些奴隶会变成主人；如果这应该成为一个惯
例，那么，这些奴隶必须仅仅在舞台上揭发他们的主人。观众会

---

① 参W. Theiler，"柏拉图的礼法城邦中的护卫性力量"(Die bewahrenden Kräfte
im Gesetzesstaat Platos)，见氏著《古代文学研究》(*Untersuchungen zur antiken
Literatur*)，Berlin: de Gruyter, 1970，页253注1。

② [译按] 俄国作家冈察洛夫(Goncharov)的小说《奥勃洛莫夫》中的主角。

笑道"这不会在这儿发生"吗？事实上，正因为这不可能在这儿
发生，他们才对这条讯息(message)无动于衷，并在这场演出之后
的晚间①安睡至天亮？

对于肃剧诗人们，异邦人制作了如下回答：

> 最好的异邦人呵！我们自己就是制作可能的最好且最美
> 的肃剧的诗人。不论如何，我们的整个政制已经构成了对最
> 美且最好的生活的模仿。我们认为，这实在且真实地(ὄντως)
> 是最真实的肃剧。此刻你们是诗人，但我们也是制作同样事
> 物的诗人。我们是你们在技艺上的对手，是最美戏剧的竞争
> 者。唯有真实的礼法［歌曲］②拥有这样一种自然，这种自然
> 会完善并完成这一切。这是我们的希望。因此，请不要想
> 象，我们会像那样允许你们把舞台设在市场里，用美丽的声
> 音介绍演员，比我们更大声地说话，正如允许你们对孩子、
> 女人、整个人群长篇大论地说话［参658d3-4］；③而且尽管
> 你们谈论同样的惯例，但你们没有像我们这样谈论这些惯例，
> 基本上［你们谈论］这些惯例中的大部分［的方式］都［与我
> 们］恰好相反。你们知道，在官员们判断你们是否曾制作可
> 以谈论且适合公开谈论的事物之前，如果允许你们做你们现
> 在谈论的事，那么，我们几乎会完全疯掉，其他每个城邦也几
> 乎会完全疯掉。因此，此刻，温柔的众缪斯的儿子和后代呵，
> 首先我们不得不把你们的歌曲呈现给官员们，使之与我们自
> 己的歌曲构成比较，如果你们谈论的显然是同一些东西，或
> 更好的东西，那么，我们将给你们一个合唱歌队，可如果不
> 是，朋友们，我们将不会给你们一个合唱歌队(817b1-d8)。

---

① ［译按］直译为"下一个晚间"，但在中译文语境里径指"晚间"。
② ［译按］伯纳德特所补。
③ ［译按］伯纳德特所补。

　　当异邦人主张游戏而非严肃专属于人类时，墨吉洛斯提出了
异议，当时异邦人似乎对墨吉洛斯做出了很大让步；此刻，最美且
最好的生活是肃剧生活，而且异邦人 [222] 是这样的生活的影像
的制作者。他与肃剧诗人们比赛，并展示最真实的肃剧。肃剧诗
人们没有把握住有关肃剧生活的真实。这种真实似乎首先包含在
"可能的最好且最美的生活"之中，因为这个说法再次表达了，善
者诸种的结构与礼法诸属的结构不可能联合。对于肃剧，在体验
层面对礼法的偏离指向自杀；[①]对于异邦人，在体验层面对礼法的
偏离指向善者诸种的结构。因此，肃剧的失败原本不在于无法识
别合法的正义和节制(lawful justice and moderation)的特征，而在
于无法避免用合法的正义和节制反对八重善者的结构及其领导
者——心智。[②]俄狄浦斯名字有双重含义——"知道在哪儿"和
"脚肿"，俄狄浦斯差不多呈现了诸种和诸属，诸种体现为俄狄浦
斯对斯芬克斯之谜的解答，诸属体现为乱伦和弑父这一对禁令。
这些禁令十分圣洁，而俄狄浦斯对人类的发现，必然是对圣洁事
物的冒犯；但索福克勒斯没能指出，把属神事物翻译成圣洁事物，
是任意之举，故他也没能像异邦人那样区分献祭和歌舞(参索福

---

① 参萨福(Sappho)残篇85(Lobel编注本137B)：τὸ ἀποθνήσκειν κακόν: οἱ θεοὶ γὰρ οὕτω
κεκρίκασιν· ἀπέθνησκον γὰρ ἄν [糟糕的死法：因为诸神这样决定，因为诸神可能也死
过]。可进一步参考David Daube，"自杀的语言学"(The Linguistics of Suicide)，
见《哲学与公共事务》(Philosophy and Public Affairs) 1(1972)，页387-437。他指
出，正是在希腊肃剧里，人们首先发现了众多表示自杀的语词，《旧约》则没有表
示自杀的专门语词，而且《旧约》和《新约》都没有禁止自杀。
② 柏拉图的《苏格拉底的申辩》在结构上呈现为最真实的肃剧。在第一部分，依据
苏格拉底对阿波罗神谕的解释，苏格拉底代表一般意义上的人(23a7-b4)；在第
二部分，通过苏格拉底的δαιμόνιον [命神性事物]，苏格拉底只是他自己，而不是
每个人。第一部分处理无知，第二部分处理美德。第一部分的主题(moral)似乎
是自杀，第二部分(其典型例子是阿喀琉斯)的主题似乎是英雄对人类命运的反
抗。一旦无知让位于无知之知，这种肃剧结构就变成了哲学，而且属人善者应该
是，每天与人谈论美德以及苏格拉底审视的其他一切(38a1-7)。

克勒斯《俄狄浦斯王》863-910)。①俄狄浦斯的生活是肃剧生活，因为一旦他知道了他是谁，他便不可能想要成为他曾经声称想要成为的人。对于肃剧，最好的生活是政治生活，但最好不要出生，因为政治生活是罪恶生活；对于异邦人，[223]最真实的肃剧是，政治生活对它［最真实的肃剧］来说太严肃，以至于无法成为游戏生活(a life of play)。②③《法义》本身就是真实的礼法。它是不合曲调的事物(πλημμελές)合乎曲调的歌曲(ἐμμέλεια)，或言辞中的会饮的有序的无序。④唯有《法义》有能力制作最真实的肃剧。

第 5 节　假　　相

最后两条教训(lessons)在一个方面不同于它们之前的一切：如果不能证明有无理数(irrational magnitudes)，而且不能证明太阳、月亮、行星按环形轨道运行，那么，应该把它们排除在礼法之外(820d8-e7；822c7-10)。如果这两种情况都不真实，那么，希腊人不会成为无知的猪，也不会说一些反对诸神的假话，而且

---

① πόλις［城邦］这个词在这部剧中最后一次出现是在这首合唱歌(stasimon)中(880)，后来再也没有在这部剧中出现，但后来其否定词ἀπόπτολις［远离城邦的］出现过(1000)，ἄστυ［城市］也出现过(1378, 1450)。如果人们采纳O. Apelt的建议(O. Apelt,《柏拉图的〈法义〉》[Platons Gesetze]，前揭，卷2，页526注94)，即前言意在成为肃剧合唱歌(choral songs)的对等物，那么，《法义》中的三个人物是这部剧中的演员，这样一来，异邦人作为肃剧诗人，从此刻开始，便从幕后走到了台前。

② ［译按］亦译"戏剧生活"。

③ 在谈论罗马对宗教的使用(δεισιδαιμονία)时，珀律比俄斯(Polybius)赞美古人在民众中灌输对未知事物的畏惧，灌输关于哈得斯的意见，灌输"这类肃剧"(珀律比俄斯《罗马兴志》[Ἱστορίαι] 6.56.11)。

④ 波鲁克斯的《辞海》(9.110)和雅典奈俄斯(Athenaeus)的《宴饮大师》(Δειπνοσοφισται)(14.28 [630D-E])把称为ἐμμέλεια［合乎曲调之舞］这种舞蹈分配给肃剧，但异邦人把它分配给和平舞蹈(816b4-c1)。雅典奈俄斯继续说道，在他自己的时代(2至3世纪)，皮力刻舞蹈只存在于斯巴达，别处则有狄奥尼索斯舞蹈，在这种舞蹈中，既然不再有战争，故舞者拿着手杖(thyrsi)而非长矛，并把手杖扔向同伴(631A-B)。

教育的第一个目的会终结于异邦人的如下主张：他是制作最真实肃剧的诗人。尽管在一个场合，星象学(有关规则运动的物体[bodies in regular motion]①的学问)属于一种理论体育(theoretical gymnastic)②(参柏拉图《蒂迈欧》40c3-d3；《情敌》[Erastai]132a5-b3)，而且乾坤诸神对奥林波斯诸神的取代(这种取代首次在这里得到讨论)改变了人们理解圣洁者的方式，但异邦人此刻的建议无关于肃剧。异邦人说，

> 我们 [希腊人]③说，我们既不应该审查最伟大的神和整个乾坤，也不应该参与探究它们的原因，我们还说，这么做甚至不圣洁。(821a2-4；参966e4-967d2)

由于我们认为"是有死者且思考有死的思想"(Being motal think mortal thoughts)之类的表述是典型的肃剧表述，故如下两个事实之间似乎多少有点联系：第一个事实是，异邦人与肃剧诗人们展开竞争，第二个事实是，异邦人断言，学习既美且真的东西(如他建议的星象学)，不仅完全为诸神所喜爱，而且对城邦有利(821a7-b2)。当异邦人回过头来讨论野蛮人的诸神时(阿里斯托芬《和平》406-411；参柏拉图《苏格拉底的申辩》26d1-3；《克拉底鲁》408d5-e1)，他不受任何限制地审查诸神及 [224] 其原因。他没有解释，从他建议的这种探究那儿，城邦会得到什么利益。当他起初暗示星象学的基础时，星象学意在保持月亮年和太阳年重合(to keep the lunar and the solar years together)(这是为了避免固定的节日出现在错误的时节)，同时使人们更多地思考这些事；但他没有暗示，城邦为之献祭的诸神是确定历法的属神存在者(809c6-d7)。然而，既然他建议确立一个数学模型(这也包含对原

---

① [译按]直译为"规则运动的身体"。
② [译按]意即灵魂的体育，也就是所谓思维体操。
③ [译按]伯纳德特所补。

因的论述），故异邦人冒险向城邦证明，月亮靠反射发光，而且阿纳克萨戈拉（Anaxagoras）正确地声称月亮是泥土（柏拉图《苏格拉底的申辩》26d4-6；《克拉底鲁》409a8-b1）。

异邦人对星象学的描述配不上他赋予星象学的高度重要性。星象学似乎是卷十神学的一个占位符（placeholder），在卷十，［异邦人］论证了灵魂对身体的优先性，并把所有运动的原因追溯到灵魂。一旦灵魂到位（in place），［我们］不清楚，星象学还能否维持它现在的地位，不管星象学如何完美地证明了天体的环形运动。如果秩序永远优于无序（806c4-6），那么，也许确实存在秩序，①此外，把行星的行程限定为环形，也许并非最能揭示事物的真实秩序。所有数值的可通约性的表相不得不让位于所有数值的不可通约性的证据，而且异邦人至少暗示，平面（surfaces）和体积（volumes）也许拥有线性（linear）不可通约性的对等物。②异邦人暗示，一旦有办法把非理性事物理性化，表面上混沌的事物就会变得像自然数一样有序，而且数学能够呈现为有序的东西不会受到明显限制。对无理数的发现既揭示了秩序［本身］可能永远具有更高的秩序，又把天体运动的环形轨道贬低为心智的一个专有（privileged）影像。希腊人完全不知道线性不可通约性，但［我们］不清楚，为什么他们因其无知而更糟糕。异邦人似乎暗示，他们的无知使他们虚假地画了一条关于某些必然性（ἀνάγκαι）的线——甚至一位神也不会对抗这些必然性。这些属神的必然性出现在这样一句话里，这句话的开头是另一类必然性——所有邦民最少必（ἀναγκαῖον）知道什么数学知识。不可能期望每个人都具备算术、平面几何、立体几何、星象学的精确知识：

> 但不可能抛弃它们之中不可或缺或必要的（ἀναγκαῖον）东

---

① ［译按］there is order and order，语义存疑。
② 参C. Ritter，《柏拉图的〈法义〉：希腊文笺注》，前揭，页220-226。

西，而且第一个说出这则关于神的格言的人似乎着眼于这些东西，而且声称，"很明显($\varphi\alpha\nu\tilde{\eta}$)，甚至一位 [225] 神也不会对抗必然性"，也就是说，至少不会对抗那些属神的必然性，因为如果这里说的是属人的必然性——至少多数人这样说时，正是着眼于属人的必然性——那么，这种说法是迄今最愚蠢的言辞(818a7-b6)。

如果人类不知道诸神不对抗某些的必然性，那么，人类不可能是人类。知道什么构成诸神的必然性，正是人类的一种必然性：

> 我认为，如果一个人没有做($\pi\varrho\acute{\alpha}\xi\alpha\varsigma$)这些必然性，从而没有理解这些必然性，那么，这个人绝不会变成人类的一位神，正如一位$\delta\alpha\acute{\iota}\mu\omega\nu$ [命神] 或一位英雄不会被证明严肃地($\sigma\grave{\upsilon}\nu$ $\sigma\pi o\upsilon\delta\tilde{\eta}$)关心人类，而且如果一个人没有体验过月亮、太阳和所有其他星体的运行，从而没有能力认识一、二、三，或一般意义上的奇数和偶数，或者说对计算($\dot{\alpha}\varrho\iota\vartheta\mu\epsilon\tilde{\iota}\nu$)一无所知，且没有能力计算和区分($\delta\iota\alpha\varrho\iota\vartheta\mu\epsilon\tilde{\iota}\sigma\vartheta\alpha\iota$)日夜，那么，一个人不会变成属神之人(818b9-d1)。

如果人类是猪，那么，如克塞诺梵尼(Xenophanes)所暗示，可能存在另一类神；①可是，一旦异邦人要求人类知道某些数值不可通约，以便人类成为人类，那么，人类要变得属神，其所需的最低条件会超出他一开始设定的知识，因为计算并认识天体环形轨道的能力不要求那种知识。②人类必须首先知道如何把白天和黑夜计算成二，然后知道如何把白天和黑夜计算成一(参柏拉图《法义附录》978b7-d1)。人类必须首先发现一天有两个可见部分，

---

① [译按] 意即：人有人的神，猪有猪的神。
② [译按] "那种知识"即关于某些数值不可通约的知识。

然后才能理解这两个部分具有不可见的统一性。此刻，他还什么都不必做；但一旦他开始做(do)几何学，他就必须行动起来。这些行动就是构图(constructions)，苏格拉底说，构图很可笑，正如构图有其必然($μάλα \ γελοίως \ τε \ καὶ \ ἀναγκαίως$)(柏拉图《王制》527a6)。从这些构图中可以证明，如果一个直角三角形的两腰相等，那么，斜边的平方等于两腰平方之和；从这个证明中首先产生了斜边和腰长可通约的问题。我认为，异邦人以其神秘的$πράξας$ [做] 暗示了这一类几何构图。如果一位神不做这些构图，那么，他不可能知道这些必然性，或不可能成为人类的一位神，因为如果没有证明$\sqrt{2}$是无理数，那么，他会相信人类所知道的不可能的事，即奇数可以是偶数。[①]知道这些必然性，[226] 正是一种必然性；这种必然性不很壮观，也不很美；但不知道这些必然性，将绝对可鄙($παντάπασιν \ φαῦλον$)(820b4-c6)。异邦人在回应(echoes)墨吉洛斯，墨吉洛斯曾认为，当异邦人说人类在某种很小的程度上分有真实时，异邦人在表达对人类的绝对鄙视($παντάπασι \ διαφαυλίζεις$)。墨吉洛斯不曾知其所以然(the half of it)。[②]

第 6 节　捕　　猎

在捕猎之前有两条教训。如果去除了这两条教训，那么，捕

---

① Ritter对$πράξας$ [做] 的解释是，一位神必定是一种自我约束的必然性的制作者(页211-214)，在我看来，这种解释不可能成立，正如England对这个词的改动不可能成立，依据England的改动，神在我们内部创造了"认识数学必然性的能力"(页311)，因为不管在Ritter那儿，还是在England那儿，都需要$ποιήσας$ [制作]。England还不得不人为地区分$πράξας$ [做] 与$μαθών$ [学习]，与此同时，他还不得不人为地区分神与$δαίμων$ [命神] 和英雄。对柏拉图来说，构图的意义还体现在《治邦者》中，在《治邦者》中，一旦认识到数学依赖于构图，爱利亚异邦人对$πρακτική$ [实践的]([译按] 与$πράξας$ [做] 同源)和$γνωστική$ [认知的] 的区分就不可能成立(258d4-e7)。

② [译按] 英文熟语，指最重要的那部分，姑译为"其所以然"。

猎会紧跟在异邦人那个主张之后,那个主张就是,他已经制作了最真实的肃剧。如果这两条教训不可或缺,那么,捕猎首次以实证说明了,立法者赞美或谴责的东西不同于立法者写进礼法的东西。由此,异邦人恢复了他建议的对一切的神圣化曾经可能禁止的东西(what his proposed consecration of everything threatened to banish),因为尽管年轻人和老年人曾会把数学当作游戏来学习,但学习数学也曾是一种必然性。然而,此刻 [异邦人]已经恢复不成文法,而且如果年轻人更喜欢捕猎飞禽或鱼类,而非执著于白天不通过网罟和陷阱而捕猎四脚野兽,那么, [异邦人]不会为不成文法配备任何惩罚措施;可是, [异邦人]赞美一类捕猎,导致如下令人好奇的后果:尽管异邦人自己建议确立不成文法,但 [他]不会惩罚违反不成文法且做不成文法明确禁止的事的人(823c8;824a10-19)。此礼法 [即不成文法]之中没有出现数目。

　　相当容易就能认识到,捕猎像星象学一样只是一个占位符,因为正如星象学代表着神学,捕猎代表着哲学或辩证术,因为令人好奇地对比数学性的学问和肃剧这两个论题,无法不让我们记起,在《王制》中,禁止肃剧之后,取代肃剧的就是数学性的学问,当时苏格拉底把哲学视为数学性的学问的顶点。甚至更令人好奇的是,异邦人沉迷于一系列划分(这些划分似乎取自《智术师》),以便决定应该赞美或谴责什么,以及应该容许或禁止什么。他正在做的事的关键在于,他呈现的礼法使用捕猎的字面含义,但赞美和谴责把捕猎和猎物扩展到 [227]包括这样一些行动和存在者,这些行动和存在者暗中囊括了几乎所有存在的事物。由此,这种扩展允许我们重新思考人类的兽性,并把捕猎与定义性的且不成文的礼法(the definitional and unwritten laws)联系起来,定义性的且不成文的礼法原本把人类与野兽分开,也把神与人类分开。人类最初占据的整个幅度在捕猎中得到了呈现。这是异邦人首次试探想要成为对诸存在者的发现的礼法(first foray into law as wanting to be the discovery of the beings),这也为异邦人一直推

迟讨论的 ἔρως [爱欲]问题铺平了道路。除了扩展"捕猎"以外，他还扩展了 ἔρως [爱欲]的含义。

不成文法属于礼法并不宣称属于其自身的那部分言辞(that part of speech that the law does not claim for its own)。礼法总是保存一种语言的更古老的那部分，并追求摆脱含混而获得自由。①礼法想要避免明喻(similes)和暗喻(metaphors)，②但把名词和动词

---

① 古旧的(archaic)语言最突出的例子出现在有关杀人的礼法里，这种礼法使用 κτείνω [杀]而非ἀποκτείνω [杀]；柏拉图在《法义》中遵循了这个惯例(约30次)。仅仅在《游叙弗伦》中，κτείνω [杀]这个非复合词形才以与此相当的频率出现。修昔底德对κτείνω [杀]和ἀποκτείνω [杀]的使用也值得审视：首先在4.96.8，κτείνω [杀]这个非复合词形代替了ἀποκτείνω [杀]这个复合词形；在3.66.2，忒拜人区分了这两个词形。以-οισι和-αισι结尾的伊奥尼亚式与格复数出现了约90次，其中18次位于严格意义上的礼法开始之前，即771a5以前(18次占90次的约3/7，[译按]如果90和18统计无误，则不应是3/7，而应是1/5)。起初2次出自克利尼阿斯之口(625c2, d2)。

② 异邦人首次指出礼法的这种严守字面的倾向(literalism)，是在他批评合唱歌队的构造者们把εὔχρως [具有一副健康脸色]转化为歌曲和姿势时(655a4-5)。西塞罗《论题集》(Topica) 7.32: saepe etiam definiunt et oratores et poetae per translationem verbi ex similitudine cum aliqua suavitate. sed ego a vestris exemplis nisi necessarium non recedam. solebat igitur Aquilius conlega et familiaris meus, cum de litoribus ageretur, quae omnia publica esse vultis, quaerentibus eis quos ad id pertinebat, quid esset litus, ita definire, qua fluctus eluderet; hoc est, quasi qui adulescentem florem aetatis [τῆς ὥρας καθάπερ ὀπώρας (837c1)], senectutem occasum vitae [ἐν δυσμαῖς τοῦ βίου (770a6)] velit definire; translatione enim utens discedebat a verbis propriis rerum ac suis [话说演说家和诗人在下定义的时候，经常使用一个词的暗喻含义，同时也会使用明喻，这么做会给人以某种愉悦。可是，只要不是出于必然性，我不会远离你们的例子。当说起海滨——你们希望所有海滨成为公共财产——而且关心海滨的人们追问何为海滨时，我的同伴和熟人阿奎利乌斯习惯于把海滨定义为波浪停止，玩耍的地方；这就像有人想青年定义为岁月的花朵(τῆς ὥρας καθάπερ ὀπώρας [花朵仿佛果实]，837c1)，把老年定义为生命的垂暮(ἐν δυσμαῖς τοῦ βίου [正值生命的日落时分]，770a6)；通过使用暗喻，他就偏离了表示事物的确切语词]([译按]上面拉丁文引文中插入的两个方括号内容为伯纳德特所补，这两个方括号在中译文中转为圆括号，并由笔者增补了希腊文的直译)；参Fritz Schulz，《罗马法学史》(History of Roman Legal Science)，Oxford: Clarendon Press, 1946，页98。由于eludere [停止玩耍]指通过诡计来欺骗，在礼法上指通过躲闪来逃避礼法，故西塞罗对阿奎利乌斯的批评尤其明显。

扩展到在任何场合都始终包含比其原本含义更广的含义，这似乎是言辞与生俱来的特性，这不仅是因为措辞要精炼（economy），而且是因为人们注意到在礼法没有且不可能认可的事物中有相似的情况。νόμος［礼法］的双重含义处于《法义》的核心。在体验层面偏离礼法，就体现在言辞本身之中，而且只有令言辞变得圣洁，才能囊括这些含义上的转移，但也只是在一定程度上如此，因为甚至凭借这样一种神圣化，在它旁边会生长出另一类言辞，这类言辞会成为礼法禁止的一切事物的储藏所。异邦人曾使肃剧诗人们这样问立法者："我们应该引出并推动（φέρωμέν τε καὶ ἄγωμεν）诗歌吗"（817a5-6）？φέρωμέν καὶ ἄγωμεν［引出并推动］这个短语意味着损毁一个国家，其中第一个词［228］指拿走所有可移动的好东西，第二个词指赶走所有牲畜。诗人是不合法言辞的先锋，因为他们更深地理解对事物的体验。把他们赶出去，仅仅减慢却未停止重塑言辞。τέμνειν καὶ κάειν［切割并焚烧］可以指在毁灭一个国家时进行切割并焚烧，也可以指在治疗一位病人时进行切割并灼烧。如果把第一个含义置于第二个含义之上，那么，人们可以说，这个短语同时表达了病人的体验和医生的行动。

异邦人在开始分析捕猎时，没有把捕猎与其他任何事物区分开来；但如果诉诸《智术师》（219c2-e2），那么，捕猎和比赛（competition）直接属于主宰或占上风（χειρωτικόν），并最终属于占有，此外，捕猎不同于比赛，是因为捕猎是隐蔽的（κρυφαῖον），而比赛是公开的（ἀναφανδόν）（参731a3-5）。捕猎的隐蔽性包括猎人和猎物两方面的隐蔽。对捕猎的分析先于异邦人的某些规定，这些规定关乎对战争和比赛的训练（参633b1-2）。捕猎（θήρα）不仅包括捕猎野兽（θηρία），而且包括捕猎人类，不管是在战争中还是在交友中，也不管是得到赞美还是得到谴责。因此，"捕猎"不顾及埋伏在它内部的"野兽"（θήρ），从而拒绝在行动上区分野兽和人类。由于人类不知道无理数，故人类具有猪性(swinishness)，人类的猪性与人类的兽性形成对照，人类的兽性体现在战争中，尽管人类合法地捕猎非家养的猪。人类在战争中的体验引导人类独立地逐渐认识到自己是掠食性野兽(beasts of prey)，荷马走近这些掠食性野兽，并把它们展示为他们之所是：

> 安提洛科斯(Antilochus)扑过去，有如猎狗扑向受伤的小鹿，这只小鹿刚冲出巢穴，猎人就射中了它，放松了他的四肢，墨拉尼波斯(Melanippus)呵，善战的安提洛科斯也这样冲出去，扑向你，剥取你的铠甲，但赫克托尔注意到这一切：他飞快地 [229] 穿过战线，来到安提洛科斯面前，安提洛科斯虽然是强悍的战士，也不敢停留，而是战栗不已，像一头作了恶——杀死了护卫牛群的狗或牧牛人——的野兽，不等人群聚集就逃之夭夭(荷马《伊利亚特》15.579–588)。

城邦可能想把战争从捕猎中排除，因为城邦关于葬礼的礼法可能想说人类不是死肉，可是战争行动对礼法施加压力，也许只有诗人有能力减轻这种压力。城邦想把海盗的偷窃行径(thefts of piracy)与对敌人的偷袭(stealing up on the enemy)区分开来，但这种行动［战争行动］本身，以及使这种行动成为可能的唯一倾向，不允许进行这样精致的［区分］(参色诺芬《居鲁士的教育》

---

① 对于人类是否可驯服，异邦人保持了沉默，正是这种沉默在最大程度上把他的一系列划分与爱利亚异邦人的一系列划分区分开来，因为当爱利亚异邦人把陆地上的捕猎划分为对驯兽的捕猎和对野兽的捕猎时，泰阿泰德怀疑是否存在对驯兽的捕猎，于是爱利亚异邦人为他提供了多种可能性(人类是驯兽或野兽，或某种其他动物是驯兽，或不存在对人类的捕猎)，这时泰阿泰德断定，"正如我相信我们是驯兽，同样，我说存在对人类的捕猎"(柏拉图《智术师》222b2-c2)。接着，爱利亚异邦人把如下技艺归入暴力捕猎：海盗技艺、奴役技艺、僭政技艺、所有战争技艺(222c5-7)。

1.6.27-28)。体验站在辩证术这边，并认为：

> 比起通过灭虱技艺展现捕猎技艺的人，通过将军技艺展现捕猎技艺的人并非更威严（σεμνότεϱον），①而是往往更自大。（柏拉图《智术师》227b4-6）

雅各（Jacob）曾两次行骗，一次是为了得到他哥哥以扫（Esau）与生俱来的权利，一次是为了赢得他父亲的祝福（《圣经·旧约·创世记》25:24-27:40）。以扫是个猎人，生来通红且多毛；他酷爱野味，有一次，他从野外回来筋疲力尽，就要"吃那红色的东西，那碗红色的菜肴"，那是他的孪生弟弟刚做好的。他得到了小扁豆汤（lentil soup），但雅各必定已经知道如何复制现实事物的气味和样子，正如后来利百加（Rebecca）使雅各穿上以扫的皮革，而且她自己做了以撒（Isaac）喜欢的菜肴，而且雅各的哥哥知道怎么做这道菜肴。猎人几乎就是野兽，这个住在帐篷里的镇定而安静的人是伪装大师。②

异邦人区分了值得赞美的捕猎和值得谴责的捕猎，但他似乎说得如此漫不经心，以至于人们不可能确定，这种区分只适用于交友之时对人们的捕猎，还是适用于一般意义上对人们的捕猎，还是适用于捕猎行为本身。③这种漫不经心不是他的漫不经心，

---

① ［译按］伯纳德特原作主格σεμνότεϱος，今据原文改回。

② 参David Daube，"以扫如何出卖自己与生俱来的权利"（How Esau Sold His Birthright），见《剑桥法学杂志》（The Cambridge Law Journal）8（1942），页1-6；David Daube，《圣经法研究》（Studies in Biblical Law），Cambridge：Cambridge University Press，1947，页193-200。

③ "正如对水生［野兽］的捕猎十分广泛，对有羽毛的［野兽］的捕猎也十分广泛，对陆生［有脚的］动物的捕猎也十分广泛，值得注意的不只有对野兽的捕猎，还有对人类的捕猎，不仅（τε）战争中的捕猎，还有（δὲ καὶ）交友中的捕猎，都十分广泛；只不过一个值得赞美，一个值得谴责"（823b1-7；［译按］引文中插入的方括号内容为伯纳德特所补）。在讲到对人类的捕猎时，句子结构中断，重新开始时讲的是交友中的捕猎，这使最后那个表述十分含混。捕猎引出了这个区分的问题，此问题预示了美德的统一和多样的问题。某种意义上，这是同一个问题。

而是属于有些人的体验，这些人的洞察力无法轻易区分拉皮条的人和可敬的中间人，正如无法轻易区分苏格拉底和智术师，尽管这种洞察力有时声称［230］在爱欲者的贿赂——这种洞察力把爱欲者的贿赂与其他形式的奉承区分开来——中找到了一种魅力（参柏拉图《泰阿泰德》149d5-150a7；《智术师》222d7-e3）。礼法假装对这些一无所知。礼法揭示它想要的东西，并相信这就是它意指的东西（参719a7-b2；《米诺斯》316d8-e1）。成文法想要命令并禁止某些事；正如成文法不可能加上"否则"，除非激发了人们——不论多么闲散地——思考成文法的确定性的渊源（这个渊源就是，一个人若违反了成文法，就不可能不受惩罚），同样，成文法必须使人们猜测，成文法所禁止的任何事本身在某种意义上有吸引力，而且如果不是因为有成文法，那么，人们会自然而然倾向于做这种事。此刻，异邦人把礼法中隐藏的这种反礼法性（antinomianism）夸大到了荒谬的地步。他对年轻人说：

> 朋友们，但愿任何在海里捕猎的欲望（ἐπιθυμία）或 ἔρως［爱欲］不要抓住你们，不论这欲望或 ἔρως［爱欲］指向钓鱼，还是在一般意义上指向用鱼篓对水生野兽的捕猎，鱼篓适合一场闲散的捕猎，猎人清醒或睡着了都没有关系（823d7-e2）。

异邦人想让年轻人保持清醒，不要从事睡着了可以从事的活动；但他表达这个值得赞美的意图，是通过暗示人们如果拥有做钓鱼者的强烈欲望，就会陷入懒惰。当他把他的诚挚的希望与另一个希望配对时，他的诚挚的希望开始起作用：

> 接着，但愿从事海盗活动的渴望（ἵμερος）不要出现在你们身上，同样，在海上抓捕人类的渴望也不要出现在你们身上，那样会使你们成为野蛮且不守法的猎人；也但愿在城市或乡

村偷窃［的渴望］不要哪怕触碰你们心智的表面(822e2-5;
参831e8-832a2)。

海盗活动和拦路抢劫接近于战争的惯常方式，这一点曾体现在他
的划分中，并威胁着战士们守法的文明品质。由此，行事中的一
种渺茫到荒谬的可能性，在言辞中似乎得到了充满幻想的扩展，
这种扩展逐渐抵达了礼法的核心。不合法的欲望的滋生，不可能
无关于礼法的灌输。异邦人这样总结他的希望："此外，但愿捕猎
有羽毛的［动物］的一种诡计多端的爱欲($αἱμύλος$ $ἔρως$)不要出现
在任何年轻人身上"(823e5-824a1)。这个表示"诡计多端的"或
"哄骗性的"的词在柏拉图笔下其他地方只出现过一次：苏格拉
底把这个词用于一位爱欲者，这位爱欲者令被爱欲者相信他是一
位无爱欲者，从而即将制作一篇看起来合法的讲辞(柏拉图《斐
德若》237a4)。[1]因此，人们被迫想知道，[231]正如先前谴责钓鱼
的欲望时，合法的战争和不合法的海盗活动相互混同(approached
one another)，同样，异邦人希望禁止的$ἔρως$［爱欲］并非相当不同
于苏格拉底在他的第二篇讲辞(他宣称这篇讲辞与他的第一篇讲
辞同属一篇讲辞)中希望抬举的有翅膀的爱若斯(柏拉图《斐德
若》252b8; 262c5-d2; 264e7-266b2)。不论如何，卷八前半部分处
理战争和男童恋。

---

[1] 这个词最早出现在叙事诗人笔下，用于形容卡吕普索(Calypso)、宙斯、第一个女
人或一般意义上的女人的哄骗性言辞；这个词后来也出现在肃剧中，用于形容奥
德修斯或非暴力的计谋(nonviolent devices)：荷马《奥德赛》1.56；赫西俄德《神
谱》890；《劳作与时日》78, 374, 789；索福克勒斯《埃阿斯》388；欧里庇得斯残
篇715.1；《瑞索斯》(Rhesus)498, 709；埃斯库罗斯《被缚的普罗米修斯》206；参
品达《涅米亚凯歌》(Nemean)8.33。

第八章　《法义》的第一个终点

第1节　战争游戏

[232] 在六月，在一年的最长的一天，太阳快落山了，他们［三位老人］已经路上花费了超过13个小时，异邦人建议把一年最后一个月①（六月后半部分到七月前半部分）献给普鲁托。他建议邦民中的420人生活在一个献给哈得斯的地区。他的建议的依据是，节庆分为只有女人能参加的节庆和男人也能参加的节庆。女性独有的节庆中最常见的一个是地母节(Thesmophoria)。地母节献给得墨特尔和珀尔塞福涅(Persephone)这对母女，她们在雅典被称为礼法搬运者($\Theta\varepsilon\sigma\mu o\varphi\acute{o}\varrho\iota\omega$)，其中珀尔塞福涅被说成是哈得斯之妻(阿里斯托芬《地母节妇女》[*Thesmophoriazousae*] 296)。把什么献祭安排给什么神，这不归异邦人决定；对这些事立法，需要求助德尔斐神谕，而且在克利尼阿斯的同意下，异邦人把他自己的任务限定为［确定］它们［节庆］的数目。然而，他把普鲁托当作例外，可他这么做导致人们无法判断，他是否适宜地实行了他建议的区分：

_____

① ［译按］按古希腊历法。

　　此外，地下［诸神］，①所有必须得到分配的天上诸神，
还有他们［天上诸神］的所有侍奉者，不应该被混同，而应
该得到区分，这要求合法地把他们分配给普鲁托的十二月；
好战的人们不应该对这样一位神生气，而应该给他荣誉，
因为对于人类这个属(genus)来说，他永远最好，因为在任何
情况下——我严肃地($\sigma\piov\delta\tilde{\eta}$)说这话——灵魂和身体的结合
($\kappaoiv\omegav\acute{\iota}a$)都不会好过二者的分离($\delta\iota a\lambda\acute{v}\sigma\varepsilon\omega\varsigma$)②(828c6-d5)。

在句法上，"合法地把他们分配"这个表达包含了天上诸神，可是
时态要求这个表达与天上诸神无关。首次把地下诸神引入前言
时，出现过同样的含混：称他们居于第二位，可把他们放在了第一
位，而且在句法上，第二位空出了(717a6-b2)。异邦人制定这个
原则，是为了证明他有理由［233］在12位神③中插入普鲁托，这个
原则对整个城邦及其所有邦民都有效；普鲁托的地区的420位居
民与这位神之间没有特殊关系。④因此，异邦人是否暗示，其他11
位神中的每一位将各自展现某一个适用于整个城邦的原则？这
会是《斐德若》中苏格拉底的爱欲神话在政治上的对等物，在苏
格拉底的爱欲神话中，不同类的灵魂跟随不同类的神，神引导它
们瞥见天宇之外的诸存在者。然而，他确实清楚地表达的那个原
则，似乎排斥任何其他原则，似乎至少排斥第一篇前言的两个原

---

① ［译按］本段引文中插入的方括号内容均为伯纳德德所补。
② ［译按］伯纳德特原改作主格$\delta\iota\acute{a}\lambda v\sigma\iota\varsigma$，今据原文改回。
③ ［译按］古希腊传统的12个主神，不包括普鲁托。
④ 泡萨尼阿斯(Pausanias)说，厄利斯人(Eleians)是他所知道的唯一为哈得斯赋予
荣誉的民族(泡萨尼阿斯《希腊指南》6.25.2)。异邦人插入普鲁托，令人记起
埃斯库罗斯的《奥瑞斯忒亚》(Oresteia)中雅典娜把从未到过雅典的复仇女神
们(Furies)引进雅典。她们不是占据居所(take up residence)的前奥林波斯(pre-
Olympian)神，而是最晚近的神，雅典娜聪明地劝说她们变成受人崇拜的神，并管
理所有人类事务，克吕泰墨涅斯特拉(Clytaemestra)存在于她们每个人体内，因为
她原来祈求过她们，并隐藏在一个她们无法解释的梦中。

则中的第二个，即仿效诸神，尽管这第二个原则可能被认为来自第一个原则，即受诸神奴役。

卷八开头令人困惑的意味(note)仍在继续。异邦人暗示，要么哲学是唯一的生活，要么那个肃剧式表达有效，即最好不要出生；他刚刚这样暗示，他就断言，既然他们的城邦拥有闲暇，也摆脱必然性而获得了自由，他们的城邦就必须好好生活下去，"就像一个人一样"。对于他们的幸福生活来说，首要的必然性是既不相互错待，也不被他人错待，第一种情况并不很难做到，难就难在有能力不被错待："一个人如果不变成完美意义上的($\tau \epsilon \lambda \acute{\epsilon} \omega \varsigma$) 好人，就不可能完美地($\tau \epsilon \lambda \acute{\epsilon} \omega \varsigma$) 获得［这种能力］"(828d8-829a6)。异邦人用来补充第一个原则①的是另一个看起来与之相矛盾的原则。在最粗浅的意义上，第一个原则意味着，最高的善者是因为热爱父邦而死亡，第二个原则②意味着，如果邦民是完美意义上的好人，那么，城邦有机会过上好生活，而且如果邦民遭受任何不义，那么，他们不可能是完美意义上的好人。异邦人曾断言，城邦的核心学说是个体灵魂不死，而且当且仅当一个人被证明在此世是完美意义上的好人时，好生活在死后开始；尽管如此，这还是不足以解释这个明显具有卡利克勒斯色彩的教诲，即一个人必须尽其所能地保护自己免遭不义，因为如果考虑死后的生活，那么，有能力不去行不义会具有决定性意义(参柏拉图《高尔吉亚》509c6-510a5)。第二个原则的粗浅版本是，邦民们必须总是武装到牙齿四处活动，但异邦人曾批评斯巴达和克里特不过是兵营，而几乎不是城邦(666e1-2；参708a2)。 [234]另一方面，如果人们诉诸苏格拉底对伤害和错待的区分，且假设异邦人所说的伤害指不义，那么，人们会说，如果一个人是完美意义上的好人，那么，另一个人不可能把这个人变得更糟，此外，被杀、被放逐或被剥夺邦民

---

① ［译按］即上一段结尾的"受诸神奴役"。
② ［译按］即上一段结尾的"仿效诸神"。

身份，也许是不义的行动，却没有能力毁灭灵魂的诸善者(柏拉图《苏格拉底的申辩》30c9-d6)。在这种解释中，对不义的体验有双重含义，故第二个原则与第一个原则会十分容易相互调和，但唯一的前提是，对赴死和死亡的实践是第一个原则的核心。实际上，异邦人敦促在克里特的中央培养一支常备军。如果克诺索斯要么允许其殖民地成为一个如此持久的威胁，要么信赖异邦人的保证，即这个殖民地相当容易就能成为正义的［城邦］，那么，异邦人不会理会克诺索斯的愚蠢。

异邦人没有对城邦提出很高的要求，就像对其邦民们提出很高的要求那样。就城邦而言，他没有说"完美意义上"，而是声称，当且仅当城邦拥有和平生活时，城邦才是好城邦(829a6-8)。因为城邦要成为好城邦，需要城邦在和平时期为战争而进行训练。首先，异邦人建议：城邦应该每月进行一次全民(en masse)军事演习，为期至少一天；［城邦］还应该设计一些美丽的游戏，这些游戏应该尽可能生动地模仿现实战斗；［城邦］还应该吟诵赞歌(compositions of praise)，献给任何在这些比赛中——正如在他的整个生活中——似乎表现得最好的人，至于任何并非［表现得最好］的人，则应该受到谴责(829b2-c5)。异邦人没有说清楚，是否任何没有获得奖章(a badge of merit)的人都应该受到谴责：后来，他似乎建议，把这些人当作无恶意的、游戏般的嘲笑的对象(936a2-5)。他无疑允许这些赞歌中缺乏精致，因为制作这些赞歌的诗人可能只是那些50岁以上的亲自完成过一件美丽且引人瞩目的行事的人，不管他们是否有作诗的天才。此刻，体育偷偷地抢在音乐前面，并冒险让其①最好的战士们承受无意的嘲笑。因此，异邦人宣称，男女战士们是"最伟大的那些比赛的获奖者"(ἀθλητὰς τῶν μεγίστων ἀγώνων)，这个表述呼应了苏格拉底关

---

① ［译按］按语法，指体育。

于护卫者的表述，即 ἀθληταὶτοῦ μεγίστου ἀγῶνος［最伟大的那个比赛的获奖者们］，当时苏格拉底还没有把护卫者降级为辅佐者(柏拉图《王制》403e8)。①基于与拳击手进行严格类比，异邦人建议，[235]军队中的某一部分人应该每天进行不使用武器的训练，此外，[军队中的]每个人应该每个月经历一次更大的对现实事物的模仿，经历时使用武器，这些武器应该只比战斗中使用的武器稍微少一点危险性，可仍然足够致命，以便令一场游戏(παιδιά)保持恐慌氛围(δείματα)。立法者必须预见到，有些人会被杀，从而必须以一种合法方式自动免除杀人者的谋杀罪，并洗清杀人者的血污(830a3-831b1)。异邦人发现，损失少数男人和女人，不会造成困难，因为立法者应该相信，其他不比这些人差的人将会成长起来，并取代这些人。异邦人没有给出数目。我们不知道，他会认为何为可接受的损失，但这些损失不会太小，如果"不能说畏惧就是畏惧死亡"(fear is not as it were to die)。要做到正确地平衡城邦能够承担的东西和城邦为了维持畏惧而必须花费的东西，就需要统治者们进行最精细地区分，在这件关键的事上，异邦人必须任由统治者们自行进行这种区分。这令人记起另一个需要，即平衡护卫工作所需的战士数目和一种适度的生活方式能维持的殖民者数目，在没有考察地点的情况下，异邦人同样不能定夺这个需要(737c6-d6)。

　　异邦人引入了一种奇怪的不一致(misalignment)，不一致的一

① 在《王制》的一个并非不相干的场合，再次出现过一个相似的表述，即"战争的获奖者们"(422b4)。阿得曼托斯刚刚问，他们的城邦如何可以攻打一个既大且富的城邦，苏格拉底就建议了几个方法供这个城邦采用，这些方法比较巧妙，而非比较似是而非。苏格拉底没有说，由于这个城邦是完美意义上的好城邦，故这个城邦不会被错待(427e6-8)。异邦人不合时宜地谴责挣钱，这令克利尼阿斯感到困惑(832b5-7)。苏格拉底恭喜这个城邦，因为它可以轻易地抵抗未经训练的敌人，但异邦人没有采取苏格拉底的态度，而是继续长篇大论地谴责，这种谴责只能警告每个人注意这种新基础引发的危险。

方是"如果我们是拳击手"的那些惯例,另一方是邦民—战士的
那些惯例。在这个范例里,

> 如果我们没有伙伴[陪我们]训练对打,那么,我们不
> 会因畏惧无知者的嘲笑而不敢去悬起一个无生命的①幻象
> (εἴδωλον ἄψυχον),同样,如果我们遭到隔绝,完全远离任何有灵
> 魂的人和任何无灵魂的物,那么,我们会实在且真实地(ὄντως)
> 与我们自己的影子搏斗(σκιαμαχεῖν)(830b5-c3)。

异邦人说着哈得斯的语言。另一方面,立法者若遵循这个惯例就
会引发嘲笑,这种嘲笑可能不在于缺少伙伴,而只在于一个有趣
的需要,即把城邦分裂成两个党派,它们将相互打斗,仿佛在从
事现实的战争。按照规定,这个城邦与自身不和。一个人今天面
对的"敌人"是一个人现实中的朋友,而且如果一个人杀死他,
那么,一个人不会背负谋杀邦民同胞的罪名。异邦人也有办法缓
解因杀死一位朋友而产生的痛苦吗(参865a5)?在一个人口众多
的国家,一位临时"同伴"(buddy)的死亡无疑很容易遭到遗忘;
但在一个以培养友情为首要目的的城邦,一个人若要杀死一个朋
友,则几乎必须面对面才能实施,在这种情况下,一个朋友对一个
人来说,难道只是一个无生命的人体模型②吗?或者说,一个人应
该想象,一个人将送自己的影子去哈得斯吗?竞争无疑可以激发
卓越,但不容易控制致命的后果。 [236]我们记得,阿德拉斯托
斯致两人死亡,但他是无辜的,而且尽管[克洛伊索斯]以一种几
乎与希腊人相同的仪式净化了他第一桩杀人罪,同时克洛伊索斯
赦免了他第二桩杀人罪,可是他"认定自己在最大程度上身负他
所知道的所有人的不幸",故他在他杀的第二个人的坟前自杀了

---

① [译按]据所附希腊文,直译当为"无灵魂的"。
② [译按]对应于上面引文中的"无生命的幻象"。

（希罗多德《原史》1.45.3）。

异邦人以两个原因解释了，为什么现在任何城邦都不在他建议的意义上从事战争游戏。第一个原因是，无法满足对挣钱的热爱，第二个原因是，在任何由一个党派统治的城邦，[这个党派]畏惧把武器发给这个城邦所奴役的人们。[①]如果一个城邦没有党派，而且其军队有更坚实的(greater)基础，这样的城邦获得了更大的(greater)扩张能力，那么，异邦人的一个偏好甚至适用于这个城邦自身的统一性，这个偏好就是对一种既不完全健康也不完全美丽的状态的偏好。凡事有点儿糟反而更好(Things are better for being a little bad)。第一个原因的后果是，使那些自然而然有序的人变成了商人和船主，而且使那些自然而然勇敢的人变成了海盗、抢劫者(不管是抢劫神庙还是抢劫民居)、好战者(πολεμικοί)、僭主(831e4-832a2)。异邦人暗示，他的邦民们没有机会经商，而是将成为尚武者(πολεμικοί, 828d2)，而非好战者(πολεμικοί)；[②]但他没有解释，私人兴趣的缺乏将如何阻挠他们，这仅仅是因为政制

_____

① 在讨论何以大多数希腊土地的特性不适合进行重甲步兵战斗时，A. W. Gomme解释了异邦人的建议：

> 对于重甲步兵阶级，重甲步兵制度在所有城邦都是一个完全民主化的制度；人人都可以提供他自己的盔甲和武器……这一点强化了希腊人有关邦民与城邦之间关系的观点：一个应召满足城邦需要的邦民，不缴税给一个 [比他]更强大的政府；城邦不需要拥有大量武器储备，这些武器储备有可能会落入野心家手中，从而危及正常的有良好秩序的公共生活，因为这些武器储备(被认为)会塑造一个职业武装阶级。

Gomme在更靠前的地方评论过，以轻甲战略来训练军队，会需要这样一个职业武装阶级。A. W. Gomme，《对修昔底德的史学笺注》(*A Historical Commentary on Thucydides*)，Oxford: The Clarendon Press, 1945，卷1，页14-15。希罗多德《原史》7.9B。

② [译按] "尚武者"英译为martial，"好战者"英译为bellicose，但二词所附希腊文为同一个词。

结构不允许进行任何扩张。他当然允许有殖民地(923d2, 925b4-
c3)。在他把女人完全囊括进城邦之前，他曾使她们成为依据自然
而有序的人(802e9-10)；此刻，既然她们是军队的一部分，她们能
否足够有效地阻止将军们和官员们接管这个政制？人们想知道，
太年轻的人和太年老的人——他们都在某种程度上不强健(out of
shape)——能否阻止现役［将军们和官员们］篡权。城邦完全军
事化(militarized)了，但没有军国主义化(militaristic)。城邦生活
的原则根本上是荣誉制(timocratic)，但城邦不会在政治上奖励获
得城邦荣誉的人(参921e5-922a3)。然而，[237] 对于不使用盔甲
进行竞争的人，[城邦]不会为其提供任何比赛或奖品(833a4-9；
834c7-d1)。如果没有认识到，奖章是一个指向战场的可期待的
标志(a promissory note)，那么，任何人都不可能在任何竞争中获
胜，同样，如果没有期待(foreboding)，那么，任何人都不可能失
败。赢得奖章的人们从没有想过，他们配得上施行统治。在结束
卷二时，异邦人抛下了体育，可是从那以来，他又一点一点地让
体育回来了：首先，他声称已经完美地完成了［有关］体育［的讨
论](796d8)，却在引入女人时重新开始［讨论］体育(804d6)，然
后，在一番包含谐剧和肃剧的讨论中，他再次回过头来［讨论］
体育(814d8)，在讲完所有教训之后，他又继续［讨论］体育，以
便补充［有关］捕猎［的讨论]；此刻，他终于停止了［讨论］体
育(834e2)。作为"第一位立法者"(835b1)，他曾首先关注音乐，
[可现在]音乐似乎已然被体育压倒。[1]音乐在何种程度上被压
倒，可以简单地表述为：在马格涅西亚，有战争之神们，没有和平
之神们(943c6)。

　　　体育之于音乐，犹如勇敢之于节制，而且斯巴达女人的轻浮
和克里特盛行的男童恋最明显地展现了斯巴达和克里特的礼法和

---

[1]　参M. Vanhoutte，《柏拉图〈法义〉中的政治哲学》(*La philosophie politique de Platon
dans les Lois*)，Louvain: Publications Universitaires de Louvain, 1954, 页28-29。

作风之中缺乏节制。因此，我们震惊地发现，异邦人的解决方案完全无效，要证明这些解决方案之失败，只需检验前三卷——设计言辞中的城邦就是为了进行这种检验（或者说，克利尼阿斯是这么认为的）。不论通过教育来灌输节制，还是建立实际上的两性平等的制度，都无助于解决《法义》开篇的问题。节制和勇敢的结合尚未出现过，而且异邦人的城邦此刻不过是一个更有效率也更危险的斯巴达。这个城邦一直在偷偷地小心地四处徘徊（on the prowl）。异邦人已经确定，尽管希洛人［的存在］令斯巴达不得不具有一种节制，但希洛人［的存在］不会令这里的意图得到满足（参修昔底德《伯罗奔半岛战争志》8.24.4，8.40.2）。异邦人表面上对马格涅西亚的重新军事化无动于衷，对于这一点，他能提供的最合理的借口可能是，一旦他以一种最终的方式（τελευτάτω）建议让《法义》成为所有非专门化（nonspecialized）教育的核心，并把此核心连同音乐或体育的所有其他内容，一并交到外邦人手中，那么，礼法会井然有序，而且他可以接受让这个城邦回到通常困扰诸城邦的那些环境之中。他的现实主义与他的理想主义不可分割：刑法和神学是接下来两卷的主题。

第 2 节　ἔρως［爱欲］

[238] 如果异邦人骄傲地声称，他的建议可以在年轻人中灌输贞洁［观念］，并降低已婚女人的通奸［比例］，那么，我们原本会相信他的话，因为礼法诸属的结构曾使这一点成为其组成部分中的第一批主题中的一个（631e3-632a2）。的确，我们曾被警告，有点不对劲（some thing was amiss），因为当他概览他的合唱歌队的舞蹈时，他没能呈现如何从好运突然转变为厄运，而且他不让肃剧诗人们出场，除非他们证明他们强过他自己的肃剧。不仅合唱歌队的模仿中缺少的恐慌曾为模拟战斗（mock battles）的恐慌所弥补，而且怜悯曾被限制在后巷（banished to back alleys），而

非在公共场合露脸(show its face in public)(参960a1-6)。一旦异邦人揭示出,属神的必然性在现实中是什么,他就转向了属人的必然性:起初,他使城邦几乎成为了战争机器,现在,他要面对格劳孔所谓比几何必然性更强烈的欲望(柏拉图《王制》458d5)。异邦人曾强烈谴责爱钱,这种强烈令克利尼阿斯和墨吉洛斯感到不安。对他们来说,异邦人似乎因仇恨而舌头打结,且没有能力提供第二个原因,以便解释何以诸城邦无法在和平时期实践战争(832a7-b7)。然而,如果像异邦人后来所说的,对大多数人来说,爱钱是所有欲望中最强有力的欲望(870a1-6),那么,人们会好奇,异邦人创造的闲散的掠食性动物是否不需要一种甚至更严厉的惩罚,也就是比他加诸贪婪者的惩罚更严厉的惩罚。他使他们有可能在一个更小的程度上重建米诺斯的帝国(尽管此刻他们受到限制),让这个帝国在没有海军的情况下征服克里特。他发现,在节制和勇敢的人们的自然之中,灵魂终生饥饿(这样的人不幸,却未必没有天分),这种饥饿在他自己的城邦里没有得到满足。他曾说,他们把这个政制构造成了对最好且最美的生活的模仿;他没有说,这是对最正义的生活的模仿。

异邦人沉默地把他的城邦布置成了另一个罗马,这个城邦有望在时间的流逝中变成一个商业帝国;但此刻,他转向了另一个形式的欲望,仿佛阿瑞斯和阿芙洛狄忒并非总是在一起,而且他的城邦面临某个特殊困难,这个困难只能由他来解决。然而,他自己的解决办法只是第二好或第三好,尽管这个困难尤其属于他自己。他说:

> 在最好的可能的情况下,如果诸戒律本身以某种方式有可能来自一位神,那么,这项工作属于这位神,但实际上[这不可能],①故很有可能需要某个大胆的人,他推崇坦率,从

---

① [译按]伯纳德特所补。

而会说出，什么看起来对城邦和邦民最好，[239]此外，在败坏了的诸灵魂面前，他也会规定并安排对政制整体来说适宜且和谐的东西，同时驳斥最大的那些欲望，他没有任何人做帮手，而是独自仅仅跟随逻各斯(835c1-8)。

此刻，异邦人首次宣称，唯有属神的启示可以起到劝说作用，而属神的启示的摹本则无法起到劝说作用，就算这个摹本是一个受到激发的诗人所创作，且为其他每个人所重复。这是一个超出不成文法能力范围的任务。诗人们提出俄狄浦斯之罪，是通过［声称］，大多数人"尽管是礼法的违反者"(838a5)，也会自愿避免与甚至美丽的同胞兄弟或姐妹结合，但对于抑制男童恋，俄狄浦斯的父亲拉伊俄斯之罪没有起到任何效果。这两个故事纠缠在一起，但［诗人们中］没有人认为，这个儿子杀死这个父亲，尽管出于不知情，却是正义的，因为这个父亲有罪；①可是，诗人们确实意识到了，俄狄浦斯对自己的盲目与他对母亲裸体的揭露(the uncovering of his mother's nakedness)完美地相互匹配。在一种情况下，诗人们识别出了正确性的样式(the pattern of right)，在另一种情况下，诗人们发现了一个令人好奇的巧合。②不成文法的最高成就，是令人相信，违反不成文法会导致自我惩罚：不成文法不必亲自改正犯错者自己承认的错误。异邦人知道，他不可能设计一个故事，使之起到同样的劝说作用，一旦它超出家族的神圣性。因此，他需要一位神进行直接干预，这位神将不会去讲故事，而会去颁布一条礼法，即"否则"。③换言之，他承认，这位神的劝说作用是［营造］一种恐慌。

---

① A. Diès在对836c2的注解中指出了这个关联："我们知道，拉伊俄斯被当作反自然爱欲的创造者：实际上，他曾得到一个神谕，预示他会被其子所杀。"

② ［译按］"一种情况"指前一句的前半句，"另一种情况"指前一句的后半句。

③ ［译按］"否则"代指一条配备惩罚措施的礼法。

尽管异邦人的描述包含了所有的性关系，但他集中关注男童恋，这表面上是因为男童恋是斯巴达和克里特制度特有的缺陷，而且这个缺陷［的出现］不早于拉伊俄斯的时代。此刻，凭借克里特精致的求爱（courtship）方式（这些方式可能不容易根除），男童恋成为了不成文法的一部分（参斯特拉波［Strabo］《地理志》［Geographica］10.21）。①异邦人迟迟不让克利尼阿斯陷入痴迷，也迟迟不劝说克利尼阿斯像他一样着眼于另一个时机（winning him over to his own view to another occasion），这个时机超出了《法义》的时间范围（837e5-7；参842a7-8）。异邦人提出了两个反对男童恋的论证，第一个论证的理由是，在野兽中不存在男童恋，第二个论证的理由是，［240］在回顾礼法的意图时，有一个推理推翻了异邦人此前建议的大多数立法。在检查任何立法时，人们都应该问这个问题：这种立法是否对美德有影响？婚姻法不可能通过这样一种检验，尽管一个人剥夺自身不死性是不圣洁之举（720c6-8）。城邦需要新邦民，而且人们感到有必要分有不死性，但在这两种情况下，都不可能找到对美德的任何提升。如果美德通过疏导欲望而成为了结婚的目的，那么，为人们设定的法定结婚年龄就太迟了（参柏拉图《王制》460e1-461a2）。在被引诱者的灵魂中没有任何男子气，在引诱者的灵魂中没有任何节制（836d5-7）——这个反对男童恋的论证能够广泛适用于任何爱欲关系。为了把这个一般论证转向特定的主题即男童恋，异邦人必须再次依赖一幅符合习俗的图景，即女性是被动的一方，此外，他还必须忽略他自己的一些建议，这些建议关乎如何使女人变得

---

① 在克里特，男童恋者的求爱方式，包括模仿强奸，当然，在模仿强奸之前，这位爱欲者会告知被爱欲者的朋友，他即将模仿强奸，这些朋友可能会拒绝这位爱欲者，认为他不配这么做；此外，在捕获被爱欲者之后，对暴力的使用（持续不超过两个月）足以释放被捕获者，并允许被捕获者寻求复仇。尽管斯特拉波一开始把强奸和劝说对立起来，但他的描述表明，强力（force）如何通过礼法而呈现其劝说的一面。

有男子气。他合理地论证道，"只要心中有真正的礼法"，几乎任何人都不会制定支持男童恋的礼法，因为城邦的存续、家族的完好、美德的提升应该是他的主要关注。然而，有两种可能，一种可能是，礼法中的缺陷让礼法有生长的空间，另一种可能是，礼法的一部分，就像会餐，甚至会培育礼法；如果这两种可能中的任何一个成立，那么，礼法不可能十分容易地受到压制或禁止，只要没有人以某种不可预见的方式颠覆礼法的结构。异邦人承认，有一种城邦尤其急需控制种种欲望，在这种城邦中，艰辛导致的不自由(illiberality)不会扑灭肆心(hubris)，而且邦民的生活耗费在献祭、节庆、合唱歌队中(835d8-e2)。正如礼法不得不使用捕猎的字面含义，同样，礼法必须使用ἔρως [爱欲]的字面含义；既然对金钱的ἔρως [爱欲]没有发泄渠道，而且礼法不可能赞同在体验层面或语言学层面扩展ἔρως [爱欲]的含义，故ἔρως [爱欲]的一切热烈方面都被限制在一个狭小渠道里，礼法以其固执的纯粹性对这个渠道加以定义。异邦人的礼法要想完全展现秩序，就不可能(can do nothing to)阻止性放纵。 [异邦人]曾认为，教育应该使每个人成为一个对于变成完美且完整的邦民这件事有欲望且有爱欲的人(ἐπιθυμητήν τε καὶ ἐραστήν) (643e5)。 [异邦人]一直在做这个梦。

　　异邦人从最初那些原则出发，随后几乎立即变得含混(836e5-837d7)。他想观察"友情(φιλίας)、欲望(ἐπιθυμίας)、所谓ἐρώτων [爱欲]的自然"①。他说它们 [即友情和欲望]是两个种，第三个种(εἶδος) [即爱欲]来自前两个种，由于包含前两个种，故这个种的名字 [即爱欲]造成了极多困惑和含混：

> 我们无疑把在遵守美德方面相似且地位相仿的人(like to like in comformity with virtue and equal to equal)称为朋友

────────────

① [译按]本句中三个希腊词伯纳德特原改作主格φιλία、ἐπιθυμία、ἔρωτες，今据原文改回。

(φίλον)，同时［我们把］^①有求于富人的人——在属(genus)
上与富人相反——［称为］^②朋友，而当这两种［朋友］中
的每一种变得强烈(σφοδρόν)^③时，我们称之为ἔρωτα^④［爱欲］
(837a6–9)。

［241］至此，有四种朋友，但如果人们考虑到，第一种朋友在词
性上是阳性，第二种朋友在词性上是中性，那么，总共讲到了八种
朋友。^⑤然而，如果人们跟随第俄提玛(Diotima)，那么，只有中性
形式的第二种朋友是ἔρως［爱欲］，这是对善者的欲望，可大多数
人所谓的ἔρως［爱欲］是另一种欲望，这种欲望指向一个人自己
在美者之中的生育，或指向在美者之中的一个人自己，不论怎样
理解一个人自己(柏拉图《会饮》205d1-206b8)。不论如何，异邦
人一下子使一切都陷入含混，这显然是出于"划分只会造就不对
称"这个原则。他把第二种友情同化于第二种ἔρως［爱欲］，因为
他说它令人恐慌、野蛮，且几乎不会容忍任何共同性(τὸ κοινόν)。
异邦人似乎忘记了，原初的问题是，如何在少数既好且正义的
人与多数既糟且不义的人之间造就友情(当然，他无疑没有忘记
多数人的自然，见838a4-5；840d1)，而且没有办法使礼法的这个
根本目的适应这些不同类的人(categories)。来自相似者的第一
种友情是温和的、共享的友情，且延续一生；这种友情听起来仿
佛是阿里斯托芬对男同性恋的赞美的谄媚版本(柏拉图《会饮》

---

① ［译按］伯纳德特所补。
② ［译按］伯纳德特所补。
③ ［译按］伯纳德特原改作主格σφοδρός，今据原文改回。
④ ［译按］伯纳德特原改作主格ἔρως，今据原文改回。
⑤ 人们可以把异邦人的纲领规则化，就像这样：两种友情都可以分为身体与灵魂，
这四种中的每一种都可以再分为温和与强烈。这八种中的四种是不同种的ἔρως
［爱欲］，这八种有多种方式结合起来。一个神圣化的故事会赞美其中几种，并
谴责其他几种，而这样一个故事似乎不可能。

191e6-192b5)。当然，夫妻之间的友情不可能属于第一种友情（参
839b1；840e1），哪怕异邦人省略了"在遵守美德方面"这个条件；
因为男性和女性各自的自然都有一个倾向，即遵循男子气和节制
之间的界线，故夫妻之间的友情至多可以补充［异邦人的种种友
情］（如果不是［与之］相反），但不论如何都无法轻易挤进异邦人
的种种友情之中。第一种友情若变强烈，又会怎样？如果某一对
夫妻的确分有这种 ἔρως［爱欲］，那么，所有不遵守这种 ἔρως［爱
欲］的婚姻都将分崩离析吗？

　　那两种友情得到了漫不经心的定义，异邦人用那两种友情造
就了第三种友情，第三种友情意在回应对 ἔρως［爱欲］的普通体
验：它结合了想要远观的欲望与想要加入某人(to join into one)的
欲望，或结合了两种意识，一种意识是，被爱欲者已经完整，一种
意识是，一个人自己还极端不完整，以上状况令人认识到，一个人
要变得完整，只有如下这种情况：被爱欲者其实也不完整（这与爱
欲者最初的信念相反），且per impossibile［不可能］因爱欲者而变
得完整。 ［242］异邦人的描述恰好令人记起《斐德若》神话里的
白马和黑马。他说，首先，第三种不容易理解："一个人凭借这种
对自己的 ἔρως［爱欲］而想要什么呢？"此外，当一个人鼓动这样
一个爱欲者触碰青春之花(ὥρα)，而另一个人禁止他这么做时，他
被两种相反的力量撕扯，从而陷入困惑。

　　　　一个人对身体有爱欲(ἐρῶν)，渴望身体的花季(ὥρας)，①
正如渴望成熟的果实(ὀπώρας)②一般，且不把任何荣誉分配给
被爱欲者的灵魂状态；但另一个人把身体的欲望(ἐπιθυμίαν)③

---

① ［译按］伯纳德特原改作主格ὥρα，今据原文改回。
② ［译按］伯纳德特原改作主格ὀπώρα，今据原文改回。
③ ［译按］伯纳德特原改作主格ἐπιθυμία，今据原文改回。

当作偶然的，而且观看（ὁϱῶν）而非激动（ἑϱῶν），① 而且凭借他的灵魂而实在且真实地（ὄντως）处于一种对灵魂有欲望的状态（ἐπιτεϑυμηϰώς），而且相信身体对身体的满足是肆心，而且在节制、男子气、伟大、深思面前感到羞耻和敬畏，从而想与纯洁的被爱欲者一起永远纯洁；但从这两个人中混合出的 ἔϱως［爱欲］就是我们所描述的第三种［爱欲］。② 在有了如此多种［爱欲］之后，礼法应该阻止所有这些［爱欲］，不让它们发生在我们之中吗？或者说，如下状况不是很清楚吗？我们会想要对美德的 ἔϱως［爱欲］存在于我们的城邦里，让我们的城邦对于"年轻人变成最好的可能的样子"这件事有欲望（ἐπιϑυμοῦντα），而且如果这种 ἔϱως［爱欲］有可能，那么，我们会阻止另外两种［爱欲］③（837b8–d7）。

异邦人已经设法使普鲁托代表的原则转向了爱若斯：身体和灵魂完全分离，而且二者的解散好过二者的结合。［他］一个字都没提美者。［他］把美者化约为一年的一个季节，而被爱欲者的身体就是秋季成熟的果实。［他］也一个字都没提快乐。身体爱欲者想要以一种更完美的形式对他自己的青春进行一种伪还原（pseudo-restoration）。他［身体爱欲者］想要逆转并取消时间。他［身体爱欲者］的体验源于对时间流逝的一种敏锐感觉，他意识到，人类处于完美状态仍然朝生暮死（ephemeral），但他拒绝承认他不可能抓住时日（seize the day）。由此，灵魂爱欲者引发的极

---

① ［译按］这两个希腊词形近，相应地，伯纳德特分别英译为 sees 和 seethes，在英文中亦形近。

② 为清晰起见，删除了 ἔϱως［爱欲］之前的 τϱίτος［第三种］。

③ 托名柏拉图的《定义集》（*Definitiones*）把纯洁（ἁγνεία）定义为一种避免对诸神犯错的谨慎，或一种对神的荣誉的自然顺从（the natural service to the honor of a god）（414a12）。因此，依据《斐德若》（251a1-7），被爱欲者是一位神，而且爱欲者通过使被爱欲者变得更好而给他荣誉（柏拉图《法义》727a2-7）。

端分离，完成了他［身体爱欲者］不可能理清头绪(make heads or tails)的体验；尽管灵魂爱欲者成功地使死亡成为有关爱若斯的真实，但他不得不撒弥天大谎(lie through his teeth)，因为尽管他充满羞耻地敬畏男子气、节［243］制、伟大、深思，但这种敬畏既不可能属于被爱欲者，也不可能属于他自己。由于正义没有包括在爱欲者的敬畏之中，故他令人记起那个年轻的僭主，后者有僭主的灵魂，异邦人曾使立法者为这位僭主祈祷(709e6-710b2)。被爱欲者只是个男孩，而且如果他已经与爱欲者平等，那么，就产生了友情；如果他更弱小，那么，爱欲者必定在描绘一幅未来的图景，未来所有这些东西都属于他。异邦人一开始就区分了美德和需要，因此，他以灵魂和身体取代了美德和需要。因此，这表示，灵魂没有需要；但如果灵魂对灵魂有欲望，那么，灵魂就有需要，但异邦人如果不说出这会如何发生，便不可能说出这些需要是什么，除非不再远观结合(ἁγνεύειν ἀεὶ μεϑ᾽ ἁγνεύοντος［与纯洁者一起永远纯洁，837c8］)。爱欲者的欲望必定是想要年轻人尽可能好，他的欲望不是灵魂对灵魂的欲望，而是一种把他自己的卓越传输给另一个潜在的好人的欲望。因此，他不得不一开始就在被爱欲者中灌输做好人的欲望，而且这种欲望必定属于第二种：爱欲者必须是富人，被爱欲者必须有求［于富人］：立法者的παιδικά［娈童］是僭主。在一种对另一个人灵魂善者的欲望背后，是一种对未来平等状态的欲望。这种欲望是一种生育(generation)，包含身体和灵魂的分离，且与婚姻法完全对立。

异邦人甚至不会试图建构一套包含他想要的ἔρως［爱欲］的礼法，因为那需要《斐德若》和《会饮》中的教育，就算这两部作品成为了课程的一部分，这种教育也不可能得到礼法的认可。礼法必须提升合法生育，但礼法不可能把婚姻神圣化，如果礼法鄙视身体和灵魂的结合(参柏拉图《斐德若》250e3-251a1)。异邦人说，他有一个极其容易的方法禁止男童恋；但他没有面对如下难题，即在一个谴责并赦免拉伊俄斯儿子的故事中谴责拉伊俄斯。欧里庇得斯写了一部戏剧，其中拉伊俄斯对克律西波斯（Chrysippus）有爱欲，并说道："我没有意识到你谴责我的任何东西，尽管我有判断力，但自然逼迫着我。"（欧里庇得斯残篇840N）拉伊俄斯表达了异邦人所谓第三种ἔρως［爱欲］。这种ἔρως［爱欲］与俄狄浦斯之罪完全不同类，后者在体验层面似乎不是一种ἔρως［爱欲］。乱伦是实现一个梦，在这个梦中，可以体验无拘无束（柏拉图《王制》571b3-d4）。乱伦表达了灵魂对城邦及其所有礼法的反抗（rebellion）。男童恋不具有这种特征。如果男童恋被指责有［与乱伦］相同的危险，那么，每个孩子都必然是一个人自己的同胞兄弟或姐妹，而且城邦必然变成一个圣洁的家族；但当苏格拉底建议根除家族时，他不得不引入人为的办法，以免出现太多俄狄浦斯，也以免［244］兄弟姐妹之间乱伦（柏拉图《王制》461b9-e4），因为如果他实现这一点，那么，每个人都会知道自己与谁有真正的亲缘关系，而且共产主义指向的意图也会失败。这一方面使母亲圣洁，另一方面使儿子神圣。

异邦人对ἔρως［爱欲］的描述有一个令人好奇的特征，即这番描述的语言完全是农业语言。在把ἔρως［爱欲］用于捕猎之后，ἔρως［爱欲］要么属于男童恋者，要么属于通奸者：男童恋者对成熟的果实有欲望，且在岩石和石头上播种，他的种子绝不会在那儿扎根；通奸者避免进入女性的土地，他不希望他的种子在女性的土地里生长（838e8-839a3；参841d3-4）。①甚至这个谴责异邦人的年轻人也充满种子（839b4）。尽管在异邦人转向农业法之前（在农业法中，同样的语言会以字面含义再次出现）这种状况就已经出现，但从更古老的猎人社会向更新异的农夫社会的转变，还残留着更古老的生活方式的痕迹，从而无法得到更明白的揭示。

① 蒂迈欧也使用了同样的语言，但以之充当影像，然而，这仍然与他的如下观念不一致：存在双重的生育欲望，男性一重，女性一重（柏拉图《蒂迈欧》91c7-d3）。

人们还会被迫想要知道：尽管礼法意在始终保守字面，但如果礼法要成功地掌控ἔϱως［爱欲］，那么，难道礼法不应该把ἔϱως［爱欲］诗化？如果礼法要把某几种爱欲神圣化，那么，难道礼法不应该完全从身体来解释爱欲？我们从肃剧得知所有这种语言：达纳俄斯（Danaus）告诫他的女儿们防备野兽和男人对她们童贞果实（ὀπώϱα）的欲望（埃斯库罗斯《祈援人》[Suppliants] 996-1005）；得伊阿尼拉（Deianeira）把赫拉克勒斯说成土壤培育者，因为赫拉克勒斯播种并收获一片遥远的土地（索福克勒斯《特拉基斯妇女》[Trachiniae] 32-33）；克瑞翁说，他儿子有其他土地可以耕作（索福克勒斯《安提戈涅》569）；合唱歌队问，［俄狄浦斯的］父亲耕作过的土地怎么能够一声不响地让俄狄浦斯耕作这么久（索福克勒斯《俄狄浦斯王》1211-1212）。[①]然而，男童恋者对秋季果实的渴望，与有关收获的礼法不一致，因为如果一个异邦人走在路上，对吃果实有欲望，那么，他不会遭到禁止（845a5-b2）；其实，偷偷地（λάϑϱα）拿走梨子、苹果、石榴没什么可耻，正如［享受］性交而躲过别人的注意（λανϑάνειν）没什么可耻（845b7-c1）。在对比这些礼法时，异邦人无疑在做游戏，但如果应该使不成文法变得稳固，就必然要把游戏神圣化，[245] 正是这种必然性使他体验到了人类的不严肃。当肃剧语言变成礼法语言时，肃剧语言变得好笑。据异邦人所说，Ὀπώϱα［果实］是一位女神（844d5）。[②]

---

① 异邦人用ὀπώϱα［果实］指年轻之美，这一点我们也可以从品达那儿得知（品达《地峡凯歌》[Isthmian] 2.5）；其上下文是，古代诗人不同于现代诗人，古代诗人无偿赞美他们自己的被爱欲者，现代诗人就像品达自己，献身于好利的缪斯，现代诗人的诗歌拥有白银做的面子，且远销海外，因为他们赞美比赛中的胜利。普遍的有关荣誉和光荣的诗歌，取代了当地的有关爱欲的诗歌。

② 阿里斯托芬让Ὀπώϱα［奥波拉］充当和平女神的侍女（阿里斯托芬《和平女神》523），而且在她的婚礼上（全剧以此为终点），阿里斯托芬沉迷于一个与她有关的双关语（double entendre）（1346-1350）。D. Daube《罗马法》（Roman Law），Edinburgh: Edinburgh University Press, 1969, 页57, 讨论了普劳图斯（Plautus）笔下arare［耕种］、aratio［耕种］、aratiuncula［一小块可耕种的土地］的猥琐用法；这表明高者和低者可以轻易地易位。

异邦人相信,三个条款的结合会达成他的大部分目的(most of what he wants)。他将诉诸年轻人的雄心,即年轻人应该匹敌并超过著名运动员,著名运动员在比赛时十分单纯(chaste);他将不相信,某些群居的鸟比人类更好,这些鸟为了生活而结婚;他将鼓励对灵魂美丽作风有欲望;他将把婚姻神圣化,以便灌输一种畏惧,即畏惧接触禁止之事。异邦人鼓励一种反对快乐的比赛,在这种比赛中,任何人如果获胜,都不接受任何奖励。不过,他向获胜者允诺幸福;可是,仅仅有这个令获胜者从小就痴迷的神话本身还不够(840b5–c3)。仅仅有这个神话本身还不够,是因为ἔρως[爱欲]没有以其他欲望得到体验的方式得到体验;否则,一般的爱欲者不会对于其所想要的东西感到困惑,而会立即知道那就是快乐。因此,雄心必须为对诸神的畏惧所补充;但在这么做时,对诸神的畏惧结合了劝说与威胁,并渐渐令年轻邦民不比运动员更强大,运动员尽管比其自身更弱小,但胜过了一些欲望,运动员在没有对诸神的畏惧时,没有能力抵御这些欲望(840c6–9)。一旦异邦人宣扬这种畏惧,他就不可能期望,年轻人将一直相信他们有竞争优势。很难猜测,他们将从鸟的例子中得到什么[教益](840d3–e2)。异邦人不得不以人类的语言谈论鸟的结合:在生育后代之前,鸟是单身汉,且很纯洁,在生育后代之后,鸟会圣洁而正义地过完余生,因为它们最初达成了友谊。鸟像运动员一样不需要诸神就可以过上圣洁、纯洁、正义的生活。异邦人最后增补了对灵魂美丽作风的欲望(841c4–6)。这要么相当于他所说的一个非常罕见的事件(既存的掌权者们[the powers that be]①对正义且节制的诸惯例的一种属神ἔρως[爱欲],711d6–7),要么相当于对最好的那一类ἔρως[爱欲]的官方描述,而非相当于其真实状况,因为其真实状况符合苏格拉底,而几乎不符合任何其他人。

---

① [译按]英文习语,来自丁铎(William Tyndale)英译本《圣经·新约·罗马书》13:1。

苏格拉底式 ἔρως [爱欲]本身似乎完全胜过了性快乐，但人们不得不补充道，苏格拉底毕竟有三个儿子。

[246]如果邦民仍然不能战胜快乐，而是受到所有其他希腊人和大多数野蛮人的败坏，并看到且听到无序的阿芙洛狄忒拥有最大的权力，那么，异邦人建议用一个对等物把她的力量转向身体性的辛劳，摆脱身体性的辛劳而获得的自由曾引发异邦人原初的困惑，即如何掌控如果闲散的年轻人(841a6-8)。如果无耻仅仅在于被捉住，而非在于沉迷于性快乐，那么，有可能达到第二等的正确性；在这种情况下，不被捉住也很美(841a8-b5)。此刻，尽管这种妥协没有刺激欲望，而是降低了欲望(毕竟，不被捉住，事关荣誉)，但这种妥协无非是不成文法，正如现在不成文法几乎盛行于每个地方(参柏拉图《斐勒布》65e9-66a3)。然而，真正令人震惊的是，异邦人为这个次好的解决方案补充了三个条款：

> 按这种方式，我们会以第二种正确性把第二等的美者和可耻者规定为礼法，而且通过回避一个属(genus)，三个属(genera)会强迫(βιάζοιτ' ἄν)那些在其自然上败坏的人——我们称这些人比其自身更弱小——不要违反礼法(841b5–c2)。

就爱欲之事来说，没有前言；每个人都已经败坏，而且未败坏的人是纯洁爱欲者的一个幻象；关于爱欲之事的礼法不同于严格意义上的礼法，只是因为前者没有配套的惩罚措施，除了一种得到承认的羞耻。异邦人建议，如果我们剥夺任何被捉奸在床的人得到的来自城邦的赞美，并使之实在且真实地(ὄντως)成为外邦人，那么，人们也许会认为我们在正确地立法(841e2-4)。异邦人不知道，这种礼法是一项礼法还是两项礼法(841e4-5)。他曾提供他们有可能强迫(τάχα ἂν βιασαίμεθα)的两种可能中的一种。第一种是拒绝婚外性行为，第二种是拒绝男同性恋，但神圣婚姻之内的通奸导致的某种羞耻除外。如果在第二种情况里保密性得到认可，那么，在第一种情况里保密性也会得到认可；但由于异邦人在第一种情况里没有建议任何惩罚措施，故如果第二种可能占上风，那么，他甚至去除了羞耻作为惩罚。异邦人评论道，到此为止，最好的做法是，他把三个条款与第二等的美者结合起来，并使之在所有城邦里都就位 (in place)；他没有说，克利尼阿斯的城邦比任何其他城邦都更有能力贯彻他的神话性的祈祷。

第 3 节　农业法与商业法

　　[异邦人]基本上很好地制定出了掌管邦民们①生计的礼法。[异邦人]把邦民们分为12个农耕共同体 [247] 以及外邦人、侨民、奴隶，后三者是所有工具和物资的制作者和零售商。有些礼法据说是从其他立法者们那里借来 (843e3-844a2)，而且许多其他礼法太琐碎，以至于上了年纪的立法者不会为这些礼法花功夫 (846b5-c3)。更令人操心的是，有些安排是为了避免邻人中制造一些小的恼怒，这些小的恼怒可能很容易地积累成"巨大的仇恨" (843b8)，仿佛异邦人曾经又一次忘记了，[培养] 友情是立法者最直接的任务，直到人们记起，他在其前言中曾忽略邻人，当时他在一个比例尺 (a distance scale) 上设置了邦民对待每个人——从邦民自己的后代到异邦人——的方式 (729a2-730a9)。的确，异邦人第一次提到邻人时，他正在讨论国家警察(国家警察应该护卫他们自己的地区，"这不仅是因为敌人，而且是因为那些声称是朋友的人")，以及国家警察在一个邻人遭到错待时应该做什么 (761d6-e1)。此刻，不得不祈求ὁμόφυλος [本邦人的]②宙斯，并把他用作一种威慑力，以防不同地区之间的界石发生移

---

① [译按] the people，泛指一邦居民，不特指有完全邦民权的人们，下一句中的 "邦民们" 亦同。参第 [105] 页译按。
② [译按] 本义为 "同族人的"。

动；同时，不得不把ξένιος［异邦人的］宙斯称为一个见证者，他会
见证移动外邦领土地标的任何人(843a4-5)。①第二篇前言里也祈
求过ξένιος［异邦人的］宙斯(729e6-730a2)，但当时不必把同样的
威慑力用于所谓的朋友。界石(ὅρος)是区分(ὁρίζων)友情和敌意
的基础(843a2)。尽管邻人总是有理由争吵，②但异邦人划分相
等地区的纲领，肯定会加剧这种固有倾向，因为如果任何人感到
他人的地区之中有优势，不管这优势是资源优势还是产量优势，
那么，这个人都有可能使自己的地区侵入他人的地区，以便弥补
自己地区［优势的缺乏］。一旦一个人从教育转向礼法，马格涅
西亚的邦民就会像其他每个人一样：此刻，这个城邦第一次有了
名字(848d3)。此外，尽管异邦人称这些邦民为农夫(如果文本无
误)，但他们实际上不是农夫(843b2；参761d2)，同时他们也不是
养蜂人或牧羊人，因为奴隶会做所有这些工作(806d9-e2)；如果
读者偶然忘记这一点，那么，人们很容易地从表达礼法的方式中
得出如下印象，即每个邦民自己都倾向于移动［248］界石，侵入
邻人的土地，夺走他人的蜜蜂，在他人的牧场上放牧，或建坝控
制邻人使用水资源。在借鉴更古老的礼法时，异邦人似乎忘记
了，［此刻］不再可能按字面理解礼法。他的邦民们不会过贫农
(peasants)的生活，格劳孔不会粗暴地反对他们，尽管他曾粗暴地
反对苏格拉底的真实而健康的城邦的农夫。他们只献身于一件
事，即关注美德，美德是他们在严格意义上(ἀκριβῶς)学习和实践

---

① 参E. Klingenberg，《柏拉图的农业法与实定的希腊法》(*Platons NOMOI ΓΕΩΡΓΙΚΟΙ und das positive griechische Recht*)，Berlin：Schweitzer，1972，页7；Klingenberg注意到，诸神的惩罚(843a8)没有被翻译进礼法(页10)；对比881a8-b2；913d4-914a5。

② 比如，如果一个邻人谴责另一个邻人拥有比礼法允许拥有的更多的财富，并因此而可以得到后者多出的财富的一半，那么，应该如何维持友情？这一点没有得到解释(745a3-4)。如果把多出的财富交给诸神，那么，怨恨可能会少一些(参希罗多德《原史》1.89.3)；但这样的话，那些自愿放弃多出的财富的人就不会获得名声(757c1-6)。

的唯一技艺(846d1-847b2)。

异邦人不允许任何艺匠实践一项以上的技艺，甚至也不允许任何艺匠统治那些实践他自己技艺之外的技艺的艺匠，因为属人的自然没有能力以一种完美且严格的方式做好一件以上的事情，而且每个艺匠都会被迫成为一个人而非多个人。我们每个人都是一个人，这是人之为玩偶的前提(644c4)；此刻，取代这个前提的是一种必然，即必然通过技艺而成为一个人。自身统一性只在于知识，一旦要求制造过程和制造物具有严格性，就应该在一门技能(skill)之中发现每个人的整全性，尽管能够几乎无限地分割技艺。应该严格对待艺匠，这种严格无疑致力于阻止某个企业家轻易积累财富，否则这个企业家会在一个屋檐下招募具有许多不同技能的许多艺匠；但这种限制似乎也意在成为邦民自己被期望的样子的一个典范(a model of what the citizens themselves are supposed to be)。不应该把邦民逐个切分为许多行业。在这种情况下，尤其音乐和体育不能成为两门技艺，尽管它们也不能成为 χορεία [唱歌和跳舞]①起初之所是的那一门技艺。若不毁掉异邦人的整个计划，它们就不能成为一门技艺(前言已经表明，体育原则不同于音乐原则，见728d6-e5)；它们也不能成为两门技艺，同时作为一门单一的知识而成为美德的基础(the basis for virtue as a single knowledge)。这就是《法义》的"炸弹"。它粉碎了一切。就在异邦人想要城邦只拥有对美德的 ἔρως [爱欲]之后，他调转方向，声称只存在美德的 τέχνη [技艺]。可以足够容易地说，对于美德的 ἔρως [爱欲]和美德的 τέχνη [技艺]之间可能的同一性，有一个柏拉图式表达，即 ἐρωτικὴ τέχνη [爱欲技艺]，但我们几乎无法知道，把苏格拉底唯一的知识引入礼法，意味着什么。事实上，异邦人建构的城邦需要我们进行演绎，因为统治者几乎不可能基于某

---

① [译按]伯纳德特所补。直译当为"合唱歌舞"。

个其他原则而成为整全者本身，毕竟统治者之外的每个人都配备了一门单一技艺。

苏格拉底曾发现，如果他要安排一个结构给他的城邦，那么，不可能保留他最初提出的单一的正确性原则。他不得不牺牲这个原则，即任何人 [249] 若没有一门技艺的完美知识就不应该进入城邦，因为一个阶级结构在有知识的艺匠和有知识的统治者之间插入了一个战士阶级，这个战士阶级意在体现城邦的合法意见。①他们是城邦的核心，并把城邦的另外两个组成部分结合在一起，这恰是因为他们不进行认知，因为并非知识而只是神话完成了他们应该具备的自然。另一方面，异邦人一开始没有讨论任何结构，而是为了礼法而拒斥政制的观念，他还为他的邦民们赋予了双重教育，这双重教育似乎在任何时候都从属于善者诸种的结构的原则。由此，卷八似乎不可避免令人惊诧，当城邦在卷八开篇如此明显地向体育方面倾斜之后，尤其令人惊诧；后文承认（当然，是沉默地承认），音乐不适合抵制一种主要力量，这种主要力量藏在体验层面对礼法的偏离背后。异邦人曾建议用礼法隐藏反礼法的ἔρως [爱欲]。他曾提及人类的罪恶，以便指出人类令人惊诧地遵守不成文法，人类的罪恶将是下一卷的主题。下一卷一开始就承认，尽管处理这个主题是某种意义上可耻的做法，但也不可避免要处理这个主题：他们自己不是诸神的后裔，他们也不是在为诸神的后裔立法（853c3-6）。刑法的原则将是"美德是知识"这个苏格拉底式命题的一个版本。在有关艺匠的礼法内部，异邦人此刻恰恰忽略了这个命题。

异邦人相信，不值得把有关水资源的古老而美丽的礼法，转

---

① 这一点变得显然十分重要性，只要人们对比这一点与克里提阿斯关于埃及和古雅典的叙述，埃及和古雅典据说都接近于苏格拉底的言辞中的最佳城邦，且遵守"一人一个工作"的原则；但如果苏格拉底更严格地使用这个原则时，那么，这个原则就会导致任何结构都成为不可能（柏拉图《蒂迈欧》24a2-3；《克里提阿斯》110c3-6）。

移至他的言辞中的其他地方(844a1-3)。他不可能特意引导这些礼法偏向一边(παροχετεύειν),仿佛他可能做得更好一般。[①]这是一个不祥的双关语,仿佛在其他情况下人们可能认为他以外邦礼法玷污他自己的推理的清白,这个双关语似乎预示着后来农业法的安排陷入无序。异邦人最后讨论了有关水资源的礼法,这些礼法带有如下条款,即任何违反官员的命令的人都因怨恨(φθόνος)和灵魂易怒(δύσκολος ψυχή)而必须付出双倍赔偿金且服从刑罚;异邦人还转向 [250] 秋季果实的女神Ὁπώρα,并让她的礼法终结于如下条款,即如果任何30岁以下的自由人摘果实时被抓住,那么,应该鞭打此人,但不应该打伤此人,而且此人不能为他受到的鞭打提出申诉,可是,如果任何超过30岁的自由人摘果实时被抓住,那么,此人应该像一个异邦人一样当场吃掉果实,而且如果此人违反这条礼法,而且有人在较量美德的比赛上令裁判者记起此人违反过这条礼法,那么,此人将有可能不被允许参加较量美德的比赛;在所有这些之后,异邦人回过头来讨论水资源的败坏,不像大地、太阳和风,水资源很容易被下毒(845d4-9)。这条离题的礼法产生于如下这一系列礼法之后,这些礼法把美德与农业法关联起来(在这个意义上,美德不等于知识),而且为异邦人们[②]留下了一些余地,以至于异邦人们可以不那么严格地遵守这些礼法(当然,在某种程度上,这些礼法不情愿这么做):如果一个异邦人染指贮藏起来的果实,而且他这么做是出于无知(ἀίστωρ),那么,尽管他只会受到警告和教育(教育的内容是,可以摘"高贵的"果实,却不可以摘"粗野的"果实),但他的奴隶要受到鞭打(845b1-7)。"对礼法的无知不是借口"这个原则先于那番包括如下条款的离

---

① 关于这个译法,参E. Klingenberg,《柏拉图的农业法与实定的希腊法》,前揭,页63;但Klingenberg想把845d4-e9放到844d4-845d3之前,由此把关于水的礼法规则化(页63注16)。

② [译按] 即一般意义上的异邦人,英文版作单数,兹改为复数,以区别于作为剧中人的异邦人。

题话，这个条款讨论如何处理被巫术（φαϱμακεῖαι）下毒的水。有些解释者充当祭司，不像所有其他男女祭司，他们终身任祭司之职，而且在选举他们时，必须要德尔斐首肯（759c6-e2），关于他们的德尔斐礼法将决定如何净化这样的水［即被巫术下毒的水］，这一点证明了这里涉及巫术，而非仅仅涉及对水井和水池下毒。"下毒者"会支付赔偿金，却不会因"迷信"而受到惩罚。如果"迷信"不是一种恶德，而且人们难以认识到在Ὀπώϱα［果实］成为女神之后会怎样，而且有关规定必须既适用于相信自己能够对一口井下毒的人，也适用于相信自己已经成功对一口井下毒的人，那么，这样的意见——异邦人后面将承认立法者没有能力根除这样的意见（933a2–c7）——在城邦里的盛行，似乎无异于美德和恶德通常借以形成的作风。这些作风也可能只是迷信，或与迷信不可分割。不论如何，一旦异邦人转向侨民和奴隶，他就坚决反对这种可能性，因为侨民和奴隶各自独自依循各自完美地知晓的那一件事（each one of whom is solely one on acount of the one thing he knows perfectly）。

第九章 刑 法

第 1 节 棘手的案件

[251] 卷九在错误中开篇。这个错误是因为异邦人遵守"自然的礼法安排"①(853a1-3),而非遵守他自己的计划,即对邦民们的教育(857e3-5)。他脱离了正轨,进入了通常立法的套路,因为他开始谈论刑法,对刑法的需要预设了教育没能软化少数外壳坚硬的种子(853b4-d4)。克利尼阿斯让异邦人暂停,因为克利尼阿斯注意到,异邦人对偷窃行为的无限惩罚(赔偿所偷之物的双倍价钱,不论偷窃发生在公共场所还是私人场所)与异邦人起初规定的死罪案件(抢劫神庙)不一致,更别说与立法者必须提供的多种多样的情形不一致(857b4-8;854d1-e6)。②前言有别于礼法,这一点似乎说明异邦人的错误有正当性。刑法不可能容许有一篇前言,因为一旦刑法产生效力,劝说就在最后出现。然而,异邦人没

---

① [译按]据希腊文直译为"礼法的安排的自然"。
② 关于对 δημοσία [公共场所](857b1)的解释,参 D. Cohen,"柏拉图《法义》和雅典法律实践中的偷窃行为"(Theft in Plato's *Laws* and Athenian Legal Practices),见《国际古代法学刊》(*Revue internationale des droits de l'antiquité*) 29 (1982),页 127-130。

有提供一篇对潜在的抢劫神庙的人(sacrilegious)[1]发言的前言。不像之前的所有其他前言(那些前言在体验层面上后于礼法,却在写作形式上先于礼法),这篇前言是第一篇在严格意义上先于礼法之歌的前言。设计这篇前言,是为了阻止这样一些人,这些人已然决定破坏礼法,且需要比威胁更多的东西,以便改变他们的决定。正是这篇前言所模仿的范本占据了卷十的大部分篇幅,卷十对潜在的无神论青年(the young who are on the way to atheism)发言。由于人们相信这两群人都会倾听劝说,故这两群人代表着城邦中的一个不可或缺的组成部分。

异邦人赞美克利尼阿斯,因为克利尼阿斯阻止异邦人一股脑往前冲,并令异邦人记起他早先的洞见,即从目前的状况来看,他可以说,一直以来都没有正确地阐述立法(857b9-c4)。因此,他可以重新开始,放弃对教育立法:[252]作为城邦的初级教材(educational primer),《法义》甚至包含刑法。异邦人曾建议把他们有关刑法的成文模仿品的交谈变成礼法完成之前的初级教育,但克利尼阿斯迟迟不同意异邦人的这个建议,我们曾认为这在某种程度上是因为克利尼阿斯还不明白刑法的立法是否适合年轻人[来学习]。在这个节骨眼上,似乎必须把邦民当作奴隶来对待,可异邦人找到了一个办法保持邦民们的自由。奴隶们和异邦人们最有可能展现属人的虚弱,与此同时,应该向邦民们传授属人的虚弱的自然。当异邦人在卷十二开篇回到公法(public law)时,对在公共场所偷窃的惩罚是死刑(942a1-4)。这时,似乎抢劫神庙的行为扩大了自身的外延,[2]而且除了承认邦民罪行很有可能

---

① [译按]"抢劫神庙"在希腊文中即ἱεροσυλία,并非仅指抢劫神庙这个行为本身,而是可以泛指渎神。但译出"抢劫神庙"这个字面含义仍有意义。参第[252]页及注释。

② πατρίδα συλῶν [抢劫父邦](942a2)这个表达令人记起περὶ τῶν συλώντων τοὺς θεούς [关于那些抢劫诸神的人](864d1),而且这个表达使用了πατρίς [父邦],以上迹象都清楚地把这个罪行归于ἱεροσυλία [抢劫神庙]之下。

(an admission of the probability of citizen-crimes)，人们也许会首先认为，卷十的神学负有责任；但异邦人从未把神圣事物与他的神学联系起来，而且这个城邦中任何被神圣化的东西都不可能从诸神那里获得支持：*τò ὅσιον* [虔敬事物] *τò ϑεῖον* [属神事物] 相互分离。尽管有此分离，卷九和卷十仍然相互一致，这不仅是因为二者都讨论犯罪，而且是因为二者都建议一种灵魂学，而只要异邦人不讨论城邦内部和人内部的不服从因素，异邦人就显然不会理会这种灵魂学。快乐和痛苦的简单机械结构，伴随着理性的黄金链条，原本对初级教育来说足够了。

　　卷八最后一部分曾讨论市场警察(849a3)，从这一点来看，卷九继续讨论审判和诉讼(*δίϰαι*)，如异邦人所说，似乎符合立法顺序的自然(853a1-3)：[1]异邦人在卷六中勾勒的有关官职的纲领中，市场警察居于城邦(作为一个地理单位)官职第二级的最末，法庭居于第三级的最末。然而，在 [卷十结尾] 规定了对不虔敬行为的惩罚之后，卷十一开篇就是异邦人的评论：下一个话题是如何适当地规定合同(913a1-2)。民法是卷十一的首要主题，但民法无疑应该先于刑法。不应该在讨论完罪犯应该遭受什么之后，再讨论守法者应该做什么。事实上，卷九中异邦人的第一句话并未预示着他将把优先性赋予刑法。如果卷九与卷十一换位置，卷十一紧随卷八之后，那么，卷十仍然后于卷九，从而先于卷十二。这样一来，神学将会正好紧挨着关于葬礼的礼法和关于夜间议事会的礼法，葬礼和夜间议事会是 [253]《法义》的两大主题：葬礼依循礼法诸属的结构，夜间议事会依循善者诸种的结构。这样的顺序将呼应卷七中的顺序，在后者中，第一个结尾是一种数学式乾坤学教育，第二个结尾是一种捕猎教育。

　　柏拉图必定怀疑这个纲领是否规整。我们意在质疑我们对

---

① [译按] 伯纳德特原误作853a1-30，今改。

柏拉图的意图的种种预期。以刑法开始，就是既向前看也向后看。向前看就是在论证，民法也取决于那种似乎只有刑法才需要的灵魂学；向后看就是在承认，卷八宣告了教育的失败。异邦人没有令一个多里斯城邦从勇敢变为节制，也没有切除或切短内在于 ἔρως [爱欲] 的罪恶。因此，一旦异邦人已然承认这种失败，且在此刻宣称他觉得讨论刑法十分尴尬，刑法就必须准备就位(be in its proper place)。异邦人选择的顺序表明，他已经把在体验层面对礼法的偏离融入到了他的礼法草图之中。当异邦人提出罪恶的论题时，这并非显然表明，应该有礼法处理对教育和城邦习俗(mores)的偶然背离。多种多样的官员应该有能力在没有任何指导方针的情况下处理棘手的案件，也应该独立接受更高权威者的审查(853b4-c3)：

> 我们声称，这种城邦将得到很好的管理，也将在美德的实践上拥有每一种正确性；在这种城邦之中，制定我们将要制定的这么多礼法，在某种意义上甚至十分可耻。假设有人声称，任何注定在最大的那些事上分有其他每个人的邪恶(μοχθηρίας)[1]的人，出生(ἐμφύεσθαι)于这种城邦，从而应该预备、威胁、立法，以防产生这样的人，同时，为了避免产生这样的人，也为了惩罚这样的人(如果确实产生了这样的人)，应该为这样的人制定礼法，因为即将出现这样的人；如我所说，甚至这种态度在某种意义上也十分可耻。

异邦人呈现刑法时，仿佛刑法是为罪犯设计的，但实际上刑法是为守法者设计的。衡量威慑力有效与否的不是一系列发生了的罪行，而是一系列可能发生却没有发生的罪行。刑法使守法者

---

① [译按]伯纳德特原作主格μοχθηρεία，今据原文改回。

的无辜不受损害,守法者自己则受到引导以至于相信,完全是教育独自支撑着守法者的无辜。因此,异邦人在"先刑法后民法"这个颠倒的顺序里保存了真实的生成顺序。只有刑法 [254] 准备就绪,且为合法交易清理出空间,民法才有可能:首先安排杀人案的法庭的地点,然后制定一套单一的礼法(778c6-d3)。向我们呈现的在体验层面对礼法的偏离,被证明是礼法的先决条件。然而,普通邦民可以凭借自己对礼法的遵守而拥有一种自满的自负(而且他被期望这么做),这种自满的自负向他确保,他遵守礼法绝非因为礼法的这个部分具有惩罚性(比如参927c7-d3)。只要这个虚假信念没有发展成极端的报复心,立法者就可以令城邦沉迷于这个虚假信念,而且异邦人在后文将会设计一种办法限制惩罚的欲望,同时避免让人们无力地相信罪恶具有普遍性。异邦人在某种程度上采用了苏格拉底曾经采用的办法:苏格拉底曾引入完全的共产主义,作为一种制度手段来弥补护卫者教育之中的偶然失败。如果一切都光明正大,且没有任何地方可以隐藏,那么,护卫者会正义地行事,不论这个政制的礼法曾多么贫乏地浸染护卫者的灵魂。同样,异邦人此刻正在填补他的教育纲领中的缺陷,而且甚至允许那些似乎一开始就完全遵从诸前言的人获得一种力量,这种力量使他们——尽管在无意识之中——免于受到礼法的这个可耻部分的影响。在苏格拉底的方案中,一切都光明正大,然而,在异邦人的方案中,隐藏了动机。如果邦民们受到激发去揭露这些动机,那就会令人恐慌。刑法筑起了抵御兽性的堡垒,这一点不应该为人所知。

异邦人给出了两个不完全相互一致的理由来解释刑法的立法。立法者不是诸神,或诸神的儿子(参704d6),邦民们同样不是诸神,或诸神的儿子,人类是①人类所生,而且人类之中不可避免

――――――――――

① [译按]伯纳德特原把are误作and。

发现存在者

存在难对付的人（*κερασβόλοι*），^①任何礼法——不管多么严酷——都无法熔化这样的人。^②第二个理由暗示了罪行的罕见，第一个理由暗示了罪行的频繁：先前提到过糟糕的邦民，彻夜清醒的官员应该令糟糕的邦民感到恐慌，正如令敌人感到恐慌（808c2-4；参880e1-3）。第一个理由像谴责邦民一样谴责立法者：异邦人的礼法具有属人的缺陷，且推进了［255］这些礼法不可能压制的罪行。第二个理由再次把不义分配给了命运，任何人或任何神都无法对命运负责，或者说，至少抢劫神庙的人应该相信：他的自杀（在犯下任何罪行之前）胜过肃剧，且对城邦呈现了致命罪责的自我惩罚。异邦人自己试图调和人性的、太人性的（human-all-too-human）事物与奇怪的例外，他所采用的办法就是声称，第一个［理由］适用于侨民、异邦人、奴隶（在这些人中，属人的虚弱体现得最明显），第二个［理由］适用于邦民（在邦民中，偶尔能发现拥有不可挽回的缺陷的人）。必须给任何没有为礼法所培养的人第二次机会，让他改进；如果任何人有这样的机会，却没有为礼法所改变，那么，必须处死这样的人。陪审团应该相信教育没有起到作用（has not taken），而不应该相信刑法中的威慑力失败了（854e1-6）。根据对奴隶或异邦人的鞭打（这不可能是为了邪恶的目的，而是必定要么为了阻止他变得更糟，要么为了引导他变得更好），任何人都不应该推断，同一种惩罚的较温和的形式可以使邦民恢复正直（854d1-5）。如果更好的东西不起作用，那么，一个人必须拒绝承认更糟的东西能够起作用。

每个人都必须为美的事物和正义的事物赋予荣誉，这一点

---

① ［译按］tough nuts（*κερασβόλοι*）to crack，直译为"难以砸开的坚果"。

② 请思考如下顺序：异邦人首先把捕猎［的话题］扩展至最大范围，不仅涉及什么是捕猎，而且涉及捕猎之中什么值得赞美或谴责，然后他用礼法使捕猎限于其字面含义；农业的暗喻确立了 *ἔρως*［爱欲］值得谴责的方面，但［异邦人］区分了严格意义上的农业与农业的暗喻性扩展范围；而且此刻，农业的暗喻成为了进入刑法的契机。欲望的论题贯穿于所有这三个种（species）之中。

是潜在的抢劫神庙之人将从好人那里听到的东西应尽的义务，也是潜在的抢劫神庙之人自己将谈论的东西应尽的义务(854b8-c2)。在焦虑中，他［潜在的抢劫神庙之人］将再次聆听道德的召唤。要准确衡量善者诸种的结构与礼法诸属的结构之间的区别，就得靠刑法。在刑法的种种禁令之中，刑法区分了正义者和美者；在刑法的种种惩罚之中，刑法区分了善者和美者。然而，道德衡量那两个结构之间的区别，不是通过承认这个区别，而是通过立足于正确性的样式而取代这个区别，依据正确性的范本，诗性正义赦免了罪犯，也为礼法免责了。"邪恶的欲望"不是指对邪恶的欲望，仿佛它与苏格拉底式原则正相反对一样；其实，"邪恶的欲望"指，某种古代的错误行为一直没有得到净化，而且如果某种仪式能净化它，那么，礼法将不会多此一举(to leave well enough alone)。自杀也可以净化书籍。诉诸不自愿的对正确性的违背，是道德为世界赋予秩序的办法，在为世界赋予秩序时，道德没有诉诸善者诸种的结构。道德把其自身对善者的背离翻译成了邪恶的不尽根(surd)，在长时间里，这个不尽根会被消去(gets canceled)，从而把这笔账结清。道德讲了这样一个故事：邪恶不知不觉地变成了道德自身的不为人知的(unrecognizable)影像。

异邦人没有解释，为什么他一开始就讨论像抢劫神庙这样边缘化的罪行，而没有讨论乱伦，乱伦是神圣婚姻在罪恶之中的对应者，毕竟，他的礼法一开始本应讨论神圣婚姻。他［256］真的达到了一种对称，因为他的礼法一开始就实际上把每个族盟(tribe)献给了一位神，或一位神之子，但这么做的代价是，这在某种程度上很琐屑。异邦人也没有解释，为什么尤其教育的失败应该首先在这种罪行中显现。然而，异邦人惊异于任何一种无神论都会在任何人身上发生，从这一点可知，习惯不会仅凭自身引发信念，因为如果习惯仅凭自身引发信念，那么，任何人都不会怀疑，他们从最年幼的时候开始见到和听到每个人完全真诚地实践的东西是否真实(887c7-888a2)。乱伦禁令只是不成文法的一部

分，每一位诗人和每一种传统在成长过程中都支持乱伦禁令；在
大多数人(尽管他们是违反礼法的人)之中，远远更有效的被证明
是乱伦禁令，而非祈祷和献祭的更详细的仪式，但后者为城邦赞
助者们和所有父母所支持(838a4-d2)。更深入(sinks deeper into)
灵魂的是圣洁者而非属神者：谐剧和肃剧支持圣洁者，却显然不
支持属神者。一个坏蛋(a bad egg)变成食人者的可能性，远远小
于变成无神论者的可能性。僭主的灵魂出现的可能性，往往小于
无信仰者的灵魂出现的可能性。因此，人们可能会推测，对人们
来说，有一种意识不同于另一种意识，而且可以说比另一种意识
更自然：前一种意识是，并非一切都被允许，尽管每一群邦民都会
武断地划定这个界线；后一种意识是，存在着诸神，尽管人们同
样普遍相信存在着诸神。有一种邪恶的欲望白天召唤着一个人，
晚上叫醒他，让他去圣坛偷东西；在谈论这种欲望时，异邦人似乎
在描述一位刚比西斯(这位刚比西斯打算向所有人暴露宗教信仰
的愚蠢)，而非任何受到固执的(perverse)获利欲望促动的人。事
实上，异邦人建议讲给他听的这个故事没有试图阻止他的贪婪，
而是试图令他相信他在一个乾坤式报应体系(a cosmic scheme of
retribution)中的位置。因此，人们被迫想要知道，异邦人是否没
有预料到卷十的教诲的后果，卷十沉默地拒斥了圣洁者和属神者
之间的任何关联，从而必然导致容易受影响的(impressionable)年
轻人抢劫神庙。难道他们［这些年轻人］不想戏剧化地陈述他们
所学的东西？异邦人后来把他起初所谓的一种欲望和一种狂热
(οἶστρος)归于诸意见(δόγματα)(854b6)。最终，他让最高权威来识
别不虔敬的行为之间的区别，并决定不虔敬的行为中哪些充满游
戏性，哪些不充满游戏性(910c6-d4)。[①]他似乎想到了发生在雅典

---

① 异邦人已经在心里做出了这种区分，这一点为如下条款所证明，这个条款就
　　是，任何惩罚都不加诸抢劫神庙者的后代：他［抢劫神庙者］必须超过三十岁
　　(855a3-4)。

的赫耳墨斯像(Hermae)损坏事件和 [257] 神秘仪式(mysteries)渎神事件(参修昔底德《伯罗奔半岛战争志》6.28.1)。前者可归于神庙抢劫之下,后者可归于肆心之下(885a7-b4)。

一个奴隶或一个异邦人若在抢劫神庙时被抓,就会被脱光衣服扔出城邦,变成一本活教材(a walking text),人人都能读这本活教材,并发现他的罪行。在他脸上和手臂上打上金印(tattoo),宣示着他做过的事,在他背上打板子,是为了让他变得更好,

> 因为任何合法惩罚($\delta i\kappa\eta$)都不是为了邪恶,而几乎是为了造成如下两个结果中的一个:使接受惩罚($\delta i\kappa\eta\nu$)[1]的人要么变得更好,要么变得不那么糟。(854d5-e1)

异邦人想要改变惩罚的意义。惩罚不导向往昔,也不是为了复仇,而是为了节制,且导向未来。礼法显示了其对非邦民的关切,并在非邦民中造就了某种形式的$\sigma\omega\varphi\rho\sigma\sigma\acute{\nu}\nu\eta$ [节制],礼法无法独自确保这种$\sigma\omega\varphi\rho\sigma\sigma\acute{\nu}\nu\eta$ [节制]。礼法明智地不再想检验,礼法的清醒(sobering)[2]是否起了作用。礼法在城邦里唯一的效力——除了奴隶主可能遭受的损失——不会支持对邦民施行的极刑的具有示范意义的功能(the paradigmatic function of capital punishment for the citizen)。礼法无疑想令城邦相信,度过可耻的一生还不如被杀,而且惩罚及其相伴随的痛苦所具有的明显的丑陋会强化死对生具有的优越性:典型的例子就是《伊利亚特》中阿喀琉斯的选择,而非《奥德赛》中阿喀琉斯的悔恨。然而,异邦人不得不承认,这是最小的恶;可这毕竟是一种恶,从而并非十分符合异邦人制定的根本原则,即身体和灵魂的结合在任何情况下都不比身体和灵魂的解散更好(828d4-5)。这个原则使所有极刑变得可疑,

---

① [译按]伯纳德特原作主格 $\delta i\kappa\eta$,今据原文改回。
② [译按]直译为"使……清醒"。

因为不可能期望极刑给城邦带来的善者与城邦给罪犯带来的善者碰巧相一致。城邦不可能容许每个被判有罪人表达苏格拉底式蔑视，也不可能以城邦自己灌输的教训来责备城邦："我不知道，那儿的诸神的善者是否并非我的最大的善者"（727d4-5）。人们也许会说，城邦免于这种蔑视的传播，因为城邦自信地相信，城邦判定有罪的那些人总体上不是聪明人（the witty）。

异邦人在一条礼法下举出了三个例子——抢劫神庙、颠覆、背叛（856e5-857a2）。教育没有发挥效力，这一点似乎在最后一个例子比在第一个例子或第二个例子里更明显，因为人们会简单地推测，叛徒（its perpetrators）①永远不忠（disaffected），而且可以稳妥地判定，叛徒不可救药。不论如何，城邦不可能让叛徒有第二次机会。另一方面，背叛不同于颠覆，因为背叛涉及父邦，而且叛徒至少有可能相信自己在毁灭某种比礼法更神圣的东西，正如热爱父邦的人 [258] 相信自己在支援某种比礼法更神圣的东西（参柏拉图《王制》575d3-8）。背叛父邦更容易与抢劫神庙相匹配，而非更容易与颠覆礼法相匹配，因为异邦人后来把弑父当作抢劫神庙的一种形式（869b1-4；参854e3）。因此，刑法一开始就把两个不同的例子同化为第三个例子，第三个例子由此而必须扩展到能够囊括两个不同的例子。②虚构处于刑法的核心处。如果民法要随时适应变化，并弥补失察之处，那么，民法之中必须发生某些

---

① ［译按］直译为"它［背叛方面］的犯罪者"。

② 安提丰（Antiphon）（5.10，［译按］指演说家安提丰第5篇演说第10段，下引德谟斯提尼时亦仿此）把抢劫神庙、背叛、谋杀归在含义丰富的 *κακουργήματα* ［恶行］的名目之下，但他接着说，这三者中的每一个都有各自的礼法；参德谟斯提尼22.26。盖尤斯（Gaius）在其《法学阶梯》（*Institutes*）3.194讨论了，礼法如何能像如下这样对待依据自然并非furtum manifestum ［现行盗窃］的行为，即通过惩罚而把这种行为强加于人：at illud sane lex facere potest, ut proinde aliquis poena teneatur atque si furtum vel adulterium vel homicidium admisisset, quamvis nihil eorum admiserit ［不过，礼法能够合理地这样做：对某人按照犯有盗窃、通奸或杀人罪的情况处罚，即使他根本未犯过这些罪］。

事,刑法宣称这些事是刑法的基本原则。然而,如果严格使用这个原则,那么,这个原则可能涵盖每一种罪行。如果所有那三种罪行都归于不圣洁的行事之下(854e1-6),那么,城邦及其政制必定已经被神圣化,而且表达蔑视的歌曲创新者——异邦人举的第一个不虔敬的例子(799b4-8)——也应该服从同样的礼法。因此,刑法会有一种德拉孔式(Draconian)简朴来对待它[即不虔敬],而且城邦之中的任何违法行为都不会不归于它[即不虔敬]之下(参柏拉图《治邦者》297e1-3)。由此,刑法和教育是相互的镜像。正如νόμος的双重含义[即礼法和歌曲]的崩塌将把马格涅西亚埃及化(如果异邦人没有接着使这种崩塌限于6种[species]歌曲),同样,抢劫神庙和颠覆之间的摇摆面临与此相似的威胁。我们知道,在第一个例子中,异邦人的解决方案仅仅推迟了那个唯有他体验过的危机——蔑视属人事物。通过抛弃圣洁者,卷十是不是异邦人对这种体验的最终解决办法呢?

第 2 节　美者、正义者、善者

异邦人现在恢复了他在自由医生和奴隶医生之间作的区分,从而揭示出,刑法占据了他的前人原本分配给礼法本身的范围(857c4-e2)。他暗示,甚至民法也是惩罚性的,而非教育性的。如果异邦人见到一个自由医生治疗一个自由病人的病情,那么,异邦人会用体验而非逻各斯来表达对自由医生的揶揄。他的言辞很像在开始触及疾病时就进行哲学化,也很像在审视身体的整个自然,故他的言辞会很快发出[259]充满蔑视的嘲笑:他会说,"傻瓜!你不是在治疗病人,而是几乎在教育病人,仿佛病人不得不变成医生,而非变健康"(857d6-e1)。克利尼阿斯倾向于相信,这种指责理所应当。他当然不会认为,在苏格拉底同卡尔米德(Charmides)交谈之前,苏格拉底不可能治疗卡尔米德的头痛。他没有认识到:一般而言,知识和灵魂健康之间的区别,或作为自

我知识的 σωφροσύνη［节制］和作为自我控制的 σωφροσύνη［节制］之间的区别，不同于医疗和健康之间的区别；具体而言，在时间的流逝中，邦民中的大多数人将成为大大小小的争议的法官或仲裁员，而且如果没有异邦人应该提供的这种教育，他们就会两眼一抹黑地使用礼法（参856e5-6；861c1-d1；957c1-958a3）。在许多案件中，应该收取多少罚金，或应该实施什么惩罚，必须由法官自行裁决（discretion）（876c3-d6）：一旦必须权衡罪与罚，异邦人唯一的选择就是转向灵魂的自然。哲学进入城邦，正是经由犯法者引发的违法行为。

在《高尔吉亚》中，苏格拉底以一个精致的八重纲领呈现了身体和灵魂之间的关系。身体提供范本，是通过诸技艺（τέχναι），而这些技艺治疗身体，是为了苏格拉底为灵魂发现或发明的那些技艺；通过那些取悦身体的体验（ἐμπειρίαι），苏格拉底察觉到另一些体验，这些体验是他的技艺的幻象性影像。正如立法技艺之于正义就像体育之于医疗，同样，智术之于修辞术就像化妆术之于烹饪术。一个词偏离了这个纲领的要求：苏格拉底谈到 δικαιοσύνη［正义］而非 δικαστική［惩罚技艺］。[①②]异邦人此刻提供了一个方法解释这种偏离。正如他一直把立法技艺（但他从未声称有这样一种技艺）与立法放在一起，同样，此刻他把正义的技艺（the art of justice）与正义的礼法（the laws of justice）放在一起。正义的技艺与其说是对疾病的治疗，不如说是对疾病的察觉和理解，因为刑法基本上处理城邦中不可救药的那部分人，年轻的僭主——如果他是立法者的盟友——会在一开始就把这部分人排除出城邦。异邦人为潜在的抢劫神庙的人准备的前言十分简短，这一点暗示了，在异邦人看来，可以期望苏格拉底为反对波洛斯和卡利

---

① ［译按］本句中两个方括号内容为伯纳德特所补。

② δικαστική［惩罚技艺］是464b8和465c3的一个异读（variant reading），且明显表现出一种简化；参柏拉图《克莱托普丰》408b3-5；《情敌》（Erastae）137d10-15。

克勒斯而设计的惩罚性修辞术在多大程度上有效(柏拉图《高尔吉亚》475d6-7; 506c3-4)。惩罚性修辞术伪装成刑法本身之后更有效。

　　异邦人令人震惊地从治疗转向教育,这一点暗示着,[260]有一种疾病埋伏在城邦中几乎每个人内部,这种疾病要么折磨未来的罪犯,要么已然在某种犯罪行为中爆发(参862e1-6)。由此,这种疾病必定有一个合法方面,而且法官在实施刑罚(penalities)或惩罚(punishments)时,也有与他们审判的罪犯相同的强烈情感。在这种意义上,由于波洛斯既对僭主的不义感到义愤,又羡慕僭主的幸福,故波洛斯是典型的法官,在执行礼法的一字一句时,法官的严肃有效地消除了法官隐秘的嫉妒。在区分正义和幸福时,在区分快乐和美德时,克利尼阿斯同样承认这一点。因此,异邦人想继续教育克利尼阿斯,以便阻止他沉迷于幻象性美德,这种沉迷几乎在任何城邦中都能见到,但在[苏格拉底的]真实且健康的城邦中见不到。如果主人邦民(citizen-master)倾向于相信身体先于灵魂且统治灵魂,那么,礼法像奴隶主(slave-master)一样实施的鞭打对奴隶邦民(citizen-slaves)的好处,不像对主人邦民的损害那样多。惩罚必然灌输这种虚假信念,这不仅是因为惩罚者当时相信自己在通过身体触及灵魂,而且是因为惩罚者在[自己的]快乐和罪犯的痛苦中找到了他[惩罚者]自己的善者。因此,卷十的神学富有教育意义地订正刑法的效果。卷十的神学在一定程度上阻止①了礼法诸属的结构通过预设身体和灵魂的联合而毁灭善者诸种的结构,善者诸种的结构使灵魂和身体脱节,也使灵魂和身体的联合成问题。卷十区分圣洁者和属神者,从而维持身体和灵魂的分离。在卷十中,城邦能最靠近善者诸种的结构的真正具有哲学性的言辞。

①　[译按] limits,直译为"限制",意译为"在一定程度上阻止"。

异邦人把他对来自体验的讥讽(the sneer of experience)的回答——他们不是在立法而是在教育邦民——与对幸福时机的追求结合了起来,所谓幸福时机指,他们此刻不必立法,而只需"试图发现,何为对每个政制来说最好的东西和最必要的［最不可或缺的］①东西,以及这些东西以什么方式生成"(857e10-858a3)。异邦人为自己安排了三重任务。最低的一重是提供具有示范意义的立法,克利尼阿斯可以从中选择他能使用的部分;中间的一重由教育完成;最高的一重关乎政治事物本身的自然,而不限于克利尼阿斯的需要或一个多里斯城邦的雅典化。这第三重考虑此刻尤其有用:异邦人让克利尼阿斯自行裁决如下问题,即就礼法而言,他们应该审视最好的东西还是最必要的东西。异邦人暗示他即将面对的论题。不论多数人的意见还是他自己的意见,均与礼法不协和。普遍意见是,一切正义者都是美者;他自己的意见是,任何人都并非自愿做一个糟人。异邦人支持的这个苏格拉底式原则取消了刑法,[261]而普遍意见——它是礼法诸属的结构的基础——粉碎了惩罚的必要性。由此,反思必要的事物——这刻画了刑法的特征——导致了如下不受欢迎的结论,即必要的事物不可能与最好的事物相一致。在体验层面,不管多数人可能在言辞中维持什么,惩罚仅仅造成了美者和正义者的分裂,而且不管拒绝苏格拉底式命题可能有多么不理性,城邦都不可能放过任何错误地犯下罪行的人,也不可能把他送回到苏格拉底的"反思所"(reflectory),直到他学到他应该吸取的教训。由于法官是奴隶医生,且无法成为辩证术师,故法官介于墙上的书写(这种书写仅仅起威慑作用)与《法义》的书写(这种书写仅仅起教育作用)之间。法官的教育在于认识到法官必然要采取既使人妥协又自行妥协的立场。

---

① ［译按］伯纳德特所补。

　　克利尼阿斯以另一种方式来理解，异邦人要么提供最好的东西，要么提供必要的东西。对克利尼阿斯来说，必要的东西就是当下迫切需要的东西；与那些不可能把今天必须的事拖到明天做的立法者不同，异邦人、克利尼阿斯、墨吉洛斯有闲暇，且能够像砌石工一样不按他们的计划堆砌用于建筑的石块，而且能够现在把某些石块放进他们的结构里，把其他石块搁置一旁，供以后选择（858a7-c1）。克利尼阿斯混淆了异邦人给他们设定的三个任务中的第一个和第三个。对异邦人来说，他们走在变成立法者的路上，仍然在学习立法者这个行当（859b8-c4）；对克利尼阿斯来说，他们已经是立法者，且有时间收集更好的礼法，而非任何他们有可能使用的礼法。如果人们以克利尼阿斯自己没有想到的一种方式理解他的影像，那么，他的影像十分合适。有些用于建筑的石块进入了刑法的构造，这些石块不可能与礼法的整体结构相适应。以下两种情况都不正义：一种情况是，刑法形成了一个突出的附属建筑物，另一种情况是，刑法只起威慑作用，从而放弃了礼法其他部门展现爱意的理智能力（the loving intelligence）；以下情况才是正义的：刑法体现了一些与礼法之歌不协和的原则。正义者是礼法的一个石块，这个石块不可能与美者和善者相一致。这种不和谐比诗人使用的许多角色之间的不一致糟得多，因为礼法的非人格性使礼法自相矛盾。①如果有些人想要［262］听取有关美者、善者、正义者的建议，从而获得幸福，那么，当礼法给这些人提建议时，礼法不可能把任何它不希望玷污的东西分派给（slough off onto）他人（858d6-9）。

----

① 根据后文，提及荷马（858e1）可能是在暗示惩罚在《伊利亚特》和《奥德赛》中展现自我的方式。有两个关于愤怒的故事，其中一个导致了双重和解，首先是与阿伽门农的和解，然后是与普里阿摩斯的和解（两次和解之间是徒劳地惩罚赫克托尔之尸）；另一个故事的结尾是，求婚人被杀，而且女奴们和墨兰提奥斯（Melanthius）被折磨至死。［这两个故事］向人们最好地展示了最好的东西和必要的东西之间的区别。

异邦人似乎想做不可能的事。他想去除刑法的僭主品性，并使刑法重新与友善而深思的抚育(the kind and thoughtful parenting)相一致，他们的成文法的所有其他部分展现了这种友善而深思的抚育(859a1-b4)。他承认，他们不会成功，但他们至少应该表现他们的热情，就算他们步履蹒跚。他说："但愿情况很好，而且只要一位神愿意，情况就会变得很好。"异邦人似乎预料到会失败，但可能不会完全糟糕，只要他们认识到，他们的失败不是因为他们缺乏能力，而是因为这种礼法本身不可能。唯有真正不可能的东西从看起来不可能的东西的面纱背后出现，必要的东西才会出现。只有最好的东西能揭示出必要的东西。因此，如异邦人所说，克利尼阿斯选择最好的东西，是在用更自然的方式考察礼法(858c2-3)。在异邦人对偷窃行为的处理之中，克利尼阿斯察觉到了巨大的自相矛盾：尽管但凡偷窃行为都有其共性，而且偷窃者最多要双倍赔偿损失，但有一种偷窃表明偷窃者无可救药；这种巨大的自相矛盾只不过预示了，刑法的核心处存在刺耳的声音(cacophony)。

克利尼阿斯同意，他们不应该阻止立法者提供有关美者、正义者、善者的教导，而且成文法提供的建议一点都不少于以格律体和散文体写就的其他文献提供的建议；但他这时还不知道，与礼法相矛盾的文献的荒谬性，可能在于让礼法中的矛盾得到暴露(858c6-859a1)。一旦开启礼法，礼法看起来就十分丑陋，而且曾经看起来有点可耻的东西——对刑法的需要——此刻看起来像礼法上永恒的污点。礼法十分丑陋，是因为礼法既不可能在惩罚的承受者身上造就惩罚的施行者身上的东西，也不可能阻止惩罚的施行者变成他自身施行的惩罚的承受者。"正义的事物都很美"这个预设之所以不成立，首先是因为罪犯经历的事情十分丑陋或可耻，其次是因为［惩罚的］施行者体验到的快乐(这快乐源于他见到正义得到声张之后产生的满足感)并不光彩。这个丑陋却正义的人——克利尼阿斯相信可以正确地说这个人很美——以颠倒的方式反映出，他的正义具有美丽的表面和丑陋的内在(859d5-

e2)。异邦人任由正义者与美者之间的分裂仅仅停留在第一个层面，而没有把这个问题回溯到正义的施行者那儿，就像苏格拉底在《高尔吉亚》中所做的；可是，异邦人让我们考虑到施行者的所为等于承受者的体验(859e3-5)，从而让我们推测，如果承受者体验到最可耻的东西，那么，正确性的施行者极其丑陋。异邦人暗示了这一点，因为他声称，[263]当他们发现无数极其正义却极其丑陋的体验时，他们就停止了惩罚抢劫神庙的行为和颠覆的行为(860b1-5)。事实上，正是克利尼阿斯阻止了异邦人，因为克利尼阿斯表示，他不清楚异邦人何以在制定有关偷窃的礼法时忽略了情境的复杂；正因如此，似乎没有理由说，异邦人篡夺了克利尼阿斯的优先地位，这尤其是因为异邦人似乎早于克利尼阿斯的阻止［而行动］。一旦异邦人结束了有关抢劫神庙和颠覆的礼法，克利尼阿斯的评论论证了异邦人对优先地位的主张——克利尼阿斯在此之前没有打断过异邦人。克利尼阿斯当时曾经说"说得美"(856e4)。这种形式的认同表达了克利尼阿斯对礼法的体验。这种形式的认同不仅意味着，礼法十分温和，因为礼法令抢劫神庙的人的儿子摆脱株连而获得自由；这种形式的认同还意味着，礼法惩罚这些儿子的父亲们。克利尼阿斯的"说得美"当即阻止了异邦人一头扎进刑法，且令异邦人记起任性的、僭主般的兽性，他曾把这种兽性归给奴隶医生。①

当异邦人最初谈论教育时，他完全用快乐表述教育，而且只有当他重新审视这个问题时，他才把快乐与痛苦联系起来(653a6)。之所以后来把这个论题扩大，其原因随着惩罚变成核心论题而变得明晰。刑法不得不面对三类不同的体验：首先是正义

---

① 克利尼阿斯最后一次说"说得美"是在832d8，当时异邦人谈论了，如何用言辞正确地完成他们的礼法中尚武的教育和游戏(παιδείαν τε ἅμα καὶ παιδίαν)；当谈到有关男童恋的立法时，墨吉洛斯说过πάντη καλῶς［说得太美了］，但当时克利尼阿斯没有附和墨吉洛斯(837d9；参922d9)。

地遭受惩罚的人的体验，这种体验脱离了正义，只不过是痛苦而已；其次是遭受惩罚的人想象出来的体验，在这种体验中，遭受惩罚的人的痛苦通过奇迹而显得正义且美丽；最后是惩罚者的秘密体验，在这种体验中，惩罚者至多能体验到列昂提奥斯(Leontius)见到公开行刑人身边的尸体时所做的事(柏拉图《王制》439e6-440a3)。几乎可以说，列昂提奥斯的"噢，美景！"在克利尼阿斯的"说得美"这里有其轻柔的回声。

　　既然正义者已经与美者相互隔绝，异邦人便试图使正义者与善者重新结合。这似乎又是一个不可能完成的任务。人们普遍在自愿和非自愿的名目之下理解正义者，异邦人则基于知识和无知来理解善者。意愿与知识之间似乎不协和，正如正义的美丽和惩罚的丑陋之间似乎不协和。正义者对善者和知识的抵制可以用格劳孔的比较试验(comparison test)来衡量，在这种试验中，不义的人拥有所有优势，正义的人甚至没有知识用于自卫。[264]同时，格劳孔为不义者塑造的形象展现了异邦人的例子的力量，因为不义者想要他们认为好的东西，而且绝非有意成为不义者。不义者当然不会追逐格劳孔自己认为好的东西——无害的快乐、健康、思想、景色。因此，似乎异邦人可以轻易地把刑法建立在一个新基础之上，他所用的办法就是仅仅作出如下规定：任何不义行为的根源都是，邦民没有能力吸收他［邦民］终其一生信奉的教育，而且要么他的自然从一开始就倾向于反抗，要么他受到了某种外来的影响，尽管异邦人努力使城邦免于这样的污染。不管是哪种情况，判处死刑都是解决之法，而且被处决的罪犯会警惕人们防范有关善者的虚假意见的蔓延。被处决的罪犯的不义是出于自愿还是非自愿，将不再是一个论题；他的罪行暗示了，他会拒绝这个政制所支持的善者，正如任何打算颠覆这个政制的所有礼法的人也会明确宣称拒绝这个政制所支持的善者。关于如何把不义与有关善者的虚假意见等同起来，有两个困难。首先，并非所有被设定的不义行为都显然源于对善者的误解；其次，礼法诸属的结构自身得到建构，完全立足于美者和正义者，而且立法者不可能在礼法最后突然拒斥礼法诸属的结构并宣称他一直意指的是善者诸种的结构。礼法本身在其关于美者和正义者的意见上偏离了关于善者的知识，故礼法本身阻碍了一套完全理性的刑法的形成。美者和正义者之间的协和造成了如下幻觉：可以在善者中重新确定正义者。实际上，正义者此刻完全独立(all by itself)，而且不论异邦人也许多么不情愿，他都不得不在某种程度上屈服于通常对意愿的理解。

异邦人似乎拒绝区分"是不义的"与"不义地行动"，从而似乎有理由声称，尽管不义地行动是自愿的，但非自愿地不义的人沉溺于不义，且看不到他们原本想要的任何善者，因为在这种情况下，人们正在追求某种善者，且相信人们能偷偷拿走这种善者(860d9-e3)。异邦人不想以这种方式从他的命题中挣脱出来，事实上，他承认，如果所有的不义都是非自愿的，那么，惩罚显然应该是统一的(861a1-2)。异邦人此刻已经回到了克利尼阿斯打断他的地方。他曾为公共偷窃行为和私人偷窃行为制定同样的惩罚，而且克利尼阿斯曾对他无视所有情境性表示惊诧。此刻，偷窃是一个清楚的例子，因为偷窃者把城邦曾经想排在第八位的善者移到了他的［善者］等级序列的顶端附近(参870a8-b1)，而且[265]异邦人建议的惩罚曾经意在通过伤害偷窃者最深的东西来改造偷窃者。此外，这种惩罚相对温和，因为这种惩罚的确立是基于财富在善者诸种的结构中拥有的等级，而不是基于偷窃者自己的重新评价。因此，一个反对心智的罪行本应为它分配①最严厉的惩罚，而且人们也许可以认为，异邦人在处理某几种无神论时建议的［惩罚］，证实了他试图把善者诸种的结构带回到游戏之中。不论如何，很难设想，其他六种善者如何适应如下惩罚：在严格意义上设置这些惩罚的依据，是罪犯曾经攻击的善者的等级差

---

① ［译按］assigned to it［为它分配］似乎当作been assigned［被分配］。

异。异邦人给抢劫神庙的人施加的惩罚表明，异邦人不可能达到罪与罚之间的完美匹配。事实上，异邦人在男童恋上早就［对这种完美匹配］不抱希望，就算节制所占据的第二位原本可以证明，某种比对自行裁决权的要求更具惩罚性的东西(something more puntive than a call for discretion)是正当的。然而，人们会认为，异邦人后来在快乐主义和无神论之间建立的联系，令节制重新获得了它似乎在卷八中失去的地位。

如果马格涅西亚的刑法想要具有僭主性，正如所有其他礼法过去和现在都具有僭主性一样，那么，异邦人本来可以宣称，他的观点不同于所有其他地方盛行的观点，后者立足于属神的启示，从而可以加以任何解释(be done with any explanation)(861b1-c1；参859a1-6)。如果异邦人用法令(fiat)确立了刑法的理性基础，那么，他会把自己放在一个不可容忍的立场。他需要用来控制ἔρως［爱欲］的属神命令并非由他提供(835c1-8)，但这种属神命令原本不会与"ἔρως［爱欲］是非理性的"这个普遍信念不一致，而且正如这种属神命令是某种不仅仅属人的东西，同样，某种不仅仅属人的东西必须得到祈求；但既然他想令无知成为所有不义行为的原因，那么，他不可能诉诸实定法(positive law)的任意性。城邦中每个人都必须有能力明白法庭的裁决，并判断这些裁决适宜与否。异邦人暗示，他将放松"非自愿犯罪"这个原则，因为他要用自愿的不义和非自愿的不义之间的区别的一个版本来稀释这个原则。这种区别的这个版本被证明是一个影像。有些谋杀行为将是非自愿的不义行为的摹本(likenesses)，其他谋杀行为将是自愿的不义行为的摹本(866e6-867b1)。当δίκη［正义］[①]作介词，且指"正像"(just like)时，它将以宾格形式δίκην为伪装。

异邦人一开始就区分了损害(βλάβη)和不义，也区分了利益

---

① ［译按］伯纳德特所补。

(ώφελία)和正义(861e6-862b2)。①正如他将否认一种 [266] 非自愿的伤害是一种不义(哪怕这种不义是非自愿的),同样,他将声称一种利益——如果这种利益在现实中不是一种利益——的施行者在不义地行动。一种在错误的时机赋予错误的人的善者显然是一种损害,但由于这必定出于无知,故异邦人视之为一种非自愿的不义,治疗这种不义,就是剥夺受益者的利益,并教导施益者认识到自己的错误(862c6-8)。异邦人没有说立法者会如何抚慰受益者,受益者无疑会相信利益的损失是不义的。异邦人会更明确地讨论损害的施行者和承受者。他建议把损害变成善者,从而"把损失的东西带至安全的境地,且使堕落的东西回到正途"(bringing the lost to safety and straightening upright the fallen),他还建议调解施行者和承受者,并使二者从分歧走向友谊。异邦人提到了损害的两个例子,即遭受死亡或遭受伤害(τὸ ϑανατωϑὲν ἢ τρωϑέν)。他随意地给了立法者一个不可能完成的任务,即起死回生,而且他没有说什么样的赎金(ἄποινα)——在礼法有能力……②的情况下——可以调解被杀者和杀人者。杀人者会知道,他是

---

① 在862a3,异邦人用诗性的措辞πημαίνει [损害]取代了散文性的措辞βλάπτει [损害]。在荷马笔下,πῆμα [损害]总是由荷马之外的人说出(47次)——意即这种损害是就体验层面而言——只有一次例外(荷马《伊利亚特》11.413);赫克托尔5次使用这个词,阿喀琉斯1次使用这个词(24.547);在《伊翁》538d3([译按]伯纳德特原误作508a3,今改),苏格拉底以πῆμα [损害]取代了荷马的κῆρα [损害](荷马《伊利亚特》24.82)。在荷马笔下,ἄποινα [赎金](在《法义》862c2出现)仅见于《伊利亚特》,且主要见于第一卷和最后一卷;在第一卷中,这个词指赎回克律塞斯(Chryseis)的赎金,阿伽门农起初拒绝接受这笔赎金;在最后一卷中,这个词指赎回赫克托尔尸体的赎金,阿喀琉斯被迫接受了这赎金。在后一种情况下,尽管不曾有过任何不义(当然,除非阿喀琉斯被认为是在惩罚特洛亚人的不义),但敌对双方之间建立起了一种友谊;在前一种情况下,克律塞斯是战利品的一部分,而且阿凯亚人(Achaeans)因为没有通过ἄποινα [赎金]接受调解而受到了惩罚。卡尔卡斯(Calchas)说,因为他们没有接受ἄποινα [赎金],故他们不得不抚慰(ἱλασσάμενοι)阿波罗,而且他们没有得到报酬(ἀπριάτην, ἀνάποινον)(荷马《伊利亚特》1.93-100)。

② [译按]to deliver short of that,颇为费解,暂以省略号代之。

无辜的，且可能不愿支付任何东西。异邦人暗示，受到损害的人把他所受的损害看成一种不义，且必会因受骗而相信情况恰好相反，因为否则就不会需要恢复一种原本不会为一种行为——如果双方都认识到这种行为是无意的——所毁掉的友谊。异邦人建议把不义划分为损害和敌意，且通过赎金来取消损害并恢复友谊。简言之，他建议让通常所理解的正义和不义消失无踪。他的建议无法不令我们记起他原来给克利尼阿斯的提议，即让法官通过礼法来调解一个分裂的家族里的好人和糟人，并使那些相互不和的人变成朋友(627e3-628a3)。①

　　如果有不义的利益，那么，应该有正义的利益。在[267]《高尔吉亚》中，苏格拉底问高尔吉亚，他[高尔吉亚]是否分有他[苏格拉底]自己的自然(458a1-7)：当他[苏格拉底]虚假地言说的时候，他因被反驳而获得快乐，正如当别人虚假地言说的时候，他因反驳他人而获得快乐，但他认为更大的善者是自己摆脱最大的恶而获得自由，而不是令别人获得自由。苏格拉底告诉高尔吉亚，他从不出于正义而行动，但如果高尔吉亚像他，那么，苏格拉底对他的反驳将会既令他快乐又令他受益；而且如果苏格拉底未曾把自己的性格告诉他，那么，他可能本来会错误地推断，苏格拉底是正义的。然而，如果他[高尔吉亚]发现他[苏格拉底]的反驳很烦人，并视之为一种损害，那么，他[高尔吉亚]会倾向于像波洛斯一样相信，苏格拉底是不义的(参461d2)。从这个例子中可以看出，正义如何能够体现为正义的体验，正义的体验并不立足于[正义的]施行者的意图。由此，异邦人可以保留正义者和不义者，作为对善者和糟者的体验方式，同时在现实中拒绝给予正义者和不义者任何支持。然而，由于世界上更常见的不是苏格拉底这样的人，而是波洛斯这样的人，更别说卡利克勒斯这

_____

① E. Klingenberg，《柏拉图的农业法与实定的希腊法》，前揭，页23-24，注意到862b6-c2描述的原则在《法义》中的任何法规中都找不到呼应之处。

样的人，而且他们耻于成为不义的极致(take the slap in the face to be the height of injustice)，故礼法必须适应他们，并采用他们的视角。如果高尔吉亚对苏格拉底生气，那就更容易令他相信，苏格拉底曾经只想论证，他随意拒绝了一种利益。

礼法是教育和强迫的工具(862d1-4)。如果某人制造了一种不义的损害，那么，他应该受到劝说并相信，他厌恶不义且热爱(或至少不厌恶)正义的自然。然而，如果立法感觉($\alpha\check{\iota}\sigma\vartheta\eta\tau\alpha\iota$)他不可救药，那么，对他来说更好的选择是，不要活下去了，而是变成其他每个人的[反面]教材。立法"感觉"是否不可救药，只需两种或三种方式：罪行本身严重与否，罪犯是否有前科，或这两点结合在一起，决定了他是否适合活下去。如果由法官自行裁决是否不可救药，那么，有些人会犯下杀人罪而不受惩罚，而另一些人会因最轻微却不由自主会一犯再犯的违法行为而被判处死刑。不可能期待礼法以书面形式规定罪行与罪犯之间的完美匹配方式。事实上，礼法之外的考虑似乎会强迫礼法变得既太宽松又太严厉。

第 3 节　苏格拉底式无知

一旦异邦人否认，他会把某些损害当作非自愿的不义，他就让我们没法知道，自愿行为到底在他的立法中如何起作用。克利尼阿斯想要进一步明确，不义和损害之间有何区别，以及自愿行为和非自愿行为如何用不义和损害构成一个复[268]杂的网络(862a3-6)。异邦人开始满足他[克利尼阿斯]的要求，是通过把灵魂的一个版本(我们可以从《王制》中最好地认识这个版本)与对无知的一种描述(我们可以从《斐勒布》[48a8-50a10]中认识这番描述)结合起来。这种结合十分尴尬，正如这种结合十分惊人。之所以十分尴尬，是因为我们拒绝像谈论愤怒和快乐那样谈论无知，即拒绝把无知说成某种我们屈从或不屈从的东西；之所以十分惊人，是因为苏格拉底曾用这番对无知的描述来区分他自己的不设防的(unarmed)无知与阿里斯托芬在那部关于苏格拉底的谐剧①中展现的力量。甚至除此之外，异邦人刚刚列出灵魂的五个缺陷，就以一种区分令这五个缺陷翻倍，这种区分抹杀了他一开始在愤怒和快乐之间作出的区分(864c4-6)。我们不曾知道，刑法可以这样有趣，正如刑法必须令人困惑，如果苏格拉底式无知处于刑法的核心处。

　　异邦人起初区分了愤怒和快乐(他没有像他后来那样区分痛苦和快乐)，也区分了愤怒与欲望(863b2-6；864b3-6)。愤怒(ϑυμός)②倾向于争吵，且难以对抗，且会用其非理性的暴力颠覆许多东西。[异邦人]没有说到它[愤怒]产生的快乐，也没有说到它[愤怒]具有的欲望，这种欲望就是想要报复其所体验到的错待(to retaliate for an experienced wrong)的欲望。快乐凭借一种相反的力量而占据支配地位，且通过劝说和欺骗的力量③为所欲为。[异邦人]没有说到快乐的非理性，也没有说到快乐如何能够有一种意愿。这两番描述中的一个微小改动会使快乐变得无知，正如愤怒对善者无知一样，而且这两个原因[即愤怒和快乐]中的任何一个都不会因其错误而受到惩罚。因此，异邦人似乎让愤怒和快乐具有了它们在公开言辞中具有的特征；但对于无知——作为种种失误的原因——来说，立法者介入了，并把无知分为简单无知和双重无知，前者是轻微错误的原因，后者[是如下状况的原因]，即

　　　　某人很愚蠢(ἀμαϑαίνη)，以至于不仅为无知所捕获，而且

---

① [译按]阿里斯托芬的《云》。
② [译按]此希腊文一般意为"血气"。
③ πειϑοῖ μετὰ ἀπάτης βιαίου [通过劝说和欺骗的力量]（[译按]"欺骗的力量"原文直译作"有力的欺骗"）令人记起埃斯库罗斯的βιᾶται δ'ἁ τάλαινα Πειϑώ [莽撞的劝说女神在强制他]（埃斯库罗斯《阿伽门农》385）。τοῦ λογισμοῦ καλοῦ μὲν ὄντος, πράου δὲ καὶ οὐ βιαίου [思考尽管很高贵但很温和而非很暴力]（645a5-6）表明不应该改动文本。

为智慧的一种意见($\varkappa\alpha i\ \delta\delta\xi\eta\ \sigma o\varphi i\alpha\varsigma$）所捕获，仿佛他完全知道他完全不知道的东西。(863c4-6)

异邦人曾谈论灵魂的不断增加的耻辱，这种耻辱不断增加，是因为人们相信，没有品质的生命也很好，而哈得斯里的事物很糟，而且人们没有通过教育让灵魂知道，灵魂其实不知道，恰好与此相反的情况会不会才是实情(727c7-d5)；而且苏格拉底曾把自己与任何其他人区分开来，正是因为他对哈得斯无知，故他曾要求城邦在杀死他之前首先教育他。

异邦人接着区分了拥有力量(strength)和强力(force)的那种幻想出的智慧($\delta o\xi o\sigma o\varphi i\alpha$) [269] 和没有权力(power)的那种幻想出的智慧。他说，前者造成了巨大的、非音乐性的错误(他可能暗示他之前关于第二次波斯战争之后的雅典的说法，见701a3-7)，后者造成了要么幼稚要么老派的错误(立法者将为此而制定最温和也最宽容的礼法)。异邦人丝毫没有说到，立法者应该如何处理第一类虚假的自负。相反，他接着评论道，几乎人人都会说，"我们中有一个人是快乐或愤怒的奴隶，另一个人比他高明"，但没人会这样谈论无知，仿佛一个人无法像苏格拉底一样凭借关于无知的知识而强过①自己的无知，也无法像任何其他人一样受无知支配(863d6-e1)。一方是愤怒和快乐，另一方是无知，异邦人从这两方的区别之中得出了一个直接结论，即他可以把不义的事物(不管是自愿的还是非自愿的)定义为愤怒或痛苦的僭主制，定义为快乐或畏惧的僭主制，定义为怨恨或欲望的僭主制(不管不义的事物是否造成损害)，而且他可以完全基于意见定义正义的事物(不管正义的事物是简单的还是双重的，也不管正义的事物是失败了还是没有失败)(863e5-864a8)。如果一个城邦或某个私人团体

---

① [译按]意即战胜。

基于有关最好的东西的意见而做出一个行动，而且这个意见在每个人的灵魂中占上风，并为每个人的灵魂赋予秩序，那么，必须宣称这个行动完全正义。如果依据多数人的意见，一个错误是非自愿的，那么，此刻这个错误打上了正确性的印记。正义只不过是无知的绝对正确性。由此，如果陪审员们错误地判定一个人有罪或无罪，那么，异邦人会保护陪审员们免遭伤害。陪审员们是正义的，他们并非出于非自愿而不义(not involuntarily unjust)。如果一种损害是源于简单的无知(就像过失杀人的时候)，而且这是希腊语中所谓的正义的谋杀($\delta i\kappa\alpha\iota o\varsigma\ \phi\acute{o}\nu o\varsigma$)，那么，这种损害是正义的；而且如果一种损害是源于双重无知，而且伴随着强力，那么这种损害就是礼法。印度民族吃掉其本民族的逝者，他们是正义的，正如希腊人火化其本民族的逝者，又如波斯教士(magi)让鸟类吃掉其本民族的逝者，又如埃及人保存其本民族逝者的遗体，所有这些人都是正义的；然而，他们各自都依赖$\delta o\xi o\sigma o\phi\acute{\iota}\alpha$[幻想出的智慧]，而且无疑会惩罚任何在行事上违反他们的信仰的人。异邦人分有苏格拉底和爱利亚异邦人的观点，即城邦是有权力的$\delta o\xi o\sigma o\phi\acute{\iota}\alpha$[幻想出的智慧]的所在，而在城邦之间漫游的智术师只是诸城邦的种种自负行为的替罪羊(柏拉图《王制》492a5[①]-493c8；《治邦者》303b8-c5)。巨大的、非音乐性的错误曾经使异邦人没有能够提供任何立法，这些错误只不过是城邦自己关于善者的永恒意见，依据这些意见，城邦安排了城邦之中每个人的灵魂。城邦用意见把善者翻译成正义者，且阻止异邦人尝试用知识把正义者翻译成善者。

[270] 异邦人把灵魂划分为意见和激情。意见在个人和城邦之间漫游，激情贯穿于个人之中。这种划分似乎使任何有关善者的意见都不会影响愤怒或快乐，也似乎使激情不会影响任何有关善者的意见。不仅如此，异邦人似乎使自己在区分灵魂的

---

① [译按] 伯纳德特原误作4982a5，今改。

秩序和无序，从而把灵魂的无序(激情居于支配地位且占上风)称为不义或僭主制，且把灵魂的秩序(这种秩序使每个人都服从这种秩序的原则)称为正义；但意见所维系的灵魂秩序偏离了灵魂的真实秩序，不论它 [即意见所维系的灵魂秩序] 的稳定性会在多大程度上提供相反的印象。城邦的智术的不可战胜，隐藏了城邦的智术的一个主张，即城邦的智术知道自己不知道的东西。在异邦人的概述中，他谈到了三种错误(ἁμαρτανόμενα)，从而把愤怒和快乐拖入了无知的轨道，然后，他接着把无知重新表述为一个在期望和意见中真实地追求最好的东西的人(one who, in his expectations and opinion, is truly aiming at the best)的特征，从而把无知拖入了欲望的轨道(864b1-7)；①他揭示了，当他做这些事时，

──────────

① 读作ἐφέσεως [追求] 的依据是L. A. Post，"柏拉图《法义》札记"(Notes on Plato's *Laws*)，见《美国古典语文学杂志》(*The American Journal of Philology*) 60–1 (1939)，页101；Bury把ἔσεσθαι τούτων [这是] (864a2)读作ἐφέσθαι τούτου [追求这] 与此相一致，尽管将来时的ἔσεσθαι [是] 可以更好地匹配这里的论证([译按] Bury的观点见Plato, *Laws*, R. G. Bury译, Leob Classical Library, Cambridge：Harvard University Press, 1994)。故Post译作"期望并相信我们现实地投身于对理想的追求"(expectations and belief that we are really launched in pursuit of the ideal)。T. J. Saunders保留了ἔφεσις [追求]，并读作ἐλπίδων δὲ καὶ δόξης, τοῦ ἀληθοῦς ... ἔφεσις, τρίτον ἕτερον [第三种，也是独特的一种，就是真实地追求期望和意见]，见T. J. Saunders, "柏拉图《法义》中的苏格拉底式悖论"(The Socratic Paradoxes in Plato's *Laws*)，见《赫耳墨斯》(*Hermes*) 96 (1968)，页432–433；但请参考K. Schöpsdau, "论柏拉图《法义》中的刑法的题外话"(Zum Strafrechtsexkurs in Platons Nomoi)，见《莱茵古典语文学大观》(*Rheinisches Museum für Philologie*) 127 (1984)，页124–130。在863e2-3，异邦人暗示，无知如何可以与愤怒和快乐相和谐：πάντα δέ γε προτρέπειν ταῦτά φαμεν εἰς τὴν αὐτοῦ βούλησιν ἐπισπώμενον ἕκαστον εἰς τἀναντία πολλάκις ἅμα [我们说，所有这些东西至少经常令每个人转向与自身意愿方向相反的方向]。如果无知经常在与每个人自身意愿方向相反的方向上惹恼每个人，正如愤怒或快乐这样惹恼每个人，那么，每个人必定对于有关善者的真实意见有一种意愿，这种意愿的基础是，意识到每个人的无知。因此，无知包括无知之知，且像ἔρως [爱欲] 一样具有双重性。由此，异邦人悄悄地引入了苏格拉底作为无知的范本，且宣称苏格拉底完全正义。苏格拉底式无知似乎是第四种无知，但 [他] 也有可能把苏格拉底式无知当作 [无知] 这一类(the class)的核心，而且其他各种无知可能因苏格拉底式无知而获得正当性，且通过苏格拉底式无知而论证其自身的无知具有正当性。

他在多大程度上误导了我们。异邦人为无知赋予的豁免权似乎经不起他建议的立法的检验，因为卷十把无神论当作 *δοξοσοφία*［幻想出的智慧］的一种形式，且不让某些持无神论的人以无知为理由进行辩护(868b7-8; 888e1-2)。不过，在卷九结尾，当他回到了对刑法的需要引发的尴尬时，他区分了具有教育作用的礼法和为了惩罚的礼法，他还再次诉诸 *δοξοσοφία*［幻想出的智慧］，以便解释殴打父母的人的行为(880d8-881b2)。①然而，异邦人显然没有做到在相当程度上内在一致，因为在总体上，刑法反对那些抵制教育的自然，②而且在虐待长辈(*αἰχία*)这件事上，刑法 [271] 反对那些在行事时自以为知道其所不知道的东西的自然，而且这些自然不知道且不畏惧两种东西：首先是天上诸神的愤怒(*μῆνις*)，其次是地下惩罚的故事。异邦人指责这些自然［自以为］知道某种东西为假，这种东西就是城邦不知道［是否］为真的东西。③城邦惩罚殴打母亲的人之所以是正义的，就是因为城邦不知道是否存在对这个人的罪行的属神惩罚。城邦不可能在其自身不知道的事情上教育这个人，但城邦判定这个人不可救药，因为这个人无法使城邦的无知变成这个人自己的无知。城邦像苏格拉底一样前行，且惩罚那些不满足于自知无知的人(those who are not content with knowing that they do not know)。这种惩罚就是把他们永远逐出城邦，且不让他们接触任何神圣事物(881d3-5)。城邦以这样一种终局性(finality)拒斥他们，正如苏格拉底的 *δαιμόνιον*［命神性事物］有时阻止他的某些追随者同他结交(柏拉图《泰阿泰德》150e8-151a4)。

---

① ［译按］伯纳德特原误作880d8-b2，今改。

② ［译按］"自然"在此指具有某种自然(天性)的人。

③ *ἀληϑέστατα λέγοντες*［最真实地言说］(881a6，隐含主语 *Πόνοι*［辛劳］)这个表述撤回了异邦人的无知，但没有撤回城邦的无知(从卷十判断这一点)(903b1-2)。

第 4 节 暴 力

当异邦人回到他一开始讨论的三种罪行（抢劫神庙、背叛、颠覆）时，他没有讲明，他是否想要我们将这些罪行归在灵魂中的欲望的僭主制之下（正如他的前言可能暗示的），他也没有讲明，这些罪行是否并非也取决于这样一种主张，即主张自己拥有更强大的智慧（864c10-d5）。如果后一种情况是真的，那么，逮捕并处死这样的罪犯，可以证明他们虚弱，却无法证明他们有关善者的意见是假的。在所有三种罪行 [的施行者] 中，异邦人排除了疯子，也排除了因身体虚弱而等同于疯子的人。难道我们应该假设，δοξοσοφία [幻想出的智慧] 并非疯狂的一种形式，而且那些声称他们知道他们所不知道的东西的人处于正确的心智状态下（in their right minds）（参柏拉图《智术师》228c10-d2）？我们说，疯子代表着简单的无知的一种特定形式（他不知道他在做什么），但我们可以同样轻易地说唐·吉诃德（Don Quixote）相信他知道他所不知道的东西，并同样轻易地把他转移到双重无知那个种（species）之中。不论如何，异邦人在他的例外中又列出了一个例外，而且尽管疯子或虚弱的人只需支付简单的赔偿金，且免于受到所有其他指控，但他们中的那些被判定犯有杀人罪的人不得不流亡国外一年，而且如果那些人提前回国，那些人就会被关进监狱两年（864e1-9）。由此，异邦人引入了关于谋杀的立法。他进入第二个种（species），是通过另一个种的例外之例外。由此，他 [272] 揭示了，苏格拉底式原则如何可以扩展至整个刑法，且使每个人都摆脱困惑（参888a2-4）。要衡量这种滑动（slide）的重要性，只需回忆一下，苏格拉底曾使用疯子的例子（疯子想要回他曾经交给一位朋友的武器），以便暗中确立如下原则：如果一个人不知道如何使用一个东西，那么，这个人就不能对这个东西——包括这个人自己的生命——主张权利（柏拉图《王制》331c5-9）。

异邦人刚刚转向作为一个种（species）的杀人罪，他就谈到了非自愿的行为；但只从前三个例子（公开比赛、战争、军事演习）也可以看出，非自愿（ἄκων）是无知的一个别名（865a2–b2）。然而，这种命名上的变化规定了另一种命名上的变化：不把杀人者称为正义的，而是称为洁净的（καθαρός）。依据来自德尔斐的礼法，净化为正义者涂上了神圣者的色彩。这些例子需要这样的着色，因为流血事件隐藏了其是否出于蓄意（premeditated）这个问题。受害者有意设想的危险赦免了杀人者的任何［杀人］意图，同样的情况也适用于医生杀死的病人（865b2–4）。更好的做法是，不要追究罪责以至于引发生者和死者的愤怒。人们不想游叙弗伦对礼法放马后炮（second-guessing the law）。①

在异邦人转向第二种杀人罪之前，他制定了一个特殊条款：如果一个自由人杀死一个自由人（865d3–866a1）。与其他非自愿的杀人者一样，这个人也可以得到净化，但他必须流亡国外一年。他应该赞同一个古老的故事：

> 如果任何人曾生活在自由带给他的骄傲之中，后来被人用暴力杀死，那么这个人会在刚死不久的时候生杀人者的气，同时，他也因这件事中的暴力而充满畏惧和恐慌，而且当他见到杀他的人在他熟悉的地方逗留时，他感到恐慌，而且他在自己很受扰乱的同时，还尽他所能地扰乱——他以记忆为他的盟友——杀人者自身及其行动。

此刻，礼法区分了奴隶和自由人，而且尽管杀死奴隶的人（不管这个奴隶是他自己的还是他人的）不得不像杀死自由人的人一样，经历同一个净化仪式，可是任何故事都不会有助于抚慰被杀的奴

---

① 参David Daube，《罗马法》，前揭，页164–175。

隶。关于杀人罪的礼法似乎符合5类或10类过失，从而经历了对城邦结构的适应。这种适应既支持每个邦民具有的自由带给他的骄傲，也抚慰任何暴死引发的非理性感觉。如果受害者家族中最亲近的家属见到，杀死他亲人的人在城市或乡村闲逛，仿佛他［杀人者］被正式赦免后就能弥补他［这位家属］的损失一般，那么，异邦人的故事归给死者的怨恨，等同于这位的家属可能体验到的怨恨，而且礼法通过［273］惩罚确保这位家属的确可以体验到这种怨恨(866b3-7)；事实上，异邦人的礼法使杀人者流亡国外一年，从而使这位家属不再有任何机会表示他自己的愤怒。如果有人看起来虔敬地认可古代信念，那么，这种认可是一种最新手段，用来阻止灵魂中的愤怒的僭主制，不管这样的不义是否会导致损害。圣洁者维系着礼法诸属的结构，但任何神学都不可能以同样的方式维系善者诸种的结构。不成文法必须控制成文法，但人们不可能更明白地讲述这种控制。

礼法必须命令这位最亲近的家属原谅杀人者并与之达成和解，但礼法不可能声称，如果没有原谅与和解，那么，应该处以什么惩罚(866a1-5)；这种状况必然引出下一个话题，即出于愤怒而犯下的杀人罪，这种杀人罪中的第二类，即出于蓄意的那一类，应该包含那些在一年之内无法令义愤消退的情况，而这种杀人罪中的第一类，即出于无意的那一类，可能适用于如下情况，即当杀人者在流亡之后归国时，［那位家属的］愤怒会再次燃起。假设异邦人关于这样的杀人罪的礼法曾经有效：如果雅典娜没有阻止阿喀琉斯，而是任其涌起杀死阿伽门农的欲望，那么，阿喀琉斯原本会流亡国外两年；如果雅典娜没有阻止埃阿斯，而是任其成功实施了计划，即杀死奥德修斯、阿伽门农、墨涅拉奥斯(Menelaus)，乃至更多人，那么，埃阿斯原本会流亡国外三年(867c4-d3)。[1]对

---

[1] ［译按］阿喀琉斯之事见荷马《伊利亚特》卷一，埃阿斯之事见索福克勒斯《埃阿斯》。

于愤怒，异邦人似乎十分随意。邦民需要有血气(ϑυμοειδεῖς)，而且异邦人曾把属于"城邦中伟大且完美的人"的等级分配给那些与官员一道惩罚不义行为的人(730d5-6)；上述需要和上述等级似乎已然发展成对私人复仇的过分沉迷。出于愤怒而杀人，绝对是一种不义，但[异邦人]在处理这种不义时，似乎令被杀者的家属们获得了两次机会惩罚(chastise)他们[这些家属]的愤怒，却不可能——当杀人者在国外时——在现实中尝试缓和他[被杀者]的愤怒。异邦人让受到侮辱而要报复的人判定，他实际上是否曾受到侮辱；同时，异邦人完全不理会，受侮辱的人是否曾经应该受到侮辱，即实际上这种侮辱是不是一种有益的损害。不管侮辱是一句尖锐的评论还是打在脸上的一巴掌，受侮辱的人的尊严由他自己来评价。也许埃阿斯配不上阿喀琉斯的盔甲，也许阿喀琉斯完全有权要求最高的荣誉，这些事在异邦人的纲领中都无关紧要。即时的报复是缺乏思考的行为，细细思索才会导致蓄意的复仇："如果我杀死他，那么，我将证明，我不是[274]可鄙的，因为他仿佛把我当作他的奴隶。"自由人对自由的掌控并不稳定，这证明了异邦人有理由支持复仇(参777b4-c1)。

异邦人把一种不义代之以另一种不义，对于前一种不义，他在定义它时，未曾复杂地区分自愿和非自愿，对于后一种不义，他将其定义为论证他的尊严的正当性的东西(the vindicator of his dignity)。一种不义变成了另一种不义，对于前一种不义，他曾经将其分配给任何在愤怒中报复的人，对于后一种不义，被侮辱的人在任何蔑视他的人身上发现了这种不义。凭借这种未经检查的转变，异邦人试图通过一个影像来恢复他原初的立场。他说，即时的报复是非自愿行为的影像，有所延迟的报复是自愿行为的影像(867a2-b1)：仿佛ἑκών[自愿]的词源是εἰκών[影像]。①如果

---

① [译按]以上两个方括号内容均为伯纳德特所补。

把自愿和非自愿重新翻译回到(are retranslated back into)它们的苏格拉底式对应物，那么，即时的报复是无知的影像，蓄意的报复是知识的影像。前者像无知，是因为悔恨经常与之相伴(866e2-3)，悔恨暗示着某种类似于"要是我早知道的话"的东西。异邦人进一步允许致命愤怒的受害者原谅攻击他的人，因为攻击他的人并非自愿做出这种行为(869d7-e2)。他［受害者］的原谅等于声称"他［攻击者］当时不知道他在做什么"。蓄意的愤怒经常没有悔恨(886e3-6)——任何违反事实的陈述都不包含知识——而且不那么容易说明为什么这种情况下的罪犯应该得到如此轻判。这种判决有两种不同的考虑。对受害者的家族来说，由于［罪行的］蓄意性使［罪行的］邪恶性看起来更大(867b7-c1)，故更长时间的流亡令受害者的家族有时间原谅［罪犯］，也令被杀者有时间忘却［罪犯］；对于罪犯来说，他变得认识到，他的愤怒相当大，但他没有变得认识到，他的愤怒是蓄意的(867d3)。异邦人似乎指向私人的δοξοσοφία［幻想出的智慧］之无辜。异邦人似乎没有考虑他自己在这种状况的种种"正确性"上覆盖的无知之纱，从而似乎也没有考虑如下哪种情况正确，一种情况是，一方感到被冒犯，另一种情况是，另一方冒犯对方；准确地说，异邦人似乎没有考虑这样一种正义，他自愿把这种正义扩展至一方或另一方的知识和自知之缺乏(the lack of knowledge and self-knowledge)。异邦人不希望城邦太仔细地检查邦民们对美德的自我评价(the self-estimation of virtue in its citizens)。他首次表现出好心的俯就，是因为他允许法官们相信抢劫神庙的人不可救药，而非相信抢劫神庙的人自己曾经注意到刑法的威慑力。然而，异邦人确实限制了自己对愤怒的沉迷。他确保礼法护卫者们——他们的职责是考验那些流亡两年或三年后回国的人——有机会更加悉心地检查谋杀行为的原初条件(867d3-868a1)。他期望，[275]他们［礼法护卫者］的义愤也会在这期间逐渐消退，并使他们进行更无偏见的调查。①

异邦人没有区分如下两种情况，一种情况是，一个主人出于
过失而杀死自己的奴隶，另一种情况是，一个主人出于愤怒而杀
死自己的奴隶（865d1-3；868a4-5）；异邦人也没有区分如下两种
情况，一种情况是，一个奴隶出于即时愤怒而杀死自己的主人，另
一种情况是，一个奴隶伺机杀死自己的主人。人们可能会认为，
既然这个奴隶受到奴役，他就已经受到了侮辱，而且没有可能清
晰地区分蓄意和即时；至于他可能产生的悔恨，显然无关紧要。
然而，异邦人没有说明，如果一个奴隶偶然杀死了自己的主人或
任何其他自由人，那么，一个人应该如何处理这个奴隶。不可能
像英格兰所说的（对868b6的笺注），使他流亡国外；但很难相信，
可以仁慈地对待他，并判处他有期徒刑（参882b3-c2）。千真万确
的是，主人和奴隶同样面临风险，但似乎必须为了社会秩序而牺
牲奴隶的无辜。毕竟，受害者的家属可能在任何时候杀死这个奴
隶而不受惩罚，而且城邦更好的做法不是依赖时间或计算，而是
防止受害者的家属积累愤怒。

城邦的结构改变了一种内在一致性，凭借这种内在一致性，
本来能够把灵魂结构本身应用于罪行。份额（a lot）的不可剥夺
性限制了罚金的多少（855a7-b2）；对于抢劫神庙，奴隶比邦民受
到更轻的惩罚，对于杀人，奴隶比邦民受到更重的惩罚；家族规
定，哪怕是出于自卫，弑父也不会得到赦免（869b7-c6）。就算
异邦人的语言——"不管什么人控制不住自己的愤怒"（ἀκρατὴς
θυμοῦ）和"出于愤怒的疯狂（μανίαις ὀργῆς）而胆敢谋杀父亲或母
亲"（869a2-4）——会令弑父者流亡国外一年或两年，但必须处

---

① 拜伦勋爵（Lord Byron）因谋杀查沃思（William Chaworth）而受到审判（1795年
  4月16日），这场审判表明很难区分即时报复和蓄意报复。参H. L. Stephen编，
  《国家审判：政治层面和社会层面》（*State Trials Political and Social*），London：
  Duckworth, 1902, 卷4, 页229-272。

死弑父者。父亲或母亲临死时的原谅可以使他得到重新评判，这一点表明，礼法不得不调和那些相互不一致的原则。如果没有得到父亲或母亲的原谅，杀人者就会被判三宗罪——肆心的攻击（aixía）、不虔敬、抢劫神庙①——且值得被杀死许多次（869b1-7）。由于礼法如此快地用尽了惩罚措施，故圣洁者必须以修辞术补[276]充礼法。哈得斯及其所代表的一切，竭力使尘世（earthly）惩罚措施显得贫乏，并去除愤怒的不可满足的要求的过分之处（draws off the excess in the unsatisfiable demands of anger）。无疑，设计出一些折磨手段，是为了羞辱罪犯且满足义愤，但这些折磨手段违反了异邦人的如下要求，即应该让惩罚要么起订正作用，要么起规范作用，更别说有必要区别对待奴隶与自由人（872b4-c2）。同时还存在一种危险，即以友谊为目标的政制在这种情况下会把畏惧放在家族的核心位置。另一方面，如果修改了惩罚的标准，以至于死刑只留给那三重穷凶极恶的罪行，那么，对死亡的畏惧就不再具有威慑力（因为十分幸运的是，这几种罪行并不那么频繁地发生），而且礼法的威慑力也会马上消退并变成一个遥远的记忆。②实际上，罗马共和国晚期已经丧失因任何罪行而处死一个邦民的法定权利。异邦人将首次使监禁成为一种惩罚形式，而非仅仅使监禁成为一种拘留手段，以便某人要么还债，要么被处死。尤其在无神论问题上，他建议进行这种改革，这一点表明，他

---

① 抢劫神庙经历了含义上的变化，即扩展到把弑父也包括在内，这导致两种可能，一种是诸神的塑像有生命，另一种是异邦人正在为卷十的神学奠基（参930e7-931a8；931d5-9）。显然要作出抉择：要么迷信，要么不要宗教。在864d1，异邦人说，有关抢劫神庙的立法περὶ τῶν συλώντων τοὺς θεούς［与抢劫诸神的人有关］（参909e3-4；索福克勒斯《安提戈涅》198-201）。

② 在革利乌斯（Aulus Gellius）笔下，凯喀利乌斯（Caecilius Africaus）为十二表法（the twelve tables）中的一个条款辩护，这个条款允许当着债权人的面把欠债不还的人剁碎，因为这可以培养fides［诚信］，而且可以充当一种威慑力，尽管从未实施过这种惩罚（革利乌斯《阿提卡之夜》20.1.39-54）。

预见到一种新的罪行，从而不得不发明一种新的惩罚。[①]

　　对于那些可以归于欲望的谋杀行为(murders that can be laid to desire)，异邦人从两方面划分了礼法。首先，不埋葬变成了一种惩罚形式，而且有关未来惩罚的故事伴随着官员们能够规定的惩罚。在描述谋杀的愤怒时，提到了1次灵魂(869b3)，在描述谋杀的欲望时，灵魂出现了7次。在前一番描述中，异邦人讲了一个故事，在这个故事中，被杀者($\acute{o}$ $\vartheta\alpha\nu\alpha\tau\omega\vartheta\epsilon\acute{\iota}\varsigma$)自己是诸体验的承受者和施行者(865d6-e6)；在后一番描述中，异邦人讲了两个故事，在第二个故事中，杀人者的灵魂是［诸体验的］施行者，他必须为他的罪行付出代价(873a1-2)。在前一番描述中，提到了1次"神"(865d1)，在［后一番描述中的两个故事的］第二个中，提到了7次"神(们)"和"属神的"。异邦人原本曾经把愤怒或快乐的僭主制当作完全不义(864a1)，但现在他把蓄意谋杀(如果一个人屈服于快乐、欲望或嫉妒)视为完全不义(869e5-8)。如果邦民出于愤怒而杀人，从而把一种绝对价值加诸自身(他完全摆脱了任何受到认可的美德，除了城邦赋予他的自由)，那么，他绝不会被称为不义的，哪怕他杀的是他的父亲或母亲；但如果邦民［277］颠倒了诸善者的等级(城邦的教育一直以诸善者的等级来训练他)，那么，他是不义的(871a2；872d2)。然而，异邦人不得不承认，除非城邦的教育遍及世界，否则它不可能完全有效，而且如果它遍及世界，那么，在诸城邦中，不会需要流血事件来净化流血事件(870b6-c3)。一个虚假的信念甚至潜入马格涅西亚，而且那些因这个信念而栽跟头的人应该受到惩罚，至于那些没能驱逐这个信念的官员，则不应该受到惩罚。普遍的$\delta o\xi o\sigma o\varphi\acute{\iota}\alpha$［幻想出的智慧］不是［逃避惩罚的］借口。

　　处理愤怒不同于处理欲望，似乎首先是因为：那些具有谋杀

---

① 参Platon，《法义》(*Les Lois*)，Louis Gernet译注，即É. des Places主编《柏拉图全集》卷11，Paris：1951，第1册，页cxc-cxci。

的愤怒的人(those who were murderously angry)吸取了城邦的教育，并认为灵魂高于身体和外在善者，因为他们必定相信自己值得拥有某种东西，不管这种东西是否真实；但谋杀的冲动蔑视城邦，且颠覆礼法，正如任何对城邦和礼法的直接攻击也会产生这样的效果。然而，异邦人逐渐削弱了这个暗示，因为他把出于野心的谋杀归于出于欲望的谋杀：

> 第二个种(species)是爱荣誉①的灵魂状态；它生出怨恨，怨恨首先是嫉妒的占有者的严酷的同居者(a harsh cohabitant, in the first place, with the possossor of envy)，其次是城邦中最好的那些人的严酷的同居者②(870c5-7)。

一切都引导我们期待，愤怒和嫉妒汇合为一体，因为多数人的最广泛又最强烈的欲望就是不可满足的对金钱的欲望(870a2-6)，而且使野心成为谋杀的欲望的第二个种(species)就是混合阿喀琉斯和特尔西特斯(Thersites)。③如果以你相信你值得拥有的荣誉来看待城邦中的某个人，那么，你会产生愤怒；如果像埃阿斯那样策划这场报复，那么，愤怒看起来像蓄意的复仇。什么使异邦人改变了谋杀的嫉妒(murderous envy)这个范畴？正是这样一个短语，他用这个短语描述嫉妒者所损害的人们：他们是"城邦中最好的那些人"。谋杀他们总是不义的，因为城邦绝不对最好的那些人犯错。在这种情况下，城邦的结构决定性地干涉了灵魂的结构，而且异邦人似乎谴责了虚假的意见：他们［最好的那些人］本来应该知道，他们不值得拥有最高的荣誉。因此，阿伽门农本来可能不比阿喀琉斯弱小，而且阿喀琉斯［对阿伽门农］的指责

---

① ［译按］在希腊文中，"爱荣誉"与上文"野心"义同。
② ［译按］翻译成中文后极其别扭，但伯纳德特突出"占有者"、"同居者"等含义。
③ ［译按］荷马《伊利亚特》2.212, 2.244。

（之所以指责，是因为它①具有一切浓缩的美）——"头上生狗眼，身上长鹿心"②——本来可能只是闲话（参柏拉图《王制》389e12-390a2）。

　　灵魂处于前言的核心处，前言应该威慑其服从者；身体处于礼法的核心处，礼法应该威慑有犯罪头脑的人（the criminally minded），且确保所有其他人服从礼法。第一篇前言声称，哈得斯之中有报偿（τίσις），而且犯下［罪行］的人必须承受自然的惩罚——在他转世之后，他命中注定变成他自己曾经犯下的同一种罪行的受害者（870d4-e3）。这个故事把属于灵魂结构的不义与［278］一个正确性的样式结合了起来。诗性正义（来自外部的观点）与来自内部的对正义的体验碰巧一致。另一方面，礼法禁止埋葬［罪犯］，以便显明罪犯无耻而不虔敬（871d4-5）。第二篇前言反对谋杀家人。第二篇前言的故事如同第一篇前言的故事：施行者命中注定变成承受者，但此刻完全处于同一种情况：弑父者自己的孩子杀死了弑父者，弑母者首先变成了一位母亲，然后他的孩子杀死了她。③另一方面，礼法规定，对那些敢于剥夺灵魂的身体（to deprive a soul of a body）的人，官员们把杀人者的尸体带至城邦外的某个路口，每个官员都用一块石头击打裸尸的头部，然后把他［即裸尸］扔到国界之外，且不加以埋葬（873a4-c1）。

------

① ［译按］也许指物化之后的阿伽门农。

② ［译按］荷马《伊利亚特》1.225。

③ 异邦人讲的这些故事有一个他没有明说的奇怪暗示。如果俄瑞斯忒斯命中注定变成一位母亲，且后来被他（她）的孩子杀死，那么，俄瑞斯忒斯命中注定杀死克吕泰墨涅斯特拉，因为克吕泰墨涅斯特拉曾经是一个男人，且曾经杀死他（她）的母亲。这个故事所属的前言把刑法典（criminal code）中的不义转化成了不可避免的行为，且显明了错误行为之有罪。礼法中的抢劫神庙的行为，呈现（［译按］据英文直译为"变成"）了这个故事中的动机的不透明——他不知道他在追求什么善者。这也许解释了，为什么异邦人在面对这些案件时完全不提快乐和欲望，又为什么把它们［快乐和欲望］仅仅当作一个范畴——他把它们［快乐和欲望］归入的这个范畴。

如果灵魂可以没有身体，那么，官员们的行动是徒劳；但如果生者在一旁观看，那么，这个行动仍然能够极其有效。这些故事和礼法同等地分有①身体和灵魂的分离，这种分离在一般意义上表明，善者诸种的结构和礼法诸属的结构必然分离且不可能融合，同时，这种分离在特殊意义上表明，刑法如何强迫善者诸种的结构的逻各斯变成城邦中的神话（参872d7-e1）。那些必然在非自然的光芒面前变成人造物的东西，能够把它们的阴影投在洞穴②的墙上。

　　如果城邦没有命令一个人自杀（我们可以想想苏格拉底），或如果一种不可避免且势不可挡的痛苦没有强迫一个人自杀（我们可以想想菲洛克特特斯③[Philoctetes]），或如果一种让人没法活下去的羞耻使自杀成为唯一的出路（我们可以想想阿德拉斯托斯），那么，自杀要求［自杀者的］家属在12个没有开垦和命名的地区之一［为自杀者］举行葬礼，也要求［自杀者的］家属不要在［自杀者的］坟上树立墓碑（873c2-d8）。这就是对自杀者的不义作出的惩罚，自杀者的不义在于因为缺乏男子气而懒散并怯懦。自杀者赶在自己的命运之前［结束生命］(jumped the gun on his fate)，且断定自己知道生命不值得过。看起来像δοξοσοφία[幻想出的智慧]的东西被贴上了怯懦的标签。自杀者希望自己不曾出生，这个希望在陶工的行当④里得到了满足，因为陶工的行当既不光荣也不出名。自杀者被埋葬在懒散的(ἀργά)土壤之中，这种土壤呼应了[279]他灵魂的懒散(ἀεργία)（873c7, d7）。他永远不会再存在。看起来对他有利的东西也对城邦有利。城邦不会知道，某人曾经字面地理解异邦人，且总结说身体和灵魂的结合绝不好

---

① ［译按］"分有"在此指"赞成"。
② ［译按］"洞穴"一词首字母大写，特指柏拉图《王制》卷七中的洞穴。
③ ［译按］参索福克勒斯的同名肃剧。
④ ［译按］指陶工与土壤打交道。

过身体和灵魂的分离。没有人会以非辩证术的方式理解善者诸种的结构中身体和灵魂的分离(参828d5-6)。没有受过教育的人逃避困惑，且视困惑为一个解决方案(参柏拉图《美诺》81d5-e1)。异邦人被迫对城邦隐藏一种戏仿，这种戏仿的对象是他曾经想要确立的一个城邦原则。他不曾想要他最美的肃剧以一声呜咽告终。

对于谋杀的愤怒，异邦人曾经安排对它的惩罚，即流亡国外；对于任何有生命或无生命的东西导致的死亡，异邦人建议严肃地谴责、处死、禁绝［这种东西］，以便发泄一个人可能具有的对区区一个器物的愤怒(873e1-874a3)。异邦人没有解释他的建议，但显而易见的是，流亡国外［这个惩罚］所抚慰的是过失杀人案件中的愤怒，而这种愤怒会因为任何偶然事件而发挥非理性效应。从来没有任何事情不是出于某种意图而发生。"自愿—非自愿"这个范畴的所在(locus)是ϑυμός［血气］，正是它强迫"知识—无知"服从它对意图的理解。然而，ϑυμός［血气］在它自己眼中并非充满任意性，而是充满洞见。它知道打在脸上的巴掌背后的事情，即被一头公牛的角刺死，或被墙上掉下的一个铁块砸死。[1]由此，异邦人似乎误置了刑法的这个要素，他本应把这个要素当作有关愤怒的部分的附录，而非把这个要素放在谋杀的欲望和自杀

---

[1] 参Oliver Wendell Holmes,《普通法》(*The Common Law*)，Boston: 1881，页3：

> 报仇引入了一种谴责的感觉，以及一种意见(尽管为激情所扭曲)，即错误已经犯下。报仇几乎不可能在非常大的程度上超出一种有意伤害的情况；甚至一只狗也可以区分被踩倒和被踢。

稍后，Holmes修正了这个观点，见页6-15，页25-27；他以这种修正暗示，他之前只想把这个观点用于像狗一样有理性的人，因为他承认，"当一扇门夹到了一个文明人的手指时"，仇恨"甚至会使这个文明人踢这扇门"(页11)；亦参希罗多德《原史》7.88。

之后。然而，实际上，这种误置与对 ϑυμός [血气] 的沉默配成了一对，故这种误置暗示了，既然城邦需要维系有血气的那种人(the thumoeidetic)，这种需要如何令异邦人为愤怒的僭主制开脱，又如何让欲望充满纯粹且简单的不义。刑法对愤怒让步，并让愤怒规定它自己的分类。异邦人绝不承认，愤怒把一种比蜜更甜的快乐滴进了内心。

异邦人区分了甚至最糟的立法者也会知道的顺序和异邦人自己的顺序，前一种顺序是，杀人排第一，致伤和致残排第二，后一种顺序把 [280] 杀人与灵魂的教养和教育的论题联系起来(不论生命是否值得有缺陷的灵魂来过)，并把暴力的却不致命的行动分配给身体的教养和教育(874d2-e5)。后一种关联在极端情况下似乎是幻想。似乎灵魂和身体的美德和恶德之间的分裂(善者诸种的结构提出了这种分裂)侵入了刑法中的一种分裂，凭借这种分裂，杀人值得谴责的程度(这显然取决于灵魂的诸恶者的等级)已经影响(spilled over into)了致伤和致残值得谴责的程度，仿佛这种事取决于身体的诸恶德的等级。此刻，看起来，身体的卓越的等级对应于这种卓越遭受损害导致的罚金的额度。身体的种种卓越有其顺序：健康、美丽、力量。如果致伤是偶然发生的，那么，应为损伤支付 [罚金]；如果致伤是出于愤怒，且伤势可治，那么，应支付双倍 [罚金]；如果不可治，那么，应支付四倍 [罚金]；如果致残(leaves a lasting disfigurement)，且使人蒙羞，那么，也应支付四倍 [罚金]；可是，如果一个人使他人丧失力量，且使他人失去服务国家并打击敌人的能力，那么，这个人不得不代替他人服兵役，同时不得不履行他自己的义务(878b8-d4; 879b1-2)。

尽管可以使身体伤害与金钱惩罚相匹配(这种匹配不仅通过罪行灌输了身体美德应该具备什么等级，而且把兵役这种共同善者与对身体伤害 [incapacitation] 的惩罚相联系)，可是无法使灵魂恶德与杀人相匹配，因此，显而易见，节制会优先于正义，正义会优先于勇敢，更别说良好的感知力会如何被证明居于所有这一切之前。因此，绝非偶然，正是在这个关节点上，异邦人最后讨论了杀人，并将开始讨论针对身体的不义，也正是在这个关节点上，异邦人回到了善者诸种的结构和礼法诸属的结构之间的区别。礼法和秩序对大部分事物有效(alive to whatever holds for the most part)，却没有能力预见一切(875d3-5)。依据礼法的条款在后续诸事上(the law's provisions in what follows)的明显成功，异邦人置入了这个限制性条款(proviso)，以便论证何以在杀人案中缺少同等的成功。对待罪恶的欲望时所用的严厉手段无疑表明，节制比任何无法控制罪恶的愤怒(criminal anger)的美德——不管是正义还是勇敢——更重要(但人们可能本来会认为，如果一个具有谋杀的愤怒的人 [the murderously angry] 没有如此轻松地逃脱惩罚，那么，这本来会更好地传授自我知识)；但还额外需要一些故事(便于在死刑判决中作出一些区分)，此外，一年、两年或三年流亡国外 [281] 也并非显然正确，①这两点都将证明，政治的且真实的技艺(这种技艺知道公共的善者凝聚人们，私人的善者分散人们)不可能在没有礼法和秩序支持的情况下掌管城邦(874e7-875d5)。

礼法致力于防止人变成最野蛮的野兽，而不关注礼法自身是否认定心智和知识比礼法自身更强大，因此，礼法以特定顺序评定了八重善者的等级。当礼法以非常粗陋且荒谬的方式接近灵魂秩序时，礼法完成了自己的工作。就算让具有政治知识的人掌管城邦，也不可能抵消政治秩序对个人善者的干涉：

　　　　毕竟，就算一个人以技艺充分认识到，这些东西 [私人

---

① 如果一个侨民殴打一位长者，那么，他会被监禁三年(880c3-d2)；如果一个人出于愤怒而策划了一场蓄意谋杀，那么，他得流亡国外三年。并不清楚的是，为什么杀人者不会被监禁于σωφρονιστήριον [改造所]。去了那里，他就见不到家属了。这样一来，未经改造的无神论者会处于危险之中吗？

事物和公共事物]①依据自然是这样的,而且这个人以完全的权威统治一个城邦,而无需受到审查,这个人依然没有能力一方面遵从这个意见并过他的生活,另一方面因共同善者在城邦中具有最高等级而珍视共同善者,并使私人善者服从共同善者,但他的有死的自然将永远迫使他牟取暴利,并关心自己的事务(ἰδιοπραγίαν),②而且他将非理性地逃避痛苦并追逐快乐,从而把这两种行为放在更正义且更好的行为之前(875b1–c2)。

因此,异邦人举出了克洛诺斯知道的事情的例外情况(875c6–d2),克洛诺斯知道的事情是,如果心智掌控着一个私人,而且这个私人拥有政治技艺,那么,他不会需要礼法,因为心智做任何事物的臣民和奴隶都不正确(θέμις)(713c5–8)。③④苏格拉底可以在没有礼法的情况下生活,但如果把城邦交给他来掌管,那么,他会马上令城邦和他自己充满邪恶。之所以产生这些邪恶,不必然是因为他突然把习俗性的善者当作善者本身(正如格劳孔的巨吉斯故事所暗示的),而同样可能是因为他无动于衷,且拒绝在处理逃奴问题时放弃他自己的善者。苏格拉底没有帮助萨拉米斯的列昂(Leon of Salamis)⑤脱离困境,而是满足于回家,并任由三十寡

---

① [译按]伯纳德特所补。
② [译按]伯纳德特原改作主格ἰδιοπραγία,今据原文改回。
③ [译按]本句中两处征引,在中译文调整了位置,以便更符合汉语习惯。
④ "如果一个人在实在且真实的意义上(ὄντως)依据自然是真正(ἀληθινός)且自由的人",那么,心智不是任何事物的奴隶(875d1–2),这一点起初有过暗示,当时异邦人在讨论我们对奴隶的矛盾态度,他误引了荷马,即以他自己的"心智"取代了欧迈奥斯(Eumaeus)的"美德"(777a1)。克洛诺斯只知道,美德在政治生活的开端处占上风(679b8–c4)。[异邦人]暗示,克洛诺斯时代无法与哲学共存,这个暗示与《治邦者》中的神话的暗示完全相同。
⑤ [译按]柏拉图《苏格拉底的申辩》32c–d;色诺芬《希腊志》2.3.39。

头①(the Thirty)用自己的罪恶伤害其他每个人。[282]统治者必须做许多危险的、痛苦的、不快乐的事,此外,[统治者]不关注自己的事,需要花费比知识更多的东西。

此刻,异邦人终于承认,奴隶医生的嘲笑很有力量。通过类比,异邦人曾经使自己预见到他自己的讨论思路,这个思路会传授政治技艺,而不会治疗不义;异邦人承认,一个人可以具备政治技艺,却没有能力正义地统治。因此,礼法和秩序必须成为统治者性格的一部分。然而,异邦人的让步的现实力量不是指向统治者,而是指向礼法自身对法庭施加的限制。如果有人出于愤怒而对他人造成身体伤害,那么,礼法对这个人的惩罚完全忽略了一个虚假意见,基于这个意见,愤怒的人曾经猛烈攻击诋毁他的人。他曾经相信,他可以伤害他人的身体,从而报复对他的骄傲或虚荣的伤害;而且礼法设计出了,如何基于某种标准来评定罚金,这种标准精确地符合那种伤害本身,也精确地符合城邦的需要;但礼法甚至没有尝试通过一种改造来惩罚他的愤怒;相反,礼法判定,惩罚可以足够严厉,以便使人在再犯之前三思(think twice before doing it again),同时,尽管礼法可以在可观的程度上补偿他人,但礼法无法知道,他是否还想要更多东西,而不只想要一个医生……。②也许他之所以蔑视伤害他的人,甚至更多地是因为[伤害他的人]相信,可以用魔法把身体的伤害翻译成灵魂的悲痛。由此,礼法曾经对教育的缺乏(ἀπαιδευσία)做出双重让步。当施行者思考礼法使他付出了什么时,礼法曾经让他强化他的愤怒,因为礼法没有办法就他的错误来教育他;同时,礼法提升了金钱这种善者的地位,因为金钱有能力平衡不可平衡的东西。就谋杀来说,礼法曾经并非致力于使惩罚与罪行或罪犯相匹配,而是

---

① [译按]因其激进统治,又被称为"三十僭主"。
② [译按]"医生"后跟了一个不定式to set his arm,颇费解,暂未译,以省略号代之。

至少试图使它们［惩罚］符合教育；但就伤害来说，礼法完全放弃了这么做，而是发现了另一种方法，此方法可以被证明比那种更接近他自己意图的方法更有效，当然，这令立法者十分懊恼。尽管异邦人建议给马格涅西亚的法庭留下很大的余地（876c8-d6），但礼法的规定阻止马格涅西亚的法庭除了传达这种治疗以外还传达一种教诲。为了有利于礼法和秩序，灵魂中的僭主制没有得到治疗。

那几种统治资格的大部分曾经强迫刑法不再严格遵守灵魂结构。主奴关系和家族结构曾经规定了这种［对灵魂结构的］偏离，但就造成伤害的侮辱（aixía）来说，年纪构成的统治资格几乎完全独自决定罪行和惩罚（879b6-880d7）。①礼法的这部分的前言令人记起苏格拉底如何解决他的完全共产主义化的城邦中乱伦引出的问题（柏拉图《王制》461c8-e2）。[283] 在这里，如果任何人比另一个人年长20岁，那么，后者应该相信前者可能是他的父亲或母亲，而且前者有某种权利以非惩罚的方式鞭打后者，以期后者安静地服从前者，当然，后者会思索，他到了前者这么大年纪之后，也会拥有同样的特权（879c2-5；参阿里斯托芬《云》1331-1438）。②错误的正确性（the right of wrong）可能得到了最尖锐的表达。为了论证这种正确性，不得不诉诸一个正确性的样式，仿佛城邦可以独自复制乾坤式报应（cosmic retribution）；这一点表明了，礼法如何令法庭不再需要关于灵魂的精确知识，这一点还表明了，当一位具有这样知识的法官试图使他的判决符合案情时，他会承受什么压力。某种意义上，更好的情况是，没人知道［这样的知识］，且让礼法把它自身不可能根除的不义维持在一定限度之内。

---

① ［译按］伯纳德特原误作880-d7，今改。
② 固执的单身汉失去了这种特权（774b4-c2），他对年轻人的惩罚自然就是一种不义行为，不管他是不是正确的一方。他不可能报复（get even）。

第十章 神　　学

第1节 无 神 论

[284]通过一番总结，异邦人从讨论暴力转向讨论肆心。[异邦人]按严重性依次列出了五类［肆心］：公开亵渎圣地，私下亵渎圣地，诋毁父母，不尊敬官员，不尊敬邦民同胞。因此，异邦人回到了卷九开头：

> 暴力地或秘密地抢劫神庙必须受什么惩罚，基本上已经讲明；可是，在言辞或行事上对诸神表达肆心必须受什么惩罚，则必须在［提出］那条常见的建议之后讲明(885a7-b4)。

此刻，圣洁者与属神者十分明显地分离了。① 在一般意义上，能够

① 这种区分首先出现在有关捕猎的那部分。［异邦人］在赞美捕猎时使勇敢变得"属神"，在礼法中，这种勇敢横穿地界线(property lines)，从而为捕猎者自己赋予了一种不可违抗性——这令捕猎者变得"神圣"(824a9-12)。如果思考卷九的条款，那么，可以明白地发现，很难维系这种区分。如异邦人所说，信仰合法确立的诸神，可以绝对阻止任何不虔敬的行事(885b4-6)，这一点在一种情况下与对不虔敬行为的指控不相一致，这种情况就是，举例来说，一对夫妻中的一个人在愤怒中杀死了自己的儿子或女儿之后，这对夫妻并没有离婚(868c5-d6；　（转下页）

表达这种分离的要么是那个应该被分配给"身体和灵魂的分离
强过身体和灵魂的结合"这个断言的意义，要么是人类的自我
蔑视（这处于我们所谓"埃及式"事物的核心处）和对人类的蔑
视（墨吉洛斯把这归于异邦人）之间的区别（φαῦλον [微末的] 在
整部《法义》中都具有这样的双重意义）；此刻，在特殊意义上，
[圣洁者和属神者之间的] 这种分离体现在卷十结尾的立法之
中。使用死刑来惩罚初犯，只见于两种情况：要么无神论者把
自己确立为一位预言者，并提出私人入学方式（initiations），[①]要
么一个不圣洁的人在私人的或公共的圣地进行未经批准的献祭
（908c6-d7; 910c6-e1）。简言之，如果任何人 [285] 对这种神学
的违抗侵入了宗教领域，这个人就要受到惩罚；否则，有多种形
式的改造（correction）或惩戒（admonition）。事实上，这种神学对
不虔敬行为的影响如此之小，以至于这种神学的基本教诲专属于
最高官员们，而且 [异邦人] 不期望任何其他人——他们实践民
众（popular）美德——掌握这些教诲（967d4-968a4）。[②]如果这些
教诲与礼法的肃穆言论（φήμη）相一致，那么，应该宽恕这些教诲
（966c4-6; 参624b2）。

　　由此，卷十似乎没有准备到位，而且篇幅太长了。毫无疑问，
应该把异邦人的乾坤学放在夜间议事会之前（夜间议事会是他们

　　（接上页注①）参868e6-869a2）。同样可疑的是，犯了不虔敬之罪的歌曲制作者是
否在其甚至微小的程度上证实了异邦人的断言（799b4-8）。在卷十，只有克利尼阿
斯使用了 ὅσιος [虔敬的] 这个词（891a6, 898c6, 903a5）；异邦人使用了 ἅγιος [圣
洁的]、ἀνόσιος [不虔敬的]、ἀνοσίως [不虔敬地]、ἀνοσιουργέω [不虔敬地行事]
各1次（904e1 [参 909e1]；905b4; 907a8; 910c2，[译按] 方括号内的征引为伯纳
德特所补）。

① [译按] 该词一般指"入教仪式"，用在无神论者身上就成了"入学方式"。

② 参V. Martin，"论柏拉图《法义》卷十对无神论者的定罪"（Sur la condamnation des
athées par Platon au X livre des Lois），见《哲学研究》（Studia Philosophica）11（Basel:
1951），页139（关涉柏拉图《法义》966-967）: "值得注意，在进行这番总结（ce
résumé est emprunté）的那一页（966-968）里，没有出现'神'这个词。"

应该用美德的统一性来解决的问题，而异邦人的乾坤学似乎与美德的统一性不无关联），而且应该令异邦人的乾坤学避免成为有关抢劫神庙的刑法的前言。如果相信异邦人关于这个困惑所说的话，即荷马和赫西俄德的诗歌——更别说明确地具有无神论性质的文献——尚未侵蚀斯巴达和克里特（886a8-e5），那么，这个困惑会加深。克利尼阿斯曾经不知道任何地方都有无信仰的人，而是认为无需论证乾坤秩序和"诸神存在"这个普遍信仰（885c7-886a5）。因此，异邦人特地为一个多里斯城邦引进了一种外来思考方式。他在立法的语境下重复了他曾经为立法制作的一篇前言，当他制作这篇前言时，他曾经促使克利尼阿斯和墨吉洛斯讨论狄奥尼索斯节和言辞中的会饮。他曾经论证道，训练一个人耐得住痛苦，未必使一个人耐得住快乐的诱惑。一个人曾经不得不通过快乐来适应快乐。此刻，异邦人论证道，预防无神论的预防针不得不包含无神论的病毒。这似乎是异邦人在礼法范围内最接近如下状态的一次：使畏惧之饮品变得可以饮用。无神论像快乐一样具有隐蔽的危害，事实上，据克利尼阿斯和墨吉洛斯所说（异邦人一开始也证实了这一点），无神论仅仅根源于快乐和欲望，快乐和欲望会控制灵魂，并引导灵魂走向不虔敬的生活（886a9-b2；888a2-4）。

克利尼阿斯自己让我们关注关于醉酒和音乐的讨论（890c4-6）。他只基于这两番讨论的长度看待这两番讨论的关联，但这两番讨论的关联远远更为深刻。无神论者坚持认为，一切事物都依据自然、技艺或机运而生成；根据异邦人的例子，技艺显然主要指种种模仿技艺（887c6-d4）。他们［无神论者］说，这些技艺产生玩物（παιδιαι），玩物在非常微末的程度上分有真实。因此，异邦人试图反驳他们，从而必须不仅证明灵魂相对身体具有首要性（primacy）［286］，而且证明音乐相对于体育具有首要性，无神论者说体育是某种严肃的东西，是因为体育与自然分有同一种力量（it shares its power with nature）（889d4-6）。卷十的论证把《法义》前三卷的论证注入了礼法。卷十的论证通过灵魂对身体的真正优先性（priority）为音乐对体育的优先性奠基，音乐对体育的优先性以对话的方式把卷一和卷二与卷三联系了起来。在卷二的进程中，歌曲与舞蹈渐渐相互分离，到了卷三，则出现了体育（这把城邦放到了时间之中），而在此刻［在卷十］，以上两点立足于如下状况：灵魂先［于身体而］生成。由此，异邦人完成了一件看似不可能的事，关于这种看似不可能，他在卷四结尾时曾经有所暗示。为言辞中的城邦进行具有示范意义的立法，同时也是在检验他曾经提出过的论证。卷一的言辞中的会饮服务于政治技艺，而且在卷二对合唱歌队音乐的分析中有其在立法上的对等物。卷一的言辞中的会饮建立了 ϑεωρία ［观看］和 παιδεία ［教育］之间的联系。这种联系在卷十有其模仿物，即政治技艺和法定惩罚（δίκη）之间的联系。灵魂的首要性（primacy）使［异邦人］有可能论证一种理性的政治技艺，同时，灵魂的优先性（priority）使［异邦人］有可能超越立法中的任意性。卷十不可能在一个乾坤背景之中保存言辞中会饮的无序秩序，这决定了只能在有限程度上把《法义》的前言翻译成礼法的前言。不得不为了礼法和秩序的诸神（the gods of law and order）而牺牲狄奥尼索斯。"通过醉酒来令克利尼阿斯变得清醒"这个做法的合法对等物是为能够得到治疗的人建立一个解毒中心（σωφρονιστήριον）。

卷十的一个更为独特的论题不是"灵魂是某种非衍生性的东西且相对于身体具有首要性"（灵魂对身体的统治保障了政治技艺），而是"灵魂在生成上也具有优先性"。后一个论题似乎为礼法诸属的结构所要求，前一个论题则对善者诸种的结构来说足矣。卷十之所以这么难以理解，与这两个结构的崩溃有关。这种崩溃完全有利于礼法诸属的结构的时间性，且完全不利于善者诸种的结构的非时间性。存在——未与生成相混——刻画了八重善者的特征；生成——［异邦人］只提到了一次存在——刻画了礼法诸属的结构中美者和正义者的特征。在异邦人的神学中，

异邦人说，一旦生成了，^①灵魂和身体就不可毁灭，而非永恒存在
(ἀνώλεθρονὂν γενόμενον, ἀλλ' οὐκ αἰώνιον, ψυχὴν καὶ σῶμα)，这就像依据
礼法而存在的诸神(904a8-b1)。当异邦人以他的礼法之中第一
篇前言的诸神取代善者诸种的结构的属神者时，他首次尝试进行
这种融合。在这篇前言的第一部分中，诸神独自存在，灵魂则被
放在第二位，[287] 作为诸神之后最属神的所有物(726a2-3)。
　　[异邦人]曾经以双重方式刻画神自己的特征。由于人具有所有
存在者都具有的开端、中间、结尾，故人应该是正义的且服从神；
由于人是所有事物的尺度，故人应该是节制的且模仿神(715e7-
d4)。在这篇前言中，献祭和葬礼这两个惯例似乎基本上依循这
些美德；在 [卷十的] 神学中，[异邦人]最终承认，正义和节制都
不取决于信仰(908b4-c6)，^②而且圣洁者失去了与属神者的一切
联系。

　　　然而，在一个方面，卷九和卷十的顺序确实呼应礼法的第一
篇前言。在那里，有一个句子曾在句法上将一些东西后置(put
things backward)，在这个句子中，地下诸神 [在句法上]居于第
一位，但 [异邦人]说他们在荣誉上居于第二位，而且 [异邦人]
没有把 [句法上的]首要位置分配给奥林波斯诸神，但 [异邦人]
说奥林波斯诸神 [在荣誉上]居于第一位(717a6-b2)。通过故事
和惯例，哈得斯对刑法具有本质意义。是否确保葬礼，以何种形
式确保葬礼，未来的惩罚如何在哈得斯之中等着某个人——这些
就是卷九中的前言和礼法的构成要素。[异邦人]只祈求过一次
天上的诸神(881a1)。此刻，灵魂的首要性伴随着天上诸神，而且
[异邦人]把太阳当作所有其他星体和行星的范本(898d6-9)。
此刻，哈得斯属于"所谓在下的位置"(904d1-2)，因为在一个球

---

① [译按]不论在希腊文中，还是在伯纳德特的英译文中，"生成"这个谓语是单数，
故要求单数主语，但与之匹配的主语却是复数，即"灵魂和身体"。
② [译按]伯纳德特原误作9808b4-c6，今改。

形宇宙(spherical universe)中没有上下。卷十的乾坤学使礼法的颠倒状态(topsy-turviness)恢复了正面朝上。

卷九的主题是愤怒和欲望之间的关系，卷十的主题是心智。由此，仿佛灵魂的三分结构在这两卷之间的关系中有其对等物(愤怒和欲望的僭主制在这两卷之间区分了杀人罪的两个类型)，而且智慧的傲慢(这种傲慢采取了最极端的形式，即唯物主义无神论)此刻遭到了反驳(886b7-8)。这个直白的计划变得十分复杂，这首先是因为愤怒(如果要讨论无神论，就得控制这种愤怒，这令人记起，得到批准的醉酒的景象曾经激起墨吉洛斯的义愤)，其次是因为一开始就预设了快乐主义居于无神论的核心处(887c7-d2; 888a2-6)。快乐和愤怒都能引发疯狂，这种疯狂阻碍了人们温和地讨论诸神。由此，仿佛刑法对愤怒相当宽松，对欲望相当严苛，从而看不到欲望和愤怒存在暗中的结盟关系；但此刻心智将完全占据主导地位，且不会让义愤干扰年轻人发现理性。克利尼阿斯感到震惊——我是说震惊——因为他听说不虔敬导致年轻人相信，遵循自然的正确生活实际上是这样一种生活，在这种生活中，依据礼法，一个人强过任何其他人，且不是任何其他人的奴隶(890a5-b2)；但 [288] 这曾是克利尼阿斯自己的具有政治形式——自由和帝国——的观点，他曾从他对礼法本身的体验中演绎出这个观点(626b2-4)，而且他曾在后来表示，最快乐的生活是最好的生活，且完全脱离正义。城邦的自然和无神论之间似乎完美地相互匹配。正如身体对城邦来说是原初的，而且异邦人自己也曾经论证道，心智和思想绝不处于动物或城邦的开端，同样，这对唯物主义者来说也成立；正如城邦相信，其自身的扩张没有极限，同样，无神论者也相信，礼法的种种约束与人的欲望自然而然的无拘无束性正相反对。在这个意义上，卷十以其主题呼应《法义》的开篇：克利尼阿斯直面自己，且没能认识自己。异邦人的论证并非反对从外邦引进一些东西，而是需要这些引进的东西反作用(counteract)于城邦的本土生长物和城邦的属神礼法。

　　卷十的论证有三个阶段。第一阶段论证了灵魂的优先性，第二阶段论证了乾坤的自然秩序，第三阶段论证了特殊的拯救（providence）。这三个论证中的任何两个之间的关联似乎都极其微弱。如果第一个论证变成论证灵魂的首要性，第二个论证变成论证思考的无序的秩序，第三个论证变成论证诸神对大众（vulgar）正义无动于衷，那么，它们①［即这三个论证中的任何两个之间的关联］也许会得到强化。随着论证的发展，［异邦人］暗示了这些订正，这些订正会具有如下效力：完全在礼法内部重新制造礼法的前言，或使善者诸种的结构完全脱离礼法诸属的结构，从而同时使立法脱离政治技艺，并摧毁神学打算致力的首要意图，即把惩罚必须具备的效力——揭示灵魂和身体之间的关系——最小化。

第 2 节　灵魂与身体

　　卷十主要构成了一篇前言，这篇前言在一种意义上是年轻人的教育的一部分，且属于卷七结尾呈现的数学乾坤学的概览；但在另一种意义上，这篇前言像大部分其他前言一样是一篇后记（postlude），因为只是在［年轻人］实际上没有接受那些信念之后，［异邦人］才不得不提出这篇前言，当然，［异邦人］本来期盼年轻人就着母亲的奶水一并吸取那些信念，并在一生中的公私仪式中证实那些信念。②这篇前 [289] 言一开始便充当对哲学的劝诫，在这种劝诫中，异邦人要一个年轻人（异邦人想象的交谈对象）搁置他的无神论，并检查有关诸神的教义（dogma）是不是事实，而在这个过程中，不要胆敢做出任何对诸神不虔敬的行为

---

① ［译按］若此处方括号所补内容正确，则当为"它"，而非"它们"。存疑。

② 异邦人在这篇前言和礼法之间插入了一种逻各斯（λόγος οἷος），这才是礼法的真正前言。

(888c1-3)。当这个年轻人不仅不知道是否存在诸神,而且不知道什么是诸神时,他应该杜绝对诸神不虔敬的行为。他应该遵守礼法,并质问礼法:异邦人把多里斯礼法赠予老人的特权推广到了年轻人之中。异邦人向年轻人保证,就算一个人年轻时是严格意义上的无神论者,这个人也绝不会一直这样保持下去(888c1-3)。异邦人的言说对象令人记起泰阿泰德:泰阿泰德宣称自己经常问自己(也许是因为他年纪[尚轻]),自然只具有任意性,还是在逻各斯和属神学问的帮助下直接从神那里(direct from god)生成了一切,而且爱利亚异邦人向他保证,他[泰阿泰德]的自然会把他[泰阿泰德]推向泰阿泰德从爱利亚异邦人脸上识别出的立场,而无需他[爱利亚异邦人]发表任何言辞(柏拉图《智术师》265c7-e2)。爱利亚异邦人进一步评论道,如果他相信泰阿泰德以后会持其他意见,那么,他现在就会试图"通过一种伴随着强制性劝说的论证"赢得他的赞同。雅典异邦人则似乎正在为某位泰阿泰德制作一篇言辞,这位泰阿泰德也许显得有所不同(turn out otherwise)。他[雅典异邦人]当然容许这样一种可能性,即某人若没有泰阿泰德的自然,就会觉得爱利亚异邦人的论证没有说服力。不可能有人比这更宽容了(参899c2-d1)。

　　有三类非宗教主张(irreligion):不相信诸神存在;相信诸神存在,但诸神不关心人类;相信诸神关心人类,但诸神很容易受到劝说而远离严格的正义(885b4-9)。异邦人应该证明,诸神既完美且正义,或诸神既美且正义(参900e4-8)。他的神学应该把刑法炸碎的东西重新组装起来,并令礼法诸属的结构重新拥有它的两个原则的偶然统一性。苏格拉底的神学则不同:他要阿得曼托斯接受"诸神既好且美"这个前提,但他的论证和他的城邦都不允许诸神是正义的。苏格拉底不必向阿得曼托斯证明诸神存在,因为他们正在建立这样一个城邦,这个城邦需要苏格拉底有关诸神的两个假设,以便他自由地设计他心目中的城邦,而不受诸神的干涉,同时也便于他审查诗人的任何一句不符合他的意图的诗。然而，异邦人被迫解决他加诸自身的两难处境。他的反对者们用玩笑话质问他，并拿他开玩笑（προσπαίζοντες），因为他们了解他自己对属人事物之无意义的体验，并要求他［290］严肃起来并遵循他自己［制作］有说服力的前言和有威慑力的礼法时所用的范本。异邦人正在被迫走出礼法，以便捍卫礼法（参891d9-e3）。他之前一直不必提供任何哪怕只有一丁点儿像一种存在证明（a proof of existence）的东西，而且诸神比城邦中的任何其他东西都更能充当实例说明它［城邦］依据礼法而想要成为什么。

非宗教之人［的存在］要求异邦人做到他所谓的温和，而不要野蛮（885e1-2）。由此，非宗教之人［的存在］揭示了曾经一直埋伏在刑法中的东西，即礼法十分野蛮，因为礼法控制着不守法之人的野蛮性。提出这种指控的人们不是无神论者，而是不义者——"我们并未转而不做并非正义的事"（We do not turn to not doing the not-just things）（885d7）①——不义者躲在无神论者背后，并假装声称，如果异邦人令他们深信他们不可能贿赂诸神，那么，他们会停止成为不义者。他们诉诸最好的诗人、修辞术师、预言者、祭司的保证：诸神不像礼法那样野蛮，而是可以得到抚慰。可是，他们的诉求并不真诚，以至于异邦人的任务并未变得更容易。诗人们的诸神令不留情面的礼法变得稍稍和缓（参921a1-4）。他们［诗人］问异邦人：你是否将剥夺城邦的这种安慰，并严格地证明，正确性的要求（exaction）真的像礼法所希望的那样严酷，哪怕你既没有证明存在自然正确性，也没有表明礼法遵守自然正确性？事实上，他们可以论证道，礼法与自然正确性不相兼容，因为一个需要强制执行力，另一个导致自动惩罚。在城邦判处苏格拉底死刑立即执行之后，难道一条神圣礼法不曾悬置一个城邦的礼法，并让苏格拉底多活一段时间？难道他当时不

---

① 这三重否定似乎暗示，尽管他们不致力于正义，但他们并非自动地转向不义，可是当行不义的可能性出现时，他们不会罢手。

曾写下一首阿波罗赞歌以示感恩,并追问非哲学的音乐是否原本应该是他一生的使命?他们［诗人］说,诗人们在他们的方面①有修辞能力,就算异邦人可能在真理方面更强大。他们［诗人］怀疑,他［异邦人］能否完全篡夺诗人们的地位,并劝说他们直面音乐。

如果人们考虑到,克利尼阿斯——他相信有关诸神的真实言辞十分轻松——始终无法结合可见乾坤的美丽秩序与某些神(这些神支持正义,也赞成他诉诸所有希腊人和野蛮人的诸神信仰,参902b4-6),②那么,人们可以评估异邦人给自己设定的任务有多难。［291］异邦人在后文将跨越这个鸿沟,因为他在揭示不义时,使之进入一个表示可见无序性的暗喻(906c2-6);但此刻,他在描述古老文献时暗示了这种张力,在古老文献中,"天宇和其他一切的最初的自然"首先生成,紧随其后得到描述的是一个神谱(886c2-4)。至少在叙述上,具有正确性的拯救顺序(the providential order of right)遵循乾坤学顺序,乾坤学顺序本身则没有展现任何正确性的迹象,但如品达所说,乾坤学顺序论证了最暴力的事物有其正当性。③异邦人把他对古人的批评局限于如下这一点,即古人没有增进父母的荣誉与对父母的照料:游叙弗伦

---

① ［译按］即作诗的方面。

② 在一个神圣区域,城邦通过集会选举出三位负责审查的委员(commissioners of review),这个神圣区域既属于太阳也属于阿波罗,但他们［邦民］应该对这位神(注意是单数)展示自己选举的人(945e4-946a1;参946b7-c1)。异邦人说,古代关于诸神的礼法一直由所有人以双重方式制定(930e7-931a4;参《蒂迈欧》40d6-41a5)。蒂迈欧对乾坤的第一次描述不允许特殊的拯救,他的第二次描述则允许一次特殊的拯救(柏拉图《蒂迈欧》90e7-91a4);然而,克里提阿斯可以造就对大地的周期性清洗,正是因为他讨论了奥林波斯诸神,但他为此付出的代价是令乾坤秩序失去稳定性(柏拉图《蒂迈欧》22d1-23b3)。

③ 人们可以比较蒂迈欧的叙述顺序,在这种顺序中,身体的制造先行,灵魂的制造紧随其后,对此,他作过申辩,并声称这是因为他分有了偶然性(柏拉图《蒂迈欧》34b10-35a1)。

滥用诗人，所以他才指控他的父亲，这种滥用并未对礼法构成严重威胁。异邦人对古人的批评之所以温和，不仅是因为他比古代更尊崇祖传事物，而且是因为他不得不承认，不仅年轻人体验过日月（年轻人听过有关日月升降的祈祷，也见过父母对着日月升降鞠躬）和诸神（当诸神显圣时，年轻人获得了最大的快乐）之间的区别（887d2-e4），而且他自己的描述——正如克利尼阿斯的证明和古人的故事——具有这种双重性的迹象。就他自己而言，这种双重性是灵魂和心智。灵魂给他某种运动，心智给他一种秩序，但通过首先制造灵魂，他必须至少在叙述上使心智居于灵魂之后，而且灵魂若没有心智，就似乎比任何身体运动更加无序。

另一方面，现代人[①]导致了种种邪恶，因为他们［现代人］已经成功说服年轻人，使之声称太阳不是一位神，或不是属神的，而只是石头和泥土，从而没有能力关注属人事物，但这些致力于劝说的言辞令这个真相的整个表层变得僵硬（886c4-e2）。异邦人令我们期待，他将先表明一位神是什么，然后证明太阳是一位神。可这两件事他都没有做。异邦人描述了灵魂的存在，但他没有描述神的存在或灵魂的因果关系（causality）。灵魂的因果关系属于灵魂的存在，但异邦人不知道，一个推动自身的存在者如何能够推动身体（898d9-899a4）。对于他所知道的一切，现代人可能正确，而且太阳不过是一个无生命的身体，［292］脱离身体的灵魂以一种极其令人惊奇的（marvelous）方式推动这个无生命的身体，要不然，就是通过另一个身体或另一些身体从内部或外部推动这个无生命的身体（柏拉图《斐德若》246c6-d2）。灵魂的施动（agency）的神秘性不可能不令我们记起，苏格拉底在他生命的最后一天没有能够解释"形相"的因果关系（柏拉图《斐多》100d3-7）。这种类比格外引人瞩目，因为异邦人的推动自身[②]的灵

---

① ［译按］指异邦人同时代的人。
② ［译按］指灵魂自身。

魂无需"形相"也能发挥作用。这种灵魂一直独自生成着，因为没有存在者赋予其特征。苏格拉底转向形相，是第二次启航，因为他无法设想出一个目的论式的自然学；异邦人似乎向我们保证会有第一次启航，并抛弃了航船。

　　为了论证有必要长篇大论地言说诸神，而非简单地打发无神论者——毕竟，作为立法者，异邦人能够制定他想制定的任何礼法（890b5-c5）——异邦人想象了一个不仅有趣而且奇怪的处境，在这个处境中，他身在船坞，且不得不在一群不虔敬者组成的陪审团面前为自己申辩，这个陪审团听取了一个控告者的发言，这个控告者指控异邦人犯了骇人的罪行，即在立法时［让人感觉］"仿佛诸神存在"，或在立法时规定"诸神存在"（886e6-887a1）。这就颠倒了对苏格拉底的审判。年轻人已经遭到败坏，异邦人被指控往城邦中引进古老诸神。异邦人的形象指向两个方向。克利尼阿斯只看到了其中一个方向。他没有预见到，异邦人的论证将以牺牲神圣事物为代价确立诸神，并削弱礼法应该成为的东西，即城邦的共同意见。此外，这些古老诸神与野蛮人的诸神之间的共同之处，多于这些古老诸神与希腊人的奥林波斯诸神之间的共同之处。这些古老诸神是异邦人把城邦重新野蛮化的过程——这个过程是为了使城邦立足于健全的基础之上——的顶点。克利尼阿斯完全赞成他们［古老诸神］帮助古代礼法走出困境（890c4），而且由于没人跟踪他们［三位老人］(on their tail)，故他们［三位老人］可以长篇大论地申辩（887b1-c4）。他相信，这种申辩会是所有礼法的最好且最美的前言。他暗示，这种申辩既会取代有关音乐和体育的前言，又会取代异邦人分两部分对所有聚集起来的邦民发表的前言，第一部分在卷四，第二部分在卷五开头，第一部分尤其是一篇仅仅回顾过去的前言（733d6-8）。克利尼阿斯的建议具有的暗示，就像苏格拉底在《王制》卷五引入哲学时具有的暗示。一旦哲学知道了正义者、善者、美者是什么，"通过建构最佳城邦来发现正义是什么"就将让位于"从'形相'直接演绎出一整部礼法(a code of laws)"

（柏拉图《王制》484c6-d3）。通往原则的路原本会引出从原则而来的路，而且哲人—王可以下降到洞穴中，并避开《王制》自身的路。^①

[293] 同样，克利尼阿斯想要抹杀这样一条路，这条路曾令他可以设想如何抹杀这条路。根据卷十，可以这样刻画这条路的特征：从克里特和斯巴达的诸神上升到醉酒之神(the god of drunkenness)，然后上升到乾坤诸神(cosmic gods)。^②言辞中的会饮曾经引出这条路，而且曾经像《王制》中的言辞中的最佳城邦那样发挥作用。克利尼阿斯曾经饮用理解之烈酒(the heady draft of understanding)，这曾经使他忘却自我。他想要自上而下完全重新[立法](do it all over again from the top down)。他曾建议订正《法义》，这个建议没有得到执行。异邦人确立的灵魂的首要性把他自己的前言的第二部分放在最前面，且无疑给人留下了"诸神无非是灵魂"这个印象，但正如苏格拉底没能从"形相"演绎出哪怕一条礼法，同样，经由礼法也没能明白地产生诸神的任何东西。异邦人曾经在他的前言的第一部分和第二部分之间插入婚姻法，而且人们当然会期待，"灵魂是最初的生成"这个灵魂定义会出现在一篇得到重新表达的有关生育的前言的开头(参720e11-721a4)。可是这种状况并未发生，或者说不可能发生。两性生育和灵魂作为生成(soul as becoming)并无共同之处，而且这一点格

---

① 《王制》和《法义》的一个明显区别是：苏格拉底没能为他的存在者之学配备一种乾坤学，故人们可以判定太阳(作为生成者和可见者的原因)和善者(作为存在者和可知者的原因)之间是何关系，而异邦人在没有"形相"之乾坤(cosmos，[译按]此词在这里引申为"体系")的情况下提供了一种乾坤学。基于异邦人的乾坤学式灵魂学，人们可以说，苏格拉底没能为他的存在者之学配备一种乾坤学，是因为他受到强迫而无法精确地描述灵魂(柏拉图《王制》435c9-d5；参《蒂迈欧》89d7-e3)。

② 卷十会令人好奇：尤其如果考虑到异邦人没能处理诸神的存在，那么，异邦人在637a7指向的那位神(异邦人当时说，他们的逻各斯应该抵达那位神)是否既非狄奥尼索斯也非宙斯？

外令人惊诧，如果人们考虑到，苏格拉底有一次把自我推动(self-moving)与ἔρως [爱欲]联系起来。苏格拉底式ἔρως [爱欲]似乎萦绕于异邦人脑际。当他在卷八小心地处理ἔρως [爱欲]时，苏格拉底式ἔρως [爱欲]就盘旋在背景之中，在卷八，异邦人曾承认，他的教育改革无法应对ἔρως [爱欲]对青少年生活的突然入侵；[他的教育改革的]这种失败导致了刑法，刑法对欲望的惩罚比刑法对愤怒的惩罚远远更加严酷；此刻，尽管异邦人缩写了《斐德若》的论证，可是在他列举的每一个灵魂特征之中，ἔρως [爱欲]和ἐπιθυμία [欲望]都因不在场而引人注意(897a1-3；参688b1-4)。①

谋杀的愤怒如果不是出于蓄意，就是在模仿非自愿行为。此刻，我们想知道，[294]如果一个人因为太愤怒而杀死了某个正在发表无神论言谈的人，那么，判处[杀人者]流亡国外两年，是否仍然有效。不论如何，谋杀的欲望是出于蓄意，而且不能被视为任何形式的非自愿行为。可是现在，无神论不只是δοξοσοφία [幻想出的智慧]的极端形式，事实上，无神论的支持者采纳无神论也是为了追求快乐。人们可能会认为，在年轻人中，无神论和性觉醒结合在一起。如果证伪无神论(disproof of atheism)像克利尼阿斯相信的那么容易，那么，可以稳妥地让义愤和礼法结盟之后决定如何惩罚快乐；可是，如果人们不可能这样推翻无神论者的论点，而且人们在说"你应该更好地认知"时，不可能把无神论者打一顿，那么，当异邦人承认快乐主义与无神论之间能够结成强大的联盟时(克利尼阿斯表明，传统诸神同样支持快乐主义)，异邦人已经把苏格拉底式论点推进到了这样一个领域，在这个领域，似乎可以稳妥地把不受约束的快乐与不义等同起来。肆心(ὕβρις)无疑是节制的反面，因此，在刑法的领域里，肆心是暴怒(αἰκία)的自然接替者，因此，肆心已经上升为异邦人自己的事业的反对

---

① 在他的列举中，他用动词表达所有的灵魂运动，用名词表示所有的身体运动：分词构成了二者之间的过渡。

者。他的 σωφροσύνη［节制］曾经允许他下降，并把克利尼阿斯和
墨吉洛斯向上拉，以便接近他；此刻，他的 σωφροσύνη［节制］受到
一种学说的挑战，这种学说无法忍受那些为城邦所需要且为礼法
所培养的清醒观点。如果"只存在身体和运动"这个论点为真，
那么，这个论点会废除《法义》前两卷，把卷三当作政治学问的真
正开端，并证实克利尼阿斯的如下信念，即自由和帝国足以解释
政治生活和礼法。此刻，异邦人不仅正在把前三卷构成的前言融
入礼法，而且正在描述这篇前言。他在为自己申辩。

　　异邦人把无神论论点分为两部分（888e4-889e1；889e4-
890a9）。第一部分给出了一般原则，第二部分给出了政治后果。
自然、偶然、技艺是所有正在生成、过去生成、将会生成的事物
（πράγματα）的原因和原则。自然和偶然生产最大且最美的部分，
技艺生产较小的部分。技艺谋求接管并重塑巨大的、最初的行事
的生成。火、水、土、气依据自然和偶然而存在。它们是永久存在
的存在者，但没理由说应该存在仅仅这四种。作为原来未得到塑
造的状态的残余物（remnants of the originally unformed state），唯
有它们尚能为人们所感觉；当它们结合在一起，并穿上伪装时，它
们就是身体。①这些身体偶然生成，是通过诸元素②的任意碰巧结
合——这些元素以某种适合的方式相互匹配。正如异邦人所呈
现，元素和运动不必然结合在一起。［异邦人］预设了运动、空
间、时间，却没加以解释。运动是永久的，而且尽管这是个偶然
的大全，可是不存在熵。［295］这个大全的现状生成于一段有限
的时间，但当任何身体有可能没有在过去或在将来生成时（when
possibly no bodies ever came together or ever will come to be），其前
和其后均存在无限的时间。在这种［无限的］时间里，所有生命
——不论是植物的生命还是动物的生命——都曾经依据偶然而生

---

① ［译按］bodies，亦有"物体"之义。
② ［译按］指火、水、土、气。

成。它们的原因既不是心智，也不是任何神。技艺后来生成：技艺有朽，且生成于有朽的事物。对任何事物的不变的理解并非立足于任何事物的永恒可理知性。他们的理解也应该具有技艺的特征：一个几乎没有分有真实性的玩物（παιδιά），不过是其制作者的一个幻象性的影像（εἴδωλον）。［但］它［这个幻象性的影像］的支持者们没有得出这个结论，而是使他们自己完全停留在他们自己的描述之外（参967b6-c2）。诸元素曾经如何揭示自身是元素，这对他们来说不是问题；事实上，他们区分了两类技艺，一类包括绘画和音乐，这些技艺与自然相分离，另一类包括医疗、农业、体育，这些技艺与自然共享同一种力量。这是在区分身体的首要性（primacy）和灵魂的次要性（posteriority），这种区分使他们能够区分政治技艺和立法：前者在很小程度上分有自然，但在很大程度上分有技艺（参714c4-6），而后者完全是非自然的，或者说完全是技艺性的，"而且其前提并不真实"。①

他们说，诸神依据技艺和特定礼法而存在，而且诸神之所以各各不同，是因为依据一个相互约定，诸神以不同的方式为礼法所确立。美者依据自然而存在，但美者不同于依据礼法而成为美者的事物；另一方面，正义者并非依据自然而存在，而是受制于持续的争执和更改。只要正义者得到设定，正义者就保持着其权威性：正是暴力的胜利确立了正义者。年轻人接受了这番教诲，故最后说道，强过其他每个人就是依据自然过生活。此刻，我们回到了《法义》的开端。异邦人勾勒出了一番教诲，这番教

---

① 如果人们思考异邦人说人们θαύματα ὄντες τὸ πολύ, σμικρὰ δὲ ἀληθείας ἄττα μετέχοντες［基本上是只在很小程度上分有真实性的玩偶］（804b3-4）时的语境，以及异邦人的反对者们说人们造就了παιδιάς τινας, ἀληθείας οὐ σφόδρα μετεχούσας［某些几乎没有分有真实性的玩物］（889d1-2）时的语境，那么，这两方面离得不远。区别似乎在于：对于前者，εἴδωλα［幻象性影像］只属于人自己的制作，对于后者，εἴδωλα［幻象性影像］依据自然而存在，而且在最大程度上出现在人类的言辞和意见之中，从而令人能够接近真实性。

诲在理论层面支持人们关于事物的自然的洞见，克利尼阿斯曾经在体验层面通过礼法而获得这种洞见。然而，克利尼阿斯此刻强过①他的体验，并想要异邦人用理性（λόγος）来支持古代礼法（［即论证］诸神存在，参891e1-2），从而解救礼法本身和技艺，这种解救就是［声称］[296]"如果依据正确的理性，他们［诸神］是心智的产物，那么，他们依据自然而存在，或并不比自然更弱小"（890d4-7）。克利尼阿斯区分了对"诸神存在"的证明和对"礼法和技艺具有自然性"的证明。他猜测，可以把后者［礼法和技艺的自然性］展现为依据心智而生成，但诸神仅仅存在而非生成。由于异邦人预设，无物不生成，而且他论证道，灵魂首先生成，故他令克利尼阿斯十分失望。

令克利尼阿斯气馁的不是这种证明的艰难或冗长。他和墨吉洛斯相信：

> 规定［有关礼法的］②礼法，并以书面形式确定下来，将为所有时代提供一种参验［即证明］，因为这些规定绝对有益，而且人们不应该怕这些规定太难或太长：如果这些规定起初听起来太难，那么，任何在理解这些规定时有困难的人，将能够一次又一次地回到这些规定，并研究这些规定；如果这些规定太长，那么，既然这些规定有益，太长也没关系（890e4-891a7）。

克利尼阿斯认为，苏格拉底在《斐德若》中批评写作的所有理由都有利于写作。他相信，礼法的权威将强迫缓慢的学习者研究礼法，直到最终理解礼法，而且他［缓慢的学习者］将不会把礼法当作废话丢开。通过模仿永久存在者，礼法获得了不动性

---

① ［译按］意即战胜。
② ［译按］本段引文中的方括号内容为伯纳德特所补。

(immobility)，这种不动性确保礼法将永久受到询问(consulted)，就算礼法没有能力回答困惑者对礼法提出的任何问题。克利尼阿斯描绘了一种处境，在这种处境中，不同的解释必然围绕着一个权威的却令人迷惑的文本展开。到目前为止，还没有出现夜间议事会，以便打住争执并限定对争执的研究。克利尼阿斯似乎没有为如下这一点所困扰：仅仅一会儿之前，他第一次听到了无神论言论，而且城邦之中每个人都将第一次从礼法那儿听到无神论言论，而且远远更容易的是理解——他未曾感到难以理解——而非反驳无神论言论。另一方面，异邦人论证了何以应该尝试反驳无神论，因为他总结出来的言辞实际上得到了普遍传播。最伟大的礼法正在为糟人所败坏，而且不可能有人比立法者更适合恢复最伟大的礼法(891b1-6)。在回顾之中，这种荒谬的夸张似乎包含了一个预言：希腊宗教将有一个接替者，其神学原则将借自他[异邦人](参948d1-3)。如果我们不回顾，那么，异邦人必定原本至少会预见到，*(οὐ) νομίζομεν εἶναι* [我们(不)依据礼法相信……存在]将比*(οὐ) νομίζομεν* [我们(不)依据礼法相信]看上去更恢弘(loom larger)，或者说，有关信仰和不信仰的论题将优先于"某些合法惯例是否得到履行"这个问题。① 苏格拉底的受审将是分

---

① 异邦人让人们关注这个区别，因为他表述虔敬的原则时用到了 *εἶναι* [存在] (*ϑεοὺς ἡγούμενος εἶναι* ... [认为诸神存在……], 885b4)，在表述不虔敬的代言人时没有用到 *εἶναι* [存在] (*ἡμῶνοί μὲν τὸ παράπαν ϑεοὺς οὐδαμῶς νομίζομεν* [我们中有些人根本不依据礼法相信诸神], 885c7)；参柏拉图《苏格拉底的申辩》26b4-d5，在那儿，苏格拉底首次引入 *νομίζειν εἶναι* [依据礼法相信……存在]，而且墨勒托斯首次——按照他的指控——仅仅使用了 *νομίζομεν* [我们依据礼法相信]；同样，在《法义》中，无神论者使用了不带 *εἶναι* [存在] 的 *νομίζομεν* [我们依据礼法相信] (885c7，[译按] 伯纳德特原误作886c7，今改)，克利尼阿斯则使用了带有 *εἶναι* [存在] 的 *νομίζουσιν* [依据礼法相信] (886a5)。*μὴ νομίζοντι ϑεοὺς εἶναι* [他们不依据礼法相信诸神存在]出现在908b4(参909b1)。进一步可参考W. Fahr，《*ϑεοὺς νομίζειν* [依据礼法相信诸神]：论希腊人的无神论的开端问题》(*ϑεοὺς νομίζειν: Zum Problem der Anfänge des Atheismus bei den Griechen*)，"斯布达斯马塔"(*Spudasmata*)丛书第26卷，Hildesheim: Olms, 1969，页158-168。

水岭，因为［297］苏格拉底在 τὰ νόμιμα［合法惯例］问题上不可能有错（参色诺芬《回忆苏格拉底》[Memorabilia] 1.1.2）。这个转变似乎是因为哲学。哲学强迫城邦直面作为一个问题的存在（being）；但人们感到好奇，城邦是否抵挡不住这样一种直面。否则，很久以前，《安提戈涅》原本会遭到嘲笑而被轰下舞台。异邦人似乎也指出了这不大可能（unlikelihood）。他的神学使生成具有首要性，而且尽管可以用三种方式来设想每个事物（它的存在 [οὐσία]、存在的逻各斯、它的名称），但异邦人说，与他们相关的只有两个问题，即逻各斯和名称。［异邦人］忽略了“什么是存在？”这个哲学问题。异邦人的神学是遭到削弱后的哲学（philosophy cut down to size）。

　　　　［自然、偶然、技艺］①这三个术语刻画了异邦人反对的学说，在这三个术语中，技艺是另外两个得到理解的依据。它们是［对技艺的］隐蔽的否定（concealed negatives）：依据自然或依据偶然而发生的事就是依据任何并非技艺的东西（whatever art is not）而发生的事。技艺把因果关系看作范本（参亚里士多德《形而上学》981a5-28）。此刻，技艺的完美性取决于技艺的可分性，而技艺的可分性取决于城邦。苏格拉底的真实城邦②就是技艺的城邦。城邦作为技艺的所在，首先满足身体需要；但随着城邦的扩张或技艺的发展，若要满足想象出来的诸欲望，就需要次级技艺，即装饰和娱乐。随着帝国主义变成城邦的外在动机，快乐变成了城邦的内在目的。城邦的自由和伟大与城邦的快乐主义绝不会长期步调不一致。因此，帝国主义式的技艺城邦（imperialistic city of art）和唯物主义之间有一种奇妙的一致。因此，可以设想，这样一种教诲会赞同一方面废除宗教，另一方面把城邦全盘技艺化（technologizing）；而且这一对动机的顶点是用技

---

① ［译按］见第［294］页。
② ［译按］柏拉图《王制》372e。

艺来制造人本身(the artful making of man himself)。πανουϱγία [欺诈]在被粗陋的算术武装起来之后,到目前为止只导致了对爱钱(747c2-6),这一点并不意味着,πανουϱγία [欺诈]不可能变成"理论上的"πανουϱγία [欺诈],并满足恩培多克勒式(Empedoclean)自然学的需要(这种需要就是使这种自然学自身与城邦结盟),并被证明在字面上为真——"制造一切"。①② 在不受约束的帝国主义之后,就是自由的丧失,这种丧失是倒数第二种丧失;[298]如果不受约束的帝国主义与不受约束的技艺化相结合,就会发生最后一种丧失(参687a2-b2)。苏格拉底曾经暗示,这是他自己的言辞中的最佳城邦结构中种种自相矛盾之处唯一可能的"现实的"解决办法。因此,这种自相矛盾会在政治上消失,代价是清除人类(the elimination of man),对人类来说,最初就寻求过这种解决办法。因此,仿佛这种解决办法导致潜在的对人类的毁灭,会使 [人们]急于阻止或扭转这种解决办法。写作是这样一种努力可以使用的唯一手段。由此,对哲学的呈现变成了一种必然。诗人们的智慧——他们把这种智慧隐藏在他们的呈现背后——不足以满足这种迫切需要。哲学必须走到前台。除了把苏格拉底的言辞原原本本写下来,人们已经别无选择。《法义》补充《斐德若》。

异邦人两次关注同一个论题,他起初认为这个论题有可能(ἔοικεν),后来认为这个论题在实在且真实的意义上(ὄντως)是实情,这个论题就是,当有些人说四种元素是所有事物的开端时,他们的意思是,灵魂晚出,且生成于四种元素(891c1-5)。异邦人用灵魂代替他们的技艺(参889c6-7)。这种代替令人记起,苏格拉底从技艺转向灵魂,当时他正从技艺的城邦转向对护卫者意见

---

① [译按]πανουϱγία [欺诈]可以拆解为παν [一切]和ουϱγία [制造]这两个词根。

② 在索福克勒斯的《安提戈涅》295-301,克瑞翁提出对爱钱所滋生的πανουϱγία [欺诈]之后,合唱歌队随即唱到人的无限可怕(unlimited uncanniness of man),此处"人"是一个中性的"这"(τοῦτο),而且与"这"形成对比的只有安提戈涅。

的教育。此刻，异邦人在论证中插入了一个被漏掉的(missing)步骤。在生命存在之前，技艺的无生命的产物不可能存在。作为生成和朽坏的原因，灵魂先于有朽的技艺；灵魂当然先于那些生产出不虔敬者的灵魂的言辞(891e5-7)。[①]为了达到某种程度上的内在一致，异邦人暗示，他们不得不说，自然至少揭示了达到这种知识的途径，正如身体致力于体育和医疗。自我遗忘(self-forgetfulness)处于 $δοξοσοφία$ [幻想出的智慧] 的核心处。自我遗忘先于年轻人的肆心。据异邦人所说，关键的错误观点尤其涉及灵魂的生成，这个错误观点就是，灵魂最先产生，先于所有身体而生成，且统治着所有身体的交流和变形(892c2-7)。[②]当异邦人设计论证时，人们可能倾向于把异邦人的灵魂(或灵魂的某种形式)等同于蒂迈欧的地方($χώρα$)，这尤其是因为异邦人的运动学需要地方(893c1-2)。可以肯定，蒂迈欧使地方先于诸元素，但异邦人没有一位神匠(demiurge)帮助他，而且蒂迈欧 [299] 在谈论神匠时没有说到地方，而且在谈论地方时没有说到神匠。蒂迈欧承认，他的描述是一篇神话——尽管是可能的(likely)神话——而且正因为不可能(impossibility)使神匠和地方同在，他才贬称他的描述是一篇故事。[③]异邦人并非这样直率，尽管他也谈论说服力，而非谈论证明。由于技艺不可避免会对其自身无知，因此，在把政治人(political man)技艺化时，阻碍未必很小。

　　异邦人的论证中有三个特殊之处。第一个是，尽管异邦人坚

---

① E. Solmsen，"柏拉图《法义》卷十的文本问题"(Text problem eimzehnten Buchder Platonischen Nomoi)，见《文本史与文本考订研究》(*Studien zur Textgeschichte und Textkritik*)，Köln und Oplanden：1959，页266，认为 $ψυχήν$ [灵魂](891e7)是一个入侵物，它驱逐了 $δόξαν$ [意见]等物；但异邦人的整个论证准确地转向如下这一点：为了达到内在一致，无神论者不得不以唯物主义方式把逻各斯描述成灵魂的动因(causal agent for soul)。

② 如果严格理解异邦人的话，那么，灵魂后于诸元素，诸元素永久存在，且先于诸身体；但在他的再次表述中，灵魂先于诸元素(892c2-5)。

③ [译按]希腊文中"神话"与"故事"是同一个词。

持认为，灵魂的首要性要求灵魂具有优先性，但他在整个论证中都没有谈到时间（χϱόνος）。谈到更年长和更年少，谈到之前和之后，谈到第一和第二，却没有谈到时间。由于一个事件和另一个事件之间的间隔无法用任何尺度衡量，故异邦人的灵魂学不可能变成一种自然学。①第二个特殊之处是，异邦人在与自己的对话之初，没有区分那个推动自身和其他东西的东西与那个能够推动其他东西却不能推动自身的东西，而是提出了一系列相互之间没有因果关系的运动，最后两种运动是生成和朽坏。一种运动学先于一种动力学（dynamics），而且显然导致异邦人算错运动数目。他说有10种运动，可实际上，按照任何不受强迫的算法（by any unforced count），有11种运动。异邦人自言自语，且用谜一般的口吻说话。他把一个谜放在一个证明的核心处，克利尼阿斯想象这个证明会永远保持不变。第三个特殊之处是，异邦人说，在灵魂问题上犯错导致"在诸神的实在且真实的存在问题上"（πεϱὶ ϑεῶν τῆς ὄντως οὐσίας）犯错，但他从来没有用他自己有关诸神存在的论述来充分地弥补这个错误（891e8-9）。他声称，拥有完全美德的灵魂就是诸神，但他从未证明，这样的灵魂存在，正如拥有完全恶德的灵魂可能存在，而且他承认，他不知道，这样的灵魂如何存在，以及这样的灵魂如何是原因（899b4-8）。

异邦人没有讲明，当他首次列出灵魂的五个要素（congeners）——意见、关切、心智、技艺、礼法——时，它们是否属于灵魂，就像软、硬、重、轻属于身体（892b3-8）；但他的第二次列举暗

---

① 时间没有尺度，是神话的典型特征，神话的开场白——"有一次"或"很久很久以前"——意在让人没有可能追溯到他们在一条单一的时间线索上的位置（参柏拉图《蒂迈欧》22a4-b3）。神话是混沌的影像，在混沌之时，不可能对诸事件进行时间上的安排：所有时间都是局部的（local）。在希罗多德《原史》开头，在把希腊神话进行理性化时，波斯λόγιοι［文章家们］把伊娥（Io）、欧罗巴（Europa）、美狄亚（Medea）、海伦放进一个有序的序列之中，这个序列为正确性的论题所规定（希罗多德《原史》1.1-4）。

示，虚假的意见、忽视、无心智、无技艺、[300]无礼法都是灵魂的特征，而非身体的特征（896c8-897d2）。对灵魂的美德和恶德来说，灵魂是中立的。灵魂没有结构，正如灵魂没有部分，因为结构和部分会剥夺灵魂的自我运动。恰恰在这时，异邦人不再采用对话形式，而是把自己一分为二。他把自己描绘成他自己和另一个人。这另一个人称他为"异邦人"，即这另一个人不认识的某个人，但他从未称呼这另一个人。异邦人沉迷于这样一种技艺，他的对手曾说这种技艺几乎不分有真实性，而只生产真实性的幻象性影像。他自己提醒克利尼阿斯和墨吉洛斯，他的自我对话故意具有欺骗性（892d2）。[他]将要求我们考虑，事实上，思考能否成为灵魂与自身的交谈（诗歌技艺可以模仿这种交谈），或思考是否注定像《法义》开篇的悖论（克利尼阿斯声称，一个人可以比自身更强大或更弱小）一样自相矛盾。一种机械的观点认为，思考的施行者可以安排思考的承受者，[①]且任何未曾进去（go in）的东西都不会出来（comes out）；不论这种观点可能会遭到多大程度上的更改，这种观点可以立即回答灵魂的优先性的问题。异邦人呈现了这个问题，却没有回答这个问题。

异邦人用运动的一种影像引入了有关运动的论证（829d6-893a7）。这个影像暗示，比起克利尼阿斯和墨吉洛斯，异邦人更年轻，却有更多的体验和更大的力量。他的这些能力似乎归因于身体，而非先于身体；如果有一种灵魂的力量先于身体，那么，这种灵魂的力量没有出现在异邦人的任何列举之中（参894d10）。根据异邦人从这个影像中得出的结论，他准备独自穿越整个论证，直到这个论证变得完满，从而令他证明灵魂先于身体。异邦人没有履行他的承诺。他的自我对话结束于他谈及自我运动之前。他把这种对话比作一条汹涌的河流，他不得不穿过这条河流，抵达

---

① [译按]意即思考者可以安排被思考者。

彼岸，彼岸将会证明诸神存在。逻各斯可能使克利尼阿斯和墨吉洛斯如此头晕目眩，以至于他们将在黑暗中打转。逻各斯在自身之中结合了滚动和滑动，即异邦人列举的诸运动的第二种和第三种，而且当逻各斯旋转（παραφερόμενος）时，逻各斯导致了一种不稳定的转动。如果异邦人没有在围绕一点的转动中发现心智的完美影像，那么，人们甚至不会梦想去如此强调异邦人的影像，当然，异邦人的划分暗示着，思考更像分离（διάκρισις）和结合（σύγκρισις），即他列举的诸运动的第四种和第五种（893e1-5）。异邦人对比影像和自我对话，这看起来像灵魂和心智之间关系的真实呈现。克利尼阿斯和墨吉洛斯可能会如何体验这种论证？异邦人和 [301] 另一个 [他自己] 如何轻易地分离和结合？这两个问题呈现了一种区别，这种区别等于言辞中的会饮的会饮参与者和会饮统治者之间的区别。

人们完全不清楚，为什么异邦人需要他的运动学。如果我们按字面理解他，那么，唯有运动学，或者不如说他与他自己有关运动学的对话，足以确立灵魂的优先性。事实上，他对运动学的使用仅限于在围绕一点的转动中发现心智的一个影像，而且当他这么做时，他对运动学进行了另一番描述（898a8-b2）。他本来当然应该在后文才引进运动学。事实上，围绕一点的转动是一种数学构图，而不可能用来刻画任何身体的特征：异邦人自己说，围绕一点的转动是在模仿车床（lathe）上转动的圆圈或圆规画出的圆圈（898a3-5）。异邦人把所有可能的身体运动说成是第九种运动（894b8-c8）。因此，在运动学上，这不算数，因为这不过是因果关系层面之下相互分离的和相互结合的所有其他运动的集合（可能要排除第一种运动）。因此，一旦第九种运动变成了异邦人重新列举的第二种运动，11种运动就变成了10种运动（894d8-e2）。此刻，所有运动的原因占据了列举的首位，它导致的运动占据第二位（参896b5-8），围绕一点的转动（它曾经占据列举的首位）要么充当身体运动的第一种，要么遭到排除（stands off by itself）。

除了这个困难，还有另一个困难。既然运动学上的列举囊括了所有身体运动，那么，什么是自我运动的运动学？这样一种运动必须既先于自身又后于自身，从而在自身之中造就优先性(priority)和靠后性(posteriority)。①这样一种运动必须同时包含一个分离的存在者(a being apart)和一个结合的存在者(a being together)：

> 他为自己把自己做成一盏灯，
> 它们是一之中的二，也是二之中的一：
> 怎么能够这样，掌管这种事的那一位知道。②

此外，这样一种运动必须进一步解释，为什么没有提及时间。由此，灵魂的定义似乎在模仿辩证的分析和综合的真相(the truth of dialectical division and collection)。不论如何，异邦人没有能够顺利地结合他的运动学和动力学。③如果他一开始就讨论因果关系，那么，他原本[302]会像这样划分：(1)不运动且不推动其他东西的东西(893b8)；(2)推动其他东西但不推动自身的东西——这就是克利尼阿斯对有关诸神的成文法的期盼；(3)推动自身但不推动其他东西的东西；(4)推动自身且推动其他东西的东西；(5)被其

---

① [译按]这个词有时与"优先性"对比，从而译作"靠后性"，有时与"首要性"对比，从而译作"次要性"(第[295]页)。

② [译按]但丁《神曲》，"地狱篇"，28.124-126。伯纳德特引用的是意大利文。

③ 若要理解蒂迈欧对作为元素的身体(elementary body，[译按]亦译为"作为元素的物体"，即火、气、水、土)的两次描述，运动学和动力学的区别十分关键；第一次描述涉及一种转变，即从可见性转变为可触性，这种转变需要凭靠几何比例；第二次描述讨论基础结构与其现象状态(气、水汽、固体)之间的关系(柏拉图《蒂迈欧》31b4-c4；49a7-c7)。第一次描述是运动学描述，在措辞上立足于知识，且把火当作光之源；第二次描述是动力学描述，讨论因果关系，且把火当作热之源。第二次描述被当作一个问题，在这个问题中，"我们见到"的东西"像我们想象的那样"(ὡς δοκοῦμεν)，也"像其自身看起来的那样"(ὡς φαίνεται)。

他东西推动且不能推动自身的东西；(6)推动自身且被其他东西推动的东西。异邦人可能本来有能力证明，在这些东西中，有一些不可能存在，而且其他一些必定是相同的东西。比如，第四种和第六种可能在灵魂中碰巧一致，不论推动那个推动自身的东西的东西是另一个灵魂还是另一个身体，因为在第四种和第六种之中，体验在发挥效力。

当异邦人即将把自我运动等同于灵魂时，他增加了另一番论证。他说到熵的问题，即时间流逝的过程中物质与能量之间的必然差异的问题；他说，如果所有事物曾经聚集在一起，或许人们会补充道，如果所有事物曾经完全相互分离，那么，熵的问题是一个不可解决的问题(895a6-b3)；但他没有表明，反熵(antientropic)原则必定推动自身。对于异邦人的描述，反熵原则具有决定意义，因为如果没有反熵原则，那么，自我运动只是一种可能的运动，且 ①不会被维系为存在(get tied into existence)。当异邦人把灵魂这个名称与自我运动这番逻各斯等同起来时，反熵允许异邦人避开存在(οὐσία)的论题；但他不可能由此确立灵魂的优先性。反熵原则要求灵魂与身体永久地处于某种因果关系之中，灵魂不可能退出［这种因果关系］，不可能依据自身而存在。因此，灵魂作为自我运动简直可以等同于任何动物，我们会说，任何动物都推动自身(895c1-13)。然而，异邦人要求，灵魂最先存在，且有能力既［从这种因果关系中］抽身而成为其自身(withdrawal into itself)，又与其他东西发生联系。灵魂必须成为所有现在存在、过去存在、将来存在的事物及其所有相反者的唯一原因(896a5-8)。灵魂是非存在者(nonbeing)的原因。灵魂是最终恐慌的最终原因：每个存在者都将消失，而且所有将会维持下去的事物都将是灵魂自身。灵魂依据自身而是畏惧之饮品：灵魂自身的生成没有任何原

---

① ［译按］此处原有一个otherwise，但含义与上面的"如果没有反熵原则"相同，故略去未译。

因(参柏拉图《蒂迈欧》28a4-6)。灵魂脱离反熵之后,或者说灵魂脱离诸神的拯救(不管是一般拯救还是特殊拯救)之后,灵魂把言辞中的会饮(不管这种会饮采用狄奥尼索斯方式还是普鲁托方式)引入了礼法。无怪乎异邦人在独自尝试穿过论证之河以前,不曾想过带着克利尼阿斯和墨吉洛斯穿过论证之河。

异邦人预先遏制了他自己的论证的危机,因为他再次接过论证,并回答了他自己的问题。再次开始自我 [303] 对话,令他渡过了计算(counting)的危机,却陷入了另一个危机(896c5-897b5)。克利尼阿斯赞同,灵魂是所有善者和糟者、美者和丑者、正义者和不义者的原因(896d5-9)。①因此,异邦人问,灵魂是一个还是多个,在克利尼阿斯或墨吉洛斯有可能回答之前,他自己回答道,灵魂不少于两个。然而,似乎必须至少有三种灵魂。作为自我运动和普遍原因,灵魂很像意愿;但也有一种灵魂为心智所补充——这看起来像 θυμός [愤怒]②与理性的结盟;还有一种灵魂与愚蠢(ἄνοια)相联系,这样的灵魂疯狂而无序地运动——这看起来像欲望(897d1)——且相当于蒂迈欧的空间,③制约着有心智的灵魂。如果这三种灵魂实际上只是两种灵魂,那么,异邦人定义的灵魂并不存在,而只是言辞中的灵魂。言辞中的灵魂是没有善者(不论如何理解善者)贯穿其中的灵魂。它对应于数的定义(事物的数量),但没有任何一个数既非偶数也非奇数(895e1-3)。因此,尽管灵魂自己不愿意,但灵魂仅仅属于运动学。另一方面,如果灵魂确实存在,那么,有心智的灵魂和没有心智的灵魂必定在

---

① 请注意后置词 τε 如何让丑者和正义者挤在一起(这是依据刑法),相比之下,连接词 καί 把第一对语词 [即善者和糟者] 连接在一起:τῶν τε ἀγαθῶν αἰτίαν εἶναι ψυχὴν καὶ τῶν κακῶν καὶ καλῶν καὶ αἰσχρῶν δικαίων τε καὶ ἀδίκων [灵魂是所有善者和糟者、美者和丑者、正义者和不义者的原因];参拍拉图《蒂迈欧》87d1-3。在《智术师》中,泰阿泰德把丑者和正义者归在"不美者"之下(257d7-11)。

② [译按] 伯纳德特所补。

③ [译按] 即第 [298] 页提到的蒂迈欧的"地方"。

灵魂本身(soul in itself)生成之后生成。这会是什么时候？如果灵魂永远拥有完美秩序，那么，乾坤永远拥有秩序，而且身体绝不会[在生成顺序上]居于第二位；如果拥有完美秩序的灵魂最先生成，那么，完全无序的灵魂生成于什么时候？①如果二者同时生成，那么，秩序和无序永远同时存在，而且人们不可能诉诸乾坤中的秩序的表象。的确，人们会感到好奇，这两种灵魂是否也只是言辞中的灵魂。异邦人在后文暗示，这两种灵魂之间，存在不朽的争斗，而且无序的灵魂占上风(906a2-5；参《王制》379c2-7)。他暗示，秩序的表象与邪恶的盛行可能碰巧相遇，而且善者和无序可能同时存在。

异邦人的论证还有另一个他无法应对的后果。一旦他的运动学与存在相联系，他的运动学就暗示，身体运动不管多么复杂，都可以分解为诸种简单运动，而且在这个意义上，身体运动绝不会无序。真正任意的运动无法得到任何分[304]解，这样的运动属于无心智的灵魂(890b5-8)。只有基于灵魂才能理解偶然，偶然像技艺一样属于自然，因为自然指最初的事物的生成(892c2-5)。此外，如果围绕一点的转动应该与心智相联系，那么，所有其他的灵魂要素本来应该有自己的运动——头晕目眩(vertigo)只是其中一种运动——这些运动的结构必定就是灵魂。不论这些其他的灵魂要素是什么，对于拥有完美秩序的灵魂，它们必定不同于心智的转动，但与心智的转动相协和。②心智无法接受③如下可能性：

① 如果灵魂最先生成，那么，灵魂必定遵守生成的令人困惑的定义，但灵魂所指的任何其他东西都暗示着，任何生成都不能脱离可感的身体(894a1-5；参966d9-e2)。

② 异邦人的另一个自己描述了圆周运动(他暗示，这种运动从静止达到一定的速度，这种速度总是低于一个人所选择的任何速度，但不是静止)，从而令"圆周运动模仿心智运动"变得十分荒诞(893c7-d5)。不仅如此，这番描述令人们不可能理解灵魂在没有时间的情况下具有优先性，因为这番描述声称，不论人们选取哪一点作为身体运动的开端，都总是存在一种在先的灵魂运动，而这种状况同样适用于身体运动。

③ [译按] the mind boggles at，英文习语，一般径译为"无法接受"，但mind在此处有特定含义，故译出"心智"。

无法想象这些运动。不论如何，异邦人在问哪种灵魂控制着天宇时，为有心智的灵魂增加了美德，而且把美德和良好感知力($τò$ $φρόνιμον$)视为两个东西(847b7-c1)。①如果美德和良好感知力是两个东西(而且似乎不得不是两个东西，既然通常理解的正义将是诸神的一个特征)，那么，异邦人本来已经解决了他即将转交给夜间议事会的问题；而且如果在灵魂的这两种卓越之中，至少有一种卓越可以独立于另一种卓越而存在(依据礼法诸属的结构)，那么，灵魂不再没有部分，而且异邦人不得不放弃把灵魂定义为自我运动。

他忽然回答了他自己的问题，这是异邦人的第三次介入，这次介入讨论心智运动(887d3-6)。可以说，他自知无法直接回答，无法直接观察心智；可是，尽管他相信他能够提供心智运动的影像，即围绕一个固定的点的圆周运动，但他没有继续证明，天宇的所有元素的运动也是这同一种运动。如果他将在城邦中传授一种理性的乾坤学，那么，他自己曾经视之为一个有待解决的问题(822c7-9)。他让"灵魂把乾坤引向什么"这个问题保持开放，且让克利尼阿斯以有利于心智的方式回答这个问题：

> 因此，此刻不再难以直接声称，一方面由于灵魂使我们的一切都转动起来，另一方面由于我们不得不表示，不论灵魂是最好的东西还是相反的东西，[305]灵魂关切和安排天宇的圆周运行，从而使天宇的圆周运行转动起来……(898c1-5)。

---

① 良好感知力和美德之间的区分首次出现时，体现为对严肃的事和可笑的事的理解与实行之间的区别(816d5-e5；参890b6-c3)。不论异邦人可以使用多少东西，异邦人不可能使用苏格拉底在《斐勒布》里对感觉和运动之间关系的描述，因为这番描述立足于证明如下这一点：心智和无限者同时存在，而且如果没有心智，那么，不会有无序。

在这令人惊诧的半句话里，异邦人承认，关切和安排并非专属于心智，因为在其他情况下，糟灵魂不会像好灵魂那样有可能充当一个备选项(candidate)。异邦人曾经把意见列为灵魂的第一个要素，意见必定要么为真要么为假(892b3；897a2)。此外，异邦人没能提供一个关键步骤：他没有证明，也不可能证明，他对心智运动的模仿是心智自己对其运动的模仿。异邦人没能回答，真实的天宇运动是否像真实的心智运动；不过，他追问过，真实的天宇运动是否像真实的心智运动的影像。如果心智和圆周运动之间的相像之处在于同一性(κατὰ ταὐτά [依据同一些东西]，ὡσαύτως [以同样的方式]，ἐν τῷ αὐτῷ [在同一个地方]，περὶ τὰ αὐτά [围绕同一些东西]，898a8-9)，那么，[异邦人]不可能确立这个缺失的步骤，倘若没有证明心智呈现其自身，或心智致力于把影像制造成"另一个同样的东西"(ἕτερον τοιοῦτον)(参柏拉图《智术师》240a7-b1)。他曾经说，灵魂也是非存在者的原因，但他不曾把这种力量归于心智。人们可以说，异邦人既想要又不想要灵魂消失在心智之中。[1]他的神学徒劳地召唤《斐德若》中苏格拉底的第二篇讲辞。

异邦人没有解释，为什么必须把完整的美德赋予不只一个灵魂(参898c6-8)。如果每个属天的身体[2]内部当然地有这样一个灵魂，那么，灵魂的多样性[3]会随之而来，但异邦人不知道这一点。

---

① 在897b1-2，如果读作 νοῦν μὲν προσλαβοῦσα ἀεὶ θεὸν ὀρθῶς θεοῖς [灵魂永远以心智为帮手，在正确的意义上，心智对诸神来说是一位神] 是正确的，那么，心智在诸神眼中是一位神，而且这样是正确的(正如在人类眼中那样)；参E. Dönt，"关于《斐德若》249和《法义》897的札记"(Bemerkungen zu Phaidros 249 und Nomoi 897)，见《赫耳墨斯》(Hermes) 88 (1960)，页369-371。关于 θεὸν ὀρθῶς θεοῖς [在正确的意义上，心智对诸神来说是一位神]，请比较 ἀνθρώποις θεός [对人类来说是一位神] (818c1)。

② [译按] heavenly body，一般译成"天体"。

③ [译按] multiplicity，伯纳德特原作 multitiplicity，今改。

如果存在多个灵魂，那么，不得不另外再有一个灵魂，这个灵魂必然没有身体，以便把所有其他灵魂安排到一个内在一致的整全秩序之中（参904a6）；但如果所有其他灵魂不干涉这个灵魂的领导，或自愿放弃发挥自己的全部力量，那么，在心智或美德上，所有其他灵魂不可能与这个灵魂相匹敌。如果前一种情况为真，那么，这个整全秩序不会为所有其他灵魂所知；如果后一种情况为真，那么，诸原因的不可见的秩序——这个秩序的资源未得到充分利用——会既丑陋又徒劳。如果所有这些灵魂都完美而和谐，那么，那些糟灵魂不会有机会反对它们［完美而和谐的灵魂］在这种情况下展示的过剩的力量。另一方面，如果有些灵魂在美德或力量上不完美，那么，这可以解释乾坤中的无序，而无需诉诸［306］拥有完美的①恶德和无知的灵魂（the soul of perfect vice and ignorance），可是，这样一个假设会导致，拥有完美的美德和知识的灵魂（the soul of perfect virtue and knowledge）并非全能，或者说，其安排秩序的力量（its ordering power）要么不会超出其所属的灵魂，要么会迅速出离（falls off rapidly beyong）其专属领域。异邦人的灵魂学一旦变成一种乾坤学，就令他处于一种悖论之中：全能属于灵魂本身（soul in itself），但灵魂本身并不存在。②一旦异邦人承认，不可能感觉到心智运动，那么，必定同样不可能感觉到心智运动的秩序在身体中展示自身的方式。有可能建构一种圆周运动的规则运动学（a regular kinematics of circular motion），以便造就不规则的表象，这一点无关于自我运动的真实动力学（the true dynamics of self-motion）。这种不一致性曾令异邦人把他的动力学附加在他的运动学之上，也曾令异邦人没能把二者结合成一个整体。这个困惑贯穿在他的神学之中。异邦人请这位年轻人审视，

---

① ［译按］讽刺性用法，意即"完全的"。

② 普鲁塔克解决这个问题的方法是把灵魂本身等同于无序的灵魂，见普鲁塔克《论〈蒂迈欧〉中的灵魂生成》（On the Generation of Soul in the Timaeus）6（1014D–E）。

如下两种状况哪一种是实情：要么，有办法解决这个困惑，要么，他向他们抛出了一个永恒的问题。这个困惑当然应该令他们避开麻烦。①

第3节 拯 救

异邦人区分了他提供的反对无神论者的逻各斯和他建议的反对非宗教之人 (the irreligious) 的抚慰 (παραμυθητέον) (889d4-6)。非宗教之人相信诸神存在，但这些神不必然是克利尼阿斯相信已然充分证明其存在的神 (899d3)。非宗教之人相信，要么诸神不关心人类事务，要么诸神可以收受贿赂。在前一种情况下，非宗教之人分为不同的人群，异邦人没有像人们可能希望的那样，严格地区分这些人群。某些糟糕且不义的人拥有公开的或私人的好运，在意见而非在真理之中，人们放纵地称这种好运是幸福，而在诗歌和所有其他种类的言辞之中，人们也赞美这种好运；事实上，这种好运令人们变得不虔敬。否则，人们会亲眼见证许多可怕的不虔敬，或通过传闻而知道许多可怕的不虔敬，通过这些不虔敬，人们会从渺小变得伟大，并在年老之时为孙子留下最伟大的荣誉 [307] (899d6-900a5)。不义是虚构的有福者 (the blessed of fiction) 的特征，不虔敬是 [人们] 听说或体验到的僭主 (the tyrants of hearsay or experience) 的特征。② 人们认为前者幸福，但前者并

---

① 蒂迈欧在谈到心智对必然性的劝说时，提出了这个问题，心智对必然性的劝说无非是数学和自然学之间被预设的相符，用蒂迈欧的话说，就是非因果结构和因果过程之间的巧合。无疑，引人瞩目的是，巴贾 (Ibn Bājja) 使用了与此不同的原则，并在11世纪恢复了这个问题的一个版本，迈蒙尼德称之为"真正的迷途"(迈蒙尼德《迷途指津》2.24，见S. Pines英译本，Chicago: 1963，页326)。

② 人们是否应该想起，当有人损坏赫耳墨斯像，并亵渎秘仪 (mysteries) 时，雅典人曾经在僭主制和不虔敬之间建立虚假联系 (修昔底德《伯罗奔半岛战争志》6.54.5)？

不幸福，而后者实际地拥有荣誉。此刻，尚不清楚以下两种情况中哪一种是实情：第一种情况是，诸神忽视人类的意见，展示诸神的正义，且不剥夺有些人的虚假善者，但仍令这些人和所有其他人都理解人类十分悲惨（参661c8-d3；716a4-b5）；第二种情况是，诸神惩罚有些人，是因为这些人不义，而不是因为这些人不虔敬，而且诸神这样做令所有其他人都知道这些人受到了惩罚，不管这些不义的人有没有意识到这一点。人们并不容易设想，应该如何设计一种惩罚，使之匹配这种罪行，同时又不影响这种罪行似是而非的（specious）利益，因为任何满足怨恨的惩罚都会滋生有关善者的虚假意见（教育正是致力于拒斥这种虚假意见），当然，这样一种惩罚也会偶然导致真正的悲惨，尽管悲惨的真实性（the truth of the misery）与虚假善者的丧失（the loss of false goods）也许在体验层面相互不可分离。这两者的巧合可能出现于肃剧的不幸结局，但异邦人不可能希望以突转（peripety）和恍悟（recognition）的结合（这种结合体现为诗体故事的华而不实的壮美 [the tawdry grandeur of poetic fables]）来玷污他的最真实的肃剧。至于带来崇高荣誉的可怕的不虔敬，异邦人希望把什么囊括在这些不虔敬之中，同样尚不清楚。构成不虔敬的是对圣洁者的违反，还是对属神者的违反？如果是后者，那么，异邦人自己承认，任何罪恶都不会独自服务于无神论信念；①如果他指的是前者，那么，他的神学似乎不可能提出任何能够违反的圣洁者。当后文有机会简单且公开地检验不虔敬时，异邦人拒绝使这种检验成为礼法的一部分。

　　异邦人想象，非宗教之人已然无意中听到了第一番论证，通过第一番论证，异邦人使非宗教之人把四种美德中的三种分配给诸神（900d5-901a10）；但他也让他们 [非宗教之人] 独自——因为他自己不知道什么是实情——把有灵魂的身体的某些美德

————————

① ［译按］在英文中，"信念"与"信仰"为同一个词（动词形式即"相信"），此处及下文均玩弄这种同一性。

分配给诸神，从而跨越善者诸种的结构中的属神善者和属人善者之间的鸿沟。他的做法分两步。第一步涉及第二群非宗教之人，第二步涉及第三群非宗教之人。对于第一群非宗教之人，忽视(ἀμέλεια)得到了严格界定，以致人们不可能说任何一位神或任何一位微末之人(φαῦλός τις)有所忽视，除非他也有能力去关切(901b1-7)。伊壁鸠鲁派的诸神高高在上地无动于衷，故伊壁鸠鲁派不属于那些否定特殊拯救的人，因为伊壁鸠鲁派[308]对世界的不义并无义愤。忽视必定要么产生于懒惰，要么产生于相信某些微小事物在整体中无关紧要。小和大之间的对照令人们不知道，人类是否正确地评判了不义者的幸福，因为诸神可能会关切他们[诸神]的现实中的微小事物，却不关心人类微小的怨恨。在第二步中，异邦人让两群[非宗教之人]回答他们三个人；第二步为知识增加了诸感觉，作为诸神的一个特性(901c8-d5；参927a8-b2)。第三群[非宗教之人]需要这个假设，因为如果没有这个假设，那么，他们的抚慰性献祭就不会有效果；但如果第二群[非宗教之人]没有采纳异邦人的第一步，那么，第二群[非宗教之人]不需要这个假设。

　　属神拯救的范本是技艺。正如石匠砌墙时如果没有小石头，就不可能适宜地堆砌大石头，同样，诸神如果要令整全正确地显现，就不可能忽视微小事物。异邦人暗示，正如石匠必须利用小石头才能令他砌的墙适应地貌的不规则，同样，乾坤中预先存在一些缺陷(wrinkles)妨碍[人们]在乾坤的广阔范围内使用整齐划一的石块从事建筑。他的论证仅限于确立乾坤秩序，但在两个方面有明显缺陷。他没有引入标准(scale)，也就无法用一个共同的尺度来决定最严格的艺匠将在何处不再关心微小事物；更令人惊诧的是，他一个字都没有谈及属神的正义。①一切都引导我们

————————

① 这种沉默令人记起，异邦人把人生限定为四个类型——是否有感知力[sensible]，是否节制，是否勇敢，是否健康——却没有提及是否正义(733e3-6)。

认为，异邦人的论证的范本是苏格拉底在《王制》中对正义的发现。在《王制》中，苏格拉底曾经挨个剔除言辞中的最佳城邦中的三种美德，然后宣称正义必定是这个城邦的剩下的第四种卓越。①此刻，异邦人轻易地为诸神赋予了三种美德，但异邦人没有提出正义，因为非宗教之人想为诸神保留正义。这一点格外引人注意，因为对于苏格拉底来说，言辞中的最佳城邦的秩序（每个部分都关注自己的事务）实际上就是正义。因此，异邦人原本有可能声称，乾坤的诸部分互不逾越界限，从而显示了乾坤的正义。由此，人类的正义就是不逾越属人事物，不管这种逾越是通过堕落至兽性，还是通过上升至神性。任何人都不应该对另一个人折腰，仿佛这个人是一位神；此外，任何人如果变成了野兽，就不应该生活在人类之中。由此，拥有礼法的自由城邦的结构就会实现[309]属神拯救，而且《法义》本身的前九卷会是属神拯救的缩影（epitome）。

　　此刻，在对不虔敬作出规定的礼法中，可以发现对人类的这两种限制，但这两种限制的基础（这个基础可以连接神学与圣洁者）并非不虔敬应该存在的地方。不虔敬的不在场可能要么是因为城邦独立于任何神学证明，要么是因为属神拯救在非宗教之人眼里不充分，非宗教之人想要诸神比异邦人的间接论证更加关心人类：异邦人曾经多次承认，[对]偶然的微小事物［的关注]超出了他作为立法者的能力（参723c6-d4）。异邦人正在检查的这种非宗教主张只可能出现在如下情况：城邦如此成功地把人类提升至属人层面，以至于人类忘记了人类欠城邦什么。如果自我遗忘是文明的一个必然后果，那么，卷十的神学就是抵制自我遗忘的必备途径。异邦人自己认识到，他的论证需要故事进行令人痴迷的补充（903a10-b2）。在这种补充中，异邦人补充了标准：个体

---

① ［译按］在古希腊文中，“美德”与“卓越”是同一个词。

的人受到来自微小性的外在限制(at the outer limit of minuteness)，而且任何反对这个系统的人都被迫考虑到，他不知道他在整体中扮演什么角色。尽管异邦人的论证本来应该止步于人这个种(species)(人这个种被划分为非自然的诸部分，不管是城邦还是民族)，但非宗教之人需要一个更精细的衡量尺度，而且异邦人希望劝说非宗教之人进行计量，尽管非宗教之人的微小性达到了相当的程度(the immensity of their insignificance)。这是异邦人能够最接近于采取如下行动的一次，这个行动就是为其他人找到异邦人自己的体验的对等物，墨吉洛斯曾认为，异邦人自己的体验包括对人的完全鄙视(vilification)(804b5-8)。人的虚荣(vanity)与人的宗教性(religiosity)相互不可分割(902b5-6；参687c5-12)，而且如果在神学之外没有确立人的人性，那么不会有任何东西阻止人的野兽化。

异邦人为对属神拯救的信仰增加了一个令人好奇的诱因(903d2-905c7)。[①]他一开始就暗示，不同的种类构成了一个稳定且可理知的秩序，这个秩序限制了灵魂的显而易见的能力，使灵魂无法影响和经历每一个可能的变化。举例来说，如果有生命的水($ὕδωρ\ ἔμψυχον$)是可能的，那么，生成的仅仅三个阶段会造就无限多种变体(因为各种"多"不会生成于任何一种"一")，而且这些变体可能原本会压制诸神的能力，使诸神无法掌控整全[310](903e4-904a3；参965c1-3)。[异邦人]突然假设了某种东西，这种东西关系到一个"形相"的乾坤的秩序，从而充当一种抚慰。这种东西似乎在等级上高于拥有完美的美德的那个灵

---

① 参T. J. Saunders，"柏拉图《蒂迈欧》和《法义》中的惩罚学和终末学"(Penology and Eschatology in Plato's *Timaeus* and *Laws*)，见《古典学季刊》(*Classical Quarterly*)23(1973)，页232-244。Saunders论证了，在异邦人拒绝的可能性中，有一个赫拉克利特式暗示，但异邦人自己关于灵魂的描述恰恰使这种暗示成为必要。

魂或那些灵魂，也似乎把天宇之外的(hyperuranian)诸存在者还给了《斐德若》神话的异邦人删节版(truncation)，从而拒绝把自我运动给予灵魂。异邦人把这种对生成的限制(这把诸神变成了辩证术师)与一个有关空间的故事配对。正是在这里，[异邦人]首次引入了正义($\delta i \kappa \eta$)、奖赏、惩罚($\tau \iota \mu \omega \varrho i a$)(904c10，e4；905a1，a3，a7)。每个灵魂不论有多好或有多糟，都对整全的秩序做出了贡献(905b2-c1)。[异邦人]指控道，非宗教之人仿佛在一面镜子中看见，不虔敬者在看似成功的行动中忽视诸神。[异邦人]督促他们[非宗教之人]放弃他们对正确性的体验，转而尝试探索正确性的样式。[异邦人]责备他们，是因为他们不知道如何解读影像：这些影像不能解读成仿佛在传达一个规整的讯息(an unscrambled message)。异邦人又一次引入了影像，可是此刻，与圆周转动的影像不同，这个影像无法在任何运动学建构中得到识别，因为如果糟灵魂有用，那么，不可避免会扰乱运动的规则性。如果人们可以用爱利亚异邦人的区分，那么，雅典异邦人使他的星象学立足于$\varepsilon i \kappa a \sigma \tau \iota \kappa \eta$ [相像术]，却使他的神义论(theodicy)立足于$\varphi a \nu \tau a \sigma \tau \iota \kappa \eta$ [幻象术]。非存在者的问题再次出现了。这个挑战有待所有人中最有男子气的人来解决(905c1)。①

如果异邦人尚未论证，我们并非微小到不值得诸神关注，那

---

① 在《智术师》中，属神的制作不包括$\varphi a \nu \tau a \sigma \tau \iota \kappa \eta$ [幻象术]，不管就身体来说，还是就言辞来说(266b2-c6)。请注意《法义》903e4-5的εi $\mu \grave{\varepsilon} \nu$ $\gamma \grave{a} \varrho$ $\pi \varrho \grave{o} \varsigma$ $\tau \grave{o}$ $\H{o} \lambda o \nu$ $\dot{a} \varepsilon \grave{i}$ $\beta \lambda \acute{\varepsilon} \pi \omega \nu$ $\pi \lambda \acute{a} \tau \tau o \iota$ $\tau \iota \varsigma$ $\mu \varepsilon \tau a \sigma \chi \eta \mu a \tau i \zeta \omega \nu$ $\tau \grave{a}$ $\pi \acute{a} \nu \tau a$ [如果某人在没有持续地着眼于整全的情况下，通过改变所有事物的外形来塑造所有事物] 很像《蒂迈欧》50a5-7的εi $\gamma \grave{a} \varrho$ $\pi \acute{a} \nu \tau a$ $\tau \iota \varsigma$ $\sigma \chi \acute{\eta} \mu a \tau a$ $\pi \lambda \acute{a} \sigma a \varsigma$ $\dot{\varepsilon} \kappa$ $\chi \varrho \upsilon \sigma o \tilde{\upsilon}$ $\mu \eta \delta \grave{\varepsilon} \nu$ $\mu \varepsilon \tau a \pi \lambda \acute{a} \tau \tau \omega \nu$ $\pi a \acute{\upsilon} o \iota \tau o$ $\H{\varepsilon} \kappa a \sigma \tau a$ $\varepsilon \dot{\iota} \varsigma$ $\H{a} \pi a \nu \tau a$ [如果某人从金子中塑造所有外形，并不停地把每个外形改塑为所有其他外形]。异邦人的运动学之于他的动力学，正如蒂迈欧对时间的描述之于他对空间的描述。

么，[他]不需要单独反驳第三种非宗教主张。如果诸神对有灵魂的一切事物的关注，按重要性的大小浮动(on a sliding scale of importance)，那么，[他]原本可以轻易限制这种关注，以至于对于那些容易为不义的祈求所影响的诸神来说，个体不会显得足够重要；但事实上，必须证明无法败坏诸神，恰恰是因为他们有所关切。然而，如果恶者像善者一样对整全的秩序做出了贡献，那么，[他]应该无法使诸神放下他们的本职工作；但这似乎没有解决问题，因为对灵魂作出的有序安排——这构成了正确性的不可见的样式——暗示着，诸神对身体的一切无动于衷。异邦人列举了七种保护和护卫的方式，基于这些方式，人们可以理解诸神的行动，而且所有这些方式必定关系到对身体或诸身体的关切；尽管这些方式中有六种是技艺，但第七种不是技艺，[311]而是把诸神比作狗(906b5; 907a6)。如果异邦人没有提醒我们提防影像的虚幻性，那么，我们也许现在会推测，诸神会对我们摇尾乞怜，而且热爱我们，不管我们对他们好不好(柏拉图《王制》376a5-7)。牧人的狗可以耐得住狼的讨好，不是因为这些狗有知识，而是因为这些狗受的训练就是损敌利友。基于这个例子，诸神不可能遵从刑法的准则——诸神必须仅仅发挥矫正(corrective)或模范(exemplary)的作用——因为他们有敌人，而且这些敌人可能会接受贿赂。诸神和δαίμονες[命神们]之间的不朽战斗似乎必然意味着，还有其他存在者与他们争斗；此外，这种不朽战斗也似乎想要身体或无序的灵魂得胜：如果我们可以决定，我们应该拥有我们欲求的什么事物，那么，我们的和谐的(concerted)努力也许会扰乱整全(904b8-c4)。这种机械论把我们带回到克利尼阿斯表达的礼法体验。异邦人曾经暗示，礼法和命运调和了整个乾坤中的善者和糟者(904a8-9)，由此引出的内容令人感到惊诧：

> 那么，如果他摆脱我们的恶者
> 而获得拯救，从而寻求造就善者，

那么，我们必须致力于扭转这个目的，
并从善者中发现恶者的手段。①

异邦人把有关不虔敬的礼法分为三部分，与每一部分对应
的是三种非信仰；然后，他把三种非信仰的每一种再分为两部
分，因为灵魂的美德和恶德与信仰和非信仰之间没有任何关联
(908a7-b4)。[他]之前就引入过灵魂美德和心智构成的二元
性(897c1)，这种二元性在这套由三部分构成的礼法的这种双重
性(this doubleness of the tripartite law)中有其对等物。然而，比
起在对这些区别的阐释中，在这个总结中，这个纲领被证明更
加准确。这个有美德的无神论者似乎是夜间议事会中的年轻成
员之一，他以一种轻松的精神公开取笑多数人的献祭和宣誓，
还一定要告知每个人圣洁者和属神者之间的区别(908c6-d1)。
他憎恨不义(包括说谎)，且厌恶那些通过虔敬而正义的人，基
于这两种态度，他谴责献祭是贿赂，并谴责宣誓是拐杖(crutch)
(参913b3-8)。夜间议事会可能对他犯错，并可能宣称，他们把
他关在他们的 σωφρονιστήριον [改造所]②里严密监视五年之后，他
会清醒过来，以至于如果他又回到他的老路上，那么，[他们]不
得不处死他(908e5-909a8)，以上状况强烈暗示着，任何关于是
否可以治疗的宣称，都完全超出了任何官职的职分，不管如何设
置这个官职。另一方面，他[这个有美德的无神论者]的反讽对
等者(ironical counterpart)隐藏了其无神论，[312]却受不可控的
一阵阵快乐和痛苦所驱使，从而变成了预言家、受到激发的魔术
师、僭主、民众煽动者、将军、智术师，或私人入学方式③的支持

---

① [译按] 弥尔顿《失乐园》1.162-165。
② [译按] 在第 [286] 页伯纳德特把这个词译成"解毒中心"。
③ [译按] 参第 [285] 页对这个表述的译按。

者(908d1-7)。①对他［这个反讽对等者］来说，人们宣称他是无神论者，是因为他的行动，至于他是否真诚地相信他的颠覆性教诲，似乎无关紧要；但异邦人似乎暗示，他的理解之敏锐(μαθήσεις ὀξεῖαι)，还有他的欲望之强烈，均妨碍了他的真诚。任何对属神启示的主张(any claim to divine revelation)似乎都指控某人持有无神论。然而，这种表达不可能正确，因为异邦人随后把三类非宗教之人放在一起考虑，而且宣称，如果他们利用人们的容易轻信的特点，进而承诺可以有偿复活死者，并用献祭、祈祷、魔法咒语劝说诸神，那么，他们具有兽性(θηριώδεις)(909a8-b6)。这样行事的人们是否相信属神启示，是否相信诸神收受贿赂，似乎对于他们的罪行无关紧要。似乎问题不在于罪犯(就鄙视人类而言，罪犯是异邦人自己的智术化反映)，而在于受害者：他们［受害者］显然相信可以贿赂诸神，而且如果他们相信可以复活死者，那么，他们否认身体和灵魂的分离强过身体和灵魂的结合，从而拒绝异邦人在其抚慰性的神话中建议的神义论。因此，［异邦人］应该最仁慈对待欺骗性的卖神行为(θεοπολεῖν)的受害者，而且这位受害者哪怕不具有坦诚的无神论者具有的美德，也显然不会因自己的愚蠢而蹲监狱(参913b2)。δοξοσοφία［幻想出的智慧］的正义再次得到了确认。

　　［异邦人］没有处死操纵虚假信仰的人，而是把这些人一辈子关在第三所监狱里，英格兰认为，也许可以把这所监狱称为哈得斯(908a6-7)，这所监狱坐落在这个国家的一个遥远而荒凉的地区(909c1-6)。任何自由的邦民或异邦人都不会去拜访这些人，而且当他们死的时候，他们会被扔到这个国家之外，不予埋葬。［异邦人］似乎判定他们无法得到治疗，而且认为对他们的惩罚只是意在暗示他们的兽性。［异邦人］应该令他们所欺骗的邦民

---

① 异邦人在这次列举中包含了将军，他似乎暗示，将军在杀人中找到的快乐证明了，何以将军被包含在无神论者之中。

相信，欺骗他们的人实际上不是人。［异邦人］应该对他们［受骗者］隐藏他们自己有如绵羊一样容易轻信的特点，以免他们进而相信他们活该受到正义的无神论者嘲笑。异邦人似乎在地形学（topography）上犯了一个罕见的错误：他把这所关野兽的监狱安放在这个国家的中央，他曾经说，应该把城邦建在那儿（745b3-4；908a5；909c1）。

第十一章 私 法①

第1节 补 偿②

[313] 神学中断了立足于善者诸种的结构的礼法。神学引进了美德和良好感知力之间的区分，而这种区分未为善者诸种的结构所证明。善者诸种的结构对礼法诸属的结构的让步，在于把灵魂与心智分离开来。此刻，克利尼阿斯和墨吉洛斯都没有发表任何评论，以标识这种转变，但异邦人确实回到了他在卷九中断的地方（当时他依据城邦的需求和身体美德的等级，规整地评定了身体受到的损伤），并考察了财产，即第八种善者。神圣者也重新出现了（914b5），做这一切都是为了神圣化，却不是为了神学化。［异邦人］不允许 "任何发假誓的人都由此被证明不信仰属神拯救" 这个神学暗示来决定对他 ［任何发假誓的人］的惩罚（916e6-917c7）。ὁ θεομισέστατος ［最受神憎恨的人］不是一个法定范畴（参921a4-5）。显然，誓言是 ψυχαγωγία ［引导灵魂］的一种形

---

① 私法和公法的区别或多或少把卷十一与卷十二区分开来，这个区别在767b4-c1（参957a3-6）讨论法庭时得到过简要的揭示，那番讨论并非严格符合这个区别。卷十二的开头是一次 γραφή ［公诉］而非一次 δίκη ［私诉］（941a6），这也暗示了这个区别，但这种区别在后文没有维持下去。

② ［译按］Making Good，字面意思是 "使……好"，作为英语习语指 "补偿"。

式(909b2)，发誓是为了令其他信仰属神拯救的人相信与誓言相伴随的论断(949a8-b6)。异邦人最初是凭宙斯和阿波罗发誓，当时他正在论证，克利尼阿斯不应该认为，拥有除了正义和节制以外的所有善者的僭主并不悲惨(662e6)。因此，如果一个发假誓的人(perjurer)的行为被视为不虔敬，那么，这个人应该被终身监禁，而不应该仅仅挨一顿打就被释放。在埃及，对这样的人施行的惩罚是死刑(狄奥多罗斯[Diodorus]《历史文丛》[Bibliotheca historica] 1.77.2)。在马格涅西亚的任何法庭上，哪怕没有更容易的办法来贯彻神学的第二和第三原则，并让官员们去除轻蔑的非宗教主张的任何公共痕迹，[异邦人]也既不允许原告发誓，也不允许被告发誓(948d3-e4)。的确，如果[314]所有誓言都是真的(因为畏惧发假誓所招致的痛苦)，那么，法庭事务会大大简化(参948b3-c2)。邦民不应该相信几乎一半邦民都说谎，故他们不应该带着怀疑去面对他们想要结交的人。发假誓的指控会成为重新调解(异邦人曾经希望，赔偿损害令重新调解成为可能)的永恒阻碍。真诚地凭宙斯发誓当然不能证明任何东西，而虚伪地凭宙斯发誓会促使人们相信，诸神觉得不值得理会发假誓。①在规范我们相互之间关

---

① 可以认为，优士丁尼的《法典》(Constitution，[译按]拉丁文标题作Codex，即优士丁尼《民法大全》[Corpus juris civilis]第一部分)2.58.8(531年)证实了异邦人的论断，即礼法随着有关诸神的意见的改变而改变。此处所引的2.58.8判如下这些人有罪，这些人被指控犯了诽谤罪，并拒绝发誓：sic enim non lites solum, sed etiam calumniatores minuentur, sic pro iudiciis putabunt sese omnes in sacrariis sisti. si enim et ipsae principales litigantium partes per iuramentum lites exerceant et causarum patroni praebeant sacramentum et ipsi iudices propositis sanctis scripturis tam causae totius faciant examinationem quam suum proferant arbitrium. quid aliud, nisi pro hominibus deum in omnibus causis iudicem esse credendum est [由此，不仅案件会变少，诽谤者也会变少，而且人人都会认为，他们身在圣坛上，而非身在法庭上。因为如果主要当事方发过誓之后再进行诉讼，而且律师同样发誓，而且法官自己也在圣经面前审理案件并宣读判词，那么，除了相信上帝自己就是人类所有案件的法官以外，还能相信什么其他东西吗]([译按]伯纳德特原将exerceant误作execeant，今改；汉译此段时参考了Samuel Parsons Scott英译文)？对比优士丁尼《学说汇纂》28.7.8(乌尔比安)。

系时，异邦人没有使用神学，由此，他遵从了有关无神论的礼法，并使正义与虔敬相互分离(参柏拉图《游叙弗伦》12c10–d4)。

　　[卷十]讨论了灵魂作为最初的生成，随后，卷十一讨论了人类的生成和时间(human genesis and time)之中的缺陷，简言之，讨论了一切具有反常性和不规则性的东西，不论是合同没有得到履行，还是遗产缺少可遵行的遗嘱，还是孩子遭到遗弃(参766c5–d2)。在属人事务及其规定之中，必然有不完美之处，这使卷十一成为了卷十的特定阻碍(proper foil)，因为 $μὴ\ κινεῖν\ τἀκίνητα$ [不要扰乱不可扰乱的事物]①(913b9)这条关于神圣者的规定——这条规定的一个应用就是应用于财产——在人生过程中有太多例外状况。异邦人的神学故事致力于反驳邦民的体验，并令邦民相信一切都各就各位(in place)，哪怕一切都容易受到运动和变化影响。因此，异邦人的神学是民法的合适的前言，因为它促使每个人在面对生成中的缺陷(wrinkles)时缓和自己的怒气，同时促使每个人承认自己服务于整全的顺利运行，从而信赖一个不可见的正确性的样式。如异邦人所说，人生中的大多数美者都会发展出自然的缺陷($κῆρες\ ἐπιπεφύκασιν$)(937d6–8)，②而且在许多情况下，若切除这些缺陷，这些美者③就会不复存在。卷十一有17个话题：尽管[异邦人]把这些话题直接分为三大类，但[他]显然并没有很好地阐明每一类；但人们不想总结道，这些话题的无序反映了人生中不可避免的无序：[315]

A 财富	B 家族	C 缺陷
1　财宝	6　遗嘱和无遗嘱	11　毒药和春药
2　买和卖	7　孤儿	12　损害
3　伪造和欺骗	8　脱离关系	13　谐剧
4　零售	9　离婚	14　行乞
5　合同义务	10　父母	15　奴隶损失赔偿金
		16　证人
		17　律师

_____

① [译按]伯纳德特所补。直译当为"不要推动不可推动的事物"。

② [译按]伯纳德特原误作937d–8，今改。

③ [译按]patient，直译为"承受者"，即自然缺陷的承受者，在此意译为"这些美者"。

这一卷一开始就讨论有些各就各位的事物看起来并非各就各位，比如陪葬的财宝(buried treasure)和无主物(anything left unguarded)，但这一卷马上就转而讨论逃脱的奴隶和被释放的奴隶，这些奴隶的财富超过了他们从前的主人(915a8-b1)。[①] 被释放的奴隶几乎无一例外只能在马格涅西亚生活不超过20年，而且如果他们的财富比第三个财产等级更多，那么，他们必须在30天内离开马格涅西亚(915b1-c4)。如果任何人不服从，那么，他不会遭到强制驱逐，而是会被处死。他的存在是对这个体系的故意冒犯，这个体系不想发生任何改变，除非进行完美的交易(参953d8-e4)。所有交易必须发生在固定地点，而且不允许赊账(nothing is to be sold on credit)(915d6-e9)。礼法不支持基于信任而进入一笔交易，且不解决朋友之间的争端。［礼法］尽其所能地把合同伙伴关系和朋友关系分开，以便前者遵从礼法的强制，后者则展示前言的说服力。[②] 严格来讲，金钱是交易的中介，通过这个中介，"任何一种事物的存在(οὐσίαν χρημάτων ὡντινωνοῦν)，原本不可衡量且不统一"，也会变得统一且可衡量(918b3-4)。商人和零售者发现了"存在者的统一性"(ὁμαλότητα ταῖς οὐσίαις)(918c2-3)。通过把这番评论安放在这个位置，异邦人强烈暗示了，何以一种数学式自然学可以

①　异邦人使有关财宝的礼法具有对称性，以至于如果财宝没有上报，那么，邦民就会被广泛认为有恶德，奴隶也会被处死(914a5-b1)；不过，这种对称性似乎是一种表面的对称性，因为任何其他人如何得知财宝没有上报？然而，这个条款指明了，礼法如何引发羞耻或畏惧的内化(参957d4-6)。

②　参David Daube，"金钱与法庭可受理性"(Money and Justiciability)，见《萨维尼法律史学基金会学刊》(Zeitschrift der Savigny-Stiftungfür Rechtsgeschichte) 96 (1979)，页1-16(重印于David Daube，《罗马法论文集》，前揭，卷2，页1341-1356)。W. G. Becker，《柏拉图的〈法义〉与希腊家族法》，前揭，页93-95，讨论了《法义》何以比阿提卡礼法更广泛地使用ἀτιμία［丧失荣誉］，却为ἀτιμία［丧失荣誉］加上更温和的条款。由此，ἀτιμία［丧失荣誉］变得更接近谴责，更远离惩罚。这种转变的凭据是，荣誉的含义在前言第二部分之中发生了变化(727a2-7)。

[316] 取消诸存在者之间的区别，并按照统一性和对称性来为诸存在者赋予秩序。①然而，不管诸存在者最终是否抵挡得了其同质化 (homogenization)，城邦至少具有两种秩序，而且在一个令人惊诧的时刻，异邦人评论了这两种秩序的相互干涉。

异邦人举了客栈老板的例子 (918c9-919b3)。客栈老板的职责是令旅客舒适，旅客受狂野风暴肆虐所阻，或因炎炎夏日而窒息，从而发现自己处于荒芜之地，且需要友好的款待，却像一个敌人一样遭到挟持，用以换取赎金。客栈的使用价值对旅客来说接近无限大，[旅客] 付给客栈老板的费用却有限且可计算。②这种分裂如此之大，以至于几乎能挫败最严格的诚实；但诚实不是一项如此崇高的美德，以至于城邦可以令其最好的男女青年投身于最卑微的工作，以便揭示实现不可能的事会多么壮观。异邦人已经暗示过，甚至在乾坤学上，诸神也没有把最好的灵魂放在最低的位置上，以便把大全的粗糙棱角打磨光滑；然而，最好的 [灵魂] 还是最糟的 [灵魂] 掌控着哈得斯，这对于哈得斯中可以找到的善者来说似乎有所不同。应该给予最好的 [灵魂] 的奖赏，暗中与整全的秩序相一致；但此刻，异邦人暗示，赏罚和功能，或正义者和善者 (在经济学上，相当于交换价值和使用价值)，也许在原则上不和谐。克利尼阿斯曾经预设，诸神过着轻松的生活，但异邦人从没让诸神闲着，因为诸神四处奔波，努力维持正确性的运行机制。对城邦来说，不可能拒绝把正确的位置给予最好

---

① 在《蒂迈欧》中，神匠 (demiurge) 首先安排了四种元素之间完美的相互转化 (exchange，[译按] 与正文所说的 "交易" 是同一个英文词)；但一旦蒂迈欧后来为四种元素引入 "空间" 和一种几何学，他就使土从相互转化的过程中退出，并重新为土赋予了一个功能，即通过无序来维持运动中的一种秩序，因为如果没有土，那么，诸元素就会分散为不同种类，且不会相互作用 (31b4-32c4；54b6-c5；57c2-6)。

② 异邦人把旅客与受到挟持的人质相比，从而暗示如下对比：正如人质所值的价钱 (就好像他作为奴隶被贩卖) 远远小于挟持所要求的赎金，同样，如果人们考虑到一个奴隶为主人的自由和闲暇做出了多大贡献，一个奴隶就拥有无限大的价值。

的人，以便确立完美的交易，这不仅是因为城邦中的阿喀琉斯会导致城邦的不义和暴动，而且是因为城邦会贬低最好的人，并拿他们冒险，从而——如异邦人所说——用几乎没人能抗拒的腐败来引诱他们（参919e5-9）。隔绝的客栈似乎是言辞中的会饮的可实践的（practicable）对等物，但除非主要官员们不在城市里，而是[317]在乡村客栈里管理着接待员和店小二，否则，几乎任何人都通不过这种考验（参649c2-650a2）。①美德总是隔绝的美德，人们不能毫无必要地②让美德接受这种考验，正如人们不应该到处追查不虔敬。客栈老板提出了对这个问题的最好的解决办法，即发生异邦人希望绝不要发生的事；异邦人自己的解决办法就是，把交易者的用处降到最低，并雇用那些其腐败对城邦造成了最小损害的人（参904b3-6），并设计一种措施防止受雇者［做出］无耻或非自由的事（919c2-920c8）。③然而，异邦人只提供了停留于纸面的解决方法，因为他没有追问，任何完全没有受过适宜教育的人，是否愿意服从对其利益的限制。［异邦人］要求这样的人在这里比在任何其他地方挣更少的钱，并在刚刚安顿下来之后就离开这里。如果异邦人没有坚持认为，艺匠善于从事他们的工作（846d4-847a3），那么，工作得最糟的人可能会发现，马格涅西亚是不愿意参与竞争的人的避难所。为了防止价值欺诈（price-gouging），异邦人禁止卖家在同一天定两次价（917b7-c3）。为了以一种可疑的

---

① ταῦτά ἐστιν καὶ τὰ τοιαῦτα ἐν σύμπασιν τοῖς τοιούτοις ὀρϑῶς ἁμαρτανόμενα τὰς διαβολὰς τῇ τῆς ἀπορίας ἐπικουρήσει παρεσκευακότα［正是这同一些过失，在所有这样的情况下，正确地质疑了关于援助那些受害者的条款］(919b1-3)这一句初看起来似乎表明，极端对立的两者倾向于相互吸引，而且人们不得不把ὀρϑῶς［正确地］和παρεσκευακότα［条款］搭配在一起，但由于异邦人论证道，人们不可避免在这种情况下出现偏差，故这似乎至少在次要意义上意味着，这些错误是正确地犯下的。

② ［译按］gratuitously，伯纳德特原误作gratutitously，今改。

③ 如果任何邦民从事贸易，那么，他将被监禁一年；他被放出来之后，如果再次从事贸易，就在监禁期限上再加一年（919e5-920a3）。这就是无可救药的典型例子，在这个例子里，不需要动用死刑（参937c3-5）。

方式保全卖家的美德，异邦人牺牲了市场效率，通过市场效率，卖家不必把常规产品拖到不同的地方卖（lug staples back and forth），也不必因易腐产品（perishables）而一无所获，因为卖家会愿意以低于成本的价格卖易腐产品。①

　　苏格拉底无法把诸技艺的真实城邦与战士的好城邦结合起来。他无法把整个城邦共产化，也无法把他为护卫者和辅佐者设计的教育推广到艺匠之中；如果没有使意见介入民众的知识和统治者的智慧之间，他就无法维持城邦结构。异邦人显然没有面对这些困难。毕竟，他不必判断，苏格拉底的哲人-王是不是完美的客栈老板（苏格拉底的哲人-王自己绝不希望成为完美的客栈老板）。他把艺匠变成非邦民，不管是奴隶、侨民还是外邦人，并让 [318] 战士-邦民拥有自己的家族和土地。然而，此刻异邦人在顺带（ἐν παρέργῳ）作出的评论中承认，他也面对苏格拉底面对的困难，而且必须像苏格拉底一样为了结构而牺牲原则（920d1-922a5）。异邦为了全面性（comprehensiveness）而进行普遍化（generalizing），从而弱化了真实性（ὡς ... δίκαιον εἰπεῖν [谈论……十分正当]）。艺匠（δημιουργοί）这类人供奉（sacred to）②赫淮斯托斯和雅典娜，而那些以其他技艺——即护卫性技艺（τέχναισιν ἑτέραις ἀμυντηρίοις）——保全艺匠行事的人，"可以说是另一类艺匠"（οἷον ἑτέροις οὖσιν δημιουργοῖς），则供奉阿瑞斯和雅典娜。③他们 [这另一

---

① 参A. Rameil，《柏拉图的礼法城邦中的经济稳定性及其成问题性》，前揭，页26-27。亚历克西斯（Alexis）残篇130K-A提到这种有关鲜鱼的礼法。人们必然会记起卢喀乌斯（Lucius）的朋友，他热衷于支持这种礼法，从而强迫卢喀乌斯放弃他的鱼类大餐（阿普列乌斯 [Apuleius]《变形记》[Metamorphoses] 1.24-5；[译按]《变形记》又名《金驴记》[Asinus aureus]）。

② [译按] 直译为"在……面前是神圣的"，与之对应的希腊文同样如此。

③ 当异邦人首次一并提及艺匠和战士时，他特意没有把这两类人进行严格类比：Ἡφαίστου καὶ Ἀθηνᾶς ἱερὸν τὸ τῶν δημιουργῶν γένος, οἳ ..., Ἄρεως δ' αὖ καὶ Ἀθηνᾶς οἱ ... [艺匠这类人……供奉赫淮斯托斯和雅典娜，……阿瑞斯和雅典娜]，后来他还不得不补充一句——δικαίως δὲ καὶ τὸ τούτων γένος ἱερόν ἐστι τούτων τῶν θεῶν [这类艺匠供奉这两位神很正当]——以便这两类人形成类比（920d7-e4）。

类艺匠]是制造安稳的艺匠（δημιουργοὶ σωτηρίας），全都很好地禀有技艺（τεχνικοί）（参829d2-3；《王制》395b8-c3）。不管是从字面上理解异邦人的话（由此，整个邦民共同体具有战争技艺，他们当然比其他任何希腊城邦具有更高超的战争技艺），还是把异邦人的话限定于将军和高级官员，此刻异邦人宣称，要么他的邦民们没有一门单一技艺让他们自别于其他艺匠，并让他们没有时间做其他任何事（846d4-7）——战士保全艺匠的工作，仿佛艺匠是邦民一般[①]——要么将军至少有两门技艺，且因此而不具有其他每个邦民具有的技艺。[②]雅典娜可以是两类技艺的赞助者，这一点没有解决异邦人的两难，因为"任何属人的自然都几乎没有能力严格地（ἀκριβῶς）从事两种实践或两门技艺"（846d7-8；参《蒂迈欧》24d1）。苏格拉底也曾一开始就赋予他的战士一门单一技艺和双重教育，而且一旦他建议这双重教育成为现实中的一门单一技艺，他就陷入了麻烦的境地（柏拉图《王制》402b9-c4；参455e6-456a8）。《王制》的真实城邦为一种不稳定的张力所撕裂，这种张力的一方是技艺高度发达的市中心，另一方是在乡村过着真正的农夫的简单生活的邦民共同体。[319]《法义》的城邦看起来更加具有内在一致性，但这只是在如下情况下才成立：忽略邦民所过的农夫生活的虚假性。《法义》的城邦拥有军队，《王制》的真实城邦没有军队。

　　异邦人建议而非强迫邦民们把第二等荣誉赋予那些用勇敢

---

① 参柏拉图《蒂迈欧》18b4。在有些情况下，邦民的无知受到保护（916b2-c3），在另一些情况下，邦民自己似乎必须是专家（917c8-d5），在又一些情况下，邦民必须依赖专家（917e2-4）。如果官员要设置公平的毛利率，邦民-旅客就必不可少。

② τέχνη[技艺]——"一个自然而然直白的、非欺骗性的东西"——和τεχνάζειν[使用技艺欺骗]之间的双关表明，技艺和美德在原则上并不碰巧一致（921b4-6）。艺匠知道他制造的任何东西的价值（921b3）；如果他也知道什么对买家有价值，那么，武器制造者（如果他的要价没有得到满足，那么，他可以一直不卖）可以摆布将军，而且在一所隔绝的客栈中，将军不比旅客好过。

行动或战争手段保全城邦的好人，此外，异邦人还暗示了这么做的方法，也就是把这些好人的荣誉等同于艺匠的薪水（μισθοί），并把这些好人对公共（δημόσιον）任务的履行等同于"公共工作者"①（δημιουργός）对合同的履行。正如一旦统治者各就各位，苏格拉底的护卫者就变成了辅佐者，同样，一旦异邦人在卷八中把城邦几乎变成战争机器，他就把将军降级成了准雇佣兵——用阿得曼托斯的话说就是ὥσπερ ἐπίκουροι μισθωτοί［就像雇佣的辅佐者］（柏拉图《王制》419a10；参《蒂迈欧》17b3）——并为夜间议事会留下了余地，或为那些有能力为好立法者的文献赋予荣誉的人留下了余地（922a3-5）。然而，异邦人把将军放在第二位，为此他付出了高昂的代价。他曾经似乎有道理地令前言和礼法之间的区别立足于荣誉和奖赏之间的区别，现在他却干脆地废除了荣誉和奖赏之间的区别（参926d5-7）。此刻，礼法进行赞美和谴责（921e2-5；参730b5-c1；822e4-823a6）。不仅刑法败坏教育，民法同样败坏教育，因为民法必须依赖金钱，金钱就是把不可等同的事物等同起来的合法工具：在希腊语中，表示价格的词与表示荣誉的词同为τιμή这个词。"所有物与所有物相比"（κτῆμα ἀντὶ κτήματος），正义应该比财富更值得偏爱②（προτιμήσας），而且一个人获得其灵魂中的正义好过获得其物质（οὐσία）中的财富（913b3-8）。异邦人接近于在暗示，最好的立法者是最糟的小贩。一个伪劣产品卖一个德拉克马（drachma），这本来卖得太贵，买家只给了卖家少于一个德拉克马，但行骗的意图不会随价格变化而变化（参941c5-d1），而且在这两种估价中，无法识别出任何等价关系（917d6-e2）。卖家按照同样虚假的等价关系来支付其先前想当

---

① ［译按］δημιουργός的词义为艺匠，伯纳德特在上文也通常译为"艺匠"，但这里有意译出此词的字面意思——公共工作者。
② ［译按］据所附希腊文直译为"更值得拥有荣誉"。

作真品来推销的伪劣产品,这对礼法来说是一种奇怪的自负。[①]

第2节 疏 离

　　此刻,我们把合同中几乎所有最重要的部分——一个人在与另一个人订立合同时所做的一切——都安排得井井有条,当然,除了关于孤儿 [320] 及其监护的事;但在陈述了那些事之后,必然要安排这些事。这些事的起点有二,一是将死之人想要安排遗嘱的欲望,一是不通过遗嘱安排任何事的人的命运。克利尼阿斯,我说这是一种必然性,是因为我观察到了有关这些事的麻烦和困难(922a6–b5)。

当人们首次读到必然性(ἀναγκαῖον)时,人们不会料想,异邦人的意思不是民法对合同的形式安排;异邦人的意思是,这种必然性并非关乎民法中的诸事物的适宜秩序,而是关乎那种阻碍遗嘱的必然性。那种必然性意味着,不可能放任这一段人生不受到规定:人们的坏脾气甚至比人们的唯利是图更加抵制规定。必然性上的这种含混令人记起,曾经引入刑法的必然性(neccessity that introduced the criminal law)有两个不同的版本。异邦人曾经让克利尼阿斯在最好的事物和最必然的事物之间做出选择,克利尼阿斯相信,必然性的缺席意味着,他们不受任何强迫而立法,但异邦人曾经认为,尽管他们有闲暇,但他们不得不承认,必然的事物和最好的事物之间存在不可克服的分裂。此刻,民法在同样的困境中再次提出必然的事物和最好的事物。

　　从卷十一开篇,到卷十一中间,再到卷十二,这一切在异邦人

[①] 希罗多德称一个故事"更加愚蠢"(ματαιότερος),这个故事声称,斯巴达人从珀律克拉底(Polycrates)那里接受了假币,从而解除了他们对萨摩斯(Samos)的围攻(希罗多德《原史》3.56.2)。

看来都受合同(συμβόλαια)或相互义务所约束(913a1, 956b4-6)。①
他单独拈出有关孤儿的讨论,是因为对孤儿来说,顺利的继承
遭遇了一种中断,立法者应该为孤儿设计第二次出生(926d8)。
通过这种"幻想性的描述"(如英格兰所说),异邦人表示,礼法
想要成为制造生成的艺匠(artisan of becoming)(参944d5-e2;
945e3-4)。然而,现在的情况是,父亲们仍然阻碍礼法的如下需
求:把过去与未来联接起来。异邦人在卷十一开头就提出了合同
的绝对规则,即"让任何人都不可能擅动我的财产"(913a1-4),
但[他]不可能允许这个规则支持将死之人的冲动。朝生暮死的
人类对永恒事物提出抗议,而不想只是正确性的样式中的一个无
足轻重的玩意(a dot)。人类想把印记打在人类认为属于自身的东
西之上,故人类恳求诸神:

> 诸神呵! 如果我不被允许以任何方式把我的东西给予
> 或不给予所有我想要给予或不给予的人——给这个人多些,
> 给那个人少些,是因为所有这些人[321]在我看来显得或糟
> 或好,疾病可以检验[有些人],②年老或任何其他处境可以
> 检验其他人——那么,简直太可怕了(922d4-8)。

ὦ θεοί[诸神呵]这个叹词没有在柏拉图笔下任何其他地方出现,
而是最常见于谐剧。③的确,从此开始,异邦人讨论的许多话题

---

① 关于συμβόλαιον[合同],参G. Beseler,"约束与释放"(Bindung und Lösung),
见《萨维尼法律史学基金会学刊》(*Zeitschrift der Savigny-Stiftung für Rechtsges-chichte*)50(1930),页441-442。

② [译按]伯纳德特所补。

③ 德谟斯提尼经常使用ὦ πάντες θεοί[所有的神呵]、ὦ γῆ καὶ θεοί[大地和诸神呵]、
ὦ Ζεῦ καὶ θεοί[宙斯和诸神呵],却从未使用ὦ θεοί[诸神呵]。这个叹词本身在肃
剧中很少出现,欧里庇得斯用过一次:海伦确定她见到了墨涅拉奥斯(Menelaus)
就在她面前,恰好就在她确定这一点之前,她说ὦ θεοί· θεὸς γὰρ καὶ τὸ γιγνώσκειν
φίλους[诸神呵,认出爱人乃是神助](欧里庇得斯《海伦》560,[译按]直译为
"诸神呵,认出爱人这种行为是神","爱人"一词的一般含义是"朋友")。

属于新谐剧(New Comedy)，而且如果异邦人重申他接受谐剧，从而夺走谐剧的命名权，以至于去除谐剧原本具有的旧谐剧的严酷性，那么，这并不值得惊诧(936a2-5)。不论如何，异邦人制作(makes up)了一篇父亲的讲辞，克利尼阿斯自己认为这篇讲辞说得美。异邦人使人们关注，每当一个人想使自己成为礼法的例外，并获得一种更宽容的正确性，那么，诸神会如何进入言辞。

　　遗嘱是意愿①的工具，此外，在遗嘱的安排中，对正确性的体验具有法定形式。人们对立法者说：我如何可能弄错令我受害的人和令我受益的人呢？在你看来，我如何分配属于我的东西？立法者不满于老人和将死之人的恶意，老人和将死之人不施惠，比起施惠，更可能令人记住他们。神话中的父亲们对他们的儿子进行过广为人知的诅咒，异邦人不得不从这些诅咒中推断，神佑必定也有其力量，但异邦人不可能征引任何这样的故事(931b5-c8)。父亲们当然不想成为他们从未成为的样子，可是如果礼法不允许他们自由决断，那么，他们恰恰会成为他们从未成为的样子。他们无权剥夺自己所有儿子的继承权，但他们有权按自己的意愿选择谁来继承。尽管前言宣称异邦人将为整个城邦和整个家族提供最好的事物(923b4-5)，但他干预的程度仍然受到限制，而且如果一个人的一个儿子是一个无底线的(outrageous)谄媚者，那么，立法者不得不屈服，不管他多不情愿(923b2-c4)。如果每个家族的父亲都拒绝自己最好的儿子，或者说，以无论什么理由剥夺自己最好的儿子的继承权，而且不让任何一个儿子继承，那么，这个政制就会在一代人之内终结，而且马格涅西亚的一个或更多殖民地会坐收渔利。异邦人从未说及这些殖民地的政制，但如果在特定情况下，一个女继承人可以从殖民地中选择一个人做她的

---

① [译按]此处"遗嘱"和"意愿"是同一个词will。

丈夫(925b4-c3)，那么，她可以用礼法的完整的神佑来引进一种
外来的教育，除非这些殖民地竟然(against all probability)拥有和
母国一样的礼法(参637b3-5)。［异邦人］把一种帝国主义的必
然性置入了一个封闭社会，而这违反了这个封闭社会的意愿。

　　［322］父亲们的冲动与继承人们的希望相互匹配。如果一
桩婚姻被证明是一个太大的负担，那么，［异邦人］允许发这样
一个誓(ἦ μήν)：立法者只要还活着且在场，就绝不强迫人们遵从
［这桩婚姻］(926c2-4)。除开身体或灵魂的缺陷，一个富有的父
亲的堂兄可能不愿意娶他叔叔的女儿，而是想"把他的心智导向
更伟大的婚姻"(926a9-b6)。尽管最富有的阶级的财富有上限，
但异邦人想象财富可以集中到一起，而且异邦人完全没有提及谴
责。一个在社会上往上爬的人会拒绝穷亲戚，这样的人与那种不
愿娶残疾人或疯子的人并无二致。异邦人承认，礼法的命令看起
来验证了立法者的盲目，立法者似乎没有意识到所有令履行礼法
成为不可能的那些阻碍(all the impediments that make it impossible
to fulfill the law)；此外，人们会宁愿遭受任何东西，也不愿忍受不
愉快的婚姻(925d5-926a3)。当异邦人这么说时，他把"我宁愿死
也不愿忍受这"之类的表达(如果这是引语)放在间接引语中，这
与他放进父亲们口中的"诸神呵"在类型上并无不同。人们说这
种事时，也许并非必然意指这种事，或并未在严格意义上思考"遭
受任何东西"意味着什么。人们当然不期望诸神同他们打赌(take
them up on it)。由此，比起一开始表现出来的样子，异邦人对人类
的虚弱做出了远远更大的让步。[1]在这件事上，［异邦人］允许发誓
时说谎而不受惩罚。他是否也暗示了，上帝不关注细节[2]，而且尽管

---

[1] W. G. Becker，《柏拉图的〈法义〉与希腊家族法》，前揭，页21—22，一开始
　　就评论道，男女平等的计划与男女平等在法典中的缺席之间存在不协和，在结
　　尾则声称，在离婚这件事上，男女颇为协和（页137—155）。

[2] ［译按］古希腊没有上帝，但这是英文习语，故出现上帝。

诸神不可能收受贿赂,但诸神仍然会原谅［人类］?人们也许感到奇怪,诸神竟会对恶德做出异邦人所做的让步,而且没有依据善者诸种的结构确立一切。也许乾坤完美地运行着,但在这个机制中,有些得到奖赏的灵魂,像其他正在接受惩罚的灵魂一样悲惨。

孤儿的监护人不可能像关怀自己的孩子那样关怀孤儿(927e4-928b1),但礼法规定,孤儿获得的珍爱应该比亲生孩子获得的珍爱更多,而且孤儿的财产受到的关注应该比监护人自己的财产受到的关注更多。这条礼法违反自然,且不可能贯彻它的威慑力,除非通过罚款。民法与刑法的分裂,正如二者的接近,出现在异邦人对他之前的评论的援引之中,此刻这种援引显然十分及时(926e9-927b4)。在规定过失杀人者流亡国外时,异邦人曾经说,被杀者［323］对杀人者十分愤怒,而且被杀者死的时候十分恐慌,从而既是焦虑的承受者,也是焦虑的施行者(865d6-e6)。此刻,［异邦人］说这个故事是真的,此外,之前归于被杀者自身的东西,已经变成了被杀者的灵魂。正如他曾经把他的家属的义愤引向死者,同样,在此刻这件事上,受到尊崇的老人就像死者的灵魂那样,对孤儿的监护人表现出敌意或友善(927b7-c2);但对他的惩罚不是流亡国外,而是支付双倍损害赔偿金。这笔赔偿金表现了立法者的愤怒,立法者把神话翻译成了金钱。立法者的愤怒与异邦人曾经感觉到的愤怒(因为异邦人曾经比立法者更需要反驳无神论者)似乎是同一种愤怒;可是,不值得指控虐待孤儿是不虔敬行径,哪怕这种行径表现出不畏惧天上诸神——"诸神能觉察到孤儿遭到遗弃"(927b1-2)。也许异邦人不让他的愤怒上升为对不虔敬的指控,因为"尽管言辞是真的,但言辞太长",而且他的愤怒不会基于一个缺失的证据(a missing proof)去指控任何人。不仅神学的属神者属于前言,而且在很大程度上神圣者亦然。

［异邦人］仍然允许一个被整个家族(genus)抛弃和剥夺继承权的儿子成为殖民者,但如果没人收养他,那么,他不可能保持邦民身份(928e6-929d3)。尽管这个家族认可这位父亲［的做法］,

不管其愤怒是否被认为正当，城邦并不支持这个家族的定罪，"因为年轻人的性格经历生命中的许多变化是十分自然的"。如果丈夫和妻子不可能相互容忍，那么，有可能会离婚，而且一个委员会（a board）发现他们无法和解（929e9-930a7）。因此，这个委员会负责为他们找到性格更深沉也更温和的人生伴侣（characters of a deeper and gentler sort with whom they could live）。在所有这些情形中，人们发现，礼法同情在体验层面不可容忍的东西；但人们感到好奇，在实践中，如下状况是否足够：礼法提出了例外情况，同时还期待没人会适用这些例外情况。人们可能会摆脱一个负担，这个事实可能足以缓和这一点。

乍看起来，有关父母的讨论，即有关应该如何为父母赋予荣誉的讨论，似乎并未占据合适的位置，这些讨论处于有关离婚的讨论之前会更合适（930e3-932d8）；但这些讨论提出的论题把这些讨论与紧随其后的讨论联系起来了，这种联系并未凭靠任何联接性话语（932e1-933e5）。异邦人此刻正在提出一个主题，这个主题曾经形成了他对所有聚集起来的邦民发表的前言的第一部分（715e7-718a6）。在那里，他曾经在一根贯穿天宇和大地的垂直线（vertical line）上悬挂这样一些存在者：人们可能会认为，某些神性痕迹附着于这些存在者。为在世父母赋予荣誉，后于 [324] 对父辈诸神（θεοὶ πατρῷοι）的崇拜，先于埋葬父母的适宜方式。我们会期待，这种中途介入的神学会以某些方式改变异邦人对待父母的方式。他一开始就讨论有关诸神的古代礼法，并区分了"我们清楚地见到且赋予荣誉的神与我们自己把其影像（εἰκόνας）①确立为崇拜对象（ἀγάλματα）的神，而且我们相信，那些有灵魂的神相当感激我们如此崇拜他们，对我们也相当友善，尽管他们没有生命"②（参柏拉图《蒂迈欧》41a3-5）。这些礼法中的任何一部分都未遵

---

① ［译按］伯纳德特原作主格εἰκόνες，今据原文改回。
② ［译按］930e7—931a4。

循卷十的神学，因为如果没有提供灵魂和身体之间的因果关系，就无法证明太阳、月亮、诸星体有灵魂，同时，也无法证明奥林波斯诸神存在。异邦人似乎准备以奥林波斯诸神为代价而提升父母［的地位］。他把父母神圣化，作为活着的祖传遗物(χειμήλιοι)和塑像(ἀγάλματα)，父母有权力诅咒或保佑［子女］。通过灵魂对身体的首要性这个学说，异邦人的神学显然影响了礼法——礼法完全没有暗示虔敬——的这篇前言。这让人有可能把异邦人的神学自身通俗化，也让人有可能把无身体的灵魂当作诸神来崇拜。

接下来的内容提出了重大疑问：这种启蒙是否可欲？异邦人在此讨论了想象出来的因果关系，在这种关系中，面对设想出的伤害，每一方都相信自己通过某种形式的伏都教(voodoo)[①]施加或遭受了损害。它［想象出来的因果关系］是不可得到的畏惧之饮品的通俗对等物，这造成了双重不利：有些人不受它影响，其他人则无法在不受损害的情况下从它之中恢复过来(参649a4)。

> 不容易知道每一种这样的东西如何依据自然而存在，同时，如果人们应该知道，也不容易劝说他人［相信这一点］；如果人们在某地见到了被形塑的蜡制模仿物——不管是在他们的门口，还是在十字路口，还是在他们父母的墓前——那么，在面对他们在他们灵魂中感觉到的对彼此的怀疑时，不值得试图在这件事上进行劝说，也不值得因为他们对每一种这样的东西没有清楚的意见，就催促他们无视每一种这样的东西。(［译按］933a5-b5)

异邦人自己曾经为这些信念奠基：首先，他曾经不得不把灵魂的能力限制在任何身体之中，以便看起来存在属神拯救，哪怕他无

---

① ［译按］一种异域魔法。

法证明这样一种限制(参959b1-3)，此外，就在一会儿之前，他曾经确认了有关死者灵魂的能力的故事为真，且亲自建议把父母当作活生生的神。这些信念自然而然会加剧多数人幼稚的恐慌，对于这些信念的传播，异邦人没有更好的应对办法，除了乞求、建议、劝告［人们］抵制［这些信念的传播］，因为他说立法者和法官并非被迫试图治疗这种畏惧(933b7-c4)。［325］不知道自己在做什么的人，试图魅惑(bewitch)他人，而且如果他不是一个公认的专家，那么，他的δοξοσοφία［幻想出的智慧］使他免于受到任何指控，除了法庭相信他造成了损害，或者更准确地说，除了法庭相信他像造成伤害的人(ὅμοιος τῷ βλάπτοντι)(参845e5-9)。法官也不免拥有这样的信念。

　　就在讨论了想象出的伤害之后，紧随其后的一个段落讨论了偷窃或暴力导致的现实伤害(933e6-934c6)。这部分内容提出了两个原则：必须使损害赔偿金成为善者，此外，更重要的是，应该接受与罪行相伴随的惩罚，这是为了σωφρονιστύς［改造］，而非为了罪行，因为已经做过的事不可能撤销。异邦人重新使用了一个陈旧的后缀，造了一个新词。σωφρονιστύς［改造］应该指倾向于节制的一种主观性格，或达到节制的一种能力。①就魅惑术(witchcraft)来说，他甚至不会认为这应该是法庭的目的。他把σωφρονιστύς［改造］与时间倒退的不可能性结合起来，这强烈暗示着，异邦人对受害者和罪犯同等重视。法庭没有能力把受害者拉回到伤害发生之前，因此，问题在于，一个人应该如何令受害者甘心接受这种状况，正如一个人应该如何辨别罪犯的可能的不同动机(参924d1-e2)，亦如一个人应该如何判断一个人应该如何着手治疗这种特殊激情。异邦人提到了一个例子。如果任何人因他

———————

① 参É. Benveniste，《印欧语中的施动者名词和行为名词》(*Noms d'agent et noms d'action en indo-européen*)，Paris：1948，页65-74；一般认为σωφρονιστύς［改造］是柏拉图从克里特方言中借来的词，但他的σωφρονιστήριον［改造所］暗示了并非如此。

人的愚蠢而行事，且因自己的年轻而被［他人］左右，那么，对这
个人的处理应该轻于对施行自己的愚蠢的人的处理，或轻于对屈
服于快乐或痛苦、怯懦的恐慌、欲望、怨恨、愤怒的爆发①的人的处
理。异邦人在第一个例子中建议的较轻的判决，似乎并非无关于
魅惑术导致的不可解决的问题，因为他正在处理一个灵魂因另一
个灵魂而陷入痴迷的状况，以及由此而来的一个人因既是承受者
又是施行者而陷入痴迷的状况。我们应该想到苏格拉底和阿尔喀
比亚德吗？异邦人此刻似乎正在要求法庭在其判决之中插入那
些没能阻止犯罪的前言(the preludes that failed to check the crime)
的一个惩罚性版本。既然极其难以在一份单独的判决之中兼顾
惩罚程度之严厉与赔偿额度之完美($\pi\alpha\nu\tau\epsilon\lambda\tilde{\omega}\varsigma$)，②故不必惊诧于异
邦人推迟提供典范性案例，这些案例处于作为草案的成文法与法
庭判决之间(934b6-c6)。事实上，人们会感到好奇，是否［326］
可能存在典范性案例？或者说，苏格拉底令忒拉绪马科斯陷入痴
迷——忒拉绪马科斯为了有权［参与］建立最佳城邦而放弃［要
求苏格拉底］支付现金——是否可能正是异邦人心中所想？

第3节　谐　　剧

　　随着民法的发展而逐渐显现的主题是：主观的正确性主张
(subjective claims of right)与礼法的直接命令之间是什么关系，法
庭可能在多大程度上对前者让步，法庭应该多么严厉地抵制这些
违反礼法的行为。这个主题自然而然推论出，法庭可以在多大程
度上改正灵魂的缺点，或赔偿受到这些缺点伤害的人是否足够。

---

① ［译按］屈服的对象有五个：(1)快乐或痛苦、(2)怯懦的恐慌、(3)欲望、(4)怨恨、
　　(5)愤怒的爆发。因中译文晦涩，特此注明。
② ［译按］combining in a single sentence the magnitude of the chastisement with perfect
　　($\pi\alpha\nu\tau\epsilon\lambda\tilde{\omega}\varsigma$) compensation，此处为意译。

异邦人曾经不知道，立法者或官员们应该如何令他自己的神学与伏都教撇清关系，同时，他曾经没有提出法庭可以使用的案例，以便重新完成教育起初没有完成的事。由此，灵魂和身体之间的关系在两个前后相继的段落里呈现为一个问题，这两个段落几乎以相同的表达开头，且都没有句子连词（sentence connective）。^①仿佛此刻［异邦人］让善者诸种的结构中属神善者和属人善者之间的分裂完全寄居（lodged）在礼法之中，但仍未将其囊括（incorporated）进礼法之中。此刻，异邦人转而讨论疯狂，他把疯狂分为两种，一种是作为疾病的疯狂，另一种是由邪恶的愤怒的自然（the evil nature of anger）和糟糕的教养导致的疯狂（934c7-936b2）。最终，异邦人把他之前给予愤怒的那种特许（license）限定在刑法之中，因为攻击性话语会激发杀人的愤怒，而这些话语此刻在议事会中的所有公共的和神圣的地方都遭到了禁止，而且如果主管官员没有阻止或惩罚（κολαζέτω）说这些话语的人，那么，主管官员不可能竞争最高荣誉。如果一番愤怒的言语交流发生在一个官员的当庭审判（immediate jurisdiction）之外，那么，在这个时候，邦民中的长者有权狠狠地揍（beat up）那些沉迷于他们的愤怒的人。礼法预料到了，愤怒的言辞之后就会是动手（blows），故礼法通过动手来阻拦愤怒的言辞。很难相信，异邦人所谓的"伟大且完美的人"没有能力实施这样的干涉（730d6-7）。

　　愤怒的爆发等于人类的重新野兽化：曾经为教育所驯化的灵魂会再次完全野蛮化（934e6-935a7）。［327］礼法只能禁止公开表达这种野蛮，因为礼法仅限于培养具有血气的那种人的自然，同时礼法不得不希望获得有关如何使这种自然变得温和的知识

---

① 932e1: ὅσα τις ἄλλος ἄλλον πημαίνει［一个人如何伤害另一个人］（［译按］πημαίνει 伯纳德特原误作πημαίνη，今改）；933e6: ὅσα τις ἂν ἕτερος ἄλλον πημήνῃ［一个人可能如何伤害另一个人］。请注意具有诗性的πημαίνειν［伤害］的用法，它首次出现在862a3: εἴ τίς τινά τι πημαίνει［如果一个人以某种方式伤害某人］。

(731b3-d5)。自我知识曾经是异邦人在卷五开篇前言的第二部分的任务，后来自我知识再次出现，当时异邦人在指责父亲们不知道什么是他们自己的东西，或什么是他们自己(923a2-5)。对自己无知的人会遭到嘲笑(ridicule)，这种嘲笑此刻与愤怒引发的嘲笑(taunts)相联系，而且异邦人希望区分游戏性的玩笑(joking)和愤怒的嘲笑(mockery)。异邦人曾经谴责多里斯人，斥其为拥有轻浮妻子的男童恋者；墨吉洛斯则曾经反驳雅典人，斥其为醉鬼；这两种态度也许都逾越了可容忍的限度。然而，这两种态度似乎属于异邦人列出的毫无趣味的事务的例外情形，即"如无必要"的情形(816e5)，因为这两种态度有助于消除隔阂(clear the air)，也有助于让人有可能专注于会饮中的严肃事务：早先某个时候，异邦人首次称克利尼阿斯和墨吉洛斯为朋友(637d1)。异邦人当然不想要任何人都从痛斥滑向嘲笑。他痛斥这两者碰巧同时出现的情形，而且他可能并非在开玩笑。不论如何，阿里斯托芬的《云》绝对会遭到禁止，不管［阿里斯托芬］这位诗人是否对苏格拉底感到愤怒。异邦人预设，邦民们脸皮薄，而且他不可能让一个笑柄来决定他是否乐意接受它；[1]此外，异邦人不在意——苏格拉底也不会在意，但游叙弗伦会在意——是否人人都会嘲笑他(柏拉图《游叙弗伦》3c1-d2)。如果讲笑话成为习惯，那么，随着讲笑话而来的，就是丧失尊严或自大(935b2-4)，而且礼法不可能支持人的不严肃，墨吉洛斯曾经认为人的不严肃就是人的极端无意义。我们离作为 παιδιά [游戏]的 παιδεία [教育]相当遥远。仅仅在一种情况下，异邦人允许男男女女打趣，这种情况就是，他们至少已经50岁，且做出过某些既美又显赫的行事，且自己既好又拥有城邦荣誉(829c2-e5)。至于他们对彼此的讽刺是否笨拙，是否更像士兵之间的嬉闹，而非更像美惠女神们激发的任何东西，异邦人

---

[1]［译按］"它"代指什么？待考。

表示漠不关心。

在整个卷十一之中，正义和节制之间有一种张力，这种张力可能随着民法的展开而变强（参936b4, d2）。这证实了异邦人在卷八所承认的事情，即他的教育没能灌输节制；但我们当时不知道，不只ἔρως［爱欲］，就连正义也阻碍节制。异邦人关注如何控制正确性的无止境的要求，这些要求的顶点是取消时间，但这些要求同样体现在旅客的希望（即希望遇到诚实的客栈老板，当然，异邦人并不分有这种希望）之中，[328]正如体现在父亲们的希望（即希望利友损敌）之中。卷十一的结尾讨论了两个涉及法庭的问题。如果一个人愿意凭三位神发誓说自己对案情一无所知，那么，这个人不听从传唤出庭作证，也可以轻易地躲避惩罚（936e6-937a1）：如果一个人不可能为邻人的官司所困扰——就像如果一个人想通过不作证而让邻人输掉官司——那么，允许发假誓。异邦人在结尾处讨论了正确性上的一个瑕疵（937d6-938c5）。这个瑕疵就是那个曾经困扰（haunted）所有交易的瑕疵。他此刻惊呼，"正确性（δίκη）或对正确性的证明如何不美？它已经驯服了所有人"。正确性令属人事物文明化，但他刚说过，教育令人的灵魂文明化（935a5；参《高尔吉亚》470e6-7）。异邦人继续说，如果正确性是美的，那么，我们怎会不觉得法庭辩护（συνδικεῖν）同样是美的？有人声称法庭辩护是一种道德中立的技艺，这种说法如此玷污法庭辩护，以至于任何真正的技艺都不可能代替法庭辩论发挥作用（be mounted in its stead），因为甚至最诚实的律师①——如果他很成功——也不可避免遭到怀疑：怀疑他在陪审员们的灵魂中用不义者的力量取代正义者的力量。他会被判定犯了巫蛊②（ψυχαγωγία）之罪。任何邦民都绝对不可能获得这样一门技艺，因为否则他就阻碍（defeats）了将军们曾经违反的政制原则，而且

---

① ［译按］advocate，与上文advocacy［法庭辩论］为同源词。

② ［译按］所附希腊文本义为"引导灵魂"。第［313］页也提到这个词。

如果他基于体验而无偿做这件事，那么，就算他没有放弃对美德的实践，他也会自动导致被指控有野心。任何外邦人当然都不免被指控爱钱。如果城邦不想暴露其节制(does not want even its cover of moderation to be blown)，那么，城邦必须完全顺从其法庭的不义裁决。

第十二章 公 法

第1节 英雄美德

[329]《法义》最后一卷结尾讨论的三个话题，以逆序呈现了礼法的三个结尾，在这个逆序之中，我们首先看到的是三个结构，那些话题中的每一个都是这三个结构的顶点或完成。[①]这些有待完成的结构中的第一个是12位官员的结构，法庭曾经既属于又不属于这个结构（767a5-9；768c8-d1）。当时，异邦人曾经让法庭等到立法结束时，到时候他会准确地安排并阐释法庭。在某种意义上，他此刻履行了这个诺言（956b6-7）。[②]有待完成的第二个结构是礼法诸属的结构，这个结构结束或完成于葬礼，这个结构的

---

① *μετὰ τὰ εἰρημένα*［说了这些之后］(922b1) 标志着从将军们的合同义务（这本身只是顺便说起的话）转向父亲们的遗嘱，在接下来直到956b6的礼法主题之中，这个短语是最后一个这样的标志，在956b6，*τὸ λοιπὸν δή*［剩下的东西］重提并改正了765d4的*λοιπός*［剩下的］，从而引入了法庭；958c7的*τὸ μετὰ τοῦτο*［此后的东西］引入了葬礼；960b4-c1宣告了立法的完成。最后用*(ἐφ)εξῆς*［接下来］标志一个新话题是在914b1。

② Susemihl正确地发现，卷六的这个诺言（即承诺在后文完成法庭系统）不仅指向卷十二的这一段，而且指向从卷九到卷十二处理的一切。见他对卷六的注316。

倒数第二个主题是正义者(632b1-c4)。这个结构的时间性，即从出生到死亡，不同于官员们的空间结构，不论官员们在城市还是乡村，也不论官员们处理灵魂还是身体。这两个结尾本来都在预料之中。尽管异邦人顺着"一个新的或混合的官职即将出现"这个思路忽略了很多暗示，但善者诸种的结构，即这些话题中的最后一个，没有如其他结构一样得到准确的预见。由此，异邦人把支撑这个政制的全职官职的数目提升为这个政制的模块的数目，且使法庭从属于邦民的时间性的生命(temporal life)(958d1-2)。没有预见到的是，异邦人会把言辞中的会饮［330］——即他自己与克利尼阿斯和墨吉洛斯的讨论——制度化，且会再次从灵魂和身体的关系开始讨论，当然，他这么做的前提是，把美德的统一性问题放到夜间议事会面前。

　　卷十二结尾讨论了有序性，与有序性形成鲜明对照的是这一卷前半部分明显无序或混乱的安排。人们可以认为，之所以进行这种对照，是因为异邦人意图强调礼法和一本关于礼法的书之间的区别。礼法不可能有秩序，除非立法中有些要素不是礼法，而是对礼法的安排所作的解释。① 《法义》结尾讨论的论题，即美德的统一性与整全性，在《法义》开头已经与立法的普通特征形成对照。就在异邦人引入善者诸种的结构之前，他曾对比了两种探索，一种探索的对象是符合美德诸种(κατ'εἴδη)的礼法，另一种探索是当代立法者们从事的探索，当代立法者们把这些种(εἴδη)——不管是继承还是暴行，或他们偶然需要的其他任何东西——放

---

① 此刻出现的这个问题令人记起，当异邦人讨论有必要在完成礼法的任何一个部分之前对礼法进行一番概览时，他简要地提过一件事(768c6-e1)。他受到促动，想要提及这件事，是因为他曾经令法庭成为官职的最后一部分，但严格来讲，法庭不是官职。

在他们自己面前(630d9-e7)。①因此,《法义》的结尾不会离严格意义上的立法更远,严格意义上的立法尽管依据整体和部分的观念而得到了表达,但只能呈现部分,而不能呈现整体。卷十二开头以那个顺序讨论公共层面的撒谎、公共层面的偷窃、军事上的不服从、公共层面的渎职(malfeasance)(941a1-b1;941b2-942a4;942a5-945b2;942b3-948b2)。通过考察异邦人如何表述每个主题的前言(preludes to each),人们可以足够容易地发现,不虔敬、无耻且不自由(illiberality)、怯懦、不义是异邦人分别分配给每个罪行的恶德,故虔敬、节制、勇敢、正义是善者诸种的结构中属神善者的一种形式(version)。它们的顺序不同于它们在卷一中的顺序,但它们能为人们所认识,只要人们思考一下卷十,并通过卷十对心智的提升而承认在某种意义上可以把虔敬和良好感知力等同起来。礼法必定会遇到多种多样违反礼法的状况,不管是歪曲一位使节[331]的话,还是挪用公共经费,还是临阵脱逃;礼法不可能关注,如下两种情况中哪一种为实情:一种情况是,作为一个整体的美德因一个单一的罪行而分崩离析,②另一种情况是,人们就算在一种美德上失败,也能保留其他每一种美德。

如果罪行意味着罪犯"无可救药",那么,礼法似乎在一个意义上已经判定美德是统一的;但如果罪行意味着罪犯还有救,那么,礼法似乎承认,许多恶德不会自动将其恶劣影响到处传播。然而,基于强加在罪犯性格上的惩罚,不可能得出这种推断,因

---

① 就在异邦人宣称整个城邦的诸部分(μέρη)已经得到了解释,并转而讨论法庭结构之前(956b4-7),他以仅仅两个句子连词列出了前后相继的9项内容,这两个句子连词把这些内容标识为各自独立的内容(953e5-956b3)。西塞罗翻译了最后一项内容,并将其移入他有关属神礼法的论述(西塞罗《论礼法》[De legibus] 2..45)。[异邦人]在挑选对诸神适宜的供品时,除了挑出像一个画家在一天之内可以完成的画作这样的所有模仿物以外,单单挑出了鸟类;这一点令人记起苏格拉底最后的话,因为这一点在这项内容与立法的倒数第三个部分和倒数第二个部分之间建立起了一种联系。

② [译按]意即美德的整体性不复存在。

为罪行本身具有自己的重要性(weight),这种重要性无关乎改造是否可行。"有救"和"无可救药"是礼法范畴,既独立于任何灵魂评价,也不理会灵魂美德是统一还是众多。曾经有许多场合令异邦人本来可以用一个罪行证明不虔敬,但他没有这么做。①从卷十结束以来,他在卷十二开头第一次讨论了对不虔敬的合法指控;但不论法庭怎样量刑(作为一种颠覆或背叛,不虔敬似乎必须承受死刑),法庭的裁决无关于虔敬是否整合了善者诸种的结构中的属神部分。为了把属神善者引入礼法,异邦人诉诸有关诸神和英雄的故事(这些诸神和这些英雄有卷十二中讨论的前三种恶德),而且——在对公职人员的审查方面——谈论对属神之人的需要(945c2),属神之人也许至少可以在实践上终结如下不可解决的问题: quis custodiet custodes [谁来监管监管者]?②对属神之人的需要描述了为审查者分配的独特葬礼形式,从而迫使异邦人预见到礼法诸属的结构的结局(947b3-e5)。由此,异邦人把我们带回到了卷九开头,在那儿 [异邦人] 承认,邦民们不比立法者们更属神。因此,他用来结束他的"英雄式"立法的是一番对拉达曼图斯(Rhadamanthys)时代的评论(这把我们带回到了《法义》开篇),在拉达曼图斯时代,人类凭借光天化日的一切生机(ἐναργῶς)而相信,诸神存在,且礼法争端可以得到迅速解决,因为诸神通过人类发的誓而成为法官(948b3-c2)。因此,异邦人引入了他在卷十讨论过的不虔敬的三种形式,此刻他承认,他的神学不会更改这些形式,且在后文他也不会允许用他的神学凭借法令溯及既往(to turn back the clock by fiat)(948c2-949b6)。 [332]更重要的是

---

① 不论对于奴隶还是对自由人,拿走未被监管的财产(the removal of property left unguarded),不会招致死刑,因为这种行为不属于 ἱεροσυλία [抢劫神庙],尽管人们应该相信(νομίζων),岔路口的女神(the goddess of the crossroads)监管着这些财产,而且礼法已经把所有这样的财产献给了这位女神(914b3-c3);亦参917c7, d4。

② [译按] 尤维纳利斯(Iuvenalis)《讽刺诗》(Saturae)6.347-348。原句是 quis custodiet ipsos custodes [谁来监管监管者自身]?

让善者和糟者做朋友，而非让非信仰(disbelief)得到公开暴露或依法惩罚。事实上，对官员之官员(magistrates of magistrates)的需要是内在于政制结构之中的一种确认，即确认"随着有关诸神的意见有所变化，礼法必须也在人类之中有所变化"(948d1-3)。

礼法不愿意成为一个整体。礼法没有能力以一个活生生的动物为范本，尽管或正因为礼法意在规范在时间中生活的人类。礼法的要素朝不同的方向使力，而非相互一致，甚至当异邦人把礼法的要素简化为四种美德的摹本时(这正是他现在所做的事)也是如此。在卷十二开头，异邦人似乎特意把礼法浸入诗性寓言之中，然后令礼法对诗性寓言具有免疫力。他首先把使节说谎招致的惩罚与一种不虔敬联系起来，这种不虔敬就是城邦的使节和信使会犯下的冒犯赫耳墨斯和宙斯的那种不虔敬(941a6-b1)；但他随后令偷窃者赫耳墨斯的故事与盗牛贼赫拉克勒斯的故事相互矛盾，以便把死刑加诸公共层面的偷窃行为，且不允许任何人相信或辩解说他们在做诸神或诸神之子所做的事(941b3-c2)。在外邦说谎与在邦内偷窃，这两种行为相互之间本来没有关联，当然，使节和信使可能会被说成是公共层面的律师，从而可以被正确地安置在卷十一最后一项内容之后。*παραπρεσβεία* [使节说谎]①与公共层面的偷窃之间存在任何关联，都是因为异邦人在第一种情况下明确提及赫耳墨斯，而在第二种情况下沉默地暗示赫耳墨斯。这位神统一了两种罪行，却没有统一两种美德。卷十一以相同的方式使用雅典娜：她把作为非邦民的艺匠和作为邦民的战士关联了起来，从而毁掉了这个政制的原则。

诗人既是立法者的仆人，又是立法者的对手。如果他［立法者］将把使节神圣化，那么，他［诗人］提供立法者需要的神；如果他［立法者］将处死偷窃者，那么，他［诗人］不可能使用［立

---

① ［译按］伯纳德特所补。

法者需要的神]。然而，对于诗人，偷窃者赫耳墨斯与那位带着普里阿摩斯穿过敌军队伍去赎回赫克托尔的尸体的神是同一位神（贺拉斯《颂歌集》[Odes] 1.10.8-16）。诗人获得了一种整全，付出的代价是牺牲道德；如果立法者应该维持道德，那么，他不得不十分琐屑(fragmentary)。礼法的琐屑导致礼法的诸部分被如此夸大，以至于礼法被迫几乎在刚刚提出其建议时就撤回其建议：

> 最重要的准则是：任何人都不应该没有统治者，不论是男是女。任何人的灵魂，不论在严肃意义上还是在游戏意义上，都不应该习惯于独自行事，可是，不论在战时还是在平时，任何人都必须总是在生活中注视统治者，哪怕在最小的事上也由他指挥，[333]他说不行就不行，他说行就行，比如按某人发出的命令去锻炼、沐浴、用餐，或彻夜不眠，以便履行护卫义务并传输讯息，而且在危险之时，如果没有统治者的明确指令，任何人都不应该前进或撤退；简言之，每个人都必须通过培养习惯来教育灵魂切勿拥有独自行事的技巧(γιγνώσκειν)或专业知识(ἐπίστασθαι)，而是应该尽可能总是在一切事情上过一种集体的和共同的生活……而且必须从孩提时代就实践这一点，即统治他人和被他人统治(942a6–c8)。

异邦人想把包括认知在内的一切行为都集体化，而且想要一切行为从一开始就导致有关如何统治的知识。任何人都不应该与此步调不一致，任何人都应该知道如何在这条道路上前行。礼法的水平统一性与统治的垂直原则相撞了。必须训练邦民服从，此外，邦民也必须学习如何做自由人。这种双重性贯穿于礼法和前言之间的区别，也贯穿于两种神之间的区别，一种神是所有存在者的开端、中间、结尾，另一种神是所有事物的尺度；但［异邦人］从未以如此极端的术语表达任何一个方面，以至于没有留余地给其他方面。这意味着,年轻人会想象他们听从这些准则,视其为对战争生活的赞美(943a1-3);如果没有一个共产主义化城邦及其制度的支持,那么,年轻人不可能践行这些准则。军训(military discipline)在个人身体之中有其自然对应物:

> 最重要的是:不要败坏头和脚的功能,即不要用外在于头和脚的覆盖物包裹头和脚,那样会毁掉一个人自己的头发和鞋子①的自然生成;因为如果这些末端[即头和脚]得到保存,那么,它们对整体具有最大的功能,而如果它们没有得到保存,那么,它们会造成损害,而且它们中的一个对整个身体帮助最大,另一个则起主导作用,如果配备了其所有的具有权威性的感觉。([译按]942d6-943a1)

如果头不应该为脚确立一个糟糕榜样,那么,头上必须不戴帽子:[异邦人]一个字都没提手套。反常的(eccentric)苏格拉底是集体化的战士的榜样(柏拉图《会饮》220a6-c1)。尽管苏格拉底式耐力至少不像普通美国士兵(GI)的刺激物(incentive)那样具有刺激性(irritant),但头和脚属于一个单一的身体,而且一个拥有一个单一统帅的兵团(它的统帅就相当于它的头)只能是一个单一的身体的诗性影像。礼法被迫展现,在身体之中,心智如何统治善者诸种的结构;故礼法被迫与异邦人的神学的意图相互矛盾,因为异邦人的神学不可能撤销它自身引入的任何不可能的状况。

[334]异邦人拒绝把临阵脱逃当作背叛,即当作死罪,故他尽可能让勇敢始终处于其特定等级。为了确保人们不至于鲁莽地到处指控他人怯懦,异邦人想要每个人都相信,正确性(Right)是羞耻(Shame)的童贞女儿(943d4-e7)。他使用了两个故事,一个

---

① [译按]对应的希腊文作ὑποδημάτων,指用绳子绑在脚下的一种便鞋。

限定礼法的可应用性，另一个确定礼法的惩罚。从一个过去不存在的故事(a story that was not)中可以总结出一条教训(moral)，而从一个过去不可能存在的故事(a story that could not be)中可以设计出一种惩罚。

> 如果帕特罗克洛斯(Patroclus)被抬回他的帐篷时缺了胳膊却还在呼吸(这种事发生在无数人身上)，而且赫克托尔当时握着帕特罗克洛斯从前的武器(诗人说，在忒提斯[Thetis]婚礼当天，诸神曾把这武器给予佩琉斯[Peleus]作为[忒提斯的]嫁妆)，那么，当时任何低贱的人本来都有可能会谴责墨诺提奥斯(Menoetius)之子失去了他的武器。(944a2-8)

异邦人讲了一个违反事实的故事，在这个故事中，他剥夺了帕特罗克洛斯几乎一切东西——帕特罗克洛斯当然不是顺从的战士的榜样(荷马《伊利亚特》16.684-687)——故异邦人把帕特罗克洛斯的故事变成了某种不可能的状况：谁会剥夺一个人的武器却不首先杀死他？然而，如果对怯懦的指控站得住脚，那么，

> 一个人不可能做与人们所说的诸神做过的事(即把帖萨利亚人凯纽斯[Kaineus the Thessalian]从女人变成了男人的自然)①相反的事，因为与那种生成相反的生成(the genesis contrary to that genesis)，即从男人变成女人，在某种意义上会最适合用于惩罚一个扔掉自己的盾牌的人。(944d5-e2；参《蒂迈欧》90e6-91a1)

自然违逆了礼法的意愿，对于礼法想要的东西，礼法能够达到的

---

① [译按]按希腊语表述习惯，一个人的自然等于这个人本身，因此这里等于说"从女人变成了男人"。

最接近的地步，是阻止生活中的怯懦者在军中服役，并惩罚征召这样的怯懦者的将军（944e5-945b2）。任何官员都可能无法确定，失去荣誉的战士已然为了更好的东西而改变，从而支持如下原则："必须总是惩罚糟人［怯懦者］，①以便他变得更好"（944d2-3）。威慑（deterrence）似乎比矫正（correction）更重要（一种荒谬的想法是，改善一个临阵脱逃者，可以通过为他赋予他想要的生活来达到），而且威慑迫使人们违反一个禁令，即禁止出于义愤而嘲笑他人。人们不会把对怯懦者的官方指控翻译成"他变成了女人"这样的普通说法吗？对怯懦者的官方指控不会放纵每个人都发明花样百出的此类嘲笑吗？人们当然想知道，如果怯懦者转身杀死折磨他的人，那么，他是否会被判处流亡国外两年。

在讨论对官员的审查（magisterial review）时，礼法与美德之间的关系问题首次突显出来（945b3-948b2）。尽管正确性（δίκη）把城邦的所有制度（τὰ πάντα πολιτεύματα）整合为一体，可是，服从每个官职都必须经历的审查，还不足以保存这个政制。它［正确性］规整（straightens out）了各个部分，却没有也不可能着眼于整全，[335]之所以设计夜间议事会，必然正是为了整全。由此，异邦人令正确性与教育相互对立，正如他先前所做的：他先前把令人类文明化的功能首先分配给教育，然后分配给正确性（935a5，937e1）。正确性与教育之间的区别是，正确性把人置入一种驯服（ἡμέρωκεν）的状态，但当人放纵自己的愤怒，并令自己的灵魂重新野兽化（ἡμερώθη）时，教育顷刻消失无踪。用以体验正确性的那种方式，阻止人们确立正确性。也许对属神拯救的论证不过是缓和人的愤怒的一种手段。当［人们］拒绝为被告分配一位遵从正确性的律师（σύνδικος）时，正确性便是令人变得文明的东西。这种拒绝关乎正确性必然具有的缺陷，但此刻异邦人试图去除这种缺

---

① ［译按］伯纳德特所补。

陷，他所用的办法是要求每个官职在任期结束之后都接受审查。
[他]试图把美德重新插入官职体系之中，官职体系得到如此建构，从而为除了美德和良好感知力之外的每一种正确性的主张都留下了一个位置；在这种官职之中，城邦需要体现每一种美德的榜样(cynosures)，但甚至在这种官职之中，年纪和偶然性仍然有特权(946a8–b3)。

第2节　审查者与观察者

《法义》似乎到达了两个虚假的结尾，然后异邦人才恢复了他的平衡，并为我们提供了他已然为我们准备好的结尾。第一个虚假的结尾涉及对官员的审查，第二个虚假的结尾涉及观光(sightseeing)。对于前者，主题是正确性，对于后者，主题是教育。审查委员会掌控城邦的内在结构，并防止城邦在水平层面分崩离析；城邦的观察者们允许城邦从外部观察它自身，观察时不仅采取美德的存在(οὐσία)的视角，而且采取美德的表象(δόξα)的视角。由此，异邦人似乎已经囊括了他能够合理地囊括[①]到次佳政制范围之内的一切。审查委员会构成了城邦内在结构的最后一项内容，这一点有一个表征：异邦人令人记起这个城邦不会建立于英雄时代，此后，他插入了一段话，这段话意在囊括不涉及非金钱惩罚的所有违反城邦礼法的行为(949c6–e2)。有关出国的规定构成了城邦的外部方面之中的最后一个方面，这一点有一个可以[与上述表征]相比的表征：异邦人无法安插在其他地方的九项或十项内容，正好列在[有关出国的规定]之后(953e5–956b3)。审查委员会成员都是阿波罗和太阳的祭司，而且[他们中的]高级祭司用自己的名字为年度命名。由此，这个政制在政

---

① [译按]原文此处似乎漏了一个cover，今补。

治上的顶点与［异邦人］神学的教诲和古代礼法的神圣化碰巧相一致（946c1）。由于［336］全希腊共同的献祭活动的观察者正是从这些祭司之中选出，故异邦人使这些祭司符合他即将讨论的观察者。此外，他以一种非凡的方式令他们［这些祭司］在死后获得荣誉。他们展示了异邦人的禁令，即禁止在公共场合唱哀歌或悲戚（800b6-e7）；他们在歌曲之中得到赞美，仿佛他们变成了诸神（947b7；参801e1-2）：如果德尔斐的神喻同意，那么，男女祭司应该紧跟他们［即亡故的祭司］的棺材架，"仿佛葬礼是纯洁的"（947d3）。他们已成为尸体这个事实没有阻止诸神的代表出场。

由此，在城邦内部，异邦人平衡了创新与对传统的严格遵从；而且当他处理异邦人们时，不论是处理这个城邦的访问者，还是处理在国外的马格涅西亚人，他都留有余地，以便友好地接待某个像他自己这样的人。异邦人重申，他反对商业社会，商业社会的边界之开放，容易把腐败引进来，尽管可能不会在很大程度上损害一个管理得十分糟糕且缺少好礼法的城邦。在这种情形下，异邦人们相互混杂，必然导致习俗杂乱，而且他们［即商业社会］自己的邦民有可能会在国外寻欢作乐（ἐπικωμάζειν）（参637a7）；但他此刻承认，实际上不可能内外隔绝到无人进出的地步（他轻易地忘记了，每个教师都是一个异邦人），此外，人们也需要用外邦人的意见来检验城邦土生土长的美德，外邦人对美德的实质（substance）的偏离并非同样败坏了外邦人对美德和恶德的判断（949e7-950c2）。由此，异邦人似乎最终命中了言辞中的会饮的现实对等物：城邦的最佳代表们应该把自己展示给异邦人们，并敢于冒被异邦人们败坏的风险；此外，回过头来，城邦的最佳代表们还应该证明，他们是否抵挡住了如下二者，一是对于摆脱监管的自由状态的沉醉，一是外邦作风的诱惑（952c1-d2）。有一个事实进一步证实了我们已经抵达尾声，这个事实就是，异邦人把观察者与夜间议事会联系起来了（某些观察者要在夜间议事会面作报告），正如他曾把作为审查者的祭司与观察者联系起来。在年轻人投身到四种泛希腊赛会中的一种之后，观察者应该教育年轻人，令年轻人认识到，任何其他人的合法作风都次于他们自己的合法作风；但礼法的护卫者也应该派其他观察者到国外（950e2-951a5）。这些观察者不可或缺：

> 如果一个城邦没有体验过好人和糟人，那么，这个城邦会没有能力在隔绝的情况下变得足够地驯服（ἥμερος）和完美地完整（τέλεος），正如没有能力维系其礼法，除非不只通过培养习惯而且通过理解（γνώμη）①而掌握其礼法。人们之中总会有些人 [337] 属神②——当然，这样的人不多——而且值得我们结识，他们 [的数目] 在拥有好礼法的城邦中不会比在没有好礼法的城邦中变得更多，在拥有好礼法的城邦中生活的人必须追寻他们的踪迹，从陆上和海上出发，寻找任何未被败坏的人，以便证实他 [即在拥有好礼法的城邦中生活的人] 自己的所有合法作风得到了很美的规定，并更正其他作风，如果 [其他作风] 有任何缺陷。如果没有这种观察和追寻，或如果他们很糟地忙于他们的观察，那么，一个城邦不可能保持在一个完美且完整的状态（τελέως）（951a7-c4）。

因此，城邦不仅可以安全地在它自己身上做实验，而且可以使用这整个广阔的世界去审视所有其他东西，并发现关于这些东西的一切，同时还不冒任何风险。异邦人可能想要什么更多的东西？此刻异邦人编造了夜间议事会、他们③开会的时间（这个时间

---

① [译按] 伯纳德特原改作主格γνώμη，今据原文改回。
② 异邦人暗示墨吉洛斯的自我赞美（642b2-d1；参626d3-5）。
③ [译按] 即夜间议事会。在英文中，可以用复数 "他们" 代指集合名词 "夜间议事会"。

应该正好在破晓之前,而且大约就在这个时间,这三个人①自己散着步抵达[对话现场])以及他们应该讨论的内容——他们的言辞不仅涉及他们自己城邦的礼法和他们从其他地方了解到的一切,而且涉及能够照亮②(illuminate)礼法的一切教诲(μαθήματα),而如果他们没能理解这些教诲,那么,这些教诲就会把他们带入更大的黑暗(951e5-952a6)。到目前为止,在有关审查者和观察者的这两项制度之中,似乎缺少对美德和礼法之间关系的反思。异邦人刚刚承认,最好的可能的礼法就像最糟的礼法一样无法造就罕见之人(the rare)。由此,他暗示,严格来讲,剩下的问题是,什么阻止了礼法造就真正的美德,或为什么礼法中的诸种(species)的多样性不仅必定达不到美德的统一性,而且甚至不可能追求美德的统一性。异邦人曾经要求克利尼阿斯和墨吉洛斯思考他按照美德的整体来建议的每一条礼法,但他们没有这么做(705e1-706a3)。他们之所以没有这么做,是因为他们不知道,他们不得不首先解开美德本身之中的一个结,然后他们才能追问异邦人的立法是否遵守美德。一旦他们承认勇敢不是美德的全部,而且通过醉酒而达到了更大程度的清醒,他们便没有追问美德是什么。他们的体验阻碍了他们的理解。异邦人也没有揭示,到底是勇敢应该扩展到包括耐得住快乐,还是节制不得不与勇敢达成这样的平衡,以至于人们说不清它们是两个东西还是一个东西。诸神曾经给予人类希望之饮品,而非畏惧之饮品,因为似乎诸神自己是[人类]最终的希望,而他们之不存在(nonbeing)是[人类]最终的畏惧。因此,美德[338]没有得到定义,因为善者诸种的结构和礼法诸属的结构都曾遗漏了虔敬,而且如果没有卷十,那么,美德——礼法的建构就是立足于美德——就不完整。

　　不仅美德没有得到审视,而且礼法同样悬而未决:礼法是心

---

① [译按]异邦人、克利尼阿斯、墨吉洛斯。
② [译按]该词亦译为"启蒙"。相应地,下文"黑暗"亦指蒙昧。

智的分配(*νοῦ διανομή*)，还是对善者、美者、正义者的清楚表达(参957b6-c7)？［异邦人］把善者、美者、正义者的三联结构编织进了《法义》的织体之中，但［异邦人］没有按主题呈现这个三联结构。起初，善者分离于美者和正义者，因为善者诸种的结构和礼法诸属的结构相互分离；但异邦人既没有维持三者的分离，也没有把三者重新解释成一个单一的整体。这个三联结构中的要素曾经以多种方式分裂又重新联合，但［异邦人］没有分析过它们的种(no eidetic analysis of them)。［异邦人］之所以没有分析过它们的种，是因为［异邦人］没有诉诸一个可以理知的秩序或多样性，依据这种秩序或多样性，［异邦人］本来可以理解诸美德和诸原则。事实上，最高原则是，灵魂是最初的生成，这个原则更适应人的时间性存在，而非更适应任何不变的结构。由此，虔敬似乎只可能依附于礼法诸属的结构，而非依附于善者诸种的结构，所有其他美德才属于善者诸种的结构。有关葬礼的礼法在一定程度上证实了这种印象(958c7-960b5)。一方面，有关地下和乡村中诸神的属神且合法的惯例，决定着如何处理死者，另一方面，尽管有关葬礼的礼法是立法的终点，且几乎就完成了立法，但异邦人在呈现邦民的自然死亡时，无异于在安排礼法结构中的最后一个要素：

> 在这［即法庭］①之后，如果有一个人出生并得到抚养，生育并抚养子女，以一种有尺度的方式［与他人］相互订立合同义务，在错待了任何人的情况下接受惩罚，［在遭到他人错待的情况下］接受他人的补偿，在礼法的帮助下以应有的方式变老，那么，依据自然，这个人会有一个结局(*τελευτή*)(958c7-d3)。

---

① ［译按］伯纳德特所补。

由此，异邦人令礼法诸属的结构的计划崩溃，以至于变成了个人的生活；尽管个人的这些体验充斥于礼法之中，但个人的这些体验与美德完全相互分离。死后的生活带回了美德的论题，但美德限于正义和虔敬：

> 当立法者说灵魂完全强过身体时，人们应该服从立法者，此外，在其他任何事上，人们也都应该服从立法者：那个使我们每个人在生命历程中变成这样［即变成每个人］①的东西无非是灵魂，而身体是我们每个人的一个伴随性的影像（ἰνδαλλόμενον），[339] 而且在我们死后，可以很美地声称，尸身是幻象性的影像（εἴδωλα），但我们每个人在实在且真实的意义上（ὄντως）所是的东西是不死的，且被称为灵魂，且正如古代礼法所说，去到不同的神那儿汇报［自己的状况］（这种汇报给好人以信心，同时以恐慌威慑糟人），而且在每个人死后，他得不到任何值得一提的帮助，因为他活着时，他的亲属已然帮助过他，以便保证他活着时度过最正义且最圣洁的一生，也保证他在死后的生活里不会因他活着时犯下的恶行而受到惩罚（959a4–c2）。

异邦人没有解释，死者在活着的时候曾经如何设法躲避所有合法惩罚，或遵守礼法的邦民本来应该畏惧什么。我们是否应该想象，节制的商人（moneymaker）克法洛斯在克里特继续生活下去？实际上，异邦人确实把善者诸种的结构重新给予礼法诸属的结构，但他为此付出了代价：他不得不放弃身体的三种善者和灵魂的三种善者，也不得不解决［善者诸种的］结构所展示的灵魂和身体之间脱节的谜题，他所用的办法是把个人与他的灵魂重新

---

① ［译按］伯纳德特所补。

等同起来。^①这种重新等同在使身体成为现实事物的一个影子时，要么从礼法对习惯的灌输之中得出任何现实性，要么声称习惯和行动直接转移至灵魂。灵魂的原因性的(causal)自然也变得成问题：异邦人是否曾经把生成之中的首要性赋予灵魂，以免把任何存在赋予生成？刻贝斯(Cebes)^②的问题重新出现：如果灵魂是好的，正如灵魂是永久的，那么，到底为什么会有生成？然而，[异邦人]不希望人们太严肃地对待立法者的教诲。立法者的教诲仅仅意在劝说死者的家族把葬礼花销控制在低水平(959c2-d1)。立法者的教诲并非意在解释，为什么尸体并非比粪便更值得扔掉，因为异邦人已经把这种惩罚留给了某些罪行(960b1-3)。由此，礼法逐渐弱化成了一个小调(minor key)，且没有达到礼法诸属的结构的结论，即整个政制的终点应该在于死者的葬礼(632c1-4)。如果异邦人在结尾处讨论审查者的葬礼，那么，他本来会在某种意义上履行他过分的主张。^③

---

① 把"每个人"与灵魂等同起来，是《法义》三个阶段中的最后一个：在开篇，异邦人假定"我们每个人"是一个人(644c4)，在卷八，他建议艺匠被迫成为仅仅一个人，而非许多人(847b1-2)。

② [译按] 柏拉图《斐多》中的角色。

③ 如果人们考虑到，立法者有关身体和灵魂的推理不支持安提戈涅，而且立法者的礼法允许人们流下安提戈涅没有流下的眼泪，却禁止人们唱哀歌(ϑϱηνεῖν)，而且异邦人在有关葬礼的礼法的结尾关注从前对背叛者的处理，那么，人们会感到好奇，礼法(如果有一位朋友并非城邦的朋友，而一个人与这位朋友站在一起，那么，礼法要求判处这个人死刑[955b8-c5]——这种表述采用了克瑞翁的语言[索福克勒斯《安提戈涅》182-191])是否并不需要处死安提戈涅，此外，异邦人没能制作出比《安提戈涅》更真实的肃剧。他曾经允许存在这种可能性(817d4-8)。有关那位并非城邦的朋友的朋友的说法，出现在一堆无序的混杂的礼法(a nonordered grab bag of laws)的中央。塔西佗对犹太教的描述指向了一个相似的难题：上帝是唯一的，且不可模仿，故上帝意在自别于埃及诸神，且避免与埃及诸神相混，但犹太人的葬礼惯例并非不同于埃及人的葬礼惯例(塔西佗《历史》5.5)。

第3节 夜间议事会

[340] 正如异邦人首次呈现立法的最终任务，立法的最终任务涉及［立法］其自身的永恒性，并据此否认(stands over against)［存在所谓］死者最后安息之所，死者的未来在彼世(another life)得到确保(960b5-c1；对比717a3-6与962d3-5)。礼法诸属的结构的终点与人生的终点碰巧一致，但这仅仅是碰巧一致，仅仅是诗性花样(poetic flourish)。除非完美地(τελέως)确保了一个整全未来的安稳，否则，一个整全并不完整(ἄτελες)。对于一个城邦及其政制，身体的安稳和健康还不够："它［城邦］必须同时确保灵魂中的守法品性(εὐνομία)，或者勿宁说确保其礼法的安稳"(960d1-3)。异邦人首先暗示，健康之于身体，就像守法之于灵魂，而且夜间议事会应该确保，守法品性坚定不移(ἀμετάστροφον)，且随着人们在体验层面经历对礼法的偏离，守法品性不会在时间的流逝之中涣散。但他以某种相当大众化的东西订正了这个似是而非的建议。"礼法的安稳"无疑是一个可以得到完美理知的表达，但在异邦人已经令一切防护措施各就各位之后，人们还不清楚，他忽略了什么，以及夜间议事会应该提供什么。任何工作的防护措施的恰当范本可以在一个活生生的存在者之中找到，在一个活生生的存在者之中，自然匹配的两个东西是灵魂和头部(961d1-10)。这一对事物有一个单一的美德，因为除了其他一切，心智生成于灵魂之中，同时，除了其他一切，视力和听力出现在头部之中：

> 总之，如果心智与那些最美的感觉混合在一起，并生成为一体，那么，可以正当地把心智称为任何动物的保全者。

这个范本也完美地适用于一艘船，在一艘船上，心智与诸感觉混合在一起，且可以在船长和船员们之中找到，船长和船员们混合了诸感觉和统治者式的(gubernatorial)心智，并保全了他们自己和这艘船(961e1-5)。呈现动物或船的安稳时，仿佛其安稳无异于其目标(σκοπός)；但在接下来两个例子里，才第一次用到"目标"，而且出现了两个例子之间的区别。战胜敌人是将军的目标，身体健康是医生的技艺的目标(961e7-962a3)。将军不关心［341］如何保全他自己或他的军队，他的目标可能要求牺牲他们中许多人或他们所有人；医生的技艺并不确保动物的安稳，而是确保身体美德①的安稳，却不关心灵魂美德。诸感觉和心智所保全的动物在自身之中包含了保全其自身的美德，然而，尽管船长和船员们在保全船只的同时也保全自己，但他们与船可以相互分离，而且他们有时会失去船而保全自己。军队的胜利确保城邦的安稳，医生在令病人恢复健康时不敢拿自己的技艺冒险。如果夜间议事会(它也有自己的心智、眼睛、耳朵)可以与动物的灵魂和头部相比，那么，它的目标可以是保全城邦的同时保全自己；如果城邦是躯干(κύτος)，军队是其双脚，艺匠是其双手，而且这具躯干除了做到健康，没有能力做更多的事(964e1)，那么，城邦的美德仅仅属于夜间议事会，而城邦的健康——不应该认为这是灵魂的美德——则是城邦的守法品性。因此，异邦人对他自己的建议的订正，令εὐνομία［拥有好礼法］变得含混：不管这个词刻画了拥有好礼法的城邦，还是刻画了其礼法得到了很好管理的城邦，这个词似乎至多限于指民众的诸美德(δημόσιαι ἀρεταί)，这些美德必然多种多样，且不可能构成一个包含诸部分的整体，或构成一个统一体(参734e4-6)。

　　这个结论符合异邦人在善者诸种的结构和礼法诸属的结构之间作出的区分，依据这种区分，人们此刻可以说，礼法诸属的结

---

① ［译按］希腊人所谓"美德"可以泛指卓越性。

构中的美者和正义者，在身体之中反映了灵魂的属神善者，正因如此，葬礼才是这个政制的完成和终点。诸城邦的礼法各有各的目标。起决定性作用的要么是一个统治资格，要么是多个统治资格，但尤其是自由和帝国，或主人支配奴隶的权利，以及其补充物，即更强者的权利；可是，自视最智慧的立法者们倾向于各种统治资格的大杂烩(962d7-e9)。异邦人暗示，立法者们混淆了政治技艺和立法技艺，或者说混淆了不可或缺的东西和最好的东西，而且对不同的目的进行区分(人们必须在不同场合追求不同的目的)压倒了每个明智的意图都必须服从的稳定观点。然而，在某种程度上令人惊诧的是，克利尼阿斯为美德提供了它的领导者即心智，并视之为政治目标，而这不同于异邦人曾经说过的政治目标：“城邦必须自由，有感知力(ἔμφρονα)，①对自身友好，而且立法者立法时必须着眼于这些”(693b3-5；参701d7-9)。因此，异邦人急忙补充道，节制(σωφρονεῖ)(他以节制取代了自由)、良好感知力(φρόνησις)、友爱不是不同的目标，而是相同的目标。 [342]此刻，可以把这个政治目标理解成大众美德和真实美德之间的友爱，节制——它既等于又不等于良好感知力——将造就这种友爱(709e8-710b2；参759b6-7)。②节制的双重性的影像见于人作为属神玩偶的双重意义之中：基于［人作为属神玩偶的双重意义］这一点，在城邦之中，感觉和逻各斯之间可以达成协和，只要每个人都不把同样的意义归于逻各斯(参662b1-2)。这个目标也与克利尼阿斯对家族分歧调解者的选择相一致，这个调解者通过礼法确立友爱(627e3-628a5)。 ［异邦人］在那个场合说，这个调解者在美德上居于第三位。

克利尼阿斯也回到了《法义》开篇，但他没有意识到，［礼

---

① ［译按］伯纳德特原作主格 ἔμφρων，今据原文改回。
② 在前言的结尾，在推迟礼法草图之前，有一个展现其结构中的双重断裂的句子，在这个句子中，异邦人曾经暗示过这种友爱(734e3-735a4)。

法]诸属的结构和［善者]诸种的结构之间的相互调和是真正的政治目标，正如他没有意识到，存在和生成之间的关系引发的困惑——就像善者与美者和正义者之间的关系引发的困惑——潜伏在这种调和之中。克利尼阿斯没能发现，异邦人即将提出的一系列问题意味着，克利尼阿斯没能理解他自己在《法义》的历程中体验到的东西。异邦人成功地调和了多里斯作风和伊奥尼亚作风之间表面上的对立，而且他把自己的节制的一个版本灌输给了克利尼阿斯和墨吉洛斯，以便他们都能变成朋友。此刻，异邦人向他们揭示了，他削弱了他自己的理解，以便有可能制定这样一些礼法：在致力于建议这些礼法的论证(the argument for proposing them)之中，而非在对这些礼法的体验之中，这些礼法会保存他自己的一个影像，作为这些礼法永恒的守护犬。异邦人削弱［他自己的理解]，不是偏离他自己的完整理解，而是偏离他对自己曾经不知道的事物的理解，从而走向礼法的完整性。到目前为止，异邦人把哲学困惑转变为合法确定性，这种转变的主要标志是，存在没有出现于他对灵魂的描述中，或者说，［他]把灵魂提升为生成之中首先生成的东西，而在这种提升之前，灵魂实际上是存在和生成之间的东西。随着这种提升，产生了各种问题，我们甚至无法恰当地表述这些问题，除非从灵魂追溯到所谓"形相"。

当克利尼阿斯给出他自己版本的善者诸种的结构时，他在某种程度上保留了这个真正的困惑，但他不知道这一点。克利尼阿斯分三步回忆异邦人说过的话(异邦人同意前两步，并高度赞扬最后一步)：(1)"我们曾说，我们的礼法的一切要素都必须着眼[343]于一个东西，而且我们无疑同意，可以正确地称这个东西为美德"；(2)"我们无疑规定了美德有四重"；(3)"心智是所有四重美德的领导者，［心智之外的]其他三重美德和任何其他东西都必须着眼于心智"(963a2-10)。尽管异邦人曾经把心智与良好感知力分开，然后仅仅以节制结合了心智和良好感知力，但克利尼阿斯将它们混同视之(runs them together)，然而，他不能面对如下后果，即一个整体的一个部分会成为这个整体的统一体(the one of the whole)。异邦人曾经暗示，心智这种善者是四种属神善者和四种属人善者的唯一目的(631d4-6)；但克利尼阿斯把［政治心智和心智］等同起来，使他不可能理解异邦人为何冒犯政治心智的虚荣——"你当然强过所有具有感知力的人(ἔμφρονες)，正如你会声称的那样"——也使他不可能说政治心智或良好感知力着眼于心智本身。显然，他羞于让心智着眼于它自身，从而没有在一定程度上把心智的目标等同于自我知识，或等同于一种全面反思，这种反思的对象是那些令心智自身有可能存在的条件。这样一种全面反思无非是政治哲学，异邦人在言辞中的会饮中呈现了对政治哲学的理解，同时也在他与克利尼阿斯和墨吉洛斯交谈中实现了对政治哲学的理解。

政治心智只是许多心智中的一种——异邦人提到了三种其他心智(963a11-b1)——而且一旦克利尼阿斯把政治心智等同于心智本身，那么，如果他要回答异邦人的问题"什么是你的目标？"，他就不得不提出善者或善者的形相①之类的东西。比起异邦人为其他类型的心智精心界定的一系列善者，这样一个答案在他［克利尼阿斯］看来当然太空洞。心智被分配给多种多样的技艺，这个过程似乎没有给政治心智留下任何东西。克利尼阿斯在某种程度上感觉到，他不能说它［政治心智］的目标要么是属人的善者，要么是属神的善者，因为前者会使灵魂臣服于身体，而后者会暗示属人的诸制度会以某种方式分有属神的诸制度(参962c7-8)。克利尼阿斯之所以没有那么说，必定是因为异邦人在属神者和圣洁者之间(或在神学和宗教之间)作出的区分令此二者之间不可能相互翻译，从而令属神者无法得到保存。异邦人刚刚还强调过，当前时代的礼法已然随着有关诸神的意见的改变而

---

① ［译按］见柏拉图《王制》505a。

改变，从而阻碍了他把神学的三个原则引进城邦，也阻碍了他以友爱为代价来确保信仰（948c2-d3）。城邦之中到处都已经神圣化，但虔敬并非美德的四个种（species）之一。虔敬似乎外在于美德，从而引出了整全与属人整全之间的关系问题。异邦人接受克利尼阿斯的 [344] 答案，即美德的统一和四分（the one and four of virtue），故异邦人暗示这包含了一个典型问题，即夜间议事会应该致力于 [美德的统一还是四分]（964a5-b1）。①作为一个典型问题，这只是许多问题中的一个问题，而且如果政治心智的目标不是把其自身碎片化（itself to fragment），那么，所有这些问题必定属于诸问题的一个单一结构。诸问题的这个单一结构只能是异邦人穿越《法义》及其礼法时所着眼的东西。克利尼阿斯和墨吉洛斯完全看不见这个结构。

克利尼阿斯曾经无意中把政治心智与心智等同起来，从而提出一个有关心智的问题。他曾经使心智成为一个统一体中的一个部分，人们曾经应该着眼于这个部分。被非心智玷污了的心智（mind contaminated with nonmind）曾经着眼于致力于引导的心智（mind for guidance）。如果人们让心智管理所有美德，那么，人们仍会令心智着眼于它自身，或令心智一分为二（becoming two）。心智一分为二，这似乎是心智在应该进行思考（διανοεῖσθαι）时必

----

① 在《蒂迈欧》里，四种元素通过变形而相互区分又统一，这是在模仿动物的四种理智（noetic）类型，以及这些类型在"动物本身"之中的统一性；但仍然不清楚的是，如下两种情况哪一种是实情：一种情况是，理智上的诸部分是无偏向性的（indifferent）诸部分构成的一个整体，以至于诸神和虱子同属一个种（the same eidetically），另一种情况是，理智上的诸部分之中有一种等级秩序，就好像心智与四类美德之间的关系。无论如何，诸属之中的统一性与多样性比诸种之中的统一性与多样性更明白。更不必说神匠（demiurge）提出的问题，也更不必说在原初计数（count）中删除植物（植物原本处于那个等级制 [scale] 的另一端）而引出的问题，正如阿提库斯（Atticus）所注意到的（柏拉图《蒂迈欧》77b1-3；普罗克洛 [Proclus]《柏拉图〈蒂迈欧〉笺注》[In Platonis Timaeum commentaria] 131c-e，见Diehl校勘本，卷1，页431-432）。

须做出的追问和回答，*διανοεῖσθαι*［思考］在此既指贯通起来思考
(think through)，又指分开思考(think apart)，故既思考整全，又思
考整全的诸部分。就在异邦人提出美德的统一和四分的问题之
前，他呈现了思考中的这种双重性。他要墨吉洛斯和克利尼阿斯
回答他起初对政治心智提出的问题：

> 否则，你［单数］，①墨吉洛斯和克利尼阿斯，你们［双
> 数］能否对它加以分析(*διαρθροῦντες*)，并为了它而在我面前
> 指出，你们认为［复数］它［这一个东西］到底是什么？。
> (963b7-8)

当异邦人使克利尼阿斯和墨吉洛斯代表政治心智时，他把他
们配对，然后把他们相互分开，最后使他们变成一体。在克利尼
阿斯承认他们不能回答他的问题之后，他［异邦人］问道：

> 如果我们必须热衷于获得一个东西的全面视野
> (*συνιδεῖν*)，这个视野尽收眼底的既包含这个东西本身，也包含
> ［这个东西存在］②于其中的那些东西，那么，这个东西是什
> 么？(［译按］963c3)

他要克利尼阿斯和墨吉洛斯阐述一个单一的东西，而当他
们不能这么做时，他要他们以一个单一的视野来聚集——按字面
意思即综合地观察——这个单一的东西以及这个东西存在于其
中的许多东西。因此，他建议，在他自己和克利尼阿斯之间分配
(*διανειμώμεθα*)问和答，应该相当于由他提供美德的多样性，并由
克利尼阿斯提供美德的统一性(963d9-964a4)。

---

① ［译按］这段引文中的所有方括号均为伯纳德特所补。

② ［译按］伯纳德特所补。

异邦人做好的准备去追问统一的和多样的美德，[345]因为他把自己呈现为令美德多样化的人，并把克利尼阿斯和墨吉洛斯呈现为令美德单一化的人。他在他自己和他们（他们先是单数，然后是双数，最后是复数）之间分配了美德的多样性和统一性。他令辩证术（或者说综合和划分）的论题与心智（其本身既是一又是二）的论题形成对照。他让我们感觉到 διαλέγεσθαι［对话］和 διαλεκτική［辩证术］之间有一种关联。这种关联似乎尤其紧密，因为美德的统一性和多样性涉及心智和灵魂之间的关系。异邦人归于灵魂的自我运动似乎无关于心智，因为异邦人完全从灵魂的自我运动跳到了灵魂的美德和深思，且既没有能够结合美德与深思，又没有能够结合这一对事物［即美德和深思］与自我运动；然而，既然［异邦人］似乎暗示了思考就是交谈，那么，［异邦人］似乎在绝大多数情况下不可避免把灵魂的自我运动与思考的双重性（即思考作为问和答）联系起来，这尤其是因为［异邦人］对思考提出的问题是灵魂的多样性的统一性(the one of the many of soul)。思考应该提出它自身结构的问题。如果我们把《斐德若》引入《法义》（我们已经在好几个场合被期待这么做），以至于《斐德若》可以精确地呈现异邦人曾经偏离的东西，那么，我们可以说，异邦人把天宇之外的存在者们重新插入他对灵魂的描述之中，从而暗示他此刻正在把他的同伴们从礼法的整体重新引向诸问题的整体，并让他的同伴们瞥见那种处于礼法之外且必定养育礼法的东西。①这种处于礼法之外且必定养育礼法的东西，曾经

---

① 异邦人建议的探究方式是 τὸ πρὸς μίαν ἰδέαν ἐκ τῶν πολλῶν καὶ ἀνομοίων δυνατὸν εἶναι βλέπειν［有能力在许多不同的东西中着眼于单一的形相］(965c2-3；参965b8-10)，这令人记起《斐德若》265d3-4的 εἰς μίανἰδέαν συνορῶντα ἄγειν τὰ πολλαχῇ διεσπαρμένα［通览分散在各处的东西，并将其引入单一的形相］，但苏格拉底把这种综合的(syncritical)方式（这种方式适用于教育，且在他的第一篇讲辞中十分明显）与他的第二篇讲辞（这篇讲辞既是一篇单一讲辞的整体，又是一篇单一讲辞的部分）的划分的(diacritical)方式配成一对。异邦人仅仅暗示了这第二种方式(964a3-5；参《智术师》253d5-e2)。

为他们共同所做的事提供了必要的场地。对它的偏离和朝向它的运动就是心智的思考和灵魂的自我运动。《法义》是克里特和斯巴达的礼法的宙斯和阿波罗,[①][异邦人]令宙斯和阿波罗转向了太阳,太阳本身从诸问题整体的可理知的结构那里获得了照明(illumination)[②]的力量。

异邦人要克利尼阿斯解释,美德的四个种(species)如何能够统一。他[异邦人]没有提醒他[克利尼阿斯]关注他[异邦人]自己对灵魂的描述,这番描述应刑法的要求把灵魂分成了三种恶德,即快乐、愤怒、无知,又间接地把灵魂联合成两种美德,即节制和知识,此二者的联合要么可以在自我知识之中找到,要么可以在节制自身的不定之二(indeterminate dyad)中找到。在善者诸种的结构中,他[异邦人]曾经首先在正义之中联合灵魂的诸善者[346],并拒绝把一种统一化的作用(unifying role)赋予心智或深思(632c7-8);但接下来,他让心智居于一切属人善者和属神善者之上,并暗示心智要么是第五种美德,要么是四种美德之一。在卷一中,勇敢首次出现时是对痛苦的忍耐,但勇敢随后在原则上得到了扩展,把对快乐的忍耐也包括了进来;基于卷一,勇敢本来可以轻易联合节制,就像节制本来可以轻易联合勇敢,而且当异邦人把克利尼阿斯和墨吉洛斯引向这个论题时,他使用了一种节制的方式,这种方式本来可以轻易把克利尼阿斯和墨吉洛斯提升到深思——即美德的统一体——的水平。如果人们补充道,克利尼阿斯曾经选择在礼法之下进行调解,并曾经拒绝审查糟者,或令糟者自愿服从更好者的统治,从而用节制稀释了严格的正义,那么,使节制再次成为美德的统一体,似乎并不太难。

当异邦人提出单数的美德一分为四的问题时,他要求克利尼阿斯把勇敢的自然性(naturalness)(勇敢之所以具有自然性,是

---

① [译按]意即"克里特礼法的宙斯和斯巴达礼法的阿波罗"。
② [译按]另义为"启蒙"。

因为甚至小孩和野兽也勇敢）与良好感知力的合理性（ratinality）联系起来，从而揭示了这个问题有多难（963e1-8）；而且他早就以相似的方式对节制评论道，按节制的大众含义，节制既是某些小孩的特征，也是野兽的特征，而且年轻的僭主会抛弃节制的更非凡的（fancier）版本，即良好的感知力（710a5-8）。由于异邦人让非理性的自然与合理性相互反对，故他似乎把他的神学（他的神学要么论证灵魂对于自然具有首要性，要么论证灵魂等于自然，892c2-5）与美德的统一性的问题关联了起来。然而，勇敢或节制可以处于开端，心智却不可以处于开端，这一点似乎把卷三的体育和异邦人的乾坤学分离开来；但事实上，他没能把灵魂——不管灵魂是否具有心智——的优先性置入时间，以至于我们不能判断如下两种情况中哪一种是实情：第一种情况是，灵魂的自我运动和灵魂的完整美德从一开始就结合在一起，第二种情况是，正如人类一样，乾坤曾经按照天宇中没有的某种模式进化，并变得有能力深思。[①]当异邦人要求夜间议事会成员学习他的神学时，他把他的神学划分为两个要点，并一如既往地让如下问题保持含混：这两个要点到底是一个还是两个？他问克利尼阿斯，那一对有关诸神的教诲——这些教诲使人们信仰他的神学——是不是两种教诲（δύ' ἐστὸν τὼ περὶ θεῶν）：

> 一种（ἐν）是，正如我们说过的，灵魂比所有那些东西都更古老也更属神，所有那些东西的运动接受生成（γένεσιν），[②]从而提供永远漂浮的存在（ἀέναον οὐσίαν），一种（ἐν）关系到诸星体和其他一切的有序位移，心智主宰着这些东西［诸星体和其他一切］，且率领所有（τὸ πᾶν）这些东西进入一个明确的秩序（966d9-e4）。

①［译按］直译为"获得深思"。
②［译按］伯纳德特原改作主格γένεσις，今据原文改回。

异邦人如此明确地把这两个要点分开，从而强调运动和秩序之间的内在不协和，[347]这种内在不协和似乎一方面反映在节制和勇敢的自然性之中，另一方面反映在良好感知力的合理性之中。人们可能会开始解决这个属人的难题，所用的方式是把勇敢和节制降级为身体美德，且在灵魂中发掘它们的真正对等者，但人们不知道，这是否会要求修订异邦人的神学，并要求在心智和灵魂之外留下某种余地。

异邦人点了勇敢和良好感知力的名，并称节制和正义为"两种其他［美德］"。他说，我们把所有这些东西称为美德，"因为它们在实在且真实的意义上(ὄντως ὄντα)并非多种美德，而只是一种美德"(963c8-d2)。"美德有四种"这个真实状况就在它们共同的名称之中，但解释［异邦人］为什么对它们进行计算和分别命名，比解释它们为什么具有统一性，远远更加容易。异邦人没有说，节制是否不同于正义，就像勇敢不同于良好感知力。正义似乎比理性远远更加"自然"，而且正义不像节制独立于欲望那样独立于愤怒(参731b3-8)。如阿尔-法拉比(al-Farabi)所说，在《王制》中，柏拉图知道了如何结合忒拉绪马科斯的作风和苏格拉底的作风。[1]在那里，苏格拉底不得不使他原来的立场(即正义是一种技艺)适应正义的血气(thumoeidetic)基础，然后他才能总结道，正义既不是这，又不是那，而是哲学。在得出这个结论之前，他似乎有点儿不情愿在定义正义之前描述节制(430c8-e2)，仿佛节制造就的统治者和被统治者之间的和谐几乎无法与正义相互分离，因为正义保持每个阶级关心自己的事务。

当异邦人要克利尼阿斯把他［异邦人］分开的东西联合起来时，如果我们把《王制》当作异邦人此刻心中所想的东西的一个样板，那么，我们不得不加上《拉刻斯》和《卡尔米德》，以之为两

---

① ［译按］阿尔-法拉比《柏拉图的哲学》第36节(分节采用M. Mahdi英译本)。

个额外的样板，以便说明克利尼阿斯应该如何分别回答异邦人有关勇敢的问题和异邦人有关节制的问题。在《拉刻斯》中，拉刻斯和尼喀阿斯(Nicias)对勇敢采取极端立场：拉刻斯诉诸勇敢在野兽中的自然基础，尼喀阿斯则戏仿苏格拉底，把勇敢变成了一种智慧，这两种极端立场令人记起异邦人此刻表述这个问题的方式；在《卡尔米德》中，卡尔米德的脸红(这看起来像节制的自然基础)和［克里提阿斯的］有知之知(knowledge of knowledge)①(克里提阿斯同样戏仿苏格拉底，从而大胆地把节制定义为有知之知)代表着异邦人暗示不得不克服的那种双重性，即节制和良好感知力之间的差异之中的双重性。由此，我们有三部柏拉图对话，在每一部之中，异邦人的问题的一个版本都在起作用。这三部对话代表着一种体现出美德统一性的多样性，但任何一部对话都没有致力于［348］良好感知力：如果有一部致力于良好感知力的对话，那么，在这部对话里，三种美德［即勇敢、节制、良好感知力］的统一性不会是对美德的另一种展现，而会是在实在且真实的意义上统一的美德的存在(the being of virtue as it really and truly is one)。这部缺席的［致力于良好感知力的］对话似乎是柏拉图呈现的异邦人为了制定礼法而偏离的东西(what Plato represents the Stranger as falling away from in order to lay down the law)的柏拉图式范本。超出《法义》之外且在《法义》背后的东西就是，礼法想要成为对存在者的发现。

在有关美德的问题中，礼法护卫者的美德本来就悬而未决(at stake)。礼法护卫者可能是一个"某人"(τόν γε ὄντα τι)，只要他知道什么使他成为了一个"某人"(964a5-c4)。他知道同中之异且异中之同，这使他不同于任何其他人。异邦人表达"异"，是通过区分两种需要，一种是某人可能需要去知道并理解(γνῶναί

---

① ［译按］与苏格拉底的无知之知相对。

τε καὶ ἐπίστασϑαι），另一种是某人可能需要受到惩罚并受到谴责
（κολάλεσϑαί τε καὶ ἐπιπλῆξαι），礼法护卫者必须知道如何满足这两种
需要，为此，礼法护卫者必须传授并完美地揭示美德和恶德有什
么力量；异邦人表达"同"，是通过在上述第二种情况下补充道，
一个有需要的人会命中不了鹄的（misses the mark），或者说会出错
（ἁμαρτάνοντι）。恶德的统一性包含在ἁμαρτάνειν［出错］的双重含
义中，正如美德的统一性包含在σωφρονεῖν［保持节制］的双重含义
中。苏格拉底式刑法原则令无知之知成为自我知识的顶点，从而
与善者诸种的结构的原则是同一个原则。

　　［异邦人］把这些护卫者与心智相比，［夜间议事会中］更
年轻的成员援助这些护卫者，并充当他们的眼睛和耳朵（964e1-
965a4）。人们无法立即明白，为什么异邦人把头部和灵魂的单一
美德（the single virtue of head and soul）分裂为两组，仿佛更古老
的一组如此衰老，以至于无法独立地意识到什么将会盛行于这个
城邦。当观察者们出国并带回他们的见闻时，他们才在更明确的
意义上是夜间议事会的眼睛和耳朵。当异邦人首次说起城邦中
的某部分人需要知道政治目标时，他曾经规定，夜间议事会的第
二个任务是，弄清楚城邦必须如何分有这个目标，以及什么或什
么人或好或糟地建议了这个目标；这些建议者首先是礼法本身，
其次才是人类（962b4-9）。礼法本身主要代表着仅仅凭借听闻而
知道的东西，而且在夜间议事会中，更年轻的成员由于自然而然
［听觉］敏锐，故主要表达他们对礼法有什么体验（参632c5-6）。
在《法义》中，克利尼阿斯充当了一个典型例子，这个典型例子揭
示了，可以期望什么类型的知识从夜间议事会的眼睛和耳朵中产
生。如果更年长的成员应该意识到，城邦作为一个整体在多大程
度上且以什么方式分有政治目标，以便更年长的成员维系政治目
标本身，那么，这种［从夜间议事会的眼睛和耳朵中产生的］知识
对更年长的成员具有本质意义。［349］尽管克利尼阿斯和墨吉洛
斯年事已高，但异邦人在卷一曾经使他们重新变得年轻，故他们

是更年轻的成员的榜样。更年长的成员仿效（take after）异邦人。墨吉洛斯率先认识到这一点，并敦促克利尼阿斯把异邦人纳入这个城邦，否则还不如彻底放弃建构这个城邦（969c4-7）。墨吉洛斯认识到，城邦不可能仅凭自己来开始更精确地教育礼法护卫者们。如果人们能够通过《法义》的礼法或《法义》的解读而得到任何知识，那么，一位异邦人必定一开始就拥有比这种知识更伟大的知识。

这种更精确的教育包括一个或两个或三个或四个要素。如果人们区分四种东西——美德的统一和四分、美者的统一和多样、善者的统一和多样、神学——那么，这种更精确的教育包括四个要素（965b4-966c2）。如果美德的统一和多样属于善者的统一和多样，那么，这种更精确的教育包括三个要素；如果神学——异邦人说神学是最美的东西之一（参966d4-5）——属于美者的统一和多样，那么，这种更精确的教育包括两个要素；最后，如果那种把不同的许多东西包括在一个东西之中的普遍方法也把其他每个东西包括在其中，那么，这种更精确的教育包括一个要素。在最后一种情况下，礼法作为心智的分配将被证明是辩证术的影像。异邦人扩展了礼法护卫者需要的知识，使其包括所有严肃的事物（περὶ πάντων τῶν σπουδαίων）。但我们从他之前有关肃剧和谐剧的说法中知道，有关严肃事物的知识与有关可笑事物的知识不可相互分离（816d9-e10），而且至少在异邦人的体验中，可笑的事物是城邦的宗教：毕竟，他曾经禁止在无必要的情况下做和说可笑的事物。这不可避免地扩展了礼法护卫者的知识，这种扩展把礼法的传闻——任何其他人若遵守礼法的传闻，就会受到宽恕——抛在脑后（966c4-6；参624b2）；异邦人甚至不仅对上述扩展保持沉默，而且对正义者保持沉默。如果他补充说及正义者，那么，我们本来可以说，礼法护卫者拥有的知识无非是善者诸种的结构和礼法诸属的结构之间的同和异的知识。人们可以说，正义者既属于美者也属于善者，正是因为格劳孔要苏格拉底向他证明，正义者之善既是就正义者自身而言又是就正义者的后果而言，或正义者结合了最好的东西和最必要的东西(柏拉图《王制》358a1-3)。如果人们搁置正义者，那么，异邦人显然建议分开阐述美者和善者，而且如他所说，这一方面等于神学上的生成问题，另一方面等于存在者之学上的(ontological)①善者问题。

在神学之中，尚有一个诸种的(eidetic)问题异邦人没有解决。他既在运动学上又在动力学上阐述了运动，这种阐述区分了数学性事物和因果性事物，在［350］因果性事物中，他没能表明灵魂和心智如何相互一致。因此，心智引进了美德和良好感知力构成的双重性，这种双重性与克利尼阿斯曾经提出的一个问题相一致，克利尼阿斯提这个问题时，把心智放在美德的四分结构之中。美德的四分是诸种的问题的典型例子。诸种的问题与存在者之学上的善者问题不可相互分离，因为任何由诸部分构成的整体似乎都造就了一个比诸部分的数目更大的数目，而且诸部分的存在似乎耗尽了存在，并令整体不可计数，正如令整体超出存在。在《法义》中，虔敬代表着这个难题，在《王制》中，这个难题就是苏格拉底仅仅以一个影像解释的终极问题；苏格拉底把善者比作太阳，但没有清楚地揭示，他的影像是否包含了一种乾坤学，以至于存在之于生成就像善者之于太阳，而且善者是存在和生成合在一起之存在(the being of being and becoming together)，或者说，存在和被知晓之间的因果关系(the causality of being and being known)不包含生成与被看见之间的因果关系(the causality of becoming and being seen)。这个未解决的困惑以小调(minor key)形式出现在夜间议事会的构成之中，在这种构成中，心智和诸感觉既在一起又相互分离；这个未解决的困惑还以大调(major key)形式出现在异邦人的一个做法之中，这个做法就是令他的神学的

---

① ［译按］有关此译法的说明见第［xi］页译按。

两个要点是两个东西而非一个东西。

他的神学的两个要点在历史上一方面对应于阿纳克萨戈拉的心智，另一方面对应于苏格拉底对灵魂的发现(967a1-c5)。苏格拉底对灵魂的发现放弃了目的论式的自然学，并求助于所谓的"形相"。异邦人没有直白地呈现如何引进苏格拉底的第二次启航，但他确实暗示了阿纳克萨戈拉的心智和苏格拉底的灵魂如何不容易结合，他暗示这一点是通过一方面重申灵魂是一切分有生成或出生(γονή)的事物中最古老的那一个，另一方面把诸星体之中的诸存在者的心智(νοῦν τῶν ὄντων)归于心智 [本身](967d4-e1)。异邦人罗列了畏惧诸神的有死者必须知道的东西，却没有说明他的神学的两个要点和对他的神学不可或缺的数学应该如何为他提供一个通览的视野(συμθεασάμενος)，这个视野令他得以观察"那些服从缪斯的事物"如何分有这些东西 [即他的神学的两个要点和对他的神学不可或缺的数学]，此外，他也能以一种和谐的方式(συναρμοττόντως)使用这个视野，以便观察他的作风中的合法事物和种种惯例(967d4-968a1；参《蒂迈欧》24b7-c3)。异邦人无疑暗示，夜间议事会可以令克利尼阿斯想要的所有礼法的神学前言就位(887b5-c2)，因为异邦人坚持认为，这篇前言有能力描述一切可描述的事物；但他自己没有这么做，正如苏格拉底没有这么做，因为苏格拉底把《王制》从言辞中的真实城邦推进至哲人-王之后，便建议从诸形相演绎出言辞中的最佳城邦的礼法。去往诸原则的道路和从诸原则而来的道路不是同一条道路。

[351] 异邦人建议的最后一条礼法建构了夜间议事会(968a4-b1)，但他们不应该制定任何礼法来管理夜间议事会(968c3-7)。夜间议事会一旦建立，就必须自行决定接受什么礼法的管理；至于它的成员应该学习的内容，

　　　　既不容易发现这些内容，也不容易从其他某位发现了这些内容的人那里学习这些内容；此外，毫无意义且纯属徒劳

的是,在文献中说明年代,即说明这些年代是什么,且说明他们必须在什么年代学习每一门课,因为甚至学习者们自己都弄不清楚,他们将适时地学习什么,直到有关这番教诲的知识(ἐπιστήμην)①在每个人的灵魂中生成(968d3-e2)。②

正是在这里,明智和哲学分道扬镳。如下两点并无二致:首先,在理解了对理解的体验之前,理解之中不可能有秩序;其次,异邦人不承认,可以完全改变《法义》,而且他或苏格拉底本来可以在他们上升之前下降,或者说几何学的王者之路(royal road)适用于哲学。异邦人从这个原则中制作了一首绝妙小曲(pretty jingle)。他不承认,这些教诲有任何神秘主义迹象,而且是某种秘密学说(ἀπόρρητα),然而,他断定,不能过早(ἀπρόρρητα)讲明这些教诲。并非宗教有所隐藏,而是无知压倒了这些教诲。如果这不是实情,那么,如爱利亚异邦人所说,时间会成为多余(柏拉图《智术师》265e2)。无序的秩序最初出现于体验的环境里,最后重现于知识的环境里。③那些管理夜间议事会的礼法是会饮的(sympotic)礼法(671c4)。这些礼法致力于保护礼法不受其自身损害。

　　异邦人最后一番话关注克利尼阿斯建立这个城邦时所冒的风险,以及异邦人自己帮助克利尼阿斯时自愿冒的风险。他[异邦人]所冒的风险限于两点:首先,以更大篇幅探究他面对的有关教养和教育的既定意见(既然这个论题已经再次被激活),其次,协助寻找一些合适的人选,使之与他自己一道建立夜间议事会(968b6-9)。他没有说他自愿做马格涅西亚的邦民,而且墨吉洛

---

① [译按]伯纳德特原作主格ἐπιστήμη,今据原文改回。

② [译按]伯纳德特原误作969d3-e2,今改。

③ 蒂迈欧建议过无序的秩序,当时他正在敦促对偶然的空间运动进行模仿,这种模仿会以一种有尺度的方式把秩序赋予那些围绕身体漫游的情绪(柏拉图《蒂迈欧》88d6-e3)。他没有说清楚,他的建议仅仅适用于身体,还是必然也适用于心智(因为空间与整全同在,而且无序内在于世界灵魂)(参34c2-4; 69a6-b2)。

斯正确地认识到，他［异邦人］没有这样的想法，因为如果他有这样的想法，那么，他［墨吉洛斯］不会建议克利尼阿斯把他［异邦人］纳入马格涅西亚，克利尼阿斯也不会寻求墨吉洛斯的帮助。异邦人冒的风险必然关系到如何从城邦的顶部开始建立城邦，或者如他所说，关系到［352］如何［在掷骰子时］第一次就掷出三个六点(throwing a triple six on the first cast)；如果克利尼阿斯在缺少最好的运气①的情况下(without the luckiest of all throws)就开始建立城邦，那么，他所冒的风险可以说最大胆(ἀνδρειότατος)。异邦人几乎告诉克利尼阿斯，如果他［克利尼阿斯］不知道勇敢和良好感知力如何是同一个东西，那么，他［克利尼阿斯］不可能开始［建立城邦］。②因此，他［异邦人］告诉他［克利尼阿斯］，他［克利尼阿斯］可以建构《法义》。③

---

① ［译按］英文本义指掷骰子时的最好的运气。
② φρόνησις［良好感知力］和ἀνδρεία［勇敢］首次一块儿出现时，充当了剧场表演评判者所需的能力(659a1-4)。
③ ［译按］意即用《法义》取代克利尼阿斯在不知勇敢等于良好感知力时就想建立的城邦。

后　　记

[353] 我们已经或多或少考察了《法义》本身，而且只在看起来有关系的时候说了一些离题话，这些离题话有时涉及柏拉图其他作品，有时则超出了柏拉图作品的范围；但我们没有考察，《法义》作为一个整体可能对其他讨论礼法的著作家(writers)施加什么影响，特别是这些著作家对《法义》作过什么解释。西塞罗的《论礼法》①(De legibus) 尽管传到我们手上只剩下不足三卷，却在时间和精神上均最接近《法义》。②一旦把《法义》翻译

---

① ［译按］学界一般译为《论法律》。

② 参Leo Strauss，《自然权利与历史》(Natural Right and History)，Chicago：1953，页137注：

> 西塞罗对比了他的《论共和国》的场景和他的《论礼法》的场景，从而揭示出"政制"在等级上高于"礼法"。他把《论礼法》当作《论共和国》的续篇。在《论共和国》中，哲人－王小斯基皮奥(the younger Scipio)和他的某位同时代人就最佳政制进行了一场为期三天的交谈；在《论礼法》中，西塞罗和他的某位同时代人就最佳政制所匹配的礼法进行了一场为期一天的交谈。《论共和国》中的讨论发生在冬季：对话参与者们渴求太阳；不仅如此，这番讨论还发生在斯基皮奥去世的那一年：政治事物基于永恒性而得到考察。《论礼法》中的讨论发生在夏季：对话参与者们渴求荫蔽。

［译按］参中译本：施特劳斯，《自然权利与历史》，彭刚译，北京：生活·读书·新知三联书店，2011。此外，施特劳斯和伯纳德特在这里的语境(包括正文)中均把西塞罗《论共和国》(De re publica) 英译成Republic(与柏拉图《王制》的常用英译名相同)，把西塞罗《论礼法》(De legibus) 英译成Laws(与柏拉图《法义》的常用英译名相同)。但在中译文中，笔者还是按拉丁文书名译作《论共和国》和《论礼法》。

到另一个场景，从这个场景出发，就能最好地回顾《法义》并估量《法义》的意义。西塞罗的《论礼法》以独特的眼光看待柏拉图的《法义》，因为它的开篇融合了柏拉图《斐德若》的开篇和柏拉图《法义》的开篇。在《法义》和［柏拉图］其他对话之间的关系中，最令人困惑的就是《法义》和《斐德若》之间的关系：《斐德若》和《法义》是仅有的把场景设置在城邦之外的［柏拉图］对话，而且正如《斐德若》关注写作，《法义》也把“礼法”严格限定为成文法。引人注意的是，苏格拉底在《法义》中缺席，因为他在《米诺斯》中定义了礼法之后，成文法典的编纂似乎引不起他的兴趣，而且苏格拉底在《斐德若》中贬低了写作，并赞扬了言说和他自己的爱欲技艺。然而，相比于在写作中模仿苏格拉底式言辞，写作《法义》似乎是对苏格拉底式原则更大的偏离。西塞罗意识到了这一点，因为他自己在通往礼法的途中也有过偏离(Cicero's own devious way into law)。尽管他的《论礼法》灵巧地(adroitly)设法从一个话题转向另一个话题，但如果人们在对话层面思考这些话题，那么，这些话题的［354］主要意图便十分含混。[①]很容易发现，何以历史写作(historiography)让位于礼法哲学(legal philosophy)，以及何以罗马史学家的贫乏与罗马法学家的狭隘相匹配(西塞罗《论礼法》1.5-7, 1.14)，[②]但不容易发现，何以诗歌与史学之间的对立——尤其是作为发表过诗歌的诗人西塞罗与潜在的史学家西塞罗之间的对立——适宜地引入礼法问题。然而，西塞罗暗示了，我们能够如何开始尝试把对话的论证与对话的形式结合在一起，故西塞罗也以某种方式解释了《法义》和《斐德若》之间的关联(柏拉图暗示过这种关联)。正如《斐德

---

① 参M. Pohlenz, “西塞罗《论礼法》的开篇”(Der Eingang von Cicero's Gesetzen)，见《古典语文学家》(Philologus) (1938)，页102-127。

② ［译按］小圆点前后分别指卷号和段落号。下同。伯纳特引用卷一时往往省略卷数而保留段数，但中译文中补全了他省略的卷数。

若》与苏格拉底的爱欲技艺之间有一重远离，《法义》与《斐德若》之间也有一重远离。故《法义》居于第三等。①

　　也许西塞罗最明显的暗示在于已经出版的《论共和国》与《论礼法》之间隐含的对比：昆图斯(Quintus)和阿提库斯(Atticus)读过《论共和国》，而《论礼法》是即时发生的(is happening now)，且被证明是背着昆图斯和阿提库斯写下来的。《论礼法》之于《论共和国》，正如《斐德若》作为口头对话(当然，这是幻觉)之于《斐德若》作为书面对话。《论礼法》的未记录言辞的氛围与《论礼法》的成文法的主题相悖。昆图斯和马尔库斯(Marcus)读过一本书，这本书把罗马共和国的灭亡归于一个时刻，在这个时刻，斯基皮奥因自然死亡或被刺杀而无法行使专政权(dictatorship)(西塞罗《论共和国》6.12)。《论礼法》意在为一个目前仅存于言辞之中的政制(a regime that no longer exists except in speech)立法。因此，这种立法甚至比西塞罗提供的罗马共和国的理想化版本②更具幻想性。后者曾经有过机会［变成现实］，前者则根本没有机会［变成现实］(参西塞罗《论礼法》3.29)。此刻，《论共和国》中的罗马就像马略(Marius)的橡树，已经取代了现实中的罗马，或已经与现实中的罗马不可区分。人们可以在阿尔皮努姆(Arpinum)发现西塞罗的马略的橡树，但无人可以确定，指示代词haec［这］除了从一个文本指向另一个文本以外还能指什么。阿提库斯这样开始这部对话：

　　　　我经常在［你的］［即西塞罗的］③《马略》中读到那片小树丛(lucus ille)，我认识阿尔皮努姆人的这棵橡树(haec quercus)，因为如果这棵橡树还存活着，那么，这肯定是它；不

―――――――――――

① ［译按］意即《法义》与苏格拉底的爱欲技艺之间有两重远离。
② ［译按］指西塞罗的《论共和国》。
③ ［译按］两个方括号中的内容均为伯纳德特所补。

论如何，它非常古老（西塞罗《论礼法》1.1）。①

　　这段译文没有捕捉到此处语法的怪异：在阿提库斯的话里，lectus［读］与更远处的lucus［小树丛］搭配，这种不规则性令haec ... quercus［这棵橡树］成了他认识却没有读到的东西。②由此，他可能用illa［这］③指示马略的橡树，仿佛这不是［355］西塞罗的虚构之物，而是某种曾经在现实中存在的东西，其仍然存活着，令［阿提库斯］有可能把它等同于他当前见到的haec［这］。然而，言辞中的存活取代了行事中的存活：昆图斯说，"农夫种植的任何树木都不可能像诗人的诗行［垄沟］④（versus）种植的树木那样长存"。昆图斯显然误解了阿提库斯说的manet［存活］——"它当然存活着，而且将永远活，因为它是由一种与生俱来的理知能力（ingenio）⑤所种植的"——这似乎表明礼法问题与那些无法确定的指示对象（referents）紧密相关。⑥阿提库斯说的haec［这］与昆图斯说的haec［这］相同，但昆图斯说的illa［这］与阿提库斯说的illa［这］不必然相同：从昆图斯说的illa［这］那儿，"有一次，朱庇特的黄褐色信使飞了起来"（1.2），而且阿提库斯说的"这肯定是它"必须变成昆图斯说的"这就是它吧"。

------

① lucus quidem ille et haec Arpinatium quercus agnoscitur, saepe a me lectus in Mario: si enim manet illa quercus, haec est profecto; etenim est sane vetus.

② A. E. Housman在编注卢卡努斯（Lucan）作品时引用过这段话，以便解释卢卡努斯远远更加简单的表达——hinc leges et plebis scita coactae［礼法的效力来自这儿，而裁决的效力来自民众］（卢卡努斯《法尔沙洛斯战记》［Pharsalia］1.176）。

③ ［译按］即上面译文里的"这棵橡树还存活着"中的"这"。

④ ［译按］伯纳德特所补，意即"诗行"亦译为"垄沟"。

⑤ ［译按］伯纳德特原改作主格ingenium，今据原文改回。

⑥ 参M. Ruch，《西塞罗作品的哲学性开篇：其对于对话的创作和审美的意义和影响》（Le prooemium philosophique chez Cicéron: Signification et portée pour la genèse et l'esthétique du dialogue），Publication de la Faculte des Lettres de Strasbourg CXXXVI，Paris：1958，页252，关于卷一："完全不指明年代的做法——这很独特——造就了一种不确定的虚构。"

的确，如果人们认为昆图斯说的commenoratio［记忆］像他说的
versus［诗行］一样含混，那么，昆图斯无意中预言了这部对话的
主题，因为可以说他引用了如下原则，即没有什么东西像礼法的
可见标志所标识的东西那样为自然所确定：multaque alia multis
locis diutius commemoratione manent quam natura stare potuerunt［许
多地方的许多其他事物靠记忆留存比靠自然存在更久远①（［译
按］1.2）。在自然之中，事物变老、衰败、消失；在写下来的记忆之
中，事物仅仅与古代的光泽一道变得灰暗（canescet）。

　　阿提库斯要西塞罗模仿他的导师柏拉图，在写作了《论共和
国》之后接着写作与其对应的《论礼法》（1.15）。在西塞罗的回应
中，著作家柏拉图变成了与克利尼阿斯和墨吉洛斯争论的ille［这
人］。由此，雅典异邦人不再没有名字，也不再像西塞罗自己那样
只是一个面具。由于克利尼阿斯和墨吉洛斯是一对，而且他们之
间的亲密关系——因为斯巴达和克里特礼法十分相似——把他
们和雅典异邦人分开，故我们可能会认为，昆图斯和马尔库斯之
间的亲密关系，还有他们的政治活动，把他们和阿提库斯分开，并
使阿提库斯成了西塞罗观点的代言人，这尤其是因为阿提库斯
的姓氏（cognomen）令人记起，克利尼阿斯拒绝称异邦人为Ἀττικός
［阿提卡人］②（柏拉图《法义》626d3）。然而，阿提库斯不可能是
西塞罗观点的代言人，因为伊壁鸠鲁主义根本没有政治哲学（至少
在必不可少的意义上如此，这个意义就是最佳政治秩序之所是），
而且马尔库斯说的一切（从大全的属神原则到高贵者和快乐者之
间的区分）对于政治哲学来说都完全陌生（1.31）。西塞罗令一位
朋友把他的友爱扩展到了其极致，从而以对话的方式拒绝了马尔
库斯以学说的方式断言的东西，即［朋友之间］哪怕最细微的差

---

① ［译按］凡引西塞罗原文，伯纳德特未给出译文时，笔者在翻译为中文时参考过
　　《西塞罗文集：政治学卷》，王焕生译，北京：中央编译出版社，2009。
② ［译按］若音译，则与“阿提库斯”同。

异也会抵消友爱［356］（1.34）。并非尽管有这些差异，而是因为有这些差异，［《论礼法》中的］三位发言者相互之间的情谊，似乎比智慧之人相互之间的友爱——这种友爱如此完美以至于无法与自爱（self-love）相区分——更能为政治共同体提供一个健全而现实主义的背景（1.34）。用于指廊下派（Stoic）学说的指示代词指向自身（self-referential），而不再像用于指马略的橡树的指示代词那样指向其他事物。阿提库斯的善意让西塞罗赢了一桩阿提库斯不可能成为当事方的官司。事实上，阿提库斯代表着雅典异邦人在卷十反对的观点，这种观点主要认为，身体对灵魂具有优先性。因此，西塞罗使礼法与最难对付的对手较量，并使礼法诉诸其自身无法论证的原则。在卷一开篇，通过提升阿提库斯的观点，西塞罗再现了雅典异邦人的做法，即让克利尼阿斯和墨吉洛斯［在言辞中］醉酒；在［卷一］结尾，通过裁剪他［雅典异邦人］的起点，西塞罗又一次再现了雅典异邦人的屈尊俯就。引入礼法本身时所用的这种稍显离题的方式，为这番有关礼法的论证内部的运动铺平了道路。

　　正如柏拉图《法义》的第一个词是 θεός［神］，同样，阿提库斯不得不接受的第一条原则就是，诸神的某种不确定性统治着自然的一切（1.21）。由此，西塞罗暗示，他在开篇提出了柏拉图《法义》卷十的一个弱化版本。为了他自己的意图，他采纳了克利尼阿斯的建议，即异邦人应该完全重新开始，并使卷十成为所有礼法的前言（887b8-c2）。正如《论共和国》开篇有关两个太阳的讨论暗示，西塞罗提出了柏拉图《王制》卷七的一个弱化版本（在柏拉图《王制》卷七，苏格拉底建议，立足于尚未发展起来的有关立体的学问，用纯粹数学式运动学取代他自己时代的数学式星象学），同样，《论礼法》开篇讨论一种自然法教诲，而且仅仅在后来才引入一种学说，这种学说并非取决于任何特殊前提，而是可以为所有学派——除了伊壁鸠鲁学派和怀疑主义学园派（skeptical Academy）以外——所接受。由此，在认可了苏格拉底通过柏拉图而引发的变化(the changes that Socrates through Plato effected)之后，西塞罗向苏格拉底回归了。苏格拉底变成了一种对西塞罗的发现，而不是哲学传统的一部分。

在回答阿提库斯的问题时，西塞罗首次发言，阿提库斯的问题是：

> 是你的诗行种植了这棵橡树，还是你承接了一个传闻，即那件发生在马略身上的事情恰恰以你写它的方式发生过？(1.3)

他没有问西塞罗，马略的橡树的故事是否真实；他问西塞罗，他［西塞罗］是自己造就了这棵橡树，还是承接了一番更古老的描述。随后，西塞罗的反问令阿提库斯陷入了困惑，因为西塞罗问阿提库斯，罗慕卢斯(Romulus)是否曾经对普罗库卢斯(Proculus Iulius)宣称，他是一位神，而且北风神(Aquilo)［357］强暴了奥里提娅(Orithyia)。阿提库斯对这两个问题的回答当然都不得不是否定的，但西塞罗暗示，那个传闻无异于一位诗人的自由发明，而且fabula［传闻］(［译按］1.5)涵盖了这两者。论题上的这样一种转换当然允许引入“史学法则”(laws of history)，但代价是把历史限定在同时代的见证者之中，正如阿提库斯所希望的(1.8)。然而，马略的橡树引出的同一性问题没有得到解决。西塞罗为阿提库斯分配了两个居所，一个在罗马，离罗慕卢斯显圣(epiphany)的地方不远，另一个在阿提卡，离奥里提娅被强暴的地方不远。阿提库斯从他的居住地知道了这两个地方，其他每个人也都从有关这两个地方的故事中知道了这两个地方。阿提库斯从当地得知的事情不可能有助于驳斥或证实那个传闻。只有回顾柏拉图《斐德若》中的一段话，阿提库斯从当地得知的事情才能姑且含糊地(elliptically)驳斥或证实那个传闻：

斐德若：请告诉我，苏格拉底，据说北风神(Boreas)①把奥里提娅从伊利索斯(Ilissus)抢走，就在这一带吧？

苏格拉底：是啊，据说就在这一带。

斐德若：真的在这儿？不论如何，这水看起来迷人、纯净、清澈，适合女孩子们在水边玩耍。

苏格拉底：不，还在下面一两斯塔迪翁，②我们从那里跨过这水去［阿尔忒弥斯］③阿格拉(Agra)的圣地，那儿附近还有一座北风神的祭坛。

斐德若：我几乎不知道。但凭宙斯起誓，苏格拉底，你说说：你相信这个故事(μυϑολόγημα)是真的吗(229b4-c5)？

苏格拉底直接否定了斐德若推断的地方可能是北风神强暴奥里提娅的地方，这促使斐德若追问，苏格拉底是否相信这个神话是真的。根据水的样子，斐德若推断伊利索斯就是这个地方，因为这个地方如此适合女孩子们玩耍；这令人记起阿提库斯自己曾经推断"因为它确实非常古老"，这个推断使他追问，illa quercus［那树橡树］是不是haec quercus［这棵橡树］。因此，西塞罗在模仿柏拉图的《法义》时暗示了《斐德若》，从而敦促我们把苏格拉底在《斐德若》中的态度视为走近《法义》的恰当途径，这个态度就是，苏格拉底只要尚未认识自己，就拒绝把神话中的怪物(τερατολόγοι φύσεις)理性化(柏拉图《斐德若》229c6-230a6)。自我知识被证明是［《论礼法》］卷一的最后一个主题(1.59-62)。在那里，西塞罗把自我知识与philosophia［哲学］这个词联系了起来，他不得不［用拉丁字母philosophia］转写这个［希腊］词，因

---

① ［译按］其罗马名字即前文提到的Aquilo。

② ［译按］一斯塔迪翁约合184.2米。

③ ［译按］伯纳德特所补。意即阿格拉就是阿尔忒弥斯。

为他既不可能"用仿造词翻译"(calque)①这个词,也不可能从母语［拉丁语］中找到与之对等的词。由此,philosophia［哲学］与prudentia［明智］和sapientia［智慧］区分开来,后两者属于自然法教诲的语境(1.19)。一开始,哲人们［358］是doctissimi viri［最博学的男人］(1.18),但在后半部分,哲人们是philosophi［哲人］(1.36, 1.50, 1.53)。②

据阿提库斯所说,人们说,西塞罗作为在阿尔皮姆土生土长的人,也作为马略同时代的熟人,应该会讲真话。西塞罗回避了这些人发起的挑战,并把这些人等同于这样一些人:他们相信,努马(Numa)曾经与厄革里娅(Egeria)交谈,而且一只老鹰曾经为塔尔奎尼乌斯(Tarquin)戴上帽子。他们并非怀疑派,而是轻信派(the credulous)。他们像阿提库斯一样希望他［西塞罗］的《马略》是真的。诗歌似乎使他们和阿提库斯都感到不安。他们没有认识到,如昆图斯所说,它［诗歌］有自己的礼法。由此,昆图斯提出了这部对话的主题词［即礼法］(当然,这个主题词取其反常含义),尽管对努马的提及令人们有机会跳过［这个主题词］而直接进入属神礼法的论题。那么,为什么推迟到讨论了史学之后,才讨论礼法?史学会比诗歌演奏③出更合适的前言?leges［礼法］的反常含义令人记起νόμοι［礼法］在柏拉图《法义》中的反常含义。④史学法则只有一个,即讲真话;诗歌法则却不只一个,因为

---

① ［译按］即把一个复合词按其各部分的字面意思翻译成另一种语言,如把德语Übermensch［超人］翻译成英语superman［超人］。

② 关于sapientia［智慧］和prudentia［明智］之间的区别,参西塞罗《图斯库卢姆论辩集》(*Tusculan Disputations*) 5.7–10。

③ ［译按］之所以用"演奏"是因为"前言"亦指"序曲"。

④ 参2.39: negat [Plato] enim mutari posse musicas leges sine mutatione legum publicarum. ego autem nec tam valde id timendum nec plane contemnendum puto［他(柏拉图)认为,音乐的改变不可能不伴随着公法的改变。不过,我认为,对此不应该过分害怕,也不应该完全轻视］(［译按］2.39伯纳德特原误作2.29,今改;带方括号的Plato是伯纳德特所补)。

只有较多诗歌①着眼于快乐。因此，通常含义上的礼法似乎更接近史学的讲真话法则，而非更接近诗歌的快乐法则。把礼法与正确的理性（right reason）等同起来，可以证实这一点（1.23；参柏拉图《法义》645b4-8）。然而，西塞罗承认，不只史学之父，②就连忒奥彭波斯（Theopompus），也讲了无数个fabulae［传闻］，而他们二人都绝非称不上史学家。真实似乎是史学的目的，而史学不必然能够达到这个目的。苏格拉底也曾基于如下这一点来定义礼法：礼法意图成为对存在者的发现。礼法不是对存在者的发现。礼法的含义（vis）是把事物分配到它们应得的位置，因此，礼法同时必须意指对这些应该得到如此分配的事物进行拣选，但礼法仅仅意指这种拣选，倘若把礼法的拉丁文含义与希腊文含义放在一起。礼法在意图上既是delectus［拣选］又是aequalitas［平衡］（或再次用希腊词表示后者，即辩证术）（1.19）。然而，礼法既无法拣选也无法分配。礼法偏离了存在者。礼法的偏离首先出现在leges［礼法］的偏离之中。③因此，恰恰不是罗马史学家的不称职，反而是他们对历史写作"法则"的满足，充当了礼法的恰当的导言。

　　阿提库斯发现罗马史学家有缺陷，不是因为罗马史学家没能观察到单一的史学法则，而是因为西塞罗告诉了阿提库斯什么尤其［359］是修辞学家的任务（1.5）。④这也许是《论礼法》中最令人惊诧的转折：这预示着后文将把修辞学插入哲学的常见的三分结构中，这还证实了西塞罗曾经如何很好地吸收了《斐德若》的教诲。如果pontifices maximi［大祭司们］的编年史仅仅枯燥而已，而其他史学家则缺乏各种精微特征，那么，很难发现文体学（stylistics）与有关礼法的讨论何干。为了表述礼法本身，西塞罗

① ［译按］意即并非所有诗歌。
② ［译按］希罗多德。
③ ［译按］意即首先出现在礼法的拉丁文含义的偏离之中。
④ 阿提库斯在描述西塞罗的观点时，立足于西塞罗的《论演说家》（De oratore）2.62。参M. Pohlenz，"西塞罗《论礼法》的开篇"，前揭，页110-111。

采用了十二表法(the twelve tables)的语言的古老化(archaizing)版本,从而偏离了礼法(2.18),[1]故古老的罗马编年史之于礼法,似乎就像被人期待的西塞罗式史著之于西塞罗的《论礼法》。《论礼法》必须在文体学上十分发达。除了诸位发言人的言辞,《论礼法》不包括任何res gestae[被维持的事物]。《论礼法》是一首关于礼法的诗歌:快乐是其中的一个要素(1.14; 2.14)。《论礼法》在论证一种礼法时,它自身遵守另一种礼法。由此,《论礼法》令原初意义上的礼法服从一种反常形式。这只在开篇之后很久才有可能,因为《论礼法》的主题是真正的开端,而不是罗马或任何其他城邦的开端(1.19)。

刚好位于西塞罗的礼法解释之前的那场交谈,没有直截了当地为西塞罗的礼法解释作准备。着眼于礼法的某个方面,[论证的]顺序如下:

1. 因为年高,马尔库斯除了保存哲学以外,还保存了史学著作,同时[他]自愿把[他的]公共义务限于"以父辈的作风"[对人们的咨询]给出responsa[回答](1.10)。

2. 阿提库斯评论道,西塞罗更具哲学风格的发言将让他可以继续从事法庭辩论(the pleading of cases),直到极老的年纪(1.11)。

3. 昆图斯坚持认为,iuris consultus[律师]的作用会得到广泛认可。

4. 马尔库斯沉默地接受了阿提库斯的观点,即他不必放弃在法庭上发言(forensic speaking);故马尔库斯评论道,他将增加他的劳动量,因为他总是致力于长期研究他的信念(1.12)。

5. 阿提库斯建议,在这个碎片化(fractional)时代,西塞罗应该

---

[1]　关于西塞罗通过古老化进行创新,参D. Daube,《罗马法》,前揭,页46-48。

比其他人更精微地写作(conscribis)一些有关ius civile [民法]的文字(1.13)。

6. 马尔库斯接受了[这个建议]，昆图斯也表示赞同；昆图斯乐意在这件事上花费一整天(1.13)。

[360] 7. 马尔库斯建议，他们先走一会儿，再歇一会儿(1.14)。

8. 阿提库斯建议一边往利里斯河(Liris)走，一边讨论ius civile [民法](1.14)。

9. 马尔库斯表示反对；其他人则出于一切实践意图而完全充分地实施了这个建议，当然，他们没有以ius civile [民法]应得的方式来对待ius civile [民法]：[他们认为] ius civile [民法]就是ius civitatis [城邦法]。①西塞罗当然知道，civile [邦民的]这个具有所属意义的形容词在用法上根本不等于civitatis [城邦的]这个具有所属意义的属格；但正如斯基皮奥开始描述res publica [共和国]时，把它分解成res populi [民众之事](西塞罗《论共和国》1.39)，同样，他[西塞罗]诉诸civile [邦民的]和civitatis [城邦的]在原则上的等同。西塞罗想象，有人正在要求他创作礼法论文(libellos conficiam)，尽管他刚刚同意[口头上]谈论ius civile [民法]。这是言说与写作第二次相混，但这不是最后一次([译按]1.14)。

10. 阿提库斯此刻宣布，他要西塞罗模仿柏拉图，为他[西塞罗]的《论共和国》写一部配套的著作《论礼法》(1.15)。

以上顺序包含两个明显不相干的困惑。第一个困惑是，西塞罗和阿提库斯没能令言说与写作分开，这是对戏剧幻觉的故意违反。这令人记起《斐德若》后半部分，在那里，苏格拉底似乎不加

---

① [译按]若考虑到罗马是大国，则应译为"国法"。

分辨地谈论言说和写作，尽管主题是写作(258d1-5, 259e1-2)。这在某种意义上关系到礼法问题，暗示这一点的是西塞罗的如下提醒：由于他们的整个oratio［言辞］①具有大众化特征(in populari ratione)，故他们将必然进行大众化言说，并把lex［礼法］称为成文法，同时把批示(sanctions)称为成文法通过命令和禁止来要求的东西(1.19)。②似乎lex［礼法］暗示成文法，以至于对ius civile［民法］的提及使阿提库斯把言说称为写作。礼法成为真正口头上的礼法，只有如下情况：西塞罗沉思他对父辈作风的采用，而且他应该在特定案件——对这些案件的裁决不必严格适用于任何其他案件，不论这些案件多么相似——中做出自己的评判。由此，西塞罗把罗马法范围内适用的明智与如下两种论文相对照：一种论文是司法(juridical)论文，讨论罗马法的某个要点，另一种论文是一般性的礼法论文。由于西塞罗决定把当前的场合变成一场关于礼法的讨论，故他暗示，正是通过对话，他才能结合口头responsa［回答］的特殊性与写作的一般性。即便落成文字，对话也保存了言说的情境性(circumstantiality)。 [361]呈现廊下派ratio［理性］的语境弱化(compromises)了这番呈现。对话使理性的共同体偏离了理性。

　　足够清楚的是，西塞罗一直在使自然法的第一原则(理性和心智)变得越来越符合属人状况；但人们应该不会对如下状况感到惊诧，即阿提库斯更加意识到对正确性原则的大大偏离，而非更加意识到马尔库斯曾经令正确性原则遭到持续变形。阿提库斯不得不理解的原则是，依据自然而非依据意见，我们生来就追求正义和正确性；这个原则不像他认为的那么伟大而遥远(1.28)。

---

① ［译按］罗马尚演说，故“言辞”尤指演说。
② quae sunt autem varie et ad tempus descriptae populis, favore magis quam re legum nomen tenent［不过，那些各种各样的、适合一定的时机给民众制定的规定被称为礼法，主要不是由于它们实际上如此，而是出于人们的善意］(2.11)。

西塞罗认为，自然正确性与第一原则并非同一级别。因此，他似乎应该试图证明，存在自然正确性，而且它独立于阿提库斯对他作出的让步。西塞罗的证明突出了一个违反事实的状况：如果可以恢复人的原初自然，那么，把每个人与人内部的最高者(the highest in man)等同起来，便不证自明(1.29, 1.32)；但事实上，人的类特征(class-characteristic of man)——合理性——足以使我们仅仅区别于野兽，却不足以令我们［即人与人之间］能够相互替代。这种相互之间的可替代性此刻只发生在严格意义上有智慧的两个人身上，对他们中的每个人来说，爱对方等于爱自己(1.34)。不清楚的是，马尔库斯是否说过他认识任何这样完美的朋友，因为1.33和1.34之间的文本已佚，且不可能以任何接近确定的方式补足佚文。[①]然而，阿提库斯在概述马尔库斯的论证时，改变了话题的顺序，我们可以据此推断，无论如何，他不明白，是从所有人的自然善意那里可以衍生出具有正确性的社会，还是从具有正确性的社会那里可以衍生出［所有人的］自然善意(1.35)。阿提库斯对顺序的颠倒使理性不再有能力充当正确性的基础，而在马尔库斯自己的呈现之中，理性可能远远并非这样没有能力。关于理性在整全中处于什么地位，阿提库斯做出了让步，但他对马尔库斯的善意独立于他的这种让步。他们的友爱不是他们达成一致的迹象，而是他们达不成一致的补偿。他们的友爱抵销了一切分裂他们的东西。因此，不得不宣告马尔库斯的证明失败了，因为这种证明用一个智慧之人与自己构成的社会(the society of the wise man with himself)取代了人类与诸神构成的社会(the society of men with gods)。的确，诸神不再是人类社会的成员，人类社会成了一个人的社会(a society of one)。如果存在诸神，那么，西塞

---

① 莱利乌斯(Laelius)讨论了这种极端形式的友爱，随后再也没有理会它，他这样谈论廊下派的教诲: fortasse vere, sed ad communem utilitatem parum［可能是真的，但没什么普遍益处］(西塞罗《论友谊》18)。

罗可以把人类合到一起，但这样一来，就不存在统治；或者他可以
搁置诸神，但这样一来，"人"就不是复数的。智慧之人超越了属
人事物，就像属神心智超越了［362］诸神与人类构成的社会。人
们只须看看，νοῦς［心智］的地位既内在于又外在于善者诸种的结
构，而且既在柏拉图《法义》的开头又在其结尾，人们就能发现西
塞罗如何理解νοῦς［心智］。他暗示，除非把诸原则加以稀释，否
则结构就没有可能。

　　这个顺序中的第二个疑难如下。如果西塞罗曾想为礼法铺
平道路，那么，阿提库斯似乎原本只需在西塞罗自己刚刚谈论
respondere［回答］时，就让西塞罗说说或写写有关ius civile［民
法］的事情(1.10)。为什么阿提库斯不得不否认，西塞罗将免于
法庭辩论(free of advocacy)？为什么昆图斯不得不评论道，如果
他致力ad ius respondendum［于回答礼法问题］，那么，这应为
民众所赞同？为什么西塞罗在ius civile［民法］方面具有的更高
的技能应该与现状(the present)相匹配？为什么不必推迟这件
事，但可以在任何空闲时间做这件事？由此，礼法失去了自身
与史学和哲学的关联，且为自身赋予了法庭上党同伐异的色彩
(partisanship)(1.21)。仲裁者(the arbiter)西塞罗屈服于好辩者
(the controversialist)西塞罗，后者将不得不塑造礼法的最好的可
能的状况。西塞罗起初采用廊下派礼法教诲，这似乎是这种重新
定位的直接后果。正如他曾经论证道，他的《马略》的批评者要
求诗人说真话，仿佛诗人是见证者一般(1.4)，同样，他在后文将
要求怀疑主义学园派保持沉默(1.39)，并将把诸学派的几乎所有
实质性论题消解为仅仅言辞上的分歧(1.53-54)。尽管阿提库斯
要西塞罗赋予ius civile［民法］的更大程度的精微性似乎类似于
他赋予罗马历史写作的［精微性］(1.13)，但西塞罗在罗马法学
(jurisprudence)本身之中无论如何都找不到他可以做得更好的事，
这被证明没有错(1.14)；事实上，西塞罗应该做任何其他人都无法
做的事，因为没人写过他的《论共和国》。他为他自己的东西申

辩（参2.17）。他的申辩应该"在某种程度上比法庭实践要求的更加丰富"（1.15），而且尽管他的申辩要求他有闲（vacuus），但他的申辩并未要求他自由（liber），亦未要求他并不具备一个"跛足的心智"（1.8, 1.13）。

西塞罗的概述建议以严格的演绎方式争论礼法问题：（1）依据人的自然而得到解释的ius［礼法］的自然；（2）统治诸国（states）时应该使用的leges［礼法］；①（3）民众的iura［礼法］和iussa［法令］，包括罗马民众的iura civilia［民法］（1.17）。②这番概述的前两部分分别令人记起善者诸种的结构和礼法诸属的结构，而第三部分令人记起异邦人为马格涅西亚提供的立法。然而，这番概述没能表明，《论共和国》中的最佳城邦适合出现在哪里。如果这不是因为leges［礼法］十分含混，那么，人们可能会说，第二部分指向它［最佳城邦］，第三部分指向诸种较差的政制和多种可以在多种城邦中找到的礼法之间的关系；但也有如下可能：[363] 如果第二部分确保城邦的和平和福利，那么，第二部分暗示任何立法中那些不可或缺的特征。礼法的这个意图只出现在卷二中（1.11），在卷二中，昆图斯代替阿提库斯成为了主要对话人，而且西塞图重新开了个头（2.1）。一共有三个开头，其中前两个可以说依据理性来设置礼法，第三个则依据虔敬和宗教来设置礼法。西塞罗的第三个开头对应于柏拉图《法义》卷七中异邦人对属神事物的体验。在［《论礼法》］卷一中，大全是诸神和人类共同的城邦（1.23）；在［《论礼法》］卷二中，大全是波斯诸神的庙宇和家园（参西塞罗《论共和国》3.14-16），但希腊人和罗马人③做得更好，因为随着他们变得日益虔敬，他们"想要诸神和我们居住在同一

---

① ［译按］ius［礼法］是礼法的笼统称呼，包括不成文法，leges［礼法］则侧重于指成文法。

② ［译按］ius［礼法］的复数。iura civilia［民法］是前面提及的ius civile［民法］的复数。

③ ［译按］伯纳德特原误作Roman，应改为Romans。

些城邦之中"(2.26)。①无名的deus［神］让位于summus Iuppiter
［至高的朱庇特］(2.10)。

　　虔敬的视角让马尔库斯与昆图斯结盟，并令阿提库斯成为一
个外人，他不可能分有他们对他们祖传土地的爱(2.50)。他们之
所以对阿尔皮努姆不那么理性的(subrational)依恋，与阿提库斯对
雅典的依恋没有任何共同之处，依据他［阿提库斯］自己的描述，
他这种依恋主要在于他记得生活在那儿的智慧之人们(2.4)。兄
弟们的土地是他们真正的故土(germana patria)(2.3)，而罗马只是
依据礼法和义务而属于他们(2.5)。所有这些对阿提库斯来说如
此陌生，以至于他特意把这常规化。阿尔皮努姆变成了在现实中
生育马尔库斯的父亲，而且他们交谈时所在的岛屿是费布瑞努斯
(Fibrenus)河所造就，费布瑞努斯河几乎认为它自己的义务和功
能(tamquam id habebat operis ac muneris)是为他们安排这样一个
地方(2.6)。尽管西塞罗在他的散文和诗歌中特意拒绝为阿尔皮
努姆赋予任何魅力(2.2)，但阿提库斯此刻通过诗歌把非理性事物
理性化了，且建议了一种有关地方性事物和偶然事物的目的论(a
teleology of the local and contingent)。由此，在卷二开头，阿提库
斯使特殊事物适应普遍事物，并使现实事物适应虚构事物(2.6)，②
正如西塞罗在卷一通过对礼法进行双重描述而试图令普遍事物适
应特殊事物。

　　第一重描述来自1.18-35，第二重描述来自1.36至卷一结尾。
第一重描述包含一种目的论式乾坤学，第二重描述则使之分离于

----

①　可以说，在为哲人对narratio fabulosa［传闻式叙事］的使用进行申辩时，马克罗比
　　乌斯(Macrobius)讨论了这种"从心智到朱庇特"的运动(马克罗比乌斯《斯基皮
　　奥之梦注疏》1.2.7-21)。

②　nec enim ullum hoc frigidius flumen attigi, cum ad multa accesserim, ut uix pede
　　temptare id possim, quod in Phaedro Platonis facit Socrates［我接触过许多条河，却
　　未接触过比这条河更凉的河，几乎不能把脚伸进河里试探，就像苏格拉底在柏拉
　　图《斐德若》里所做的］。

有关自然正确性的讨论。第一重描述从开端出发，第二重描述回到开端。第一重描述追求具有教导术的特征（didactic），第二重描述追求具有辩证术的特性（dialectical）。这意味着，西塞罗为了礼法而采用了 [364] 苏格拉底在《斐德若》中作出的区分，即区分苏格拉底的第一篇 ἔρως［爱欲］讲辞和苏格拉底的第二篇 ἔρως［爱欲］讲辞（柏拉图《斐德若》265c8-266b1）：西塞罗的两重描述中的第二重谈论了自我知识（1.58, 1.62）。第一重描述一开始就讨论作为整个乾坤ratio summa［至高理性］的lex［礼法］（1.18），第二重描述一开始就讨论良知现象（1.40）。第一重描述一开始就讨论属神事物，第二重描述一开始就讨论属人事物。第一重描述确立了诸神和人类的理性的共同体（community of reason of gods and men）（1.23），第二重描述把正确性的基础分配给人类的自然情感（1.43）。第一重描述谈论了拥有完美智慧的人们的完美友爱（1.34），第二重描述谈论了诸哲学学派之间的争论，这些哲学学派之间的共识是第二重描述的论证基础（1.52-53）。第一重描述说我们生而追求正义（1.28），第二重描述说我们生而追求邦民社会（1.62）。还可以列举更多这样的差异，而且它们都指向第二番论证对第一番论证的教条化预设（dogmatic postulates）的削弱；但这些差异本身并未解释，为什么西塞罗这样行文。为此，我们不得不更悉心地看看第一番论证。

马尔库斯的第一篇长篇讲辞分为两部分：第一部分把人的合理性呈现为人的本质（1.22-23），第二部分为人提供了一种生成史（generational history），并令人在其身体、技艺、感觉的目的论品性上区别于一切其他存在者（1.24-27）。我们再次记起，异邦人曾经区分善者诸种的结构和礼法诸属的结构。言辞（oratio）是团结人类社会的力量（1.27），理性（ratio）是团结人和神的力量（1.23）。因此，在自然法教诲中甚至也有双重描述：如果跟随西塞罗，可以说这双重描述［之间的区别］相当于agnatio［父系亲属关系］cognatio［同族亲属关系］之间的区别。基于agnatio［父系亲属关系]在诸城邦中的礼法立场,[马尔库斯]把agnatio[父系亲属关系]归于诸神与人类之间的关系(1.23);在不求助于外在于自然的东西的情况下,[马尔库斯]把cognatio[同族亲属关系]同样归于诸神与人类之间的关系(1.25)。事实上,在第一重描述的最后一句(即in rerum natura[在事物的自然中])之前,natura[自然]没有出现在第一重描述之中,因此,natura[自然]随着deus[神]和lex[礼法]的引入而出现;但第二重描述一开始就讨论人的自然,而且natura[自然]变成了诸事物的单一原则,就技艺而言,ratio[理性]模仿这种单一原则(1.26);只有在[马尔库斯的讲辞]结尾,[马尔库斯]才引入神作为自然的对等物(1.27)。第一重描述中的理性动物是"我们称为人"的那种动物(1.22):这种动物没有一种自然。

在第一重描述中,人的唯一性在于人有理性,在第二重描述中,人的唯一性在于人有神的概念,这种概念包括对恶德的崇拜,也包括对缺乏理性的动物的崇拜(参2.28)。人的目的论似乎会带来堕落(quae fragilia essent et caduca[它们脆弱且堕落],1.24);而且西塞罗后文将论证道,恶德指向人类相互之间的相似性,而绝非指向神(1.31)。因此,1.24-27似乎表明了一种倾向,即弱化1.22-23的那些原则;但甚至1.24-27本身也遭到[365]一种显然不必要的削弱。人和神中有理性,人最初的社会是人和神(cum deo)构成的社会,拥有理性的[存在者们]共同拥有正确的理性,而且因为它[理性]是lex[礼法],故应该认为lex[礼法]把我们人类和诸神(cum dis)维系在一起。cum dis[和诸神]与cum deo[和神]一致,因为单数此刻似乎只代表诸神的类名(class name)。因此,马尔库斯接着说,那些拥有lex[礼法]共同体的[存在者们]也拥有ius[礼法]共同体。他没有定义ius[礼法],但ius[礼法]足以引出如下后果,即诸神和人类属于同一个城邦。马尔库斯补充道,如果诸神和人类服从同样的命令和权力,那么,这一点仍然说得通;而且诸神和人类服从同样的命令和权力，是因为诸神和人类服从huic caelesti discriptioni, mentique divinae et praepotenti deo［这个天宇的秩序、属神的心智、全能的神］（［译按］1.23）。lex［礼法］作为正确的理性变成了一个被服从并被分有（或仅仅在服从的意义上被分有）的原则，从而变成了一个拥有权威的且发布命令的原则。诸神和人类构成的共同体通过理性的平等（equality of reason）而得到确立，但诸神和人类分有的这个城邦秩序通过一种超越这个共同城邦的理性原则而得到确立。当马尔库斯谈论理性拥有不可超越的崇高地位时，他用到in omni caelo et terra［在整个天宇和大地之中］这个表达；但当他此刻谈论诸神和人类构成的单一的共同城邦时，他用到universus hic mundus［这整个大全］。hic［这］比这部对话开头的那个指示代词更不容易理解，因为此刻暗示的统一性不可感觉，且可能会令一位神不再内在于天宇或大地（参3.3）。那些天宇中的运行决定着人类灵魂的生成，且当然似乎暗示着天宇之外的一种理知能力（1.24）。无论如何，西塞罗暗示，如果人类与诸神在大全之中构成的社会阻止这个社会中的诸神统治人类，那么，正确的理性不足以施行统治。由此，他暗示了如下悖论：正确的理性把诸神和人类聚集到一起，但只有关于诸神的虚假意见允许诸神统治人类。

到目前为止，还没有讨论道德；如果扎格勒尔（Ziegler）把1.16的honesta［可敬的事物］放进括号里是正确读法，[1]那么，的确一直没讨论道德。新的开头引入了道德，同时也引入了幸福。这个暗示似乎足够明显：［西塞罗］把第一番论证的调子定得太高，以至于无法涉及幸福的论题；但这个暗示［事实上］并不明显，因为西塞罗援引苏格拉底，从而谴责任何把有用性与正确性分离开来的人（1.33）："而且苏格拉底正确地倾向于诅咒那个最初令有用性脱离正确性（iure）[2]的人。"这是第一次提到苏格拉底，显得十

---

① 关于这种读法，参M. Pohlenz，"西塞罗《论礼法》的开篇"，前揭，页114-116。
② ［译按］伯纳德特原改作主格ius，今据原文改回。

分神秘，因为似乎苏格拉底预见到了西塞罗第一番论证的形式，
且遣责其起点。因此，如果我们可以想象苏格拉底正是意在充当
[366]卷一的两个部分之间的联系，那么，西塞罗也许暗示，不得
不用第二番论证的非全面性(less global range)补充第一番论证的
全面性(comprehensive character)。第二番论证并没有简单地取代
第一番论证，而是令那些学派从纷争变为和谐，从而质疑智慧的
可能性，并恢复字面意义上的哲学的首要性。因此，我们可以说，
第一番论证不同于第二番论证，且与第二番论证相结合，正是就
如下方面而言：在卷二，最好的事物和最古老的事物既是又不是
同一些东西(2.40)。在卷二，quasi[仿佛]这个词表示事物之间
可等同性的不确定程度：“保存家族和父辈的仪式，即……保全仿
佛从诸神传下来的宗教。”(2.27)①在卷一，[事物之间可等同性的
不确定程度]为一个涉及苏格拉底的复杂双关语所揭示。

　　马尔库斯一直试图把廊下派和老学园派(包括漫步学派[the
Peripatetics])之间的差异化约为一种术语(terminological)争执；
但这种差异顽强地抗拒这种消解行为，而且不得不受到搁置，因
为正如昆图斯所断定，这无关于ius civile[民法]论题(1.57)。昆
图斯可以这样加以干涉，并宣称可能无法断定，主要的善者到底
是naturam sequi et eius quasi lege vivere[遵循自然并仿佛按照礼
法一样生活]还是ex natura vivere[按照自然来生活](1.56)，②因
为马尔库斯说了如下一番话，从而为他提供了一个机会：

　　　　基于言辞而非行事的不协和，出现了一个关于界限
　　(finibus)③的争议，在这个争议中，由于十二表法不希望存在5
　　尺之内的通过占有(usus capionem)而得到的所有权，故我们

---

① ritus familiae patrumque servare, id est ... a dis quasi traditam religionem tueri.
② [译按]伯纳德特原误作56误作50，今改。
③ [译按]伯纳德特原改作主格fines，今据原文改回。

不应该允许这个有理知能力的人［芝诺］^①动用(to graze on)学园派的古老占有物，^②我们也不应该依据马尔弥利乌斯法(Mamilian law)而各自纠正界限(fines)，而应该基于十二表法而三人共同充当仲裁者(1.55)。

因此，昆图斯问马尔库斯如何裁决，他回答道，"边界(terminos)^③正是苏格拉底曾经确定的边界，这些边界应该得到遵守。"

finis［界限］要么是 τέλος［目的］的"仿造词"(calque)，且属于哲学，要么是一个具有［罗马］本土含义的词，且可以为罗马法所定义。西塞罗似乎已经认识到，何以异邦人的礼法诸属的结构的目的(τέλος)有如下所为：此目的除了包含礼法的完成和坟墓的终结(finality of the grave)，还包含了礼法本身的意图，而且发现了如何用拉丁文在某种程度上传达那种三重性，同时，此目的在抵达它［礼法］的暗示之后随即撤退，从而偏离了它［礼法］，并在另一个方向上揭示了它［礼法］。然而，他的偏离使他违反了语言学法则，尽管他断言这只是一个"语义学"问题；此外，他的偏离还指责芝诺［367］逾越了老学园派的边界。修辞学家们知道，这是范畴上的一种错误，叫作 κατάχρησις［滥用］或 abusio［滥用］。^④当这种错误首次出现时，马尔库斯曾经请［同伴们］关注它，且认为无法严格地把 virtus［美德］用于一匹马或一棵树(1.45)。那么，为什么可以宣称，富于哲学性地把"边界"扩展至"目的"并不合法，且"边界"这个词的原初含义曾经由苏

① ［译按］伯纳德特所补。
② ［译按］比喻性说法，意即使用学园派的古老占有物。
③ ［译按］伯纳德特原著作主格 termini，今据原文改回。
④ 关于此词在礼法中的用法，参帕比尼安(Papinian)《学说汇纂》(Digest) 48.6.1：lex stuprum et adulterium promniscue et καταχρηστίκως appellat（［译按］句意待考）。为了使通奸成为犯罪，奥古斯都曾经把通奸归入既定的犯罪(what was already criminal)。

格拉底所确定？termini［边界］等于fines［界限］，却不等于τέλη
［目的］。

苏格拉底必须区分老学园派和廊下派，从而在二者之间为他
自己保留5尺无主地(no-man's-land)，因为按照礼法的规定，必须
为犁的翻转(the turning of the plow)留下如此大的空间。如果这是
应该作出的正确推测，那么，西塞罗也许是在建议，废除更晚近的
马尔弥利乌斯法，并实行十二表法，以便回到甚至学园派成立之
前的时代。他也许是在说：“回到苏格拉底！”这样一种回归也许
就是1.58-62所概述的内容，在那里，［他］把fines［界限］的宽泛
含义压缩至termini［边界］的字面含义，故［他］会承认苏格拉底
没能确立一种目的论式乾坤学，而且［他］会因此而首次区分智
慧和哲学(1.58)，而且自我知识会变成哲人的标志。自我知识的
后果是，西塞罗把修辞术补充到哲学通常的三分结构(伦理学-自
然学-辩证术)中：

> 当他认识到他生而追求邦民社会时，他将相信，他必须
> 不仅使用精微形式的争论，而且使用一种更广泛而持续的言
> 辞，通过这种言辞，他可以统治民众，证实礼法，惩罚失德之
> 人，护卫好人，赞美杰出的人，公布健康和赞美的准则(以便
> 劝说他的同胞邦民)，鼓励正派作风，制止犯罪行为，安慰悲
> 惨的人，在永恒的记忆之中展示勇敢而智慧的人们的行事和
> 思虑(1.62；参3.14)。

自我知识与如下这种知识结合在一起，这种知识指出，同样
作为人的定义，“政治动物”和“理性动物”相互不可分离，而且
oratio［言辞］使ratio［理性］成为可能，正如ratio［理性］使oratio
［言辞］成为可能。相比于西塞罗第一番论证的直白，西塞罗第
二番论证具有更大的修辞效果，这种效果为辩证术和修辞术之间
的关联提供了现实的证明，即他通过呼应《斐德若》而最终在此

进行暗示；对于理解礼法来说，任何一种修辞技巧都不如abusio ［滥用］重要。abusio［滥用］允许人们认为［368］caste［纯洁地］主要用于指灵魂，同时又没有取消身体的净化(2.24)；[1]abusio ［滥用］还允许人们把诸神关在墙内，同时又没有否认心智是内在的神(the god within)(2.28)。[2]人们可能会说，整个卷一是一种漫长的净化，通过这种净化，西塞罗可以把那些似乎抗拒和谐化的诸要素结合到一起。阿得曼托斯认识到，正是这种逐步偏离(incremental deviation)的技艺造就了苏格拉底的说服力(柏拉图《王制》487b1-c4)，而且苏格拉底自己在《斐德若》(261e6-262a4)中就描述并使用过这种技艺。

---

① caste iubet lex adire deos, animo scilicet in quo sunt omnia; nec tollit castimoniam corporis［礼法要求人们纯洁地尊敬诸神，这显然发生在灵魂中，因为所有事物都存在于灵魂之中；礼法没有废除身体的纯洁］。
② ［译按］本句中的"墙内"指神庙的墙内，"内在"指人体之内。

索　引

---

① ［译按］本索引中的此类数字（包括罗马数字）是英文版页码，即中译本随文方括号编码。由于英汉差异，编码插入的位置有时不能完全准确。

② ［译按］术语译名在中译本中有时未能统一。

---

③ ［译按］英文版索引中的"注"字后有序号，由于中译本所有注释重新排序，故删除索引中的"注"字后面的序号。

---

① [译按] 伯纳德特原误作3267，今改。

---

① ［译按］伯纳德特原漏"注"字，今
补。

---

① ［译按］伯纳德特原误作1678，今
改。

---

① ［译按］伯纳德特原误作2356, 今改。

② ［译按］伯纳德特原漏 "注" 字, 今补。

---

① [译按] 伯纳德特原误作1456，今改。

---

① ［译按］伯纳德特原误作3323，今改。

---

① ［译按］伯纳德特原误作1045，今改。
② ［译按］参［328］页关于"巫蛊"的译按。

---

① ［译按］在文中译为"极刑"。

---

① ［译按］听觉标准在文中译为"音阶"。

---

① [译按] 在文中译为"敬畏"。

----

① ［译按］伯纳德特原误作3245，今
改。

② ［译按］伯纳德特原误作299300，今
改。

----

③ ［译按］伯纳德特原误作108，今
改。

《法义》的文本主题

---

① [译按] 与索引一样，此类数字为英文
版页码，即中译本随文方括号编码，
而且"注"字后面的序号均删除。

译者附识

　　翻译伯纳德特此书有五难：(1)英文本身具有含混性，比如被动句的施动者颇难揣测，又如代词的实指亦难确定。凡此种种情况，笔者均把补足的内容放在方括号里，以至于不免使用过多的方括号，但实属无可奈何，因为笔者并不能完全确定补足得是否正确。(2)伯纳德特喜用极其繁难和极其简略的句子，令笔者极其费解是家常便饭。有时实在难以译出某个表述时，笔者就用省略号代之，并在注释中说明疑难所在。(3)伯纳德特引用许多外文文献，包括希腊文、拉丁文、德文、法文、意大利文，有时他会给出自己的译文(这些译文往往并非直译)，有时则干脆不给出译文。于是笔者不得不对明显并非直译的地方做出说明，并补足他没有给出的译文。(4)伯纳德特发明了一些他独有的晦涩表达。(5)伯纳德特此书笔误较多，笔者均在注释中予以订正，但仍有些存疑。

　　对伯纳德特略有耳闻的人，大抵都能料想有此五难。笔者2014年承译此书时，同样料想到有此五难，但还是接下了这项工作。当时我认为，尽管我对伯纳德特所知甚少，但在翻译的过程中，似可增进对他的理解，最终即便不能做到十分好，做到八分好尚有希望。然而，回首这四年的翻译过程，印证的是我高估了自己。当然，能力是一方面，态度是另一方面。如果精力允许，我本来可以进一步端正态度，即再多校对一遍，但目前确实再分不出精力，于是只能放任某些误译，留待以后弥补。

　　娄林兄曾嘱我写一篇译序，概述此书内容。但如人饮水，冷暖自知。我完成不了这样一篇译序，故只能在此简单交待相关事宜，辜负了娄林兄的美意。此外，在翻译过程中，不论是义理还是外语问题，张爽兄都曾慷慨相助，在此谨致谢忱！有关德文、法文的翻译，黄群、卢白羽两位师姐亦曾欣然给予指导，在此一并谢过！当然，本译稿中所有错误，均由笔者负责。关于本书的翻译及研究，若读者同仁不吝赐教，可以致信yesizhan@163.com，感谢之至！

　　当然，我还要感谢"经典与解释"总主编刘小枫老师、"伯纳德特集"主编张辉教授、策划本书出版的倪为国先生、本书编辑彭文曼女士！没有他们的组织和邀请，笔者不会有机会翻译这本虽然难译却极富洞见的书。

叶　然

2018年6月21日

图书在版编目（CIP）数据

发现存在者：柏拉图的《法义》/（美）伯纳德特著；叶然译.
––上海：华东师范大学出版社，2018
ISBN 978–7–5675–8294–1

Ⅰ.①发… Ⅱ.①伯…②叶… Ⅲ.①柏拉图（Platon 前427–前347）–法的理论–研究
Ⅳ.①B502.232 ②D90

中国版本图书馆CIP数据核字(2018)第205388号

华东师范大学出版社六点分社

企划人　倪为国

上海市版权局著作权合同登记 图字：09–2009–703号

经典与解释·伯纳德特集
发现存在者——柏拉图的《法义》

著　　者　（美）伯纳德特
译　　者　叶　然
责任编辑　彭文曼
封面设计　吴元瑛
出版发行　华东师范大学出版社
社　　址　上海市中山北路3663号　邮编　200062
网　　址　www.ecnupress.com.cn
电　　话　021–60821666　行政传真 021–62572105
客服电话　021–62865537　门市(邮购)电话 021–62869887
地　　址　上海市中山北路3663号华东师范大学校内先锋路口
网　　店　http://hdsdcbs.tmall.com
印　刷　者　上海景条印刷有限公司
开　　本　890×1240　1/32
插　　页　2
印　　张　18
字　　数　450千字
版　　次　2018年10月 第1版
印　　次　2018年10月 第1次
书　　号　ISBN 978–7–5675–8294–1/B.1155
定　　价　88.00元

出版人　王　焰